教学设计和技术的趋势与问题 第四版

[美]罗伯特·A·瑞泽
Robert A. Reiser

[美]约翰·V·邓普西
John V. Dempsey

主编

王为杰

译

TRENDS AND ISSUES
IN INSTRUCTIONAL DESIGN
AND TECHNOLOGY
(FOURTH EDITION)

华东师范大学出版社
·上海·

图书在版编目(CIP)数据

教学设计和技术的趋势与问题:第四版/(美)罗伯特·
A·瑞泽,(美)约翰·V·邓普西主编;王为杰译.—上海:
华东师范大学出版社,2022
ISBN 978 - 7 - 5760 - 2431 - 9

Ⅰ.①教… Ⅱ.①罗…②约…③王… Ⅲ.①教学设计-
研究②教学技术-研究 Ⅳ.①G42②G424

中国版本图书馆 CIP 数据核字(2022)第 028559 号

教学设计和技术的趋势与问题(第四版)

主　　编　[美]罗伯特·A·瑞泽　约翰·V·邓普西
译　　者　王为杰
策划编辑　彭呈军
责任编辑　白锋宇
责任校对　董　亮　时东明
装帧设计　卢晓红

出版发行　华东师范大学出版社
社　　址　上海市中山北路 3663 号　邮编 200062
网　　址　www.ecnupress.com.cn
电　　话　021 - 60821666　行政传真 021 - 62572105
客服电话　021 - 62865537　门市(邮购)电话 021 - 62869887
地　　址　上海市中山北路 3663 号华东师范大学校内先锋路口
网　　店　http://hdsdcbs.tmall.com

印 刷 者　浙江临安市曙光印务有限公司
开　　本　787×1092　16 开
印　　张　42.25
字　　数　662 千字
版　　次　2022 年 3 月第 1 版
印　　次　2022 年 3 月第 1 次
书　　号　ISBN 978 - 7 - 5760 - 2431 - 9
定　　价　148.00 元

出 版 人　王　焰

目录

第一部分　领域的定义和历史

第二部分　教学设计模式

第三部分　学习与教学的理论和模式

第四部分　教学方案和项目的评价与管理

第六部分　不同背景下的教学设计和技术

第七部分　谋取 IDT 职位并取得成功

第八部分　技术与学习

序

本书对教学设计和技术(instructional design and technology，IDT)领域作了 viii
清晰的描绘。IDT 领域的许多教科书都把重点放在教学设计者和技术专家需要
具备的技能上，但我们认为 IDT 专业人员不应只是较好地运用相关的技能，他
们还应能清晰地描述领域的实质；熟悉领域的历史和现状；描述已对本领域产生
影响的趋势与问题，以及将来可能影响本领域的趋势和问题。本书将帮助读者
实现这些目标。

本书的结构

本书共分十部分。第一部分着重阐述**领域的定义和历史**，定义了领域中的
一些重要术语，描述了领域的发展历程。

第二部分对**教学设计模式**进行审视，包括对传统教学设计模式的审视，也包
括对新近出现的几个教学设计模式的审视。

第三部分的主题是作为本领域基础的**学习与教学的理论和模式**。其中涵盖
了多种多样的观点，既讨论了认知主义和行为主义的基本观点，也讨论了与建构
主义、动机理论和学习科学相关的教与学的观点。

第四部分讨论教学设计过程中常常被忽略的两个阶段：**教学方案和项目的
评价与管理**。重点放在目前的评价方法上，包括投资回报、学习分析的应用等。

第五部分重点讨论**绩效改进**，讨论了绩效改进的主要观念和实践，还描述了
绩效问题的多种非教学解决方案，如绩效支持和非正式学习等。

第六部分描述 **IDT 专业人员在不同工作背景下的任务**。这些工作背景包括
美国工商业、军队、卫生保健、K - 12 学校以及高等教育。还讨论了欧洲和亚洲

的 IDT 专业人员的工作。对于那些考虑在本领域择业的新设计人员，以及那些不熟悉教学设计和技术领域的丰富多样性的人员，本部分内容将特别有用。

第七部分着重于**分析如何谋取一个 IDT 职位并获得成功**。除了对求职者和那些希望成为本领域咨询顾问的人员提出一些实际的建议外，还描述了一些有助于促进 IDT 工作人员成长的专业组织和出版物。

本书第八部分关注**技术与学习**的关系，从其对学习和教学系统的影响的角度介绍了一些新兴技术和最近趋势。

教学策略对于教育过程和教育机构的重要性越来越得到各方利益相关者的认可。第九部分审视了一些可改善教与学环境的模式、策略和战术。

ix 　　本书最后一部分探讨了**教学设计和技术领域的当前趋势**，包括多样性、可获取性、职业伦理道德、开放教育资源、变化中的高品质设计概念等重要问题。

本版有何新特点？

本版有十七个全新的章节。它们对一些在先前版本中未曾提及的主题或者一些原本由其他作者撰写的主题进行了深入讨论。这些主题包括：

- ADDIE 模式的备选模式（第四章）
- 持续接近模式（第五章）
- 技术支持的学习的投资回报测量（第十一章）
- 学习分析（第十二章）
- 绩效支持（第十五章）
- 非正式学习（第十六章）
- 把技术整合进 K‑12 教育中（第二十章）
- 高等教育中的教学设计（第二十一章）
- 欧洲教学设计的趋势（第二十二章）
- 绩效顾问（第二十五章）
- 社交媒体（第二十八章）
- 移动学习（第二十九章）
- 大规模开放在线课程（MOOCs）（第三十章）

- 社会互赖与小组学习(第三十二章)

- 问题导向学习(第三十四章)

- 真实性学习(第三十五章)

- 开放教育资源(第三十八章)

除了这些全新的章节外,**本书其他一些章节也得到了全面的修订**,以便更好地描述领域内外的最新发展如何影响各章主题的趋势和问题。通常这些发展会围绕着技术进步,或者关于学习理论和教学策略的新观点。

同本书前几版一样,每一章结尾都有针对本章内容的基本原理和实践小结。小结的作用在于帮助学生回忆本章阐述的主要观点。

位于每章结尾处的**基于案例的应用问题**也值得一提。虽然本书前三版也有这类应用问题,但在本版中,向学生提出的应用问题都是真实("现实世界")的问题,并要求学生解决这些问题。我们在课堂中使用这类应用问题已经有好几年了,学生认为,尝试解决这些问题真的能帮助他们学会如何应用所学的与各个趋势相关的基本原理和实践知识。

致谢

如果没有各章作者的辛勤工作,本书将不会最终成书。作为一个团队,他们心甘情愿地花费时间,为读者提供许多有关 IDT 领域的概况及影响 IDT 领域的趋势与问题方面的独到见解。对于这些作者的杰出贡献,我们谨表示最真诚和衷心的感谢。我们真心认为他们的工作是杰出的,而且我们相信当你读完本书之后也会有同感。

我们还要真诚地感谢培生教师教育(Pearson Teacher Education)的前主编梅雷迪思·福塞尔(Meredith Fossel)和培生集团的内容制作人米里亚姆·钱德勒(Miryam Chandler),他们为书稿的编纂提供了非常宝贵的帮助。此外,我们要特别感谢 SPi Gobal 的供应商项目经理贾森·哈蒙德(Jason Hammond),他在协调和管理全部制作过程,以及仔细校对方面的工作非常出色。

谢谢你,贾森!

前言

罗伯特・A・瑞泽　　佛罗里达州立大学
约翰・V・邓普西　　南阿拉巴马大学

许多在 IDT 领域学习和研究的人都曾试图对父母解释自己的专业。无论你的解释是冗长还是简单的,结果都一样:我们的父母瞪大了眼睛,含混地咕哝着:"那很好,亲爱的。"

你父母的情况如何? 他们对于本书将要阐述的你所从事的领域了解多少? 也许他们不能很好地进行描述,也许他们甚至不知道你所从事的领域的名字,但陷入此窘境的并非只有他们。本领域的许多专业人员也不能很好地描述自己所从事的领域。事实上,许多人甚至不能确定该如何准确地称呼自己的专业——教学技术、教育技术、教学设计、教学开发、教学系统,还是教学设计和技术(IDT,本书编者所用的名称)。从业者们用了那么多名称来称呼这一领域的实质是什么? 这正是本书各章的作者们试图回答的基本问题。

本书的内容来自我们在各自的大学里教授"趋势与问题"课程的经验(我们两人教这门课的经验加在一起已超过五十年)。多年来,我们使用了许多不同来源的不断变化的阅读材料。我们两人的课程有区别,但相似之处更多。(毕竟在移动设备发明后不久,邓普西曾上过瑞泽教授的"趋势与问题"课程。)因此,我们很自然地多次谈到我们想要的教材是什么样的。

我们的设想得到了培生教育集团工作人员的鼓励。我们最初的想法是将已发表在有关期刊上的重要论文编成一书。然而,随着讨论的深入,我们最终决定邀请我们所知道的 IDT 领域的著名专家一起编写一本原创著作,于是就有了

《教学设计和技术的趋势与问题》这本书。

IDT 领域许多才华横溢的作者和领军人物都为本书做出了贡献,他们也和我们一样,希望当你读完本书时,将会对 IDT 领域的实质,以及过去、现在和未来影响 IDT 领域的趋势与问题具有清晰的认识。如果我们的愿望实现了,那么你就可以清楚地向你的父母或其他人描述 IDT 领域了。

第一部分

领域的定义和历史

第一章　如何描述你从事的领域：
领域的定义和命名[①]

罗伯特・A・瑞泽　　佛罗里达州立大学

我们所处的领域涉及哪些方面？我们应该如何定义这一领域？更确切地说，我们应该怎样称呼这一领域呢？这些都是本领域的专业人员应能回答的重要问题；或者说，虽然对这些问题没有公认的"正确"答案，但是本领域的专业人员至少在探讨这些问题时能有自己的见解。本章内容旨在帮助读者形成针对这些问题的暂定答案。本章还将检视多年来有关这一领域定义的演变情况，并介绍两个新定义，同时讨论本书用于指称这一领域的术语。

在开始检视领域的定义之前，有必要指出，不仅本领域的定义一直在变，事实上领域本身的名称也一直在变。学者们用过许多名称来称呼这一领域，如"视听教学""视听传播""教育技术"等，不过，在美国用得最多的还是"教学技术"。本章的后面几部分也将使用教学技术这一名称，但在本章结束时将予以修订，提出更为恰当的领域名称。

教学技术领域究竟是什么？这是一个非常难以回答的问题，因为这一领域一直处于变化之中。各种革新和新思想影响着从业者的实践，改变并拓宽着从业者的工作范围。再者，像其他许多专业一样，领域中不同的人着重关注领域的不同方面，并认为唯有自己做的工作才是领域的核心所在，才是"真正的"教学技术。

多年来，学者们作了许多努力，想要给这一领域下一个定义，其中有几个定

[①] 感谢沃尔特・迪克（Walter Dick）、肯特・古斯塔夫森（Kent Gustafson）和唐・伊利（Don Ely），他们对原稿提出了极有价值的反馈意见。本章的各部分原是发表在《教育技术研究与开发》上的论文（Reiser 和 Ely，1997）。

义得到了大多数专业人员的认可，至少得到了定义提出者所属专业机构的认可。尽管某些定义得到了主要的专业机构的认可，但专业人员仍然从各不相同的个人视角或机构视角来审视这些定义。这种情况不仅存在于领域的领军人物中，也存在于领域的实践者中。纵观这一领域的历史，其专业人员的想法和行动从来没有，而且可能永远也不会被一个单一的定义所指引。

早期的定义：教学技术被视为媒体

早期的教学技术领域定义的重点在于教学媒体——向学习者呈现教学的物质手段。这一领域源于 20 世纪最初十年教育电影的出现。从那时开始直到 20 世纪 20 年代，公立学校里视觉材料（如电影、图片、幻灯片）的运用急剧增加。所有这些活动成了所谓视觉教学运动的重要组成部分。对视觉教学的正式定义强调用于呈现教学的媒体。如一本早期的视觉教学教科书把视觉教学定义为："通过运用各种视觉辅助手段（如旅行、平面图片、模型、展览、图表、地图、图解、立体照片、立体幻灯片、电影等）提供的'视觉经验'来丰富和充实教育活动。"（Dorris，1928，p. 6）

从 20 世纪 20 年代后期到 20 世纪 40 年代，由于录音、广播、有声电影等媒体的发展，这一领域关注的焦点便从视觉教学转向了视听教学。随着电视的发展，对媒体的兴趣一直持续到 20 世纪 50 年代。因此，在 20 世纪前半叶，现在我们叫作教学技术的这一领域的绝大多数从业者都把关注的焦点放在教学媒体上。

今天，许多教学技术专业人员仍然把大部分（若不是全部的话）注意力放在教学媒体的设计、制作和运用上。而且，很多人（包括教学技术领域圈内和圈外的人）都将这一领域等同于教学媒体。尽管把教学技术视为媒体的观点持续了很久，但在过去 50 年间出现了一些新的教学技术观，并得到了该领域专业人员的赞同。

20 世纪 60 年代和 70 年代：教学技术被视为过程

从 20 世纪 50 年代开始，特别是在 20 世纪 60 年代和 70 年代，许多教育领域的领军人物开始以一种不同的方式讨论教学技术——不是将其等同于媒体，而是将其视为一个过程。例如，芬恩(Finn)(1960)指出，应将教学技术视为思考教学问题并为这些问题提出可行的解决方案的一种方式。拉姆斯戴恩(Lumsdaine)(1964)指出，教学技术可被看作科学在教学实践中的应用。正如你将看到的，20世纪60年代和70年代的大部分定义都反映了教学技术的过程观。

1963年定义

1963年，教学技术主要专业机构认可的第一个定义正式发表了，这一定义同样指出教学技术领域不仅仅是关于媒体的领域。这个定义(Ely, 1963)是由视听教学部(美国教育传播与技术协会的前身)组建的一个委员会提出的，它在几个重要方面区别于"传统的"观点。首先，这一定义不再聚焦于媒体，而是把重点放在"对控制学习过程的信息进行设计和加以利用"(p. 38)上。同时，该定义还明确提出了在设计和运用这些信息时所应采取的一系列步骤，包括计划、制作、选择、利用和管理，类似于系统教学设计(或者简单地说是教学设计)的主要步骤。另外，该定义更强调学习，而非教学。这些区别反映了当时领域的领军人物对领域性质转变的看法。

1970年定义

当你审视教学技术委员会1970年公布的定义时，你会更明显地感受到教学技术领域性质的转变。教学技术委员会是由美国政府组建和资助的一个委员会，其任务是考察教学技术在学校里日益广泛的应用所带来的潜在好处和问题。该委员会在发表的名为"促进学习"(教学技术委员会，1970)的报告中对教学技术提出了两个定义。第一个定义反映的是关于教学技术的旧观念：

> 就人们所熟悉的意义来看，它(教学技术)是指产生于传播革命的媒体，这些媒体可以与教师、课本和黑板等一起为教学目的服务……由电视、电影、投影仪、计算机等"硬件"和"软件"组成……(p. 21)

教学技术委员会提出的第二个定义把教学技术描述成一个过程：

> 第二种定义不太为人们所熟悉，它不限于任何特定的媒体和设备，在此意义上，教学技术大于其成分之和，是指按照具体的目标，根据对人类学习和传播的研究，综合地利用人力和非人力资源，以促进更有效的教学为目的的一种系统设计、实施和评价学与教的全部过程的方法。(p.21)

尽管该委员会的第一个定义似乎强化了关于教学技术领域的旧观念，但它的第二个定义十分明确地以非常不同的方式来定义教学技术领域，引入了许多在之前的"官方"定义中不曾有过的概念。特别重要的是，该定义提到了包括确定目标，以及设计、实施和评价教学的"系统的"过程；而目标确定及设计、实施和评价则分别代表了专业文献中刚刚开始进行探讨的系统教学设计过程中的各个步骤（例如，Finn，1960；Gagné，1965；Hoban，1977；Lumsdaine，1964；Scriven，1967）。该定义也指出，教学技术领域是以研究为基础的，目的就在于促进更有效的学习（重申了1963年定义的重点）。最后，该定义讨论将各种人力和非人力资源用于教学目的，这似乎减弱了对媒体作用的重视。

1977 年定义

1977 年，教育传播与技术协会（Association for Educational Communication Technology，简称 AECT）采用了一个新的领域定义，它在许多方面不同于之前的定义。也许最引人注意的是这个定义的长度——超过 7 页的 16 条陈述，以及用 9 页的表格阐述了其中所提出的一些概念，此外还用 9 章的篇幅（120 多页）作了进一步的阐述。尽管其作者清楚地指出，定义中的任何一个部分都不够充分，必须把 16 个部分作为一个整体来对待，但定义的第一句话就让人感受到了它宽广的范围（breadth）：

> 教育技术是一个分析人类学习中各方面问题，以及为解决这些问题而进行设计、实施、评价和管理的复杂且综合的过程。其中涉及与人类学习所有方面都有关系的各种人、程序方法、思想、设备和组织机构。(p.1)

与教学技术委员会 1970 年提出的第二个定义非常相似,1977 年的定义着重强调了系统的("复杂且综合的")设计过程;定义的各部分提到了如今系统设计过程的许多步骤(如设计、制作、实施和评价等)。特别令人感兴趣的是,1977年的定义中第一次提到了计划过程的分析阶段,而这一阶段在当时才刚开始得到教学技术领域专业人士的注意。

1977 年的定义还结合进了一些后来变得十分普遍的术语(如人类学习问题及其解决方案),预示了这些术语在当今会被频繁地使用(特别是在绩效改进领域)。

1977 年的定义还包括许多详细的表格,用以说明与领域有关的各种学习资源,并对人、材料和设备予以同等的重视,由此再次强调了教学技术工作者的任务不仅仅是开发和使用媒体。

1994 年定义:教学技术不只是过程

从 1977 年到 20 世纪 90 年代中期,教学技术领域受到许多方面的发展的影响。[①] 尽管以前的教学设计实践以行为主义学习理论为基础,但认知学习理论和建构主义学习理论已开始对设计实践产生重要影响。微机、交互式视频、光盘(CD-ROM)、互联网等方面的技术进步也对教学技术专业产生了重大影响。此外,通信技术的发展引发了人们对于远程学习的极大兴趣,并使得一些"新"的教学策略(如合作学习)大行其道。由于这些发展以及其他方面的影响,到 20 世纪90 年代中期,教学技术领域已经完全不同于 1977 年定义发表时的情况了。因此,到了重新定义这一领域的时候了。

重新提出一个正式定义的工作始于 1990 年,一直持续到 1994 年 AECT 出版《教学技术:领域的定义和范畴》(Seels 和 Richey,1994)一书。该书对教学技术领域进行了详细的描述,提出了一个简明的定义:

> 教学技术是对关于学习的过程和资源进行设计、开发、利用、管理和评

---

① 本书第二章将详细讨论这些发展。

价的理论与实践。(p.1)

很明显,这一定义把本领域描述成在设计、开发、利用、管理和评价五个范畴或方面开展的研究和实践。五个范畴之间的相互关系可用一个轮状图表示,周边的每个范畴都与中心的"理论和实践"相联系。该示意图的目的也在于防止读者误认为这五个范畴之间是线性相关的(Richey 和 Seels,1994)。

和 1970 年的第二个定义以及 1977 年 AECT 的定义不同,1994 年的定义不认为本领域是过程导向的。事实上,1994 年定义的作者们指出,他们有意避开"系统的"(systematic)这个词,以便更好地反映出当前关于其他设计方法(如建构主义方法)的兴趣(Richey 和 Seels,1994)。不过,定义所确定的五个范畴,同前两个定义中描述的构成"系统"过程的步骤非常相似。的确,这五个名词(设计、开发、利用、管理和评价)中的每一个(或其近义词)都已被直接或间接地用在前两个定义中。

1994 年的定义反映了教学技术领域的一些新取向,也保留了老定义的某些特点。例如,与 1963 年的定义十分相似的是,1994 年的定义把教学技术领域描述为理论和实践,强调了这样一个观点:教学技术领域不仅仅是一个实践领域,也是一个研究领域。虽然 1970 年和 1977 年定义的有关文件中也讨论了理论和实践,但是定义本身并没有提及这些术语。

1994 年的定义至少在两个方面同前两个定义相似。第一,它没有把教师同媒体分离开来,而是把这两者合并到短语"关于学习的……资源"中;第二,它强调领域的目的是促进学习,而教学则被视为实现该目的的一种手段。

4   虽然 1994 年的定义把教学视为实现目的的一种手段,但仍然对教学过程给予了足够的关注。定义的作者指出,定义中"关于学习的过程"既指设计的过程,也指传递的过程。对传递过程的讨论围绕着各种教学策略展开,反映了本专业目前对各种教学方法(从传统的演讲/讨论法到开放式的学习环境)的兴趣。

两个新近的定义

近年来,又有一些新的定义发表了。在这一部分我们将集中讨论其中的两个：一个是由 AECT 委员会最新提出的，另一个是我们(本书的作者)提出的。

AECT 最新的定义

2008 年，AECT 的一个委员会在其出版的一本书中为教育技术领域提出了一个新的定义(AECT 定义与术语委员会，2008)。书中提出的定义是：

> 教育技术是为了促进学习和改进绩效，而对各种恰当的技术性过程和技术性资源进行创造、利用和管理的研究及合乎伦理道德的实践。(p.1)

该书一个极其有用的特征是，它用几章的篇幅专门解释了定义中涉及的各个重要术语，并讨论了这个新定义同以往定义之间的区别。这里也将对其中一些重要术语予以描述。

新定义中的一个重要术语是"合乎伦理道德的"(ethical)。这一术语着重关注的是这样一个事实：从业者必须保持高度的职业操守。教育技术专业人员应遵循的许多道德准则在《AECT 道德规范》(AECT，2007)中都有阐述。

新定义还强调，领域专业人员所做的教学干预应以促进学习为目的，而不应像一些早期的定义所说的或所蕴含的那样，是要引起或控制学习。新观点承认，无论学习者碰到什么样的教学干预，他们在确定自己学习什么内容方面都起着重要作用。

新定义还指出，领域从业人员的目的之一是要改进绩效。定义的作者使用这一术语是为了强调，仅仅帮助学习者获得一些惰性知识是不够的，必须帮助学习者应用所获得的新技能和新知识。

新定义不像以前的定义那样用设计、开发、评价等术语来表示领域内的主要过程或范畴，而是用创造、利用和管理等术语来描述教育技术专业人员应履行的主要功能。创造功能包括形成教学干预和学习环境所涉及的所有步骤：分析、设计、开发、实施和评价。利用功能包括教学方法和材料的选择、传播和制度化。管理功能则合并了项目管理、传递系统管理、人事管理和信息管理等。定义的作者指出，之所以采用这三个不太体现技术性的术语，目的是想描述各主要功能，从而传递一种更为宽广的过程观。

新定义还用了"技术性的"这一形容词来描述领域专业人员所从事的各种过程,以及他们所制作和运用的各类资源。定义的作者引用了加尔布雷斯(Galbraith)(1967)的观点,指出技术性过程就是"系统地应用科学知识或其他有组织的知识来完成实践任务"(AECT 定义与术语委员会,2008,p.12)。他们还指出,技术性资源就是与领域相关的各类硬件和软件,包括静止图片、视频、计算机程序、DVD 播放机等。

本书使用的定义

AECT 新定义的优点之一就在于,它清楚地指出了"关注系统过程"和"技术性资源的利用"是领域的两个有机组成部分。我们在本书中所用的定义也强调了本领域的这两个方面,与此同时,还关注了近年来绩效技术运动对本专业所产生的影响。

正如后面有几章将会提到的,近年来,教学设计和技术(IDT)领域中的专业人员(特别是那些负责设计教学的人)把主要精力都放在改进人们在工作中的绩效上。虽然这种改进可以通过提供培训课程和/或培训材料,实施某些教学干预来实现,但对绩效问题本质的细致分析却往往要求开发和使用非教学解决方案(即不同于培训课程和/或培训材料的解决方案)。各种非教学解决方案将在本书的其他章节予以阐述,如第十四章阐述人类绩效改进,第十五章阐述绩效支持,第十六章阐述非正式学习,第二十八章阐述社交媒体,第二十九章阐述移动学习。通过非教学方法及教学方法来改进工作场所的绩效,这一新的重点被称为绩效改进运动。我们相信教学设计和技术领域的任何定义都应反映这一重点。我们提出并在本书中使用的定义就是如此,即:

> 教学设计和技术领域(也称为教学技术)包括对学习和绩效问题的分析,以及为改进各种情境(尤其是教育机构和工作场所)中的学习和绩效而设计、开发、实施、评价和管理各种教学和非教学过程与资源。教学设计和技术领域的专业人员常常采用系统教学设计过程并利用教学媒体来实现其目的。近年来,他们更多地关注绩效问题的非教学解决方案。同上述各领域相关的研究和理论也是教学设计和技术领域的重要组成部分。

前面已提到过,这个定义强调了在过去这些年中已成为本领域核心的两方面实践。我们相信这两方面的实践——为教学目的而利用媒体和运用系统教学设计过程(或简单称之为教学设计)——是教学设计和技术领域的关键性定义要素。本领域的从业者们把大部分时间都用在媒体和/或与系统教学设计过程有关的任务上。我们相信此定义的优点之一是,它十分明确地承认了领域的这两个方面。更重要的是,我们认为这一定义与先前那些定义的一个不同点在于,它清楚地指明了许多专业人员在利用各种教学和非教学手段来改进工作绩效方面所作的努力。毫无疑问,跟绩效改进有关的许多概念和实践已经被整合到未来 IDT 专业人员的培训中了(Fox 和 Klein,2003),也被整合到他们就职以后所采取的行动中了(Van Tiem,2004)。我们提出的定义清楚地反映了这一现实。

为领域命名:为什么我们称其为教学设计和技术?

我们在本章提出的定义同先前绝大多数定义的不同还在于:它将我们的领域称为"教学设计和技术",而不是"教学技术"。为什么这样称呼我们的领域呢?因为当被问及教学技术的定义时,无论是专业人士还是非专业人士,绝大多数都会提到计算机、DVDs、移动设备以及其他与教学媒体密切相关的硬件和软件。换句话说,大多数人都把教学技术等同于教学媒体。尽管在 30 年或 40 年前就已经提出了不少宽泛的教学技术定义,但现在的情况仍然如此。鉴于这一事实,也许是时候重新考虑我们用什么名称来称呼这样一个包含了教学媒体、教学设计与绩效改进的宽泛领域了。我们考虑了许多术语,认为似乎最适合的就是教学设计和技术。这一术语已被本领域的一个专业组织(教学设计和技术教授委员会)所采用,它直接包含了各个早期定义所关注的两个重要方面。绩效改进,这个近年来对本领域产生重要影响的方面,在"教学设计和技术"这一名称中没有被直接提及,这是因为如果在其中增加绩效改进将使得该名称笨拙而不实用,同时也是因为教学设计的实践近年来已大为拓宽,教学设计者一直在频繁使用与绩效改进运动有关的许多概念。

本书把这一领域称为教学设计和技术,并给出了相应的定义。然而,无论你喜欢用哪个名称来称呼这一领域,也不管你愿意采用哪个定义,真正重要的是你要理解与此领域有关的思想和实践,以及可能影响这一领域的趋势和问题。本书的目的就是要向你介绍这些思想、实践、趋势和问题。我们期望当你阅读了后面章节的内容后,对本领域的看法会有所改观,同时我们确信你对本领域的理解也将得到提升。我们也希望,你能为有关本领域(我们称之为教学设计和技术)的"合适"定义和名称的辩论贡献自己的合理意见。

要点总结

1. **多年来,对于本书称为教学设计和技术的领域,学者们用了许多不同的名称。**近几十年来,经常被使用的名称有教学技术和教育技术。

2. **领域的定义多年来一直在变。**定义的变化是合理的,因为领域从业人员的实践始终受到各种新思想和革新的影响,所以领域的定义也应该相应地进行修订才能反映新的实践。

3. **虽然领域的早期定义聚焦于本领域专业人员所制作的教学媒体,但从 20 世纪 60 年代和 70 年代开始,本领域的许多领军人物不管是作为个人还是作为专业委员会的成员,都提出了将教学技术/教育技术视为过程的定义。**尤其是将其视为系统设计教学的过程。

6
4. **多年来,各个定义中阐述的领域目的也发生了变化。**早期定义认为领域的目的在于引发更有效的教学,而近期的定义则认为领域的主要目的是促进学习。最新的定义进一步拓展了领域的目的,认为领域的目的在于促进学习和改进绩效。

5. **本书提出的定义强调系统化教学设计以及为教学目的而使用媒体这两个方面——这两方面实践将继续构成本领域的基础。**对于本领域从业人员运用各种教学和非教学手段来改进工作场所绩效的努力,该定义也予以了重视。

应用问题

1. **定义领域:**请重新审视本书提及的有关本领域的各个定义,以及你从网络或其他来源看到的定义，然后提出你自己对领域的定义。这个定义可以是完全由你自己提出的，可以是从本章或其他地方一字不差地摘录的，也可以是对已有定义的修订。不管是哪种情况，请一定注明参考资料的出处。最后，请说明你采用的这一定义好在哪里。

2. **给领域命名：** 如本章所言，你正在学习的这个领域有许多不同的名称，包括教育技术、教学技术、教学设计和技术、教学设计、绩效改进，等等。请查阅本书以外对这些名称进行讨论的其他资源，指出你认为能更好地指称本领域的名称，并说明理由。

参考文献

AECT Definition and Terminology Committee. (2008). In A. Januszewski & M. Molenda (Eds.), *Educational technology: A Definition with Commentary*. New York: Lawrence Erlbaum.

Association for Educational Communications and Technology. (1977). *Educational technology: Definition and glossary of terms*. Washington, DC: Association for Educational Communications and Technology.

Association for Educational Communications and Technology. (2007). *AECT: Code of professional ethics*. Retrieved from http://www.aect.org/About/Ethics.asp

Commission on Instructional Technology. (1970). *To improve learning: An evaluation of instructional technology*. Washington, DC: United States Government Printing Office.

Dorris, A. V. (1928). *Visual instruction in the public schools*. Boston: Ginn.

Ely, D. P. (Ed.). (1963). The changing role of the audiovisual process in education: A definition and a glossary of related terms. *AV Communication Review, 11*.

Finn, J. D. (1960). Technology and the instructional process. *AV Communication Review, 8*, 5–26.

Fox, E. J., & Klein, J. D. (2003). What should instructional designers and technologists know about human performance technology? *Performance Improvement Quarterly, 16*, 87–98.

Gagné, R. M. (1965). The analysis of instructional objectives for the design of instruction. In R. Glaser (Ed.), *Teaching machines and programmed learning, II: Data and directions*. Washington, DC: National Education Association.

Galbraith, J. K. (1967). *The new industrial state*. Boston: Houghton Mifflin.

Hoban, C. F., Jr. (1977). A systems approach to audio-visual communications: The Okoboji 1956 keynote address. In L. W. Cochran (Ed.), *Okoboji: A 20 year review of leadership 1955-1974*. Dubuque, IA: Kendall/Hunt.

Lumsdaine, A. A. (1964). Educational technology, programmed learning, and instructional science. In E. R. Hilgard (Ed.), *Theories of learning and instruction: The sixty-third yearbook of the National Society for the Study of Education, Part I*. Chicago: University of Chicago Press.

Reiser, R. A., & Ely, D. P. (1997). The field of educational technology as reflected in its definitions. *Educational Technology Research and Development, 45*, 63–72.

Richey, R. C., & Seels, B. (1994). Defining a field: A case study of the development of the 1994 definition of instructional technology. In D. P. Ely (Ed.), *Educational media and technology yearbook: 1994*. Englewood, CO: Libraries Unlimited.

Saettler, P. (1990). *The evolution of American educational technology*. Englewood, CO: Libraries Unlimited.

Scriven, M. (1967). The methodology of evaluation. In *Perspectives of curriculum evaluation* (American Educational Research Association Monograph Series on Curriculum Evaluation, No. 1). Chicago: Rand McNally.

Seels, B. B., & Richey, R. C. (1994). *Instructional technology: The definition and domains of the field*. Washington, DC: Association for Educational Communications and Technology.

Van Tiem, D. M. (2004). Interventions (solutions) usage and expertise in performance technology practice: An empirical investigation. *Performance Improvement Quarterly., 17*, 23–44.

7

第二章 教学设计和技术的历史[①]

罗伯特·A·瑞泽　　佛罗里达州立大学

8　　　第一章已指出，在过去的这些年中，两方面的实践——系统化教学设计程序（通常简称为教学设计）的运用和为达到教学目的而使用媒体——已形成了教学设计和技术领域的核心。这一章将通过对教学媒体和教学设计的历史的研究，回顾教学设计和技术领域的历史。从历史角度看，同教学媒体相关的大多数实践，是独立于教学设计的发展的。因此，本章将分别介绍这两个不同方面的发展历程。应该说明一下，尽管教学设计和技术历史上的许多重要事件是发生在其他国家的，但是本章将重点论述发生在美国的事件。

教学媒体的历史

教学媒体这一词，一直被定义为向学习者提供教学信息的物质手段（Reiser和Gagne，1983）。按这一定义，各种用于传递教学信息的物质手段，包括教学人员、书本、计算机等，都应被划归为教学媒体。对本领域的从业人员来说，采纳这种观点或许是明智的。但是，在大多数关于教学媒体历史的讨论中，20世纪前的三种主要教学手段（今天仍是最常用的手段）——教师、黑板、教科书——是与其他媒体分开来的（参见：教学技术委员会，1970）。为了清楚地描述媒体的历

---

① 感谢法布里齐奥·福尔纳拉（Fabrizio Fornara）和赵未南（Weinan Zhao，音译）在识别和分析有关当前教学媒体使用情况的报告方面提供的帮助。

史,本章将采用这种观点,即将教学媒体定义为除教师、黑板、教科书之外的向学习者提供教学的物质手段。

学校博物馆

在美国,为教学目的而使用媒体至少可以追溯到 20 世纪的前十年(Saettler,1990)。学校博物馆就在那个时候出现了,正如塞特勒(Saettler)(1968)指出的,这些博物馆"通过分发便携式展品、立体图片(三维照片)、幻灯片、电影、印刷的学习材料、图表和其他教学材料而成为视觉教学的中心管理机构"(p.89)。第一个学校博物馆于 1905 年在圣路易斯开放;此后不久,在宾夕法尼亚州的雷丁(Reading)和俄亥俄州的克利夫兰(Cleveland),又有一些学校博物馆相继开放。尽管自 20 世纪初以来,这样的博物馆建立得并不多,但地区媒体中心可以被看作现代的学校博物馆。

塞特勒曾说过,学校博物馆收藏的资料可以作为课程材料的补充,而并不是要取代教师和教科书。在过去一百年中,这种早期的教学媒体观在教育界广泛流行。也就是说,这一时期多数教育者把教学媒体看作是教学的辅助手段。与之相反,教师和教科书则被看作是教学的主要手段,并且教师有权决定使用何种教学媒体。多年来,教学设计和技术领域的很多专家(如 Heinich,1970)不赞成这种观点,他们指出:(1)教师应该与教学媒体处于同等地位——教师只是多种可能的教学呈现手段中的一种;(2)教师无权单独决定在课堂上采用什么媒体。然而,在整个教育界,这些观点还未流行起来。

视觉教学运动和教学电影

正如塞特勒(1990)曾说过的,20 世纪前期,学校博物馆里收藏的多是视觉媒体,如:电影、幻灯片和照片。当时人们对于在学校中使用媒体的兴趣不断增长,这种现象被称为"视觉教学"或"视觉教育"运动。视觉教育这一术语至少在1908 年就被使用了,当时金士顿视图公司(Keystone View Company)出版了《视觉教育》(*Visual Education*),指导教师如何运用幻灯片和立体照片进行教学。

19 世纪后半叶除了幻灯机和立体图片浏览仪被一些学校使用外(Anderson,1962),电影放映机也成为学校使用的第一批媒体设备之一。1910

年美国出版了第一本教学影片目录。随后,纽约州的罗契斯特市公立学校系统率先把电影用于正规教学。1913 年,托马斯·爱迪生(Thomas Edison)宣称:"书籍不久将从学校中消失,电影可以教授所有人类知识。我们的学校系统将在未来十年内发生彻底的改变。"(引自 Saettler, 1968, p. 98)

在爱迪生预言后的十年间(1914—1923 年),视觉教学运动确实有较大发展,成立了五个全国性的视觉教学专业组织,创办了五种视觉教学杂志,二十多个教师培训机构开设了视觉教学课程,至少有十二个大城市的学校系统成立了视觉教学局(Saettler, 1990)。但直到这十年结束,爱迪生所预言的教育的革命性变化也并未出现。库班(Cuban)(1986)指出,视觉教学运动的影响之所以有限,是因为一系列因素的制约,这些因素包括:教师对变革的抵制,教师操作电影放映设备上的困难,各学科相关的教学影片量少质次,购置和维护影片及其放映设备的成本高昂。

视听教学运动和教学广播

在 20 世纪 20 年代后期及 30 年代大部分时间里,无线电广播、录音、有声电影等方面的技术进步极大地激发了人们对教学媒体的兴趣。随着有声媒体的出现,视觉教学运动演变成了视听教学运动(Finn, 1972;McCluskey, 1981)。但是,正如当时本领域领军人物之一麦卡斯基(McChuskey)所指出的,虽然该领域继续发展,但整个教育界受这种发展的影响不大。他认为到 1930 年为止,视觉教学运动的投入和商业损失达到了 5 000 万美元,其中只有部分损失是由 1929年开始的经济大萧条造成的。

虽然经济大萧条造成了负面的经济影响,但视听教学运动仍继续发展。塞特勒(1990)认为,发展中最重大的事件之一是 1932 年三个全国性的视觉教学专业组织的合并。合并以后,在当时仍是全国教育协会一部分的视觉教学部(Department of Visual Instraction,简称 DVI)内,视听教学运动的领导地位得到了加强。DVI 创立于 1923 年,现在被称为教育传播与技术协会(AECT),当时它在教学设计和技术领域具有领导地位。

在 20 世纪 20 年代和 30 年代,关于视觉教学的教科书大量涌现。其中最重要的是由老查尔斯·F·霍本(Charles F. Hoban, Sr.)、小查尔斯·F·霍本

（Charles F. Hoban, Jr.）和斯坦利·B·齐斯曼（Stanley B. Zissman）等人于1937年所著的《课程视觉化》。在这本书中，作者认为视听材料的价值在于它们写实的程度。作者提出了一个媒体层级，从仅能以抽象形式呈现概念的媒体到可十分具体地呈现内容的媒体（Heinich，Molenda，Russell 和 Smaldino，1999）。其中一些观点先前已为他人讨论过，但没有如此深入。1946 年，埃德加·戴尔（Edgar Dale）在他提出的著名的"经验之塔"理论中进一步详尽论述了这些观点。综观视听教学运动的历史，许多人指出，视听材料的部分价值在于它们能以一种具体的方式呈现概念。

其间受到人们极大关注的一种媒体是无线电广播。在 20 世纪 30 年代早期，许多视听教育的热衷者宣称，无线电广播将是能使教育发生革命性变化的媒体。例如，在提到无线电广播、电影、电视的教学潜力时，全国教育协会刊物的一位编辑说，"明天，它们将像书籍一样普及，将对学与教产生巨大的影响"（Morgan，1932，p. ix）。然而，与这些预测相反，在随后的 20 年中，无线电广播在教学实践中的影响甚微。库班（1986）指出，设备不好、广播接收信号差、日程安排方面的问题、教师对变革的抵制等都是导致这一结果的因素。

第二次世界大战

随着第二次世界大战的爆发，视听教学运动在学校的发展放慢了速度。但是，视听设备却被广泛地运用在军事和工业上。例如，在战争期间，美国空军制作了 400 多部培训影片和 600 多卷幻灯片，据估计，在两年内（1943—1945 年），美军大约放映了 400 多万次培训影片。关于这些电影对军事人员的行为表现所产生的影响，尽管没有时间和机会收集到确切的数据，但对一些军队教官的调查表明，他们认为战争中使用的这些培训电影和幻灯片是有效的培训工具（Saettler，1990）。显然，至少一些敌方的人员赞同这一说法；1945 年战争结束后，德军参谋长说："我们精确地计算了每件事，但忽略了美军培训其人员的速度。我们主要的失算就是低估了他们对电影教育的快速、全面的掌握。"（引自Olsen 和 Bass，1982，p. 33）

战争期间，在把美国公民训练成为军工生产人员方面，培训影片也起了重要的作用。1941 年，美国联邦政府成立了战时训练视觉教具部。从 1941 年到

10

1945年,战时训练视觉教具部监制了457部培训影片。大多数的培训主管报告说这些影片在不降低培训效果的前提下缩短了培训时间,并且这些影片比传统的培训课程更有趣,减少了缺席率。

在二战期间,除了培训影片和电影放映机外,其他各种视听材料和设备也被用于军队和工业培训。这些广泛使用的设备包括:在战争中首次制造出来的投影仪;用来教学员识别飞行器和轮船的幻灯放映机;用来教授外语的录音设备;用于飞行训练的模拟器和训练设施(Olsen 和 Bass,1982;Saettler,1990)。

传播理论

在战后的十年间,视听教学运动的领导人对各种传播理论和模式产生了兴趣,如香农和韦弗(Shannon 和 Weaver,1949)提出的传播模式。这些模式注重传播过程,一个传播过程包括信息的发送者和接收者,以及能够传递信息的传播通道或媒体。这些模式的作者指出,在计划传播活动时,必须考虑传播过程的所有因素,而不能仅仅考虑媒体(如 Berlo,1963)。视听运动的一些领导人,如戴尔(Dale,1953)和芬恩(Finn,1954)也强调传播过程的重要性。尽管开始时,这种观念对视听实践人员的影响不大(Lumsdaine,1964;Meierhenry,1980),但这种观念最终帮助拓展了视听运动的研究重心(Ely,1963;Ely,1970;Silber,1981)。

教学电视

20世纪50年代,人们对于把电视作为教学媒介的兴趣越来越浓,这也许是当时影响视听运动的最重要因素。在20世纪50年代以前,就有很多将电视用于教学目的的例子(Gumpert,1967;Taylor,1967)。而在20世纪50年代,教学电视的运用有了极大的增长。至少有两个主要因素刺激了这种发展。

刺激教学电视迅猛发展的一个因素是,1952年联邦通信委员会(FCC)决定留出242个电视频道用于教育,这一决定促使了大批公共电视台(后来称为教育电视台)的迅猛发展。1955年,美国有17家这样的电视台,到1960年,电视台的数量超过了50家(Blakely,1979)。这些电视台最重要的任务之一是提供教学节目。如黑泽尔(Hezel)(1980)所说的:"公共广播电视从诞生的时候起,就被赋予了教学的功能。尤其在20世纪60年代以前，教学广播电视一直被视为一种能快速、高效、廉价地满足国家教学需要的手段。"(p. 173)

　　福特基金会的资助是促使教学电视在20世纪50年代迅猛发展的另一个刺激因素。据估计，在20世纪50年代和20世纪60年代，福特基金会及其代理商在教学电视上的花费超过了1.7亿美元(Gordon, 1970)。福特基金会资助的项目包括：在马里兰州华盛顿县(黑格斯敦)建立闭路电视系统来教授学校各年级的各主要学科；在芝加哥通过公共电视提供大学预科课程；资助宾夕法尼亚州立大学开展一项大型实验研究项目，以评估通过闭路电视教授的一系列大学课程的效果；向六个州的学校同步传输电视课程的中西部空中电视教学项目。

　　到20世纪60年代中期，为教学目的而使用电视的兴趣消退了。这期间开发的许多教学电视项目的寿命都不长。例如，1963年，福特基金会决定把资助项目集中于支持普通的公共电视，而不再资助学校里的教学电视应用(Blakely, 1979)。还有，当这些项目的外界资助停止后，许多学区就中断了教学电视的示范项目(Tyler, 1975b)。教学节目仍然是公共电视的一个重要部分，但是公共电视台的任务变得更宽泛了，还包括其他类型的节目，如提供文化和信息(Hezel, 1980)。基于这些影响及其他方面的发展，1967年，卡内基教育电视委员会总结道：

> 总体来说，教学电视在正规教育中发挥的作用很小……教学电视的潜力在实践中还没有发挥出来……除了少数情况外，教学电视的存在与否，不会导致教育系统产生根本性的改变。(pp. 80 - 81)

11

　　教学电视没有在更大范围内普及的原因有许多，包括教师对变革的抵制，尤其是对自上而下的变革(即几乎没有或完全没有教师诉求而由行政命令要求的变革)的抵制；教学电视节目的质量欠佳(很多节目只是教师课堂讲授的翻版)；学校里安装和维护电视系统的开销较大；没有给教师提供必要的指导来帮助他们把教学电视整合进教学实践(Chu 和 Schramm, 1975; Cuban, 1986; Gordon, 1970; Tyler, 1975b)。

计算机的教学应用

在对教学电视的兴趣消退后,引起众多教育者关注的下一个技术革新便是计算机。尽管直到 20 世纪 80 年代,对于计算机作为教学工具的广泛兴趣才真正开始,但计算机首次用于教学和培训的时间却早得多。IBM 的研究人员在 20 世纪 50 年代就开展了许多计算机辅助教学(CAI)方面的早期工作,他们开发出了第一个 CAI 编辑语言,设计了第一个用于公立学校的 CAI 程序。这一领域的其他先行者包括:戈登·帕斯克(Gordon Pask),他利用计算机技术制造了适应性教学机器(Lewis 和 Pask,1965;Pask,1960;Stolorow 和 Davis,1965);理查德·阿特金森(Richard Atkinson)和帕特里克·苏佩斯(Patrick Suppes),他们在 20 世纪 60 年代的工作引发了 CAI 在一些公立学校和大学的应用(Atkinson 和 Hansen,1966;Suppes 和 Macken,1978)。20 世纪 60 年代和 70 年代早期的主要成果还包括 CAI 系统的开发,如 PLATO 和 TICCIT。尽管有了这些工作,但是直到 20 世纪 70 年代末,计算机辅助教学对教育的影响依然甚微。

20 世纪 80 年代初,在个人计算机普及后的几年中,对这一工具的热衷使得人们对计算机教学应用的兴趣增加了。到 1983 年 1 月,美国超过 40% 的小学和超过 75% 的中学已将计算机用于教学(学校社会组织中心,1983)。

因为个人计算机相对比较便宜,小巧到可以放在桌上使用,还能实现以往大型计算机的功能,所以许多教育者对于把微型计算机用作教学工具产生了极大兴趣。像其他新媒体被初次引入教学领域一样,许多人期望计算机媒体能给教学实践带来重大影响。例如,派珀特(Papert)于 1984 年指出,计算机将成为"教育系统深刻而彻底变革的催化剂"(p.422),他还说,到 1990 年,在美国的学校里孩子们人手一机的情况将普遍存在。

一开始,计算机将极大地改善教学实践这一乐观的预测似乎是错的。到 20 世纪 90 年代中期,计算机对教学实践的影响还不大。调查显示到 1995 年为止,尽管在美国的学校里,平均每 9 个学生就拥有一台计算机,但计算机对教学实践的影响仍很小,有相当数量的教师声称他们很少或从不把计算机用于教学目的。而且在很多情况下,计算机的运用根本没有创新性。在小学,教师报告说计算机主要被用于操练和练习;在中学,报告表明计算机主要被用于教授与计算机相关的技能,如 WORD 字处理程序[Andderson 和 Ronnkvist,1999;Becker,1998;

技术评估办公室(Office of Technology Assessment)，1995]。然而，正如我们后面将要讨论的，在21世纪前十五年发生的事情表明，计算机和其他新技术对教育的影响要远远大于以往那些媒体。

近期发展

过去十五年间，由于计算机和包括互联网在内的其他数字技术迅速发展，把计算机用于教学的兴趣和实践迅速增加。在工商业、高等教育、中小学及学前教育等众多培训和教育情境中，这个结论似乎都真实可信。上述各情境中发展最大的一个方面是在线教学的开展。如高等教育中修读在线课程的学生的百分比大幅度增加。2002年，高等教育机构录取的学生中只有约10%的学生修读至少一门在线课程，而到了2011年，修读在线课程的学生数已经约为32%(Allen和Seaman，2013)。在初中和高中也可以看到同样的发展趋势。2008年，只有9%的初中生修读至少一门在线课程，而到了2010年，这个数字就上升到了19%。在高中阶段，修读在线课程的学生数从2008年的10%上升到了2010年的30%(Blackboard，2011)。工商业界的在线教学也有了极大的增长。2003年，工商业界的在线培训只占全部培训的13%，而到了2014年，在线培训已占到了全部培训的28%，比2003年翻了一倍还多(美国培训与开发协会研究，2010；人才发展协会研究，2015a)。

在工商业界，技术在培训中日益增强的作用并不仅仅限于在线教学。近年来，除在线教学外，包括视频、卫星、CD - ROM、移动设备等在内的各种技术在培训中的应用都在稳步上升。2004年，工商业界的全部培训中只有26%是利用技术进行的，到了2014年，利用技术进行的培训已经上升到了41%(美国培训与开发协会，2008；人才发展协会，2015a)。

智能手机和平板电脑等移动设备在教学中的应用也大幅度增长。如近期的一项研究表明，超过三分之一的企业组织目前都利用移动设备为其雇员提供学习课程(人才发展协会，2005b)。高等教育界也经常将移动设备用于学习目的。2015年的一项调查显示，64%的大学生报告说他们每周会为学校功课而使用智能手机至少两到三次；40%的大学生报告说他们每周会为学校功课而使用平板电脑至少两到三次(Pearson，2015a)。此外，许多4年级到12年级的学生也在使用

12

移动设备。2015 年,接受调查的 4 年级到 12 年级学生中,41％的学生每周使用智能手机至少两到三次;37％的学生每周使用平板电脑至少两到三次(Pearson, 2015b)。

总之,这些证据清楚地表明,近年来,教学媒体在各种不同情境中的应用显著增长。造成这种情况的原因是什么呢?在工商业界,网络被认为是一种以相对低廉的成本向分散在不同地方的学习者提供教学和信息的手段。此外,在很多时候,由于计算机的使用极其便利,学习者在完成某项特定工作任务时,可以在任何需要的时间或地点获得他们所需要的教学和/或绩效支持。

在高等教育界,对于那些基于各种原因(如工作和家庭责任、地理位置等)而难以接受常规教学的学生,网络远程教育已被视为一种低成本的教学方法。另外,高等教育机构往往把在线课程当作附加收益的重要来源。

新媒体得以广泛应用的另一个原因可能在于其越来越强的交互能力。穆尔(Moore)(1989)描述了存在于教学活动各参与方之间的三类互动,即学习者与教学内容之间的互动、学习者与教师之间的互动以及学习者与学习者之间的互动。20 世纪前六七十年间盛行的教学媒体(如电影、教学电视等)受自身特点所限,主要被用作学习者与教学内容之间进行互动的手段。与此相反,网络媒体由于具有电子邮件、聊天室、电子公告板等工具,不仅可以使学习者与教师之间、学习者与其他学习者之间开展互动,也可以作为学习者与教学内容互动的手段。这一例子说明新媒体更容易促进穆尔所描述的各类互动。

另外,计算机技术的发展,特别是它日益增强的多媒体功能,使教育者可以更容易地设计出具有较之从前更复杂的学习者—教学内容互动的学习经验。例如,由于计算机所能呈现的信息在数量与类型(如印刷类信息、视频信息、音频信息)上都有所扩展,因而提供给学习者的反馈形式、问题类型也大大扩展了。增加的这些教学功能引起了许多教育者的关注。此外,计算机能以多种形式提供信息,使学习者可以容易地链接各种学习内容,这些特征引起了持建构主义观点的教学设计者的兴趣。他们以及其他一些人特别关注在学习环境中呈现真实(即真实世界)的问题,强调学习环境能让学习者充分控制所从事的活动及所用的工具和资源。他们发现这种新的数字技术比先前的那些技术更容易创设出他们所希望的学习环境。

最后,近年来个人计算机、移动设备、网络等技术已经无处不在,与社交网络

[如脸书（Facebook）、领英（LinkedIn）]和社交媒体[如博客（blogs）、维基（wikis）、优兔（YouTube）、推特（Twitter）]相关的工具和技术已得到广泛使用。对于个人而言，这些工具和技术已成为分享信息、获取新知识技能的平常设备。基于这一事实，教育者经常利用这些设备来支持教学、学习和工作绩效，就一点也不足为奇了。

与教学媒体历史相关的结论

通过回顾教学媒体的历史，我们可以学到许多经验教训，其中最重要的经验教训之一，涉及媒体应用于教学实践的预期效果与实际效果之间的比较。如库班（1986）曾经指出的，当你回顾 20 世纪教学媒体的历史时，你可能会注意到一种重复出现的期望与结果。当一种新的媒体进入教育领域时，对于它对教学实践的影响，一开始人们抱有很大的热情和兴趣。但是，这种热情和兴趣最终又消退了，而且有关的研究证明了这种媒体对教学实践的影响很小。例如，爱迪生关于电影将使教育产生革命性变革的乐观预测最终被证明是错误的；20 世纪 50 年代对教学电视的热情到 20 世纪 60 年代中期也大大减退了，因为它对于学校教学效果甚微。不过，从 21 世纪初开始，这样的模式似乎已经有所改变。无论是在中小学和学前教育领域、高等教育领域，还是在工商业界，计算机和其他数字技术似乎对教学的呈现方式产生了深远的影响。虽然一场彻底的革命——课堂教师不再是一种主要的教学传递途径——尚未发生，也不可能在不久的将来出现（在我看来，这是一件好事），但我很清楚，相较于以往的媒体，计算机和本章讨论到的其他数字媒体已经给教学传递方式带来了极大的变化。

教学设计的历史

前面已经说过，教学设计和技术领域除了与教学媒体密切相关外，还与系统化教学设计过程的运用密切相关。如第三章将阐述的，人们已开发出了许多种系统化教学设计的过程（或模式），称之为系统方法、教学系统设计（ISD）、教学开发、教学设计（这也是我在本章后半部分使用的术语）等。尽管具体的程序组合在各教学设计模式中会有所不同，不过大部分模式都包括教学问题分析，以及为

13

解决这些教学问题而对教学程序和材料所进行的设计、开发、实施和评价等几部分。这样的教学设计过程是怎样产生的呢？本章后半部分将重点回答这个问题。

教学设计的起源：第二次世界大战

教学设计过程的起源要追溯到第二次世界大战(Dick，1987)。在二战中，大量在实验研究方面接受过培训、具有开展实验研究经验的心理学家和教育工作者，被招募来从事军事培训材料的研究与开发工作。这些人包括罗伯特·加涅(Robert Gagné)、莱斯利·布里格斯(Leslie Briggs)、约翰·弗拉纳根(John Flanagan)以及其他许多人，他们极大地影响了所开发的培训材料的特征，他们在培训材料的研究与开发中应用的教学原理来源于有关教学、学习和人类行为的研究与理论(Baker，1973；Saettler，1990)。

此外，心理学家还利用他们关于评价和测验的知识来帮助评估受训者的技能和选择适合进行某项训练的人员。例如，在二战期间，有一段时间，某一飞行训练项目的失败率高得令人无法接受。为了克服这个难题，心理学家测验了那些能够成功完成此项目所教技能的士兵的综合智力、心理动作技能和感知技能，然后据此开发测试题目来测量这些特质。之后用这些测试来筛选适合此项目的人选，那些得分很低的士兵将被直接安排到其他项目中。军队运用这种入门技能测试作为筛选工具，极大地提高了个人成功完成任务的比率(Gagné，个人沟通，1985)。

在二战刚结束的时候，许多在二战中成功开展了军事培训项目的心理学家继续致力于各种教学问题的解决，为此成立了诸如美国研究所等专业组织。在20世纪40年代末和整个50年代，在这些组织工作的心理学家开始把培训视作一个系统，并开发了许多具有创新性的分析、设计与评价程序(Dick，1987)。例如，在这期间，罗伯特·B·米勒(Robert B. Miller)在从事有关军事项目时开发出了一套细化的任务分析方法(Miller，1953,1962)。他和其他教学设计领域的先行者的研究成果被收录在加涅编著的《系统开发中的心理学原理》(*Psychological Principles in System Development*)(1962b)一书中。

早期的发展：程序教学运动

从20世纪50年代中期开始一直持续到60年代中期的程序教学运动，是系统方法发展的另一个主要因素。1954 年,斯金纳(B. F. Skinner)的论文《学习的科学和教学的艺术》(The Science of Learning and the Art of Teaching)开启了教育领域的一场小型变革。在此文以及后来的文章(如 Skinner,1958)中,斯金纳对增强人类学习所需的必要条件和有效教学材料的理想特征等问题进行了阐述。斯金纳认为这些材料(被称作程序教学材料)应具有以下特征:提供小步子的教学,对频繁出现的问题做出积极的反应,提供即时反馈,允许学习者自定步调。由于每一步都很小,学习者应该能够答对所有问题,于是就会基于所获得的反馈而得到积极的强化。

斯金纳等(参见 Lumsdaine 和 Glaser,1960)所描述的开发程序教学的过程是典型的解决教育问题的经验性方法:收集关于材料有效性的数据,确定教学的薄弱点,并据此修订材料。除了这个今天被称作形成性评价的试用和修订程序外,开发程序教学材料的过程还涉及很多步骤,这些步骤都可以在当今的教学设计模式中找到。就像海涅克(Heinich)(1970)指出的:

> 随着系统方法被引入教育领域,程序教学得到了认可。通过分析教学内容并将其分解为具体的行为目标,设计达到这些目标所必要的步骤,建立程序来试验和修改这些步骤,然后根据目标实现情况来确认这个程序,程序教学成功地建立了一个小型但有效的自我教学系统——一种教学技术。(p. 123)

行为目标的普及

程序教学材料的设计往往始于对具体目标的识别,即识别使用材料的学习者应达到的预期目标。在 20 世纪 60 年代早期,罗伯特·马杰(Robert Mager)意识到有必要教会教育者如何编写目标,于是编写了《为程序教学准备目标》(*Preparing Objectives for Programmed Instruction*)(1962)一书。这本篇幅不大、文风幽默的关于程序教学的书很受欢迎,现在已经发行到第二版(Mager,1984),售出 1500 多万册。这本书描述了怎样编写目标,包括描述期望的学习者行为、行为发生的条件和评判行为的标准。如今许多热衷于教学设计过程的人都提倡,准备教学目标时要包括三个要素。

尽管使行为目标的运用得以普及的人是马杰，但是，至少早在20世纪初期，就有许多教育者讨论和使用了这一概念。早期提倡使用明确陈述的目标的教育者有博比特(Bobbitt)、查特斯(Charters)和伯克(Burk)(Gagné，1965a)。不过，拉尔夫·泰勒(Ralph Tyler)一般被认为是行为目标之父。他在1934年写道："用来界定目标的术语必须能够清楚阐明课程要帮助发展的行为。"(引自Walbesser和Eisenberg，1972)在泰勒主持的著名的八年研究中，人们发现，在八年研究开始的时候，学校所陈述的目标多是笼统模糊的；然而，在这个项目快结束的时候，有证据表明，使用行为术语来陈述目标可以使目标更加清晰易懂，并且这样的目标还可以被用作评价教学有效性的依据(Borich，1980；tyler，1975a)。

在20世纪50年代，本杰明·布鲁姆(Benjamin Bloom)和他的同事出版了《教育目标分类学》(*Taxonomy of Educational Objectives*)(Bloom，Engelhat，Furst，Hill和Krathwohl，1956)一书，使行为目标得到了进一步推进。这本书的作者指出，在认知领域有各种不同类型的学习结果，根据其所描述的学习者行为类型可以对目标进行分类，并且不同类型的学习结果之间存在着层级关系。他们进一步指出，所设计的测验应能测量每一类学习结果。正如我们在本章后面的两部分中将看到的一样，其他教育者提出的类似观点对系统教学设计也有着重大意义。

标准参照测验运动

在20世纪60年代早期，教学设计发展进程中的另一个重要因素是标准参照测验的出现。在此之前的测验基本上都是常模参照测验，旨在了解学习者成绩的分布情况，结果是在测试中有些学生表现好而有些学生表现很差。与此不同，标准参照测验旨在测量个人在某个特定行为或一系列行为方面的表现情况，与其他人的成绩无关。早在1932年，泰勒就已经指出测验可用于此目的(Dale，1967)。后来，弗拉纳根(1951)和埃贝尔(Ebel)(1962)讨论了这种测验和人们更为熟悉的常模参照测验的区别，而最早使用标准参照测验这一术语的人是罗伯特·格拉泽(Robert Glaser)(1963；Glaser和Klaus，1962)。在讨论这种测量方法的时候，格拉泽(1963)指出，可以用标准参照测验来评价学生的起点行为，也可以用它来确定学生掌握课程所要求的行为的程度。把标准参照测验用于这两个目的是教学设计过程的一个核心特征。

罗伯特·加涅：学习领域、教学事件和层级分析

教学设计历史上的另一个重要事件是 1965 年罗伯特·加涅（1965b）所著的《学习的条件》(*The Conditions of Learning*)第一版的出版。在这本书里，加涅描述了学习结果的五个领域或类型——言语信息、智力技能、动作技能、态度和认知策略，每类学习结果都需要不同的条件来促进其学习。加涅也详细描述了每类学习结果所需的条件。

在这本书里，加涅还描述了九大教学事件或九大教学活动，他认为要促进各类学习结果的实现，这九大教学事件是必不可少的。加涅也分析了对每种学习结果来说最重要的是哪些教学事件，讨论了在何种情境下可以排除哪些特定的教学事件。现在这本书已经出版了第四版(Gagné，1985)，加涅对学习结果的类型和教学事件的描述至今仍是教学设计实践的基石。

加涅关于学习层级以及层级分析的研究对教学设计领域也有着重要的影响。在 20 世纪 60 年代早期和他职业生涯的后期（如 Gagné，1962a，1985；Gagné，Briggst 和 Wager，1992；Gagné 和 Medsker，1996），加涅指出在智力技能领域内部的各技能之间具有层级关系，因此，想要顺利地习得上位技能，首先必须掌握从属于它的下位技能。这导致了一个重要的观点，那就是教学设计应该确保学习者在试图获得上位技能之前预先掌握从属的下位技能。加涅继续描述层级分析过程（也叫作学习任务分析或教学任务分析）以确定从属的下位技能。这个过程一直是许多教学设计模式的一个关键特征。

"斯普特尼号"人造地球卫星：形成性评价的间接开始

1957 年，苏联发射了第一颗沿空间轨道运行的人造地球卫星"斯普特尼号"(Sputnik)，此后发生了一系列最终对教学设计过程产生重要影响的事件。作为对苏联发射人造地球卫星的回应，被苏联成果震惊的美国政府倾注了数百万美元来改善美国的数学和科学教育。用这些资金开发的教学材料通常由教材专家编写，编写完成后未经学习者试用就投入了生产。几年以后，在 20 世纪 60 年代中期,人们发现其中的许多材料并不是特别有效。迈克尔·斯克里文(Michael Scriven)(1967)指出,在教学材料形成最终产品前让学习者试用是十分必要的。试用过程使教育者在教学材料的形成阶段就可以评估其有效性,并加以修改(如果有必要的话)。斯克里文把这种试用和修订的过程称为形成性评价,而把教学材料形成最终产品后对其进行的测试称为总结性评价。

尽管形成性评价和总结性评价这两个术语是由斯克里文提出的,但是在此之前,李·克隆巴赫(Lee Cronbach)(1963)就已经提出了这两种评价之间的区别。还有在 20 世纪 40 年代和 50 年代,许多教育家,如亚瑟·拉姆斯戴恩(Arthur Lumsdaine),马克·梅(Mark May)和 C·R·卡彭特(C. R. Carpenter)都曾描述过如何评价尚处于形成阶段的教学材料的问题(Cambre,1981)。尽管这些教育家对此问题进行了论述,但在 40 年代和 50 年代所开发的教学产品中只有极少数经历过某种形式的形成性评价。这种状况在 50 年代末和 60 年代才有了一些改变。此期间的许多程序教学材料在开发时就进行了测试。然而有一些研究者,像苏珊·马克尔(Susan Markle)(1967)等,也指责这些测试过程不够严格。针对这个问题,马克尔提出了在设计过程中和设计过程后对材料进行评价的详细程序。她所描述的这些程序很像今天所说的形成性评价和总结性评价技术。

早期教学设计模式

20 世纪 60 年代的早期和中期,在任务分析、目标具体化和标准参照测验等方面发展起来的观念,被联系起来形成了一个系统设计教学材料的过程或模式。最先描述这些模式的人包括加涅(1962b)、格拉泽(1962,1965)和西尔文(Silvern)(1964)。他们用教学设计、系统开发、系统化教学和教学系统等术语来描述他们所建立的模式。在这个时期建立和使用的其他一些教学设计模式包括巴纳锡(Banathy)(1968)、巴尔森(Barson)(1967)和哈默鲁斯(Hamerus)(1968)等人所描述的模式。

20 世纪 70 年代:对系统方法兴趣的萌芽

20 世纪 70 年代,教学设计模式的数量大幅度增加。很多人在前人研究的基础上建立了新的系统化教学设计模式(如 Dick 和 Carey,1978;Gagné 和

Briggs，1974；Gerlach 和 Ely，1971；Kemp，1971)，其中一些则成了本领域的"标准"。实际上，其中两三个模式的最新修订版(Dick，Carey 和 Carey，2009；Morrison，Ross，Kemp 和 Kalman，2010)仍然是教学设计专业研究生学习的主要内容(Johnson，Xin，Mackal 和 Reiser，2002)。

70 年代，许多领域都对教学设计过程产生了浓厚兴趣。1975 年，美国军队的一些部门采用了一个教学设计模式来指导部门内部培训材料的开发(Branson 等,1975)。在这十年的前半段，学术界建立了许多教学改善中心，目的在于帮助教员运用媒体和教学设计过程来改善教学质量(Gaff，1975；Gustafson 和 Bratton，1984)。此外，还开设了许多教学设计的研究生课程(Patridge 和 Tennyson，1979；Redfield 和 Dick，1984；Silber，1982)。工商业界的许多组织由于看到了运用教学设计具有改善培训质量的价值，也开始采用这种方法(参见 Mager，1977；Miles，1983)。国际上有许多国家，比如韩国、利比里亚和印度尼西亚，看到了运用教学设计可解决自己国家的教学问题(Chadwick，1986；Morgan，1989)，因此这些国家支持新的教学方案的设计，并创建一些组织来支持教学设计的运用，以及为渴望获得这方面培训的个人提供支持。于 20 世纪70 年代首次出版发行的《教学开发杂志》，将许多类似这样的发展编入了年鉴。

20 世纪 80 年代：发展和转向

诸多领域在 20 世纪 70 年代萌生的对教学设计的兴趣到 80 年代仍继续增长。工商业界(Bowsher，1989；Galagan，1989)、军队(Chevalier，1990；Finch，1987；McCombs，1986)以及国际范围内其他国家(Ely 和 Plomp，1986；Morgan，1989)对教学设计过程的兴趣仍很浓厚。

与在上述各领域产生的影响相比，20 世纪 80 年代，教学设计对其他领域的影响并不大。在公立学校系统，有些课程的开发运用了基本教学设计过程(如 Spady，1988)，也为教师们编制了一些教学设计的教科书(如 Dick 和 Reiser，1989；Gerlach 和 Ely，1980；Sulivan 和 Higgins，1983)。有证据显示，尽管做了这些努力，但是教学设计对于公立学校的教学仍是影响甚微(Branson 和 Grow，1987；Burkman，1987b；Rossett 和 Garbosky，1987)。同样地，除了少数例外(如 Diamond，1989)，教学设计实践对于高等教育也没有产生太大的影响。虽然 20 世纪 70 年代中期,高等教育中的教学改善中心数量有所增长,可是到 1983 年,超过四分之一的教学改善中心已经解散,而剩下组织的预算也呈现普遍下降趋势(Gustafson 和 Bratton,1984)。伯克曼(Burkman)(1987a,1987b)分析了教学设计没有在中小学和大学取得成功的原因,并且把这些条件与存在于工商业界和军队里的有利条件做了对比。

在 20 世纪 80 年代,人们对如何将认知心理学原理应用到教学设计过程的研究越来越感兴趣,并且涌现出了一批概述其潜在应用前景的出版物(如 Bonner,1986;Divesta 和 Rieber,1987;"采访加涅",1982;Low,1980)。不过,该领域的一些领军人物表示,在这十年中认知心理学对教学设计实践的实际影响还很小(Dick,1987;Gustafson,1993)。

在 20 世纪 80 年代,有一个因素确实对教学设计实践产生了重要影响,那就是人们对于把个人计算机用于教学的兴趣日益增加。随着这些设备的出现,教学设计领域的许多专家把注意力转到了计算机辅助教学的开发上(Dick,1987;Shrock,1995)。其他一些学者则指出,为了适应计算机技术的交互功能,需要开发新的教学设计模式(Merrill,Li 和 Jones,1990a,1990b)。此外,计算机开始被用作使某些教学设计任务自动化的工具(Merrill 和 Li,1989)。

20 世纪 90 年代:承认绩效的重要性

从 20 世纪 90 年代开始一直到 21 世纪,对教学设计领域产生重大影响的一个趋势是人类绩效改进运动(参见本书第五部分)。绩效改进运动的重点在于工作绩效(而不是学习)、商业成果和绩效问题的非教学解决方案,它拓宽了教学设计领域的范围。

20 世纪 90 年代,另一个开始对教学设计领域产生重要影响的因素是建构主义的教学观和学习观。例如,建构主义者强调设计"真实的"学习任务——任务必须反映学习者将要在其中应用所学技能的现实世界环境的复杂性,这对于教学设计的实践和教学都产生了较大影响。

在这十年间,教学设计者不仅热衷于把计算机作为一种教学工具来提升学习,也开始热衷于把计算机用作改进工作绩效的辅助手段。特别值得一提的是,在这十年间,人们对于用电子绩效支持工具和系统来支持工作绩效的兴趣急剧增长。此外,这十年里,教学设计者已开始讨论如何利用计算机辅助的知识管理系统来支持学习和绩效(Schwen,Kalman,Hara 和 Kisling,1998)。

21 世纪的教学设计

在 21 世纪的前十五年,有几个方面的发展已对教学设计领域产生了重要影响。其中一个方面是越来越多地用互联网来向学习者呈现教学。如本章前半部分所述,这一时期工商业界、高等教育界、中小学和学前教育界的在线学习有了极大的增长。伴随这一增长,人们认识到,教学设计者在在线课程的开发中起着至关重要的作用。这一认识为教学设计领域的从业人员开启了新的工作机会,也对那些试图找出有趣而有效的在线教学手段的教学设计专业人员提出了新的挑战。

近来人们更多地通过非正式学习而不是正式学习来改进学习和工作绩效,这方面的发展也对教学设计领域产生了重要影响。近年来,由于职场人员越来越趋向于利用社交媒体(第二十八章)、移动设备(第二十九章)和绩效支持工具(第十五章)来帮助自己完成工作,因此对于正式学习的需求大大降低了。这样一来,教学设计人员就必须扩充其专业工具包,必须学会如何设计这些有助于技能获得的备用手段并推进其广泛应用。

本领域的一些研究者表示了对"传统"教学设计模式(如 ADDIE 模式)的顾虑,这成了近期影响教学设计领域的第三个因素。这些顾虑包括:认为传统模式的实施往往耗时较长,可以采用更简单的设计模式,以更有效率的方式来设计有效教学,等等。本书有几章将讨论到这些内容及其他一些顾虑(如第四章、第三十九章)。尽管有这些顾虑,但也许是因为大量的教学设计专业人员已经适应了根据这些模式而开展的设计过程,目前工商业界和高等教育界对于教学设计人员的需求仍然很大,并且在可预见的未来,这种需求很可能依然强大。

结论

尽管本章分别陈述了教学媒体的历史和教学设计的历史,但实际上这两方面有明显的重叠。许多通过教学设计过程得到的教学解决方案,需要运用本章前半部分所讨论的教学媒体。而且有许多研究者(如 Clark,1994,2001;

Kozma, 1994；Morrison, 1994；Reiser, 1994；Shrock, 1994)都强调,对教学媒体的有效运用需要像教学设计模式所描述的那样进行细致的教学规划。在教学设计和技术领域,那些从教学媒体历史和教学设计历史中吸取经验教训的人,将会准确地给自己定位,并对该领域未来的发展产生积极的影响。

要点总结

1. **纵观 20 世纪,当每一种新媒体(如电影、广播、电视等)被引入教育领域时,对于这种媒体将给教学实践带来的改变,都有许多乐观的看法。** 但与这些期望相反,上述每一种媒体几乎都没有达到乐观主义者所预想的效果。

2. **每一种媒体对教育实践产生的影响都很微弱,其原因可能是多方面的。** 人们提到最多的原因有：教师对变革(特别是自上而下的变革)的抵制,购置和维持必要的媒体硬件所需要的成本,媒体软件的质量低劣,没有为教师提供充分的支持来帮助他们把新媒体整合于教学实践。

3. **近年来,较之先前的各种媒体,计算机及其相关技术对教学实践和学习产生了较大影响。** 这些媒体之所以对教学和学习产生较大影响,主要原因可能在于以下几点：它们所具有的交互能力；能以多种形式呈现信息和知识的能力；允许学习者创造和分享个人知识及技能的便利性。

4. **大多数形成于 20 世纪 60 年代和 70 年代并且今天仍然流行的教学设计模式,其渊源可以回溯到 20 世纪 40 年代到 60 年代期间的教育开发和培训实践。** 二战期间军事培训的进步,程序教学运动产生的教学新方向,以及行为目标、标准参照测验、学习层级、形成性评价等新观念,在这些模式中都得到了反映。

5. **20 世纪 80 年代和 90 年代,许多教学设计模式和实践都受到了认知心理学以及建构主义的教学观和学习观的影响。** 另外,在此期间,绩效改进运动令许多教学设计者开始思考对工作绩效施加积极影响的重要性,以及识别教学干预之外为改进绩效而采取的非教学性干预措施。

6. **在 21 世纪的前十五年间,有许多因素对教学设计领域产生了重要影响。** 人们对数字化学习的兴趣与日俱增,这为教学设计人员提供了新的机会；更多地依赖非正式学习来改进学习和绩效导致许多教学设计者不得不扩充其专业工具包;对"传统"教学设计模式的顾虑使本专业的一些人员主张并使用了一些可供替换的设计模式。

应用问题

1. 在前一个学年,当地一所中学为上七年级四门学科(数学、语言艺术、社会研究、科学)的所有学生配置了笔记本电脑,提供了全年的学校和家庭无线互联网服务。学生们每晚将笔记本电脑带回家,第二天再带进课堂。教师们也配备了笔记本电脑和全年每周 7 天每天 24 小时的无线互联网服务。教师在学年中常规使用的所有课程材料(课本、练习册、学生学习指导、教师课程指南等)都已被装入笔记本电脑。

假设你被指定为该项目的评估人,一年来你一直在考察该创新项目(每周 7 天每天 24 小时为师生提供笔记本电脑、课程材料和无线互联网服务)如何变革四位项目教师的课堂教学。再假设你的研究结果清楚地表明该创新项目对教师们的课堂教学方式影响甚微。

现在请你

a. 至少指出三个原因(因素)来说明为什么该项目对教师们的教学实践影响甚微。你所指出的每一个因素都应该与本章所提及的那些说明早期教学媒体形式(即电影、广播和电视)对教学实践影响甚微的因素相关。

b. 至少提出两种策略,用以说明如何消解你认为导致该项目收效甚微的那些因素,并进一步说明为什么你认为这些策略有用。

2. 恭喜你!你的教学设计咨询公司刚刚入围决赛,要竞争一份以印刷媒体为主的教学单元的设计合同,该教学单元将为全美国的六年级学生提供分数乘法的教学。为了获得这份合同,现在承包代理机构要求你准备一份备忘录,说明为什么你的公司适合做这项任务。不过,如下段内容所言,这份备忘录并不是正规的备忘录。

承包代理机构的首席合同官认为,最终获得合同的人应该懂得教学设计的历史,并能将教学设计历史中的各种观念用于今天的教学设计任务。因此,他要求进入决赛的各家公司提供一份 250—300 字的备忘录，要求选择以下六个时期中的四个时期，简短说明该时期的某个教学设计原理如何被用于分数教学单元的设计和呈现。请写备忘录！

- 第二次世界大战
- 程序教学运动
- 行为目标运动
- 标准参照测验运动
- 加涅的早期成果
- 形成性评价运动

参考文献

Allen, I. E., & Seaman, J. (2013). *Changing Course: Ten years of tracking online education in the United States.* Wellesley, MA: Babson Survey Research Group.

Anderson, C. (1962). *Technology in American education: 1650–1900* (Report No. OE-34018). Washington, DC: Office of Education, U.S. Department of Health, Education, and Welfare.

Anderson, R. E., & Ronnkvist, A. (1999). *The presence of computers in American schools: Teaching, learning and computing: 1998 national survey* (Report #2). Irvine, CA: Center for Research on Information Technology and Organizations (ERIC Document Reproduction Service No. ED 430 548).

Andrews, D. H., & Goodson, L. A. (1980). A comparative analysis of models instructional design. *Journal of Instructional Development, 3*(4), 2–16.

ASTD Research. (2008). *2008 state of the industry report.* Alexandria, VA: American Society for Training & Development.

ASTD Research. (2010). *2010 state of the industry report.* Alexandria, VA: American Society for Training & Development.

ATD Research. (2015a). *2015 state of the industry report.* Alexandria, VA: Association for Talent Development.

ATD Research. (2015b). *The mobile landscape 2015: Building toward anytime, anywhere learning.* Alexandria, VA: Association for Talent Development.

Atkinson, R. C., & Hansen, D. N. (1966). Computer-assisted instruction in initial reading: The Stanford project. *Reading Research Quarterly, 2*, 5–25.

Baker, E. L. (1973). The technology of instructional development. In R. M. W. Travers (Ed.), *Second handbook of research on teaching.* Chicago: Rand McNally.

Banathy, B. H. (1968). *Instructional systems.* Belmont, CA: Fearon.

Barson, J. (1967). *Instructional systems development. A demonstration and evaluation project: Final report.* East Lansing, MI: Michigan State University (ERIC Document Reproduction Service No. ED 020 673).

Becker, H. J. (1998). Running to catch a moving train: Schools and information technologies. *Theory into Practice, 37*(1), 20–30.

Berlo, D. K. (1963). You are in the people business. *Audiovisual Instruction, 8,* 372–381.

Blackboard. (2011). *Learning in the 21st century: 2011 trends update.* Washington, DC: Blackboard K-12.

Blakely, R. J. (1979). *To serve the public interest: Educational broadcasting in the United States.* Syracuse, NY: Syracuse University Press.

Bloom, B. S., Engelhart, M. D., Furst, E. J., Hill, W. H., & Krathwohl, D. R. (1956). *Taxonomy of educational objectives: The classification of educational goals. Handbook 1: Cognitive Domain.* New York: David McKay.

Bonner, J. (1986). Implications of cognitive theory for instructional design. *Educational Communication and Technology Journal, 36,* 3–14.

Borich, G. D. (1980). *A state of the art assessment of educational evaluation.* Austin, TX: University of Texas (ERIC Document Reproduction Service No. ED 187 717).

Bowsher, J. E. (1989). *Educating America: Lessons learned in the nation's corporations.* New York: Wiley.

Branson, R. K., & Grow G. (1987). Instructional systems development. In R. M. Gagné (Ed.), *Instructional technology: Foundations* (pp. 397–428). Hillsdale, NJ: Lawrence Erlbaum.

Branson, R. K., Rayner, G. I., Cox, J. L., Furman, J. P., King, F. J., & Hannum, W. H. (1975). *Inter-service procedures for instructional systems development.* Fort Monroe, VA: U.S. Army Training and Doctrine Command.

Burkman, E. (1987a). Factors affecting utilization. In R. M. Gagné (Ed.), *Instructional technology: Foundations* (pp. 429–456). Hillsdale, NJ: Lawrence Erlbaum.

Burkman, E. (1987b). Prospects for instructional systems design in the public schools. *Journal of Instructional Development, 10*(4), 27–32.

Cambre, M. A. (1981). Historical overview of formative evaluation of instructional media products. *Educational Communication and Technology Journal, 29*, 3–25.

Carnegie Commission on Educational Television. (1967). *Public television: A program for action.* New York: Harper & Row.

Center for Social Organization of Schools. (1983). *School uses of microcomputers: Reports from a national survey* (Issue no. 1). Baltimore, MD: Johns Hopkins University, Center for Social Organization of Schools.

Chadwick, C. B. (1986). Instructional technology research in Latin America. *Educational Communication and Technology Journal, 34*, 247–254.

Chevalier, R. D. (1990). Improving efficiency and effectiveness of training: A six year case study of systematic change. *Performance and Instruction, 29*(5), 21–23.

Chu, G. C., & Schramm, W. (1975). *Learning from television: What the research says* (rev. ed.). Washington, DC: National Association of Educational Broadcasters.

Clark, R. E. (1994). Media will never influence learning. *Educational Technology Research and Development, 42*(2), 21–29.

Clark, R. E. (2001). What is next in the media and methods debate? In R. E. Clark (Ed.), *Learning from media.* Greenwich, CT: Information Age.

Commission on Instructional Technology. (1970). *To improve learning: An evaluation of instructional technology* (vol. 1). New York: Rowker.

Cronbach, L. J. (1963). Course improvement through evaluation. *Teachers' College Record, 64*, 672–683.

Cuban, L. (1986). *Teachers and machines: The classroom use of technology since 1920.* New York: Teachers College Press.

Dale, E. (1946). *Audio-visual methods in teaching* (1st ed.). New York: Holt, Rinehart and Winston.

Dale, E. (1953). What does it mean to communicate? *AV Communication Review, 1*, 3–5.

Dale, E. (1967). Historical setting of programmed instruction. In P. C. Lange (Ed.), *Programmed instruction: The sixty-sixth yearbook of the National Society for the Study of Education, Part 11.* Chicago: University of Chicago Press.

Diamond, R. M. (1989). *Designing and improving courses and curricula in higher education: A systematic approach.* San Francisco: Jossey-Bass.

Dick, W. (1987). A history of instructional design and its impact on educational psychology. In J. Glover & R. Roning (Eds.), *Historical foundations of educational psychology.* New York: Plenum.

Dick, W., & Carey, L. (1978). *The systematic design of instruction* (1st ed.). Glenview, IL: Scott, Foresman.

Dick, W., Carey, L., & Carey, J. O. (2009). *The systematic design of instruction* (7th ed.). Upper Saddle River, NJ: Pearson Education.

Dick W., & Reiser, R. A. (1989). *Planning effective instruction.* Englewood Cliffs, NJ: Prentice-Hall.

Divesta, F. J., & Rieber, L. P. (1987). Characteristics of cognitive engineering: The next generation of instructional systems. *Educational Communication and Technology Journal, 35*, 213–230.

Ebel, R. L. (1962). Content standard test scores. *Educational and Psychological Measurement, 22*, 15–25.

Ely, D. P. (Ed.). (1963). The changing role of the audiovisual process in education: A definition and glossary of related terms. *AV Communication Review, 11*(1).

Ely, D. P. (1970). Toward a philosophy of instructional technology. *British Journal of Educational Technology, 1*(2), 81–94.

Ely, D. P., & Plomp, T. (1986). The promises of educational technology: A reassessment. *International Review of Education. 32*, 231–249.

Finch, C. R. (1987). Instructional systems development in the military. *Journal of Industrial Teacher Education, 24*(4), 18–26.

Finn, J. D. (1954). Direction in AV communication research. *AV Communication Review, 2*, 83–102.

Finn, J. D. (1972). The emerging technology of education. In R. J. McBeath (Ed.), *Extending education through technology: Selected writings by James D. Finn.* Washington, DC: Association for Educational Communications and Technology.

Flanagan, J. C. (1951). Units, scores, and norms. In E. T. Lindquist (Ed.), *Educational measurement.* Washington, DC: American Council on Education.

Gaff, J. G. (1975). *Toward faculty renewal: Advances in faculty, instructional, and organizational development.* San Francisco: Jossey-Bass.

Gagné, R. M. (1962a). The acquisition of knowledge. *Psychological Review, 69*, 355–365.

Gagné, R. M. (1962b). Introduction. In R. M. Gagné (Ed.), *Psychological principles in system development.* New York: Holt, Rinehart and Winston.

Gagné, R. M. (1965a). The analysis of instructional objectives for the design of instruction. In R. Glaser (Ed.), *Teaching machines and programmed learning, II: Data and directions.* Washington, DC: National Education Association.

Gagné, R. M. (1965b). *The conditions of learning* (1st ed.). New York: Holt, Rinehart and Winston.

Gagné, R. M. (1985). *The conditions of learning* (4th ed.). New York: Holt, Rinehart and Winston.

Gagné, R. M., & Briggs, L. J. (1974). *Principles of instructional design* (1st ed.). New York: Holt, Rinehart, and Winston.

Gagné, R. M., Briggs, L. J., & Wager, W. W. (1992). *Principles of instructional design* (4th ed.). New York: Holt, Rinehart, and Winston.

Gagné, R. M., & Medsker, K. L. (1996). *The conditions of learning: Training applications.* Fort Worth, TX: Harcourt Brace.

Galagan, P. A. (1989). IBM gets its arms around education. *Training and Development Journal, 43*(1), 34–41.

Gerlach, V. S., & Ely, D. P. (1971). *Teaching and media: A systematic approach* (1st ed.). Englewood Cliffs, NJ: Prentice-Hall.

19

Gerlach, V. S., & Ely, D. P. (1980). *Teaching and media: A systematic approach* (2nd ed.). Englewood Cliffs, NJ: Prentice-Hall.

Glaser, R. (1962). Psychology and instructional technology. In R. Glaser (Ed.), *Training research and education.* Pittsburgh: University of Pittsburgh Press.

Glaser, R. (1963). Instructional technology and the measurement of learning outcomes: Some questions. *American Psychologist, 18,* 519–521.

Glaser, R. (1965). Toward a behavioral science base for instructional design. In R. Glaser (Ed.), *Teaching machines and programmed learning, II: Data and directions.* Washington, DC: National Education Association.

Glaser, R., & Klaus, D. J. (1962). Proficiency measurement: Assessing human performance. In R. M. Gagné (Ed.), *Psychological principles in system development.* New York: Holt, Rinehart and Winston.

Gordon. G. N. (1970). *Classroom television: New frontiers in ITV.* New York: Hastings House.

Gumpert, G. (1967). Closed-circuit television in training and education. In A. E. Koenig & R. B. Hill (Eds.), *The farther vision: Educational television today.* Madison, WI: University of Wisconsin Press.

Gustafson, K. L. (1993). Instructional design fundamentals: Clouds on the horizon. *Educational Technology, 33*(2), 27–32.

Gustafson, K., & Bratton, B. (1984). Instructional improvement centers in higher education: A status report. *Journa of Instructional Development, 7*(2), 2–7.

Hamerus, D. (1968). *The systems approach to instructional development: The contribution of behavioral science to instructional technology.* Monmouth: OR: Oregon State System of Higher Education, Teaching Research Division.

Heinich, R. (1970). Technology and the management of instruction (Association for Educational Communications and Technology Monograph No. 4). Washington, DC: Association for Educational Communications and Technology.

Heinich, R., Molenda, M., Russell, J. D., & Smaldino, S. E. (1999). *Instructional media and technologies for learning* (6th ed.). Upper Saddle River, NJ: Prentice Hall.

Hezel, R. T. (1980). Public broadcasting: Can it teach? *Journal of Communication, 30,* 173–178.

Hoban, C. F., Sr., Hoban, C. F., Jr., & Zissman, S. B. (1937). *Visualizing the curriculum.* New York: Dryden.

Interview with Robert M. Gagné: Developments in learning psychology: Implications for instructional design; and effects of computer technology on instructional design and development. (1982). *Educational Technology, 22*(6), 11–15.

Johnson, T. E., Xin, X., Mackal, M. & Reiser, R. A. (2012). Textbooks used in graduate programs in instructional design and technology: Comparisons across time and countries. *Educational Technology, 52*(4), 25–32.

Kemp, J. E. (1971). *Instructional design: A plan for unit and course development.* Belmont, CA: Fearon.

Kozma, R. B. (1994). Will media influence learning: Reframing the debate. *Educational Technology Research and Development, 42*(2), 7–19.

Lewis, B. N., & Pask, G. (1965). The theory and practice of adaptive teaching systems. In R. Glaser (Ed.), *Teaching machines and programmed learning II: Data and directions.* Washington, DC: National Education Association.

Low, W. C. (1980). Changes in instructional development: The aftermath of an information processing takeover in psychology. *Journal of Instructional Development, 4*(2), 10–18.

Lumsdaine, A. A. (1964). Educational technology, programmed learning, and instructional science. In E. R. Hilgard (Ed.), *Theories of learning and instruction: The sixty-third yearbook of the National Society for the Study of Education, Part 1.* Chicago: University of Chicago Press.

Lumsdaine, A. A., & Glaser, R. (Eds.). (1960). *Teaching machines and programmed learning: A source book.* Washington, DC: National Education Association.

Mager, R. F. (1962). *Preparing objectives for programmed instruction.* Belmont, CA: Fearon.

Mager, R. F. (1977). The "winds of change." *Training and Development Journal, 31*(10), 12–20.

Mager, R. F. (1984). *Preparing instructional objectives* (2nd ed.). Belmont, CA: Lake.

Markle, S. M. (1967). Empirical testing of programs. In P. C. Lange (Ed.), *Programmed instruction: The sixty-sixth yearbook of the National Society for the Study of Education, Part II.* Chicago: University of Chicago Press.

McCluskey, F. D. (1981). DVI, DAVI, AECT: A long view. In J. W. Brown & S. N. Brown (Eds.), *Educational media yearbook: 1981.* Littleton, CO: Libraries Unlimited.

McCombs, B. L. (1986). The instructional systems development (ISD) model: A review of those factors critical to its successful implementation. *Educational Communications and Technology Journal, 34,* 67–81.

Meierhenry, W. C. (1980). Instructional theory: From behaviorism to humanism to synergism. *Instructional Innovator, 25*(1), 16–18.

Merrill, M. D., & Li, Z. (1989). An instructional design expert system. *Journal of Computer-Based Instruction, 16*(3), 95–101.

Merrill, M. D., Li, Z., & Jones, M. K. (1990a). Limitations of first generation instructional design. *Educational Technology, 30*(1), 7–11.

Merrill, M. D., Li, Z., & Jones, M. K. (1990b). Second generation instructional design (ID2). *Educational Technology, 30*(2), 7–14.

Miles, G. D. (1983). Evaluating four years of ID experience. *Journal of Instructional Development, 6*(2), 9–14.

Miller, R. B. (1953). *A method for man-machine task analysis* (Tech. Rep. No. 53–137). Wright-Patterson Air Force Base, Ohio: Wright Air Development Center.

Miller, R. B. (1962). Analysis and specification of behavior for training. In R. Glaser (Ed.), *Training research and education.* Pittsburgh: University of Pittsburgh Press.

Moore, M. G. (1989, April). Three modes of interaction. In *Issues in Instructional Interactivity.* Forum conducted at the meeting of the National University Continuing Education Association, Salt Lake City, UT.

Morgan, J. E. (1932). Introduction. In B. H. Darrow, *Radio: The assistant teacher.* Columbus, OH: R.H. Adams.

Morgan, R. M. (1989). Instructional systems development in third world countries. *Educational Technology Research and Development, 37*(1), 47–56.

Morrison, G. R. (1994). The media effects question: "Unsolvable" or asking the right question. *Educational Technology Research and Development*, *42*(2), 41–44.

Morrison, G. R., Ross, S. M., Kemp, J. E., & Kalman, H. (2010). *Designing effective instruction* (6th ed.) Hoboken, NJ: Wiley.

Office of Technology Assessment. (1995). *Teachers & technology: Making the connection*. Washington, DC: Office of Technology Assessment.

Olsen, J. R., & Bass, V. B. (1982). The application of performance technology in the military: 1960–1980. *Performance and Instruction*, *21*(6), 32–36.

Pagliaro, L. A. (1983). The history and development of CAI: 1926–1981, an overview. *Alberta Journal of Educational Research*, *29*(1), 75–84.

Papert, S. (1984). New theories for new learnings. *School Psychology Review*, *13*(4), 422–428.

Partridge, M. I., & Tennyson, R.D. (1979). Graduate programs in instructional systems: A review of selected programs. *Journal of Instructional Development*, *2*(2), 18–26.

Pask, G. (1960). Electronic keyboard teaching machines. In A. A. Lumsdaine & R. Glaser (Eds.), *Teaching machines and programmed learning: A source book*. Washington, DC: National Education Association.

Pearson. (2015a). *Pearson student mobile device survey 2015: National report: College students*. Upper Saddle River, NJ: Pearson Education.

Pearson. (2015b). *Pearson student mobile device survey 2015: National report: Students in grades 4–12*. Upper Saddle River, NJ: Pearson Education.

Redfield, D. D., & Dick, W. (1984). An alumni-practitioner review of doctoral competencies in instructional systems. *Journal of Instructional Development*, *7*(1), 10–13.

Reiser, R. A. (1994). Clark's invitation to the dance: An instructional designer's response. *Educational Technology Research and Development*, *42*(2), 45–48.

Reiser, R. A., & Gagné, R. M. (1983). *Selecting media for instruction*. Englewood Cliffs, NJ: Educational Technology.

Rossett, A., & Garbosky, J. (1987). The use, misuse, and non-use of educational technologists in public education. *Educational Technology*, *27*(9), 37–42.

Saettler, P. (1968). *A history of instructional technology*. New York: McGraw-Hill.

Saettler, P. (1990). *The evolution of American educational technology*. Englewood, CO: Libraries Unlimited.

Schwen, T. M., Kalman, H. K., Hara, N., & Kisling, E. L. (1998). Potential knowledge management contributions to human performance technology research and practice. *Educational Technology Research and Development*, *46*(4), 73–89.

Scriven, M. (1967). The methodology of evaluation. In *Perspectives of Curriculum Evaluation* (American Educational Research Association Monograph Series on Curriculum Evaluation, No. 1). Chicago: Rand McNally.

Shannon, C. E., & Weaver, W. (1949). *The mathematical theory of communication*. Urbana, IL: University of Illinois Press.

Shrock, S. A. (1994). The media influence debate: Read the fine print, but don't lose sight of the big picture. *Educational Technology Research and Development*, *42*(2), 49–53.

Shrock, S. A. (1995). A brief history of instructional development. In G. J. Anglin (Ed.), *Instructional technology: Past, present, and future*. Englewood, CO: Libraries Unlimited.

Silber, K. H. (1981). Some implications of the history of educational technology: We're all in this together. In J. W. Brown & S. N. Brown (Eds.), *Educational media yearbook: 1981*. Littleton, CO: Libraries Unlimited.

Silber, K. H. (1982). An analysis of university training programs for instructional developers. *Journal of Instructional Development*, *6*(1), 15–28.

Silvern, L. C. (1964). *Designing instructional systems*. Los Angeles: Education and Training Consultants.

Skinner, B. F. (1954). The science of learning and the art of teaching. *Harvard Educational Review*, *24*, 86–97.

Skinner, B. F. (1958). Teaching machines. *Science*, 128, 969–977.

Spady, W. G. (1988). Organizing for results: The basis for authentic restructuring and reform. *Educational Leadership*, *46*(2), 4–8.

Stolorow, L. M., & Davis, D. (1965). Teaching machines and computer-assisted systems. In R. Glaser (Ed.), *Teaching machines and programmed learning, II: Data and directions*. Washington, DC: National Education Association.

Sullivan, H. J., & Higgins, N (1983). *Teaching for competence*. New York: Teachers College Press.

Suppes, P., & Macken, E. (1978). The historical path from research and development to operational use of CAI. *Educational Technology*, *18*(4), 9–12.

Taylor, B. J. (1967). The development of instructional television. In A. E. Koenig & R. B. Hill (Eds.), *The farther vision: Educational television today*. Madison, WI: University of Wisconsin Press.

Tyler, R. W. (1975a). Educational benchmarks in retrospect: Educational change since 1915. *Viewpoints*, *51*(2), 11–31.

Tyler, R. W. (1975b). Have educational reforms since 1950 created quality education? *Viewpoints*, *51*(2), 35–57.

Walbesser, H. H., & Eisenberg, T. A. (1972). *A review of the research on behavioral objectives and learning hierarchies*. Columbus, OH: Ohio State University, Center for Science and Mathematics Education (ERIC Document Reproduction Service No. ED 059 900).

22

第二部分

教学设计模式

第三章 基本教学设计模式的特点

罗伯特·马里布·布兰奇　　佐治亚大学

教学设计是以一种一贯而可靠的方式来开发教育和培训材料的系统过程 **23**
的。尽管关于教学设计过程的确切起源仍有争议,但是西尔文(1965)较早尝试
应用一般系统论(General Systems Theory, GST)来实现学习任务并解决教学问
题。西尔文的模式,以及其他所有早期的教学设计模式,实际上都是以行为主义
理论为基础的。虽然行为主义常常同斯金纳和刺激—反应理论联系在一起,但
许多早期的行为主义者所持的理论和哲学观实际上比这宽泛得多。伯顿
(Burton)、穆尔和马利亚罗(Magliaro)(1996)将行为主义宽泛地界定为与人类行
为的测量和研究相关的哲学和价值观。认知心理学家,特别是加涅等人从信息
加工的角度也为教学设计的基础理论做出了重大贡献。

在将行为主义作为教学设计的基本信条后不久,一般系统论(Bertalanffy,
1968)成了教学设计的另一个基本信条。一般系统概念的基本特征是:有条理
的(systematic)、整体性的(systemic)、灵敏的(responsive)、相互依赖的
(interdependent)、冗余的(redundant)、动态的(dynamic)、可控制的(cybernetic)、
协同的(synergistic)和创造性的(creative)。有条理意味着通过采用某些规则和
程序来完成一个过程,不过,有条理并不代表不对过程进行反思而盲目遵从某个
序列。整体性强调对创造性的问题解决方法的应用。说某事物具有整体性的证
据便是:当系统中的某一个组成部分受到刺激时,我们可以观察到该系统的所
有组成部分都会做出回应。在教学设计的语境中,灵敏意味着以设定的目标为
指向。相互依赖的意思是一个系统内的所有要素都与该系统内的每一个其他要

素相关联,因此,所有要素彼此依赖才能实现系统的目标。冗余指的是为了防止整个系统的失败而重复某些过程和程序。动态意味着系统能够适应不断变化的条件并不断监测其环境。可控制是指为了实现控制、引导或指导,在系统构成要素之间存在着高效的沟通。控制论与自动控制系统的理论高度相关。协同是指共同起作用,所有要素比单个要素能实现更多的功能,即整体大于其各部分之和。教学设计中的创造性指的是在生成独特见解时运用人类特有的才能和想象力,以便教学设计者扩展系统的限度。

基于一般系统论的上述九大特征,系统方法通过对构成系统的各组成部分、系统内部的相互作用以及不同系统之间的相互作用做出回应,提升了教育情境的复杂性。不同的学习结果往往要求一般系统概念的不同应用。

24 ADDIE 过程

自 20 世纪 70 年代以来形成了各种各样的教学设计模式(一些被推荐的程序)(Branch 和 Dousay,2015;Gustafson 和 Branch,2002),这些模式基本都包括五个阶段。这五个阶段一般被称为 ADDIE 过程或 ADDIE 模式(图 3.1)。ADDIE 是分析(Analyze)、设计(Design)、开发(Develop)、实施(Implement)和评价(Evaluate)的首字母缩写,它基于系统化的产品开发概念。自从社会群体形成后就有了系统化的产品开发概念。根据 ADDIE 过程来创造产品在今天依然

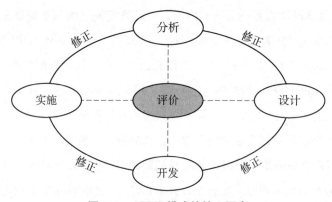

图 3.1 ADDIE 模式的核心要素

是最有效的工具。不过,ADDIE 本身并不是一个具体的、阐述充分的模式,而是一个范式,它代表了一系列具有共同基本结构的模式(Branch,2009)。莫伦达(Molenda)(2008)认为,ADDIE 这一叫法并非某位学者正式提出的术语,似乎是通过口传而非正式形成的一种名称。莫伦达进一步指出,ADDIE 已成为一个口头术语,用来描述一种系统化的教学设计方法。

分析通常包括进行需求分析(Rossett,1993),确定商业情境或其他环境中的绩效问题(Gilbert,1978;Harless,1975),以及陈述目的(Mager,1884a)。设计包括用可测量的术语编写目标(Mager,1984b;Dick,Carey 和 Carey,2015;Smith 和 Ragn,1999),区分学习类型(Gagné,Wager,Golas 和 Keller,2005;Merrill,1983),详述学习活动(Briggs,Gustafson 和 Tillman,1991),以及详细说明媒体(Reiser 和 Gagné,1983;Smaldino,Lowther,Russell 和 Mims,2015)。开发包括按设计阶段的说明为师生准备材料(印刷材料和电子材料)(Morrison,Ross 和 Kemp,2004)。实施包括在为此教学设计的情境中传递教学(Greer,1996)。评价包括形成性评价、总结性评价以及修正(Dick 等,2015)。形成性评价是指收集数据资料来确定须对教学进行哪些修正,总结性评价是指收集数据资料来对教学的总体效果和价值进行评估,而修正则是根据形成性评价的数据资料对教学进行必要的修改。

通常教学设计活动并非以一步接一步的线性方式来完成,尽管为方便起见可能会以这种方式来陈述。例如,在一个项目周期内,当资料收集工作已经完成,设计小组对项目也有所了解之后,常常需要在分析、设计、形成性评价和修正等活动之间反复来回。因此,教学设计过程最大的优点之一就是所具有的不断反复性和自我纠正性。

对教学设计过程的直线式和曲线式描述

有一个颇受欢迎和富有影响的教学设计模式是由迪克(Dich)等创建的(Dich,Carey 和 Carey,2015),对该模式的描述见图 3.2。

虽然传统上教学设计被描绘成一个线性的过程,包括若干用单箭头直线连接在一起的方框和一条与之平行的返回线,就像图 3.2 一样,但是值得注意的

25

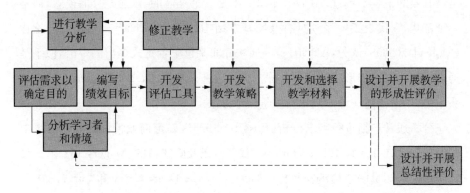

图 3.2　对于教学设计模式的线性描述(Dick，Carey 和 Carey，2015)(经许可使用)

是,可能采用曲线式流程图才能更好地表达实际的教学设计实践。曲线式流程
图由双向箭头连接在一起的椭圆构成,能更有效地反映教学设计实践所处理的
复杂现实。曲线式教学设计模式往往能更好地表达循环性,而循环性正是实际
的教学设计实践的基本特点(Branch,1996)。图 3.3 是一个用曲线要素来表示
的基于教学设计系统方法的教学设计模式。教学设计也常常按照"瀑布"概念来
描述(图 3.4),以便强化教学设计实践是一个重叠的、循环的、迭代的过程的
概念。

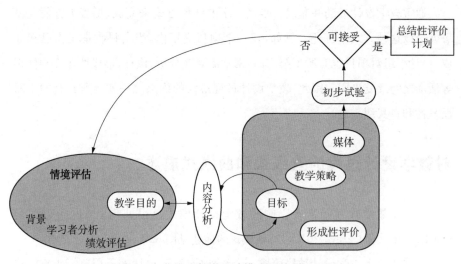

图 3.3　曲线式教学设计模式(Branch，1996)

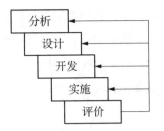

图3.4　基于"瀑布"概念的教学设计模式

教学设计的七大特征

无论以何种方式来描述教学设计过程，几乎所有教学设计活动都具有以下七大特征：

1. 教学设计是一个以学生为中心的过程。

2. 教学设计是一个目的导向的过程。

3. 教学设计是一个创造性的过程。

4. 教学设计关注有意义的行为表现。

5. 教学设计假定结果是可以测量的、可靠的、合理的。

6. 教学设计是一个经验性的、不断反复的、自我矫正的过程。

7. 教学设计是典型的团队任务。

教学设计是一个以学生为中心的过程

以学生为中心的教学意味着学习者及其行为表现是所有教与学活动的焦点。以学生为中心的学习作为一种实践和基本原则，应该渗透到教学设计的全部努力之中，其基本理念是教学设计首先是为学生设计。本章所倡导的教学设计的教学概念和学习概念摆脱了阻碍教学的、限制的、被动的、单一的教学模式的设计，转向能促进主动性的、多样化的、启发性的、情境性的有意学习方式的设计。"促进始于通过各种可以观察到的行为把每个学生作为一个人予以关照，如通过眼神接触、点头、倾听等予以关注和重视。"(Cornelius-White 和 Harbaugh，2010，p. 49)这样一来，教学就成了推进知识建构和技能形成的途径。自主学习和小组学习、基于技术的教学、基于教师的策略等都是可以考虑的选项,结果则常常是所有这些选项以及其他策略的综合。在某些情况下,学生可以遵从既定的学习目标,也可以自己调整学习目标。这种从教到学的转变代表了有效教育环境规划中的一种强有力的范式转换。

教学设计是一个目的导向的过程

确定定义良好的项目目的对教学设计过程来说是十分重要的。目的应反映客户对教学设计项目的期望;如果目的符合需求,应确保其得到恰当的实施。遗憾的是,许多具有良好愿望的项目之所以失败,要么是因为未对目的达成共识,要么是因为他们错误地相信这是可以延后解决的事情而把这一重要步骤推迟了。对项目经理而言,明确客户的期望和管理客户的期望都是特别重要的,但项目团队的每个成员也需要对项目的预期结果达成共同的愿景。对教学设计来说,教学系统的最终问题是:"项目的目的实现了吗?"教学设计过程适合用于知识和技能有所欠缺的情形。确定教学设计目的是整个教学设计过程的第一步。因此,在开始进行教学设计以应对知识和技能的欠缺之前,教育者和其他教学设计者必须首先确定课程的目的。没有目的,就不可能有教学设计。

教学设计是一个创造性的过程

教学设计是一个创造性的过程。虽然教学设计者在设计教学材料时总是要遵循一套通用的程序,但不同的人完成这些程序的具体方式是不一样的。而且,同一个教学设计者在不同情形下采用程序的步骤也不完全相同。在大多数情况下,教学设计者不会完全依赖某个模板,而是创造性地去设计和开发教学活动。卡尔-切尔曼(Carr-Chellman)(2011)在一份面向教师的教学设计文稿中写道:"创造性地开展课堂教学将会收获更好的结果。要避免老一套,不要贪图安逸,要始终保持勃勃雄心,不断尝试新事物,创造激动人心的有趣的方法来提供课堂学习经验。"(p.4)这个观点值得所有与教学设计有关的人记取。

教学设计关注有意义的行为表现

教学设计的焦点在于帮助学生表现出有意义的、复杂的行为(包括解决真实的问题），而不是要求学生简单地回忆信息或者把规则应用于某个人为的任务。学习目标的陈述要反映学生将来要在其中应用所建构的知识或技能的环境。因此，在学习环境和实际应用知识技能的情境之间必须具有高度的一致性。尽管为培训课程（如操作一台钻床）确定行为表现的情境要比为学校学习（如大学生物课程）确定行为表现的情境更为容易，但无论是培训课程还是学校学习，教学设计者都应该努力鉴别真实性的行为表现量规。项目评审技术（PERT）图、名义小组技术、任务分析图、课时计划模板、用于目标生成的工作表单、制作进度模板等操作工具都可以将教学设计过程置于一定的情境中加以思考，这样就使教学设计成为处理那些因知识和技能欠缺而导致的教育问题的一种实用方法。

教学设计的结果是可以测量的、可靠的、合理的

教学设计过程围绕可以测量的结果而开展。换句话说，它的焦点是我们期望学习者在完成一系列特定教学活动后应掌握的某种行为——某种具体技能、知识和/或态度。如果没有办法测量学习者是否能履行某种特定行为，那么教学设计者就不能判断所设计的教学是否有效。

在测量学习者是否获得了某种具体行为时，信度和效度是必须考虑的主要问题。信度指的是同一个评估程序在不同时间用于同样的对象，或者在同一时间用于不同的对象，所得的结果应大致一致。如果评估程序不能始终一致地测量一个人是否获得了预期的结果，那么其信度就有问题，设计者也就不能很有把握地确定所设计的教学是否有效。效度指的是一种评估程序或评估工具在多大程度上测到了它想要测试的内容。例如，如果目标是安全有效地操作一台钻床，那么一个有效度的（真实的）评估程序应该涉及两个方面：一方面由一个观察员对照检测表观察学习者如何操作一台钻床；另一方面则要检测学习者生产出的产品的质量。对此，多项选择题、纸笔测验等则不是有效度的测量工具。

教学设计是一个经验性的、不断反复的、自我矫正的过程

数据处于教学设计过程的中心。数据收集始于最初的分析阶段，并贯穿整个实施阶段。比如，在分析阶段，数据收集的目的是对学习者实际掌握的知识技能和期望他们掌握的知识技能进行比较。来自学科专家的指导和反馈可以保证所教知识和技能的准确性和相关性。研究结果和原有经验能指导教学策略和媒体的选择。在形成性试用中收集的数据有助于确定所需进行的修正，而实施之后来自现场的数据可表明教学是否有效。尽管数据并不一定总能带来好的消息，但却总是有帮助的，因为可以为我们的决策提供理性的基础，也可以为我们成功地完成项目提供基础。因此，教学设计过程是一个经验性的、不断反复的、自我矫正的过程。

教学设计是典型的团队任务

虽然一个人也可以完成一个教学设计项目，但教学设计往往是团队任务。教学设计过程需要设计团队、客户、资助方、主要利益相关者、次要利益相关者之间的协作。对于教学设计过程和实践中的协作可以从多个层面理解，既可以理解为不同角色间的协作，也可以理解为教学设计的内容、哲学理念等层面的协体。基于教学设计的规模、范围和技术复杂性，大多数教学设计项目要求发挥不同人员的专长。一个典型的教学设计团队需要由以下人员组成：一名学科专家、一名教学设计者、一名或多名制作人员、文书以及一名项目经理。有时候，一个人可以在团队中承担多个角色，但项目越大，要求的专业化程度越高。例如，高科技项目可能需要电脑程序员、电视录像制作人、编辑、美工（graphic artist）和界面设计师。随着项目规模和周期的增加，对于文书人员、图书馆员、业务经理等后勤支持以及系统支持的要求也会相应地增加。

教学设计模式的目的

虽然 ADDIE 模式阐明了教学设计的概念成分，但依然有必要指出在不同的现实情形下，针对不同的教育问题，教学设计是如何施行的。瑞泽（2001）注意到："尽管不同教学设计模式程序的具体组合通常是不同的，但为了解决那些问题，绝大多数模式都会涉及对教学程序和教学材料的设计、开发、实施和评价"。（p. 58）模式是现实的概念表征。也就是说，模式是对现实的简化，因为现实往往过于复杂而不易描绘，也因为那些复杂性大多是特定情形所独有的。因此，模式通常没法识别多种情境所共有的，并且能适用于多种情境的属性。教学设计模式同样服务于此目的,它描述了如何执行构成教学设计过程的各个步骤。教学设计模式也可使人们形象化地展示整个过程,为教学设计的管理、教学设计团队成员间的沟通、团队成员与客户间的沟通提供参考。研究者们已建立了许多教学设计模式来描述在不同背景下该如何执行教学设计过程(Branch 和 Dousay,2015;Gustafson 和 Branch,1997;Gustafson 和 Brunch,2002)。埃特默尔(Ertmer)和奎恩(Quinn)(2003,2007)以及埃特默尔、奎恩和格拉泽夫斯基(Glazewski)(2014)在其著作中针对各种背景下的教学设计开展了极其有益的案例研究。

作为一个有效的教学设计模式,其中包含的复杂性程度必须与教学情境(或者可称之为专用于有意学习的空间)的复杂性程度高度相关。专用于有意学习的空间是复杂的,因此,教学设计过程应该具有同等的复杂性。必须具有同等复杂性这一主张与必要多样性定律(the law of requisite variety)(Ashby,1957)是一致的;必要多样性定律认为,要恰当地促进情境的数量和多样性,必须具有同等数量和同样多样化的反应。教学情境的复杂性要与教学设计模式在相同教学情境中实现预期学习目标所需要的复杂性相匹配,必要多样性定律为此提供了理论依据。

20 世纪 50 年代和 60 年代最有影响的一个教学设计模式的构建者是西尔文(1965)。西尔文在与军队和航空航天业的合作中,提出了一个极其复杂和详细的教学设计模式,该模式在很大程度上借鉴于一般系统论并具有多种变体。西尔文的教学设计模式今天已很少被使用,但是对那些愿意涉猎西尔文的晦涩难懂的作品的人来说,这仍然是一个极好的原始资源。学习教学设计过程的学生容易看到西尔文对当代教学设计模式的影响。此外,能体现教学设计过程发展的一个例子是教学设计的整体任务模式的提出。整体任务模式在教学设计过程之初首先详述要学习的内容,然后构建出一个复杂程度递增的任务序列,因此促进了首要教学设计原理(First Principles of Instructional Design)(Merrill,2002,2007,2009)的实施。

一个有效的教学设计模式,首先,应该对几个独立且复杂的实体进行说明,这些实体包括但不限于学生及其同伴、内容、传递系统、时间、目标和教师等。第二,依据特定学习任务,教学设计模式应该使相关实体有机会在不同时刻进入并存在于教学设计过程。第三,教学设计模式要有弹性,能采取多种通向成功的途径,满足多个利益相关者的期望。第四,教学设计模式应该具有控制论属性,使应用模式的教学设计者能够将与不确定性和不可预测性相关的多样性视为教学设计过程的宝贵财富。

结论

教学设计是一个复杂的过程,远远不止是编写目标、发行培训书册、安排在线课时计划等。教学设计是一个应用产品的开发过程,因此从事教学设计所需要的专门知识包括由国际培训、绩效和教学标准委员会(International Board of Standards for Training, Performance and Instruction)之类的机构提出的最低能力(Kozalka, Russ-Eft 和 Reiser, 2013)。一个教学设计过程,只有当它与相应情境相匹配时才是最有效的。不过,教育情境往往是复杂的,具有各种与教和学有关的复杂问题。因此,有效的教学设计模式必须能够作用于不同的教育情境,能回应各种复杂的教和学情境。教学设计应当顺应有关学习的各种新兴理论以及广泛的应用情境,如呈指数级增长的开放在线课程、翻转课堂、在线学习环境以及开放教育资源(open educational resources, OERs)等。最后,教学设计是一个以学生为中心和目的导向的经验性过程,旨在对有意义的知识和技能进行可靠且有效的测量。

要点总结

1. **教学设计是以学生为中心的。学生及其行为表现是教学设计活动的焦点。**教学是促进知识建构和学生行为表现的途径。学生要积极参与学习目标和教学策略的确定。

2. **教学设计聚焦于可测量的结果。学生在课程中的活动与对学生在课程结束后的期望之间应当具有高度相关性。**因此,在教学设计、开发和实施过程中使用的评价工具必须联系现实来考虑,也必须在真实的情境中施行。

3. **最佳的教学设计过程是合作过程。**教学开发项目的成功有赖于教学设计者与主要利益相关者的有效协作。有效的协作一般要求首席设计师作为项目经理,而客户、学科专家、核心团队成员等都被视为教学设计过程中的伙伴。

4. **教学设计是一个系统化过程,以前后一贯的可靠方式来开发教育和培训课程。**

5. **教学设计是经验性的、迭代的、自我矫正的过程。** 从多个来源收集数据是教学设计过程的起始阶段,这通常以分析的形式进行,并且往往会通过形成性评价和总结性评价贯穿于整个教学设计过程。这些数据为所采取行动的有效性提供了证据,也增加了我们开发出高质量学习产品的可能性。

应用问题

1. 研究本章提及的直线式、曲线式和瀑布式教学设计过程。然后,针对你的具体情境对其中一个模式进行改造,或者创建一个能最好地适应你的情境的全新教学设计模式。在你的教学设计模式中哪些要素是必不可少的?

2. 你最近受雇于一家大型管道公司,要为它设计一门培训课程来教高中毕业生学习如何使用基本的管道技能。请说说你会如何运用本章描述的教学设计的七个特征来帮助你设计有效的课程。

参考文献

29

Ashby, W. R. (1957). Requisite variety. In W. R. Ashby, *An introduction to cybernetics*. London, England: Chapman and Hall, Limited. http://pespmc1.vub.ac.be/books/IntroCyb.pdf

Banathy, B. H. (1987). Instructional systems design. In R. M. Gagné (Ed.), *Instructional technology: Foundations*. Hillsdale, NJ: Lawrence Erlbaum Associates, Incorporated.

Bertalanffy, L. (1968). *General systems theory*. New York: Braziller.

Branch, R. (1996). Instructional design as a response to the complexities of instruction. In N. Venkataiah (Ed.), *Educational technology* (pp. 21–49). New Delhi: S. B. Nangia for APH Publishing Corporation.

Branch, R. (2009). *Instructional design: The ADDIE approach*. New York: Springer.

Branch, R., & Dousay, T. (2015). *Survey of instructional design models* (5th ed.). Bloomington, IN: Association for Educational Communications and Technology.

Briggs, L. J., Gustafson, K. L., & Tillman, M. H. (Eds.). (1991). *Instructional design: Principles and applications* (2nd ed.). Englewood Cliffs, NJ: Educational Technology Publications.

Burton, J., Moore, D., & Magliaro, S. (1996). Behaviorism and instructional technology. In D. Jonassen (Ed.), *Handbook of research for educational communications and technology*. New York: Macmillan.

Carr-Chellman, A. A. (2011). *Instructional design for teachers: Improving classroom practice*. New York: Routledge.

Cornelius-White, J. H. D., & Harbaugh, A. P. (2010). *Learner-centered instruction: Building relationships for student success*. Los Angeles: Sage Publications, Incorporated.

Dick, W., Carey, L., & Carey, L. (2015). *The systematic design of instruction* (8th ed.). Upper Saddle River, NJ: Pearson Education.

Ertmer, P. A., & Quinn, J. (2003). *The ID casebook: Case studies in instructional design* (2nd ed.). Upper Saddle River, NJ: Prentice Hall.

Ertmer, P. A., & Quinn, J. (2007). *The ID casebook: Case studies in instructional design* (3rd ed.). Upper Saddle

River, NJ: Prentice Hall.

Ertmer, P. A., Quinn, J., & Glazewski, K. D. (2014). *The ID casebook: Case studies in instructional design* (4th ed.). Upper Saddle River, NJ: Prentice Hall.

Gagné, R. M. (1985). *The conditions of learning*. New York: Holt, Rinehart and Winston.

Gagné, R. M., Wager, W. W., Golas, K. C., & Keller, J. M. (2005). *Principles of Instructional Design* (5th ed.). Belmont, CA: Thomson Wadsworth.

Gilbert, T. (1978). *Human competence: Engineering worthy performance*. New York: McGraw-Hill.

Greer, M. (1996). *The project manager's partner: A step-by-step guide to project management*. Amherst, MA: HRD Press.

Gustafson, K. L., & Branch, R. (1997). Revisioning models of instructional development. *Educational Technology Research and Development, 45*(3), 73–89.

Gustafson, K. L., & Branch, R. (2002). Survey of instructional development models (4th ed.). Syracuse, NY: Syracuse University (ERIC Clearinghouse on Information Resources).

Harless, J. (1975). *An ounce of analysis is worth a pound of cure*. Newnan, GA: Harless Performance Guild.

Mager, R. (1984a). *Goal analysis*. Belmont, CA: Pitman Management and Training.

Mager, R. (1984b). *Preparing instructional objectives* (2nd ed.). Belmont, CA: Pitman Management and Training.

Merrill, M. D. (1983). Component display theory. In C. M. Reigeluth (Ed.), *Instructional design: Theories and models: An overview of their current status* (pp. 279–334). Hillsdale, NJ: Lawrence Erlbaum Associates, Incorporated.

Merrill, M. D. (2002). First principles of instruction. *Educational Technology Research and Development, 50*(3), 43–59.

Merrill, M. D. (2007). First principles of instruction: A syn-

thesis. In R. A. Reiser & J. V. Dempsey (Eds.), *Trends and issues in instructional design and technology* (2nd ed.) (Vol. 2, pp. 62–71). Upper Saddle River, NJ: Merrill/Prentice Hall.

Merrill, M. D. (2009). First principles of instruction. In C. M. Reigeluth & A. Carr (Eds.), *Instructional design theories and models: Building a common knowledge base* (Vol. III). New York: Routledge Publishers.

Molenda, M. (2008). Historical foundations. In J. M. Spector, M. David Merrill, J. van Merrienboer, & M. P. Driscoll (Eds.), *Handbook of research on educational communications and technology* (3rd ed.). New York: Lawrence Erlbaum Associates.

Morrison, G., Ross, S., & Kemp, J. (2004). *Designing effective instruction* (5th ed.). Hoboken, NJ: Wiley and Sons, Incorporated.

Reiser, R. A. (2001). A history of instructional design and technology, part II: A history of instructional design. *Educational Technology Research and Development, 49*(2), 57–67 (ERIC Document Reproduction Service No. EJ 629 874).

Reiser, R., & Gagné, R. (1983). *Selecting media for instruction*. Englewood Cliffs, NJ: Educational Technology Publications.

Rossett, A. (1993). Needs assessment. In G. J. Anglin (Ed.), *Instructional technology: Past, present, and future* (2nd ed.) (pp. 156–169). Englewood, CO: Libraries Unlimited.

Silvern, L. C. (1965). *Basic analysis*. Los Angeles: Education and Training Consultants Company.

Smaldino, S. E., Lowther, D. L., Russell, J. D., & Mims, C. (2015). *Instructional technology and media for learning* (11th ed.). Upper Saddle River, NJ: Pearson.

Smith, P. L., & Ragan, T. J. (1999). *Instructional design* (3rd ed.). Hoboken, NJ: Wiley & Sons, Incorporated.

30

第四章 持续接近模式和波纹环状模式：ADDIE 的备选模式

迈克尔·W·艾伦　　艾伦交互公司

M·戴维·梅里尔　　犹他州立大学

ADDIE 是过去几十年间最流行的教学设计与开发模式。本章作者认为，我们应该超越 ADDIE，寻求更加适切的教学设计与开发模式。艾伦提出了教学设计与开发的持续接近模式（Allen，2012），梅里尔提出了教学设计的波纹环状模式（Merril，2013）。本章将阐明 ADDIE 模式的局限，简要描述持续接近模式和波纹环状模式的主要特点，以及它们如何有助于克服 ADDIE 的局限性，然后进一步阐明持续接近模式和波纹环状模式的异同及二者如何相互补充。

ADDIE

ADDIE 是一些没有充足教学设计背景知识的人为军队培训而开发的一个过程模式，其目的是加快并规范培训材料的制作，这一模式形成后在军队里得到了大量的应用。就像最初的设想一样，此模式是顺序模式或"瀑布"模式，即每个步骤必须在下一个步骤开始前完成（图 4.1）。

ADDIE 清晰地描述了实施步骤，并将整个过程概括为五个有序的项目阶段：分析、设计、开发、实施和评价，因此得到了军方的热情接纳。由于后续步骤要依赖于先前的步骤，这就要求每一个步骤都要充分完成后才能移向下一个步骤。一旦经过仔细考虑，做出了决定，形成了设计文档，任务就完成并不再更改了。这样的过程是清楚的、死板的、易于管理的。但是,如果在后续任务进行时或后续任务已完成后,先前确定的需求发生了变化,那么就会导致效率低下,更有甚者会导致预算混乱并且不能按预期进度完成。

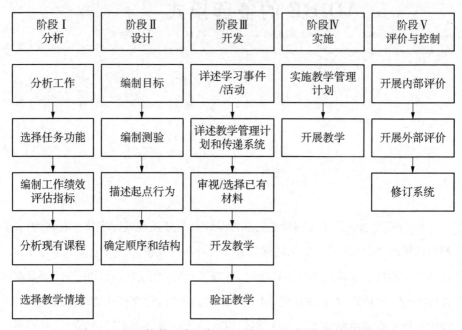

图 4.1　用于教学系统开发(ISD)的 ADDIE 教学系统设计模式

挫败

　　ADDIE 是一个逻辑合理、思虑周详的过程。尽管这个模式不能解释如何执行各项任务,即眼下该执行哪些任务以及何时执行那些任务,但从事教学产品设计和制作的新人可能会欣赏这一模式并用得顺手。这是一个经得起辩护的模式,因为它涵盖了所有的基础,至少从基于内容的模式这一角度看是这样的。

　　本章的两位作者在他们多年应用 ADDIE 的经历中,目睹了该模式的许多不和谐之处。一个常见的原因在于,已获批准的计划书发生重大改动而使下游工作受到干扰。在按照计划文档而使课件逐渐成形的过程中,常常会伴随着意想不到的事情——有些是令人愉快的,但更多是令人不快的。对于计划书会存在出乎意料的解释,这常导致返工、预算问题以及挑剔行为等。"这并不是我们的意思……你为何认为应该……?"

当所分配的时间被逐渐消耗殆尽时,筋疲力尽、气恼不堪的团队成员不情愿地妥协了,但是有时工人或管理层会坚决拒绝进一步的调整。最后,几乎没有人会对最终形成的课件而感到自豪。谁都不会觉得最终产品接近于最初的热切期望。

弱点

虽然 ADDIE 的各种具体形式具有不同的长处和弱点,但以下所列出的是它们共有的问题。

1. ADDIE 借助文档进行

详述的文档甚至情节串联图板都极其容易被曲解。这导致很多团队坚持采用严谨精准的文档来防止曲解,这样做虽然可以减少曲解,但不能看到学习事件实际发生就意味着无法根据其最重要的属性来对设计进行评估。再者,严谨精准的文档极大地增加了项目成本,减缓了开发过程。由于许多设计依然要满足各种广泛的期望,因此,借助文档来交流,并在整个设计形成前花相当长一段时间来审视其各个部分和片断的做法远不是最佳的做法。

解决方案不是要努力细化计划书。实际上,正是最好的意愿和专门知识使我们有可遵循的方向,然而最终却得到一个所有人都认为不合格的产品。问题的症结在于过程本身,因为该过程试图借助文档进行设计而不是在递送媒介上进行。要想达到最佳的设计,设计师必须了解和探索具有尽可能多的功能性运作的备选设计,以备评估选择。

2. ADDIE 的具体模式既有线性模式也有无固定形状的模式

ADDIE 必须逐步进行,人们对它的批评主要针对的就是这个特点。然而,如果改变 ADDIE 的这个特点就等于采用了一个新的模式。改变了模式却还保留原来的名字,这会令人困惑。我们不知道今天 ADDIE 模式的哪个版本还符合该模式的官方定义。或许更大的问题是,ADDIE 的各种变体表明,ADDIE 的每一项任务都会对大多数(如果不是全部)其他任务产生影响。虽然在概念上,ADDIE 的所有成分彼此相关,但教学设计师和开发人员需要比这更多的指导。

似乎 ADDIE 不是失于过于刻板就是失于过于灵活。

3. ADDIE 忽略了学习者经验

仔细查看 ADDIE 各阶段的步骤(见图 4.1)就会发现,它们主要集中于内容、排序、传递和评估。它更适合注重呈现和测验的教学方法,而不适于提供有意义的、难以忘记的、激励性的经验——这是持续接近模式的基本特征,也不适于提供有效的、高效的、投入的学习经验——这是波纹环状模式的特征。

4. ADDIE 是一个过细的缓慢的过程

虽然快速成型法已被融入 ADDIE 的一些变体中,但基于快速成型的过程重点在于学习者经验。经验在迭代中逐渐明晰,同时内容也根据经验的要求而逐渐形成。时间和资源主要用于试验什么样的方式才能吸引学习者,支持他们采取各种不同的决策和行动,并展示这些行动的结果(包括好的和坏的)。呈现正例和反例,并确定必要的示范。

5. ADDIE 忽略了利益相关方

许多项目的一个重要方面是获得利益相关方(包括潜在学习者)的持续支持。如果采用 ADDIE 模式,在清晰的、可测试的预期设计版本形成前,先要进行分析,撰写详细的设计说明,并进行大量的其他工作,这就很容易让利益相关方在第一次看到所形成的教学方案时大吃一惊——即使他们最终拿在手里的产品是根据他们认可的文档来开发的。同时,在任何学习者介入以及任何学习者给出反馈之前,项目的大部分时间和预算都已经用掉了。如果相关利益方不满意或者学习者的反应与预期差别很大,那么 ADDIE 项目就会面临相当大的风险。

6. 我们需要更简单的模式

我们需要一个更简单但更有效的模式;我们需要一个更快更具协作性的模式;我们需要一个能促进创造性的模式,而这是可行的;我们需要一个聚焦于学习经验并能确保绩效结果实现的模式。基于种种原因,持续接近模式和波纹环状模式是两个很有吸引力的备选模式。虽然一个主要源于商界,一个主要源于学术界,但它们都非常值得关注。

持续接近模式

此处只对持续接近模式(Successive Approximation Model，SAM)进行简要的介绍，指出其优点。对 SAM 的完整描述请参阅第五章。

SAM 的关键特征是：

1. SAM 作为一个设计和开发过程，在整个过程中能对所做决策进行最大限度的审查、评价和修正。

2. SAM 能在给定的时间和预算限制内优化生成可能的最佳教学。

3. 使用草图和"一次性"原型来形象地分享看法、评估功能。

4. 该过程的一个关键特征是，在对任何内容的教学方案进行推敲完善前先设计一个针对所有内容的初始方案。

SAM 是一个用于设计与开发的过程模式，但不是设计模式本身。虽然 SAM 能为许多(如果不是全部)教学模式提供支持和有利条件，但有许多教学模式(包括梅里尔的首要教学原则)并不是完全不偏不倚的。它的目的是要强调学习经验而不是内容的呈现。首先以框架或线框的形式来显示学习事件，以评估它们能提供的学习机会。在设计被最终接受前，将内容放进一些最有发展潜力的结构中，并尽快以现场学习者为对象进行测试，以完善文本、媒体和整体功能。如果此时发现设计不成功，那么因为花在它上面的时间和精力都是极少的，所以可以毫不心疼地丢弃这一设计，并且在不追加预算和时间成本的情况下再考虑其他设计思路。一旦设计方向被校准，内容将得到清楚的表达，学习者中心的产品也将得以充实。下面让我们来看看这一切是如何实现的。

SAM 模式有两个版本——一个是基本的二阶段版本(一般是首选的版本)，一个是扩展的三阶段版本(大项目需要的版本)。图 4.2 所示是 SAM 基本版的主要阶段和组成部分。

从图 4.2 中我们很容易注意到一些活动圈，在它们下面是项目的主要流程，从左向右，从信息收集开始直到正式发布。这样的总体设计体现了该模式的意图：同时应对有效的创造性设计的需求以及在时间和预算限制内交付项目的需求。实际上，SAM 在实现最大化教学效果的同时还关注实用性和项目可管理性。

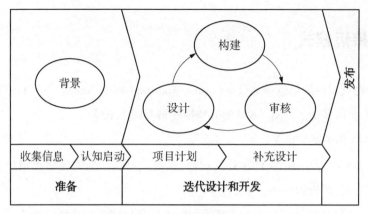

图4.2　教学设计和开发的持续接近(二阶段)模式

1. 准备阶段

只有收集到的背景信息能提供有用方向时,才是有意义的。在 SAM 中,背景信息的收集要求是快捷而不是详尽无遗,其原因有二:(1)虽然有可能把大量的时间和精力投入到分析中,但随着项目的进展仍然会发现有些关键问题没有得到解答。(2)在随后有关最佳教学策略的探索性工作中,所有事情都可能会改变,包括受教者、目标、教学传递方式以及内容范围等。聪明而有效的做法是在你明确未来方向和当下具体问题之前不要花费太多的时间和精力,但你必须从某处开始。因此,基本问题就集中于以下信息的收集:识别绩效需求、过去教学的成败、关键人物所持的假设、进度安排和预算限制等。

有了背景信息,主要利益相关方、项目经理和设计团队就可以进行大约为期两天的工作会议,这被称为认知启动(Savvy Start)。这类会议将快速审视收集到的背景信息,陈述预期的结果行为以及如何评估这些行为,然后在教学设计师的带领下,绘制课程中最终学习活动的大致模样。在最终学习活动中,学习者能操作完成课程所必需的目标技能并证明已达到必要的掌握程度。

认知启动是指精心安排的事件,在此事件中将考虑多种教学设计。即使人人都热切地接受第一种想法,不过为了得到更好的结果,也会将其暂时搁置一边,再多想两个其他点子。在这两天里,三个点子都将被草拟出来并形成原型(prototype),在此基础上一般就足以产生一个更优的设计。当这些点子被放到桌上供讨论时,问题就变成了"我们为什么不应该这样做"。

这个基本问题的答案有时是：

因为这会很乏味。

因为学习者看不出相关性。

因为我现在发现我们培训的对象不对。

因为这耗时很长，成本太高。

因为确实很少有人真的需要做这个。

不过答案经常是：

因为我想我有个更好的想法。

认知启动的过程与图4.2所示的迭代设计和开发的过程相同，它始于一个提出来后已被充分勾勒以供团队理解的设计。一般在这个阶段会提出好几个想法，然后进一步推进其中一个或多个想法以使其快速成型。由于大多数原型只用于设计想法的评估，之后就会被丢弃，因此这些原型的开发/构建和显示是非常快的。只用粗糙的占位符表示文本和图解，但是事件（包括学生活动、对学生特定行为的反馈类型等）的顺序必须被清楚地显示出来。

在对原型进行审视后，整个循环还将重复进行，然后才能考虑那些能传授绩效技能的内容。在考虑内容时，要从终点技能（ultimate skills）回溯到使能技能（enabling skills），团队不可以花太多时间来试图将某个方案完美化。因为随着更多的内容得到考虑，新的更深入的理解会要求改进先前的设计或者需要创建更广泛的一致性。过早就试图将设计完美化，最终只能被证明是低效和浪费时间的。

在大多数情形下，认知启动不会有足够的时间来完成一个项目的设计。进一步的设计将继续按照同样的过程，由一个稍小的团队在理解了那些不再直接介入的人的预期之后来进行。对于所有关键问题都有了确定的答案，并且手头有了一些典型的设计，团队现在准备更准确地评估剩余的工作并生成一个具体的项目计划。

2. 迭代设计和开发阶段

继续将设计和开发交叉进行是有很大好处的。原型可以以递增的方式得到完善直至变成最终产品；随着开发的进行，可以在尽量不中断的情况下随时审核并改进设计。重要的是，我们必须认识到，关于设计的改进设想随时都可能出现，而最好的想法常常出现在开发的过程中间，或者更糟糕的是，最好的想法可能出现在产品即将完成时。如果在整个过程中，设计和开发交错进行，那么就可以在保证效率的同时将一些后期形成的想法融入进去。

当然也有一种风险，那就是可能陷入周而复始的反复设计，因为设计总是可以改进的。但是，有一条重要的过程规则可以使这一担忧最小化：我们在迭代设计过程中仔细涵盖了全部内容，就好像是蛋糕上面的糖霜层，并且坚持由适用的功能原型逐渐进化成最终产品，因此无论任何时候要求交付，我们始终都能提供最好的、适用的产品——这就是"敏捷"(agile)过程最有价值的优势。

在二阶段模式中，迭代设计和开发将不断进行，直到时间用完或者产品被认为可以进行试用推广为止。为产品经过现场使用后的迭代预留一些时间将是明智的做法。

3. 分开的设计和开发阶段

图4.3的三阶段 SAM 模式将迭代设计和迭代开发分开进行。迭代设计阶段为项目中包含的每一类内容创建原型，即项目计划，如果该计划被通过，再设计其余内容。

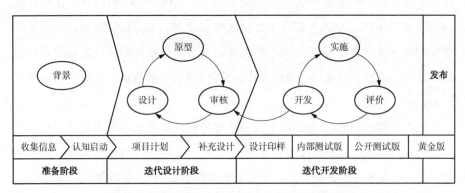

图 4.3 教学设计和开发的持续接近(三阶段)模式

在进入开发阶段后,将生成一个设计校样(design proof)来确保所有决策的适合性,包括视觉风格和交付方法等。它整合所有组成成分的样本进行测试,证明其可行性。它比设计原型具有更强的功能性和可用性,所使用的开发工具与最终可交付产品的开发工具是一样的。这样,设计校样测试的不只是设计的可行性,也测试了制作系统的可行性。

对于设计团队和利益相关者,设计校样是很重要的,因为通过设计校样他们可以确信由这些部分创建出了一个合意的整体。设计校样还使我们有机会确保不会存在阻碍设计交付的技术问题。

然后,遵照同样的迭代模式进行内容开发,采取小步子推进的方式并不断评估,这样就可以及时修正,以免在进行了大量的工作后使修正变得不切实际。这时形成了一个内部测试版(Alpha版本),所有预期成分在其中都得到了呈现,也是可用的,同时还用备注对任何已知的问题和疏忽进行了描述。此时一般还不会完成最终样本。这个内部测试版能帮助人们列出所有需要补充、补全或修订的地方。

之后形成一个公开测试版(Beta版本)。有了这个版本,开发者相信已经可 *35* 以准备发布产品了。不过经验表明,此时仍然需要解决一些被忽略的问题,因此公开测试版可能还要进行最后的完善。如果不再需要完善,那么此时发布的版本就作为黄金版(Gold版本)被推出。

波纹环状模式①

图4.4阐述了教学设计的波纹环状模式(Pebble-in-the-Pond Model)的主要产品。它采用了一个比喻:把产生教学的环境比作池塘。卵石是学习者在池塘情境中需要解决也能够解决的问题。投入教学池塘中的问题卵石是教学设计过程的触发器。构成第一道波纹的教学产品是有关该问题及其解决方式的原型示

---

① 有关教学设计波纹环状模式的内容,改编自梅里尔(2013)的《首要教学原理:确认并设计有效、高效和高参与的教学》(*First principles of instruction*:*Identifying and designing effective*,*efficient*,*and engaging instruction*)一书的第11章"教学设计的波纹环状模式"(A Pebble-in-the-Pond Model for Instructional Design)。

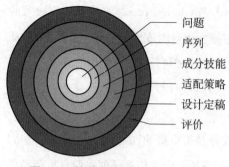

问题
序列
成分技能
适配策略
设计定稿
评价

图4.4　教学设计的波纹环状模式

证（demonstration）。构成第二道波纹的教学产品是序列中每一个问题的进一步示证或应用（实践练习）。第三道波纹是解决这类问题所需要的成分技能。构成第三道波纹的教学产品是问题序列中教授的每个成分技能的示证或应用。第四道波纹涉及教学策略适配，往往是提供一个指导学习者的结构框架，以及提供同伴互动的机会。第五道波纹是功能原型的定稿，其中包括对界面、导航、补充教学材料等的最终设计。第六道波纹包括数据收集、形成性评价和原型修正。

与图 4.1 中的教学系统开发（ISD）程序相比，波纹环状模式更为局限。波纹环状模式主要聚焦于整个教学开发模式的教学设计阶段。图 4.1 所示的教学开发中的一些步骤在波纹环状模式中并不存在，但这并不表示这些步骤不重要。波纹环状模式假定，前端分析已经确定仍存在着可以通过教学而不是其他途径解决的问题。它还假定，通过前端分析或其他适当的方法已经确定了内容领域和某些形式的教学目标。波纹环状模式是一个设计模式而不是开发模式。这就意味着制作、实施和总结性评价等重要步骤在这个模式中不会被考虑。这一模式确实包括功能原型的开发，但并不包括多媒体对象的最终制作、包装以及其他制作事项。波纹环状模式产出的功能原型可以作为最终制作的基础模型。最后，在组织中进行课程实施本身就是一个复杂的过程。课程实施中相关利益方和组织的介入超出了波纹环状模式的范围。课程实施后进行的总结性评价所涉及的事项在其他地方已经有所阐述，因此这里也不予考虑。简单地说，波纹环状模式从一个已存在的教学池塘开始，在这个教学池塘中包含一个学习者需要学会解决的问题。波纹环状模式始于事先已经确定好的内容、题材、学习者群体以及关于教学目标的看法，终于一个能为课程最终版本的制作、实施和总结性评价提供规范的功能原型。

1. 设计问题的示证

传统的 ISD 主张及早明确教学目标。这种方法的问题在于，教学目标是所教知识的抽象表示，并不是知识本身。对实际内容的详细说明常常要推迟到 ISD 模式的开发阶段。许多设计者对于在设计过程早期就编写有意义的目标感到很麻烦。在开发开始后，为了更好地与最终开发的内容保持一致，早期编写的一些目标常常会被抛弃或者被修改。

波纹环状模式从要教的内容（即要解决的完整问题）开始而不从对内容的抽象表示（即目标）开始，就避免了这个问题。波纹环状模式假定，设计者已经明确了教学目的（不是细化的目标）和学习者群体。第一步（即卵石）是明确一个实例，这个实例要能表明学习者接受教学之后将能解决的完整问题。"明确"（specify）这个词表示需要展示的是问题的一个完整实例，而不仅仅是关于该问题的一些信息。问题的一个完整实例包括：提供给学习者的信息以及在问题解决时这些信息将要出现的转化。明确问题实例的最佳方式是设计一个详细展示了各个问题解决步骤的示证。此时设计一个应用练习，要求学习者解决问题，也是很理想的。

2. 设计一个问题序列

在明确了反映教学目的的典型问题之后，池塘里的下一道波纹便是要详述问题序列，问题序列在复杂性和难度或者完成每个任务所需要的成分技能的数量方面逐步递增。序列中的每个问题都要完整地包括已知条件、解决方案、解决问题必需的步骤。接着需要识别每个问题的成分技能。对于这些成分技能要反复推敲，以确保学习者在解决问题序列中的各个问题后能够获得教学目的所要求的所有预期知识和技能。如果问题序列未能包含全部必要的知识和技能，那么就需要为问题序列补充问题，或修改问题序列中的问题以使其涵盖全部必要的知识和技能。

在以问题为中心的方法中，应该向学习者示证问题序列中的初始问题。当学习者从一个问题推进到下一个问题时，应该要求学习者解决更多的问题。在详述问题序列时要为问题序列中每个问题设计一个示证或应用。要为序列中的前一两个问题设计示证；为接下来的一两个问题混合设计示证和应用；为剩下的其余问题设计应用。

3. 设计成分技能的教学

池塘中的第三道波纹是为完成问题序列中每项任务所需的成分技能设计原

型教学,在被设计问题序列时,就必须要考虑问题序列中每个问题所需要的成分技能,以保证所有成分技能都被包含在教学中。问题序列的一个优点是,序列中某一个问题所要求的成分技能也是后续问题所要求的成分技能。这样,就可以在初次教授某个技能时进行示证,然后在后续教学中应用该技能。在波纹环状模式的这个阶段,要仔细识别问题序列中每个问题涉及的每一个成分技能。然后要对技能表进行检查,以确定何时该进行某个技能的初次教学,这被称为技能的示证。在问题序列中第二次涉及该技能时,则称为技能的应用。这道波纹的下一个活动是根据每一个成分技能在问题序列中的出现情况,为它们准备原型示证和应用。

4. 设计教学策略的增效形式

波纹环状模式中前三道波纹的结果是课程的一个功能原型,其中包括问题序列中每个问题的示证或应用策略,以及解决这些问题所需要的每个成分技能的示证或应用策略。教学设计池塘中的其余波纹则通过提升这些教学策略潜在的"e3"[即(有效)effective、(高效)efficient、(高参与)engaging]特性来对它们进行微调。

一种增效形式是提供一个结构框架,它可以在问题示证过程中提供指导,也可以在问题应用中提供辅导。

为学习者提供合作机会或许也可以使教学得以提升。同伴协作可以为学习者提供更好的机会来展示其对预期技能的掌握程度。可以有几种协作形式:一种是让一个由三名学生组成的小组合作提出一个解决方案。第二种是让小组中的每个学生提出自己的解决方案,然后将自己的解决方案提交给小组其他成员评论。在这种情况下,可以出现不止一种正确的问题解决方案。还有另一种提升教学的方式是让另一个或另两个学生来评价这些解决方案的准确性。

5. 完成教学设计

波纹环状模式的下一道波纹是将你的原型转化为最终形式,以备评价、制作和实施。此时需要考虑的第一个问题或许是对你的导航进行故障检测,保证其不出差错。导航包括允许学习者从教学的这个环节进入另一个环节的各种设计。就算采用了非常好的教学策略,也没有什么能比无效的导航更能扼杀学习动机并妨碍学习的了。借助导航,学习者应该能够方便地确定自己在课程中所处的位置,快速返回课程的总菜单。导航应该尽可能地清晰,能够清楚地确认发生了什么。

根据你的艺术倾向,你可能在开发问题策略和成分技能示证与应用的同时进行界面设计。如果你的艺术倾向有限,那么你可能会开发出一个实用的原型,它体现了策略但艺术美感不足。此时,你已经有了一个功能原型;现在该请教一位平面设计师,请他为你的产品设计一个有吸引力的界面。你可能想敦请平面设计师为原型增加一个界面设计的模型。就像一本书的封面一样,你的产品的界面决定了人们的第一印象。如果界面毫无吸引力,那么学习者对于接下来的学习可能就不会持有积极的学习态度。

如果你已开发了一个基于技术的产品,为其增加一些补充材料将是很可取的。补充材料可能包括一份用户指南;还可能包括一些线下材料,作为在线课程的补充。

6. 设计评估和评价

波纹环状模式的最后一道波纹是设计适当的数据收集程序、开展形成性评价以及修订原型。检查应用策略,以确定在哪些地方学习者的反应确实表明他已经掌握成分技能或问题解决方案。调整原型,以便你能够收集这方面的数据。此外,试用原型。用上述过程得到的数据来修订你的原型,为制作做好准备。

在这一道波纹中,还需要设计调查问卷、访谈表以及其他工具来收集信息,以帮助你修订课程的原型。用于课程修订的问题包括格式、导航和界面等方面内容。你也可能希望学习者能够区分在学习内容和学习系统操作方面感到混淆的地方。如果你计划对原型进行一对一的形成性评价,那么现在就应开始考虑要对课程参与者提出哪些问题。你可以考虑将其中一些问题嵌入课程之中。

一旦你对原型做出调整以使自己能够收集有关行为表现的数据,并且编制了调查问卷来征求学习者对课程的态度,那么你就已经准备好对原型进行试用了。从个人和小组试用中获得的数据可使你了解课程的问题所在。最后一步就是修订原型,解决形成性评价中发现的问题。

波纹环状模式的独特性

1. 原理导向

图 4.1 所示的 ISD/ADDIE 方法以及这种方法的绝大多数变式强调的重点都是一系列步骤,因为它们认为这些步骤可以产出能够有效且高效实现教学目的的教学产品。问题并不在于这些步骤不对,而是在于把重点放在了程序上,却没有重视程序中的每一步所产出的教学设计产品。设计者不仅要会实施这些规定步骤,并且要观察每一步的结果以确定它具备了有效教学产品的特性。如果设计者在教学分析步骤中制定了一个行为目标,而这个目标却不能充分说明适合于某类学习的行为,或者不能充分说明该行为发生的条件,那么当用此目标来规定教学呈现或实践教学事件时,这些教学事件很可能就不能实现有效或高效的示证、练习或评估所应具备的特性。教学设计程序中的这些步骤本身不能导致 e3 学习结果,相反,这些步骤产生的产品才是预期学习结果的条件。

波纹环状模式力图实施首要教学原理。依据首要教学原理可以产生 e3 学习结果,而梅里尔(2013)提出了一些实施首要教学原理的推荐步骤或规定步骤。在波纹环状模式中,这些教学产品是实际教学的一个样品,使用多媒体或占位符来创建一个教学的功能原型而不是创建抽象的文字描述。波纹环状模式以首要教学原理所规定的 e3 示证和应用为基础。如果示证教学事件不能实现所涉学习类型的规定属性,那么就要敦促设计者修订原型示证,直到实现规定属性为止。

2. 问题刻画为先

图 4.1 所示的 ISD 模式一开始的几个步骤是为要呈现的内容提供信息。传统 ISD 模式的前几个步骤是信息导向而不是表现导向的;也就是说,这些步骤描述了要做什么而不是展示要怎么做。例如,目标陈述是信息,它描述了学习者能够解决的作为教学结果的问题;目标分析是信息,它描述了学习者将要执行的步骤以及为实现目标需必备的从属技能;行为目标是信息,它描述了与每个步骤或每项从属技能相关的行为表现;甚至教学策略也常常是以信息形式表示的;它们

38

往往只是关于学习者将如何与内容互动的描述。

相反,波纹环状模式以刻画学习者要学会解决的问题实例来开始设计过程。此问题是对于要实现的目的的刻画,而不是对问题及其解决方案的抽象描述。对于要解决问题的实际刻画和问题解决方案的示证远不像对问题的抽象描述那样含糊不清。波纹环状模式直接转向实际教学策略的功能原型开发,将目标分析、行为目标和媒体选择等都纳入一个综合的教学设计活动之中,从而压缩了ISD过程的步骤。这种快速成型方法产出了一个中间教学产品,而随着设计向前推进,这个中间教学产品可接受形成性评价和修订,由此形成了一个更高效的设计过程。

3. 以问题为中心

图 4.1 所示的 ISD 模式规定了一种"累积性内容排序"。累积性内容排序在目标分析中第一步先教从属技能;接着教依赖于这些从属技能的步骤;然后推进到目标分析的下一步,直到所有从属技能和步骤都被呈现出来为止;最后,当实现教学目的所需的全部步骤都被教完以后,就会要求学习者综合运用这些技能去解决一个问题或完成一项复杂任务。这种累积性内容排序往往有这样一些局限性。第一,如果内容很复杂,序列中包含许多从属技能或步骤,那么就可能出现这样的情况:在要求学习者应用这些技能时,学习者可能已经忘记了早先在序列中获得的某些技能。第二,缺乏技能运用的情境,对学习者来说,技能的相关性也许并不明显。不能确定相关性,学习技能的动机就会减弱,有效学习就会受阻。以累积的方式学习技能让我们想起了老师经常讲的那句让人畏惧的话:"虽然你现在不明白,但以后它对你来说真的很重要!"这句话经常被学生理解为:"这个现在对我不重要,因为无论如何以后我还得再学一次。"

波纹环状方法以待解决问题的示证作为序列中的早期学习活动,从而克服了上述问题。对于学习者来说,看到对实际问题的刻画与问题解决方案的示证,要远比看到问题的抽象描述更容易理解。随后,波纹环状方法将示证对问题特别重要的成分技能以及如何运用这些技能来解决问题。它不采用抽象的目标陈述来说明学习者将能够做什么,而是通过具体示证实际问题来向学习者演示他们将能够做什么。

波纹环状模式的内容排序不是累积性的,而是以问题为中心。成分技能的教授被置于问题序列的情境中。在示证完第一个问题实例及其成分技能后,再向学习者演示第二个问题实例。于是,学习者必须把从第一个问题实例中学到的技能应用到第二个问题实例中。如果此时出现了新的成分技能,那么这些新的成分技能将会在此问题情境中得到示证。示证并应用成分技能的顺序将不断反复,直到所有成分技能都得到多次示证,而学习者也有多次机会将这些技能应用到新的问题实例中去。

因此,在波纹环状设计过程中,并不对目的和问题进行描述,而是识别一个待解决的问题实例;设计该问题实例的示证并建构原型;设计该问题实例的应用并建构原型。换句话说,在波纹环状方法中,在教学设计过程初期就对要学习的内容进行识别、示证和设计,以便加以应用。因此,波纹环状方法是以问题为中心的。

4. 快速原型

图4.1所示的ISD模式在实施其所描述的教学设计程序的各个步骤后生成了大量教学设计产品。如前所述,这些教学设计产品基本上是对内容和要开发的教学策略的抽象描述。而实际运用内容材料本身或内容的多媒体演示要等到目标、评估和教学策略都描述完以后。这一过程通常会产出一个教学设计文档。这种方法的一个主要问题在于,根据抽象的设计文档来开发实际教学产品时会出现许多转换问题。如果由一个设计者来执行教学设计过程的所有步骤,那么不会有什么大问题。但是若涉及一个设计团队,常常就会出现如下情形:所实施的教学策略与撰写策略说明的设计者所预想的策略大相径庭。这种转换问题将造成误解并耽误教学开发的效率。批评者很快就会意识到,拖延时间太长是ISD过程的一个重大缺陷。

波纹环状模式通过使用实际材料或占位符来开发策略、互动和评估的功能原型,力图克服这一问题。一个功能原型(functional prototype)就是一个教学策略模型,它包括实际内容材料或代表材料的占位符,允许学习者与教学策略进行交互,并且与最终产品中可用的学习者交互相似。功能原型使用的开发工具能促进快速开发,易于修订,并可用于实际学习者的形成性评价。开发功能原型是波纹环状教学设计模式的有机组成部分(Allen,2003,2012)。

模式的比较

对于 ADDIE 的缺点以及更好的学习经验设计过程的重要方面,持续接近模式和波纹环状模式具有相同的看法。它们使用的术语略有不同,所强调的要点也有所不同。然而,我们必须寻找它们在概念、价值观和程序等方面的显著差异。这种一致性,特别是考虑到这两个模式是经过多年独立开发并在许多项目中应用且得到验证的,使人们相信这些模式不仅可行,而且能惠泽设计者。

虽然两个模式的提出者各有其侧重,也对其推荐的程序充满信心,但他们都在继续寻求改进和完善。他们也都承认那些项目是在一定的限制下完成的。有时别无选择,只能牺牲一些更好的方法来适应限制条件。此时,经验具有极大的价值,因为如果知晓各种备选方案的结果,就能让设计者明白该做出何种牺牲以及牺牲到何种程度。

我们指出波纹环状模式和持续接近模式的区别,目的是为了帮助你更好地理解这两个模式,或许还能使你草拟对它们的修改。尽管前面已提到,比起二者的相似性和一致性,二者的差别很小,但以下仍将对二者进行具体的对比。

范围

波纹环状模式是一个直接聚焦于教学产品设计之方法的设计模式。在对有效学习产品进行分解的基础上,波纹环状模式描绘了特定类型技能教学所必需的组成部分的设计过程。

持续接近模式是一个设计和开发过程,其涵盖的范围包括从相关利益方的确认到最终教学产品的发布。它涉及的主要问题是要确证最初确定的目标、学习者和内容确实是最佳目标、须培训人员以及须学习内容。

两个模式都是为了构建其作者所认同的良好学习经验。对于教学应具备的重要特性,两个模式的作者具有高度的共识。梅里尔通过波纹环状模式努力创设有效、高效和高参与(e3)的教学;艾伦则用持续接近模式来创设有意义的、持久的、激励性的学习经验。两个模式都很重视能促使学习者解决真实问题(梅里尔)或挑战(艾伦)的主动学习经验,并提供充分的练习来提升技能的可应用水平。

顺序

波纹环状模式要求设计者从一个学习者需要学会解决的问题或学习者需要学会完成的任务开始。该过程假定,以识别需学习的问题或任务为目的的需求分析已经完成。要准备问题或任务的原型,以确保问题或任务得到充分定义,适合作为教学目标,并可用于教学。要从现实世界里会碰到的问题或任务——而不是这些问题或任务的组成部分开始,这一点很重要。然后,通过识别问题的重要特征来定义一系列问题。学习者通过学习这些问题便可以达到迁移与应用层面的教学目标。

然后,设计工作按照规定的顺序经过从问题序列发散出去的一系列"波纹"向前推进,并形成以问题解决和任务完成为目的的教学。要设计的组成部分是(按顺序):问题或任务序列,带有示证和应用策略的成分技能,教学策略适配,设计定稿(包括导航、用户界面和补充材料),以及评估和评价。

持续接近模式同样假定背景分析已经完成——足够明确是谁需要学习什么。该过程首先审视学习者需要展示的能证明其已掌握的最终技能。SAM 规定,利益相关者组成的团队由一名教学设计师带领,应该在一个称为认知启动的工作环节启动产品设计。团队成员通常包括项目投资人/所有人、项目经理、教学设计师、一名受训人员的经理、一名学习者代表、一名学科专家、一名原型设计师。团队进行逆向设计,先处理最终的学习和行为活动,然后处理先决技能,直到为入门技能设计的学习事件完成。相关利益方对于适当的学习事件往往具有先入之见,因此及早把这些想法摆到桌面上将很有助益。团队首先根据其成员可能有的任何想法,快速地为项目的最终学习事件提出一个设计方案,然后再问:"我们为什么不应该这样做?"

有很多理由表明最初的提案可能并不是最好的方案,但是应该加以审核的不仅仅是教学方法。要质疑培训对象是否正确,确定的目标是否适当,内容是否适合,以及其他许多基本问题,这样做是完全正确的。有时很明显需要在方向上进行重大调整。

随着想法逐渐成形,将这些想法快速原型化是很有帮助的,而这些原型在帮助团队检核其想法后将会被丢弃。利用适当的工具,熟练的原型设计师可以快速地构建出原型,有时甚至当团队还在讨论取舍或短暂休息时,便已完成原型。同样,思考为什么不应构建某种原型方法比回答"我们应该做什么"这个问题要更容易,也更有成效。审核原型能让所有利益相关者都容易地参与进来,并让教学设计师明白各种视角、误解,以及要使项目通过验收必须符合谁的标准。

原型

两个模式都认为功能原型是很必要的。功能原型是表达、分享和评价备选设计的主要手段。随着内容、逻辑和媒体的展开,团队成员能明确看到正在提出的建议。一开始,可以构建一次性原型,不要考虑其精良性和完善性。设计者要专注于展示各种关键教学构想,以供评价。在早期原型构建上花费的时间和精力都被控制在最低限度,因此几乎不需要根据反应中新出现的想法来为原型进行辩护。事实上,构建早期原型的主要目的是要确认没有遗漏更好的想法。

两个模式都赞成迭代设计,而不是费力地试图一次性完成最终设计,尤其是持续接近模式,会敦促设计者丢弃(至少暂时地)前一两个原型,寻找一个可能更好的方法。第三个原型可能是一种全新的方法,或者可能是一些新想法与先前原型中想法的融合。

文档

两个模式都尽量少用文档。准备设计说明文档不仅费时,而且容易导致误解。如前所述,读者会在设计文档中读出他们自己的喜好和期望,于是认可文档,然后当看到实际产品与其期望大相径庭时便会大吃一惊。文档中要处理的需求在原型中几乎都被涵盖了,而原型对这些需求的处理更快更好。

目标

与其他方法不同,两个模式都将教学目标的准备工作推迟进行。在原型应用中,最初的焦点在于内容和教学方法的开发。这种方法不仅可以更快地推进项目,而且可以使教学目标不脱离真实内容的情境,也避免后期对目标有更好的理解时再去修改前期准备的目标。

组成部分

两个模式都主张最终的演示要尽可能真实,即其情境要尽量类似于行为表现实际发生的情境,挑战或问题必须是将会遇到的典型挑战或问题,活动或学习活动(如选择的范围、提示的水平、行为帮助、学习者应当挑战或解决问题的方式等)都要与学习者实际将要从事的活动相似。对于最终学习经验的反馈是内在的,即反馈主要表现为学习者行为的实际结果。

项目计划

波纹环状模式作为一个单纯的设计模式,并不涉及项目计划问题,而持续接近模式同时涉及设计和开发过程。负责开发学习产品的人想提前知道项目的成本是多少,开发周期有多长。这样的要求可以理解,但仅仅回答项目的理想成本这一个问题就需要考虑许多因素。即使是想确定项目的最低花费是多少,也需要确定要采取什么教学策略,需要的媒体类型和数量,多少内容是现成的,多少内容是需要创建的,等等。一个很容易犯的错误是:花费太少以致浪费了全部预算和大量学习者时间去使用无效的教学,但也有可能花费太高以致无利可图。要准确而负责任地回答这个问题是需要下些功夫的。

持续接近模式中的认知启动阶段为项目计划、预算和日程等提供了良好的基础。认知启动阶段通常持续两天时间,在这期间,团队会找出或生成所需的信息,包括需要培养的技能的范围、要采取的教学方法、该方法需要的内容和媒体、教学互动的复杂程度、可用的重要人才资源、要使用的传递平台等。虽然其他问题可能仍然存在,也不是所有这些数据都能马上获得,但认知启动可以在极短的时间内为项目计划的生成提供基础。

开发

持续接近模式是一个迭代的小步子推进的过程,它在概念和价值观上与敏捷法(Agile,即软件开发方法)(www.agilealliance.org)有许多相同之处。它让项目客户全程参与其中,能够看到项目的开发从而使设计修改及时进行。

其中会产生多个可运行的项目版本,一开始是最早的功能原型,然后逐步演变成设计校样——展示所有独特的组成成分且没有太多副本,以便随时进行修改。用户界面会在数字化学习应用中起作用。在操作交互中形成针对部分内容的最终媒体，因此可以对质量和时机进行审核。对与学习管理系统的连接进行测试，同时对收集的数据进行传输、评分和报告。实质上，可以获得最终教学产品的深层部分，并将之作为所有后续内容开发的标准来进行审核。

结论

作为一个教学设计和开发模式，ADDIE 常常令团队成员感到沮丧，主要原因在于在时间和成本两方面都效率低下，而且由此形成的教学往往产生令人失望的学习结果。因此，需要一个更简单的模式，这个模式将更多依赖于要教的实际内容而不是详细说明的文档，采用快速原型法，依赖于迭代设计和开发过程。持续接近模式和波纹环状模式就是试图克服 ADDIE 缺陷的教学开发模式。本章描述了这两个模式的主要特性，并对两个模式进行了比较，也将这两个模式与ADDIE 进行了比较。本章作者相信，尽管这些模式是独立开发的，但持续接近模式和波纹环状模式是互补的，它们的使用将带来更有效的设计和开发体验，也将带来更有意义、更持久、更具激励性的学习经验以及更有效、高效和高参与的学习结果。

41

要点总结

1. 前人留下的 ADDIE(分析、设计、开发、实施和评价)过程已发展出了许多旨在克服其局限的变体，因此 ADDIE 已经成了一个家族。最初的 ADDIE 是基于阶段的线性过程，一个阶段完成后才能开始下一个阶段。这样一来，一个阶段的错误和遗漏将使问题下移并影响后续的阶段。再者，作为一个基于文档的过程，对文档的误解将不可避免地导致问题产生。虽然它明确了需要完成的重要任务，但它也很缓慢、繁琐和复杂——这将扼杀创造力和对学习者体验的关注。

2. 持续接近模式和波纹环状模式的目的是要克服多年来利用 ADDIE 过程中出现的问题。这些过程承认创建有效、高效和高参与学习经验的重要性。它们与今天软件开发的敏捷概念相一致，重视可运行的原型，尽量少用极易引发误解的文档。

3. 持续接近模式和波纹环状模式采用迭代设计，它们是优化的高效模式，因为它们消除了不必要的任务并且在最佳时机和水平上执行任务。

4. 两个模式都聚焦于作为目标的行为表现和学习者需要学会解决的问题。其目的是创建极其有益的学习经验，而不是核查长长的设计和开发任务清单。

5. 尽管持续接近模式和波纹环状模式是独立开发出来的，但它们之间的极大相似性以及多年来的运用情况使它们具有相当大的可信度。没有一个模式是完美的，但是这些当代的模式克服了 ADDIE 所具有的许多弊端。

应用问题

1. **应用持续接近模式**：一个认证自助餐厅食品工作人员的组织希望厨师们理解冷藏食品之间可能发生的相互作用，并将食品放入冰箱以尽量减少食物变质。

a. 识别学习者需要执行的任务以及每项任务的先决知识和技能。

b. 草拟能令任务圆满完成的学习经验，同一人或多人进行讨论，了解他们对此的反应。

c. 根据得到的评论和建议第二次草拟学习经验，但要尝试运用与第一次完全不同的方法，同时与他人讨论。

2. **应用波纹环状模式**：选择你准备教授的一门课程或一个模块。

确定本模块想要教学习者解决或完成的现实世界的问题或复杂技能。为问题或任务的一个实例创建一个示证，以及创建要求学习者解决或完成的问题或任务另一个实例的应用。

参考文献

Allen, M. W. (2003). *Michael Allen's guide to e-learning*. Hoboken, NJ: John Wiley & Sons.

Allen, M. W. (2012). *Leaving ADDIE for SAM: An Agile model for developing the best learning experiences.* Alexandria, VA: ASTD Press.

Merrill, M. D. (2013). *First principles of instruction: Identifying and designing effective, efficient and engaging instruction.* Hoboken, NJ: Pfeiffer.

第五章　持续接近模式(SAM)详察

迈克尔·W·艾伦　　艾伦交互公司

引言

研究学习的专业人士每天都面临着这样的挑战：在紧张的预算以及更紧张的时间限制内设计和开发具有吸引力的学习经验。现代职场的要求对教学设计方法提出了挑战，它要求教学设计方法能够在不影响教学效果的前提下按时交付并且不超预算。即使没有这些限制，传统的设计过程也常常导致不能令人满意的结果，而由于限制继续收紧，其前景就愈加暗淡。

成功的教学远远不止是传递信息，但传递信息却是许多人为了应对更快、更低廉的生产压力而采取的手段。无论教学材料的组织有多好、多完整，以内容为中心的教学都不能提供最有效的学习经验，因为它关注的焦点是内容呈现而不是有意义的持久的学习经验。要证明所用的设计和开发时间以及学习者所花的总时间是值得的，那么学习经验就必须对个体学习者具有意义，必须令人难忘以便能提供持续的行为指导，必须具有激励性以激活新的行为。

有意义、令人难忘、激励性等标准并不容易达到，但都是必需的。只要够细心、有熟练的技能和适当的过程，它们确实是可以实现的。尽管如此，我们不断看到项目预算被缩减，对于深思熟虑的设计和开发也缺乏耐心。组织机构希望培训能够更快地被开发出来，而开发培训的人往往不具备教学设计和人类学习方面的专业知识。不过，想必他们也希望培训可以产生预期的行为表现。

更好地理解什么才是明智的投资水平当然会有所帮助，但不管限制如何，所有人都将从一种更简单、更快并能产生有效学习者自适应经验的设计和开发方法中获益良多。支持更有效的协作也有助于缩短开发时间，同时还能利用更多的视角和人才。我们需要一个能够促进创造性同时又切实可行的高效的模式。对此，我们在寻求帮助。

虽然 ADDIE（前人留下的一个详细阐述了分析、设计、开发、实施和评价的模式）有很好的逻辑，并阐明了所有成功的模式都必须包括或处理的主要任务（如本书第四章所述），但它过于注重细节、范围和内容的排序，而不是创建能随学习过程而调整的有吸引力的学习经验。这是一个有风险的模式，因为在使用它的时候，设计的关键通常不是表现为实用的或可测试的形式，除非到了设计过程的后期，但这时修改建议已经很难付诸现实了。具备试用（无论是在课堂里还是在电脑上）的能力对于了解和评价设计的长处和缺陷是必不可少的。对于一项设计越早得到充分评价越好，因为肯定会出现好的修改点子。在设计过程后期出现的设计启示可能会产生更好的方法，但遗憾的是这些设计启示往往难以控制。

持续接近模式（SAM）（Allen，2012）直接聚焦于学习经验的创建，关注学习者的情绪、活力、活动、需求和成就。它从根本上是迭代的、探索性的，在设计过程早期就允许考虑各种可能的备选设计，甚至从一开始乃至在整个过程中都注重了解学习者的想法。ADDIE 中的任务被整合进 SAM 全过程中，但只限于解决已识别的项目需求，而不是在没有明确理由和用途的情况下进行广泛、耗时、全面的尝试。

SAM 不像 ADDIE 那样繁杂，它具有敏捷法的许多概念。敏捷法是一种软件开发方法，在这种方法中需求和解决方案通过跨职能团队的协作与反复考虑而逐渐形成。其范围小而集中，因此最初的实施过程很快就可以发挥作用。然后在后续全部过程中，在确定、添加和评估其他功能时，其功能性都将得到保持。与敏捷法的原则和经验一致，SAM 快速、切实可行，并能够在给定的限制下产生许多优秀的获奖课程。

那么，SAM 是如何实现所有这些好处的呢？下面将阐述 SAM 的具体过程并讨论其主要原则和活动。

持续接近模式(SAM)

该模式的名称揭示了两个重要概念。第一个重要概念是"持续",它告诉我们,各项任务是按规定的顺序反复进行的。事实上,SAM 的基础便是在设计和构建有效的学习经验时,经过几次反复努力构建出来的学习经验将比经过一次努力构建出的学习经验更加成功。当我们经过了几轮设计后,哪怕我们最终仍然采用第一次的设计,我们也会对自己的设计更有信心。

第二个重要概念是"接近",它承认没有一个设计是完美的,也永远达不到完美,完善的空间始终存在。由于始终存在完善的空间,任何一个设计都只是近似于理论极限设计。

因此,持续接近就是反复尝试以无限趋近完美(但不要期望能达到完美)。不指望能达到完美,这就使我们消除负担并愉快地接受实用主义。因为完美是一个不现实的目标,所以迭代的次数就变成了一个简单而实际的考虑因素。经验表明,三次迭代一般就可以带来实质性的好处,而进一步的修改(尤其是在现场测试之前)则会使带来的收益下降。

二阶段和三阶段版本

SAM 的迭代性使它可以随时调整以适应项目的变化,如项目规模的变化,甚至能适应项目初期假设方面的重大变化,如培训对象、传递形式、教学方法、媒体的类型和数量等方面的变化。事实上,因为该过程为达到最好的效果而质疑一切,所以有效适应变化的能力是十分必要的。在问题和机会发生变化时,SAM 的小步子和频繁迭代使其能做出有效的应对。

最早最基本的持续接近模式只有两个阶段:准备阶段或背景阶段,以及设计、构建和审核交织的阶段(后来称为设计和开发阶段)。二阶段模式如图 5.1 所示。

对于小团队(一至五个人,成员大多具备设计和开发技能)的项目,使用这个简单的二阶段过程有很大好处;不过,如果项目较大,涉及的人员更多,投入的金钱更多,那么就需要更多的结构。大型项目的规划通常范围更广,往往需要

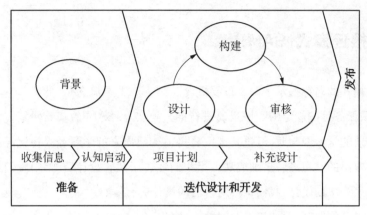

图 5.1　二阶段持续接近模式

有特殊用途的原型来使所有设计属性保持一致,而开发也很少与设计集成在一起。

对于大型项目,特别是那些使用单独开发团队的项目,往往要先确认基础设计(如何呈现内容的计划),该基础设计在开发阶段会被反复使用。在这些情况下,SAM 将采用三阶段模式(如图 5.2)。

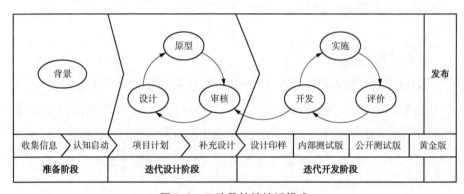

图 5.2　三阶段持续接近模式

细看图 5.1 和图 5.2,会发现二阶段模式和三阶段模式很相似。为了使你更清楚地了解整个过程,我们将讨论三阶段模式,但请记住,这些描述也基本适用于二阶段模式。

图 5.1 的下半部分是二阶段持续接近模式工作流的可视化表征。这两个阶段分别是:(1)准备,它包括信息收集以及被称为认知启动的重要项目启动事

件;(2)迭代设计和开发,在这个阶段,各种备选设计被构建出来并接受评估审核,然后进行重新设计以改进原有设计。

准备阶段

出于速度和效率的考虑,准备阶段会很快完成。这时要收集项目背景信息、澄清矛盾信息、指出最初的目标等。反过来,这些信息将支持团队围绕那些被感知到似乎会妨碍目标实现的绩效问题展开讨论。在这个阶段,项目团队将确定那些能帮助他们设置目标、识别特殊问题并排除某些选项的关键方面。

然后,SAM 将进入一个名为认知启动的结构化会议,在会上,项目团队将与各利益相关方共同审核收集的信息和假设。在对最终培训可能是什么样子进行快速想象后,新的问题会出现,从而需要收集更多的信息。比起广泛地收集可能有价值的信息,这种定向的信息收集更加高效。

信息收集

在任何教学设计项目的开始,一种很有诱惑力的做法是,收集需要组织和排序的内容以便在课程中使用。通常,一个学习设计/开发团队在启动教学项目时会收集如下数据:政策文件、程序指南、过去课程中的培训内容等。但是,如果以这些事情来开始设计过程,将很容易使重点从绩效转到信息上去——好像这是一个关于信息的项目。但在实施 SAM 时,特别重要的一点就是不要这么快就阐明内容。虽然现有材料可能被证明是有价值和有用的,但在这个阶段,SAM 主张只要简单指出有什么材料存在,接着就要快速提出目标和主要绩效问题。

信息收集过程包括:
- 确定主要参与者以及其参与义务。主要参与者包括:
    - 决策者和预算编制者;
    - 机会拥有者;
    - 主题专家(SME);
    - 绩效主管;
    - 近期学习者;

■ 目标学习者；

■ 组织的部署经理（deployment manager）。

● 确定组织的主要机遇及其对特定行为变化的依赖。例如，一家飞机制造商的机遇是进一步提升员工在处理安全问题方面的绩效，降低受伤或死亡的风险，但这一机遇取决于学习者是否愿意并能够参与学习，以便在采取合理的安全措施时改变其行为。

针对这些任务需要收集的背景信息包括：

● 先前在绩效改进方面的努力（如果有的话）及其结果；

● 当前参与的方案（如果有的话）；

● 现成的内容材料；

● 组织在培训方面的责任；

● 限制，如日程、预算、法律要求等；

● 最终决策者的姓名；

● 决定项目成功与否的各个方面；

● 预算限制；

● 截止日期。

在信息收集阶段，团队将采取阻力最小的路径，迅速完成准备工作。这种方法不同于传统 ADDIE 过程的开始阶段，在 ADDIE 的开始阶段，大量时间被用于收集潜在相关但最终可能有用也可能没用的信息。人们做什么和何时做要受制于许多动态力量的相互作用，因此，越是深入探索就越能看到进一步调查的机会。这可能会导致"分析瘫痪"（analysis paralysis），使项目不堪负累而被延误。

SAM 与 ADDIE 不同，它在考虑各种能确定和解决绩效问题的备选教学方法的情况下进行绩效分析，努力避免延误和不必要的努力。我们将会看到，SAM 根据手头的信息，通过考虑快速提出的设计来确定分析的优先次序。"我们为什么不应该这样做"这一问题可以迅速产生更多问题。如果答案是未知的，那么研究它们将花费大量时间。如果需要更多信息，团队会带着明确的目的和理由去收集。

一旦预备数据收集完成，准备阶段的工作就会从信息收集推进到认知启动。

认知启动

认知启动是一次头脑风暴,此时设计团队和主要利益相关方(如预算编制者、有绩效问题的个体、绩效主管、主题专家、潜在学习者和近期学习者等)一起审核收集到的背景信息并产生最初的设计想法。(表5.1列出了认知启动中的参与者及其职责。)头脑风暴一开始就讨论各相关利益方心中可能已经有的解决方案。从这些最初的想法出发,集思广益,提出教学事件,对这些教学事件进行简略的描述并快速构建出原型。

表5.1　认知启动角色和职责

角色	职责
预算编制者	能解释预算限制,知道预算会不会(或是否已经)划拨,了解已经做出了什么假设。
有绩效问题的个体	帮助确定组织对成功绩效的期望。
绩效主管	主管离实际绩效问题最近,能提供需要解决的绩效问题的具体例子。
主题专家(SME)	能对内容和教学的方向提供深刻的见解。
潜在学习者	能分享新手的看法,这对于有效设计是非常宝贵的。
近期学习者	能帮助团队明白当前教学的优缺点,哪些内容易学哪些内容难学,哪些内容最好是在工作中学。
项目经理	管理资源,安排项目工作的时间表,确保有效的沟通。
教学设计师	就教学方法的有效时机向团队提供建议,选择或创建要考虑的教学处理方法,并监督内容的创建。
原型构建师	绘制和/或构建原型,使团队在评估备选方案时将其想法形象化。

认知启动会是一个审核、设计、构建原型、再审核的迭代过程。如图5.3所示,认知启动阶段采用的迭代循环与接下来的迭代设计和迭代开发阶段运用的迭代循环是一样的,但此时的迭代循环非常快——只有几个小时而不是几天。在认知启动会期间将尽可能多次地重复该循环。

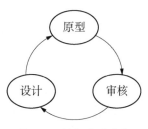

图5.3　认知启动迭代

首先,在认知启动会开始前就将背景信息提供给参与者审核,这样对于要达到的目标和要解决的问题至少可以形成一个暂时性假设。当团队开始更好地理解情况和选项后,这些暂时性假设可能会发生变化。人们在参加项目时,对于该做什么总会带着一些自己的想法。要保证这些想法(可能实际上是一些期望,甚至是强烈的偏见)得到分享和评价,这一点很重要,这样它们就不会在后期采用了其他方法后又冒出来扰乱工作。因此,团队必须提出一轮初步想法。教学设计师帮助和指导团队形成对某类学习结果来说公认的有效方法,然后草拟出备选方案以供讨论,这些备选方案可能采用了能与 SAM 完美结合的梅里尔的《首要教学原理》(Merrill, 2013)一书中的观点。然后,可能在团队继续讨论的同时或者团队短暂休息期间,将一个或多个草案提供给原型构建师(能快速构建草案的功能原型的设计师/开发师),让其进行快速开发。在原型构建完成后,尽快将其递交给团队审核。利用适当的工具和经验,原型将被反复修改并在认知启动会上加以审核。

在认知启动期间,会出现许多想法和优先考虑的方案,进行研究并收集更多信息这一需求变得很明显,有吸引力的教学方法也应运而生。需要对各种方法进行充分考虑和完善,可能是大幅度的修改——甚至是替换。与会者应该期待这种情况出现,承认这是进步的标志。

46   **持续时间(duration)**

认知启动时段可能只有半天,但也可能持续三整天或更长。其最佳持续时间要取决于许多因素,如各利益相关方意见的分歧程度、要教的技能和行为的复杂程度、学习者准备状态方面的差异等。持续时间的长短还常常取决于一些偶然因素,如人员是否方便以及会议场地的可用性等。但即使存在所有这些相关因素,两天的时间一般是恰到好处的,如果可以的话应安排两天时间。很重要的一点是,在小组开会期间要尽可能取得更多的成果,因为可能无法再次把人都召集到一起,或者如果一开始没有达成充分的共识,就可能无法按项目的需要作出响应。

虽然主要利益相关方的参与对于理解项目的边界和期望是非常必要的,但这些人通常拿不出足够的时间来达到必要的深度或考虑全部内容。要想从认知启动开始就取得最有效的结果，找对人是至关重要的。

设计、原型及审核

对于认知启动小组，重要的是要尽快拿出设计想法，无论这些想法的命运是成为最终学习包中的一部分还是被丢弃。这一活动被证明对于许多目的都有很重要的价值，尤其是确定谁真正对项目负责以及哪些成果对成功至关重要。通过这种方式对解决方案进行集思广益是相当有效的，它可以确定主要的绩效目标，同时又能很好地应对极易掩盖重要成功目标的组织等级制。

构建原型是认知启动阶段的必要活动，因为同言语描述相比，可视化的表征使人们在对设计进行讨论并达成一致时较少具有模糊性和个人化的解释。在设计和审核快速构建的一次性原型的过程中，认知启动团队展示并分享关键信息。原型能促进头脑风暴和创造性问题解决，帮助团队明确对于项目来说真正重要和不重要的东西，也有助于协调团队的价值观。

认知启动是非常有效和高效的，对此怎么强调都不为过。其基本过程是讨论、头脑风暴、概略描述、构建原型和审核。团队在审视第一个原型时需回答的根本问题是："我们为什么不应该这样做？"在第一个循环中，答案可能会迅速且轻易地涌现出来，但即便不是如此，也会因排除某一种可能并思考其不足而取得重要进展。这些答案将成为下一个循环（重复）的重要指南。

整个过程进行得很快，目的是要努力创建团队决定采取的可行的教学方案。快速开展工作并且不过早对设计进行完善以尽量减少投入，这些都有助于避免团队置身于任何有重大缺陷的设计。如果快速创建的设计没有充分解决绩效问题，可以很方便地将其丢弃，然后再创建新的设计。

设计、原型构建和审核持续地以小步子迭代方式进行。要完成的只有教学内容的示例样本。其他内容会在稍后创建，但即使是后期创建，也是以迭代方式进行的。

认知启动的产品

认知启动的基本产品有：

● 粗略的示例原型；

- 认知启动总结报告,该报告将详述启动会中的讨论和决策;
- 目标×方法矩阵,列出主要教学目标及与之相对应的明确方法。

所有这些基本产品都将对 SAM 模式下一个阶段——迭代设计阶段中的进一步设计产生支持作用。

认知启动阶段最重要的部分包括:

- 设计循环:评价基于收集到的信息、假设和早期想法所产生的方向。
- 原型:只提供足够用于沟通并测试想法的信息。
- 绩效结果目标:明确整个项目和个体学习者的成功标准。
- 评价:此时的评价只通过讨论来进行,可能会对整个项目进行重新界定和改变——甚至可能对要解决的企业问题和目标学习者进行重新界定和改变。
- 速度是关键!

教学目标备忘录

教学目标是有效教学设计的必要成分。SAM 试图创建和测试的教学方法是以明确的绩效需求为基础的。团队可以根据利益相关方提供给设计团队的初始教学目标开始工作,也可以根据在项目早期准备阶段的讨论中确定的教学目标开始工作,或者可以在认知启动期间确定教学目标。无论教学目标来自哪里,在 SAM 全过程中要想保持设计不偏离轨道,教学目标起着至关重要的作用。

认知启动以绩效结果目标、教学目标以及至少一部分内容的原型的确认而告终,然后团队进入 SAM 的第二个阶段:迭代设计。

迭代设计阶段

认知启动结束后接着进入迭代设计阶段(见图 5.4)。大多数 SAM 领导人更愿意对内容进行逆向处理,即首先处理最终的学习活动。如果采用这种推荐程序,认知启动就将把重点放在最终学习活动上,即能让学习者将其技能整合进真实活动执行中的活动。然后把设计的关注点逐步向后推进至更具体的技能上,每一步设计都要让学习者为前面设计的学习事件做好准备。

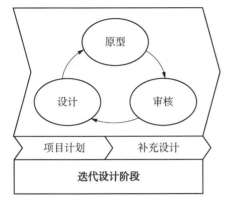

原型

设计　　审核

项目计划　　补充设计

迭代设计阶段

图5.4　迭代设计阶段

除非项目非常小,否则这个阶段要做的工作会很多,其中包括更多的设计工作。乍一看,图5.4可能意味着永无休止的难以控制和管理的迭代过程,但正如我们将要讨论的,循环有自己需要达到的特定目的和标准。不过,SAM简单但几乎总是适当的指导原则是:循环三次然后向前推进。 47

认知启动阶段应当生成足够的信息用于制订项目计划。虽然遗憾的是组织常常试图在认知启动等活动产生重要信息之前就创建计划,但这可能导致不合需要的结果。认知启动为项目计划提供了重要信息,从而有助于确定任务是什么、谁来负责这些任务、合理的时间表以及可能的成本等。

补充设计通过更多的迭代进行,不过是由一个更小的团队来完成,其重点在于如何涵盖更多附加内容、如何解决不同设计之间的不一致以及在过程中新出现的问题。

请注意,对于较大的项目或团队,文档和协调是成功的先决条件,但是SAM努力做到文档最少化。这在SAM的迭代设计阶段和其他阶段都是适用的。项目团队只生成最必要的文档,对于所有文档都应该问一问:面对面沟通或者通过原型进行可视化的思想交流是不是更为有效。

项目计划

项目计划涉及对其余影响时间安排和预算的项目开发细节的量化评估。特别是三阶段的SAM,不仅要对成本和质量管理进行认真思量,还要对沟通、风险、日程、范围以及人员配置等进行细致的考虑。

项目计划应该体现SAM的基本观念,即没有一个项目是完美的,但通过反复的工作可以使项目不断发展并接近完美。这种观念非常实用;它敦促项目经理把项目投入使用,并根据来自现场的反馈进行未来迭代。与计划相关的一点是,通过快速生成第一轮项目,然后在时间允许的情况下对后续改进进行规划,比其他方法更能够保证项目的可用性。

从可用的功能原型形成之时起，SAM项目就始终具有可用的课件。其质量不断提升，无论任何时候需要开始教学，在项目的限制内都会有可用的最好的产品。

为了达到最终的实用性，在团队对项目任务进行计划时，每项任务在每次迭代中都会被赋予一定的优先级。

临界值：必须在当前迭代中完成。

目标：预计将在当前迭代中完成。

未来：将推迟到后续迭代中。

史诗故事（Epic）：在当前项目投入使用后再考虑。

根据认知启动阶段创建或选择的设计，团队可以创建一个完整的项目计划。根据认知启动阶段的输入，团队可以对整个项目计划的内容编写、媒体开发和程序编制进行评估。

项目计划任务的指导原则包括：

● 通过准备和传阅《认知启动概要报告》来了解有关讨论和决策。

● 准备一份初期的《媒体和内容样式指南》。这份指南很可能要到补充设计循环结束后才能完成。在团队意识到其他样式首选项时，再去捕捉它们会很方便和高效。

● 准备一份《内容开发计划》的初稿，明确责任并评估需要哪些材料。按照临界值、目标、未来的优先次序排序。

项目计划阶段最大的风险在于，对有些学习目标和绩效目标还没有形成原型化的解决方案。

补充设计

补充设计活动与认知启动阶段的设计—原型—审核事件雷同，并且多与项目计划活动同时发生以维持认知启动的势头。例如，在认知启动中，一家飞机制造公司的设计团队确定了九种设计处理，但只为其中五种构建出了原型。在补充设计阶段，团队将在审核已有的原型化设计处理后为其余设计处理构建出原型，以确保完整性和一致性。

先囊括后深入

在这个阶段,团队更像是学习者,只要牢记认知启动阶段所做的决策和设定的期望,团队将能更快取得进步。不过依然重要的是,要遵循先囊括后深入(breadth before depth)规则。即团队必须对需要理解的全部内容予以考虑,无论这些内容是需要广泛的教学方法还是只需少量方法。

要遵从先囊括后深入规则,并不像看起来那么容易,甚至可能实际上成为实施 SAM 的最大障碍。每一次迭代都会使设计变得更清晰、更深入。在想法初露端倪时团队便忍不住要立即跟进深究,觉得可以继续迭代了,在刚显露的或尚在构思中的想法的基础上进行构建,并"完成"设计。问题在于,每一轮迭代都有可能出现一些新的、"更好的"想法,不纠缠于这些想法是需要毅力的——否则就会进入无休止的迭代,在单个内容片段上花费过多的时间,以至于没有时间对其余内容进行充分设计。 *48*

一般来说,在所有类型的内容都得到同等关注之前,对任何内容领域的迭代都不应该多于三次。在将任何一个设计处理完善至最终水平之前要对全部内容都加以考虑,这样做的一个好处在于,在教学课程中经常会发现类似的内容反复出现,无论是应用程序、作出决策、预测结果或是其他类型的内容。或许我们可以提供一个涵盖了大量内容的效力强大的设计处理,而不是构建若干不太受关注的设计处理。

最初的任务是浏览全部内容,为遇到的每一类内容设计基本的教学。然后,项目经理便可以决定是否有时间来对某些或全部设计进行进一步的迭代。通常情况下,剩下的时间总是比预期的少,因此,一开始就涵盖全部内容可以保证课程可交付。

原型

在补充设计活动中,原型在沟通和测试想法方面继续发挥着重要作用。一个可用的原型比任何描述、说明或情节串联板都有用。它替代了页数较多的文档——文档的撰写和阅读都很耗时。原型通过范例来沟通以便于人们理解,还提出建设性的问题,以及做出详细的评论。

在认知启动阶段,原型的焦点在于对设计原则达成共识,而在认知启动以后,团队可以开发更多原型,包括一些特殊用途的原型。

根据选用的传递途径不同,以下一种或几种类型的原型可能会很有用:

- 媒体原型:整合媒体元素来展示预期的"界面外观"。把布局、色彩、字体、图像以及其他元素的样本综合起来形成一个清晰的设计样本,并为完整产品的开发设定标准。
- 功能原型:对认知启动阶段创建的原型加以完善而成,使其可供学习者使用和测试。功能原型提供了导航和交互要素,因此学习者可以顺利完成各项活动。
- 集成原型:以某内容为例把功能原型和媒体原型结合起来,以提供完整的、有代表性的产品设计样例。
- 技术原型:目的在于测试传递平台的兼容性、与学习管理系统(LMS)的通信,或者教学传递要依赖的任何技术或设计组件。

补充设计任务包括:

- 采用同样的迭代过程,即设计、原型和审核。最终原型须经主要决策人员审核并批准后才能进行开发。简单地相信这些主要人物会对未经自己过目的事情发展感到满意,这并不是好的做法。
- 审核所有内容,将内容按相似性进行组织,以明确最少需要多少必要的设计处理和原型。除了小项目和焦点很集中的项目外,不可能有充裕的时间来为每个内容片段创建功能原型。重点是为每一类内容开发一个原型。

迭代开发阶段

迭代开发阶段如图 5.5 所示。在设计阶段非常有用的那些迭代在开发阶段的活动中同样很有效。迭代使相关利益方能够在项目限制条件下对决策进行持续的评估和修正。这一优势的重要性无论怎么强调都不为过。因为功能产品很快就可以使用,所以在团队投入耗时的改进过程之前,相关利益方就可以看到设计变成现实,这一点是很宝贵的。

设计校样

第二阶段构建出了一组针对各类内容、用户界面、媒体整合和其他组件的处理的原型,第三阶段的第一个产品就是一个旨在确保所有成分能按预期方式协同工作的设计校样。设计校样是关于拟议解决方案的直观的功能性的展示。设计校样还集成了全部组件的样本以测试和证明可行性。它的功能性和可用性比设计原型更强,所用的开发工具与最终交付产品使用的工具是一样的。这样一来,设计校样不仅测试了设计的可行性,也测试了制作系统的可行性。

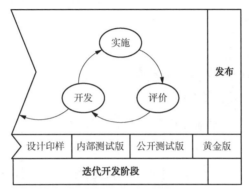

图 5.5　迭代开发阶段

设计校样为团队和利益相关方提供了一个重要机会,使他们相信由各个部分创建出了一个理想的整体。这也是一个机会,可以确保前方没有阻碍拟议设计交付的技术问题。

设计校样是否得到批准将决定: *49*

- 是否需要进行补充设计工作。如果是,那么就要回到迭代设计阶段去生成所需要的设计。
- 是否需要再次进行开发迭代来进行修正。
- 迭代开发是否可以推进到最终产品的内部测试版的制作。

如果涉及技术,就需要在学习者将要使用的设备和网络上运行设计校样,并展示设计校样与学习管理系统(如果要用到学习管理系统的话)之间的功能性通信。如果设计校样包括角色扮演、现场演示或其他活动,那么团队就应该对这些活动进行试运行,以确保使这些活动顺利运行的所有细节都已被纳入。

设计校样评价是此过程中的一个重要事件。设计校样能发现潜在的问题，使这些问题不会在最后一刻造成危机。对设计团队和相关利益方来说，评价设计校样是检查课程作为一个整体如何发挥作用的最好机会。此时，有可能最清楚地认识到整体解决方案是什么样子的，同时还有时间去关注那些明显需要修正的地方。

设计校样要点

- 第一轮制作周期产生设计校样，设计校样使我们有机会通过在预期传递平台上呈现和测试功能应用程序来确认所有设计决策。

- 设计校样测试：

  - 设计可行性；

  - 设计是否有效地传达了需求；

  - 开发工具是否适合；

  - 能否可靠、重复地传递所要求的学习经验。

- 设计校样将样本内容（包括所有成分的示例）与设计处理相结合。文本和媒体都经过了改进，代表了所有类似元素的预期最终质量。

内部测试版

内部测试版是需要依据已核准设计来加以验证的教学应用的完整版本。此时，团队应该在内部测试版中实现了全部的内容和媒体。对于可能存在的任何未决问题，团队应该做好记录，特别是如果要在所有问题得到纠正之前就开始评价。我们当然不希望发现重大的未归档问题，但无论如何，尽管人人都尽了最大努力，问题也总是会出现。

对内部测试版的评价可以发现在样式指南方面的偏差、图形错误、文本更改、排序问题、内容遗漏、缺乏清晰度以及功能缺陷等。

内部测试版要点

- 在第二轮制作周期（或大项目的一系列周期），根据已核准的设计制作出内部测试版。

- 这个周期要进行全部内容的开发集成，仅有样本已不够了。

- 内部测试版几乎是完整教学程序的最终版本，但需要根据已核准的设计加以验证。

- 内部测试版的完成和核准标志着验证周期的开始。

- 在理想情况下,内部测试版审阅者应该只发现轻微或中等程度的样式指南方面的偏差、书写问题、图形错误、功能缺陷等。

公开测试版

由于审阅者总能发现内部测试版的问题,因此团队要安排第二个周期,称为验证周期。验证是生成第二个最终候选产品即公开测试版过程中的必要部分。公开测试版是内部测试版的修订版,它纳入了审阅人员在内部测试版评价中指出的必要更改。

如果团队按照要求认真进行了修改,那么审阅人员在公开测试版中应该就找不出太多错误了。这时的错误应该只是极少数排印方面的错误或图形更正。

公开测试版要点

- SAM 过程认为公开测试版是第一个黄金版候选版本。公开测试版不应该有功能缺陷,但如果有,就需要再一次迭代,制作出第二个公开测试版;如果还有重大错误,就需要更多候选的版本。

- 公开测试版启动用户接受度测试,以便在最终交付前让学习者体验课程并提供反馈和意见。在用户接受度测试期间,主题专家、目标人群的学习者代表等都应该对公开测试版进行评价。

黄金版

构建黄金版是迭代开发阶段的最后环节。由于没有任何项目可臻于完美,此时课件在先前核准的项目指南的参数范围内完全可用。

黄金版要点

- 在公开测试版进阶为黄金版前,如果审阅人员发现课件存在任何问题,团队就必须都予以解决。此时,团队应制作一个公开测试版的修订版即"公开测试版 2"(有时也称为"黄金候选版 2");如果有必要,还应制作一系列候选版本,直至全部问题都得到解决。

- 如果公开测试版的性能与预期一致,审阅人员没有发现更多的问题,那么无需进一步开发就可以进阶为黄金版,准备发布实施。

- 希望发布标志着评估研究的开始(但很少如此),以确定学习者是否真正地完成了目标行为,以及这些新行为能否保证预期的绩效成功。

50

两阶段和三阶段模式的相对优势

如果要考察两阶段和三阶段持续接近模式的相对优势,那么本文作者更偏向于两阶段模式。这一模式有许多优势,特别是它对问题和机会的快速响应以及它对创造性的激发。它的另一个优势是:在课件开发中出现任何机会和需求时,都可以对设计和/或实施进行快速调整。在过程进行中即时发现机会或问题,可以预防我们在非预期的道路上越走越远,并在更正错误时最大限度地减少无用功。它促成了迅捷的实验、评价和更正,可以使我们避免陷入不需要进一步开发和评价的设计中而不能自拔。小型团队的亲密性促进了高效的沟通,使耗时的文档撰写和繁文缛节降到最低限度。当然,它也要求周密的时间管理,因为在迭代中我们可能陷入迭代的漩涡而无法逃脱。

不过,对于大型团队特别是由众多专家组成的团队开展的设计和开发,为了尽快完成工作往往要求多项工作同时进行,这时三阶段模式就更加有效了。涉及的人越多就越需要协调,当然,这可能是一项额外的投入。制定文档样式以及各种标准虽然要花费一些时间,但它们能够提高效率,而两阶段模式的参与者可能会认为它们束手束脚而予以排斥。简单地说,虽然两个模式都被证明是很有效的,但三阶段模式应该在团队人数超过六人时予以采用。如果团队规模较小,那么应选用两阶段模式。

结 论

SAM 是一种充满乐趣和活力的设计高效教学程序的敏捷方法,若不采用 SAM,设计高效教学将是一个十分艰巨的任务。SAM 是切实可行的,因为它承认没有一个项目能真正达到完美,而且为了满足始终存在的限制条件,妥协总是必要的。在花少量精力收集背景信息后,在利益相关方、学习者、教学设计师、项目经理和快速原型构建者之间将召开一次特别组织的为期两天的会议。这次会议被称为认知启动。在会上，先提出最终学习活动，再向前逆推至课程的起点，然后提出各种备选的教学方法。

SAM 过程会在检视团队提出的各种想法时反复提问：我们为什么不应该这样做呢？如果没有明显异议，就会构建一个原型，以此来对该想法的优势和不足进行进一步的探究。第一个想法被暂时放在一边，在接着进行的两次迭代中将处理另外两个想法。团队会选用三个想法中最好的一个，然后继续向前处理其他内容。

如本章所述，SAM 有两个版本：一个适用于较小的项目，在从开始到交付的整个过程中，设计和开发都合并在一起；另一个扩展的过程将开发分离出来，成为一个单独的迭代过程。许多团队利用 SAM 制作了无数课程，这些经验表明，SAM 已帮助许多组织更快、更轻松地制作了更加有效和富有生气的课件。

要点总结

1. **教学设计者面临着比以往任何时候都要更快地生产出教学产品的压力。** 前人留下的 ADDIE 过程是一个很详尽的过程，但很难满足当今快速开发教学的要求。

2. **一个有效的流程认为，成功往往包括满足持不同观点的各种人的期望。** 虽然创建有效学习经验这一挑战本身已经很困难，但大多数教学产品的开发环境都要求满足各种人的期望。有时人们所坚持的观点彼此冲突，因此更好的流程会认识到尽快达成工作共识的重要性。

3. **没有一个项目是完美的。** 如果要成功地处理团队工作环境中的限制条件，那么认识到所有项目都可以进一步改善将会很有帮助。无论花多少时间都不会达到完美。因此，目标应该是在既有的限制条件下生产出最好的产品。

4. **持续接近模式(SAM)是一个迭代模式，**其目的是快速生产出产品，创建出有效的教学经验，使相关利益方达成共识以便他们的标准都能得到满足，在既有限制条件下生产出最好的产品。

5. **SAM 的优势在于采用小步子的交叉进行的设计、开发和评价。** SAM 不是在进行全面的分析，制作大量的文档，并寻求签字批准后再去开发一个完整的课程,而是重组步骤,简化工作,这不仅是为了提高效率,也是为了在有更好的想法出现时(因为更好的想法总是会不断涌现)能促进设计的修正。

6. 分析主要是在过程之中进行的。第一步是收集各种容易获得的背景信息,如明确受训人群、结果目标、可选择的传递方式、发布日期等。但是,当我们在考虑各种备选方案时,这些因素中任何一个(甚至全部)的改变都并不鲜见,因此,初期分析将会很快完成,只需收集刚好够用的信息来作为项目的出发点。

7. 认知启动让主要利益相关方和教学设计团队聚到一起。这个通常为期
两天的重要会议旨在找出各种优先事项、期望和限制条件。在会上呈现先前收集的背景信息,在与会人员被问及他们所认为的好方法之前,他们需要对这些信息进行修订。设计者会参与这个会议,确保各种经过验证的方法都被考虑到。会上选择一种想法进行讨论,围绕"我们为什么不应该这样做"这一问题展开。

8. 原型是必需的。只有当相关利益方能实际看到并部分体验到某个教学事件时,他们才能对一个设计进行有效的评价。无论构建的原型是角色扮演设置、游戏还是数字化学习活动,都为有效评价以及考虑其他新想法提供了基础。

**9. SAM 的简单版本将设计、开发和评价交织在一起,直到必须推出产品为
止。**这个版本的 SAM 对于新手来说是最好的,它能保证在允许的时间限制内产出尽可能好的产品。扩展版的 SAM 针对大型项目和大型团队(超过五人或六人)进行了优化,在这个版本中,内容开发作为单独的迭代进行。

应用问题

1. 一家家具定制公司的销售副总裁认为,虽然他们对于新销售人员的培训差不多是最好的,几十年来一直在完善,但培训过程依然缓慢且费用昂贵。在五个星期的课堂培训后,他们发现受训人员在工作中依然步履蹒跚,有时还永久性地损坏了客户的未来期望。现在她拨出了一笔数目不详的预算来开发新培训,要求在十周后推出,她希望你用她经常听说的 SAM 过程来领导培训的开发工作。在收集了一些背景信息后,你发现培训主管已经在敦促公司开发数字化学习,以便经验丰富的销售人员能够更快地介入培训,而那些技能需要提高的人则能获得他们所需要的培训。不过销售副总裁认为,他们只需把优秀销售人员工

作的情况录制下来,让每个人都能访问那些视频即可。

　　a. 你会邀请谁来参加认知启动会? 为什么?

　　b. 有人建议你从培养入门级技能这样的想法开始。你是否同意? 为什么?

　　c. 如果销售副总裁出席却没有对视频呈现表现出偏好,你会怎么做? 或者如果培训主管出席但没有阐述数字化学习的优势,你会怎么做?

　　d. 请描述:如果在认知启动会上对于没表达出来的分歧不予探究,那将会发生什么?

　　e. 你发现认知启动会接受了一些很好的想法,但意识到这些想法会很费钱。你会在会上提出这一担忧吗? 为什么会,或为什么不会?

　2. 设想认知启动会的两天时间已过了大半,团队已经审核了几个原型,注意到了每个原型中让人喜欢和不喜欢的地方。你会怎么处理以下情况?

　　a. 出现了一个似乎人人都喜欢的全新想法。

　　b. 你可能只涵盖了 20% 的学习者需要培养的技能。对于该如何涵盖其他 80% 的技能,你会怎样跟团队说?

　　c. 你看到在人们喜欢的设计中有一些大有希望的要素,但也有一些需要解决的隐患。你会如何处理它们?

参考文献

Allen, M. W. (2012). *Leaving ADDIE for SAM: An Agile model for developing the best learning experiences.* Alexandria, VA: ASTD Press.

Merrill, M. D. (2013). *First principles of instruction: Identifying and designing effective, efficient and engaging instruction.* Hoboken, NJ: Pfeiffer.

第三部分

学习与教学的理论和模式

第六章 教学设计的心理学基础

马西·P·德里斯科尔　佛罗里达州立大学

本章将对作为教学设计(ID)领域之基础的学习的心理学概念和原理进行概 *52*
述。例如,斯金纳的行为主义学习理论为教学的设计提供了强化、反馈、行为目
标、练习等有用的概念。信息加工理论和图式理论等认知理论把教学设计领域
的重心转到了学习者特性以及原有知识在新知识技能学习中的作用等方面。情
境学习理论使教学设计领域转而关注学习的社会文化因素以及获得和实践知识
技能的共同体的重要性。加涅的教学理论和建构主义方法为学习环境的设计提
供了指导,使设计出的学习环境能促进预期技能、知识和态度的获得。最后,联
通主义针对数字化工具和技术在学习过程转变中所起的作用提出了一些饶有趣
味的问题。

无论关于学习的心理学观点之间有何不同,大部分理论都有的一个基本假
设是:教学将导致学习的发生。这个假设对于教学设计领域的人而言是十分重
要的。如加涅曾说:"毕竟有些有用的人类活动无需通过教学就可获得,还有一
些则是通过自学获得的。但是绝大部分有目的的实践活动(如职业和技术培训
中涉及的活动)都是在教学情境中习得的。"(p. 17)

学习的定义

对于学习的含义,绝大多数人都有一种直觉的认识——会做以前不会做的
事,或懂得以前所不懂的东西。但是,必须把学习同人的发展或成熟区分开来,

因为成熟也可以使我们表现出以前不曾有的能力。例如,由于幼儿的肌肉控制能力和协调能力的发展,他们很快就能用双手同时抓握物体。人的发展是一个自然发生的过程,在这个过程中,"除了那些有严重技能失调的人外,每个人都能成功,并能做得很好"(Gee,2004,p. 11)。关于人的发展的类似例子还包括学会走路、学会母语等。

必须把暂时性的能力变化同学习区分开来,因为学习意味着持久的变化。因而,运动员服用兴奋剂后出现的能力提升不能被看作是学习。

最后,有些学者还区分了作为教学过程的学习和作为文化过程的学习(Gee,2004)。人们从他们所属的文化群体中习得了很多东西,如社会规范、风俗习惯、游戏等。这些通常不是教学的目标,而学习微积分或物理等学校科目才是。如前所述,明显的教学(overt instruction)才是教学设计者最关心的事情。

大多数心理学理论把学习定义为"人类行为或行为潜能的持久变化"(Driscoll,2005,p. 9),行为潜能是指习得的能力可能往往不会立即表现出来。确实,你也许记得,有很多时候都不曾要求你表现出所学到的东西,直到单元测验或期末考试时才要求你把所学的东西表现出来。但是必须注意,把学到的东西表现出来对于教学设计者确定教学有效性而言是很重要的。如果他们从不以某种方式要求学习者表现出已经学到的东西,那怎能确定教学的效果呢?

在定义学习时还需进一步考虑它是如何发生的。大多数心理学理论认为,学习是作为"学习者的经验以及与世界互动"的结果而产生的(Driscoll,2005,p.9),并且这种互动被理解为个别化的过程。也就是说,个体与其周围世界互动,这一经验会促使其按某种方式行动的能力的提升。对个别学习者的关注正是人们历来对个别差异感兴趣的原因,也正是在教学之后要对个别学习者的行为加以评估的原因。不同学习理论之间的区别在于它们如何描述观察到的学习结果以及如何解释学习的过程。本章的后面部分将阐述这些区别。

但是,近来出现了一些理论观点,对学习的个体特征表示了异议。社会文化理论的拥护者相信,"只有在析出了共性水平之后,(心理学上的)个体特征才能得到正确的识别和分析"(Lemke,1997,P. 49)。换句话说,必须根据生活于同一特定社会文化环境内的人们的活动来理解学习。按照这一观点,学习不仅仅是单个个体的行为变化,还包括享有共同目的或参与共同实践的群体的行为。

而且,学习不仅是由个体学习者内部的过程所刻画的,同时还由群体成员共有的过程或影响群体成员的过程所刻画。从这个角度看,作为一个教学过程的学习正在与作为一个文化过程的学习相融合。

联通主义对社会学习的理解更进了一步,它对快速发展的社会进行反思,认为当前社会"更复杂,联系更紧密,更全球化,受日益进步的技术的影响更大"(Duke,Harper 和 Johnston,2013,p. 6)。与社会文化理论相似,联通主义的理论试图探讨存在于个体外部的组织知识。学习变成了连接各种观点,评价多种信息源,以及确定相关或重要信息以使知识具有可用性的过程(Siemens,2005)。联通主义认为,学习可以始于个体,但当个体在网络中相互协作并不断更新信息时,知识可以成倍地增长。由此看来,个体在网络中进行连接的能力要比个体的原有知识状态更加重要,而使连接成为可能的则是先进的技术。

接下来的部分将要探讨主要的学习心理学概念和原理,讨论它们对教学设计的意义和启示。可以看到其中有些启示已经对教学设计领域产生了影响,还有一些处于设想阶段,被认为对教学设计领域的未来具有潜在的影响。

行为主义学习理论

斯金纳终其一生,在整个职业生涯中都提倡一种以行为为核心的心理学和学习的研究方法(如参见 Skinner,1938,1969,1987)。斯金纳激进行为主义的核心是,学习完全可以根据可观察的事件(即学习者行为及其环境先导和结果)来理解、解释和预测。先导指的是环境中出现的表示某种行为是否适当的各种线索。例如,一个"停止"标志示意司机适当的行为是踩刹车。同样地,教师的劝告"注意听讲"就是示意学生应该停止交谈和集中注意的信号。在斯金纳看来,行为的结果决定着该行为是否会被重复,以及是否被学会。例如,一个学习者因上课专心而被老师报以微笑,那么在接下来的时间里,他就会比那些行为被忽视的学生更可能听从老师的指示。同样地,一个学习者尝试采用一种新的策略在因特网上搜索信息,如果成功搜到了所需要的信息(因而得到强化),比起运用了此策略但没有找到所需信息的情况,前一种结果使学习者更有可能继续运用此策略。

斯金纳及其弟子研究了行为矫正原理并将其应用于教学,这些行为矫正原理对教学设计领域产生了重大影响。行为主义学习理论以经验为基础,也就是说在干预(如教学)实施前后都要对行为进行观察,观察到的行为变化则被认为与干预过程中发生的事情相关。如果行为没有变化,那么就会认为干预无效。在教学设计领域,对行为的观察是形成性评价的一部分,开展形成性评价是为了了解教学是否引发了学习的发生以及该如何改进教学以获得更好的学习者行为。

这一理论把重点放在学习者的行为上,这对行为目标的概念、教学中练习的重要性都产生了积极的影响。例如,在教学之前,教师和教学设计者可通过观察判断学习者是否已获得了预期的行为。学习者未表现出的期望行为被规定为目标或学习结果,要通过所设计和开发的教学去努力实现。同样地,把期望的行为规定为目标,这一做法要求必须确保学习者在学习中有充分的机会去练习这些行为。

最后,行为主义理论影响了早期的教学反馈概念,即认为反馈本质上等同于强化。如果学习者在教学中做出了正确的反应,得到的即时反馈是被告知回答正确,这种反馈预计会强化正确反应。同样地,如果被告知回答错误,那么这样的反馈预计可以减少错误反应的发生率。由于预期反馈具有强化作用,教学设计(如程序教学)将教学分解成若干小步子,要求学习者频繁做出反应(如参见Holland 和 Skinner,1961),于是就在实际上保证了无差错的行为。遗憾的是,这样的设计让学习者不胜其烦,他们也可能会在做出反应之前"偷看"答案,这就意味着假定的反馈具有的强化作用就不能实现(Kulhavy,1977)。

认知信息加工理论

当研究者和实践者开始采用信息加工理论的观点时,反馈在提供信息方面的价值就显而易见了。信息加工理论在 20 世纪 70 年代的心理学家当中流行一时,其变体在今天还在被研究并加以清楚地表述。跟行为主义理论一样,信息加工理论认为环境在学习中起着重要作用。不过跟行为主义不同的是,它根据发生在学习者内部的过程来解释学习。"二战后出现的计算机为我们思考学习提供了一种具体的方式,也提供了一个统一的框架来解释有关记忆、知觉和学习的早期研究成果。刺激成了输入,行为成了输出,输入和输出之间所发生的一切被设想为信息加工。"(Driscoll,2005,p.74)

阿特金森和史瑞芬(Shriffin)(1968)所提出的多阶段、多层次的记忆理论一般被认为是信息加工理论的基础。学习者的三个记忆系统(感觉记忆、短时记忆和长时记忆)从环境中接收信息并加以转换、储存和利用。通过感觉记忆,学习者知觉到环境中存在的有组织的范型,并开始对这些范型进行识别和编码。短时记忆或工作记忆允许学习者将信息短暂地留存在头脑中,进一步理解其意思,把它们同已储存于长时记忆中的其他信息相联系。最后,长时记忆使学习者能够在初次学习以后很长时期内记住和应用这些信息。

除了信息传递的阶段外,在信息的接收、转换、储存以备将来之用的过程中,注意、编码和检索等过程也在对信息起作用。例如,如果学习者没有集中注意力,那么他们从一开始就不可能接收到信息。要对学习产生更大的影响,还必须引导学习者的注意,使他们留意要学习的信息的特定方面。同理,编码过程使学习者能够在新信息和原有知识之间形成对个人有意义的联系。最后,检索使学习者可以从记忆中回忆起信息,并把这些信息用于适当的情境。

根据信息加工的观点,反馈在学习中有两个作用。第一,它让学习者知道自己的反应是否正确或行为是否恰当。虽然这类信息在学习中确实很重要,但还不足以让学习者改正错误的认识或其他错误的行为。因此,反馈的第二个作用是为学习者提供矫正性信息,以便学习者可以据此修正自己的行为。实质上,反馈完成了一个学习循环,在这个循环中,可以用反馈来不断修正储存在记忆中的知识,也可以用反馈来指导行为。

信息加工理论不仅改变了我们对教学设计中的反馈的认识,还把我们的关注重心转到了教学的特征以及这些特征如何促进或妨碍信息加工并进而影响学习等方面。它也使我们更加重视原有知识在新知识和技能的学习中所起的作用。例如,一个对教学的主题已经有很多了解的学习者可以回想起许多对新信息的加工有帮助的线索,而一个对所教主题知之甚少的学习者则几乎不能在已经知道的东西和要学的东西之间建立联系。

为了帮助学习者更好地加工信息,实践者们在教学设计中运用了各种策略,以此来引导注意并促进编码和检索,并提供各种情境下的练习机会。例如,在文本材料中采用粗体字和斜体字可以把学习者的注意力引导到重要信息上,在图表和幻灯片中运用色彩可以帮助学习者分辨视觉信息中的重要特征。符号图和形象策略可帮助学习者在原有知识和要学的新知识之间建立有意义的联系。最后,提供各种不同情境下的范例和问题可以帮助学习者把刚学到的知识应用于各种相关的情境之中。

图式理论和认知负荷理论

专家和新手在知识组织方式和问题解决能力方面的区别是什么？这一类问题促成了不同于信息加工理论的另一种认知学习理论的发展。图式理论认为,知识在长时记忆中的储存形式是被称为图式的信息包。图式以系统的、可预测的形式把信息组织成相互联系的范畴。例如,我关于"农场"的知识或图式可能包含着如下信息范畴：农场里饲养的各种动物、生长的各种庄稼、使用的工具等。学习者利用已有的图式来解释事件、解决问题,并通过经验和学习发展新的更复杂的图式。

因为学习者的加工能力有限,所以自动化在图式的建构中是十分重要的。"确实,由于工作记忆的容量有限,除非进行推理的大部分要素已经预先储存在长时记忆中,否则人类进行复杂推理的能力是特别弱的。"(Sweller, van Merrienboer 和 Paas, 2998, p. 254)精致的、自动化的图式为学习者释放了工作记忆的容量,使理解和推理等加工得以出现。不过,当学习者没有适当的或自动化的图式可用时,或者当学习任务对工作记忆造成很高的加工要求时,就会对学习者造成很大的认知负荷。

在对认知负荷理论进行研究的基础上,斯威勒(Sweller)及其同事提出了一些用来降低教学材料外在认知负荷的教学策略。这些策略包括向学习者提供一些样例和部分完成的问题,供学习者审度并完成问题解决。无论在结构良好的领域(如代数学)还是在那些本质上属启发性的复杂领域(如工程学里的故障排除；Renkl, Hibert 和 Schworm, 2009),样例似乎都很有效。在多媒体教学中,梅耶(Mayer)和莫雷诺(Moreno)(2003)建议使用解说(而不是屏幕上的文本)来配合动画或图解,这样学习者的注意力就不会被分散在两种视觉信息源之间。在以文本为主的教学中,可以采用把解释整合到图解中去的方法,这样就不需要学习者自己去整合文本和图解,从而降低注意分散效应。

最后,认知负荷理论越来越关注针对复杂认知技能学习的教学设计。范麦里恩博尔(Van Merrienboer)及其同事提出了一个针对复杂学习的四要素教学设计模式,这一模式要求按照能降低认知负荷的方式来对学习任务进行排序(van Merrienboer,Kirschner 和 Kester,2003;van Merrienboer 和 Kinschner 2007)。即循序渐进地向学习者呈现一系列任务组,每组任务都按从简单到复杂的顺序排列,且都代表着一个完整的大任务。在这些任务组之外还须根据学习者发展专门知识和达到自动化的需要补充一些适时信息和部分任务练习。

情境学习理论

尽管认知信息加工理论认为学习情境很重要,但在情境学习理论中,学习情境起着更加核心和决定性的作用。作为认知科学的新兴趋势(Robbins 和 Aydede,2009),情境学习或情境认知理论的拥护者认为它"仍处于进展中"(Kirshner 和 Whitson,1997)。不过,对于"学习永远是情境化的"(Sawyer 和 Greeno,2009)这一命题的含义以及它对教学设计的意义,人们越来越有共识。

不同于行为主义理论和信息加工理论,情境学习理论更多地依赖于学习的社会和文化特质,而不是个体心理。具体地说,它假定,知识是在"有意义的行动(即从某种文化系统看,彼此间具有有意义关联的行动)"中自然形成和积累的(Lemke,1997,p.43)。例如,在巴西街头卖糖果的小孩形成了处理与货币兑换有关的数字的技能,而他在学校里的同龄伙伴则学会了标准的数字拼写法(Saxe,1990)。要理解为什么卖糖果的孩子获得了那些数学知识,为什么他们获得的知识与其同龄伙伴在学校里学到的知识如此不同,就必须(至少部分地)提到与卖糖果这一"实践有关的数学和经济学问题"(p.90)。

因此,根据情境理论的观点,学习是通过学习者参与共同体的实践而发生的。所谓共同体的实践指的是共同体成员共有的实践,比如,可以把教学设计这种职业视为一种共同体实践。作为一名学生,你是这个共同体的新人,参与学习共同体的模式和实践,随着实践经验的增加而越来越能干。由于不断地参与其中,新手变成了共同体中的老前辈,即能够控制共同体资源并影响共同体实践的人。又比如,某专业的教员通过参与研究和开发而改变了领域的实践。

温格(Wenger)(1998)认为,作为参与的学习可以被定义为:

- 个体层面(即作为成员参与共同体实践);
- 共同体层面(即作为成员优化共同体实践,征召新成员);
- 组织层面(即作为成员维持相互关联的共同体实践,并由此"使组织增长知识,提升有效性和价值")(p.8)。

例如,那些雇用教学设计师的组织组成了它们自己的实践共同体,这些实践共同体中的设计必须在组织的业务境脉中开展。当然,其实践也要受它们雇用的教学设计师所在的学术共同体的影响。同样明显的是,相互关联的实践共同体的影响是双向的;学术课程也要根据其毕业生所在组织的要求时常调整自己的实践。

情境学习理论的支持者认为它的优点在于把知与行统一起来了。即一个人由于做某领域的专家所做的事而了解该领域(Lave,1990/1997)。例如,斯卡德玛利亚(Scardamalia)和贝莱特(Bereiter)(1994,1996a)研究了一种用于学习者共同体的教学方法,称为计算机支持的意向性学习环境(CSILE)。这一方法——及其升级版"知识论坛"(Scardamalia,2004;Zhang, Scardamalia, Reeve和Messina,2009)——是一种计算机工具,使学习者能够以一种学者的方式参与学科的讨论。在讨论中他们集中关注一个问题,并构建一个关于该问题的公共信息数据库或"知识空间"。当前的网络技术使CSILE/知识论坛能够把领域的专家和课堂里的学生联系在一起共同进行知识的建构(Scardamalia和Bereiter,1996)。学生们通过考查他人的工作而不断改进自己的想法,根据自己的知识差距共同决定下一步做什么。有证据表明,知识论坛中内嵌的工具可促进高水平的集体认知责任和学习共同体成员间的动态知识建构(Zhang等,2009)。

56 在抛锚式教学的设计中可以看到情境学习理论的影响。范德比尔特认知与技术小组(Cognition and Technology Group at Vanderbilt,1990)提出了抛锚式教学,以此为途径来为问题解决提供定位情境。具体地说,他们开发了一些视频探险节目,其中嵌入了一系列问题要求观众解决。视频探险故事为识别问题、做

出假设、提出多种解决方案等活动提供了一个真实的、情境化的"锚"。他们期望学生能投入到这些已经锚定一系列问题的学科(无论是数学、科学、历史或任何学科)的真实实践中去。

抛锚式教学受到的批评是,它提供了一个模拟的实践共同体,但却安排学习者成为旁观者而不是参与者(Tripp, 1993)。但范德比尔特认知与技术小组逐步探索出了一种方法:学生从基于视频的问题开始,然后经历多次学习循环,在其中参考各种知识源,分享观点,并修正自己的理解(Schwartz, Lin, Brophy 和 Bransford, 1999)。基于网络的软件提供了学习循环的可视化表示,促使学生行动、反思并与他人互动。跟 CSILE/知识论坛一样,它使学习者有机会在一个更大的共同体内开展协作,也为他人留下了可资利用的资源和知识建构的基础。

加涅的教学理论

虽然很多学习理论家都关心自己的工作对教学有什么意义,但是他们最关心的还是对学习的解释。不过,罗伯特·加涅最关心的是教学以及有关学习的认识如何能与教学的设计系统地联系起来。加涅根据认知信息加工理论和他自己对课堂中有效教师的观察,提出了一个综合、全面的教学理论。加涅的长期合作者布里格斯(1980)曾经写道:"我从未问过加涅,但我相信他早年在空军设计培训课程的工作,是他后来各种成果的重要来源,这些成果包括:(1)学习结果的分类,(2)学习层级的概念,(3)教学事件和学习条件等相关概念。"(p. 45 - 56)

加涅的教学理论逐渐发展为以下三个主要部分:

- 学习结果的分类,定义了人能够习得的能力类型;
- 与获得每类学习结果相关的内部和外部学习条件;
- 九大教学事件,分别对学习中的某个特定认知过程起促进作用。

关于学习的分类,在加涅提出他的分类理论之前和之后都有,但只有加涅的分类包含了人可以学习的所有三个领域:认知、情感、心理动作。加涅(1972, 1985; Gagné 和 Medsker, 1996; Gagné, Wager, Golas, 和 Keller, 2005)认为存在五类主要的学习:

- 言语信息(即知道是"什么");

- 智力技能（即应用知识）；

- 认知策略（即采用有效的思考和学习方式）；

- 态度（即支配个人行为选择的情感和信念）；

- 动作技能（即完成精确、流畅、适时的动作）。

之所以要界定不同种类的学习结果，原因在于这样一个假设：不同种类的学习结果必定会要求不同的学习条件。比如，学骑自行车（一种动作技能）与学习乘法表（言语信息）有根本的不同，而后者与学习解决科学问题（智力技能）又有根本的区别。

学习不同的学习结果类型需要不同的学习条件，这就让我们明了为实现特定教学目标而提供的教学中必须包括哪些条件。例如，目标为"实施心肺复苏法"（动作技能）的教学应该包括对整个心肺复苏过程的演示、个人对该过程的练习，或许还需要包括详细描述每个步骤的工作帮助。另一方面，在进行电子支持系统的在岗培训时，对于其中的情感目标（如"在寻求他人帮助前先选择使用帮助功能"）应提供一个榜样并着重强调这样做的好处。

除了每类学习结果所要求的不同学习条件外，还有一些能促进一般学习过程的学习条件。加涅设想了九大教学事件，作为支持注意、编码和检索等内部过程的学习条件。以下是对九大教学事件的简要介绍：

1. 引起注意——用变化的刺激提醒学生并将其注意力集中到预期的特征上。

2. 告知学习者目标——以陈述或演示的形式使学习者对教学目标形成预期。

3. 刺激对先前知识的回忆——以问题或活动帮助学习者回忆先决知识。

4. 呈现刺激——以活动或信息等形式呈现要学习的内容。

5. 提供学习指导——促进编码的提示或策略。

6. 诱发学习表现——提供练习或其他表现所学内容的机会。

7. 提供反馈——能帮助学习者改善学习表现的矫正性信息。

8. 评估学习表现——展示所学内容的机会。

9. 促进保持和迁移——促使学习者超越当前教学情境的实例或活动。

加涅的理论在教学设计中的应用往往是高度分析性的，因而在处理教学的所有细节时可能会忽略学习的总体情境。加涅和梅里尔(1990)提出了组织模式(enterprise schema)的概念,帮助教学设计人员把多重目标整合到教学中。组织模式首先定义学习的情境,以及学习某些目标的原因。例如,"管理一个柠檬水站"的组织模式为学习如何兑换货币、如何根据预期的企业数量计算需求量等提供了有意义的学习情境。

建构主义

建构主义不是一种单一的理论,而是众多具有共同基本学习观的理论的集合。建构主义对于学习的基本假设同信息加工理论等理论的基本假设形成了鲜明的对比。对于它们之间的差别可以这样表述:信息加工理论认为学习主要是由外而内的,学习者从环境中获取信息,以各种形式加以转换,获得知识并储存在记忆中;而在建构主义看来,学习主要是由内而外的,学习者主动对环境信息进行组织并赋予意义,并在此过程中建构知识。

激进的建构主义者认为,有意义的知识建构并不一定要与现实相一致,但是大多数建构主义者认为,并不是所有的知识建构都同样可行。要想分清哪些想法可行,哪些想法不可行,学习者就必须依靠他人(往往是同伴和老师)的观点来验证自己的个人理解。

建构主义在世界上引起了强烈反响,部分原因是它同其他曾对教学设计领域产生过重大影响的理论基础(如信息加工理论和加涅的理论)之间的鲜明对比。与这些理论观点相关的一些哲学问题在第五章已有讨论,因此这里不再重复。不过,我将在此阐述我所认为的建构主义对教学设计领域的最重大的影响。

首先,建构主义者重点关注高层次的、复杂的学习目标,如"撰写有说服力的评论的能力,进行非形式推理的能力,在科学探究中能够解释数据如何与理论相关联,能提出和解决中等复杂程度的要求数学推理的问题"(范德比尔特认知与技术小组,1991,p.34)。虽然这些目标当然可以使用分类学(如加涅的理论)来定义,但若采用这种方法,就不一定能体现出建构主义者赋予这些目标的显著特征。提出宽泛而复杂的学习目标,这一点同建构主义者相信所有学习者不可能通过教学学到完全一样的东西这一认识是一致的。

建构主义对于那些支持建构主义学习目标的学习条件和教学策略有关的观点也产生了实质性的影响。为了使学习者主动参与知识建构，促进他们对自己的理解进行检验，促使他们对知识产生过程本身进行反思，建构主义者主张创设和运用复杂的学习环境。这种学习环境应该：

- 使学习者参与针对所学学科的真实性活动；
- 提供协作以及从多重视角了解所学内容的机会；
- 支持学习者设立自己的学习目标，规划自己的学习；
- 鼓励学习者反思自己学到了什么以及是如何学到的。

计算机技术的快速发展有助于研究者创立各种可实现上述策略的技术居间的学习环境。不过，由于评估的发展速度跟不上技术的发展速度，要评判这些技术居间的学习环境的有效性还有难度。此外，建构主义者主张，评价学生个体的学习应该包括在学习过程中观察到的真实实践，而且不同学习者之间不一定要表现出统一的成就水平。

建构主义学习环境的流行以及设计有效的建构主义学习环境的困难导致了人们的批评，说它根本行不通。基施纳（Kirschner）、斯威勒和克拉克（Clark）(2006)分析了若干"最低限度指导"的学习环境，得出结论说："到目前为止，对照研究的证据几乎一致支持在对新手和中级学习者的教学中应提供直接的、强有力的教学指导而不是建构主义者所说的最低限度指导。"(p.82)而其他人则不同意基施纳等人的分析(如 Hmelo-Silver，Duncan 和 Chinn，2007)，他们从中得到的一个要点是，建构主义学习环境为学习者提供的教学支持在数量和种类上可以并且确实有极大的不同。例如，在一项针对科学教学中概念转变的研究中，哈迪（Hardy）、约南（Jonen）、默勒（Möller）和斯特恩（Stern）(2006)发现，通过参与"浮与沉"主题的建构主义学习环境，所有学生都获益良多。但是，当教师对任务加以组织以突出相关方面的内容并促进学生去反思自己的见解时，学生产生的误解较少并采纳了更好的科学解释。

联通主义

本章讨论的最后一种理论源自认知科学和人工智能(如 Nielson，2015)中的神经网络。其支持者认为,联通主义作为一种学习理论,按托马斯·库恩(Thomas Kuhn)的理解,不同于本章讨论的所有其他理论,也不可与它们相比拟。唐斯(Downes)(2014)认为,联通主义所定义的学习是"网络中连接的形成"以及"通过自动调整个体神经元或节点间的连接而'习得'的网络"。因此,学习的结果不是"积累越来越多的事实或者记忆而是不断发展越来越丰富的神经织锦(neural tapestry)"。

西蒙斯(Siemens)(2005)提出了一系列适用于个体和组织学习的联通主义 58
原则:

- 学习和知识产生于多种多样的意见之中。
- 学习是连接各种专门节点或信息源的过程。
- 学习可以存在于各种非人类的器械之中。
- 能知道更多东西的能力比当前已知的东西更重要。
- 培育和维持连接是促进持续学习所必须的。
- 能够觉察到不同领域、观念和概念之间的连接的能力是一种核心技能。
- 时效性(准确、更新的知识)是所有联通主义学习活动的目的所在。
- 决策本身就是学习过程。只有透过正在变化的现实才能知道要选择学什么以及新信息的意义。虽然一个答案现在是正确的,但是明天可能就是错误的,因为影响这个决定的信息环境已经发生了变化。

这些原则表明,由于网络中总有新的贡献,信息是一直变化的。因此,学习过程必然是周期性的,取决于学习者发现新信息、滤除无关信息、分享认识的能力(Kop 和 Hill,2008)。联通主义对学习评价的看法也发生了改变,认为学习评价要包括网络中其他参与者对专门知识的认可。

联通主义的支持者明确地把联通主义同新兴技术提供的变革可能性联系在一起,并认为其他学习理论不能充分解释 Web 2.0 环境下的学习(Bell,2011;Clara 和 Barbara,2013)。联通主义的大规模开放性在线课程(cMOOCs)的目的就是要利用 Web 2.0 的功能来创建一个动态的环境,让学习者自己决定学习的内容、学习过程的参与者以及彼此之间的沟通方式。事实上,cMOOCs 被认为是联通主义教学法的具体体现,也被用于探索和改进该教学法。

对于联通主义学习理论并非没有人提出批评。其批评者认为它是一种现象或教学法,但作为一种学习理论还不够完备。尽管联通主义通过书籍、论文和博客得到了广泛的传播,但却很少有经验性研究来阐述或验证其指导原则(Bell,2011)。克拉拉(Clara)和芭芭拉(Barbara)(2013)认为它对互动和对话等概念的概念化程度不够,科普(Kop)和希尔(Hill)(2008)指出在联通主义学习环境中需要高度的学习者自治才能保证学习的成功。或许,迄今为止联通主义的最重要贡献就在于,它推动了一场关于新兴技术为学习提供的变革可能性的有益对话。

结论

本章简要介绍了一些对教学设计专业领域产生影响(并将继续影响)的主要心理学原理和思想方法。行为主义理论和认知信息加工理论来自 20 世纪 60 年代和 70 年代的主流心理学研究。加涅的理论经过 20 世纪 60 年代到 80 年代这二十年间的研究而继续发展,并整合了认知理论和行为主义理论的观点。这些理论共同构成了教学设计领域形成和初步发展的基础,它们为设计有效教学提供了(并将继续提供)有用而可靠的指导。

如今,建构主义、图式理论、情境学习理论为教学设计领域提供了其他思考学习的方式。伴随着技术的进步,它们必然将提出有利于创设比从前更复杂、更真实、更有吸引力的学习环境的设计策略。这些理论对教学设计领域的长期影响是什么,我们还未能完全知晓,但是可以肯定的是,它们将使新加入教学设计领域的专业人员有机会共同谱写本领域未来的篇章。

要点总结

1. 通过观察学习者的行为来确定学生需要了解什么,何处需要练习,何时达到预期的行为标准。这也可以帮助你判断教学在促进学生学习上的有效性。

2. 运用引导学习者注意的教学策略,帮助他们对有关信息形成个人意义,为他们提供在多样化情境中进行练习的机会以促进迁移。

3. 为了帮助学生学习复杂技能,可运用以下一些策略:用样例、部分完成的问题等来降低认知负荷。

4. 为学生提供在学习共同体中学习的机会,在学习共同体中学生需着手处理复杂问题,分享信息,质疑彼此的观点,达成共同的理解。

5. 根据希望学生达到的学习结果来安排学习条件。要确保九大教学事件以促进整个学习过程。

6. 使学习者参与真实性活动和协作问题解决。要运用能让学生自行设定目标、监控自己的进步并反思自己学习的教学策略。

59

应用问题

1. 假设你要教学习者如何计算和比较不同规格和不同牌子的同一种产品的单位成本(如每盎司的价格)。请从本章讨论的学习理论中选择三种。对于三种理论中的每一种,描述一下若你遵循它来计划教学,你将要设计的教学活动的性质是怎样的。

2. 选择两个代表简单学习结果和复杂学习结果的目标。如何运用本章讨论的那些学习理论来开发教授你所选择目标的教学?每种情况下的教学有何不同?某种理论是否更适用于一个目标而不是另一个目标?为什么?

参考文献

Atkinson, R. C., & Shriffin, R. M. (1968). Human memory: A proposed system and its control processes. In K. Spence and J. Spence (Eds.), *The psychology of learning and motivation* (Vol. 2). New York: Academic Press.

Bell, F. (2011). Connectivism: Its place in theory-informed research and innovation in technology-enabled learning. *International Review of Research in Open and Distance Learning, 12*(3), 98–118.

Briggs, L. J. (1980, February). Thirty years of instructional design: One man's experience. *Educational Technology, 20*(2), 45–50.

Clarà, M., & Barberà, E. (2013). Learning online: Massive open online courses (MOOCs), connectivism, and cultural psychology. *Distance Education, 34*(1), 129–136.

Cognition and Technology Group at Vanderbilt. (1990, April). Anchored instruction and its relationship to situated cognition. *Educational Researcher, 30*(3), 2–10.

Cognition and Technology Group at Vanderbilt. (1991, May). Technology and the design of generative learning environments. *Educational Technology, 31*, 34–40.

Downes, S. (April, 2014). *Connectivism as learning theory.* http://halfanhour.blogspot.com/2014/04/connectivism-as-learning-theory.html

Driscoll, M. P. (2005). *Psychology of learning for instruction* (3rd ed.). Needham Heights, MA: Allyn and Bacon.

Duke, B., Harper, G., & Johnston, M. (2013). Connectivism as a digital age learning theory. *The International HETL Review, Special Issue*, 4–13.

Gagné, R. M. (1972). Domains of learning. *Interchange, 3*, 1–8.

Gagné, R. M. (1985). *The conditions of learning* (4th ed.). New York: Holt, Rinehart, and Winston.

Gagné, R. M. (1995/1996). Learning processes and instruction. *Training Research Journal, 1*(1), 17–28.

Gagné, R. M., & Medsker, K. L. (1996). *The conditions of learning: Training applications.* Fort Worth, TX:

Harcourt Brace College Publishers.

Gagné, R. M., & Merrill, M. D. (1990). Integrative goals for instructional design. *Educational Technology Research & Development, 38*, 23–30.

Gagné, R. M., Wager, W. W., Golas, K. C., & Keller, J. M. (2005). *Principles of instructional design* (5th ed.). Belmont, CA: Wadsworth/Thomson Learning.

Gee, J. P. (2004). *Situated language and learning: A critique of traditional schooling*. New York: Routledge.

Hardy, I., Jonen, A., Möller, K., & Stern, E. (2006). Effects of instructional support within constructivist learning environments for elementary school students' understanding of "floating and sinking." *Journal of Educational Psychology, 98*(2), 307–326.

Hmelo-Silver, C. E., Duncan, R. G., & Chinn, C. A. (2007). Scaffolding and achievement in problem-based and inquiry learning: A response to Kirschner, Sweller, and Clark (2006). *Educational Psychologist, 42*(2), 99–107.

Holland, J., & Skinner, B. F. (1961). *The analysis of behavior*. New York: McGraw-Hill.

Kirschner, P. A., Sweller, J., & Clark, R. E. (2006). Why minimal guidance during instruction doesn't work: An analysis of the failure of constructivist, discovery, problem-based, experiential, and inquiry-based teaching. *Educational Psychologist, 41*(2), 75–86.

Kirshner, D., & Whitson, J. A. (Eds.). (1997). *Situated cognition: Social, semiotic, and psychological perspectives*. Mahweh, NJ: Lawrence Erlbaum Associates.

Kop, R. & Hill, A. (2008). Connectivism: Learning theory of the future or vestige of the past? *International Review of Research in Open and Distance Learning, 9*(3), 1–13.

Kulhavy, R. (1977). Feedback in written instruction. *Review of Educational Research, 47*(2), 211–232.

Lave, J. (1990/1997). The culture of acquisition and the practice of understanding. Reprinted in D. Kirshner & J. A. Whitson (Eds.), *Situated cognition: Social, semiotic, and psychological perspectives*. Mahweh, NJ: Lawrence Erlbaum Associates.

Lemke, J. L. (1997). Cognition, context, and learning: A social semiotic process. In D. Kirshner & J. A. Whitson (Eds.), *Situated cognition: Social, semiotic, and psychological perspectives*. Mahweh, NJ: Lawrence Erlbaum Associates.

Mayer, R. E., & Moreno, R. (2003). Nine ways to reduce cognitive load in multimedia learning. *Educational Psychologist, 38*(1), 43–52.

Nielson, M. A. (2015). *Neural networks and deep learning*. Determination Press.

Renkl, A., Hilbert, T., & Schworm, S. (2009). Example-based learning in heuristic domains: A cognitive load theory account. *Educational Psychology Review, 21*(1), 67–78.

Robbins, P., & Aydede, M. (2009). A short primer on situated cognition. In P. Robbins & M. Aydede (Eds.), *The Cambridge handbook of situated cognition*. Cambridge: The Cambridge University Press.

Sawyer, R. K., & Greeno, J. G. (2009). Situativity and learning. In P. Robbins & M. Aydede (Eds.), *The Cambridge handbook of situated cognition*. Cambridge: The Cambridge University Press.

Saxe, G. B. (1990). *Culture and cognitive development: Studies in mathematical understanding*. Hillsdale, NJ: Lawrence Erlbaum Associates.

Scardamalia, M. (2004). CSILE/Knowledge Forum®. In A. Kovalchick & K. Dawson (Eds.), *Education and technology: An encyclopedia*. Santa Barbara, CA: ABC-CLIO.

Scardamalia, M., & Bereiter, C. (1994). Computer support for knowledge-building communities. *The Journal of the Learning Sciences, 3*(3), 265–283.

Scardamalia, M., & Bereiter, C. (1996a). Adaptation and understanding: A case for new cultures of schooling. In S. Vosniadou, E. deCorte, R. Glaser, & H. Mandl (Eds.), *International perspectives on the design of technology-supported learning environments*. Mahweh, NJ: Lawrence Erlbaum Associates.

Scardamalia, M., & Bereiter, C. (1996b). Engaging students in a knowledge society. *Educational Leadership*, November, 6–10.

Schwartz, D. L., Lin, X., Brophy, S., & Bransford, J. D. (1999). Toward the development of flexibly adaptive instructional designs. In C. M. Reigeluth (Ed.), *Instructional-design theories and models* (Vol. II). Mahweh, NJ: Lawrence Erlbaum Associates.

Siemens, G. (2005). Connectivism: A learning theory for the digital age. *International Journal of Instructional Technology & Distance Learning*, http://www.itdl.org/jan_05/article01.htm

Skinner, B. F. (1938). *The behavior of organisms: An experimental analysis*. Englewood Cliffs, NJ: Prentice-Hall.

Skinner, B. F. (1969). *Contingencies of reinforcement*. Englewood Cliffs, NJ: Prentice-Hall.

Skinner, B. F. (1987). Whatever happened to psychology as the science of behavior? *American Psychologist, 42*, 780–786.

Sweller, J., van Merriënboer, J. J. G., & Paas, F. G. W. C. (1998). Cognitive architecture and instructional design. *Educational Psychology Review, 10*(3), 251–296.

Tripp, S. D. (1993). Theories, traditions, and situated learning. *Educational Technology, 33*(3), 71–77.

van Merriënboer, J. J. G., & Kirschner, P. A. (2007). *Ten steps to complex learning: A systematic approach to four-component instructional design*. Mahwah, NJ: Erlbaum.

van Merriënboer, J. J. G., Kirshner, P. A., & Kester, L. (2003). Taking the load off a learner's mind: Instructional design for complex learning. *Educational_Psychologist, 38*(1), 5–13.

Wenger, E. (1998). *Communities of practice*. New York: Cambridge University Press.

Zhang, J., Scardamalia, M., Reeve, R., & Messina, R. (2009). Designs for collective cognitive responsibility in knowledge-building communities. *The Journal of the Learning Sciences, 18*, 7–44.

60

第七章 追求主动真实学习的建构主义

布伦特·G·威尔逊　　　科罗拉多大学丹佛分校

如果你与专业教育者——K‐12教师、教育学教授甚至公司培训人员——共事一段时间,就会遇到建构主义这一术语。顾名思义,建构主义认为学习是一个建构或构造事物的过程。建构主义认为,人们通过弄清世界意义的方式来学习,他们从自己遇到的事情中找出意义。至于人们如何找出意义的确切过程,学习理论家们争辩不休,有的认为这是一个信息编码和检索的相当机械的过程,有的则用定性的经验性术语来解释这一过程。无论意义建构的确切过程究竟是怎样的,教师和教学设计者都努力为课堂和课程以及工作中的有意义学习创设条件。

本章探讨建构主义在教学设计和技术(IDT)领域中的位置。为此,我们将简要阐明建构主义在何处融入IDT领域的历史和演变。我们将陈述建构主义方法的优势和问题,然后以我们关于建构主义在教学设计专业仍将继续发挥的作用的一些想法来结束本章。

建构主义的基本原则

作为一种教育哲学,建构主义于20世纪90年代声名大噪(如Dunlap和Grabinger,1996;Savery和Duffy,1996;Wilson,Teslow和Osman-Jouchoux,1995)。其基本准则包括:

- 学习是一个通过我们的经验及与世界的互动而主动建构意义的过程。

- 当人们遭遇认知冲突或认知挑战,以及遇到自然出现的问题解决活动和有计划的问题解决活动时,学习机会就出现了。

- 学习是一种在共同体的真实实践中协作、协商并参与的社会性活动。

学习的方式就是这样,因此与此相一致的教学就更有可能成功。建构主义教学的典型例子如下:在资源丰富的环境中提出一个复杂问题或挑战,学习者合作解决问题并为活动和决策承担责任,教师则起支持作用。教学设计者要寻求规定性的指导原则,因此建构主义就变成了一系列如何创建有意义、有吸引力的教学的指导原则。表7.1列出了建构主义设计的一系列处方(prescription)。

表7.1所列的原则表明了对教师角色和学习者角色的重新议定。教学并不是强加于学习者的东西,而是吸引学习者参与到探究和有意义活动的过程中。教师的角色从"舞台上的圣人"转变成了"身边的指导者"。虽然这些原则是根据人类的课堂教学来表达的,但教师的职能也可以通过精心设计的学习材料特别是在线技术来实现。

表 7.1　建构主义表现为设计教学的一系列处方

问题	● 围绕问题或一系列小问题设计教学,问题应该: 　■ 真实——类似于在校外遇到的问题; 　■ 复杂——涉及多个相互关联的因素; 　■ "丰富的"或"灵活"——有多种可能的框架、多种解决路径、多种解决方案。 ● 将个别技能与某个大的有价值的目标相联系。
环境	● 设计的学习环境要类似于现实世界的情境,有可用的工具、信息和自然资源。 ● 以自然后果的形式提供行为反馈的机会。
学习者角色	● 通过强调问题的相关性以及鼓励探索个人兴趣,促发学习者的主人翁感。 ● 赋予学习者知识提升的主要责任。 ● 提供社会互动、沟通和协作的机会。 ● 鼓励学习者反思。
教师角色	● 强调指导和促进——"身边的指导者"而不是"舞台上的圣人"。 ● 聚焦深度投入而不是涵盖全部主题。 ● 在先前知识和经验的基础上进行建构。

建构主义教学常常与那种学生被动接受讲座和课本内容的教师中心的传统方法形成鲜明对照。这种传统方法被错误地概括为行为主义——说它错误是因为行为主义学习最重要的一点是要求主动反应；如果详加分析，讲座和课本都是具有高度发展性的工具，并不像看上去那样被动(Friesen，2011,2013)。不过，这样说也不算错，因为无论是 K-12、高等教育或培训情境中的学习者，在心理和身体上都处于低投入、低挑战、被动或不参与的状态。因此，对于各级教育和培训水平的学习者和教师，建构主义都是一种令人难以抗拒的想法。 62

建构主义相关的教学模式

在此要描述几种形成于建构主义运动早期而今天依然在用的重要的教学模式。

问题导向学习。霍华德·巴罗斯(Howard Barrows)(1988)与医学院教师合作开发的一个教学模式，这个模式围绕对问题的基本陈述进行教学，鼓励小组探究和问题解决过程。问题导向学习(PBL)模式在多个学科领域引发了数以百计的项目和研究，在促进学生学习方面取得了很大的成功(Hmelo-Silver，2004)。

基于案例和基于情节的学习。20 世纪 90 年代，约翰·布朗斯福德(John Bransford)和同事们一起制作了一系列教学光盘，其中呈现了一个个需要应用数学知识来解决的日常情境中的问题。事实证明，这些用于课堂讨论和问题解决的真实"宏观背景"是一种很有用的教学策略(范德比尔特认知与技术小组，1990)，也产生了很大影响，许多教学设计者都借用了这些案例中的要素，将其融入自己的教学和培训产品。

认知学徒制。阿兰·柯林斯(Alan Collins)和约翰·西利·布朗(John Seely Brown)根据情境认知理论开发了一个教学模式，这个模式刻意将非正式学习的主要方面(Collins，Brown 和 Newman，1989)纳入其中，类似于学徒在工作情境中向其师傅学习的过程。在那些努力寻求一个有助于设计真实且可复制的教学框架的教学设计者中，这个模式很受欢迎。

交互式学习环境。卡尔·贝莱特(Carl Bereiter)和马琳·斯卡德玛利亚

（Marlene Scardamelia）开发了一个用于协作问题解决、推理和争论的在线环境（Scardamelia 和 Bereiter，1991）。这个在线环境具有内置的工具，用来构造论点和基于证据进行案例分析。在各个学科和各种年级水平的在线环境中，其关注焦点仍然集中在知识创造上。

在本章后面部分探究建构主义当前和未来的应用时，我们还会提供一些例子。

潜在好处

建构主义的支持者指出了建构主义的许多优势，概括如下。

与人类的真实学习方式相一致。建构主义根据主动投入和有意义的活动来描述学习，这已得到神经科学、人类学和教育学研究成果的支持。学习科学研究社群继续根据与建构主义一致的观念来开展严肃的研究议程（Sawyer，2006）。

高阶学习结果。建构主义教学聚焦于问题解决和批判性思维，以及各种高阶认知结果。虽然实现这些高层次学习具有很大挑战性，但它们是教育和培训的重要目标，也更接近于"真实世界"所需要的专门知识。聚焦于高阶学习有助于 IDT 专业人员超越狭隘的技术培训，而将针对领导者和专业人员的"软"培训纳入其中。

63   **能更好地整合情感和情绪。**建构主义学习努力把情绪、情感和投入等融入有关学习和认知的讨论。这种整体的方法总体上是好的，因为它让教学不再局限于"学业"——考虑的是完整的人，并能引致更现实的专业知识表现。

与工作和课堂外的行为更加相关。因为它强调现实情境中的真实行为表现，所以建构主义学习与课堂外的需求更加具有相关性。由于学习者在教学中遇到的是更加复杂的问题和任务，他们应该能够更容易将那些知识迁移到工作情境中去。对于某些类型的工作需求，在工作中随时可以获取的具有高度针对性的教程或工作帮助可能比建构主义学习经验更为合适。不过，总体而言，建构主义原则能使学习与工作和外部世界更加相关。

可能的担忧

像所有方法一样,建构主义在解决一些问题的同时或许又造成了一些问题。在一些情形下建构主义方案是最合适的,但在另外一些情形下可能就是滥用。这里,我们将分析建构主义的缺点。

在大多数课程中,教师是最辛苦的。他们最为主动和投入;他们很少在课上打瞌睡;他们进行最困难和最有趣的决策并解决大多数问题;他们往往是学到最多东西的人(至少在他们最初几次教学中)。在建构主义教学中,这一切都倒过来了:学习者身处的情境使他必须进行真正有趣的工作。他们承担了教师原先做的工作——选择要学习的领域或解决问题的方法;确定小组成员的角色;评判资源和方法;评价解决方案的质量和适合性;为其他学习者提供反馈和咨询。虽然从理论上讲,把这些责任交给学习者可能听起来很棒,但许多问题很快就出现了:

- 学习者是否准备好承担新的角色?
- 他们是否有足够的动机和成熟的情感来进行独立学习并照顾到彼此的兴趣?
- 他们是否具备了处理复杂真实环境所必须的先前知识?
- 他们能否充分获取必要的信息?

一般情况下,学习者在第一次执行挑战性的复杂任务时,支架对他们的帮助最大。支架比喻吸收了维果茨基的最近发展区概念,即儿童只有在成人的帮助下才能完成复杂任务(Wood,Bruner 和 Ross,1976)。在教学设计领域,支架概念指的是旨在帮助学习者完成复杂任务的各种支持、帮助、信息资源和建议等。最好的支架是为学习者及其学习目标量身定做的(Sawyer,2006)。支架的支持应该是暂时的,直到学习者能够独立完成任务为止。

就此而论,比起教师主导的传统教学,高质量的建构主义教学要求更多的支持、更多的资源访问、更多的细节关注、更多的进度监控以及更精心设计的指导。对教学设计者来说,设置建构主义学习经验并保证其能够恰当地起作用可能是一个巨大的痛苦,几乎总是需要进行实地测试才能保证其合适性。不过,如果做得好,这些投入可以带来显著的学习收益——以及同样重要的——充分投入的学习者。经过几次设计和修正的迭代后,教师最终可以真正成为"身边的指导者",欣赏个人和小组的活力、投入和学习主动性。

当学习成为以学生为中心的学习之后,关于教师角色的问题又出现了。如何保持可控性和成功实现向学生中心的转变,这可能是许多教师最关心的问题。教课就像是恰到好处的编舞,教学设计者若试图通过改变舞步、插入一套新动作等来搅乱舞蹈,他们就很容易失去观众。向建构主义学习转换确实是一个重大的决定和承诺,学生和教师都需要重新学习。如要求教师实现这一转换就应该为教师的努力提供支持,使教师能随时请教见识渊博的指导人员,获取信息资源,并有一套支持性的激励/管理结构来保证教师成功实现转换。

一个发人警醒的案例

请思考乔治(George)教授的案例。乔治认为自己是一个建构主义者。他的课程中只指定了几篇论文要求学生阅读,但还有许多供学生选择阅读的材料。学生只要完成两个大项目,一个是个人项目,另一个是由三到四人小组完成的项目。他很少讲课,而是把课堂时间交给学生去做自己的项目。每个项目都有一个带评价标准的量规,量规既起到为学生提供指导的作用,也用于评分。当学生找他商量自己的项目时,他提供建议并帮助学生寻找资源。

遗憾的是,乔治的学生们说这是令人沮丧的经历。他们进入课堂的时候缺少知识,往往在离开时还带着同样的担忧。学生们普遍存在迷失方向的感觉,他们不知道去哪里寻找,追逐未必有用的线索,等待帮助或指导,对此他们感到厌倦。他们只是逐渐勾勒出了事物的影像——但为时已晚,这并不能真正帮助他们完成任务。

这个故事的寓意是:它可能是遵照建构主义学习的规则进行的,但依然不成功。其中存在的值得教学设计者思考的问题(除了前面已讨论的)包括:

- **因低效活动导致的低层次结果。**乔治的学生们可能要在复杂环境中主动完成"真实"任务,但他们的努力没有指向正确的活动。大量时间被消耗在回报很低的活动上:模糊的信息搜索,关注不重要的任务和细节,试图用手段—目的策略(本质上是反复猜测和尝试)解决问题。尽管他们一直在活动(或许正是因为如此),但仔细分析他们的学习却是令人失望的: 没有获得多少新信息,也没有出现高水平的问题解决和图式习得过程。

- 与标准和目标不重合。建构主义学习方法往往只聚焦于少数项目和案例。对于具有更广泛要求的课程来说,这可能造成时间和注意力的分配不成比例,使其他的目标被忽略。要想适合严格规定的课程,就需要对总体目的和目标进行全面的重新考虑。

- 错把活动当作标的学习(targeted learning)。许多学生、教师和教学设计者都容易把忙碌的活动与学习混为一体。虽然活动确实等同于某种一般层面上的学习,但活动并不能保证对某个标的学习目标的掌握。对标的学习进行全面评估可以验证学生的主动参与是否确实使他们获得了课程的必要知识技能。另外,多重评估——持续评估和总结性评估,正式评估和非正式评估——可以提供额外信息以确保任何重要学习目标的掌握。

- 媒体/制作的吸引力。鉴于通过各种网络工具和资源获得的支架、支持和功能可见性,建构主义和技术是携手并进的。许多网络资源具有很高的堪比娱乐媒体的演示质量,但教学设计者在选择这些媒体资源时必须谨慎。我们经常被一些很酷的视频片段(其图像和声音都很引人入胜)吸引,但并未真正进一步理解其内容。一开始用媒体来引入主题,或者用媒体来进行说明或作为支持都是有效的。但是必须督促学习者深入下去并与主题和解决途径相联系。有时,丰富的媒体可能并不如平淡无奇的文本或论文更切题。

- 学习收益难以测量。用客观评估很难确定通过建构主义教学方法获得的全部学习。对于一个固定而狭窄的学习目标,最方便的方法通常是直接教学,但建构主义方法将引致更广泛的结果——一个合格的、自信的、热爱所学主题的问题解决者。这结果可能被视为仅次于读写能力和数学计算等基本技能,或者是对工作能力的技术性掌握。教学设计者应努力识别和/或创建评估技术,以便能对这些基本技能和难于衡量的结果进行充分的评估。

- 与特权和访问权有关。批判理论家批评建构主义是白人中产阶级享有的另一项特权(Popkevitz, 1998)。处于社会下层的少数族裔学校很少成为这一领域的创新者。在工作情境中,与管理层的培训相比,低收入工人接受的培训往往是缺少参与性和真实性的技术培训。对各种使能技术的访问在不同阶层、种族和文化之间也存在差异。在学习者尚不具备充分的先前知识和学术研究能力时,可以认为建构主义是一种不必要的奢侈品。甚至在采用建构主义的课中,真的是所有人都从中受益了吗?对特权和权力的批判趋向于考察任何意识形态或干预下的赢家和输家——而建构主义也需要接受同样的审查。

建构主义策略在什么情况下并不是一个好主意

一般而言,我建议认真考虑把建构主义策略作为一种教学方法,因为从总体上看它适合于人们学习的方式,但没有任何一种方法是完美无缺的。在有些情况下,建构主义策略并不是一个好主意:

- 内容中包含须准确掌握或记忆的已知固定规则和程序或模式的技术性材料。
- 课程由外部强制的高风险考试所驱动。
- 短期内用于教学和材料准备的时间与资源有限的情况。
- 学习者期望并希望得到由教师主导的、由内容或考试驱动的材料和答案。
- 学校或企业并不支持以学习者为中心的文化——缺少对教师、设施或技术的支持——也不支持学习者中心教学的传统。

在这些情况下,更好的选择可能是采用建构主义教学之外的其他方法,但这是出于实践的限制而不是理论上的原因。不过,教学理论很少会以非常严格的方式加以应用,因此,在设计过程中适当考虑建构主义原则对任何情况可能都是有益的。

当前的项目

这部分描述的是一些近期开发和运用的项目和模式,说明了建构主义在今天继续产生的影响。

主动学习课堂(ALC)。有几所大学对教室空间进行了重新设计以适应建构主义的学习活动(Cotner，Loper，Walker 和 Brooks，2013)。明尼苏达大学开发的主动学习课堂模式把教师安排在九人圆桌的中间，并为教师和学生提供了充分的技术支持。科特纳(Cotner)和同事们发现，主动学习课堂里的生物学学生在美国大学测验(ACT)上的表现优于预期，而传统课堂里的学生则没有出现这样的结果。虽然大学出于成本原因比较依赖可招收大量学生的讲座型课程，但以学习者为中心的物理空间在许多大学已越来越受欢迎。

翻转课堂。2007 年，科罗拉多山区小镇上的两位科学老师乔恩·伯格曼(Jon Bergmann)和亚伦·萨姆斯(Aaron Sams)将自己的讲课录制下来供学生在 家观看，而课堂时间则用来让学生进行研讨或问题解决。他们称之为翻转学习或翻转课堂——以及放飞兴趣(Noonoo，2012)。他们的网站(翻转学习网，http://www.flippedlearning.org)上有各种各样的研究报告，这些报告显示越来越多的人采用了翻转学习活动以及翻转学习活动的积极影响。注意这一模式仍然采用了讲座，但学生可以对讲座进行一定的控制，将录制好的讲座作为学生可以访问和使用的一种学习资源，而不是无论他们的学习状态如何都必须坐着听完的强加于他们的经验。

移动学习。移动学习有各种各样的定义，如通过移动设备进行的学习，只能或最好通过移动设备完成的学习。随着移动设备的持有量和使用量持续上升，它用于学习的潜能也不断上升，但是学习者需要有为移动访问而设计的兼容资源(Chen，Sailhamer，Bennett 和 Bauer，2015)。通过移动设备访问学习资源本身并不是建构主义过程(如博物馆之旅只需要聆听和移动到下一个地方)。然而总体而言，移动学习提供了站点特定的、情境内学习交流的机会，而这与建构主义原则是一致的。

严肃数字化学习。2014 年 3 月，四位受人尊敬的数字化学习理论家(Michael Allen，Julie Dirksen，Clark Quinn，Will Thalheimer)发布了《严肃数字化学习宣言》(Serious eLearning Manifesto)，提出了所有数字化学习都应该考虑的设计原则和标准。人们对许多情境中产生的数字化学习产品的质量表示了担忧，认为这些设计不良的产品威胁到了数字化学习行业的合法性，而宣言则是对这一担忧的回应。这些设计原则(见表 7.2)范围很广,但大多数与建构主义方法完全一致。

表 7.2　严肃数字化学习原则(来源于《严肃数字化学习宣言》)

典型数字化学习	严肃数字化学习
关注内容	关注行为表现
作者能胜任	对学习者有意义
考勤驱动	投入驱动
知识传递	真实性情境
事实检验	务实地确定个性化挑战
一刀切	间隔练习
一次性事件	现实世界的结果
教导性反馈	

欲详细了解这些原则可参看网站(《严肃数字化学习宣言》,http://elearningmanifesto. org)。值得注意的是,这些原则中没有提及为有特殊需求的学习者或边缘化群体提供便利,这是中小学和大学普遍关心的问题,而企业培训提供者也应该对此承担更多责任。

联通主义。2005 年,加拿大学者乔治·西蒙斯和斯蒂芬·唐斯(Stephen Downes)基于开放网络和在线学习的思想,提出了一种叫联通主义的学习方法,强调通过参与由人和信息资源组成的网络而主动创造意义。西蒙斯(2005)提出了一系列描述性原则:

- 学习和知识产生于多种多样的意见之中。
- 学习是连接各种专门节点或信息源的过程。
- 学习可以存在于各种非人类的器械之中。
- 能知道更多东西的能力比当前已知的东西更重要。
- 培育和维持连接是促进持续学习所必须的。
- 能够觉察到不同领域、观念和概念之间的连接的能力是一种核心技能。
- 时效性(准确、更新的知识)是所有联通主义学习活动的目的所在。

- 决策本身就是学习过程。要透过正在变化的现实才能知道选择学什么以及新信息的意义。虽然一个答案现在是正确的,但是明天可能就是错误的,因为影响这个决定的信息环境已经发生了变化。

联通主义对最早的大规模开放在线课程(MOOCs)的设计和开放教育资源(OERs)的倡导者产生了很大的影响。虽然联通主义被批评说缺乏缜密的基础,但在那些寻求能充分发挥网络潜力的开放式探究环境的从业人员中间,联通主义仍然是一个受欢迎的概念。我认为联通主义同建构主义的规则非常吻合,因为它具有对有些人可能非常管用的亲信息(pro-information)、亲在线(pro-online)的倾向。

创客运动。创客运动是技术派的自己动手(DIY)文化,其中业余爱好者和工匠出于学习、兴趣或盈利等目的而制造东西。创客产品的例子有 3D 打印、机器人学、业余无线电以及 DIY 电子器件。这些活动大多具有明显的学习潜力,并可见于工程预科的课程中。与创客运动相关的概念有:修补(tinkering)、视觉思维,以及学校里的学编码运动(learn-to-code movement)。这些都与构造主义(constructionism)(不是建构主义)相关,构造主义最早由西蒙·佩珀特(Seymour Papert)提倡,关注的是通过造物而学习。

此处提到的这些项目和运动显示了建构主义在当前思考和实践中的长期存在和持续影响。虽然各种"主义"的泛滥令人发憷——建构主义、构造主义、联结主义——但是,在某种程度上,建构主义的成功使其随着时间的推移而采用了新的形式和标签。

结论

教学设计依赖于有关知识、学习和教学的合理理论,但是请记住,每一种教学理论都存在严重的不足。也就是说,在你根据该理论来设计一堂课时,它并不能真正告诉你设计一堂课所需要的一切,在很大程度上要取决于当地的情况、目标和限制条件,以及参与者的专门知识等。教学设计理论必然是抽象和普遍的,很多东西都留待团队和个人根据现实情况去进行决策。建构主义以其众多面貌和形式为教学设计奠定了理论基础。同时,教学设计领域要依赖于熟练的专业人员,他们懂得如何运用好的理论——将理论与当地知识和观念相结合来开发良好的教学。

即使建构主义已发展出了诸多教学模式和方法,它在教育者中间几乎也已经成为常识。"建构主义"这个术语依然是一个很好的简称,意味着更有意义、更真实、基于问题的教学。这些是教学设计者永恒的价值观,在许多年后的讨论中仍将占有一席之地。

要点总结

1. **建构主义既是一种哲学或关于学习的立场,也是一种设计教学的方法。**这种哲学强调学习者通过协作以及与世界互动而进行的意义建构。建构主义教学通常围绕真实的问题和项目而展开,以问题解决和高阶思维技能而非狭隘的技术性技能为学习目标。

2. **建构主义赋予学生和教师新的角色。**学生承担了许多传统上由教师承担的工作(如选择主题、选择教学资源等),而教师则作为"身边的指导者"而非"舞台上的圣人"起作用。这一转变要求学生和教师做好承担新角色的准备,也要求为学生和教师提供支持。

3. **一个主要的问题是让学习者准备好为自己的学习承担更多的责任。**对于承担这些额外的责任,学习者往往缺乏原有知识和意向,也正因如此,他们才是学习者。无论在认知上还是在情感上,建构主义教学对学习者的要求都很多。支架策略(随时间推移而撤销的暂时性支持手段)在学习者最初执行复杂任务时给他们提供了额外的帮助,带来了更丰富、更深入的学习成果。

4. **建构主义往往要做更多的工作,而不是更少。**与传统方法相比,建构主义设计为了给学习者提供必要的指导和支持,往往要求更加仔细的设计、行为监控、支架和现场测试。

5. **建构主义已对许多教学设计者的实践产生了重大影响。**建构主义的价值观在许多项目和模式中得到了反映,同时还在继续影响本领域的专业标准。

6. **成功的建构主义教学的关键——实际上也是所有教学设计的关键——在于操作的细节,至少在那些得到应用的特定理论或模式中是如此。**

1. **护士培训**：一家地方医院的培训部主任请你设计一个以护士为对象的 3 小时（最多）培训课程，让她们在与病人家属互动时能表现出更友好的行为。每次将有 20 名护士参加培训，培训会反复进行直到医院里所有护士都参加过为止。

培训部主任在攻读在线学位课程，刚刚修完"学习理论"课程，她还对你说："你能不能采用建构主义方法来设计培训课程？我希望护士们能以某种方式从事一些有意义的事情，而不仅仅是听讲座或被教予一系列规则。"

首先她要求你提供一份一页纸（大约 400 字）的备忘录，以对以下事项进行简要描述：

- 在培训课中要开展的教学活动；
- 这些活动如何体现建构主义的主要教学原则（要清楚地指明原则是什么以及这些活动如何体现那些原则）。

请你撰写备忘录！

2. **在线教学——心理课**：你是教师教学中心的一名教学设计师，和一名终身心理学教授玛雅（Maya）合作，对心理学专业的一门人类动机课程进行改造和重新设计。现在是玛雅教授在线上这门课的第四个年头，对于在线教学，她觉得自己经验丰富，完全能胜任。为了让课程更有吸引力也更有意义，她对一个单元进行了重新设计，将之修改为一个由 3 到 4 个学生在私人工作区域合作完成的基于项目的小组作业。学生们的反应令人鼓舞——他们总体上很喜欢这个项目，因为它使他们从每周阅读和在线讨论中解脱出来。问题在于，各小组提交的作业的质量参差不齐，导致大约三分之一学生的成绩不理想。基于课程安排的原因，学生们在提交作业后立即进入下一个单元，不会对彼此的作业进行评论。

"我想知道我们前进的方向。"瑟奇（Serge）肯定地说。

"不过有几个小组对该单元表示出了挫败感，他们似乎在寻求帮助，想要知道如何才能做得更好。我怎样才能在不太严厉的情况下给他们提供更好的指导？我不希望他们只是照抄我提供的模板或范例。"

咨询过程的下一步如何进行？根据建构主义原则，你会向玛雅提出什么问题，或你会向她提供什么建议？在你所理解的建构主义的好处和关切中，有什么能为你们的对话提供指导？

参考文献

Barrows, H. (1988). *The tutorial process.* Springfield, IL: SIU School of Medicine.

Chen, B., Sailhamer, R., Bennett, L., & Bauer, S. (2015). Students' mobile learning practices in higher education: A multi-year study. *EDUCAUSE Review.* Retrieved from http://www.educause.edu/ero/article/students-mobile-learning-practices-higher-education-multi-year-study

Cognitive and Technology Group at Vanderbilt. (1990). Anchored instruction and its relationship to situated cognition. *Educational Researcher, 19*(6), 2–10.

Collins, A., Brown, J. S., & Newman, S. E. (1989). Cognitive apprenticeship: Teaching the crafts of reading, writing, and mathematics. In L. B. Resnick (Ed.), *Knowing, learning, and instruction: Essays in honor of Robert Glaser* (pp. 453–494). Hillsdale, NJ: Lawrence Erlbaum Associates.

Cotner, S., Loper, J., Walker, J. D., & Brooks, D. C. (2013). "It's not you, it's the room." Are the high-tech, active learning classrooms worth it? *Journal of College Science Teaching, 42*(6), 82–88.

Dunlap, J., & Grabinger, R. (1996). Rich environments for active learning in the higher education classroom. In B. G. Wilson (Ed.), *Constructivist learning environments: Case studies in instructional design* (pp. 65–82). Englewood Cliffs, NJ: Educational Technology Publications.

Friesen, N. (2011, April). The lecture as a transmedial pedagogical form: A historical analysis. *Educational Researcher,* 95–102.

Friesen, N. (2013). The past and likely future of an educational form: A textbook case. *Educational Researcher, 42*(9), 498–508.

Hmelo-Silver, C. E. (2004). Problem-based learning: What and how do students learn? *Educational Psychology Review, 16*(3), 235–266.

Noonoo, S. (2012). Flipped learning founders set the record straight. *THE Journal, The Flipped Classroom* [Web log comment]. Retrieved from http://thejournal.com/articles/2012/06/20/flipped-learning-founders-q-and-a.aspx

Savery, J. R., & Duffy, T. M. (1996). In B. G. Wilson (Ed.), *Constructivist learning environments: Case studies in instructional design* (pp. 135–148). Englewood Cliffs, NJ: Educational Technology Publications.

Sawyer, R. K. (Ed.). (2006). *The Cambridge handbook of the learning sciences.* New York: Cambridge University Press.

Scardamalia, M., & Bereiter, C. (1991). Higher levels of agency for children in knowledge building: A challenge for the design of new knowledge media. *The Journal of the Learning Sciences, 1*(1), 37–68.

Serious eLearning Manifesto. (n. d.). Retrieved from http://elearningmanifesto.org/

Siemens, G. (2005). Connectivism: A learning theory for the digital age. *Journal of Instructional Technology and Distance Learning International, 2*(1). Retrieved from http://www.itdl.org/Journal/Jan05/article01.htm

Wilson, B., Teslow, J., & Osman-Jouchoux, R. (1995). The impact of constructivism (and postmodernism) on ID fundamentals. In B. B. Seels (Ed.), *Instructional design fundamentals: A reconsideration* (pp. 137–157). Englewood Cliffs, NJ: Educational Technology Publications.

Wood, D., Bruner, J., & Ross, G. (1976). The role of tutoring in problem solving. *Journal of Child Psychology and Psychiatry, 17*(2), 89–100.

第八章 学习科学：由来及其对教学设计的意义

克里斯托弗·霍德利　　纽约大学

詹姆斯·P·范赫尼根　　南阿拉巴马大学

本章意在描述学习科学这一视角。我们将阐述学习科学是如何产生的，其独特性是什么，它如何超越了以往有关学习的理论，以及它为教学设计者带来了什么样的研究成果和实用工具。本章一开始，我们将带你回到四十年前。 68

那时，认知心理学正逐渐成为心理学的主流，教育应用也日益增多。总的来看，有三个主要趋势引发了与教育相关的认知心理学的蓬勃发展。第一，脱离纯粹的行为主义心理学模式为我们理解人类学习提供了其他理论基础。第二，跨学科的认知科学领域的出现使计算机科学、人类学、语言学、哲学等学科的方法与传统心理学的理论和方法的融合与匹配合法化，这就使情境和文化等学习的重要因素（姑且不论学习者的个性心理学和教学设计的细节）成为人们注意的中心。第三，计算机技术的兴起开启了与教学和教育心理学及其相匹配的设计思维的大门，而教学和教育心理学可以说是心理学中第一个面向设计的领域。

心理学中的多种学习理论

20 世纪 70 年代是心理学的转向时期。20 世纪初的主流心理学是行为主义，它专注于通过联想或强化将离散的刺激和反应联结在一起；但是二战以后，在语言学、信息理论等领域出现的各种非主流范式对行为主义提出了挑战，而随着计算机的出现产生的各种观点也引发了对行为主义的质疑。例如,乔姆斯基(Chomsky)(1959)认为,行为主义的概念不能够解释语言的生成性。把"思想"和"观念"作为心理现象加以认真对待的运动愈演愈烈,这被称为认知主义。随着认知思维模型对行为主义的质疑,认知科学家们正在构建人类认知的人工智能模型,认知发展的概念得到了充分研究和发展。如尚克(Schank)和阿贝尔森(Abelson)(1977)在其书中将人工智能和人类对事件的思考融合在一起,由此引发了许多运用脚本概念来描述人们在现实世界情境中如何理解和如何行为的研究(如人们对于去餐馆就餐这一事件的概念化)。发展心理学家都忙着验证皮亚杰的认知发展理论,以检验其解释能力的边界。科尔(Cole)领导的比较人类认知实验室(the Laboratory for Comparative Human Cognition,LCHC)(如Cole 和Means,1981)研究了其他文化是如何看待许多被研究者们理所当然地视为认知技能的任务。同时,认知心理学家通过研究记忆、知觉、语言获得以及技能的获得和自动化等探讨了人类思维之认知结构(cognitive architecture)的蕴涵(Gardner,1985)。在每一个转折点,这些心理学概念都提示了一些思考教育和学习的新方式。

69　　在学科融合中,计算机科学起到了独特的作用,它既是经验性科学的工具,也是干预的平台。研究者们认为认知科学(心理学和人工智能)的发展或许将改变我们在教育中一直坚持的实践和方法。约翰·安德森(John Anderson)和同事们开始研究"智能指导系统"(Anderson,Boyle 和 Reiser,1985),其中精心构造的某一领域(如代数)解决问题的人工智能模型可以引导计算机为学习者提供指导。这些指导系统被用来验证和完善人们所归纳的人类思考模型,也可以用来与学生一起解决问题并提供提示和支持,然后在学生的问题解决开始偏离方向时给学生提供反馈。佩珀特(Papert)(1980)在《智力革命》(*Mindstorms*)一书中表明儿童可以利用 LOGO 计算机语言进行发明和创造。佩珀特提出的假定是,学习可以在与构造工具的交互中发生,而计算机是一种通用工具,它可以让学习者构造制品来反映他们对各个领域的理解。布朗斯福德 1984 年创建的范德比尔特大学学习技术中心开发了新的技术(特别是视频和计算机)利用方式来帮助儿童学习;他们的干预措施借鉴了学习领域内关于专家和新手的不同思维方式的研究成果,也借鉴了有关学习的情境因素的想法(如利用真实性问题来激发学生动机）。承认技术性制品和工具可以改变我们思考和学习的方式是与认知革命齐头并进的；认知科学家不是简单地向学生传递他们应该知道的恰到好处的信息，而是开始探索学习者在弄清周围世界之意义的过程中是如何建构知识的。基于这些关于学习的新理论，需要形成新的研究方式，因为这不再是简单地验证某种理论的过程，而是要考察当新的制品和观念被引入后实践会如何变化。

拓宽学习研究的范围，将情境纳入其中

几个不同方面的研究似乎都指出了情境对于理解学习和发展的核心作用。早在 20 世纪 70 年代，克隆巴赫（1975）就强调指出，心理学的一大缺陷是将教育研究简化为个体差异与教育干预之间的双向线性互动。这种观点忽视了高水平（非线性）互动和学习情境的影响。科尔的比较人类认知实验室发现，根据情境的不同，对于什么是智能行为的解释也可能不同。研究皮亚杰理论的学者发现，通过改变逻辑思维任务的情境，可以改变儿童对于该逻辑思维任务的胜任情况（如，McGarrigle 和 Donaldson，1974）。试图实践 LOGO 之类工具的人员发现，成功需要的不只是给孩子与计算机程序互动的机会，LOGO 之类工具的效果并没有人们想象的那样广泛（Pea，Kurland 和 Hawkins，1985）。其他试图在课堂里实现认知科学家认为的有效方法的尝试也遇到了问题。研究记忆的人员想知道为什么学生们不能利用自己已有的知识，并着手探究需要做些什么来帮助他们利用自己已有的知识。

对于情境重要性的认识表明，要想理解学习，分析单元就不能只限于个体的人。人是和其他人一起学习东西的，也使用文化中发展起来的工具和制品来学习。于是，研究这些互动、工具和制品就意味着需要考虑社会学、人类学、符号学、语言学等领域的观念，将它们作为研究和理论建构的一部分。

出现了四个彼此相关的理论概念，可帮助我们架构新的理解。第一个理论概念是《心理与社会》（*Mind and Society*）汇编（Vygotsky 和 Cole，1978）中对维果茨基理论的再发现。维果茨基卒于 1934 年，但是他的观点在苏联之外并没有得到广泛传播（并且在苏联也受到压制），因此，这些观点在美国基本上不为人

知。但是,这些观点中包含的思想与个人在日常生活中应用认知科学时的发现相契合。首先,文化和制品的重要性绝不是第二位的,而是第一位的。个体的学习和种族的进化都离不开文化制品和工具。人类的认知过程是与文化工具一起被创造的,同时,这些文化工具又经由人和社会的思维而得到增强。另外,维果茨基的最近发展区概念让人们开始以不同的方式来思考学习、评估和发展。最近发展区的观念是,学习的前沿不是学生能够独立做什么,而是他们在一个更有能力的人帮助下能够完成什么。

布朗和坎皮奥内(Campione)(1994)根据这些观念,特别是根据最近发展区的观念,开发了用于科学教学的促进学习者共同体模型。这一方法围绕主题式科学单元来开展小组项目,其特点包括:(1)在学生中传播专门知识;(2)围绕主题创建会话的活动,这种活动更像是科学家的工作方式,而不像典型科学课堂那样把重点放在术语记忆和"罐装"实验上。

维果茨基思想的复兴还引出了分布式智能的概念(Pea,1993)。佩亚(Pea)发现,由维果茨基理论而产生的一直处于变化中的思维工具概念同技术提供了改变人类思维过程的工具这一观念非常吻合。佩亚等人认为,各种新兴技术具有的变革能力不仅使活动变得更容易,而且实际上改变了活动实施的方式。换句话说,通过改变思维工具,实际上也改变了智能的含义。因此,维果茨基的模式也为我们提供了一种理解新技术的变革性影响的方法。

第二个理论概念是情境学习[Greeno 和中学数学应用项目组(The Middle School Mathematics Through Applications Project Group),1998;Kirshner 和 Whitson,1997;Lave,1988;Lave 和 Wenger,1991]。如莱夫(Lave)(1988)在跨文化研究和对杂货店等日常情境的研究中发现,这些非正式环境中的学习并不是高度概括化的,而是与活动情境及其与当事人的意义密切相关。这些分析引起了对传统学校教育的严重质疑,学生在学校正式课堂情境中的学习据称能被迁移到日常生活的新情境中去。相反,情境认知的基本信条是,要促进技能从学习情境向将在其中应用的"真实世界"情境的迁移,学习情境应该尽可能类似于学习者将在现实世界遭遇的情境。

第三个理论概念是抛锚式教学(范德比尔特认知与技术小组,1990)。抛锚式教学模式产生于这样一种观念:人们要获取知识,不仅需要体验知识,而且需要体验并知道什么时候使用它。知识是以一系列特定事件为条件的（全国学习研究和教育实践研究委员会，1999）。如果不把知识锚定在有明确目的的情境中，那么知识很可能就成了惰性知识。这些想法再加上要在真实情境中应用知识的兴趣，促使研究人员寻找新的视角。抛锚式教学的主要成果《贾斯伯·伍德伯瑞奇遇》（范德比尔特认知与技术小组，1992）系列录像（后来是光盘），通过在学生感兴趣的模拟的真实情境中呈现问题来帮助中学生发展解决复杂数学问题的技能。

第四，尚克根据自己在构建现实世界中人如何思考的计算机模型（如Riesbeck 和 Schank，1989）中得到的认识创建了一个学习科学中心，致力于开发类似的专业发展和培训开发的创新方法。一般认为，尚克是第一个使用"学习科学"术语的人，但是他的学习科学概念并没有包括今天构成学习科学领域的多样化的观点（Hoadley，2007）。1991 年，《学习科学杂志》开始发行，随后国际学习科学协会也成立了。

以上出现的这些创新观念具有一些共同的要素，这些共同要素令人感到传统研究方法是有问题的；而研究者们感到，对于学生如何学习这个问题，自己正在获知一些基本的认识。传统研究和评价的方法，如随机试验，要求控制变量，并且一次只能处理少量事情。传统的项目评价方法主要侧重于结果，对于研究人员在设计干预措施过程中实现的学习没有给予足够重视。研究人员感到，自己在开发新的教学方法的同时也在学习一些有关学习的非常基本的东西，因此觉得很有必要发展一些新的研究方法。布朗（1992）和柯林斯（1992）创造了一种最初被称为设计实验的方法，这一方法后来一般被称为基于设计的研究（基于设计的研究集体，2003）。其基本方法是，记录下应用情境中发生的事情，分析复杂的教学操作在经历设计和开发的各个阶段时产生的影响。

有一个基于设计的研究的例子是由第二位作者参与的项目。项目涉及为中学生开发工程设计方面的挑战。在该创新项目中，研究人员对模块的开发过程和模块效果的考察两方面都进行了研究。初期分析涉及对录像观察结果进行逐帧分析，观察设计模式在实际运行中的效果。随后，在修订模块时考察新增的模块教学工具或评估的效果以及正式教学的结果。其焦点在于创新教学过程和工具，而这些创新教学过程和工具是在学校或其他背景下的新教学创建中的一部分。在同时聚焦过程和教学产品的前提下,整个过程要经历设计和测试等阶段。就像工程师可以带来一个可用于多种应用场景的产品设计,并告诉我们一些有关该事物的基本性质一样,教学设计者也应能够进行这样的过程,即产出一个能用于多种情境的过程或产品,并告诉我们一些有关学习的基本性质。

虽然学习科学的观念先于《巴斯德象限》一书而出现,但斯托克斯(Stokes)(1997)在《巴斯德象限》一书中完美地阐述了学习科学家们想做的事。他抛弃了科学中"应用研究对纯理论研究"的一维划分,提出了一个二维划分法:应用相关和理论思想(theory mindedness)。关于应用研究和基础研究连续统的传统观点使理论进展牢牢受制于控制实验研究。斯托克斯指出,应用研究和基础研究连续统只涉及一个维度即实际运用,没有考虑到另一个维度即理论相关性。巴斯德采用的实际问题并不是在实验室严格控制下进行研究的问题,但他的研究对微生物学的基础理论具有重要意义。学习科学家也努力开展应用研究来帮助学生,并为学习和教学设计领域提供基础知识。斯托克斯的书提醒研究者,应用研究也可以得出超越具体情境的具有普适性的概括性研究成果。

作为设计科学出现的学习科学

学习科学除了依赖于认知科学的多种视角以及对情境的注重外,值得重视的还有它致力于在真实的情境中开展教育。对真实情境的重视有以下重要意义:第一,其实施要求使学习科学趋向于干预性(脱离纯粹的解释性或预测性)的目标。第二,由于在情境中开展研究的杂乱性,学习科学家不得不考虑采用各种不依赖严格实验控制的方法。因此,学习科学家开发出了基于设计的研究方法。

要探究设计在学习科学中的作用,回顾一下教育作为一门学科的历史是有帮助的。虽然在人类历史上学习无所不在,但正式的教学,特别是课堂里的正式教学则是近代的发明。当前世界通用的正式初等教育主要面向基本素养(语言和数学),它只有几百年的历史。拉格曼(Lagemann)(2000)曾描述了20世纪教学作为一门学科如何得以巩固,而新近成立的教育学院又如何不得不为其学术合法性而战。自启蒙运动以来,学院越来越重视科学形式的探究和知识(与人文或基于技艺的探究形式形成鲜明对比)。在 20 世纪,有两个思想流派促成了这些新教育学院的建立。一个由约翰·杜威领导,强调实用主义的探究,有坚实的哲学基础但与实践联系紧密。在他的诸多成就中,杜威(1896,1929)不仅以其实用主义的思想推动了哲学领域的发展,而且创建了第一所"实验学校",在实验学校里,教和学的概念可以通过实践而形成。另一方面,心理学家桑代克(E. L. Thorndike)(1910)指出,教育领域是行为主义范式心理学研究的副产品,重点是控制实验、心理测量学和动物研究。(公平地说,两派之间的区别在于其侧重点;它们都承认实验的重要性,都认识到必须倾听实践者的声音,但是它们对这些活动的相对重视程度却是截然不同的。)在整个 20 世纪,这两种观点——教育是一个由实践赋予活力的行业和教育是心理学的一个领域——一直在竞争,但是公平地说,在 20 世纪的大部分时间里,心理学观点占了上风。从很多方面来说,领域定义中的政治主张集中在三个关键问题上:研究和实践的关系;心理学相对于其他社会科学的认识论和基本假设;桑代克观点中体现的现代实证科学同类似于杜威观点的后现代视角之间的冲突。

那么,鉴于学习科学的多样化来源,是什么使学习科学视角区别于在它之前的观点呢?学习科学的一个要素是,对于学习的多样化观点持开放包容的态度。开放包容是必要的,因为需要从多种视角来理解学习所处的复杂生态。就像传统的教学设计者要同利益相关方合作一样,学习科学家需要实践人员以及从社会学、人类学、心理学等视角来考察学习的个体。因此,大多数时候,学习科学家是作为团队而不是个人来开展研究的。请注意,尽管学习科学家努力从除心理学外的更多视角来理解学习和教学,但他们也欢迎将心理学视角作为了解学习的一扇窗口。

第二个要素是,努力为校内外的教和学问题提供解决方案。学习科学家想要影响学习,就意味着要接受现实世界及其复杂性。而这往往意味着,要理解在现实世界中专门知识是如何形成的,就要研究这些复杂情境对于社会化程度不同的学习者的意义。

第三个要素是,关于学习和教学的一般化和有意义的知识可以通过对设计过程的研究而获得,而非只能通过实验室里的实验研究而获得。这对于教学设计者的启示是,他们也能通过记录和反思设计过程并用它来收集可以驱动理论的信息,从而可为教学设计的知识基础做出贡献。显然,并非教学设计者参与的每个项目都能提供这样的洞见,但以有意义的方式记录和反思设计项目可以使人们对人如何学习这一问题产生新的见解。

学习科学的第四个要素是承认非正式和非传统教学情境的价值。贝尔(Bell)、莱文施泰因(Lewenstein)、肖斯(Shouse)、费德(Feder)(2009)等人认为,如果把学校教育放在终身学习的背景下考察,那么很显然,人一生的大部分时间是在学校之外的工作和其他情境中度过的。因此,研究那些情境中的学习显然是很有价值的。

学习科学的第五个要素是探索如何利用技术提供的新工具和制品来促进学习。就像工程师可以利用一种新材料来建造能更好地对抗飓风的建筑,学习科学家也热衷于探究我们拥有的技术如何变革教和学的方式。这意味着不仅要把技术和工具融入现有的结构中,而且还要从根本上改造这些结构,甚至创造新的结构(Collins 和 Halverson,2009)。

学习科学的研究成果及对设计的启示

前面阐述了学习科学如何利用心理学中的多种学习理论,借鉴心理学以外那些较好地探讨了学习情境问题的学科,同时对于正式和非正式学习情境中的干预设计又保持实践立场。在这一部分,我们将总结学习科学过去三十年来所取得的可用于教学设计的研究成果。

这些研究成果和启示可以分为三个方面:关于思维的研究、关于学习过程的研究、关于学习环境的研究。

关于思维的研究

关于思维的研究有助于实现认知心理学的希望:揭示心智的基本架构及其运行方式。纽厄尔(Newell)和西蒙(Simon)的认知统一论尽管已年代久远,但仍然是一个很好的能经得住检验的理论概括。其中一个重大研究成果是,心智虽然是极其灵活的,但它在依靠大脑的视觉、注意、记忆、动作技能、语言和计划等专门系统来加工信息时有其特定的局限性。主要研究成果有短时记忆和长时记忆的作用、语言和知识技能，也包括众多对于知道某事的确切含义的看法。当代学习科学家并不认为知识就是能准确回忆事实的能力，而是区分了命题知识、技能和更深层次的概念性知识。另外，关于个体差异的研究表明，不同的人以不同的方式学习"相同的"内容（即根据各自不同的心理偏好对观念形成不同的表征）。许多有用的教学理论（包括布鲁姆的分类学）都与这种强调浅层与深层知识之差异的广泛的知识观相关联（Anderson，Krathwohl 和 Bloom，2001）。同样，多元智能理论反映了不同的人如何根据自己的感知或学习偏好，以非常不同的方式对理解进行编码（Gardner，1993）。

学习科学的另一项重要研究成果是对于专家的思维特性的洞察（Chi，Glaser 和 Farr，1988）。对于国际象棋棋手的研究表明，专家棋手不仅更了解国际象棋的策略，而且对棋盘的知觉也与新手有质的区别——他们知觉问题的方式能够使他们更经济地思考解决方案，并能更好地记住快速向他们显示的棋盘上的棋子。进一步研究还表明，与新手不同的是，各个领域的专家都拥有强大的心理资源。专家可以使用所谓弱方法即兴找出问题的解决方案，但是他们通常高效地使用已知解决方案来解决问题。解决问题所需的技能大多已经"自动化"，也就是说，无需有意识的思考就可以轻松执行这些技能（例如，第一次开车时所花的心力与有多年驾龄后开车所花的心力就形成了鲜明对比）。这些自动化技能将注意和记忆解放出来用于问题解决的其他部分。很多时候，专家不仅具有知识、敏锐的洞察力和技能，还具有能让他们在试图解决问题前对事物运行方式进行预测和模拟的"心理模式"。最后，专家还非常善于监控自身的问题解决，并利用反思和规划来实现其目标（Gentner 和 Stevens，1983；Schoenfeld，1983）。

这方面研究对教学设计者和教师的启示是，要认识到专门知识的复杂性，并深化知识分享和检验的方式。强调事实的记忆只能产生"脆弱的"知识，而在开发教学干预时重视发展复杂的模式识别、构建关注"大概念"的认知结构、支持元认知过程等，才更有可能引发持久的学习。

关于学习过程的研究

或许学习科学最大的突破就是对概念转变的研究（Vosniadou，2008）。研究者发现,由记忆、技能、知觉和观念等构成的群集决定着人如何思考和解决问题。学习者一开始并不是一块白板,而是根据自己的初始概念去思考问题。虽然对这个理解进行完善或稍加调整是相当容易的,但学习往往需要对观念以及思考世界的方式进行深入的重组。例如,要区分科学概念热量和温度,就需要了解很多关于能量的复杂的新概念,还要消除高温物体一定有高热能的想法(Carey,1985)。这个复杂的再思考过程并不容易,要耗费学习者许多心理能量,也需要教师的悉心支持;这种转变往往反映了语言上的变化(或反映在语言的变化中)(Driver,Leach,Millar 和 Scott,1996)。

另一方面的进展是理解了读写能力在学习中的作用。从心理学方面看,研究有助于揭示学生如何解读文本并使其符合自己对世界之认识的过程(Kintsch,1998),或者尝试协调多个来源(如图像和文本)的信息以形成对世界之认识的过程(Mayer,1993)。在其他领域,学习者可能在形成另一种读写能力的同时发展理解,所谓另一种读写能力即指某领域专家所用的专门表示法(如数学或化学符号)(Kozma,Russell,Jones,Marx 和 Davis,1996)。学习这些读写能力不仅仅是心理学上对材料的解读,同时也是一个寻求意义和构建意义的社会过程(Schoenfeld,1991)。随着时间的推移,社会性地使用这些表示法的学习者将逐渐形成不仅具有形式意义而且具有社会意义的共同理解(Roschelle,1992)。

近来,研究者开始探究读写能力、读写能力在特定情境中的应用、兴趣和认同发展等之间的关系。身份认同和读写能力有助于将传统上截然分开的有关文化、情境和迁移的研究传统联系起来。例如,纳西尔(Nasir)(2002)研究了在打篮球和玩多米诺骨牌的情境中,非裔美国学习者与数学相关的实践关联身份认同的不同形成方式;后来又研究了在正式学校情境下和篮球场上,实践关联身份认同的不同形成方式(Nasir 和 Hand,2008)。在学习资源生态中,学习者必须在各种文化情境下发展身份认同,而学习者在学习资源生态中的表现,已经在技术学习(Barron,2006)、科学学习(Brown,Reveles 和 Kelly,2006)、教师教育(Luehmann,2007)以及前面提到的游戏和体育(Nasir 和 Cooks,2009;Nasir,2002)等情境中得到了研究。研究者还将继续研究如何将身份认同视为一种社会文化现象、一种叙事创作行为、一个兴趣发展的心理过程,或者是以上三者的某种结合(Renninger,2009;Sfard 和 Prusak,2005)。李(Lee)(2008)的追溯研究表明,文化及身份认同与学习之间的联系在教育领域有着悠久的研究传统,但在历史上,并没有把文化及身份认同与学习的主流认知模式或教学设计相联系。

很多时候,这种与真实意义的联系可以促进学习也可以破坏学习。研究人员发现,相关性和真实性是意义建构过程中的关键要素(范德比尔特认知与技术小组,1990)。如果学生致力于解决的问题(1)对学生个人有一定意义,(2)足够丰富和复杂以至于能激发真正的专业知识,那么这样的学生更有可能让学习发生。缺乏真实性,学生可能会只将它作为玩具问题来学习,以至于以后很难把自己的知识应用于其他领域,即所谓的迁移问题(Bransford 和 Schwartz,1999)。

有关学习过程研究的教学启示包括:要聚焦于与学习者相关的、真实的任务;要关注困难的概念转变过程。要促进概念转变,就算是在已有概念基础上构建新概念,学习者也需要以可能会从根本上改变他们已有概念的方式与主题进行深入互动,而学习的发生必须经由能让学习者独立或合作创造意义的读写能力和表征来实现(Donovan,Bransford 和 Pellegrino,1999)。

关于学习环境的研究

理解了学习并不表示知道如何教学。学习科学在 20 世纪 80 年代及以后的研究成果往往与从建构主义新视角去理解教学有关——或者是认知建构主义(视学习者为学习的心理过程的执行者),或者是社会建构主义(视学习者为学习的社会文化过程的参与者)。多诺万(Donovan)、布朗斯福德和佩莱格里诺(Pellegrino)(1999)将此称为"以学习者为中心的课堂"。考虑到教育工作者越来越多地同时关注正式学习和非正式学习,因此称其为"以学习者为中心的学习环境"可能更准确。

或许学习科学最经得起检验的原理之一就是,我们可以构建不直接进行信息传递的支持性学习环境。学习科学用来描述这种非直接教学的隐喻是支架(Wood,Bruner 和 Ross,1976)。这个术语跟建构主义一样,在实践中可以指很多东西,但是它们都有一个共同的理念,那就是像自行车的辅助轮一样,使学习者得到支持,使他们有进行探索和自主学习的空间,与此同时又限制了一些可能,以尽量减少学习者的徒劳挣扎。

支架的形式多样，从支持任务的计算机化工具、活动结果，到支持学习的大型社会结构，等等。例如，在学习者进行代数证明的过程中，智能指导系统可能只允许他采取某些步骤。计算机可能使用一个人类认知模型来"跟踪"学习者。当计算机感到学习者没有遵循合理的问题解决顺序时，就会跳出来提供建议或者限制学习者可能采取的步骤（Koedinger，1998）。或者，一个在线实验室手册可以综合运用提示、可视化、结构化的逐步支持等来帮助学生理解桌面实验（Linn 和 His，2000）。又或者，支架方案中可能完全不用技术，例如读写教育中使用的"互惠教学"（reciprocal teaching）技术（Palincsar 和 Brown，1984）。学生轮流使用各种策略来理解文本。一开始由教师来示范那些策略，一段时间后，再由学生领头来实践这些策略。即使是这样一种简单的技术，帕林斯卡尔（Palinscar）和布朗（1984）也发现它极大地提高了学生的阅读能力。最后，可以使用大型社会结构来支持学习。在这方面，有一个很有影响的理论叫"认知学徒制"。它主张让学习者成为专家的学徒（某种程度上），专家向学习者示范专家是如何思考的，在学习者实际解决问题（在情境中）时提供反馈进行指导，然后随着时间的推移逐渐不再给予支持和反馈，以帮助学习者变得更加自主（Collins，Brown 和 Holum，1991；Collins，Brown 和 Newman，1989）。认知学徒制并不对特定活动进行详细说明，而是阐明了新手和专家之间的能促进专门知识迁移并支持学习的关系。这些理论可以用来设计社会情境，使学习者得以在此情境中建构自己的理解。例如，"计算机支持的意向性学习环境"就是一种特别的课堂结构，在此结构中，学习者在教师指导下生成自己的问题，然后创造、扩展并验证共享知识库（类似于开展和共享研究的过程）。这些环境的一个重要方面是必须要建立某种社会情境，而建立社会情境的方法并不是预先确定的，而是由现有文化和社会情境之间的交互作用、教师的目标以及与这些文化和社会情境的关系所决定的（Tabak，2004）。

当前，学习科学还进一步研究了发生于教室等学习环境中的多层互动的和谐结合（Dillenbourg，2013；Prieto，Wen，Caballero 和 Dillenbourg，2014；Roschelle，Dimitriadis 和 Hoppe，2013）。狄隆伯格（Dillenbourg）（2013）指出，课堂中技术整合失败的原因就在于围绕技术进行的课堂互动缺乏流动性。狄隆伯格及其同事在几项针对不同技术开展的研究中发现，技术在课堂中的有效利用要求教师有效地"精心安排课堂里的活动。如果学生要从事问题解决、批判性思维或更复杂的认知活动，那么就不能让他们被那些复杂、低效或功能异常的技术工具所干扰。这些活动的设置需要配以适当的自解释性（affordance），以保证活动能在以学生为中心的课堂里顺利进行"（P. 491）。狄隆伯格描述的工作部分涉及课堂管理（保证不浪费时间，使有效教学时间最大化），部分涉及创造和运用各种便于学生使用且能提供丰富学习经验的很少出现故障的实用技术工具。

和谐结合这个概念非常有用，因为在以学生为中心的教学中，能促进学习的教学策略来自于各项活动的协同作用。在以教师为中心的课堂中，教学事件具有相当的可预测性、有序性，并且由教师控制，而与此不同的是，在以学生为中心的学习环境中，教学时机取决于学生是否与课堂上教师引导他们进行的教学活动保持同步。能让学生专心于任务并与任务保持同步的技术最有可能促进学习。例如，普列托（Prieto）等（2014）描述了利用"增强纸"（augmented paper）开展的研究，增强纸上有能与计算机对接的图标，学生通过与增强纸互动而学习。一个被广泛研究的例子涉及利用增强纸来设计仓库的物流系统。另一个简单但有用的技术工具是一个信号灯，它能提醒教师注意那些需要帮助的学生的等待时间。信号灯系统可以把教师引导至等待时间最长的学生，从而减少了学生的等待时间。对于能提升课堂组织水平的技术和教学法策略的考虑在教学设计者构建和实施教学时是很有用的。虽然设计者对于学生中心课堂的教学策略已知之甚多，但教学设计中对于如何协调人员、工具和资源以成功实施学生中心教学的研究和模式还处于起步阶段。

结论

本章旨在对学习科学视角进行描述，并提供一些可能对教学设计者有用的见解。《人是如何学习的》（Donovan 等，1999）替设计者和教育工作者将此总结为对学习者中心课堂、知识中心课堂、反馈或评估中心课堂、共同体中心课堂的需要。索耶（Sawyer）（2006）认为这是对概念理解的重视，为此需要把学习过程与教学过程等同起来，要追求真实性，要在原有理解的基础上进行建构，要提供反思的机会等。

如果还想了解更多，我们为你推荐以下期刊：《学习科学杂志》《国际计算机支持的协作学习杂志》《认知与教学》以及《心智、文化和活动》；还有以下好书：《人是如何学习的》(Donovan 等，1999)、《剑桥学习科学手册》(Sawyer，2006a)以及《认知、学习和教学：罗伯特·格拉泽纪念文集》(Resnick，1989)。如果想要了解学习科学和教学设计的关系，我们向你推荐《教育技术》杂志就这一主题发行的特刊(Chellman-Carr 和 Hoadley，2004)。

总之，学习科学的研究加深了我们对思维和认知的认识，阐明了个体的学习过程，着重阐述了如何设计支持学习的学习环境，这些都对教学设计具有指导意义。虽然本章不可能囊括所有内容，但我们努力阐明那些可能最有用的重要见解。

要点总结

1. 必须把学习作为一种多学科现象而不仅仅是心理现象来理解。

2. 我们对学习和教学的理解不能只限于实验室环境下开展的实验研究得出的结论。教学设计过程产出的各种制品、工具、策略和想法等，也能让我们对人类学习获得更清楚的认识。

3. 学习是一个人与人相互作用的社会性过程；因此，学习情境及其对学习者的意义与学习者的个体特征同样重要，同样值得分析。

4. 维果茨基的最近发展区概念表明，对于教学设计者来说，关注如何构建专家和新手之间的互动来支持新手学习者的发展是非常重要的。

5. 在设计学习环境时可以利用支架来组织和支持学习，而不用诉诸将教学视为知识传递过程的传统讲授技术。

6. 情境学习理论家主张要创建真实且相关的学习环境，这样的学习环境在抛锚式教学中已得到了体现。创建真实且相关的学习环境对于学生专门知识(而不只是事实或程序的学习)的发展非常重要。

7. 可以把技术(包括计算机技术及其他形式的技术)视为能改变思维和学习的创造性工具。

8. 对某个领域内的专门知识进行探索，可以为如何设计该领域的教学提供

重要信息。

1. 你是一名教学设计师，要设计一个针对电工的认知学徒制课程。学习科学中有哪些成果能帮助你完成这个任务？描述学习科学中有助于你完成此任务的要素。有关专门知识发展的知识如何帮助你创建一个有效的认知学徒制课程？

2. 学校里教授科学课程的传统方法是主要通过讲授来教科学概念和术语。有个学区聘请你为他们重新设计七年级的物理学课程。学区希望能有一些不同于讲座和"灌装"实验室练习的东西，但又觉得只是让学生进行一些亲自动手探索材料的活动并不能为学生提供足够的经验去开展学习。利用你所知的学习科学的成果来描述你将要开发的课程的类型。你将应用哪些学习科学的原理？你将在课程中纳入哪些类型的教学活动？你将如何设计学习环境？它与传统学习环境有何不同？

3. 学习科学的一个重要方面是将技术视为分担工作负荷的工具、智力工具和促进学习的工具。依据某项技术进展或选取某种技术工具，从学习科学的视角描述如何用它来帮助促进学习。请列举一个能用它来改变学习方式的情境。可选的技术如电子邮件、博客、讨论组、视频会议、交互视频、手持电脑、苹果随身播放器、智能手机等。

参考文献

Anderson, J., Boyle, C., & Reiser, B. (1985). Intelligent Tutoring Systems. *Science, 228,* 456–462.

Anderson, L. W., Krathwohl, D. R., & Bloom, B. S. (2001). *A taxonomy for learning, teaching, and assessing: A revision of Bloom's taxonomy of educational objectives* (Complete ed.). New York: Longman.

Barron, B. (2006). Interest and self-sustained learning as catalysts of development: A learning ecologies perspective. *Human Development, 49*(4), 193–224.

Bell, P., Lewenstein, B., Shouse, A. W., & Feder, M. A. (Eds.). (2009). *Learning science in informal environments: People, places, and pursuits.* Washington, DC: National Academies Press.

Bransford, J., & Schwartz, D. (1999). Rethinking transfer: A simple proposal with multiple implications. *Review of Research in Education, 24,* 61–100.

Brown, A. L. (1992). Design experiments: Theoretical and methodological challenges in creating complex interventions in classroom settings. *Journal of the Learning Sciences, 2*(2), 141–178.

Brown, A. L., & Campione, J. C. (1994). Guided discovery in a community of learners. In K. McGilly (Ed.), *Classroom lessons: Integrating cognitive theory and classroom practice.* Cambridge, MA: MIT Press.

75

Brown, B. A., Reveles, J. M., & Kelly, G. J. (2006). Scientific literacy and discursive identity: A theoretical framework for understanding science education. *Science Education, 89*, 779–802. doi: 10.1002/sce.20069

Carey, S. (1985). *Conceptual change in childhood.* Cambridge, MA: MIT Press.

Carr-Chellman, A. A, & Hoadley, C. M. (Eds.). (2004). Learning sciences and instructional design [Special issue]. *Educational Technology, 44*(3).

Chi, M. T. H., Glaser, R., & Farr, M. J. (1988). *The nature of expertise.* Hillsdale, NJ: L. Erlbaum Associates.

Chomsky, N. (1959). Review of B. F. Skinner, verbal behavior. *Language, 35,* 26–58.

Cognition and Technology Group at Vanderbilt. (1990). Anchored instruction and its relationship to situated cognition. *Educational Researcher, 19*(6), 2–10.

Cognition and Technology Group at Vanderbilt. (1992). The Jasper series as an example of anchored instruction: Theory, program description, and assessment data. *Educational Psychologist, 27,* 291–315.

Cole, M., & Means, B. (1981). *Comparative studies of how people think: an introduction.* Cambridge, MA: Harvard University Press.

Collins, A. (1992). Toward a design science of education. In E. Scanlon & T. O'Shea (Eds.), *New directions in educational technology* (pp. 15–22). New York: Springer-Verlag.

Collins, A., Brown, J. S., & Holum, A. (1991). Cognitive apprenticeship: Making thinking visible. *American Educator,* 6–11, 38–46.

Collins, A., Brown, J. S., & Newman, S. E. (1989). Cognitive apprenticeship: Teaching the crafts of reading, writing, and mathematics. In L. B. Resnick (Ed.), *Knowing, learning, and instruction: Essays in honor of Robert Glaser* (pp. 453–494). Hillsdale, NJ: Erlbaum.

Collins, A., & Halverson, R. (2009). *Rethinking education in the age of technology: The digital revolution and schooling in America.* New York: Teachers College Press.

Cronbach, L. J. (1975). Beyond the two disciplines of scientific psychology. *American Psychologist, 30*(2), 116–127.

Design-Based Research Collective. (2003). Design-based research: An emerging paradigm for educational inquiry. *Educational Researcher, 32*(1), 5–8, 35–37.

Dewey, J. (1896, Spring). [Original letter to the Trustees of the University of Chicago arguing for the creation of a Laboratory School].

Dewey, J. (1929). *The sources of a science of education.* New York: H. Liveright.

Dillenbourg, P. (2013). Design for classroom orchestration. *Computers & Education, 69,* 485–492. doi:10.1016/j.compedu.2013.04.013

Donovan, S. M., Bransford, J. D., & Pellegrino, J. W. (Eds). (1999). *How People Learn: Bridging Research and Practice.* National Research Council, Washington, DC.

Driver, R., Leach, J., Millar, R., & Scott, P. (1996). *Young people's images of science.* Philadelphia: Oxford University Press.

Gardner, H. (1985). *The mind's new science: A history of the cognitive revolution.* New York: Basic Books.

Gardner, H. (1993). *Frames of mind: The theory of multiple intelligences* (10th anniversary ed.). New York: BasicBooks.

Gentner, D., & Stevens, A. L. (1983). *Mental models.* Hillsdale, NJ: L. Erlbaum Associates.

Greeno, J. G., & The Middle School Mathematics Through Applications Project Group. (1998). The situativity of knowing, learning, and research. *American Psychologist, 53*(1), 5–26. doi: 10.1037/0003-066X.53.1.5

Hoadley, C. (2007). Theories and methods from learning sciences for e-learning. In R. Andrews & C. Haythornthwaite (Eds.), *Handbook of e-learning research* (pp. 139–156). Thousand Oaks, CA: SAGE Publications.

Kintsch, W. (1998). *Comprehension: A paradigm for cognition.* Cambridge, MA: MIT Press.

Kirshner, D., & Whitson, J. A. (1997). *Situated cognition: social, semiotic, and psychological perspectives.* Mahwah, NJ: Erlbaum.

Koedinger, K. R. (1998). Intelligent cognitive tutors as modelling tool and instructional model: Position paper for the NCTM Standards 2000 Technology Conference. Retrieved September 6, 2000, from http://www.carnegielearning.com/nctm2000.html

Kolodner, J. L. (1991). The Journal of the Learning Sciences: Effecting changes in education. *Journal of the Learning Sciences, 1*(1), 1–6.

Kozma, R. B., Russell, J., Jones, T., Marx, N., & Davis, J. (1996). The use of multiple, linked representations to facilitate science understanding. In S. Vosniadou, E. De Corte, R. Glaser, & H. Mandl (Eds.), *International perspectives on the design of technology-supported learning environments* (pp. 41–60). Mahwah, NJ: Lawrence Erlbaum Associates.

Lagemann, E. C. (2000). *An elusive science: The troubling history of education research.* Chicago: University of Chicago Press.

Lave, J. (1988). *Cognition in practice: Mind, mathematics, and culture in everyday life.* Cambridge, MA: Cambridge University Press.

Lave, J., & Wenger, E. (1991). *Situated learning: Legitimate peripheral participation.* New York: Cambridge University Press.

Lee, C. D. (2008). The centrality of culture to the scientific study of learning and development: How an ecological framework in education research facilitates civic responsibility. *Educational Researcher, 37*(5), 267–279. doi: 10.3102/0013189X08322683

Linn, M. C., & Hsi, S. (2000). *Computers, teachers, peers: Science learning partners.* Mahwah, NJ: Lawrence Erlbaum Associates.

Luehmann, A. L. (2007). Identity development as a lens for science teacher preparationb. *Science Education,* 822–839. doi: 10.1002/sce.20209

Mayer, R. (1993). Illustrations that instruct. In R. Glaser (Ed.), *Advances in instructional psychology* (Vol. 4, pp. 253–284). Hillsdale, NJ: Lawrence Erlbaum Associates.

McGarrigle, J., & Donaldson, M. (1974). Conservation accidents. *Cognition, 3*(4), 341–350.

Nasir, N. I. S. (2002). Identity, goals, and learning: Mathematics in cultural practice. *Mathematical Thinking & Learning, 4*(2/3), 213–248.

Nasir, N. I. S., & Cooks, J. (2009). Becoming a hurdler: How learning settings afford identities. *Anthropology & Education Quarterly, 40*(1), 41–61. doi:10.1111/

76

j.1548-1492.2009.01027.

Nasir, N. I. S., & Hand, V. (2008). From the court to the classroom: Opportunities for engagement, learning, and identity in basketball and classroom mathematics. *Journal of the Learning Sciences, 17*, 143–179. doi:10.1080/10508400801986082

National Research Council Committee on Learning Research and Educational Practice, Bransford, J., Pellegrino, J. W., & Donovan, S. (Eds.). (1999). *How people learn: Bridging research and practice*. Washington, DC: National Academy Press.

Newell, A. (1990). *Unified theories of cognition*. Cambridge, MA: Harvard University Press.

Palincsar, A. S., & Brown, A. L. (1984). Reciprocal teaching of comprehension-fostering and comprehension-monitoring activities. *Cognition and Instruction, 1*(2), 117–175.

Papert, S. (1980). *Mindstorms*. New York: Basic Books.

Pea, R. (1993). Practices of distributed intelligence and designs for education. In G. Salomon (Ed.), *Distributed cognitions: Psychological and educational considerations* (pp. 47–87). New York: Cambridge University Press.

Pea, R. D., Kurland, D. M., & Hawkins, J. (1985). LOGO and the development of thinking skills. In M. Chen & W. Paisley (Eds.), *Children and microcomputers: Research on the newest medium* (pp. 193–212); *Logo programming and the development of planning skills*. Thousand Oaks, CA: SAGE Publications.

Prieto, L. P., Wen, Y., Caballero, D., & Dillenbourg, P. (2014). Review of augmented paper systems in education: An orchestration perspective. *Journal of Educational Technology & Society, 17*(4), 169–185.

Renninger, K. A. (2009). Interest and identity development in instruction: An inductive model. *Educational Psychologist, 44*(2), 105–118. doi:10.1080/00461520902832392

Resnick, L. B. (1989). *Knowing, learning, and instruction: Essays in honor of Robert Glaser*. Hillsdale, NJ: Lawrence Erlbaum Associates.

Riesbeck, C. K., & Schank, R. C. (1989). *Inside case-based reasoning*. Hillsdale, NJ: L. Erlbaum.

Roschelle, J. (1992). Learning by collaborating: Convergent conceptual change. *Journal of the Learning Sciences, 2*(3), 235–276.

Roschelle, J., Dimitriadis, Y., & Hoppe, U. (2013). Classroom orchestration: Synthesis. *Computers and Education, 69*, 523–526. doi:10.1016/j.compedu.2013.04.010

Sawyer, R. K. (2006a). *The Cambridge handbook of the learning sciences*. Cambridge, MA: Cambridge University Press.

Sawyer, R. K. (2006b). Introduction: The new science of learning. In R. K. Sawyer (Ed.), *The Cambridge Handbook of the Learning Sciences* (pp. 1–16). Cambridge, MA: Cambridge University Press.

Schank, R. C., & Abelson, R. P. (1977). *Scripts, plans, goals, and understanding: An inquiry into human knowledge structures*. Hillsdale, NJ: L. Erlbaum Associates; New York: distributed by the Halsted Press Division of John Wiley and Sons.

Schoenfeld, A. H. (1983). Episodes and executive decisions in mathematics problem solving. In R. Lesh & M. Landau (Eds.), *Acquisition of mathematics concepts and processes* (pp. 345–395), New York: Academic Press.

Schoenfeld, A. H. (1991). On mathematics as sense-making: An informal attack on the unfortunate divorce of formal and informal mathematics. In J. F. Voss, D. N. Perkins, & J. W. Segal (Eds.), *Informal reasoning and education* (pp. 311–343). Hillsdale, NJ: Lawrence Erlbaum Associates.

Sfard, A., & Prusak, A. (2005). Telling identities: In search of an analytic tool for investigating learning as culturally shaped activity. *Educational Researcher, 34*(4), 14–22. doi:10.3102/0013189X034004014

Stokes, D. E. (1997). *Pasteur's quadrant: Basic science and technological innovation*. Washington, DC: Brookings Institution Press.

Tabak, I. (2004). Reconstructing context: Negotiating the tension between exogenous and endogenous educational design. *Educational Psychologist, 39*(4), 225–233.

Thorndike, E. (1910). The contribution of psychology to education. *Journal of Educational Psychology, 1*(1), 5–12.

Vosniadou, S. (2008). *International handbook of research on conceptual change*. New York: Routledge.

Vygotsky, L. S., & Cole, M. (1978). *Mind in society: The development of higher psychological processes*. Cambridge, MA: Harvard University Press.

Wood, D., Bruner, J. S., & Ross, G. (1976). The role of tutoring in problem solving. *Journal of Child Psychology and Psychiatry and Allied Disciplines, 17*(2), 89–100.

77

第九章　动机、意志力和绩效

约翰·M·凯勒　　佛罗里达州立大学
马库斯·戴曼　　哈根远程大学

阿什利(Ashley)是一名24岁的学生,正在攻读教育心理学硕士课程,目前　78
正是该课程的第一个学期。她修读的入门课程采用了混合模式,课程的开课期
在校园里开展,在学期中有一次不定期的集中学习,而大多数时候是独立学习。
她高兴地发现,这门课程利用了许多创新技术,如微博、电子档案袋、维基等。她
喜欢这些创新的教学方法和策略,而有一天,她无意中发现了一种更新的创新技
术。她发现自己无须付费便可以选择和注册一门大规模开放性在线课程
(MOOC)。她很激动,这样她就有机会修读一门符合自己个人兴趣的选修课并
体验另一种更加创新的课程传递方法,于是她注册了一门MOOC。由此可见,
此时她的学习动机很强,也能毫无问题地管理好自己的作业。然而,不久以后,
独立学习的作业(特别是MOOC的作业)变得越来越难,其他课程也需要更多的
精力,同时与硕士课程的新朋友交往也花去她更多的时间。结果,阿什利对这门
课程的学习动机不如一开始强了,进度也落后了。在课程截止时间快到的时候,
她依然存在动机问题,并且发现即使自己很想做好,也很难维持较高的努力程度
去出色地完成任务。

阿什利努力想让自己恢复较强的学习动机,避免学期中产生的干扰,专注于
工作,但这需要一种不同于动机的特殊形式的能量。这种能量叫意志力
(volition),它超出了动机的范围,以克服学习过程的困难和障碍为目的。对于
教学设计者来说,了解与这种"特殊形式的能量"相关的概念是很有意义的,因为
这些概念提供的详细知识可以补充有关动机过程的知识,可以说明如何维持个

人的毅力和行为表现。本章将概要阐述动机和意志力的原则,阐明如何把这些原则融入系统的动机设计过程,以及这些原则是如何应对所有学生在某个时候面临的动机和毅力方面的挑战的。

自从凯勒(Keller)(1979)的论文《动机和教学设计:一种理论视角》发表后,教学系统设计就越来越关注学习者的动机和动机设计过程。当然,有关动机的心理学文献是相当多的,但对于如何把动机原则融入设计过程却并没有进行充分的阐述。自1979年以后,由于沃德科夫斯基(Wlodkowski)(1999)、布罗菲(Brophy)(1998)等的工作,凯勒(1999,2008b,2010)的进一步研究,以及在促进或阻碍学习者坚持性(特别是远程教育中的坚持性,Deimann 和 Bastiaens,2010)之因素的动机设计调查中加入了意志力或自律等方面概念(Astleitner 和 Hunfnagl,2003;Deimann 和 Keller,2006;Kim 和 Keller,2008),人们对这个问题的兴趣持续增加。

尽管这方面的活动越来越多,但教学设计者仍然很难快速了解这些文献及其相关性。因此,我们提出了六个问题作为框架,以理解这方面的现状,动机、意志力和动机设计的特点,以及相关研究趋势。

1. 关于动机和意志,我需要知道什么? 既然我的兴趣焦点是教学设计和技术,我为何需要知道这些?

雇主抱怨教学设计和技术专业的毕业生精通于用各种著作软件和图形软件来设计计算机辅助教学和网络教学,但所设计的教学却很沉闷(如果不是令人厌烦的话),并且不太有效。要想制作出高质量的产品,教学设计者必须保证动机设计和教学设计的全部过程都具有充分的根据。这一点已经在一些教学设计教材(这些教材都用了一部分来谈论动机设计)中有所阐述(Dick,Carey 和 Carey,2015;Medsker 和 Holdsworth,2001;Smith 和 Ragan,2005)。

教学设计视角已发展为更宽泛的人类绩效技术(HPT)视角,这是必须培养动机设计能力的另一个原因。从人类绩效技术视角看,教学设计者必须能够理解和识别影响人类绩效的全部因素,其中必然包括动机。

2. 什么是动机(以及什么不是动机——它们的区别是什么)?

绩效开发领域的许多作者(Gilbert, 1978; Porter 和 Lawler, 1968; Rummler 和 Brache, 1990)区分了影响绩效的三类因素,分别是:能力、机会和动机(Keller, 2008b)。能力指的是个人的知识、技能和天资,它决定了一个人能做什么。机会指的是个人要完成一项任务所必需的资源和信息,包括清晰陈述的目标、可用的工具和设备、完成任务所需的充足的时间、工作指南等。最后,动机在其最广泛的意义上指的是个人追求目的或完成任务的愿望,表现为个人对目标的选择和为追求目标所付出的努力(坚持不懈加上活力)。

要设计有效的学习环境,或者要开发全面的绩效发展课程,教学设计者必须理解这三类因素,并根据这三类因素对努力、绩效和满意度的影响对它们进行整合(Keller, 1983a, 2008b, 2010)。其中动机因素特别重要,因为它涉及个人是否决定要承担某项任务或追求某个目标。没有行为的启动,其他一切都谈不上。

3. 与动机设计原则和过程有关的主要议题是什么?

动机研究中的议题

在动机概念的研究中普遍存在的三个议题是内在动机和外在动机、状态和特质、情感领域和认知领域。

内在动机和外在动机。当个人从事的任务除了这一活动本身所带来的乐趣之外没有明显的外部奖励,这时的动机就是内在动机(Deci, 1975)。相反,被外在动机激发的个体是为了获得与成功完成任务有关的外部奖励而从事任务的。自然,在一个特定情境中,两方面因素是混合在一起的,但是这两方面因素间也可能产生冲突,以至于外在奖励削弱了个体学习的内在动机(Deci, 1971; Lepper, Green 和 Nisbett, 1973; Lepper 和 Greene, 1978)。不过,如果对外在动机进行仔细规定,也可以用来建立学习者的内在动机(Kruglanski, Riter, Smitai, Margolin, Shabtai 和 Zaksh, 1975)。对反馈和强化的有效利用就必须考虑这些关系。

特质和状态。与其他心理特征一样,动机特征也可以根据特质和状态来界定（Brophy，1998；Keller，1983b；Rotto，1994）。状态是由情境化刺激或过程所引发的条件，而特质则是一种稳定的心理驱动力或动因。伯莱因（Berlyne）（1965）曾以好奇心为例指出，好奇心可以是一种特质，但也具有状态特征——在稳定的特质层面上，人与人之间的好奇程度是不一样的，但是有些情境比其他情境更容易唤起状态性的好奇。罗托（Rotto）（1994）对内在动机和其他动机变量也做过同样的阐述。

情感领域和认知领域。有些理论家认为动机属于情感领域，把动机因素称为"非认知"变量（Messick，1979）。情感领域确实包含了作为动机重要组成部分的情绪（Astleitner，2001）。但是，动机也具有认知的成分。例如，动机的归因理论（Rotter，1966；Weiner，1974）就主要是认知理论。这些理论聚焦于人们解释行为结果的原因以及人们所感知到的价值，认为这些才是人们追逐其目标的主要影响因素。

意志力研究中的议题。意志力是人类行为研究中一个具有悠久历史的变量，对它的研究可以追溯到科学心理学的发端时期（James，1980）。它意在解释各种具有目标导向过程的现象，如坚持不懈。意志力的最终目的是帮助人们坚持完成任务并克服困难。就这一点而言，可以把意志力理解为几个相互关联的促进目标行为的控制过程（Kuhl，1984）。其中之一是注意控制或选择性注意，它保护当前目的不受其他相互抵触的刺激的影响。为了阐述这一机制，我们再次以阿什利为例，她必须在周末前完成其 MOOC 作业，否则就会彻底落在后面，尤其是在她的校园课程都已快到截止日期的情况下。登录 MOOC 后，她开始想了一会儿，被有趣的主题所吸引。然而不久以后，她突然想到了她最好的朋友即将举行的生日聚会。阿什利曾答应给朋友帮忙，因为这将是一件大事，参加聚会的很多人她已经有一阵子没有见过了。这就使她对于两个高度重视的目标产生了心理斗争：是圆满地完成作业还是花时间准备生日聚会。这正是意志力发挥作用的时候，通过把注意力集中在任务相关的问题上，无视不相关的想法，以帮助人们克服这类冲突。

意志力研究中的另一个重要特征涉及自我损耗效应（Muraven 和 Baumeister，2000）。经验数据表明，运用意志力控制就像运用肌肉一样，在一段有限的时间内，它可以发挥巨大的力量，然后会变得疲劳，需要休息才能重新集聚力量。因此,不应该长时间运用意志力行动。其实际使用程度取决于个体差异;也就是说,并不存在诸如"意志力肌肉一天只能工作三小时"之类的一般性规范。教学设计者在设计学习材料和学习环境时必须将分心因素控制在最低限度,以降低意志力行动的负荷。这类似于在学习材料设计中避免不必要的复杂性或模糊性,以便将外在认知负荷或非任务导向的认知负荷降到最低(Pass,Tuovinen,Tabbers 和 vanGerven,2003)。

总之,在有关动机和意志力的许多文献都讨论了以上议题,但它们尚不能为动机设计提供充分的基础。要建立动机设计的系统化方法需要满足两个主要要求:第一是要理解人类动机和意志力的主要因素;第二是要采用一种有助于诊断学习者的动机要求并描述适当动机策略的设计过程。本章后面两部分将简要介绍动机和意志力的主要概念与理论,并概述动机的设计方法。

4. 动机和意志力的主要概念和原理是什么,特别是那些我需要知道的有用的概念和原理是什么?

在理解动机和意志力时,有许多人类特征必须加以考虑,但通过直接阅读文献来理解所有这些特征是极具挑战性的。有一些学者所做的综述(Keller,1983b;Keller 和 Burkman,1993;Wlodkowski,1999)以及当代一些教材(Brophy,1998;Pintrich 和 Schunk,2002;Weiner,1992)中的综述会很有帮助,但即使如此,你还是得面对许多的概念、理论和研究。

不过,凯勒(2008a)综合了有关动机和意志力的理论构想,提出了一套动机"首要原理"。其中的前四条原理,凯勒早在 1979 年就已经提出了(Keller,1979),并在 1983 年(Keller,1983b)进行了详细阐述,不过那时候并没有把它们称为"首要原理",也没有按目前的方式(Keller,2008a)将它们说成是需要了解的基本动机原理。目前的表述共有五条原理,每条原理都有一些基本动机和意志力概念作为其理论基础。这五条原理是:

(1) 当学习者由于知觉到当前知识的差距而唤起好奇心时,学习动机就得到提升。

一般而言,好奇心是由不确定性唤起的,或是由于想要缩小所知觉到的由未回答的问题或未解决的冲突等引起的自身知识差距而被唤起。在这方面最著名的一个研究者是伯莱因,他对知觉性好奇心和认识性好奇心进行了区分(Berlyne,1965)。知觉性好奇心的特征是对于非预期和侵入性刺激(如很大的噪音或进入视线范围内的非预期移动)的反射性反应,一旦该刺激的原因被发现并被确认没有危险,知觉性好奇心也就消除了。认识性好奇心是一种获取知识的愿望,以解释自己理解上存在差距的原因或者为什么某事会以这种方式发生(如,我的汽车引擎为什么有噪音?爱因斯坦的 $E=mc^2$ 是什么意思?或者,我可以用什么技巧来记忆那些可能会考到的地理位置?)

要理解好奇心还必须理解无聊的动力机制(Geiwitz,1966;Vodanovich,2003)。无聊不一定是好奇心的对立面;无聊源于环境中充满了相同的、毫无变化的刺激。例如,教师在一间温暖的教室里用柔和平淡的语气讲课,很可能学生对主题是有好奇心的,但因为传递方法太沉闷,就使人免不了昏昏欲睡。人们对兴奋和刺激的需求是不一样的(Zuckerman,1979):那些感觉寻求(sensation seeking)需求水平高的人更容易感到无聊,要让他们维持对学习过程的参与就需要频繁变换主题、教学策略或媒体。

(2)当知觉到要学习的知识与自己的目的有关联时,学习动机得以提升。

目的有许多类型。目的可以是具体而特定的,如在某门课程中获得 A,在一家会计师事务所找到一份工作,或者,用不到 11 个小时的时间开车从塔拉哈西(Tallahassee)到休斯顿(Houston)。目的也可以是非特定甚至是情绪性的,比如想要有良好的自我感觉,有机会与他人进行友好互动,成功地参与具有挑战性的活动。所有这些目的都可以成为学生产生关联感的源泉。这一点与一个人们经常相信的假设形成了对比,该假设认为,只有被认为有用的教学才能让学生感到教学的关联性。对学习任务的有用性或"真实性"的感知可促成关联性,但它们并非唯一重要的组成部分。

通过创设有意义的挑战(特别是对于那些具有高度成就需要的人),并在一定程度上让他们自行设定目标和控制实现目标的手段,同样能够实现关联性(Alschuler,Tabor 和 McIntyre,1971;McClelland,1984)。一个相关的因素是兴趣这个更加概括性的概念。正如杜威所说,努力本身有可能引发成就,但除非具有高度的兴趣,否则努力不能引发有动机的目标追求(Dewey,1913),而兴趣在杜威的概念体系中是一种内在动机。其他有助于产生关联感的因素是能增进个人胜任感的活动(White,1959)。

(3) 当学习者相信他们能成功掌握学习任务时,学习动机得以提升。

与建立能掌握学习任务的信心相关的一个核心概念是控制。相信自己能控制情境的信念或确实控制了情境的事实是这一范畴中许多心理学构想[如控制点(Rotter,1966)和归因理论(Weiner,1974)]的基础。这些概念指的是人们相信自己的成就源于自身能力和努力而非运气或其他不可控因素的程度。另一个相关的概念是自我效能感(Bandura,1997),即个人在多大程度上能计划和实施可成功实现目标的行为。

如果个人对成功不抱积极的期望或者不能避免自己无法控制的失败和灾难,他们就会产生无助感。这种情况被称为习得性无助(Seligman,1975),指的是哪怕只要足够努力就有可能成功,人们也完全相信自己不能成功完成某项任务。通过运用一些策略,帮助学生把行为结果归因于自己的能力和技能而不是运气或不可控因素,习得性无助是可以被克服的(Dweck,2006)。

(4) 当学习者预期并体验到满意的学习结果时,学习动机得以提升。

取得成就时感觉良好,不成功时也不会感觉特别糟糕,这是由多个外在和内在因素作用的结果。外在因素包括运用强化事件来奖赏成就。行为管理策略(Gardner,Sainato,Cooper,Heron,Heward 和 eshleman,1994)由来已久,其基础是根据操作条件作用原理系统地使用奖励和惩罚(Beck,1990)。外部强化有时会削弱内部兴趣(Condry,1977;Deci 和 Porac,1978;Lepper 和 Greene,1975),其主要原因可能在于,运用强化事件来管理他人的行为往往将控制权交到绩效管理者的手中,而使个人失去了个人控制权(deCharms,1968;Harlow,1953;Hunt 和 Sullivan,1974;White,1959)。因此,要维持学习动机,最好是采用信息性的反馈而不是控制性的反馈。换句话说,通过运用祝贺性评语并伴以对成功的内在归因来强化学生成功完成极具挑战性任务的行为,有助于维持内在满意感(Brophy,1981)。

(5) 当学习者运用意志力(自我管理)策略来守护其目的时,学习动机得以提升和维持。

从学习者设定目标到实现目标之间总是一条直接而不间断的路线,这种说法是值得怀疑的。相反,学生追逐着多个目标而不只是一个目标,这些目标不只指向学习,还指向其他许多积极的经验。于是,不同目标之间以复杂的方式相互作用,而且随时间的推移而变化。例如,一类需要优先考虑的目标是与成长有关的目标(如加深自己的知识基础);另一类需要优先考虑的目标是与维持情绪健康有关的目标(如看起来很聪明,保护自我)。在这些目标发生冲突的情况下,意志力策略就可以帮助学生区分这些目标的优先程度,避免被那些在某个特定时刻不那么重要的目标分心(Kuhl 和 Kraska,1989)。不过,这需要学生具有运用意志力策略的能力。

若要在教育情境中运用意志力策略和概念,有三个基本步骤似乎很有用。第一步是对一个人的动机和意志力特征进行全面评估。第二步是进行干预并仔细检查学习者的动机和意志力情况。第三步即最后一步是评估干预方案(参见Deimann 和 Bastiaens,2009;Kuhl 和 Fuhrmann,1998;Kuhl,Kazen 和 Koole,2006;McCann 和 Turner,2004),可以通过比较干预前后动机和意志力的作用,以相对直接的方式进行。

有大量研究都报道过运用意志力策略的积极效果。宾特里奇(Pintrich)和申克(Schunk)(2002)强调意志力对大学生的重要性,这些大学生,"当你和他们交谈时,他们很有动力,也愿意做好,但是由于他们在大学生活里所面临的各种内外干扰,往往很难实现自己的意图"(p.126f)。同样地,沃尔特斯(Wolters)(2003)强调意志力能很好地解释学生如何管理各种可能干扰他们及时完成学业的因素或其他问题。就这点而言,显而易见的是,关于动机的信念(如任务的价值、学习目标定向)可以用来解释意志力管理策略(如环境控制、兴趣提升)(Wolters 和 Rosenthal,2000)。

本章的第二个目的是要突出动机和意志力的区别。虽然两者都涉及相同的以促进目标导向行为为目的的总体原则,但它们的区别也是值得关注的,特别是对于教学设计的启示方面的差别。

5. 在教学设计和人类绩效技术情境中如何应用有关动机和意志力的知识?

构建可应用的动机模式并不是新的事物,但是其重点却发生了改变。早期的动机设计模式多集中于某个具体动机特征,如成就动机,而近来的模式则试图将各个相关概念纳入一种整体方法。

为此,需要评估学习者的动机特征,然后设计出与学生的动机要求相匹配的学习环境。这意味着我们必须全盘考虑动机而不是局限于某一个或两个特定的动机特征。

目前已发表了两个整体动机设计模式:一个是沃德科夫斯基(1999)的时间连续统模式,一个是凯勒的 ARCS 模式(Keller,1984)。沃德科夫斯基的模式包含动机策略的类别,并规定在一个教学事件中何时应用这些策略。至于用多少策略或具体用哪些策略等问题则留待教师去判断。

ARCS 模式也包含各类动机策略,但它还包含一个系统的设计过程,通过这一过程对受众的动机进行分析以确定需要采用的策略数量和类型。

完整应用 ARCS 设计过程,包括从分析到设计、开发,直至评价的十个步骤(Keller,1987,1999,2010),并且它与课时计划和教学设计过程结合得很好。该过程从收集所需增强的课或课程、教师(如果是教师主导的课程)和学生的信息开始,然后分析受众和当前可用的课程材料。根据这些信息,设计者或教师便可撰写动机目标,选择或创造动机策略,然后再开发和测试动机策略(Keller,2010)。

两个模式的相似之处在于它们都更多关注动机的生成,而较少关注如何坚持不懈地完成学习过程。ARCS 模式中对学生支持有所研究,以帮助学生在面临强烈干扰的情况下维持努力状态(Visser 和 Keller,1990),但并没有涉及如何系统管理学习过程中可能出现的动机波动。例如,我们在篇首提到的学生阿什利可能意识到即将要做的作业所需花费的时间和努力超出了她最初的预想。这就让她产生了冲突和压力,她开始怀疑自己是否能够完成这项任务。结果,她的动机减弱了,在继续坚持努力这个问题上也产生了困难。在努力专心学习时这种情况并不太少见,尤其是在像 MOOCs 这样要求高度自律的情况下更是如此。

动机设计模式往往没有充分考虑这些情况。因此,把意志力概念结合进动机设计是有益的,这样才能有一个更全面的框架来有效地解释典型的动机问题(Deimann,2007;Keller,2008b)。戴曼(Deimann)(2007)方法的主要方面是包括了一个用来评估意志力的工具，以及一些可以根据个人档案和学习环境条件加以利用的意志力策略。

6. 动机和意志力研究及其在学习环境设计中应用的趋势和未来方向是什么？

从各大刊物上发表的有关动机和意志力等主题的论文数量不断增长的趋势来看，关于动机和意志力的研究和开发是一个广泛的、似乎越来越引起人们研究兴趣的领域。然而，有几个趋势跟教学设计和技术领域特别相关。

第一，网络教学、计算机辅助教学和远程学习中对动机的兴趣和研究将持续增加。在绝大多数远程学习情境中，未完成率高得令人难以接受，造成这一状况的主要原因通常被认为是学习者的动机问题；不过，相关的正式研究的数量虽然有所增加，但还相当少（Visser，1998）。关于计算机辅助教学，桑（Song）（1998）以艾斯特莱特纳（Astleitner）和凯勒（1995）等人的工作为基础，展示了如何制作出动机自适应的计算机辅助教学。他在课中嵌入一个动机自检表，计算机根据学习者的反应确定在随后的课中所使用的动机策略的数量和种类。

第二，自本书上一版出版以来所出现的一个最突出的趋势同重要性与日俱增的 MOOCs 有关，MOOCs 面临着许多动机挑战。MOOCs 是大规模开放教育运动的一种形式，它提供开放免费的课程访问，采用学习者主导的方法，即学习者可以决定在何处、何时学习以及想学习多长时间（这也是从前的数字化学习的特征，但从前的数字化学习还要提供某种形式的指导）。相反，MOOCs 假设学习者都是理想的具有高度自我激励的学习者，因此很少采取措施帮助学习者解决动机问题。由此，其辍学率高达 90%～95%（Haber，2013）并引起一场激烈的论战也就不足为奇了。尽管有一种有趣的论点认为 MOOCs 是一个自我驱动的概念——学习者对自己的成功负责，没有完成全部内容和作业并不构成失败——但还是应该更多地关注动机问题。绝大多数 MOOCs 是建立在霍桑效应基础上的，霍桑效应假设学习者会因为自己正在参与一个创新事件这一事实而受到激励。但是，就像每一项创新一样，学习者总会逐渐习惯它，这时就会暴露出动机设计不足的问题。阿什利是幸运的,她的 MOOC 教授和助教实施了一种创新的动机管理系统,纳入了本章前面部分提到的一些策略。她及时收到了支持信息,强化了她的目的并帮助她重回正轨。

第三,人们对于混合学习环境的设计依然很感兴趣,而混合学习环境有其自身的动机挑战,特别是对于那些注册人数很多的课程。已经采用的一个办法是,在课程的在线部分中通过电子邮件发送动机信息来为学生提供动机和意志力支持(Keller,Deimann 和 Liu,2005;Kim 和 Keller,2005)。

结论

即使随便把今天的教学设计和教育心理学文献同 15 年前的有关文献比较一下,你就会发现,对于学习和绩效的动机与意志力(或自律)因素的关注有了极大的增长。就像关于人类学习和绩效研究的其他任何领域一样,还有很多东西需要了解,但也有很多东西已经被了解。过去,动机一般被认为是难以捉摸和易变的,因此不能被包含在一个解释性和规定性的总体理论或模式中;然而,正如此处所示,我们可以建立一种有效而系统的方法来理解和影响学习者的动机和坚持性,这将极大地促进更大的学习环境设计和人类绩效开发。

的确,教学设计领域可以得益于当前的动机和意志力的研究与实践。既然引发学习的原因永远不可能是一门具有简单易行之指南的精确的科学,那么把动机技术结合进去对于获取最佳的学习来说就是很有必要的。如前所述,动机是嵌在个人经验和期望之中的一种内部结构。教学设计者不仅必须完全了解全部可用的动机方法和模式,还必须知道如何把它们整合进各种教学情境中。如果没有把动机和意志力策略系统地整合进去,那么即使是最精确的内容、最相关的活动和最认真的准备,都可能是无效的。

要点总结

1. 在下列情况下,学习动机可得到提升:

- 由于知觉到当前知识的差距而唤起好奇心。

- 认为要学习的知识与个人目标具有有意义的联系。

- 学习者相信自己能够成功完成学习任务。

- 对于学习任务，学习者能预期并体验到满意的学习结果。

2. **当学习者应用意志力（自律）策略来保护其学习意图时，学习动机将得到保护和维持。**

3. **教学设计者和教师可以通过系统的设计过程，以积极的方式影响动机和意志力。**

应用问题

1. 你看到一间教室里的学生都面带微笑、十分开心，教师也很愉快。你走进隔壁教室，看到学习者脸上表情严肃，手里拿着铅笔伏在课桌上。你会不会认为第一间教室里的学习者具有积极的学习动机，而第二间教室里的学习者没有积极的学习动机？除了这里提到的指标（证据）外，你还会寻找哪些指标（证据）？有哪些证据可以证明某间教室里的动机水平更高或两间教室里的动机水平都很高？投入概念和娱乐概念如何适用于这里的情况？

2. 深入研究沃德科夫斯基的时间连续统动机模式，描述两到三个能用该模式提供有益指导的情景。如果要为某一给定情景准备一份动机策略列表，那么与沃德科夫斯基的时间连续统模式相比，ARCS 模式的决策过程有什么不同？

提示：基于 ARCS 模式，确定适合的动机策略的过程是怎样的？

3. 阿什利很高兴被本州的大学执业护士课程录取。她很激动，因为多年来她一直在坚持这个目标。她的目的是顺利完成课程，此外，她还希望进入全班前5％的行列。她以飓风般的强度开始了这学期的学习，在各方面都取得了优异成绩，还赢得了老师们的钦佩。学期中间，在一次与朋友们的临时比赛中，一位朋友目睹了她出色的球技，于是邀请她加入女子排球队。她几乎马上就加入了校队，并发现比赛和参观其他学校的比赛非常令人兴奋和满意。这一新目标对她原来的执业护士课程的目标可能会产生什么影响？为了保护她原来的目标，她可以怎么做？请用本章的主要概念来形成你的答案。

4. 以"arcsmodel"和"arcs model"为关键词在网上进行搜索。对于两个词组成的关键词一定要用引号（"arcs model"）。找两个描述 ARCS 模式的帖子、一个 ARCS 模式的教学设计应用，或者一个吸收了 ARCS 模式的研究项目。根据它们纳入 ARCS 模式的关键要素的完整性和准确性对它们进行描述和评论。

参考文献

Alschuler, A. S., Tabor, D., & McIntyre, J. (1971). *Teaching achievement motivation: Theory and practice in psychological education.* Middletown, CT: Education Ventures, Inc.

Astleitner, H. (2001). Designing emotionally sound instruction—An empirical validitation of the FEASP-approach. *Journal of Instructional Psychology*, 28.

Astleitner, H., & Hufnagl, M. (2003). The effects of situation-outcome-expectancies and of ARCS-strategies on self-regulated learning with web-lectures. *Journal of Educational Multimedia and Hypermedia, 12*(4), 361–376.

Astleitner, H., & Keller, J. M. (1995). A model for motivationally adaptive computer-assisted instruction. *Journal of Research on Computing in Education, 27*(3), 270–280.

Bandura, A. (1997). *Self-efficacy. The exercise of control.* New York: Freeman.

Beck, R. C. (1990). *Motivation: Theories and principles* (3rd ed.). Englewood Cliffs, NJ: Prentice-Hall.

Berlyne, D. E. (1965). Motivational problems raised by exploratory and epistemic behavior. In S. Koch (Ed.), *Psychology: A study of a science* (Vol. 5). New York: McGraw-Hill.

Brophy, J. E. (1981). Teacher praise: A functional analysis. *Review of Educational Research, 51*, 5–32.

Brophy, J. E. (1998). *Motivating students to learn.* New York: McGraw-Hill.

Condry, J. (1977). Enemies of exploration: Self-initiated versus other-initiated learning. *Journal of Personality and Social Psychology, 35*, 459–477.

deCharms, R. (1968). *Personal causation.* New York: Academic Press.

Deci, E. L. (1971). The effects of externally mediated rewards on intrinsic motivation. *Journal of Personality and Social Psychology, 18*, 105–115.

Deci, E. L. (1975). *Intrinsic motivation.* New York: Plenum Press.

Deci, E. L., & Porac, J. (1978). Cognitive evaluation theory and the study of human motivation. In M. R. Lepper & D. Green (Eds.), *The hidden costs of reward.* Hillsdale, NJ: Lawrence Erlbaum Associates.

Deimann, M. (2007). *Entwicklung und erprobung eines volitionalen designmodells [Development and examination of a volitional design model].* Berlin: Logos.

Deimann, M., & Bastiaens, T. (2009, April 13–17). *The role of volition in distance education: An exploration of its capacities.* Paper presented at the AERA Annual Meeting: "Disciplined Inquiry: Education Research in the Circle of Knowledge," San Diego, CA, USA.

Deimann, M., & Bastiaens, T. (2010). The role of volition in distance education: An exploration of its capacities. *International Review of Research in Open and Distance Learning, 11*(1), 1–16.

Deimann, M., & Keller, J. M. (2006). Volitional aspects of multimedia learning. *Journal of Educational Multimedia and Hypermedia, 15*(2), 137–158.

Dewey, J. (1913). *Interest and effort in education.* Boston: Houghton Mifflin Co.

Dick, W., Carey, L., & Carey, J. O. (2015). *The systematic design of instruction* (8th ed.). Boston: Pearson.

Dweck, C. S. (2006). *Mindset.* New York: Random House.

Gardner, R., Sainato, D. M., Cooper, J. O., Heron, T. E., Heward, W. L., Eshleman, J. W., et al. (Eds.). (1994). *Behavior analysis in education: Focus on measurably superior instruction.* Pacific Grove, CA: Brooks/Cole Publishing Company.

Geiwitz, J. P. (1966). Structure of boredom. *Journal of Personality and Social Psychology, 3*(5), 592–600.

Gilbert, T. F. (1978). *Human competence: Engineering worthy performance.* New York: McGraw-Hill.

Haber, J. (2013, November 25). MOOC attrition rates—running the numbers. Retrieved from http://www.huffingtonpost.com/jonathan-haber/mooc-attrition-rates-runn_b_4325299.html

Harlow, H. F. (1953). *Motivation as a factor in the acquisition of new responses.* Lincoln, NE: University of Nebraska Press.

Hunt, D. E., & Sullivan, E. V. (1974). *Between psychology and education.* Hinsdale, IL: Dryden.

James, W. (1890). *The principles of psychology* (Vol. 2). New York: Henry Holt.

Keller, J. M. (1979). Motivation and instructional design: A theoretical perspective. *Journal of Instructional Development, 2*(4), 26–34.

Keller, J. M. (1983a). Investigation of the effectiveness of a learned helplessness alleviation strategy for low aptitude learners. In G. Zeeuw, W. Hofstee, & J. Yastenhouw (Eds.), *Funderend onderzoek van het onderwijs en onderwijsleerprocessen* (pp. 191–202). Lisse, The Netherlands: Swets & Zeitlinger B.V.

Keller, J. M. (1983b). Motivational design of instruction. In C. M. Reigeluth (Ed.), *Instructional design theories and models: An overview of their current status.* Hillsdale, NJ: Lawrence Erlbaum Associates.

Keller, J. M. (1984). The use of the ARCS model of motivation in teacher training. In K. S. A. J. Trott (Ed.), *Aspects of educational technology* (Vol. XVII). London: Kogan Page.

Keller, J. M. (1987). The systematic process of motivational design. *Performance & Instruction, 26*(9), 1–8.

Keller, J. M. (1999). Motivation in cyber learning environments. *Educational Technology International, 1*(1), 7–30.

Keller, J. M. (2008a). First principles of motivation to learn and e3-learning. *Distance Education, 29*(2), 175–185.

Keller, J. M. (2008b). An integrative theory of motivation, volition, and performance. *Technology, Instruction, Cognition, and Learning, 6*(2), 79–104.

Keller, J. M. (2010). *Motivational design for learning and performance: The ARCS model approach.* New York: Springer.

Keller, J. M., & Burkman, E. (1993). Motivation principles. In M. Fleming & W. H. Levie (Eds.), *Instructional message design: Principles from the behavioral and cognitive sciences.* Englewood Cliffs, NJ: Educational Technology Press.

Keller, J. M., Deimann, M., & Liu, Z. (2005). Effects of integrated motivational and volitional tactics on study habits, attitudes, and performance. In *Proceedings of the Annual Meeting of the Association for Educational Communications and Technology.* Orlando, Florida.

Kim, C. M., & Keller, J. M. (2005). Using motivational and volitional messages to promote undergraduate students' motivation, study habits and achievement. In *Proceedings of the Annual Meeting of the Association for Educational Communications and Technology.* Orlando, Florida.

Kim, C. M., & Keller, J. M. (2008). Effects of motivational and volitional email messages (MVEM) with personal messages on undergraduate students' motivation, study habits and achievement. *British Journal of Educational Technology, 39*(1), 36–51.

Kruglanski, A. W., Riter, A., Amitai, A., Margolin, B., Shabtai, L., & Zaksh, D. (1975). Can money enhance intrinsic motivation?: A test of the content-consequence hypothesis. *Journal of Personality and Social Psychology, 31,* 744–750.

Kuhl, J. (1984). Volitional aspects of achievement motivation and learned helplessness: Toward a comprehensive theory of action control. In B. A. Maher & W. B. Maher (Eds.), *Progress in experimental personality research* (pp. 101–171). Orlando: Academic Press.

Kuhl, J., & Fuhrmann, A. (1998). Decomposing self-regulation and self-control: The volitional components inventory. In J. Heckhausen & C. S. Dweck (Eds.), *Motivation and self-regulation across the life span* (pp. 15–49). Cambridge, MA: Cambridge University Press.

Kuhl, J., Kazen, M., & Koole, S. L. (2006). Putting self-regulation theory into practice: A user's manual. *Applied Psychology: An International Review, 55*(3), 408–418.

Kuhl, J., & Kraska, K. (1989). Self-regulation and metamo-tivation: Computational mechanism, development and

assessment. In R. Kanfer, P. L. Ackermann, & R. Cudeck (Eds.), *Abilities, motivation and methodology. The Minnesota Symposium on Learning and Individual Differences* (pp. 343–374). Hillsdale, NJ: Erlbaum.

Lepper, M. R., & Greene, D. (1975). Turning play into work: Effects of adult surveillance and extrinsic rewards on children's intrinsic motivation. *Journal of Personality and Social Psychology, 31,* 479–486.

Lepper, M. R., & Greene, D. (1978). *The hidden costs of reward: New perspectives on the psychology of human motivation.* Hillsdale, NJ: Lawrence Erlbaum Associates.

Lepper, M. R., Green, D., & Nisbett, R. E. (1973). Undermining children's intrinsic interest with extrinsic rewards: A test of the overjustification hypothesis. *Journal of Personality and Social Psychology, 28,* 129–137.

McCann, E. J., & Turner, J. E. (2004). Increasing student learning through volitional control. *Teachers College Record, 106*(9), 1695–1714.

McClelland, D. C. (1984). *Motives, personality, and society: Selected papers.* New York: Praeger.

Medsker, K. L., & Holdsworth, K. M. (Eds.). (2001). *Models and strategies for training design.* Silver Spring, MD: International Society for Performance Improvement.

Messick, S. (1979). Potential uses of noncognitive measurement in education. *Journal of Educational Psychology, 71,* 281–292.

Muraven, M., & Baumeister, R. F. (2000). Self-regulation and depletion of limited resources: Does self-control resemble a muscle? *Psychological Bulletin, 126*(2), 247–259.

Pass, F., Tuovinen, J. E., Tabbers, H., & vanGerven, P. W. M. (2003). Cognitive load measurement as a means to advance cognitive load theory. *Educational Psychologist, 38*(1), 63–71.

Pintrich, P. R., & Schunk, D. H. (2002). *Motivation in education. Theory, research, and applications* (2nd ed.). Upper Saddle River, NJ: Merrill Prentice Hall.

Porter, L. W., & Lawler, E. E. (1968). *Managerial attitudes and performance.* Homewood, IL: Richard D. Irwin.

Rotter, J. B. (1966). Generalized expectancies for internal versus external control of reinforcement. *Psychological Monographs, 80*(1, Whole No. 609).

Rotto, L. I. (1994). Curiosity, motivation, and "flow" in computer-based instruction. In M. R. Simonson (Ed.), *Proceedings of selected research and development presentations at the 1994 National Convention of Association for Educational Communication & Technology* (ERIC Document Reproduction Service No. ED373 774).

Rummler, G. A., & Brache, A. P. (1990). *Improving performance: How to manage the white space on the organization chart.* San Francisco: Jossey-Bass.

Seligman, M. E. (1975). *Helplessness.* San Francisco: Freeman.

Smith, P. L., & Ragan, T. J. (2005). *Instructional design* (3rd ed.). San Francisco: Jossey-Bass.

Song, S. H. (1998). The effects of motivationally adaptive computer-assisted instruction developed through the arcs model. Unpublished doctoral dissertation, Florida State University, Tallahassee.

Visser, J., & Keller, J. M. (1990). The clinical use of motivational messages: An inquiry into the validity of the ARCS model of motivational design. *Instructional Science, 19,* 467–500.

85

86

Visser, L. (1998). The development of motivational communication in distance education support. Unpublished doctoral dissertation, Educational Technology Department, The University of Twente, The Netherlands.

Vodanovich, S. J. (2003). Psychometric measures of boredom: A review of the literature. *The Journal of Psychology, 137*(6), 569–595.

Weiner, B. (1992). *Human motivation*. Newbury Park, CA: Sage Publications.

Weiner, B. (Ed.). (1974). *Achievement motivation and attribution theory*. Morristown, NJ: General Learning Press.

White, R. W. (1959). Motivation reconsidered: The concept of competence. *Psychological Review, 66*(5), 297–333.

Wlodkowski, R. J. (1999). *Enhancing adult motivation to learn* (Revised edition). San Francisco: Jossey-Bass.

Wolters, C.A. (2003). Regulation of motivation: Evaluating an underemphasized aspect of self-regulated learning. *Educational Psychologist, 38*(4), 189–205.

Wolters, C. A., & Rosenthal, H. (2000). The relation between students' motivational beliefs and their use of motivational regulation strategies. *International Journal of Educational Research, 33*, 801–820.

Zuckerman, M. (1979). *Sensation seeking: Beyond the optimal level of arousal*. Hillsdale, NJ: Erlbaum.

第四部分

教学方案和项目的评价与管理

第十章 教学设计中的评价：主要评价 模式的对比

R·伯克·约翰逊

安吉丽娅·L·本道夫　　南阿拉巴马大学

教学设计的一个基本组成部分是评价。本章旨在描述几个最有影响和最有　87
用的评价模式。

1967年,迈克尔·斯克里文创造了形成性评价和总结性评价等术语。这些
概念至今仍在使用。下面是斯克里文(1991)对形成性评价和总结性评价的
定义。

> 形成性评价是以改进为目的而设计和开展的评价,通常委派或由能做
> 出改进的人来进行,并交付给能够做出改进的人。其余的评价叫总结性评
> 价:在评价目的方面,它是为观察人员或决策者(非开发者)进行的评价,或
> 者由观察人员或决策者进行的评价,这些人因为开发以外的原因而需要了
> 解评价结论。(p. 20)

早期教学设计模式中描述的评价过程包含两个关键特征。第一,测试应聚
焦于陈述好的教学目标,这被称为标准参照测验(或目标参照测验)。其主要论
点是:用于系统化设计教学的评估工具应当聚焦于告知学习者要学习的技能。
测验的目的不是为了给学习者排序以评定等级,而是为了确定每个教学目标的
掌握程度。评估的形式可以是多项选择、短文或产品开发等,但任何形式的评估
都应当要求学习者表现出教学目标所描述的技能。

第二个特征是把学习者作为教学决策的主要数据来源。虽然主题专家(SMEs)通常是教学设计团队的成员,但他们不可能总是准确地预测哪些教学策略会有效。教学设计中的形成性评价应当包括学科专家的评议和编辑的评议,但是主要的信息来源还应该是学习者。形成性评价的重点在于学习者根据教学进行学习的能力以及学习者乐意学习的程度。

定义评价

首先,我们要提出一个正式的关于评价的定义。由于斯克里文在评价领域的知名度,我们将采用他提出的一个广为流传的定义(Scriven,1991,p. 139):"评价是确定事物的优点、价值和重要性的过程,评价结果就是由此过程所获得的成果。"斯克里文以优点(merit)一词来表示"被评价对象的内在价值",以价值(worth)一词来表示被评价对象的市场价值或者它对各有关利益方、组织或其他集体所具有的价值,以重要性(value)一词来表示评价总是涉及做出价值判断。斯克里文认为形成性评价和总结性评价都需要进行价值判断。

斯克里文还提出了一个由四个步骤组成的"评价的逻辑"。第一步,选择关于优点和价值的标准。第二步,为标准设定具体的行为标准(即所要求的行为水平)。第三步,收集行为数据,将观察到的行为水平与行为标准要求的行为水平进行对照。第四步,做出评价性(即评判价值)判断。简言之,评价就是确定关于优点和价值的标准,设定行为标准,收集数据,做出价值判断。

88　主要评价模式

许多评价模式都形成于20世纪70和80年代,对设计者如何运用评价过程产生了深远的影响。这些模式已被用于那些包含大量开发工作、多重组织和代理机构以及多种教学传递形式的项目。这些项目往往有大量的预算和众多工作人员,通常集中在大学里,并且具有多个需要经过一段时间才能实现的目标。例如,旨在改革教师教育的教师队伍项目(teacher corps projects),试图重新定义儿童应学习哪些数学知识及如何学习的数学项目。这些项目多采用"新"评价模式。或许那个时代最有影响的模式是由斯塔弗尔比姆（stufflebeam）（1971）开发的 CIPP 模式。

斯塔弗尔比姆的 CIPP 评价模式

CIPP 是情境（context）、输入（input）、过程（process）、产品（product）的首字母缩写。这是四个分开的评价，可以在一个综合评价中全部实施，也可以各自作为一个独立评价加以实施。

情境评价是对于创新（innovation）或项目的运用环境进行评价，以确定创新的需要和目标，以及影响创新成功的环境因素。这种分析通常被称为需求评估，用于制定项目规划决策。根据斯塔弗尔比姆的 CIPP 模式，评价者在项目一开始就要参与其中，帮助开展需求评估。

CIPP 模式的第二步或第二个构成成分是输入评价。这一步的评价问题主要是关于可用于开发和执行创新或项目的资源方面的问题。有哪些人、多少资金、哪些场所和设备可用于项目？这些资源是否足以达到期望的结果？对项目的概念表达是否适当？项目的设计是否能得出期望的结果？预期项目收益是否超过了可能的创新/项目成本？这类评价在进行有关项目架构的决策时特别有帮助。评价者在输入评价中应该发挥重要作用。

CIPP 模式的第三步或第三个构成成分是过程评价。它与形成性评价很接近。过程评价用于考察革新/项目的开发方式、实施方式、最初成果以及修改后的成果。要收集数据以使项目领导人（和其他项目人员）知悉项目的现状，其实施情况如何，是否遵循了法律要求和概念准则，应如何修改以满足实施目标的要求。过程评价用来进行有关实施的决策。

CIPP 模式的第四个构成成分是产品评价，它聚焦于创新/项目是否成功产生了预期的结果。产品评价包括对项目目标中详述的结果变量进行测量，确定非预期的结果，评估项目的优点，进行成本分析。产品评价对于总结性评价决策（如"项目的总体优点和价值是什么？要不要继续进行？"）是很有用的。

在教学设计中引入 CIPP 模式改变了评价者参与开发过程的情况，评价者变成了项目团队的成员。而且，评价也不再是某种在项目结束时才进行的事情，而是变成了持续贯穿项目周期的正式过程。[①]

罗西的五范畴评价模式

从 20 世纪 70 年代至今，彼得·罗西(Peter Rossi)及其同事们开发了一个很有用的评价模式(Rossi，Lipsey 和 Rreeman，2004)。根据这个模式，任何一个评价都必须根据当地的需求、资源和项目类型而加以调整。具体包括：调整评价的问题("评价的目的是什么？""确切的评价内容是什么？")；调整评价的方法和程序(选择可行且严谨的方法和程序)；调整评价者—利益相关方关系的性质("谁应参与到评价中？""理想的参与水平是什么？""要不要使用内部/外部/独立评价者？")。罗西认为，评价问题是核心，评价的其他方面都将以此而定。因此，最重要的是，你和主要利益相关方要构建出一系列清晰而一致的评价问题。

罗西模式强调五个主要评价范畴。在一个评价中可以进行其中任何一个范畴的评价或全部五个范畴的评价。第一个范畴是需求评估，它要解决的问题是："情境中是否需要这类项目？"需求是事物的实际状态和理想状态之间的差距。第二个范畴是项目的理论评估，它要解决的问题是："项目的概念化是否可行？"评价者有责任为客户详细解释尚未被文档化的理论(项目如何运作并产生预期结果，以及项目为什么那样运作并能产生预期结果)。如果项目不具备坚实的社会、心理和教育理论基础，那么就很难指望其能奏效——这个问题被称为理论缺失(theory failure)。第三个范畴是实施评估，它要解决的问题是："项目是否得到了恰当的实施，以及项目的实施是否与项目手册一致？"如果一个项目没有得到恰当的运作和交付，那么它不可能获得成功——这个问题被称为实施失败。

第四个范畴与传统的社会科学评价方法同义，第五个范畴与评价的经济学方法同义。第四个范畴被称为影响评估，它要解决的问题是："项目是否对预期的目标对象产生了影响？"这是关于原因和结果的问题。为了确立因果关系，必须采用典型的实验研究设计(如果可能的话)。第五个范畴被称为效能评估，要解决的问题是："项目是否具有成本效益？"很有可能，某个项目产生了想要的影

---

① 今天，CIPP 模式仍然是一个受欢迎的评价模式。如果你想更深入地了解此模式(包括模式的更新情况)，以及此处讨论的其他一些模式，可浏览西密歇根大学的评价中心网：https://www.wmich.edu/evaluation/checklists。

响,但却不具有成本效益。例如,其投资回报率可能为负,成本可能高于收益,或者项目的效能不如另一个有竞争力的项目。这类分析中使用的效益比在脚注中
有解释。① 鉴于项目理论的重要性,接下来我们将讨论休伊·陈(Huey Chen)的理论驱动评价。

陈的理论驱动评价模式

理论驱动评价(TDE)方法的一个重要部分是由评价者和利益相关方共同决定干预/项目如何开展以及干预/项目为何能够奏效(Chen,2015)。理论驱动评价者帮助清楚地表达、评价和完善项目理论——项目理论的内容主要是利益相关方含蓄或明确表达的有关项目如何回应问题以及解决问题所要求的行动的假设(Chen,2015)。理论驱动评价的一个好处是,它揭开并清楚地说明了"黑箱评价"(黑箱评价只关注预期结果而不关注输入和输出之间的过程)和"方法驱动评价"(方法驱动评价强调优先级研究方法,并且只关注影响)没有关注的部分。

典型的 TDE 项目理论图式如图 10.1 所示。项目理论包括一个行动模式和一个变革模式。项目理论用来推动"理论驱动的项目规划和评价方法"(Chen,2015)。行动模式是项目的系统性规划,用于组织资源、背景、工作人员,以及支持组织提供干预服务并使其到达目标人群。行动模式包括以下部分:(1)一份干预和服务交付协议(详细说明了干预的运作程序和前景,也包括现场实施干预所需的步骤);(2)一个实施组织(即负责分配资源,招收、监督和培训实施人员,协调活动的组织);(3)实施者(即把服务交付给客户的人员);(4)伙伴组织和社区伙伴(即感兴趣的组织间利益相关方,建立伙伴组织和社区伙伴之间的协作);(5)生态情境(即环境中与项目直接发生交互作用的部分);(6)目标人群(即接受

---

① 在企业中,财务成果一般是以投资回报系数(ROI)来测量的。ROI 的计算是从全部效益(不同于净利润)中减去与项目有关的全部成本,再将得出的差除以全部成本,最后将商乘以 100。ROI 系数大于零表示投资获得了积极的回报。成本效益分析常用于政府项目,这取决于效益—成本比(benefit-cost ratio),它的计算方式是以全部效益除以全部成本。效益—成本比等于 1 代表收支平衡,大于 1 表示效益大于成本。由于培训和其他干预措施的很多收益都很难转换成美元(如态度、满意度),所以更常用的是费用效果分析(cost-effectiveness ratio),而不是成本效益分析。在计算费用—效果比时,评价者把培训项目的成本转换成美元,而让测量到的收益保持原来的样子(非美元)。费用—效果比让你知道花在培训上的钱获得了多少回报(如花在培训上的每一个美元提升了多少工作满意度)。

预期服务的人群)(Chen，2015)。行动模式包括许多有用的信息，是理论驱动评价的规划和实施过程中需要构建与使用的一个重要工具。

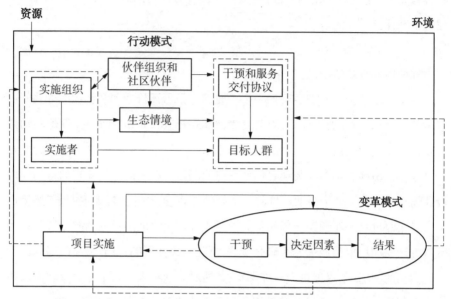

图10.1　TDE项目理论图式，包括行动模式和变革模式(2015年8月13日H. Chen提供给B. Johnson)

90　　　变革模式是对项目要解决所确定问题而需要的因果过程和结果的描述。变革模式包括三个主要成分：(1)干预(即目的在于直接改变问题的活动)；(2)因果关系的决定因素(即问题的原因或者战略优势、调节变量和干预变量)；(3)项目结果(即所指向的近端和远端因变量的变化)(Chen，2015)。如图10.2所示，行动模式各成分的适当实施对于激活变革模式的转换过程是至关重要的(Chen，2015)。

　　现在以美国东南部一所大学的技术整合项目为例来阐述其项目理论。① 具体地说，该大学教育学院要在其校园学习管理系统中添加 VoiceThread 软件(这是一个能在在线课程的异步论坛中添加图形、文档、视频的软件)。图10.2描绘了它的项目理论，包括行动模式和变革模式。现在花点时间来观察下这个图。

---

① 这是一个假设性的例子，灵感来自帕肯斯基-布洛克(Pacansky-Brock，M.，2012 - 01 - 12)的《在校园网中加入 VoiceThread》，http://blog. voicethread. com/webinars-all/。

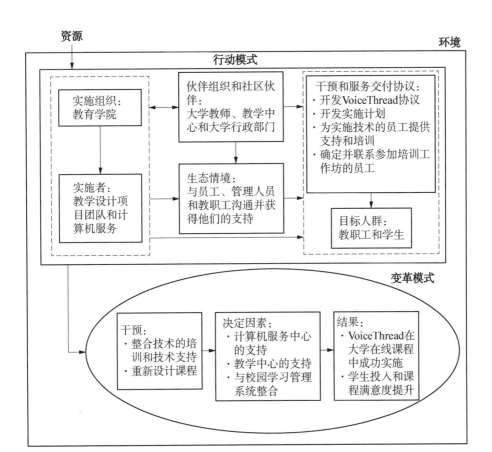

图 10.2　VoiceThread 软件实施的项目理论

　　评价涉及如下过程。评价者是 TDE 过程的促进者,帮助拟定项目理论以及教育学院和计算机中心教职员与管理人员的假设。评价者运用工作小组会议过程(Chen,2015),通过与教育学院、教学设计项目团队、计算机服务、大学教师、教学中心以及大学管理人员的代表互动,清楚地阐明并形成项目理论。在评价中,运用正向推理来构建行动模式(即清楚地提出一般性的项目目标,以此来确定行动模式);运用反向推理(即从变革模式推向行动模式以确定项目目标)来构建变革模式;将这两种方法结合起来确定总体的项目理论。对初期项目实施进行建设性评价,其中包括一个故障排除策略(具体地说,就是形成性评价和项目评议/发展聚会)和一个开发伙伴策略(即项目利益相关方和项目评价者进行协作)。这个过程在内部进行,目的是为了立刻解决项目中的问题。接下来是一个混合过程评价,由评价者收集干预实施情况的数据。最后,对结果数据进行检测,以确定实施是否对结果变量的变革产生了作用。评价包括与利益相关方沟通评价程序、项目规划和行动模式,也包括综合采用定性和定量方法收集数据(Chen,2015)。在此评价中,结果表明项目理论是合理的,操作实施在几个结果变量方面引发了理想的结果。评价结果和行动计划先被提交给教育学院院长(他是评价委托人),然后提交给其他利益相关方。

柯克帕特里克的培训评价模式

柯克帕特里克模式由柯克帕特里克(Kirkpatrick)首次公开发表于1959年的四篇论文中,至今仍得到大量应用。[①] 柯克帕特里克模式是专为培训的评价而开发的。他最初提出的步骤后来改称为四个评价层次。评价者可能只开展前面几个步骤的评价,也可能开展所有四个层次的评价。前几级的评价本身是很有用的,同时它们也有助于解释从更高层次评价中得出的结果。例如,培训的迁移(第3级)没有出现的一个原因可能是相关的技能没有学会(第2级);同样地,满意(第1级)是学习(第2级)和其他结果(第3、4级)出现的前提。

第1级:反应。 柯克帕特里克模式的第1级是评估学习者对学习经验的反应或态度,主要采用匿名问卷的形式来了解学习者对培训的真实反应。学习者的这些反应连同培训主管的反应都被用于对教学的评价,但不应仅仅作为唯一的评价类型。通常的假设是,如果学习者不喜欢教学,那么就不可能学有所得。

虽然第1级评价被用来分析培训项目参与者的反应,但重要的是,所收集的数据不应仅仅局限于对培训项目的总体反应或消费者对培训项目的满意度(即"你对培训事件的满意度如何")。第1级评价也应收集有关项目具体构成成分和经验(如教学人员、主题、呈现方式、时间安排、设备、学习活动以及参与者在培训事件中的参与感等)的详细信息。问卷中还应包含一些开放性的项目(即让被调查者用自己的话来回答):(1)"你认为培训项目最主要的三个优点是什么?"(2)"你认为培训项目最主要的三个不足是什么?"最好混合使用开放性的题目

---

① 有关柯克帕特里克模式的详细信息,可参见 http://www.kirkpatrick-partners.com/OurPhilosophy/
TheKirkpatrickModel。

(如刚才提到的两个问题)和封闭性的题目(如提供一条像"项目中包括的材料与我的工作有很强的关联性"之类的陈述,然后要被调查者用一个四级评价量表来作答:非常满意、满意、不满意、非常不满意)。[①] 第 1 级评价中常用的研究设计一般是一个小组的后测设计(见表 10.1)。

表 10.1　培训评价中常用的研究设计

设计强度	设计描述			设计名称
1. 非常弱			X　　O_2	一个小组的后测设计
2. 较弱		O_1	X　　O_2	一个小组的前测和后测设计
3. 较强		O_1	X　　O_2	不等价的对照组设计
		O_1	O_2	
4. 非常强	RA	O_1	X　　O_2	有前测和后测的控制组设计
	RA	O_1	O_2	

注:X 代表处理过程(即培训事件),O_1 代表前测,O_2 代表后测,RA 代表对参与者随机分组。设计 3 有一个控制组,但是参与者不是随机分组的,所以小组多少有些"不等价"。设计 4 采用随机分组,是证明因果关系的黄金标准。(更多关于这些或其他研究设计的信息,请参见 Johnson 和 Christensen,2014)

　　第 2 级:学习。第 2 级评价的目的是要确定培训项目参与者学到了什么,以 *92* 及他们对于以后能够运用所学内容的信心和承诺。柯克帕特里克(2006)用学习一词表示"作为参加项目的结果,参与者改变态度、增加知识、增强技能的程度"(p.20)。培训事件将集中在知识("我知道")、技能("我能做")、态度("我相信在工作中这样做是值得的")、自信("我认为我可以在工作中运用")和承诺("我愿意在以后的工作中加以运用")的综合结果上。

　　除了刚才列出的这些看法外,第 2 级评价还应对培训活动具体涵盖的内容以及学习目标中具体列出的内容进行测量。测试应涵盖呈现给学习者的全部内容,以便有效地测量所发生的学习。知识的测量通常采用成就测验(即旨在测量个人在接触特定学习经验后所发生的知识学习过程的测验),技能的测量主要采用行为测验(即要求被测者表现出一些真实生活中的行为——如制作一种产品或执行一个过程——的测验情境),对于态度和观念主要采用问卷进行测量(即

---

① 柯克帕特里克(2006)提供了一些问卷的范例,你可以在评价中运用或修改运用。

由研究参与者填写的自我报告式的数据收集工具,旨在测量培训活动要改变的目标态度)。

对于第2级评价,一般一个小组的前测—后侧设计就够了。从表10.1中可以看到,这一设计包括对培训小组参与者感兴趣的结果进行的一次前测和一次后测。前测和后测之间的差别就是学习提高的程度。柯克帕特里克建议,在可能的情况下,第2级评价中也可使用一个控制组,因为这样便可以对因果关系做出更有力的推断。这就意味着要采用表10.1中列出的不等价对照组设计,以证明学习确实作为教学的结果发生了。学习数据不只有助于证明学习确实发生了,对于培训主管确认组织的培训功能也有帮助。

第3级:行为(培训的迁移)。此时评价者的目的在于确定作为培训的结果,培训参与者是否改变了在工作中的行为(OJB)。在教室或其他培训场景中的学习并不能保证个人一定会在实际工作情境中表现出同样的技能。因此在培训几个月之后,培训主管还应该进行一次追踪评价,以确定习得的知识、态度和技能是否被用在了工作中。

柯克帕特里克(2006)确定了五种影响培训迁移的环境:(1)阻碍性环境(如,受训者的上司不允许受训者运用新的知识、技能和态度);(2)压制性环境(如,上司压制新知识、技能和态度的运用);(3)中性环境(如,上司不承认已进行过培训);(4)鼓励性环境(如,上司鼓励受训者在工作中运用新知识、技能和态度);(5)要求性环境(如,上司监督和要求受训者在工作环境中运用新知识、技能和态度)。

要确定学到的知识、技能和态度是否用在了工作中以及运用情况如何,通常需要联系学习者以及他们的上司、同伴和下属。柯克帕特里克似乎比较满意于使用回顾性调查设计(询问同现在有关的过去的事情)来测量培训的迁移。回顾性调查包括在培训活动结束几周或几个月后对受训者及其上司、同伴和下属进行访谈,要他们填写问卷等,以调查他们对受训者应用所学知识、技能和态度的看法。为了精确有效地揭示培训在工作场所的迁移情况,柯克帕特里克还建议采用表10.1中的设计2、设计3、设计4。与低层次的评价相比,第3级评价很难开展,但其结果对于决策者是非常重要的;如果没有出现迁移,就不可能有第4级的结果,而这是决定开展培训的根本原因。

第 4 级：成效。此时评价者的目的是要找出培训是否得到了"最终成效"。第 4 级评价的结果包括影响组织绩效的任何领先指标（leading indicator）和结果。组织、财务和雇员等方面的一些理想成效包括：开支的削减、工作质量的提高、产量的增加、雇员人事变动率的降低、旷工现象的减少、资源浪费减少、职业生活质量的提高、人际关系的改善、组织沟通的改善、销售量的增加、对工作的抱怨减少、员工士气的提高、工作事故的减少、工作满意度的提高，以及很重要的一点——利润的增长。

柯克帕特里克承认，要确认培训与第 4 级结果之间的关系是很困难的。因为除了培训之外，还有许多无关因素会对第 4 级结果产生影响，因此需要更加有效的研究设计（参加表 10.1 中的设计 3 和设计 4）。遗憾的是，这些设计的实施可能花费巨大且困难重重。无论如何，柯克帕特里克希望培训主管努力进行第 4 级评价以提高培训项目的地位。

布林克霍夫的成功个案法

接下来的这个模式比前面几个模式更专业。它着重于找出培训或其他组织干预的效果如何。其提出者罗伯特·布林克霍夫（Robert Brinkerhoff）认为，成功个案法（SCM）"是一个快捷简单的过程，它把对极端组（extreme groups）的分析同个案研究和逸闻（storytelling）相结合……以查明某些组织创新（如，一个培训项目、一种新工作方法等）的效果如何"（Brinkerhoff，2005，p. 401）。成功个案法运用了一种常识性想法，即要确定"哪些因素起作用"，一种有效的方法便是考察成功个案并将其与其他个案相比较。SCM 承认项目的组织嵌入性，试图解释令项目利用和结果有效或无效的个人因素和情境因素。这一方法在人类绩效改进（HPT）中很流行，因为无论对于培训项目还是非培训干预，它都管用（Surry 和 Stanfield，2008）。

SCM 共有五步（Brinkerhoff，2003）。第一步，你（评价者）聚焦并计划成功个案研究。你必须识别要评价的项目并与利益相关方共同定义要评价的项目，解释其目的，讨论成功个案评价方法的性质。你必须与利益相关方一起确定他们的兴趣和关切，并就研究的预算和实践达成共识。最后是构建并商定研究设计。

第二步，构建一个可视化的影响模型。其中包括：详细阐明项目的主要目标,列出所有期望通过项目获得的影响/结果。典型的影响模型将在其最左边列出"能力"(如,项目应该提供的知识和技能),这类似于柯克帕特里克的第2级"学习"。在影响模型的最右边将描述期望通过项目实现的"企业目标",这类似于柯克帕特里克的第4级"成效"。影响模型的中间是实现期望的企业目标所必须提供的行为以及组织条件和环境条件。其中可能包括关键行为(即,能力的应用)和主要的中间结果(如,监管、环境和委托人成果)。在确定下一步要用的问卷的内容时,影响模型是很有用的。

第三步,开展调查研究以识别最好的(即成功的)和最差的个案。与绝大多数调查研究不同的是,这个调查并不是匿名进行的,因为其目的就是要识别个人。如果总人数不足100,那么就要进行全员调查;否则就采用随机抽取的样本。① 调查工具(即问卷)一般很短,除非你和委托人需要收集额外的评价信息。② 问卷的三个主要问题是:(1)"你能在多大程度上使用(在此插入项目名称)来成功实现(在此插入一般性的企业目标)?"(2)"在使用(在此插入项目名称)时,谁最成功?"(3)"在使用(在此插入项目名称)时,谁最不成功?"调查数据可以同绩效记录以及其他任何有助于你确定成功个案的信息(如口碑、消费者满意报告等)一起使用。

第四步,安排并与多个成功个案进行深度访谈(一般是大约45分钟的电话访谈)。有时,你可能还想与一些不成功的个案进行访谈。这一步的目的是为用经验性证据记录成功个案的特性和轶事获取必需的详细信息。在访谈中,你应该讨论成功运用的种类并确定促进和抑制运用的因素。布林克霍夫(2003)主张,在成功个案访谈中要获取以下五方面的信息:

1. 用了哪些管用的东西(即,什么信息/策略/技能,何时用,如何用,与谁一起用,在哪里用)?

2. 取得了什么成功结果/效果? 它们是如何起作用的?

3. 它带来了什么好处(即价值)?

---

① 关于样本量的确定,请参见 Johnson 和 Christenson(2014)或 Christensen,Johnson 和 Turner (2014)。这里提供了一个用于确定样本量的免费程序:http://www.gpower.hhu.de/en.html。

② 请注意,调查工具不能被确切地称为"调查"。"调查"是要实施的研究方法。调查工具包括问卷(纸质问卷、在线问卷)和访谈提纲(面对面访谈、电话访谈、通过 Skype 或其他通信工具等技术进行的访谈)。

4. 有哪些因素助你取得成功结果？

5. 受访人有什么其他改进建议？

在不成功个案访谈中，重点是要识别之所以没有运用项目预计提供的内容的障碍和原因，还应了解能增进未来运用的建议。在访谈中和访谈后，重要的一点是要获得证据并仔细证明调查结果的有效性。

第五步，记录并传达评价结果。用布林克霍夫的话说，到你"讲故事"的时候了。评价报告要包括详细的数据和证据，以及关于项目是如何成功的、如何在未来取得更大成功的翔实阐述。同样地，要提供充足的证据才能让故事更可信。布林克霍夫（2003，pp.169-172）建议在最终报告中要包括以下六方面的结论：

1. 项目帮助形成的有价值的行动和结果是什么（如果有的话）？

2. 项目的某些部分是否比另一些部分更有效？

3. 哪些环境因素能支持成功，哪些因素不利于成功？

4. 如何扩大成功的范围？

5. 新项目的投资回报率如何？

6. 项目还可以实现哪些额外的价值？

布林克霍夫强调，若要在全公司范围内取得长期成功，就必须采用成功个案研究的结果。保证雇主"买进"及采用评价结果和建议的最重要策略就是让雇主参与评价全过程。若想了解一个阐明了影响评价利用的众多因素的模式，请参阅约翰逊（1998）的作品。鉴于评价的重要性，下一个也是最后一个模式就是围绕评价利用概念来构建的。 *94*

巴顿的聚焦利用评价

如果评价过程和结果得不到利用，那就没有任何价值。如果评价不可能以任何方式得到利用，那就不应该开展评价。20 世纪 70 年代，迈克尔·巴顿（Michael Patton）提出了聚焦利用评价（U-FE）模式，现在介绍该模式的书籍已发行了第四版（与先前版本相比，有许多更新和扩展）（Patton，2008）。U-FE模式是"针对特定预期用户和特定预期用途而开展的评价"（Patton，2008，p.37）。其基本规则是要根据评价的利用程度来判断评价的效用。评价者自始至终都要聚焦于利用，在整个过程中，评价者要始终不断地推进利用，还要推进那些当评价者离开组织后仍能保证评价结果得到利用的组织学习或其他任何过程。当客户了解了评价的"逻辑"并重视评价在组织中的利用时,过程利用(process use)就会出现。过程利用将使组织成员成为内部评价者。

U-FE模式遵照若干步骤进行。由于U-FE是一种参与式评价方法,客户和主要用户将主动参与到评价及其结果的组织、开展、解释和利用中。其步骤如下:

1. 开展准备性评估(即确定组织及其领导人是否准备好并有能力致力于U-FE)。

2. 识别"主要预期用户"并与他们形成工作关系(即主要预期用户是组织中与评价有利害关系的关键人物,他们有能力、信誉、权力和可教育性,能与U-FE评价者一起开展评价并利用评价结果)。

3. 进行情境分析(即考察政治环境、利益相关方的兴趣、潜在的障碍和支持等)。

4. 识别"主要预期用途"(即项目改进、进行重大决策、产生知识、过程利用或者使相关利益方知道在评价者离开后如何开展评价)。

5. 聚焦评价(即识别利益相关方事项和问题的优先级)。

6. 设计评价(评价要有可行性,要能产出可靠、可信、有效、可执行的结果)。

7. 收集、分析和解释评价数据(记住要运用多种方法和证据来源)。

8. 持续推进评价利用(如,不必等到"最终书面报告"形成,而要把中间评价结果分发给组织;U-FE不能止步于最终报告,因为评价者必须与组织一起开展工作直到评价结果得到利用)。

9. 开展元评价(即对评价的评价,目的是要确定(1)预期用途实现的程度,(2)是否出现了其他的用途,(3)是否出现了不适当的用途以及/或者非预期的结果;只有研究结果得到了有效利用,评价才是成功的)。

聚焦利用评价是一种完整的评价方法(Patton,2008),也是本章提到的其他评价模式的极好补充。一个不被利用的评价对组织毫无用处,因此,考虑U-FE中提到的原则是明智的做法。

要想成为一名有效的聚焦利用评价者,我们建议你修读以下课程:人类绩效改进、领导力与管理、工业与组织心理学、组织发展、组织沟通、组织行为学等。

如果你成了一名聚焦利用评价者，从你进入组织的那一刻起，你的工作就将是持续推进利用。你将努力通过帮助转换组织的状态来推进利用，这样当你离开时，组织将比你刚进入时处于更好的状态。

结论

评价很重要，因为它是所有教学设计模式中的必要部分，是人类绩效技术专家的必备技能，它为项目和产品的价值判断提供了一个系统化的程序，能帮助改进雇员和组织的绩效。有些教学设计者选择专攻评价并成为专职项目评价者。若想深入了解评价专业，请查看美国评价协会网站（http://www.eval.org）。

斯塔弗尔比姆的 CIPP 模式聚焦项目的情境（用于项目规划决策）、输入（用于项目架构决策）、过程（用于项目实施决策）和产品（用于项目的总结性评价决策）。罗西评价模式的重点在于调整每个评价以适应当地需求，它聚焦于以下范畴中的一个或多个：需求、理论、过程/实施、影响和效能。陈的 TDE 模式着重于项目理论的清晰表达，这样人们就能知道项目如何运作以及项目运作好与坏的原因。柯克帕特里克的模式聚焦于四个层次的结果，包括反应、学习、学习的迁移以及企业成效。布林克霍夫的成功个案模式着重于查明和理解项目的成功，以便能在组织内实施更大范围的成功。巴顿的 U-FE 模式重点在于开展将得到利用的评价。

95

要点总结

1. **评价是确定事物的优点、价值和重要性的过程，而评价结果就是该过程的产品。**

2. **形成性评价旨在改进评价对象，总结性评价旨在确定评价对象的总体效果、用途和价值。**

3. **罗西认为，评价广义上可以包括需求评估、理论评估、实施评估、影响评估和效能评估。**

4. **陈表明了评价者如何与项目人员一起合作阐述项目理论（包括一个行动**

模式和一个变革模式),以促进项目的开发和评价。

5. 柯克帕特里克指出,培训评价应当考察参与者的反应、(对知识、技能和态度的)学习、回到工作场所时对所学内容的运用,以及企业成效。

6. 布林克霍夫表明,向成功个案学习并应用成功个案研究中获得的知识可以提升组织利润。

7. 重要的是要利用评价结果,而不是将其"归档",巴顿开发了一个评价模式,专门聚焦于评价的利用。

8. 提高评价结果利用率的一种有效方式是让员工/利益相关方参与到评价过程中。

应用问题

1. 现有研究表明,绝大多数公司只进行第 1 级评价,大部分公司进行了第 2 级评价,各个组织很少开展第 3 级和第 4 级评价。请分析这种做法的问题所在,以及出现这种做法的原因。说明你将如何努力增加第 3 级和第 4 级评价的开展。

2. 确定一个你近来参与的教学设计或绩效技术项目。如果你尚未参与过任何这样的项目,请访谈一个参与过的人。试描述你如何(或将如何)用本章介绍的一个或多个评价模式来评价该项目。

3. 利用本章的观点,构建你自己的"混合"评价模式。

参考文献

Brinkerhoff, R. O. (2003). *The success case method: Find out quickly what's working and what's not.* San Francisco: Berrett-Koehler.

Brinkerhoff, R. O. (2005). Success case method. In S. Mathison, *Evaluation* (pp. 401–401). Thousand Oaks, CA: Sage.

Chen, H. T. (2015). *Practical program evaluation: Theory-driven evaluation and the integrated evaluation perspective* (2nd ed.). Los Angeles: Sage.

Christensen, L. B., Johnson, R. B., & Turner, L. A. (2014). *Research methods and design* (12th ed.). Boston: Allyn & Bacon.

Johnson, R. B. (1998). Toward a theoretical model of evaluation utilization. *Evaluation and program planning: An international journal, 21*, 93–110.

Johnson, R. B., & Christensen, L. B. (2014). *Educational research: Quantitative, qualitative, and mixed approaches* (5th ed.). Los Angeles: Sage.

Kirkpatrick, D. L. (2006). *Evaluating training programs: The four levels.* San Francisco: Berrett-Koehler.

Patton, M. Q. (2008). *Utilization-focused evaluation: The new century text.* Thousand Oaks, CA: Sage.

Rossi, P. H., Lipsey, M. W., & Freeman, H. E. M. W. (2004). *Evaluation: A systemic approach.* Thousand Oaks, CA: Sage.

Scriven, M. (1967). The methodology of evaluation. In R. W. Tyler, R. M. Gagné, & M. Scriven (Eds.), *Perspectives of curriculum evaluation* (pp. 39–83). Chicago: Rand McNally.

Scriven, M. (1980). *The logic of evaluation*. Inverness, CA: Edge Press.

Scriven, M. (1991). Beyond formative and summative evaluation. In M. W. McLaughlin & D. D. Phillips (Eds.), *Evaluation and education: At quarter century* (pp. 19–64). Chicago: University of Chicago Press.

Stufflebeam, D. L. (1971). *Educational evaluation and decision making*. Itasca, IL: F. E. Peacock.

Surry, D. W., & Stanfield, A. K. (2008). Performance technology. In M. K. Barbour & M. Orey (Eds.), *The foundations of instructional technology*. Retrieved March 12, 2016, from http://projects.coe.uga.edu/itFoundations/

96

第十一章 衡量技术支持学习的投资回报率(ROI)

杰克·J·菲利普斯

帕特里夏·P·菲利普斯 投资回报率研究所

霍普·尼古拉斯

很难想象一个没有技术的学习和发展的世界,而对技术的投资正以惊人的速度上涨。上涨是不可避免的,技术的运用也是注定的。但这些投资引起了高管们的关注,他们想知道投资的技术是否在正常工作,带来了什么变化? 与企业的联系是什么? 是否真的增加了期望的价值? 与促进者主导的学习一样有效吗? 为了证明学习技术对工作场所的学习和绩效产生了影响,教学设计专业人员必须回答这些问题。

需要根本性变革

在工作场所运用学习技术已有二十多年了,但直到前几年才能说其影响是"根本性变革"。学习技术近来的发展为现有员工和未来员工的成长与发展方式带来了重大变化。这些技术革新包括:

- 移动学习;
- 基于游戏的学习;
- 自带设备(BYOD)项目;
- 开放教育资源;
- 大规模开放性在线课程(MOOCs);
- 翻转课堂。

各种形式和特点的技术持续存在。然而,对于基于技术的学习的责任和成功,有些关切必须加以重视。在美国人才发展协会(ATD)的新书中,埃尔克莱斯(Elkeles)、菲利普斯(Philips)和菲利普斯解释了如何用易于执行的数据(executive-friendly data)来评价这些类型的项目(2014)。

业务成果的需求

大多数人都会同意说,一个组织的任何巨额支出都应以某种方式同企业的成功联系起来。即使对于非商业性组织,大额投资也应与组织在产出、质量、成本和时间等(各类组织中的硬性的经典衡量范畴)方面的结果相关。

乌代尔(Udell)(2012)提出了将移动学习与业务成果相联系的理由。他首先列出了企业的重要经营指标,包括:

- 产品回收率降低;
- 生产率提高;
- 错误减少;
- 销售上升;
- 事故减少;
- 合规性偏差(compliance discrepancies)减少;
- 出货量增加;
- 经营成本降低;
- 消费者投诉减少。

乌代尔接着指出,移动学习与这些指标中的任何一项都应有关联,他选取了其中的几项,一步一步地展示了移动学习解决方案在实际和逻辑上是如何推动这些指标的。最后他得出结论说,如果某个组织要投资移动学习或其他任何类型的学习,投资的项目必须与这些业务成果相关,否则就不应该投资。在当今形势下,这种强烈的问责呼吁并不罕见。

可靠的关联

高管和行政人员在预算拨款时一定要看到所投资的学习技术同业务成果之间的关联。这些高管意识到,员工必须利用技术(多数时候是移动设备)来学习,必须积极参与和投入到利用技术学习的过程中去学习内容。不过更重要的是，员工必须运用其所学并对业务产生影响。

遗憾的是，大多数技术案例的结果都没有达到高管所要求的水平。偶尔会看到一些应用层面的数据——个人利用所学来做事——很难发现同业务之间具有可靠的关联，试图计算投资回报率（ROI）的就更少了。

评价基于技术的学习要取决于五个水平的数据（见表 11.1），而投资回报率在第五级水平。最近，有人对一些知名组织发表的获奖的数字化学习和移动学习案例研究进行了审视（Elkeles 等，2014），发现它们没有一个进行了投资回报率水平的评价——投资回报率水平的评价需将影响所产生的货币价值与项目成本进行比较。相反，这些项目用投资回报率概念来表示项目取得的任何价值或收益。对投资回报率的不同定义（如同这些项目中一样）引起了高管们的关切，因为他们习惯于财会人员按照精确的方式来计算投资回报率。这些获奖项目中只有两个评估了基于技术的学习相对于促进者主导的学习所节省的成本。而同业务的可靠的关联很稀少。只有一项研究试图利用对照组来证明移动学习的影响。即使在这项研究中，组建对照组的细节和两组之间的实际差异都被忽略了。若数据模糊或缺失，警示信号就出现了。

数据缺乏的原因

在分析基于技术的学习项目时，使我们不能对技术进行充分评价的主要障碍有好几个。这些障碍使项目支持者无法开发出符合高管们预期水平的度量标准。

- 结果令人害怕。尽管很少有人愿意承认，但设计、开发或主持某个项目的人都担忧结果不好可能会令项目中断，还会影响到他们的名声和绩效。
- 没有必要进行评价。有些设计和开发人员认为，在衡量基于技术的学习的投资时，必须相信它一定会起作用。总之，技术是绝对必要的。
- 没有规划高水平的测量。从一开始（在项目概念形成时）就应该考虑如何捕获业务影响和形成投资回报率。遗憾的是，通常是在项目实施以后才开始对评价进行认真考虑，这对于有效的评价来说已经太迟了。
- 测量太困难。有人觉得获取数据太困难或者不可能保证获得高质量的信息。

- 测量很无趣。基于技术的学习是神奇、精彩、令人赞叹、有趣的。游戏化正在被接受。人们喜爱游戏，它们很有趣。然而，测量应用、影响和 ROI 往往是无趣的（但是可以有趣）。

- 不知道哪些项目需要进行 ROI 水平的评价。一些技术拥护者认为，如果他们沿着 ROI 的道路走下去，那么高管们就会想要看每个项目的 ROI。他们面临的挑战是，如何选择那些需要进行 ROI 水平评价的具体项目。

- 开展这些评价的人员没有准备好。对设计者、开发者、实施者、项目主持人和项目经理的培养方案中通常没有关于度量标准、评价和分析学的课程。

由于这些障碍被认为是真实存在的，它们抑制了在高管期望水平上进行的评价，但是大多数时候它们都是没有事实根据的。评价将花费更多的时间，也需要进行更详尽的规划，但 ROI 方法的循序渐进过程是合乎逻辑的。

ROI 方法

投资回报率（ROI）是责任承担的终极指标。在衡量基于技术的学习时，就要回答这个问题。投资于基于技术学习的每一块钱，在收回投资后还能返回多少钱？ROI 是一个经济学的指标，它将盈利（纯利润）与投资进行比较，并以百分比来表示。ROI 概念用于衡量投资机会是否成功，几个世纪以来，企业一直用它来衡量建筑物、设备或工具等资本性支出的回报。随着在学习、证明有效性和价值方面对更高责任感的需求增加，ROI 正在成为衡量所有类型项目（包括基于技术的学习）的影响和投资回报的一种公认方法。

与 ROI 相当的另一个概念是已经使用了几百年的效益成本比率（BCR）。效益成本分析在 20 世纪初的美国很盛行，当时它被用来证明那些根据美国 1902 年《河流与港口法案》和 1936 年《防洪法案》启动的项目是合理的。ROI 和 BCR 提供了类似的投资成功指标，不过 ROI 提供的是盈利（纯利润）与成本之比，而 BCR 提供的则是利润与成本之比。下面是计算 BCR 和 ROI 的基本公式：

$$BCR = \frac{项目利润}{项目成本}$$

$$ROI(\%) = \frac{项目利润 - 项目成本}{项目成本} \times 100$$

这两个等式有什么不同？BCR 为 2：1，意味着投资的每 1 美元都产生了 2 美元的利润。若转换成以百分数表示的 ROI，意思就是对于投资的每 1 美元，在成本收回后还返回了 1 美元（投资收回加上 1 美元额外收益）。

BCR 在从前用得比较多，且多用于公共部门，而 ROI 主要是财会人员用来管理工商业的资本性支出。两个公式在这两种背景下都可以使用，但重要的是要理解二者的区别。在很多情况下，会同时报告 BCR 和 ROI。

虽然 ROI 是责任承担的终极指标，但基本会计实践表明，单独报告 ROI 是不充分的。ROI 必须与其他绩效指标一起才有意义。这些指标都被包含在 20 世纪 70 年代开发 80 年代盛行的五级 ROI 评价框架内（Phillips，1983）。这个框架被用来对各类项目的结果进行分类，主要包括以下五级评价。

第 1 级：反应和预计的行为数据，代表参与者对项目的反应和预计的参与者行为。反应可能包括对格式、易用性、方便性、促进者的有效性和适合性等的看法，还必须包括那些反应项目内容价值的数据，比如内容的相关性、重要性、新信息的数量以及参与者是否愿意向他人推荐该项目。

第 2 级：学习数据，代表参与者在多大程度上获得了关于其优势、发展领域和成功所需技能的新知识。这类数据还包括参与者对于自己在工作中应用新获得知识和技能的信心水平。

第 3 级：应用和实施数据，代表专业人员应用其从项目学习中新获得知识和技能的程度。这类数据还应描述在知识和技能迁移过程中阻碍参与者应用的障碍以及支持因素（促成因素）。

第 4 级：业务影响数据，收集和分析这类数据是为了确定所获得的知识技能的应用，在多大程度上对那些希望通过学习得到提升的重要指标产生了积极影响。这些指标包括：错误、排斥、新账户、消费者投诉、销售额、客户退货率、停机时间、周期、工作投入、合规性、缺勤率和运营成本等。在报告这一级数据时，需要将项目在这些指标上的效果区分出来。

第5级：投资回报率，它将各个影响指标的货币收益（将它们转换成币值）与项目的全部成本进行比较。例如，虽然销售量可能上升了，但在计算ROI时，上升的指标必须被转换为币值（销售的利润）并与项目成本进行比较。如果销售量上升的币值超过了成本，那么结果就是正的投资回报率。

每一级评价都回答了有关项目成功的一些基本问题，表11.1列出了这些问题。

表11.1　评价框架和主要问题

评价级别	主要问题
第1级：反应和预计的行为	● 学习是否与工作和角色相关？ ● 学习对于参与者的工作和成功是否重要？ ● 学习是否为参与者提供了新的信息？ ● 参与者是否打算运用所学？ ● 他们是否愿意向其他人推荐该项目或过程？ ● 在持续时间和格式等方面是否有改进的余地？
第2级：学习	● 参与者是否获得了项目开始时所确定的知识和技能？ ● 参与者是否知道如何应用其所学？ ● 参与者是否有信心应用其所学？
第3级：应用和实施	● 参与者应用其所学的有效性如何？ ● 参与者应用其所学的频率如何？ ● 参与者是否成功地应用了其所学？ ● 如果参与者应用其所学，那么支持其应用的因素是什么？ ● 如果参与者没有应用其所学，为什么？
第4级：业务影响	● 如果应用成功会怎样呢——对业务将产生什么影响？ ● 知识技能的应用在多大程度上提升了项目想要提升的业务指标？ ● 项目如何影响销售、生产率、运营成本、周期、错误、排斥、工作投入等指标？ ● 你如何知道是学习项目提升了这些指标？
第5级：ROI	业务提升指标的货币收益是否超过了技术支持的学习项目的成本？

来源：投资回报率研究所，2016。

将评价数据归为不同等级，为基于技术的学习设计和目标的管理，以及数据收集过程的管理提供了一个清晰易懂的框架。然而更重要的是，按五个等级来呈现数据的方式使观众很容易理解项目的结果。虽然每一级评价都提供了重要的独立数据,但当这些数据放在一起时,五级 ROI 框架提供的数据就可以说明项目成功或失败的全貌。

案例研究

对于如何利用 ROI 五级评价框架来评价基于技术的学习创新项目在五个评价水平上的效果,菲利普斯和菲利普斯(2014)的案例研究为我们提供了一个示例。案例中的项目涉及一家专门为货运业提供软件解决方案的大型软件公司针对其销售人员的移动学习应用。它为销售人员提供了一个基于平板电脑的移动学习应用,目的是教他们如何描述和销售公司最受欢迎的软件产品 ProfitPro 的升级版。该移动学习应用包括五个学习模块。

在项目宣布后三天内,有 25 人注册使用该移动学习应用。在他们完成了五个模块的学习后,收集了第 1 级的反应数据。反应与预期相一致,在五点量表上得到了 4.3 的平均分。第 2 级的学习数据似乎也很合适,测验成绩高于标的,在满分为 25 分的测验中得到的平均分为 20.8。

第 3 级的应用数据似乎也没有偏离目标。虽然在确定定价方案、解释实施和支持方面的技能稍有欠缺,但总体目标还是达到了。正如所料,对成功而言,存在着一些障碍因素和促成因素,但障碍很小。不过,有 9% 的销售人员的经理不鼓励他们使用该程序,这一点值得关注。排名第一的促成因素是来自管理层的鼓励。

第 4 级的影响数据是将 25 人构成的实验组与 22 名销售人员构成的对照组进行比较。对照组虽然没有参与项目,但基本(22 人中有 19 人)都在销售该升级版软件。两组之间的差距让人印象深刻。对照组每人的月平均销售额是 3 700 美元,首次销售的平均时间为 21 天。与此相反,实验组平均只用了 11 天时间就完成了首次销售,月平均销售额为 7 500 美元——两组相差 3 800 美元。若按年度计算两组的差额,则销售额的提升达到了 114 万美元。

接下来,为了使 ROI 的计算更加可信,我们考虑了全部成本。我们同时计算了 BCR 和 ROI。ROI 为 311%,超出了预定目标。除了转化为货币的可见的销售增长外,项目还有一些无形的收益:

- 客户满意度增加。
- ProfitPro 的品牌知名度提高。
- 销售人员的工作满意度增加。
- 销售人员的压力降低。
- 公司声誉提高。

项目实施后的问卷调查还指出了项目的其他一些无形收益。此外,问卷中还有一个问题是该项目在多大程度上影响了这些指标。

提升基于技术学习之影响的建议

遗憾的是,对基于技术学习的评价大多表明它们不足以带来工作岗位上的成功,这就使管理层很难相信数字化学习或移动学习能带来显著的增值。通过技术学习更方便、及时,而且大多数时候也更便宜——这是高管喜欢听的话;然而,高管更想要的是成效。他们需要保证,基于技术的学习能推动应用并产生影响。我们从自己的经验中知道,基于技术的学习能够推动业务影响。我们进行的 ROI 研究证明了这点。以下是根据我们的经验提出的一些具体步骤,你可以采取这些步骤来提升基于技术学习的创新项目的业务影响。

制定应用目标和影响目标。应用目标描述的是,参与者应该利用其所学来做什么。影响目标描述的是应用的结果。这些强有力的目标可将项目与底线(bottom line)联系起来。虽然在数字化学习或移动学习中很少提出这些目标,但是几乎在所有学习过程中都应提出这些目标。

开发能反映应用目标和影响目标的内容。由于目标已经超越了学习,必须将内容定位于应用和影响,这实际上释放出这样的信息:除非出现了应用及相应的影响,否则项目就是不成功的。一种很有效的做法是采用案例研究、视频、演示、练习、游戏和范例等来帮助实现应用目标和影响目标。

101

为应用和影响而设计。在设计项目时,要把应用工具嵌入到过程中,包括行动计划、核查表、指南、模板及其他工具。这些工具能促进参与者对所学内容的运用,意味着应用和影响是绝对必须的。

创建对结果的期望。有时定义成功是很简单的。参与者必须知道,尽管他们学习了内容，但除非出现了相应的应用和影响，否则就没有成功。这项工作已超越了目标制定，侧重于对项目成功的强调和描述。其中包括对责任的界定，让参与者知道自己的责任不仅仅在于参与项目。确实，参与项目、完成项目、学习必要的内容等对于成功都是很重要的，但是，更重要的是实际应用所学并产生影响。这也是参与者的责任。一个组织在每个基于技术的学习项目开始时都要有一份责任声明来界定 CEO(首席执行官)认为的参与者在项目中的责任。

让参与者的经理介入。几乎所有有关将学习迁移到工作中的研究都强调参与者的经理在取得成果中的重要性。基于技术的学习项目似乎大多忽略了经理。有时，参与者利用自己的时间参加项目，其经理根本就不知情。不过，有时候让经理们知道其员工将参与项目是有益的。在参与者实际参与项目之前和完成项目之后，要提供一些低水平活动来鼓励经理介入。

应用学习迁移原理。就学习和发展而言，或许没有比将学习迁移到工作中更重要的了。大多数典型行为在基于技术学习的环境中都很管用。有一些关于迁移策略的极其有价值的参考资料可以确保学习者在工作中运用其所学，如《超越培训迁移：改进绩效的投入系统》(Broad，2005)，《让数字化学习更长效：使技术支持的培训轻松有效地实现迁移的技巧》(Carnes，2012)。

只要遵循一些规定的步骤，设计者和开发者就可以对数字化学习的成功产生巨大影响，使其达到令人印象深刻的应用和影响层次。在这种情况下，根据基于技术学习与促进者主导学习相比所节省的成本，你就可以轻松地提高投资回报率。

要点总结

1. **基于技术的学习项目必须显示出成效。**在基于技术的学习上投入大量资金的高管和行政人员以及相关利益方都希望看到项目的价值。他们对价值的定义往往是应用、影响和投资回报率。面临的挑战是，面对可能遇到的障碍，不断向前并实现这一目标。

2. **以可靠的方式将基于技术的学习与业务需要相联系。**在测评通过技术进行的学习时，投资回报率是责任承担的终极指标。ROI 是一个经济学的指标，它将盈利(或纯利润)与投资进行比较，并以百分比来表示。另一个经常使用的指标是效益成本比率（BCR），它是利润与成本之比。ROI 和 BCR 提供了类似的指标，尽管 ROI 是纯利润与成本之比，而 BCR 只是利润与成本之比。

3. **ROI 方法的概念是一个具有保守标准的系统逻辑过程。** 该过程收集并生成六类数据：反应、学习、应用、影响、ROI 以及无形收益。它包括将学习对影响数据（如销售、生产率、新帐户、质量、成本和时间）产生的影响分离开来的技术。ROI 方法同样要求将成效传达给各主要利益相关方。

4. **要依据五级 ROI 评价框架来评价基于技术的学习。** 框架的作用是对数据进行分类，保证评价不偏离轨道，并全面展示项目的成败。五级框架按照参与者反应（第 1 级）、学习获得（第 2 级）、应用和实施（第 3 级）、对业务的影响（第 4 级）、经济贡献或投资回报率（第 5 级）这样一个逻辑流程来获取数据。

5. **采取适当步骤来提升基于技术的学习的影响。** 制定应用目标和影响目标，并围绕这些目标设计学习内容，传达期望，让经理介入，以及创建必要的工具来让参与者全情投入。精心设计的项目加上具有学习动机的参与者，必将取得成功。

102

应用问题

1. 在过去九个月里，悉尼·米歇尔（Sydney Mitchell）担任环球通信公司的首席执行官。她以积极进取、勇于实现目标而著称，但也务实且公正。她曾使以前就职的公司提升了利润和客户满意度，减少了员工数量，并使公司成为最适合工作的 100 家公司之一。在对环球通信公司的组织结构进行重大改革前，悉尼用第一年的时间让每个职能部门向着战略目标大步迈进。这些战略目标主要是增加利润、增加市场份额、提高客户满意度、提升员工投入度等。前九个月，悉尼非常清楚地传达了这些目标，甚至每月与员工开一次会，以帮助他们理解每个目标的意义和重要性。

在剩下的三个月里，悉尼一直与各个职能部门的主管会面，以了解各部门的现状。她对运营、工程、市场营销、人力资源、分销等部门的成果比较满意。今天，她要与环球通信大学的校长会面，环球通信大学是环球通信公司的学习和发展部。

唐纳德·霍奇斯(Donald Hodges)是环球通信大学的副校长。他由前任首席执行官任命,他相信环球通信大学正有所作为。每次课程结束后他都会收到参与者的好评。唐纳德已经准备好迎接悉尼。他准备了一个非常华丽的演示文稿,以及全部课程评价结果以备查看。

(悉尼走进了房间。)

悉尼: 你好,唐纳德。很高兴见到你。这地方看起来不错,大家似乎都很忙。

唐纳德: 是的,悉尼。我们正在开发十二门新课程,并将十五门课程转为数字化学习课程。

悉尼: 是吗? 都是些什么课程呢?

唐纳德: 嗯,我们正在开发一门新的沟通课程,还在修订新员工培训课程以便把新的福利套餐纳入进去。我们也收到了员工希望提供他们感兴趣的课程的要求,包括个人发展课程、时间管理课程,以及商业敏锐性课程等。我们还在开发一门领导力课程,这门课程类似于我不久前参加过并非常喜欢的一门课程。我想经理们也会喜欢的。有六门新课程是有关销售和新产品开发方面的数字化学习课程。至于正在转换的数字化学习课程,大多是合规性、IT 和销售方面的课程。

悉尼: 唔……开发这些课程需要多少时间?

唐纳德: 噢,不会很长。最多一周左右就能开发完一天的培训。我们有四个课程开发人员,每人负责三门课程的开发。我估计完成全部十二门课程的开发需要几个月的时间。至于数字化学习课程,我们用的是外部开发者,每个小时的数字化学习成本是 5 000 美元。

悉尼: 我知道了。

唐纳德: 悉尼,请进会议室。我想跟你分享我们迄今为止取得的成就。

悉尼: 太好了,我正想看看你们的成果。

(唐纳德"开始"了演讲。他回顾了各项准备工作,然后介绍了过去九个月的成果。)

唐纳德: 过去九个月,我们开发了十门新课程,其中六门是数字化学习课程。我们提供了 750 小时的培训,1 500 名员工接受了培训,在总分 5.0 的课程总体满意度评价中得到了4.6的平均分。因此，基本上看，我们开发了新的培训，提供了一些新课程和一些受欢迎的老课程，参与培训的员工似乎认为我们的方向是正确的。

悉尼： 嗯，我看你们都很忙。感谢你们的改进，唐纳德。那么，我们是否知道这些课程在工作中有没有取得成功呢？

唐纳德： 不，不是很明确，但我们相信它们正在增加价值。

悉尼： 你是怎么知道它们正在增加价值的？

唐纳德： 根据我们得到的反馈。

悉尼： 你们得到的反馈是什么？

唐纳德： 很多参与者告诉我们，学了这些东西后他们都很成功。

悉尼： 就是说，你们实际上对每门课程进行了跟踪？

唐纳德： 不，不完全是。我们只是听到一些偶然的评论。

悉尼： 那就是说你们没有通过有组织的方式来了解课程成功与否？

唐纳德： 嗯，不是正式的跟踪，但我们还是得到了积极的反馈。

悉尼： 好，我知道了，谢谢，唐纳德。下周一我会再与你会面讨论你们对组织的贡献。

问题：

a. 从唐纳德的角度看，你认为这次会面进行得怎样？

b. 从悉尼的角度看，你认为这次会面进行得怎样？

c. 至少描述四种唐纳德及其职员应该收集的数据，为环球通信大学创建的新课程的"成功"提供更有力的理由。也请描述一些唐纳德及其职员可用来收集这些数据的方法。

2. 前些年，许多公司开发并实施了针对新产品培训的教师主导的课程或在线课程，但这些课程成本高昂。在一个大型组织中，一个参与者参加一天的教师主导的课程就要花费150美元。照这样来算，1000名员工参加一天的新产品课程或产品升级课程就要花费公司15万美元，还要加上员工离岗、路途、开发和协调等方面的时间成本。假设每个员工的载入成本（loaded cost）为300美元，这就将使培训成本额外增加30万美元。因此，为期一天的培训活动的总成本约为

45 万美元——这甚至还没有计入一般管理费用。

鉴于这么高的培训和支持费用,这些公司开始寻找替代方案。数字化学习是具有成本效益的替代方案,其人均总成本为 25 美元,再加上离岗的时间成本(大多数员工是在晚上或周末参加培训)。

问题:

a. 数字化学习为这种情况带来了什么好处?

b. 数字化学习的投资回报率是多少?

c. 产品经理可能会提出什么问题?

参考文献

Broad, M. (2005). *Beyond transfer of training: Engaging systems to improve performance.* San Francisco: Pfeiffer.

Carnes, B. (2012). *Making eLearning stick: Techniques for easy and effective transfer of technology-supported training.* Alexandria, VA: ASTD Press.

Elkeles, T., Philips, P. P., & Philips, J. J. (2014). *Measuring the success of learning through technology: A step-by-step guide for measuring impact and ROI on e-learning, blended learning, and mobile learning.* Alexandria, VA: ASTD Press.

Phillips, J. J. (1983). *Handbook of training evaluation and measurement methods.* Boston: Butterworth-Heinemann.

Phillips, J. J., & Philips, P. P. (2014). Measuring ROI in an upgrade selling program: A mobile learning solution. In T. Elkeles, P. P. Philips, & J. J. Philips (Eds.), *Measuring the success of learning through technology: A step-by-step guide for measuring impact and ROI on e-learning, blended learning, and mobile learning* (pp. 177–194). Alexandria, VA: ASTD Press.

Phillips, P. P., & Phillips, J. J. (2016). *Handbook of training evaluation and measurement methods* (4th ed.). London & New York, NY: Routledge

Udell, C. (2012). *Learning everywhere: How mobile content strategies are transforming training.* Alexandria, VA: ASTD Press.

第十二章 学习分析简介

贝思·迪茨

珍妮特·E·赫恩

托马斯·A·梅斯　　　　迈阿密大学(牛津)

戴维·伍兹

　　不可否认,我们现在生活在一个由数据驱动的世界里。亚马逊(Amazon)、　*104*
iTunes、奈飞(Netflix)似乎比我们自己还要先知道我们最喜欢的图书、电子设备、音乐和电影是什么。谷歌能在我们完成输入前预测我们想要搜索什么。而我们的食品杂货店会为我们每周购买的货品送上购物优惠券。简单地说,我们通过指尖留下的数据量是惊人的。因此,为什么不用这些数据来进行教学设计的决策呢?

　　基于数据的决策指利用数据来帮助判断(Jones,2012;Long 和 Siemens,2011;Picciano,2012)。作为教学设计者,你应根据证据来做出有关课程设计和传递的决策。例如,你可能知道主动学习活动能引发对内容的深入加工,对内容的深入加工又将引发深度学习(如 Yoder 和 Hochevar,2005)。这样的证据将促使你在课程中创设和纳入主动学习活动。同样地,根据学生先前在课程中的表现或学生特征等证据来进行课程设计的决策也将是有益的。也许具有某种技能或能力的学生或者先前学过某功课的学生在某节课或某几节课的学习中,会比其他不具备这种技能或能力或者没学过某功课的学生表现得更好。利用数据来进行课程设计决策是学习分析的目的之一。

　　本章将简要介绍学习分析,包括各种追踪、提取和分析数据的工具,探索学习分析的使用(uses)和应用(applications)、它的目的以及相关实例。本章还将进一步讨论教学设计者为什么想要利用学习分析。如果不深入讨论由数据使用带来的相关问题和担忧，那么任何关于学习分析的讨论都是不完整的，因此本章也将讨论这一问题。

学习分析概述

虽然"分析学"这个术语在教育领域相对还比较新，但这个概念本身却不是新的。分析学涉及对数据集进行收集和探究以找出有意义的模式。对于教育者来说，一个例子就是，查看学生的出勤情况和成绩等方面数据，然后发现出勤率低的学生的成绩往往较差。这些模式的发现可以使我们深入了解观察到的行为，并促使我们采取行动去解决问题或改进情境。无处不在的现代技术以及由此而产生的巨量数据使分析学越来越受到关注。越来越多的工具和技术被开发出来进行数据的收集、组织、分析和可视化表示。掌握了这些工具，教学设计者就可以利用学习分析来改善学习经验。

在教育领域，可以把学习分析定义为"为了理解和优化学习与学习环境而对学习者及其学习情境的数据进行测量、收集、分析和报告"（Long 和 Siemens，2011，p. 32）。教育环境的各个层面都在探索学习分析。在课程和部门层面，教师和教学设计者会深入了解学生如何与学习管理系统（LMS）中的课程材料互动，探索如何改进课内各项活动的具体成果，以及如何改进整节课、整个部门或项目的具体成果。

朗（Long）和西蒙斯（2011）用"学术性分析"（academic analytics）一词来区分侧重于机构（以及更广泛的高等教育）的分析——包括招收和留住学生（Campbell，DeBlois 和 Oblinger，2007），以及学生对课程和学习计划的选择（Denley，2014）。虽然这缩小了分析的范围，但依然包括许多实践，如查看成绩单上的学生数据、查看学生访问学习管理系统的信息的情况、评估适应性学习（Feldstein，2013）及其他活动。为了更好地理解学习分析的运用和价值，可利用皮热（Puget）的分析形态（analytics landscape）（Puget，2015）。它区分了四种"成熟水平"（见表 12.1），为教学设计者提供了一条有用的路线，使他们对学习分析的运用能够从不太复杂的运用水平逐步上升到更加成熟和复杂的水平。对于初

105

次设计的课程,教学设计者可以利用最佳实践来集中识别可以收集的数据(描述性分析)。当课程被交付后(甚至当课程被交付时),可以对数据进行探究以寻找能够解释观察结果的模式(诊断性分析)。然后对这些模式进行分析,以探究和验证可以在下次交付时确认的预测性假设(预测性分析)。如果该假设具有预测效力,那么就可以致力于确定需要督促哪些学生采取特定的行为(规定性分析)。

表 12.1　皮热(2015)的分析形态在学习分析中的应用

成熟水平	要回答的问题	可能的学习分析问题
描述性分析	发生了什么? 正在发生什么?	哪些学生在访问学习管理系统的内容?
诊断性分析	为什么会发生? 趋势是什么?	哪些学生成功完成了某项作业? 为什么?
预测性分析	将会发生什么?	哪些学生以后会成功?
规定性分析	应该做什么? 怎样做才能让它发生?	我该如何让学生投入某项能促使课业成功的活动?

学习分析的目的

学习分析可以有多重目的,也可以在课程、部门、机构等多种层面进行。在课程规划和设计过程中,教学设计者应该将这些目的牢记于心。利尼安(Liñán)、亚历杭德罗(Alejandro)和佩雷斯(Pérez)(2015)认为,学习分析的主要目的是"从教育性数据中提取信息来支持教育性决策"(p. 99)。机构可以获取数据来改善报告,而教育工作者则可以利用学习分析来改善学生的学习体验。拉鲁森(Larusson)和怀特(White)(2014)把学习分析的目的总结如下:

　　无论是使用统计方法、预测模型、交互式可视化工具还是术语分类学和框架,学习分析的最终目的都是为了优化学生和员工的行为表现,改进教育策略,精简机构成本,确定学生投入课程内容的程度,发现潜在的困难学生(struggling students)(并相应地改变策略)进而运用实时分析对评分系统进行微调,以及使教师能够判断自己的教育成效。(p. 1-2)

当然，在实践中，学习分析的目的应该是支持学生取得学业成功。实现这一目的的途径包括用数据驱动的行动计划来监测和记录学生的学习、识别存在学习风险的学生并进行干预、改进教学法和教学、使制度过程合理化等。理解了学习分析的目的，明白要收集的数据，以及这些数据可以如何被利用，教学设计者就可以通过更合理的设计来更好地支持学生获得学业成功。

数据类型

如前所述，学习分析可以服务于许多目的，可以实现各种学术性目的和机构目的。但是这些数据是什么？教学设计者如何帮助教师发现和利用这些数据？有各种不同的数据源。一种数据源在性质上是机构类数据（无关具体课程）。在教育情境中，有大量机构类数据可以挖掘和分析。例如，录取数据〔如学术能力测试（SAT）分数、高中平均绩点（GPA）〕、水平测试和阅读数据（如在线阅读成绩）、人口统计学数据（如流失生的人口统计资料）、关于某专业学业成功学生的特征数据等。教学设计者和教师可以在课程设计过程中利用这些数据。例如，莫里斯（Morris）、吴（Wu）和芬尼根（Finnegan）（2006）发现高中平均绩点和学术能力测试成绩可以成功地预测在线课程的流失率（60%）和完成率（76%）。

另一类数据源，也是在学习分析中最常用的数据源，是学习管理系统（LMS）的数据。一般来说，这些数据不仅可为教师和教学设计者所用，也服从于基础分析。例如，表12.2第一列显示的便是可供我们教学使用的学习管理系统中获得的数据。这些数据多半可方便地从学习管理系统中采集，并用于各种分析。例如，史密斯（Smith）、兰格（Lange）和休斯顿（Huston）（2012）用登录频率、站点互动参与、学生课程学习进度，以及作业成绩等来自LMS的数据来预测各个学生的课程结果。

教师生成的数据对于学习分析也是一个很有价值的数据来源。表12.3第一列显示的数据类型可能来自LMS，也可能不是来自LMS，但教师和教学设计者都可以进行追踪和收集。例如，为了确定在在线课程中给学生发送"签到"电子邮件的效果，迪茨（Dietz）（2015）调查了回复的次数和类型。她发现，回复的次数同最后的成绩之间具有正相关。

在考虑数据类型的同时，还必须考虑数据可服务于什么目的；换句话说，必须要考虑每种学习分析活动的目的。本章前面部分已提到，从教学设计或教师的视角看，目的可以各不相同，但可能都包括追踪学生的学习投入情况、评估各种形式的学生学习（如知识获得、批判性思维技能、探究技能等）、测量社群感情（feelings of community）、评估保持情况等。表 12.2 和表 12.3 的第二列列出了各种不同数据源可服务的目的。例如，如果一位教学设计者或教员想了解那些能够预测学生学习投入的因素，他或她可能会对讨论板的帖子进行社会网络分析（Shum 和 Ferguson，2012）。

106

表 12.2　LMS 的数据及其目的的示例

LMS 生成的数据	数据的目的（数据可作为……的指标）
看过的页数	学习投入、保持
看每页的日期和时间	学习投入、保持
看每页时采取了什么行动	学习投入、保持
给教师发信息的数量	学习投入、保持
给教师发信息的日期和时间	学习投入、保持
按时、推迟和未提交作业的次数	学习投入、保持、学习
作业结果	保持、学习
成绩	学习

表 12.3　教师生成的数据及其目的的示例

教师生成数据	数据的目的（数据可作为……的指标）
给教师发电子邮件的次数	学习投入、保持
给教师的电子邮件的类型和内容	学习投入、保持
讨论板参与的内容编码	学习投入、保持、学习
讨论板参与的社会网络分析	学习投入、保持、学习
讨论板提问的次数和类型	学习投入、保持、学习
谷歌文档参与的次数	学习投入、保持、学习

如何利用学习分析

教学设计者现在已经可以获得大量的数据来帮助他们在教学设计过程的各个水平上改进课程的设计。课程设计是一个持续不断的过程,源源不断地输入数据使课程和专业课程计划具有坚实的基础并得以改进。学习分析为教学设计者的工具箱添加了新的工具。学习分析信息可用于课程或专业课程计划的首次设计,也可用于已有课程或已有专业课程计划的持续改进。数据也可用来提高学习结果的实现程度。例如,如果有证据表明师—生接触很有限,那么便可以采取有关措施为教师提供增加接触的策略。如果有证据表明学生并未认真理解内容,那么便可以改变课程设计,增加支架式核查点,持续提供带反馈的课程触点。

在思考如何利用学习分析时,我们发现留意学习分析的目的是很有帮助的,因为这样才能确定实现这些目的所必需的数据水平是什么。在机构层面,对数据的查验有助于了解课程对象的教育背景、经验和生活状态等。机构和部门层面的数据可以回答的问题包括:修读课程学生的教育背景是什么? 这些学生的生活中有其他哪些因素可能会影响他们的学习能力? 对于大多数学生来说,这门课程在专业计划推进中处于什么位置? 学生选修某门课程时的平均技能(阅读、写作、数学、技术水平等)如何? 例如,那些没有修读过研究方法课程的学生,或者写作技能较差的学生,要完成研究论文类的作业就会很吃力。这些学生可能需要额外的支架支持才能成功地达到特定的学习目的。

专业计划持续改进的关键是考查和分析课程专业层面的数据。例如,要想知道学生认为哪些课程最具有挑战性、哪些课程导致学生退出专业学习、哪些课程是专业的入门课程等问题,完成率是很有用的数据。对专业计划的设计进行的简单调整可能只需改变学生修读必修课的顺序。同样地,对专业计划中的主要学习评估进行查验,可以提供必要的数据来确保由不同教师教授不同部分的课程能实现预期的学习目标。专业计划的数据可能展现出基于主要评估的模式,而这些模式可以用来持续改进课程以及后续的学生表现。

通过学习管理系统和电子课本(如果使用电子课本的话)可以获得越来越多的课程层面的数据(Van Horne, Russell 和 Schuh, 2015)。在对课程进行设计和再设计时,这些数据使我们更容易确定哪些地方必须加以改进。若要重新设计一门课程,可以把它的历史数据同那些学生获得了学习成功或学生满意的课程进行比较。

最后,重视国家或高等教育层面的数据也是明智之举。例如,我们都知道,在大多数课程的初次考试中考得好的学生,在随后的学习中往往也学得很好(Brown,2012)。同样地,个性化学习方法通常会让学生取得更大的学习成就。如布鲁姆曾解释说,参加一对一或一对二辅导的学生,其表现要好得多(Bloom,1984)。重要的是,课程的设计应该使教师能够利用实时数据来为每个学生提供个性化的学习经历,使学生可以在课程学习过程中"选择其自己的冒险经历"。

案例和工具

了解一些学习分析的案例和工具,有助于我们更好地理解学习分析的范围以及学习分析能够做什么。这一部分将提供一些案例来说明机构如何利用仪表盘、机构数据和数据库工具来提升学生的学习成就和保持水平。许多机构都开发和/或使用了仪表盘工具(参见 Verbert,Duval,Klerkx,Govaerts 和 Santos,2013)。仪表盘的目的是将学生在课程学习中的表现和进步进行可视化表示(如Baepler 和 Murdoch,2010)。可以为学生配置仪表盘,可以为教师配置仪表盘,也可以为师生一起配置仪表盘。如普渡大学就开发了信号灯(SIGNALS),它可以采集数据,并为学生和教师提供仪表盘来追踪学生的进步情况。

在利用机构数据预测学生学习成功和保持方面,也有不少有趣的例子。例如,辛克莱尔社区学院(Sinclair Community College)开发了学生成功计划(Student Success Plan,SSP),以提供建议和增加保持水平。通过收集和分析这些数据,学校可以追踪学生的发展并提升学生的学习成就。同样,马里兰大学巴尔的摩分校也在其学习管理系统中嵌入了学习分析工具来追踪学生进步情况。还有很多机构都成功地实施了针对学生的学习分析系统。这些机构利用数据构建了一个成功学生行为的模型,可以将在读学生与之进行比较。一旦学生偏离了模型,就会触发干预,指导教授、教师、学生服务处就会得到通知。诺里斯(Norris)和贝尔(Baer)(2013)曾记录了普渡大学、里奥萨拉多学院(Rio Salado

College)、亚利桑那州立大学等机构通过实施预测性分析来识别存在学习风险的学生并进行干预。密西根大学根据十四年的学生历史数据设计了一个干预程序,这个系统利用这些数据来识别学生并推荐学习资源和策略(Wright, Mckay, Hershock, Miller 和 Tritz, 2014)。这些机构报告说,它们在识别存在学习风险的学生并进行干预方面获得了成功。

最后,有大量的数据库工具可以被用来追踪学生进步情况并预测学生成就。这些工具包括许多被用于或可以用于学习分析项目的大型数据库,如数据电话(dataTEL)、数据商店(DataShop)、Mucle(Verbert, Manouselis, Drachsler 和 Duval, 2012)等。Mzinga 或 SNAPP(自适应教学法实践的社交网络)等社交网络工具可用来对学习者参与网络的情况进行量化分析。与此相似,"Gephi"以可视化方式表示社交网络的参与情况。

利用学习分析的好处

一个设计良好的学习分析程序在机构和课堂层面都可以带来许多好处。对于机构管理者而言,其好处包括:能清楚地显示机构的健全情况,导致更有效的资源分配,提高生产力(Long 和 Siemens, 2011)。在课堂层面,其好处包括:识别存在学习风险的学生,测量课堂成就,洞悉学生学习情况,预示教学法选择等。学生也可以通过对其学习活动的分析而获益,因为根据这些分析,可以为学生推荐合适的资源(Long 和 Siemens, 2011),形成个性化学习计划(Bichsel, 2012)。这不仅对学生有利,也能帮助建立学生行为预测模型,使教育者和学业顾问能够实施有效的干预,使教学设计者能够改进课程设计。

学习分析一般要综合利用学生的纵向数据和学习管理系统的活动(Norris 和 Baer, 2013)。在一个利用学习分析实施干预的案例中,史密斯等(2012)发现,学习管理系统日志中记录的几类学生活动同课程学习结果具有相关性。通过追踪登录频率、花在课程上的时间以及其他活动数据,教师可以及早进行干预,帮助学生改进学业行为(Smith 等,2012)。这些干预措施不仅能帮助学生维持在学状态,还有利于机构实现其教育使命。

另外,学习分析的好处还在于它有助于课程的设计/再设计,有助于教学法的选用。学习分析能帮助教育者识别和加强薄弱的内容领域,满足学生对额外教学的需求(Krumm,Waddington,Teasley 和 Lonn,2014)。不仅教师可以监控学生的进步情况,而且教师和教学设计者还可以洞悉课程的结构和内容并在以后的课程迭代中加以改进(lifián 等,2015)。学习分析的另一个好处在于,可告知学生他们自己的学习过程(Scheffel,Drachsler,Stoyanov 和 Specht,2014),这样学生可以对自己的学习活动和行为进行反思并在必要时进行调整。

108

随着学习分析研究和利用的成熟,学习分析还将实现其他好处。例如,诺里斯(Norris)和贝尔(2013)的学习分析框架不仅涉及预测性分析在校园的应用,而且还收集了学生毕业后及职业生涯的数据,从而引出了另一个潜在的学生模型应用领域。此外,学业顾问也成了学习分析系统的使用者,学习分析系统使学业顾问能够及时了解他们所指导学生的动向,哪怕这些学生并没有积极参与指导过程(Krumm 等,2014)。学习分析的好处是通过深入且丰富的数据报告对机构产生影响。教师和教学设计者则能基于学习分析洞悉学生的学习行为,并发现课程的哪些方面需要改进、哪些教学法需要改变。最重要的是,根据数据驱动的支持结构而改进后的学习经验可以令学生极大地受益。

担忧/问题

虽然学习分析在改进学习经验和学习结果方面为师生提供了极大的希望,但仍然有些值得我们关注的问题和担忧。教学设计者应该意识到这些问题,因为他们可能会参与这些问题的解决。一些基本问题同文化有关,包括伦理、法律和隐私等方面的问题。教育的全球化把各种不同的国家和文化视角聚在一起,这就使得这些问题更加复杂化。

在伦理的角度上,应该把分析学视为支持教学法的工具而不应将它本身视为目的(Greller 和 Drachsler,2012)。学习分析涉及并影响到人,因此,必须遵守以人为被试进行研究所需要遵守的伦理和法律原则[《贝尔蒙报告》(Belmont Report),1979]。其他文化问题包括:学习分析可能"略带独裁者意味"(Big Brother-ish)并导致对学习者的画像(Campbell 等,2007),在个人愿意分享信息前就披露了信息(Duhigg,2012),或者令个人感到自己因为他人的利益而被监控和操纵。

由于数据的所有权到底归谁所有这一问题并不明确，这就使隐私问题变得更加复杂化。数字化的数据使其可以很方便地在世界各地传递，但是对于数据的法律保护在不同国家是不一样的。数字化也使得数据的所有权难以确定。如果该数据是由于学生参与而生成的，那么学生是否拥有对该数据的权利？虽然美国对于数据权还没有明确的界定，但欧盟对于私人数据是有明确保护的［95/46/欧洲共同体理事会指令（Council Directive95/46/EC），1995］。

与学习分析相关的另一个值得关注的问题是，分析中使用的数据往往并不是为了在分析过程中使用而收集的。例如，学习管理系统往往会将学生访问某个页面或观看某个视频之类的行为记录在日志中。这些数据在学习分析中可能都有用。然而，学习管理系统中记录的所有这些数据往往只能说明学生请求过这些页面或视频，而不能说明这些内容确实被传递了。同样地，学生参与在线讨论的典型模式可能只是反映了作业的到期日。这种对数据的二次使用引发了许多挑战（Solove，2008）。一个相关的问题是由谁来负责处理数据。如果学习分析可以确定能促使学生学习成功的干预措施，那么机构是否有义务去实施这些干预措施？如果有，那么由谁来实施？该由教师来实施还是该由专门的学习支持专家来实施？又该由谁来负责为必要的干预措施提供资源支持？

学习分析的运用使教学设计者和教师必须理解更多的技能和知识。虽然不必掌握有关数据收集方法和统计分析的详细知识，但教学设计者必须要能理解，学习分析的每次运用都只适用于某一门具体课程的特定情境。这里面临的一个特殊挑战是，每门课程录取的学生在数量和人口统计学数据方面有很大差别。因此，在一种情境中表现出良好预测能力的分析在另一种情境中可能就不具备预测能力。虽然这看起来似乎令人畏惧，但许多用于推行并支持技术教学应用的技巧可以被用来发展知识和促进学习分析的运用。

最后一个值得关注的问题是，学习分析目前还不成熟，虽然它有望发展成一个新的发展中的领域。学习分析尚不成熟所导致的一个后果是，在教学设计者找出各种洞见之前，他们必须先参与数据的收集、管理和分析。教学设计者在寻找或开发工具、管理数据、解决问题等方面所花费的时间可能要比他们在洞悉如何改进课程方面所花费的时间更多。还有一个问题加剧了这一挑战，那就是许多分析工具和技术是为非教育部门的数据分析工作而开发的，它们是为那些巨大的数据集准备的，这些数据集要远远大于一个班级 20 个学生或 100 个学生的数据。与学习分析不成熟相关的一个方面是，那些工具及可获得的数据并不是为学习分析而准备的。例如，学习管理系统中有关学生使用视频内容的数据可能只表示学生当时对视频内容有过请求，并不能说明该视频成功地向学生播放过，更不能说明学生是否真的看过该视频。同样地，学习管理系统可以显示学生上一次登录的时间，但是从分析学的角度看，如果显示自上一次登录已过去了多少时间将会更有用。

随着学习分析的成熟，这些问题和关切也会不断变化。与伦理、隐私、数据利用等相关的问题在机构、国家和国际层面上都仍将是人们关切的问题。教学设计者和教师作为最直接参与学习经验设计和传递的个人，必然会卷入对这些关切的讨论和解决之中。各种支持学习分析的知识和工具的开发问题也将继续存在，但随着学习分析研究和探索的发展，这些问题应该会逐渐消失。

结论

毫无疑问，我们将生活在一个预测性数据分析越来越强的数据驱动的世界里。我们的最终目的是利用这些数据，通过数据支持的决策和设计来改进学生的学习经验。在课程、专业计划、机构和国家层面上可以利用规定性分析来进行课程的首次设计和持续改进。其可能的好处包括：更健全的机构和专业计划；当然，还有更成功的学生。由于学习分析还处于幼年期，可能在数据的规划、收集和分析方面还需要大量的投资才能让教学设计者真正得到较大的收益。在所有数据的收集、保护和使用上应谨慎行事，以确保隐私和伦理问题得到妥善处理。学习分析已被广泛接受，很快就将成为教学设计师装备库中不可缺少的一部分。

要点总结

1. 学习分析的主要目的是利用数据驱动工具和过程来改善学生的体验。
通过利用数据来提高管理效能，改善教学法和课程，提升学生学习水平，就可以改善学生的体验。

2. **适合进行学习分析的数据来源和类型多种多样。**尽管学习分析应用的数据大多提取自学习管理系统,但也可以从机构档案、电子文本或其他学习应用程序、课程评价、国家数据、课程教师处获取。

3. **学习分析可以应用于课程、专业计划和机构层面的设计。**数据可以用来推动课程和专业计划的初次设计和再设计,也可以用来影响机构的方向和决策。

4. **想理解学习分析的效用和能力,可考虑对本章描述的那些工具和案例研究进行建模。**许多机构都已开发了自己用于学习分析目的的工具,或者充分利用其学习管理系统的特性来进行学生预警或预测。

5. **许多利益相关者都已从学习分析的应用中获益,尤其是学生。**通过开发能有效利用学习分析的工具,可以对行为进行建模、识别存在学习风险的学生、实施干预措施等。

6. **在运用学习分析前,教学设计者应该先熟悉有关伦理、隐私侵犯等方面的问题,以及可能影响学习和师生关系的学习者画像。**

应用问题

1. 最近,你所在大学的教务长对低年级课程的保持率表示了担忧。具体而言,她手中的数据表明,低年级课程的保持率大约比高年级课程的保持率低10%。她征集能帮助研究这一问题的提案,目的是为大学如何提高低年级课程的保持率提供建议。根据你对学习分析的了解,写一份提案,概述各种可以利用学习分析来研究这个问题的方法,以及阐述学习分析如何能帮助提供解决方案。

2. 在最近一次系会议上,系主任问教职员工和研究生对学习分析了解多少,因为他正在读有关学习分析在高等教育中运用的材料。在接下来的讨论中,大多数教职员的讨论是积极的——他们说自己也听到了很多有关学习分析及其如何用来促使学生成功的内容。但有少数教职员表示了对伦理问题的严重关切,他们说,学习分析可能导致学习者画像,而其使用违反了《家庭教育权利和隐私权法》(FERPA)。假设你已充分了解关于学习分析的各种争议和担忧,你会发表什么样的见解?请描述你将如何向教职员工和研究生讲授文献中已经提出的那些担忧和问题。

3. 你正与一名教师一起设计一门在线科学入门课程。该教师坚称，只要学生阅读课本并完成所布置的作业问题，那么就足以正确掌握学习材料了。你如何利用自己已了解的学习分析知识来向他解释该课程需要更多的设计。根据其他成功的科学课程设计中得到的学习分析数据，你会提出哪些类型的设计方案？在课程设计完成后可以收集和分析哪些类型的数据来衡量课程的"成功"或"失败"？

参考文献

Baepler, P., & Murdoch, C. J. (2010). Academic analytics and data mining in higher education. *International Journal for the Scholarship of Teaching and Learning, 4(2)*, article 17.

Belmont Report. (1979). *The Belmont report: Ethical principles and guidelines for the protection of human subjects of research.* Retrieved from http://www.hhs.gov/ohrp/policy/belmont.htmlhttp://www.hhs.gov/ohrp/policy/belmont.html

Bichsel, J. (2012). *Analytics in higher education: Benefits, barriers, progress, and recommendations.* Louisville, CO: EDUCAUSE Center for Applied Research. Retrieved from http://net.educause.edu/ir/library/pdf/ERS1207/ers1207.pdf

Bloom, B. S. (1984). The 2 sigma problem: The search for methods of group instruction as effective as one-to-one tutoring. *Educational Researcher, 13*(6), 4–16.

Brown, M. (2012). Learning analytics: Moving from concept to practice. *Educause Learning Initiative, 1*–5. Retrieved from https://net.educause.edu/ir/library/pdf/ELIB1203.pdf

Campbell, J. P., DeBlois, P. B., & Oblinger, D. (2007). Academic analytics: A new tool for a new era. *EDUCAUSE Review, 42*(4), 40–57. Retrieved from http://er.educause.edu/articles/2007/7/academic-analytics-a-new-tool-for-a-new-erahttp://er.educause.edu/articles/2007/7/academic-analytics-a-new-tool-for-a-new-era

Council Directive 95/46/EC on the protection of individuals with regard to the processing of personal data and on the free movement of such data. (1995). *Official Journal of the European Communities, L281/31*. Retrieved from http://eur-lex.europa.eu/legal-content/EN/TXT/?uri=CELEX:31995L0046http://eur-lex.europa.eu/legal-content/EN/TXT/?uri=CELEX:31995L0046

Denley, T. (2014). How predictive analytics and choice architecture can improve student success. *Research & Practice in Assessment, 9*(Winter), 61–69.

Dietz, B. (March, 2015). *Immediacy behavior in the online classroom: Effects on student performance and engagement.* Poster presented at SoTL Commons, Savannah, GA.

Duhigg, C. (2012, February 16). How companies learn your secrets, *The New York Times Magazine.* Retrieved from http://www.nytimes.com/2012/02/19/magazine/shopping-habits.html

Feldstein, M. (2013, December, 17). What faculty should know about adaptive learning [Blog post]. Retrieved from http://mfeldstein.com/faculty-know-adaptive-learning/http://mfeldstein.com/faculty-know-adaptive-learning/

Greller, W., & Drachsler, H. (2012). Translating learning into numbers: A generic framework for learning analytics. *Educational Technology & Society, 15*(3), 42–57.

Jones, S. J. (2012, Spring). Technology review: The possibilities of learning analytics to improve learner centered decision making. *The Community College Enterprise,* 89–92.

Krumm, A., Waddington, R. J., Teasley, S. D., & Lonn, S. (2014). A learning management system-based early warning system for academic advising in undergraduate engineering. In J. A. Larusson & B. White (Eds.), *Learning analytics: From research to practice* (pp. 103–119). New York: Springer.

Larusson, J. A., & White, B. (Eds.). (2014). *Learning analytics: From research to practice.* New York: Springer.

Liñán, L. C., Alejandro, Á., & Pérez, J. (2015). Educational data mining and learning analytics: Differences, similarities, and time evolution. *RUSC. Universities and Knowledge Society Journal, 12*(3), 98–112.

Long, P. D., & Siemens, G. (2011). Penetrating the fog: Analytics in learning and education. *EDUCAUSE Review Online.* Retrieved from http://www.educause.edu/ero/article/penetrating-fog-analytics-learning-and-educationhttp://www.educause.edu/ero/article/penetrating-fog-analytics-learning-and-education

Morris, L. V., Wu, S., & Finnegan, C. (2005). Predicting retention in online general education courses. *The American Journal of Distance Education, 19*(1), 23–36.

Norris, D. M., & Baer, L. L. (2013). *Building organizational capacity for analytics.* Louisville, CO: EDUCAUSE. Retrieved from https://net.educause.edu/ir/library/pdf/PUB9012.pdf

Picciano, A. G. (2012). The evolution of big data and learning analytics in American higher education. *Journal of Asynchronous Learning Networks, 16*(3), 9–20.

Puget, J. F. (2015, September 21). Analytics landscape [Blog post]. Retrieved from https://www.ibm.com/developerworks/community/blogs/jfp/entry/Analytics_Models?lang=enhttps://www.ibm.com/developerworks/community/blogs/jfp/entry/Analytics_Models?lang=en

Scheffel, M., Drachsler, H., Stoyanov, S., & Specht, M. (2014). Quality indicators for learning analytics. *Educational Technology & Society, 17*(4), 117–132.

Shum, S. B., & Ferguson, R. (2012). Social learning analytics. *Educational Technology & Society, 15*(3), 3–26.

Smith, V. C., Lange, A., & Huston, D. R. (2012). Predictive modeling to forecast student outcomes and drive effective interventions in online community college courses. *Journal of Asynchronous Learning Networks, 16*(3), 51–61.

Solove, D. (2008). *Understanding privacy*. Cambridge, MA: Harvard University Press.

Van Horne, S., Russell, J., & Schuh, K. L. (2015). *Assessment with e-textbook analytics*. Retrieved from Educause website: http://net.educause.edu/ir/library/pdf/erb1501.pdf

Verbert, K., Duval, E., Klerkx, J., Govaerts, S., & Santos, J. L. (2013). Learning analytics dashboard applications. *American Behavioral Scientist, 57*(10), 1500–1509. doi:10.1177/0002764213479363.

Verbert, K., Manouselis, N., Drachsler, H., & Duval, E. (2012). Dataset-driven research to support learning and knowledge analytics. *Educational Technology & Society, 15*(3), 133–148.

Wright, M. C., Mckay, T., Hershock, C., Miller, K., & Tritz, J. (2014). Better than expected: Using learning analytics to promote student success in gateway science. *Change: The Magazine of Higher Learning, 46*(1), 28–34.

Yoder, J. D., & Hochevar, C. M. (2005). Encouraging active learning can improve students' performance on examinations. *Teaching of Psychology, 32*, 91–95.

111

第十三章　现场和虚拟项目管理

布伦达・C・利奇菲尔德　　南阿拉巴马大学

经验表明,许多刚踏入职业生涯不久的新教学设计师就会被安排负责一个教学设计项目。换句话说,他们成了教学项目的经理。本章的目的就是为成功履行该角色提出一些建议。

教学项目经理在指导每个项目时都面临着各不相同的独特情形。虽然各个项目的主题和产品都不一样,但成功管理项目所需的技能是一样的。对于以下情况你会做出怎样的反应? 你会先做什么后做什么? 作为一个项目经理,你需要哪些领导技能和管理技能? 你需要什么样的沟通技能? 你将如何安排项目的各个组成部分? 你将如何调动不同团队的积极性使其朝着同一个方向努力,并在预算范围内按时完成项目? 你将如何管理一个虚拟的团队? 以下是你作为一个项目经理可能会遇到的情况:

情况1:你收到一封你的主管给你的电子邮件。你的团队被选中为县里的许可证发放部门的管理人员创建教学项目。他们的主任希望全部内容都以在线课程的形式传递,而不是让员工坐着听冗长的讲座。共有6个独立的主题,要求信息丰富、交互性强。你是项目经理,必须于下周提交一份详细的计划,说明如何在4个月内完成该项目。(团队成员:3人)

情况2:你所在组织得到一份合同,要为餐厅经理开发一套综合的在线课程,内容涉及如何对待员工、预算、一般餐饮服务管理等。有8名住在美国不同地方的在线课程开发者受雇参与该课程的设计和开发。他们必须与程序员、撰稿人和平面艺术家合作。所有课程要有相似的格式和同样的外观。项目开发时间为 7 个月。(团队成员：10 人，其中 5 人在异地)

情况 3：美国汽车协会给你一笔资金来开发青少年安全驾驶课程。一切——目标、时间表、成本分解、设计说明、内容、评价程序——都已计划妥当。作为项目经理，你需要雇用一名员工在 12 个月内完成这个项目。(团队成员：20 人，其中 10 人在异地)

以上每种情况都是一个需要教学项目管理的情形。这些项目在很多方面都极为不同。一个项目的所有成员都在同一处，而另一个项目的成员则身处异地。大多数时候，项目成员中有些成员在同一个地方，有些成员身处异地。有些项目具有完整的设计文档，说明了所有程序和可交付使用的成果。另外一些项目则要由你来完成所有这些计划。一个项目只有 3 个成员，其他项目则需要多达 20 个成员。一个项目的时间期限是三个月，另一个则需要一年。

不管项目的范围和复杂性如何，贯穿所有项目的共同点就是，你作为项目经理所具有的管理、激励和领导团队的能力。人们一般认为小型的教学设计项目要比大型项目容易得多，但事实未必如此。无论项目的规模如何，你都应该能够监督整个过程，解决问题，激励团队，通过及时沟通自己的指示和愿望而推动团队不断前进。所有团队都要努力实现项目目标，满足项目和客户的期望(Dinsmore，2006)。你对目标和期望界定得越清晰，得到的结果就越好。所有团队都有其个性，无论是个人还是团队都会受到不同回报的激励。你的工作就是找出理想的回报和动机是什么，并将它们用在对项目和你自己有利的地方。

有很多关于项目管理的书籍、论文和指南详细论述了如何进行项目预算、如何安排项目进度、如何制作文档以及如何评价项目(Berkun，2008；Craig，2012；Greer，2011；Hanley，2015；Kerzner，2013；Portny，2013)。本章的重点不在于通常认为的项目管理的各种工具，而是集中讨论与个人基本素质相关的项目管理和领导力的一些方面，这些个人基本素质使你在制作出高质量教学产品的同时成为一名有效的项目经理和团队领导者。对于成功的项目管理尤其重要的是有效的领导技能的形成、有效团队的形成，以及与团队的有效沟通。

管理和领导

　　管理有很多不同的定义。在管理的定义中出现最多的成分是,管理者的任务是要带领整个团队或员工实现特定的组织目标。要执行具体任务,并确保这些任务的完成是管理者的责任。赫西(Hersey)和布兰查德(Blanchard)(2013)的管理定义中包括了管理者的各方面任务,他们对管理的定义是:"管理是一个与个人、团队和其他资源(设备、资本和技术)合作并通过个人、团队和其他资源实现组织目标的过程。"(p.5)因此,良好的人际技能对成功的管理者是极为重要的。

　　教学项目管理具有许多一般管理(计划管理、行政管理)的成分。不过,由于项目的性质,它确实也不同于一般管理。如前文所述,每个项目都不一样,项目的周期也不同。要使一个教学项目顺利完成,你的个人管理风格对于确保团队在截止日期前完成并制作出可交付使用的产品是一个很重要的因素。

　　成功的项目管理还要求具备领导才能。管理和领导经常被当作同义词,但是在实际运作中,两者是不同的行为和哲学。领导涉及的是与目的和目标实现有关的更加广泛的方面。领导者的作用更像是革新者、远见卓识者、信念构造者、感化者。有效的领导者通过发挥个人的最佳水平来激励团队(Wong,2007),整合团队的能量、才能和能力来促进成功(杜克企业教育公司,2009)。领导者还可以通过超凡的魅力和赢得的尊重来影响他人。管理者执行计划、关注近期目标,聚焦于生产制作和期限。"管理者正确地做事,领导者做正确的事。"(Bennis,1994,p.12)

　　由于管理能力(在截止日期前完成任务、监督员工、不超过预算等)比领导能力更容易理解,在此将讨论一些重要的领导能力。从前,人们普遍认为有些人是"天生的领导者",其他人则不是。但现在,人们相信通过工作经验、机会、教育、榜样和导师等,人人都可以成为成功的领导者。这些方面还可以通过能力、性格、情绪稳定性等积极个人特征进一步得到提高(Hill和Lineback,2011)。

　　赫西和布兰查德(2013)认为,领导力包括三种相互关联的能力,分别为认知技能、行为技能和过程技能。能根据对现状的评估来诊断环境,计划采取什么行动来解决问题,这被视为认知技能。根据解决问题的行动要求调整行为和其他资源,这是行为技能。过程技能就是沟通。能与员工沟通,使他们理解行动计划和目的,同时又能倾听和回应他们的建议和关切,这是一个有效的领导者必须具备的第三项重要才能。

当然,诊断、调适、沟通也包括很多方面,每一方面都值得做进一步的研究。重要的是要记住,作为一个教学项目管理者,你必须把这些技能整合到每天的常规工作中去,因为对项目的最终成败负责任的人是你。你必须随时了解员工或团队成员正在从事的项目的各方面状况。如果他们落后于进度表的安排,或者未能理解项目目标,你不仅必须认识到这一点,而且还必须能设计出补救性的解决方案并将之有效地传达给团队成员。

因此,作为一个负责指导教学项目的人,你应该更像一个管理者还是更像一个领导者?你必须二者皆是。作为一个教学项目管理者,你处在一个需要同时运用管理能力和领导能力的独特位置。在诸如本章开头所描述的那些教学项目中,项目组成员有的少至 3 人,也有的多至 20 人。除非你为大型的教学设计公司或培训组织工作——在这种大型组织中有许多团队和项目在同时进行,不然的话,你很可能是跟一个相对较小的团队一起工作。在这样的情况下,作为项目经理,你要负责在期限和预算内实现项目目标。同时,你还要以自己的精神、洞察力和鼓励来带领和激励你的团队。

你对团队的影响力主要取决于你的人格和行为。马斯洛(Maslow)(1998)认为开明的管理能造就成熟的员工。如果管理是公平、奖罚分明、有同理心的,那么员工之间或员工与其认识的人之间就会形成更为积极的行为。巴里(Barry)(2015)对参与其项目领导课程的许多人进行了调查,以了解他们对成功的项目经理的看法。参与者们提到,成功的项目经理必须具备十个特质:(1)共同的愿景,(2)良好的沟通,(3)正直,(4)热忱,(5)同理心,(6)能力,(7)知道如何授权,(8)在压力下能保持镇定,(9)团队建设能力,(10)问题解决能力。

由此可以明显地看到,成功的项目管理者最重要的技能不是安排进度表、定义目标、编制预算或进行形成性评价等方面的能力,而是指导和激励团队的人际技能。当然,技术性的技能是重要的——如果项目经理不能处理这些方面的工作,项目最终还是要失败的——但是你向团队表现出来的人格和行为是建立所有关系的根本基础,并决定着你作为一个领导者是受人尊重还是被容忍。在整个项目过程中,你必须灵活适应各种情境和人员。

赫西和布兰查德的情境领导模型(2015)是项目经理的一个重要工具。该模型基于三方面因素：(1)领导给予指导和引导的程度；(2)领导提供的社会—情感支持的程度；(3)部下在执行任务、功能或目标时表现出来的准备程度。你的基本人格和行为形成了你的领导风格。不同的情境和个人要求有不同的反应，你的领导风格也不应一成不变。这似乎是一条奇怪的建议，但是如果对各种不同的情境和个人都以完全一样的反应来对待，那么你将会有效地应对某些情境，但却不能有效地应对另外一些情境。根据对具体情境的正确分析来调整自己的领导风格和资源，你才会成为一个更有效的领导者。

运用情境领导方法涉及一个基于项目团队成熟度的四阶段循环过程。在你的团队经验不足并不太自信时(往往是在项目开始时)，你的领导风格(阶段1)应当是指导性的、详细的、监督的，但不应是专横和苛求的。在团队有了自信但仍需要学习时(阶段2)，你可以改变指导性的角色，此时你的角色应该是向团队解释和澄清你的决定，对于团队在方向和知识方面的进步进行奖励。这时，你要保证团队"买进"过程和产品。团队成员学得越多，独立工作的能力就越强。在阶段3，你的领导角色要聚焦于结果，确保团队的努力和产品得到回报。在最后一个阶段(阶段4)，你更多的是作为一个监督者而不是一个指导者。你的团队已学会了如何在一起合作制作产品，你可以放手让他们自己去做，而不需要像项目开始时那样进行密切指导了。

在以上各个阶段，管理有效或无效之间的差异很细微。例如，你减少了对团队的直接指导和监督，并认为这代表着你对团队的信任，可是团队成员却认为这表示你缺乏兴趣。在每个阶段，重要的是你如何把自己的意图同那些参与设计和制作产品的人员沟通。

沟通

人与人之间的有效沟通是一项基本技能，由于工人和企业的基础越来越广泛，这一技能变得更加重要。迈尔(Meyer)(2014)认为，全球化和数字技术的发展为我们提出了更多沟通方面的挑战。不管团队成员是同在一幢楼还是身处不同的州或国家，与他们沟通都可能是一项具有挑战性的工作。每个人都需要具体的指示、热情、动机和认可。团队想要确切地了解你的期望是什么、你何时期望，以及你所期望的质量。在沟通中不能有任何差错，因为你要最终保证在预定的期限和预算内制作出产品。千万不要假定别人知道你在想什么。要让你的想法像水晶般清澈——无论你的沟通对象有多少。在一个仅有几个人的小项目中，往往会出现严重的沟通问题，因为这很容易使人相信你们想的都一样。

在很多项目中，有些团队成员的纪律问题也是无法避免的。在很多情况下，你一定会发现一些不充分或不恰当的行为，也不得不跟有关团队成员进行严肃的谈话。你处理这些局面的方式对于其他团队成员如何认识你的领导能力有重大关系。如果发现了不符合目标的情况却不马上采取行动，那么团队成员就会认为你似乎是一个无动于衷、漠不关心或者偏袒的人。管理领域的一本经典著作《一分钟经理》(Blanchard 和 Johnson，1982)强调了"一分钟申斥"的重要性。立即进行申斥，确切地说明错误所在以及你的感觉，但你的申斥一定要对事不对人，提醒他们你很重视他们，然后结束。不要过分对抗，而是开门见山地沟通。

作为一名教学项目管理者，你必须同各种群体和个人沟通。图 13.1 阐述了项目经理的典型沟通模式。箭头的粗细说明跟每一个群体或个人沟通的频繁程度。你还必须对各群体或个人之间的沟通加以协商和解释，即使你没有出席他

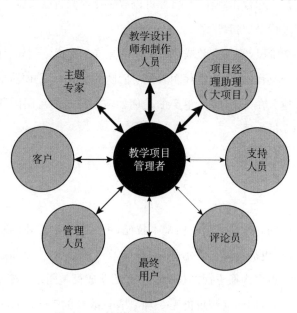

图 13.1　教学项目管理者的沟通模式

们的会面或者没有直接同他们互动。这种情况下,你扮演的是群体之间的调停者——这是一个重要的功能,对于项目的稳定运行和准时完成也是十分必要的。

团队沟通

教学项目开发团队一般包括教学设计师、项目经理助理(大项目)、撰稿人、艺术家、(在视频/计算机项目中)电视录像制作人、编剧以及程序员等其他技术人员。你进行的沟通,绝大部分是跟团队的沟通。在与团队的沟通中,你的主要任务是激励团队和监督项目进展。在项目进行期间,这些都是与你关系最为密切的人。不管你的团队是 3 人还是 20 人,与团队的准确、及时、真诚的沟通对于成功完成教学项目来说是最关键的因素。你与团队沟通的主要内容应集中在项目方向和动机激励上。你应该定期向团队传达你的热情并监督项目进展。即使团队成员在各自的领域中都很出色,但是在一个具体的教学项目中,各种不同个性以特定方式结合在一起就很可能引起各种独特的问题,而这些问题都是要你去处理的。

制作人员

一个项目的制作人员可能包括撰稿人、编辑、平面设计师、艺术家、网页设计师以及其他媒体专家。教学项目管理者面对的最有意思的挑战往往来自跟制作人员中的创新性人才的合作。如果你用传统的管理方法来管理这些创新性人才,你将会遭到抵制和误解。大多数人认为管理就是满足时间期限、预算等方面的要求,但创新性人才往往不被这样的目的驱动。

刻意要求的创新就算不是不可能的,也是很难实现的。创新性人才需要的往往是灵活的工作时间和日程安排。创新性人才非常看重自己的工作,因为他们的自我体现在每一个想法和陈述中。由于这些问题,评判创新性人才的工作是一件有些敏感的事情。对于大多数员工,当他们做的事不合主管的意时,他们可以很容易地说:"是你让我这样做的。"而对于创新小组的成员却不是这样的。每次当他们探索课的设计方法、创建网页设计、制作视频时,他们都是在拿自己和自己的创造力来冒险。

创新性人才是独立的,可能是难于预测、甘冒风险的(McGuinness,2010)。

对他们大多数人来说,重要的是自己的努力得到欣赏,具有创造的自由而无须担心因尝试新想法被批评。对待创新性人才应该保持敏感性,并了解他们制作"产品"的过程,因为在他们看来这些产品就是他们自身的反映。传说中创新性人才喜怒无常、难以驾驭的一面,实际上来自误解或创造性受限的感觉。对于某种设计或方法,他们有自己的见解,他们希望在你说这些设计或方法不行或者其方向完全错误之前,至少能听听他们的想法。

116 　　这并不是说创新性人才要求特殊的待遇或不必像其他团队成员一样负太大的责任——这仅仅是一种不同的方法。灵活的工作时间(如果可能的话)、在团队中工作、毫无担忧地自由表达观点、积极倾听他们的想法,这些只不过是你与创新性团队成员愉快合作的一些技巧。要记住,创新性人才并不一定是难相处的;他们只是需要你为了教学项目的成功而给予一点特别的关注和理解。

教学设计师

　　或许你的团队中最重要的成员就是教学设计师。他(们)负责教学产品的研究、设计和开发。可能在小项目中,你既是教学设计师也是管理者;而在大项目中,可能有若干个教学设计师。你跟教学设计师的关系可能是最密切的。共同的教学设计背景使你们成了最容易沟通的团队成员。

　　在管理其他教学设计师时需要考虑的两个主要变量是:他们表现出的经验和技能水平,以及角色的划分。如果你的技能水平高于你管理的那些人,那么你可以以教练的身份协助他们进行开发。无论你的技能水平是高于、低于或仅仅是不同于你管理的那些人,你都有责任对他们工作的质量进行审阅并提供反馈意见。其次,你必须分清楚管理者角色和"实干者"角色。在管理其他教学设计师时,你感到很难习惯的一个事实是:他们的风格和产品同你自己的很不一样,因此只要一有可能,你就会忍不住想要自己来做。然而,必须记住的是,你得对他们的开发负责,你要把自己的期望、指导和反馈与他们进行明白无误的沟通,从而得到你想要的产品,而不是亲自去做。即使你是一个设计师,团队成员仍然首先把你视为管理者和领导者,并期望你以管理者和领导者的身份提供指导和方向。

项目经理助理

如果你管理的是一个大项目,就可能需要多个项目小组,于是就要求有几个项目经理助理(APMs)。与项目经理助理互动的重点是激励、指导及知会。他们负责与各自小组成员沟通。由于所有的指示和程序都要经过项目经理助理来传达,所以每次沟通都必须十分清楚和准确。保证沟通准确性的最好办法是给各个项目经理助理提供书面指示和备忘录。教学开发特别注重细节,这些细节必须被完整地传达给适合的人员。

让项目经理助理每周向你提交一份他所负责小组的工作进展报告,并填写一份小组情况报告,这将是很有好处的。报告应该包括每个开发阶段(如研究、编写、编辑和拍摄等)以及目前正处于哪个阶段。在大项目中很容易忽视那些影响项目进展的具体活动、障碍或成就。

主题专家

你与主题专家(SME)之间的沟通以及主题专家与团队之间的沟通,可以采取多种形式。作为项目经理,此时你的主要工作是解释清楚有关的限制和角色、需求和愿望,并解决争论。主题专家基本上不了解教学设计,更不清楚教学设计的过程。主题专家一般是被"指派"从事某一个项目,有时候这意味着他们要在没有额外时间和酬劳的情况下做额外的工作。鉴于有些主题专家不准确的认识和不够积极的态度,这种情形有时是很有挑战性的。

从项目一开始,主题专家就应该知道你和你的团队能做的事情的极限是什么,也应该知道最终产品的样子。你必须确保教学设计师懂得跟主题专家合作的技巧,并理解这将是一项费劲的任务,因为双方实际上是在用不同的语言进行交流。主题专家希望了解变更将会造成的后果(花费更多时间和金钱),并制定具体的签准程序。识别问题和快速解决方案是仔细监控这一重要关系的关键。

格里尔(Greer)(2011)建议让主题专家更早地介入项目过程,这可以防止后面很多问题的发生。此外,他还建议让主题专家介绍他们的领域概况或者有助于你理解他们工作的信息。要他们提供这些信息也清楚地显示出你尊重主题专家的专业判断。你希望同主题专家建立起密切的关系,因为他们对项目至关重要,尤其是涉及审查和时间期限的时候。

客户

你与客户的沟通程度取决于项目的规模。如果是小项目,就像前面提到的县执照部门项目的情况(只有 3 个成员),你可以跟客户直接接触沟通。相反,在餐厅经理项目(15 个成员)或美国汽车协会项目(20 个成员)中,可能就需要一个专门的项目主管,由他来统管项目的一般成分,而你则负责项目的日常运作。有时项目主管将与客户进行更直接的接触。

假设你必须跟客户直接打交道,那么你的任务就是阐明想法、解释限制、获得认可和签准,最重要的是要让客户满意。在理想的项目中,如果一切都按照日程安排顺利地进行,你就无须跟客户进行太多接触。你跟客户沟通的重点是说明项目进展到哪一步以及你们正在取得的进展。需要跟客户沟通的一个重要方面(就像你跟主题专家的沟通一样),是让他们清楚,如果改变已定好的计划会有严重的后果,会导致时间和金钱方面的严重后果。如果一开始就让客户完全、直接地理解这一点,就可以避免随后的很多问题。理想的情形是在项目一开始就得到客户要支持项目的坚定承诺,支持包括为项目安排主题专家和评论员,并激发其动机,及时提供对项目有帮助的各种输入信息。

或许你还需要协调客户和主题专家之间的沟通。如果主题专家因为教学设计师不能够做某事而感到沮丧,那么接着就需要同客户召开一次面谈会。你会面对一个"他们都反对我"的情形,这时你必须进行解释、分析并解决问题。让客户满意包括通过良好的沟通来消除各种意外。没有比让客户感到意外更糟糕的了,例如,你告诉他们"我们还需要多加 3 个星期才能完成这一部分",或者是"我忘了告诉你,由于你的改变,需要多花 5 000 美元"(同时把账单递过去)。同客户沟通的秘诀在于,定期跟他们进行沟通,并且沟通内容要切题和详细。

管理人员

这里的管理人员指的是你的主管。跟他们沟通的重点应该放在项目的进展情况以及跟客户之间的问题上。除非出了什么状况,不然跟管理人员的沟通一般采取定期例会或现状报告的形式。管理人员无须知道团队的各种具体问题——这些是你要解决的问题。你越能掌控自己,你就越能干。管理人员和客户似乎都想了解同样的信息：进展情况如何。

有时当事情超出你的控制范围，如客户提出不合理的要求或者想要做出重大改变时，你应当与管理人员商讨。你可能没有绝对的权力来做出这些决定，不过这同样取决于项目的规模。如果你有这样的权力，那么要确保把所有事情以书面形式记录下来，并让每个人在新的进度表和过程安排上签字。

最终用户

乍一想，作为教学项目管理者，你似乎不必与最终用户进行沟通。实际上，在项目的最初阶段就同最终用户进行沟通是十分必要的。如果可能的话，在项目的最初阶段可进行一次面对面的会谈。如果没有可能，可向最终用户发送调查问卷。会谈或问卷的目的是要确定，对于特定的受众，项目的方向或方法是否恰当和切实可行。尽管开始时跟最终用户的沟通可能不够全面，但这对于你的教学产品最终被接受和认可有着巨大的影响。此后，跟最终用户的互动沟通就主要由教学设计师来进行。

在规划和设计教学时，与最终用户的沟通对于教学设计师尤其有用。教学设计师很容易就投入到设计过程中，以致设计的整体方法被忽略，最终导致受众不感兴趣。受众的差异是多方面的：文化、年龄、教育、兴趣和背景。例如，成人为青少年设计产品是一件很棘手的事情，因为你可能拥有丰富的设计技能，但却不理解那些能抓住青少年的兴趣并能保持其动机的相关策略和当前趋势。

评论员

在跟评论员的沟通中，最困难的事情就是要成功地让他们明白及时转向的重要性。你不可能经常直接会见评论员。你跟他们的接触常常是通过信件或电子邮件，向他们解释有关项目的过程以及希望他们做的事情，比如如何填写评价表、他们应该处理项目的哪些方面等。由于人人都很忙，而且有些评论员在承担这项任务的同时还要完成其他工作，你很少能在指定的日期收回所有评论，还有些你根本就收不回来。因此，得到评论员的上司的支持是很有帮助的，特别是在你的客户就是他们的经理时。这将有助于确保评论员们明白项目很需要他们的及时合作。

有些评论员可能需要多次请求才能完成其评论工作。你的请求必须要斩钉截铁但又不能盛气凌人,就像对你的团队和员工一样。对评论员所做的一种重要表示是:在他们无偿进行评论工作时,花点时间给他们发一封简短的感谢函。对此他们不会忘记,而且将来很可能继续跟你合作。

支持人员

支持人员包括很多人,如编辑、版权专家、研究人员等,他们对于项目的及时运行非常重要。虽然支持人员主要是跟开发团队进行沟通,但你应该注意定期与支持人员协商,以确定一切是否都在顺利地如期进行。你的日程总是很紧,这些人可能使你在限期内完成任务,也可能使你不能在限期内完成任务。支持人员喜欢清晰而明确的、有足够时间把工作做好的指令。不要低估跟他们进行沟通和建立友善关系的重要性。

建设高效团队

随着教学设计项目变得越来越复杂和相互关联,团队合作也变得更加必要了。作为一名教学项目管理者,你必须既是管理者又是领导者,并通过良好的沟通使你的团队齐心协力地朝同一个方向前进。一个和谐高效的团队更富有创新精神且面向解决方案,因而能够大有作为并使项目获得成功(Topchick,2007)。你必须引导团队成员,使他们愿意去实现你以及客户和管理人员所提出的目的和目标。对于一个由各种人才组成的团队,这并非易事。激励团队是一个复杂的问题。

118　　　在紧迫的期限和压力下使团队感到轻松愉快,是激发团队成员制作出高质量产品的一种方法。如果在项目早期以及整个项目过程中经常开展有关团队规范、角色和目标的讨论,那么团队成员便能更好地理解团队的规范、角色和目标(Miller,2011)。大多数工作人员都是一个或多个工作小组的成员,他们跟工作小组的交流往往比跟家庭成员的交流更频繁(Vroom,1995)。除了通常的项目计划和正式的沟通外,你必须采用一些有趣的方式来提高他们的士气和参与度,使每个人都最大限度地发挥其聪明才智。

除了形成和培育团队的工作关系外，你作为项目经理，还必须能够"对当前团队的文化、个性和习惯负责"(Berkun，2008，p.196)。你必须善于带领你的团队度过成长阶段。你的目标应该是让你的团队尽可能快地实现有效合作。这不是一蹴而就的事。团队的形成要经历一些各不相同但又常常相互重叠的阶段。可以把这些阶段简单地分为开始、中间、结束。

在开始阶段，最关键的是你的工作和你的处世之道。你要负责制定最初的方针并激励团队。项目经理的即时掌控能力是相当重要的(Portny，2013)，这为整个项目定下了基调。必须清楚地分配角色，阐明每个人的责任。团队成员不仅要理解他们自己的角色，而且还应认识到整个组织中的各种关系是如何相互作用和相互依赖的。

回过头来想想创新小组的成员(他们在接手此工作前也许是自由职业者)和第一次参加团队工作的成员，他们可能不了解组织的关系。在开始阶段，当各种个性、各种角色、各种责任等首次交汇在一起时，他们可能会感到困惑。专业人员想要了解目的是什么，希望对实现目的的手段有一定的控制权。你要以支持性而非专横的方式来提供大量指导并对进展情况加以监督，这并不是一件容易的事情。

在项目的中间阶段，团队成员如你希望的那样正在向前推进工作，他们理解了自己的角色和项目的方向，依照项目计划书来培养自己的技能。此时仍需要对团队成员进行指导和监督，但已不像开始阶段那样详细和密切。这时，他们对于自己在做什么以及该如何做应该有了清晰的思路。他们彼此间也更熟悉，对设计和开发任务也更加了解。

在结束阶段，团队的工作已经达到最佳状态，可能不需要也不要求你再多作指导，但你还是要认真地继续监督并追踪团队的进展，及时处理出现的任何问题。在一定程度上，你的工作更容易了，因为团队成员知道该做什么，他们正在按计划制作产品，并对自己的工作感到自豪。但即使一切都很顺利，仍会有问题出现。新的团队成员的加入、资金或方向的变更、监督不到位等都会导致新的挑战。这一阶段最常见的项目管理错误是对团队关注不够。在项目周期中工作繁重和压力比较大的时期，监督和激励是很重要的。尤其是在项目接近尾声时，每个人都为了在期限内拿出最终的可交付产品而努力，以至于感到压力很大，此时监督和激励就尤为重要。在项目的所有阶段,你都必须经常与团队保持互动沟通,但不同阶段沟通的重点和方向应有所不同。

虚拟教学项目管理

未来教学项目管理的一个主要领域是远程管理。利用电子邮件、即时信息、视频电话等,你完全不用跟团队成员直接见面,就可以对项目进行选择、指导和管理。选择团队成员除了要考虑他们的知识和技能外,还要考虑其计算机技能和电子访问技能。远程管理可能会对管理者形成一个全新的挑战,但是从根本上说,远程管理所要求的是将有效的面对面沟通外推于有效的电子沟通。

虚拟项目管理要求管理者和团队成员必须了解反馈系统,并将更多精力用于有效的沟通。同样重要的是,必须制定一些方法,使管理者能够及早发现潜在问题的预警信号。哪怕对于资深的项目经理而言,远程管理也将是一个挑战,因为沟通的程序和方法都不一样。领导技能将基于电子邮件,沟通变得缺乏人情味,有效团队将在网络空间形成。必须付出专门的精力来确保你的期望得到清晰的理解,使所有团队成员都理解该如何处理项目的各个方面,以及该如何处理冲突。

希尔和莱恩巴克(Lineback)(2011)指出了管理虚拟团队时的一些主要挑战:阐明目的、目标和团队文化;使成员之间建立互信关系;促进互动;招募团队成员时注重其人际技能。从一开始就认真对待这些问题,便可成功地形成有效的团队,也能够成功地与团队成员进行有效沟通。就算团队成员都是一些极有才干的人,你也必须跟所有团队成员保持密切接触,这一点很重要。虚拟团队的管理者大多会雇用一些富有才干的人,并认为无须对他们多加指导。但是指导和互动是不同的。假如团队成员确实富有才干且能够自我指导,那么你可以与团队成员进行互动而不给予指导。但不能放任不管,你仍需要进行指导和沟通。与身处异地的团队成员的沟通是必要的。鼓励、反馈和认可是团队自信心和凝聚力建设中的必要部分。

不是人人都善于或者能自如地提供反馈(Wong,2007)。这需要练习,你必须关注传递的信息和接收者对此的理解。一贯的经常性反馈是必须的。主动提供的反馈很重要,它具有很强的激励作用。动机性反馈和发展性反馈是两回事,但都很重要,两种反馈都应该经常提供(Gardiner,2006)。可以把反馈想象成在办公室里"四处走动"的同时跟团队进行交谈。你可以通过计算机顺便走访,就像你顺便走访办公室一样。许多虚拟项目管理者都通过视频电话与团队保持接触。有些视频电话系统耗资数千美元,但却节省了更多的旅行成本并避免了生产效率的降低。免费下载和价格实惠的相机使你能够以经济的方式实时"走访"。

同非异地团队相比,在虚拟团队成员间建立信任感、保证每个成员都知情就更加重要了。通过电子邮件和即时信息进行沟通有效且快捷,但是却少了非异地团队的人与人之间的互动。电子化信息还缺乏具体的语境,因此可能被以各种不同的方式来解释(Mersino,2007)。例如,本来似乎是一个玩笑,却可能被接收者视为讽刺。你必须留意不要让信息看起来过于简洁。我们很容易对一个问题快速回复一到两句话而不加上其他任何感情或信息,但是要避免这样做。在邮件开头必须称呼对方的名字,结尾时要署上你的名字。这听起来是很简单的事,但我们收到的很多信息都遗漏了这一礼节。

详细计划每一分钟,控制所有过程,都将对虚拟团队起到遏制作用。这听起来与项目经理的直觉背道而驰,他们喜欢把一切都组织得井井有条。要记住,你的团队成员可能来自不同的地区,有着不同的文化和背景。在休斯顿行得通的事,在纽约、巴黎或东京就行不通。虚拟团队是一个流动的、动态的实体,可能不得不随着主顾的需求而变化。最好能有一个标准但同时又有一定灵活性的程序。

就像同处一地的团队一样,建立团队的凝聚力是虚拟团队的一个重要部分。要建设一个有照片和简历的团队主页。这可以让每个成员都能了解其他成员,能够把每个人的名字和面孔对应起来。不用很详尽,只需非正式地介绍基本信息即可。有很多种技术可以用来形成共同体以及虚拟团队的团队精神。

无论使用何种新技术和如何管理异地团队,虚拟项目管理始终都需要现场项目经理所必需的洞察力、敏感性和问题解决能力。如果在面对面情况下你能有效地做到这些事情,那么你就能很好地把它们加以改造以适应远程管理。

结论

教学项目管理是一个复杂的人类领域,需要心理学、管理学、科学和咨询服务等方面的知识。不可能简单地说"在这种情况下,这样做"。管理不能以这种方式进行,因为人是一个个的个体,常常具有不可预测性。团队成员是这样,客户和管理层同样如此。有时你应是一个领导者,有时你又应是一个管理者。你应该能够以一种敏锐、公平而又严格和具指导性的方式识别、诊断并解决与人员和产品有关的问题。

今天,虚拟领导和管理越来越平常。你须对在现场管理中使用的技能加以磨炼和调整,以便有效应对多样化的文化和视角。全球化使得由来自不同文化的优秀人才组成的团队越来越普遍(Meyer,2014)。很多时候,这些团队成员之前感受到的领导风格可能大不相同。鉴于这些多样性,虽然虚拟全球化团队采用的电子沟通很高效,但是除非你特别注意措辞及其含义,否则它们有可能是无效的。

所以你该如何学习项目管理技能呢? 读、看、说、听和实践。每一个教学项目都是独特的,具有不同的目标、团队和客户。但无论它们有什么区别,成功的项目经理在为团队提供指导和激励团队时,始终应该以身作则。只有掌握人际技能、考虑个别差异、具备有效沟通能力,教学项目管理者才能理解自己的团队并指导团队制作出最优秀的产品。

要点总结

1. **领导和管理不是一回事,需要不同的技能。** 领导者通过创新、愿景、信任和影响力来激励人。管理者执行计划,关注近期目标,聚焦于生产制作和截止日期。

2. **项目管理中最重要的技能是用以指导和激励团队的人际技能。** 制定日程、做预算、界定目标、开展评价等方面的能力很重要,但最重要的是领导团队的人际技能。

3. **创新性人才的管理面临着一些有趣的挑战。**如果你用传统的管理方法 *120* 来管理这些创新性人才，你将会遭到抵制和误解。创新性人才比其他人更看重自己的工作，因为他们的自我都体现在每一个想法和陈述中。

4. **虚拟项目管理需要更多特定技能。**在通过电子手段进行管理的情况下，沟通、指导、互动和激励变得更加重要。在项目的各个阶段都必须考虑和关注文化与多样性。

5. **如何与多元化的员工队伍进行有效沟通，这需要进行认真的考虑和实践。**今天，工作人员比从前更加多元化。你的团队成员可能来自不同的国家，具有不同的文化。你必须精通如何以最有效、最不讨厌的方式来传达你的信息。有时简短是无效的。

应用问题

1. 有一个项目要耗资一百万美元，为银行分行经理开发十门基于计算机的培训课程。项目已经艰难地进行了六个月，换了两任项目经理。项目进度落后，客户已开始抱怨。但到目前为止，还没有制作出任何东西。项目团队举步维艰，成员之间不融洽，也没有什么方向。你刚刚被聘为第三任项目经理。你将如何处理这种情况？就你展现的领导技能而言，你会怎么做？你会首先着重于哪方面的领导技能，其次再着重于哪方面？你将如何让团队团结起来按时完成项目？

2. 你被聘为项目经理，组建了一支由十名工程师组成的团队，要为一家大型造船厂的工程师设计和开发一门为期五天的入职培训课程。有四名团队成员在同一个城市，三名成员在州内的不同地方，还有三名成员在国内其他州。可以跟其中的一些成员碰面，但有些则不能。成员中有多名工程主题专家、多名教学设计师、一名撰稿人、一名平面设计师和一名程序员。你将如何向他们传达项目的目标和对项目的热情？你将如何监控人员和产品？你将如何提供反馈？最后，你将如何庆祝项目的成功完成？

Barry, T. R. (2015). *Top 10 qualities of a project manager*. Retrieved from https://www.projectsmart.co.uk/top-10-qualities-project-manager.php

Bennis, W. (1994, November). The differences between leadership and management. *Manage*, 12.

Berkun, S. (2008). *Making things happen*. Tokyo, Japan: O'Riley.

Blanchard, K., & Johnson, S. (1982). *The one-minute manager*. New York: William Morrow and Co., Inc.

Chamorro-Premuzic,T. (2013). *Seven rules for managing creative but difficult people*. Retrieved from https://hbr.org/2013/04/seven-rules-for-managing-creat/

Craig, J. C. (2012). Project management lite. Dover, DE: CreateSpace Independent Publishing.

Dinsmore, P. C. (2006). Studies in human resource management: Interpersonal skills. In P. C. Dinsmore, P. C., & Cabanis-Brewin, J. (Eds.). *AMA handbook of project management* (pp. 144–154). New York: Project Management Institute.

Duke Corporate Education. (2009). *Building effective teams*. Chicago: Dearborn Publishing.

Gardiner, P. D. (2005). *Project management: A strategic planning approach*. New York: Palgrave.

Greer, M. (2011). *Project management the minimalist approach*. Amherst, MA: HRD Press.

Hanley, J. (2015). *Project management: Compact guide to the complex world of project management*. New York: Axellerata Publishing.

Hersey, P., & Blanchard, K. (2013). *Management of organizational behavior: Leading human resources*. Upper Saddle River, NJ: Prentice Hall.

Hill, L. A., & Lineback, K. (2011). *Being the boss*. Boston, MA: Harvard Business Review Press.

Kerzner, H. (2013). *Project management: A systems approach*. New York: John Wiley and Sons.

Maslow, A. H. (1998). *Maslow on management*. New York: Wiley and Sons.

McGuinness, M. (2010). *#25 Herding cats-managing creative people*. Retrieved from http://lateralaction.com/managing-creativity/

Mersino, A. (2007). *Emotional intelligence for project managers*. New York: AMACOM.

Meyer, E. (2014). *The culture map*. New York: Public Affairs.

Miller, M. (2011). *The secret of teams*. San Francisco: Berrett-Kolher Publishers, Inc.

Portny, S. E. (2013). *Project management for dummies*. (4th ed.). Hoboken, NJ: John Wiley and Sons.

Topchick, G. S. (2007). *The first-time manager's guide to team building*. New York: AMACOM.

Vroom, V. H. (1995). *Work and motivation*. San Francisco: Jossey-Bass.

Wong, Z. (2007). *Human factors in project management*. San Francisco: Jossey-Bass.

121

第五部分

绩效改进

第十四章　人类绩效改进的发展和演进

哈罗德·D·斯托洛维奇　　HSA 学习和绩效系统

人类绩效改进（human performance improvement，HPI）——多么动听的术*122*语！谁不希望在某些方面有所"改进"？这不也正是许多个人和组织发展方案的使命吗？HPI 有什么特殊或特别之处吗？它从何而来？它是如何发展为一个在全世界发出自信声音的特定专业领域的？从其起源和发展来看，在日益复杂的世界里，它如何影响个人或组织使其获得职场上的成功？最后，HPI 是否也只是充斥于我们繁忙工作环境中的众多奇迹剧中的一种流行一时的风尚，扰乱常规，提供无法置信的承诺，然后像惊梦一样消散在组织健忘的迷雾中？抑或是一个将被广泛接受的概念？这正是本章要探讨的问题。

定义人类绩效改进

只有当语词的含义十分清晰的时候，语词才是有力量的。关于 HPI，人们已提出了很多定义。范蒂姆（Van Tiem）、莫斯利（Moseley）和德辛格（Dessinger）(2012)最近提出的一个定义抓住了 HPI 的精髓："将业务目标与战略同负责实现这些目标的员工联系起来的系统过程。"(p. xxix)不过，要想充分理解这一研究和实践领域真正代表什么，还需要进行更详尽的阐述。因此，下文将从愿景、概念和预期目标三个视角对 HPI 这一术语进行更全面的定义。随后，我们将通过审视构成这一术语的每个单词来界定这一术语。

HPI：愿景、概念和预期目标

HPI 的愿景相对比较简单：通过人的因素而更成功地实现组织各相关利益方所看重的成绩，这些相关利益方包括：执行者及其伙伴和同事、管理者和消费者、股东、监管代理以及社团本身（Kaufman，2006）。

从概念上说，HPI 是一项使命直接明了的运动——重视通过人来实现成就。HPI 运用系统方法，特别关注通过分析绩效差距，设计和开发适当、经济、可行、为组织所接受的干预措施，实施干预措施，并对这些干预措施进行长期的监测和维持，以符合成本效益的、高效的方式来实现组织的目标。与其他具有相似使命的运动不同的是，HPI 来源于 HPT 这一独特的母体领域，HPT 包含一系列强大的过程、工具和资源、科学基础以及若干记录了宝贵成果的历史先例。

对于其"目标"，即有价值的成效，HPI 提供了一个操作定义。吉尔伯特（Gilbert）（1996）就他所谓的"有价值的"绩效（P_w）写了大量文献，他认为有价值的绩效为有价值的成效（A_v）与行为代价（B_c）的比率：

$$P_w = \frac{A_v}{B_c}$$

在 HPI 领域，预期的目标就是代价远低于结果之价值的绩效。近年来，计算成本和价值的方法越来越可靠，因此成本和价值等问题已明显成为人们关注的焦点（Bassi 和 McMurrer，2007；Echols，2008；Hubbard，2007）。

HPI：短语中各单词的含义是什么？

考察人类绩效改进这一术语之含义的另一种方法是分别定义其中的每一个单词。

人类。尽管有越来越多的例子表明 HPI 原理适用于教育和社会情境，但人类绩效改进是一个关于人类努力的专业领域，其核心是工作情境中的人所付出的努力和获得的成果（如 Harless，1998；Kaufman，1995；Stolovitch 和 Keeps，2006a）。

绩效。理解这个单词有两方面的难点。有些人第一次接触这个词时，是在戏剧的意义上认识它的，因此便带有戏剧舞台的内涵而不是其职场问题的真正内涵(Stolovitch 和 Keeps，1999，p.4;《韦氏大词典》，2014,第五版)。不过,绩效是一个适当的术语,因为它也表示某种量化的结果或者完成或执行某些指定的事情或承担的事情(包括工作成就)。尼克尔斯(Nichols)(1977，p.14)把绩效定义为"行为的结果。行为是指个人的活动,由于这些活动的实施而使行为者的环境产生某些变化,变化的程度便是行为的结果"。结果、系统所重视的成效或成就——这些就是 HPI 的核心所在(Hartt，2008，p.3；Stolovitch 和 Keeps，1999，p.4)。理解绩效这个单词的第二个难点在于它几乎是只有英语才有的一个术语。许多语言中都没有能跟它精确对应的单词。若用一些相似的单词或释义来传达它的精确意义,在翻译时往往就会丢失这一单词所包含的某些东西。尽管有这些伤脑筋的问题,但正如吉尔伯特(1996)所指出的,它的操作性意义仍然是清晰的。绩效是由需要一定代价的行为引发的有价值的成效。降低行为(活动)的代价,显著增加有价值的成效或收益,正是 HPI 所注重的(Corrado，Hulten 和 Sichel，2004)。

改进。这个单词的意思几乎是不证自明的,它指的是令事物更好。在工作环境中,改进一词有多种操作性定义:增加总收入和/或市场份额;更快速地上市;减少损耗和/或成本;更成功地顺应监管要求、更安全和健康。这些只是改进的一些最常见的操作定义(Robbison，Robinson，Phillips，Phillips 和 Handshaw，2015)。

这三个单词合在一起已造就了一场重要的企业运动——一场致力于带来变革,使组织及相关利益方所重视的成效得以改进的运动。

HPI：为什么现在时机已成熟?

近来若干思想和事件的汇流促成了 HPI 的发展。这些思想和事件包括:对人力资本的兴趣的复苏(可参见 Mitchell，Ray 和 van Ark，2015，p.6)、人力资本分析学领域的出现(Bassi 和 McMurrer，2007；Davenport 和 Harris，2007；Fitz-enz，2014；Pease，Byerly 和 Fitz-enz，2012)、对系统思维的重要性的认可、组织复杂程度的剧增,以及对绩效的关注。

人力资本

诺贝尔奖获得者西奥多·舒尔茨(Theodore Schultz)(1981)和托马斯·贝克尔(Thomas Becker)(1993)确定了人力资本在宏观经济层面的重要性。他们以令人信服的数据证明,随着人口的知识和绩效能力的提高,各国及其人民的经济成就也随之提高。科拉多(Corrado)及其同事们(2004)在美国也得出了相似的研究结果。基利(Keely)(2007)对人力资本及其对人们生活的影响进行了全面的全球性考察。要证明这一点,你只需考察一下那些自然资源和陆地都很有限,但却取得了异乎寻常的成功的小国家,如日本、以色列、新加坡、南韩、荷兰等。它们取得的各种各样的巨大成功证明了人力资本的巨大杠杆作用。

人力资本的理论也表现在组织层面上(Grawford,1991;Davenport,1999;Edivinsson 和 Malone,1997;Fitz-enz,2009;Halal,1998;Pfeffer,1998;Stewart,1997)。巴斯(Bass)和麦克默勒(McMurrer)(2007)、布拉德利(Bradley)(1996)、利克特(Lickert)和派尔(Pyle)(1971),以及斯图尔特(Stewart)(1994)也已经验地证明,在公司情境中,相比有形资本,人力资本能带来更高的收益率。HPI的核心是最大限度地发挥人力资本的成效。

系统思维和行动对线性思维和行动

在职场,对系统思维和行动(而非线性思维和行动)的需求不断增长(如Pourdehnad 和 Bharathy,2004;Senge,1990)。一般系统论(如 de Rosnay,1975)使商业界将组织设想成一个由若干相互作用的子系统组成的有机实体。在人力资源和开发领域,一些单一的干预类型(如科学管理、目标管理、走动管理等)已让位于更加整体和有机的方法(如质量圈、重构改造、团队协作、六西格玛等)。这促进了 HPI 运动,HPI 把绩效结果看作许多要素相互作用的最终成果,这些要素包括:清晰的期望、及时明确的反馈、对必要信息的访问、充足的资源、完备的政策、高效的程序、适当的激励和结果、针对性培训、全面的选择体制、价值的沟通、知识共享、各种管理支持活动,等等(如,Binder,2009;Marker,2007)。单一解决方案(又叫万能良方)——改进绩效的神奇干预措施——的无效性已导致人们对"短暂时髦"的不信任,以及对 HPT 整体方法的接纳(Boardman 和 Sauser,2013)。

随着全球即时沟通的实现,全球市场和全天候服务已变成了现实,因此,更多有关决策和消费者满意的重担落到了员工个人的肩上。公司不再生产单一的产品。每一条生产线的生命周期比以前任何时代都要短。工人和管理人员都必须急速地获得并分享信息和知识。

在持续压力和不断巨变的氛围中,伴随着企业的频繁合并和收购,人们不得不向环境寻求支持。环境可以促进机敏性、鼓励独立活动并提供易用的连接,通过这些连接可以从其他人那里获得帮助、专门知识、保证等。这样 HPI 就脱颖而出了。专业的 HPI 从业人员——绩效顾问(PC)(Robinson 等,2015;Rummler,2004;Stolovitch 和 Keeps,2004a)——实质上是与客户群体联系密切的客户经理、调查员以及受尊重的顾问(van Tiem 等,2012)。在进行调整、发生变化或出现问题时,绩效顾问就要确定理想绩效跟实际绩效之间的差距,对差距进行分析,找出影响差距的系统因素,提出一套综合且适当的干预措施来快速有效地消除(或者至少缩小)差距。绩效顾问的工具箱就是 HPI 提供的一套资源、过程和工作帮助(如 Rossett,2009)。

关注绩效

人们对培训专家或其他提供单一干预措施的专家的不耐烦在于,他们采取的干预措施侧重于个别孤立的刺激方案,而不是一揽子必要的应对措施。吉尔伯特(1996)提出了若干乍看之下似乎不合常理但却经得起推敲的原则和定理:

- 如果个人与环境对着干,最后的赢家将是环境。
- 努力地工作、广博的知识、强烈的动机,却没有获得有价值的成效,那么这就是没有效益的绩效。
- 不管成效如何,都对人的行为(如努力工作、知识、动机)予以奖赏的系统,是鼓励无能的系统。
- 对成效予以奖赏而不考虑行为的系统,是导致浪费的系统。

这些以及其他原则都强调,有必要对那些影响人们如何履行工作、如何实现有商业价值的成果、如何应用工作流程、如何展示行为等方面的环境因素加以考虑。实现业务驱动的成功的备选途径增加以及管理层想要具体展示这些成功的需求(Van Buren 和 Erskine，2002，p. 4)，都为 HPI 铺平了道路。

HPI 和 HPT 的关系

从几个方面可以看到人类绩效改进(HPI)和人类绩效技术(HPT)二者间的关系。一方面，人类绩效改进是我们希望实现的目标，而人类绩效技术是我们用以实现这一目标的手段或途径。可是，另一方面，这两个术语可以被视为同义词。只是人类绩效改进这个术语相对更新一些。在严格意义上，它是一种委婉的说法(在你觉得可能会显得唐突时，可以用这个不那么直接的表达)。它出现于 20 世纪 90 年代，很可能是因为它听上去比人类绩效技术更温和些。

人类绩效技术是一个专业实践领域，在 20 世纪 70 年代开始形成，80 年代作为一个专业领域得到认可。它是一般系统论应用于组织的产物(Stolovitch 和 Keeps，1999；Stolovitch 和 Keeps，2006a，p. xvi)。在 20 世纪 80 年代中期，盖斯(Geis)(1986)提出了若干假设，构成了 HPT 的基础，这些假设至今仍然正确。其中一些主要的假设是：

1. 人类绩效遵循着特定的法则，是可以预测和控制的。

2. 关于人类行为的知识有限(尽管这些知识正在快速增长)，因此 HPT 必须依赖实践经验和科学研究。

3. HPT 在形成自己的研究基础时吸收了许多其他领域的研究基础。

4. HPT 在形成过程中借鉴了许多知识来源：控制论、行为主义心理学、传播理论、信息论、系统论、管理科学，以及新近的认知科学和神经科学。

5. HPT 既不属于任何特定的传递系统，也不局限于任何特定的人群和学科领域。它可用于任何情境中的人类绩效问题，但更多的是用在组织、工作、社会改进等情境中。

6. HPT 是经验主义的，要求对所有分析和干预的结果进行系统的确认。

7. HPT 是不断演进的。在遵循基本的指导性原则的同时，允许大范围的革新和创造。

8. 虽然 HPT 不能假装已形成了自己的坚实的理论基础，但其理论和基于经验的原则却是由许多文件和系统实践中积累的经验性数据塑造而成的。

HPT跟其他一些应用领域(如管理、组织发展、医学、精神病学等)存在若干共同属性。

无论你喜欢使用HPI还是HPT来描述这个领域,这些假设都是正确的。

HPT和HPI这两个术语可以互换使用,通过对它们的一些正式定义的审视,这一点已得到了进一步确认。哈利斯(Harless)(1995,p.75)把HPT定义为"一种通过确定绩效差距,设计低成本高效益的干预措施,从人类执行者那里获得预期成效的工程方法"。斯托洛维奇(Stolovitch)和基普斯(Keeps)(1999;2006,pp.59-148)对HPI的定义与此非常相似。

相关领域

前述段落可能使你得出这样的结论:或许用人力资源开发(HRD)就可以很容易地重新表述有关HPI和HPT的内容。这基本上是对的。吉利(Gilley)、梅库尼奇(Maycunich)和夸特罗(Quatro)(2002)曾经说过:HRD专业人员的传统角色主要是事务性的(p.23),侧重于培训这种干预措施。他们强调必须改变这种角色,使之成为转换性的,要侧重于绩效。他们断言"组织面临的挑战要求HRD专业人员担负起改进公司绩效、提高竞争准备、推动能力更新的责任"(p.25),这样一来,他们就与HPI的目标十分接近了。

鉴于企业不断演进的性质,这种趋同是意料之中的。你可以看到,在组织效能(OE)领域也有一个类似的观点,即越来越强调组织在通过健全的管理、强有力的治理和不懈地致力于成果而完成其使命方面的能力。这包括满足组织和股东的目标——近期目标和长期目标——以及适应和发展不断变化的企业环境。OE专业人员侧重于组织的总体功能;HPI是以特定方式来设计人的绩效。两者的联系是明显的,也是很自然的。

对OE来说正确的东西对于组织发展(OD)来说也是正确的。虽然OD一般在组织的宏观层面运作,但OD专业人员的使命是:通过有计划地干预组织的流程和运作来增强组织的效能,使组织繁荣兴旺。与OE相比,OD较少采用工程方法,其特点更多在于沟通和促进的风格。不过,其目的,正像HPI的目的一样,是要通过人来达成有价值的组织成效。两者都关注人类绩效的改进。

绩效改进的早期前兆

起初,存在学徒制。师傅—徒弟模式为职场绩效能力的提高奠定了基础。不管我们是用比较正式的头衔"学徒"还是用"听差""侍从""帮工"等术语来称呼学习者,都意味着一个年轻人在提供服务性工作的同时被授予某种手艺。他通过持续不断的观察、指导、实践和反馈等方式进行学习。这个过程要耗费比较长的时间。

随着职场扫盲的引入,那些能够通过阅读来了解自己工作的年轻人赢得了一定的竞争优势。19 世纪的工业革命要求工人能读会写。公共教育的兴起提供了基本的阅读和计算技能。在日益复杂的工业化世界里,具有读写能力和算术能力的工人往往具有更高的生产力。有插图的印刷课本的出现,把图片和语词结合起来,极大地提高了学习的效率和效果。

这直接引发了视听运动。先是照片,然后是投影图像、电影和电视,这些媒体把人们不可能直接经历的事情带到了人们面前。教育者可以把世界带入课堂。对于企业培训者,增添的这些媒体带来了极大的改变。他们不用亲临现场就可以展示物体、产品、结果甚至过程。跟老方法相比,视听方法可以在更短的时间内培养更多的受训者。

第二次世界大战的爆发,要求快速地培训上百万的士兵,各种视听发明与快速发展的行为主义心理学结合在了一起。其结果就是设计精良的视听培训材料,这些材料的结构和内容呈现方式能有效地促进新技能和新知识的获得。向学习者展示事物的工作过程,在学习过程中提供指导和提示,然后在放手让学习者去做的同时进行监控。

第二次世界大战末期,军工企业中也出现了一些追随者,使用按行为主义原则设计的视听培训课程。接下来,随着这些士兵回到学校和职场,对视听培训的认可也扩展到了学校、大学和企业组织。

然而缺少了某些东西。视听培训材料仅仅被视为培训的工具和辅助手段,其运用本质上是战术性的。到了 20 世纪 50 年代和 60 年代,培训社团发现了一般系统论,于是出现了一个重要的转变,使教学技术得以产生。现在所有这些片段都已就位。通过关注影响学习的一系列要素——学习者特征、学习情境、要掌握的任务、清晰定义的学习目标、标准参照测验、媒体和传递系统——一个关于学习系统的全面的观点出现了。这适应了知识量剧增的现状以及全球性服务和知识经济的发展。学习不再被狭隘地看成是获得工作岗位和胜任该岗位的先决条件。现在显而易见的是，终身的、持续不断的学习对员工和组织的生存都是必需的。

教学技术引发了教学系统设计(ISD)的发展，而教学系统设计已经发展成了设计有效学习的标准。这种系统化的整体方法的主要优点在于，它考虑到了学习的所有必要变量。ISD为学习的设计、开发、实施和评价提供了一条明确定义的、有充分文献依据的途径——这是一种可复制、可迁移的方式，并有很多成功的记录。

然而，在人们因为创造了一种以人文科学和自然科学中最有用的知识为基础的有效培训——学习技术而感到欣喜时，专业培训社团却感到了不安。确实，新设计的学习系统被证明是成功的，人们确实学到了东西。但是，当教学系统设计者想要确证学习是否迁移到了工作中，或者根据业务标准来考察变化或改进的 *126* 程度时，结果却常常令他们感到沮丧(Bhati，2007；Esque 和 McCausland，1997)。

一种想法诞生了：HPT/HPI

托马斯·吉尔伯特一般被认为是 HPT 之父。作为斯金纳的研究生，吉尔伯特深受行为主义原理和实践的影响。他成了斯金纳在研究和开发教学机器过程中提出的程序教学的忠诚而能干的践行者。

通过把斯金纳的原理应用于工作场所，吉尔伯特不久就发展了一门新的学习(mathetics)科学(Gilbert，1962)，"mathetics"来源于希腊语的"学习"(mathein)一词。他编辑出版的《学习刊物》(*Journal of Mathetics*)吸引了一群志趣相投的人的注意，其中包括许多来自学习研究实验室和美国军队的人。他们以及其他一些人被学习科学提供的种种可能所吸引，成立了全国程序教学协会(NSPI)。和吉里·拉姆勒(Geary Rummler)一起，吉尔伯特不久就不再局限于学习问题,并在 20 世纪 70 年代中期提出了他的行为工程模型(Gilbert,1978)。在这一模型中,他提出了影响职场绩效的六类主要变量(见图 14.1)。这些变量包括:环境因素(如是否能得到频繁而中肯的反馈? 工作工具的设计是否能满足绩效需求? 是否有与绩效挂钩的适当经济激励?)和个人因素(如员工是否接受过系统设计的能满足典型工作绩效要求的培训? 是否有良好的员工选拔和晋升流程? 有没有对工人的动机进行充分评估?)。吉尔伯特的模型是一个重要的里程碑,至今仍然是分析 HPI 的一种基本工具。

大约在同一时间,曾是吉尔伯特学生的乔·哈利斯(Joe Harless)提出了自己的绩效改进过程(PIP)。1970 年,哈利斯出版了一本名为《一盎司分析(等于一磅目标)》的交互式书册,在书中提出了现在非常著名的前端分析方法论。这对培训从业人员尤其是教学设计师产生了重大影响。哈利斯通过培训后的跟踪评价发现,"虽然培训是根据当时的标准精心设计的"(Dean 和 Ripley,1997,p.94),虽然学生在测验中表现得很好,但是,有关的技能和知识并没有被迁移到工作场所。他提出的包括前端分析的 PIP 模型为以后的许多绩效改进模式奠定了基础。

	信息	设备	动机
环境	数据 1. 关于行为有效性的中肯而频繁的反馈 2. 对预期绩效的描述 3. 对于有效行为的清晰而相关的指导	资源 1. 与绩效需求相适应的工具、资源、时间、材料	激励 1. 与绩效挂钩的适当经济激励 2. 非金钱的激励 3. 生涯发展机会 4. 绩效低下的明确后果
个人	知识 1. 系统设计的能满足典型工作绩效要求的培训 2. 实习安排	能力 1. 配合员工顶峰能力的灵活的日程表 2. 假体或视觉辅助 3. 身体状况 4. 适应性 5. 选择	动机 1. 对员工工作动机的评估 2. 招募人员以适应实际情况

参考文献:托马斯·吉尔伯特博士的《人的能力:设计有价值的绩效》,1978,1996。

图 14.1 吉尔伯特的行为工程模型

在同一时间出现的还有罗伯特·马杰和彼得·派普(Peter Pipe)的虽然短小但很快就流行起来的出版物:《分析绩效问题或你真的该要》(1970)。这本书对教学设计师、培训人员、HRD 专业人员和教育者都产生了巨大的影响。他们解决职场绩效问题的明智方法得到了从业人员和培训经理的共鸣。这促使人们对于工作中的人类绩效的看法发生了大改变。

在那些对工作场所已有的培训—学习解决方案感到不安的人们中间,这些模型引起了极大的震动(和支持)。更重要的是,它们引发了思想上的两个基本转变。首先是使培训人员和 HRD 专业人员扩大了眼界,认识到许多人类绩效问 127 题可以通过培训之外的其他多种方式来解决;也认识到可用于改进人类绩效的干预措施是非常多的。职场中用于改进人类绩效的各类干预措施包括:提供新的激励系统,提供更及时详尽的反馈方法,创建和提供绩效支持工具,采用更好的工人选拔和晋升程序,改善工作设计和工作场所的环境条件,以及其他多种绩效改进技术。虽然有些惊慌(毕竟,这是我们要关注的吗? 我们介入这些方面合适吗?),但也有些激动和振奋,培训人员和 HRD 专业人员开始发现,自己的视野扩展了,所面临的挑战也增加了,同时也可以对底线业务成果发挥更大影响。

思想上的第二个转变是人们日益意识到,HRD/培训团体现在可以向高级管理人员提供更有说服力的证据,来表明应该把他们所从事的工作视为组织投资,而不应该视为成本。这就很自然地引起了对评价的重视,对组织人力资本和人类绩效的杠杆作用的重视,以及对投资回报率的计算的重视(如,Phillips,2003;Stolovitch 和 Keeps,2004b)。

HPI 发展过程中最重要的里程碑之一是《改进绩效:管理组织系统图上的空白空间》(Rummler 和 Brache,1995)一书的出现。该书提出了一个全面的绩效改进模型,以及各种比早期的方法更具战略性、更详尽的实践。拉姆勒和布拉什(Brache)把组织作为一个整体予以考察,确定了组织层面、过程层面、个体工人层面影响绩效的主要变量。其模型把所有这些层面紧密地结合在一起,只为了一个目的:设计有效的绩效。

斯托洛维奇和基普斯(2004a)提出了一个高度规定性的模型来设计有效绩效,同时还伴以许多绩效帮助手段(Stolovitch 和 Keeps,2006b)。他们最独特的贡献在于,提出了很多非常实用、程序化的指导方针和工具,对于培训人员、OD、

OE 或者 HRD 专业人员来说,这些指导方针和工具相对容易应用。他们的工作推动了组织中绩效顾问(PC)的出现。

最后,我们用图 14.2 所示的一个一般性的 HPT 模型(Van Tiem 等,2012)来对 HPT/HPI 的发展作一个总结,这一模型也许是在全球范围内最广为人知的。这个模型被国际绩效改进协会(ISPI)采纳并不断加以修订;ISPI 是一个专业组织,世界各地的许多 HPI 从业人员都把它视为自己的专业之家。

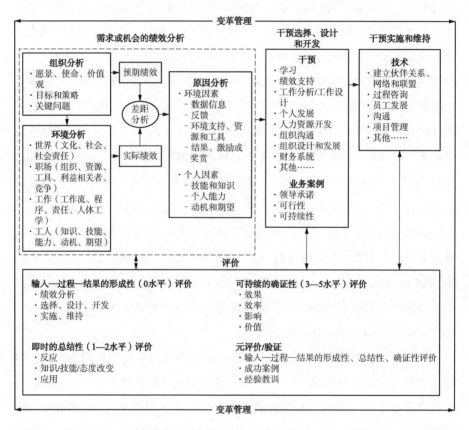

来源:From Fundamental of Performance Improvement Optimizing results through people, process, and organization, by D. M. Van Tiem, J. L. Moseley, and John. C. Dessigner, 2012. 经 ISPIWiley 许可使用。

图 14.2　ISPI 的人类绩效技术模型

128　　如图 14.2 所示,该模型分为四大块:(1)通过分析活动来识别绩效差距,确定导致差距的原因,识别造成差距的因素;(2)选择、设计和开发适当的、可行的、经济的、合意的干预措施,并构建业务案例;(3)实施所选择的绩效干预;(4)持续的监测和评价以确定干预的效果,识别所需要的改进。

有了合适的工具和过程,HPI专业人员便可应用有据可查的步骤,以有序而系统的方式改进绩效。

HPI 的未来

所有迹象都表明HPI有一个健康且广阔的未来,其专业从业人员在组织中正发挥着越来越重要的作用。这方面最重要的指标就是HPI和HPT的稳定发展和成长。它并不是一个突然出现的实践领域。在过去四十年间,它缓慢而有力地发展着,最终在那些试图通过人来取得重大底线变革的人中占据了突出的地位。其影响不仅限于北美,还遍及欧洲[例如,可参见《绩效改进杂志》特刊,它着重讨论了HPI在欧洲和全球范围内的应用(Mueller和Voelkl,2004)]和亚洲(特别是经济强劲并充满活力的中国)。

随着人们越来越关注学习和绩效的投资回报(如Bassi,Frauenheim,McMurrer和Costello,2011;Robinson等,2015;Stolovitch和Keeps,2004a),对HPI专业人员的需求将不断增加。从职业生涯角度看,绩效顾问在组织中的知名度越来越高,并且基于他们所做的贡献而得到的薪酬也比"培训从业者"高得多。在招聘网站Glassdoor 2015年的薪资汇总中,美国绩效改进顾问的平均年薪为89 750美元。相比而言,教学设计师的平均年薪为63 000美元(Indeed.com,未注明日期),公司培训人员的平均年薪为53 251美元(Payscale. com,未注明日期)。所有这一切都预示了HPI领域的美好未来。

结论

HPI并非短暂的时髦,也不是离经叛道的或异乎寻常的东西。相反,它是一个自然演进的过程,为了满足组织面临的艰巨的、竞争性的要求,而把人力资本管理和组织的要求系统地结合在一起。其愿景是通过人来成功地实现所有利益相关者重视的、适合于时代要求的组织成就。

虽然 HPI 起源于北美而且在北美得到了极大的发展,但却并不限于北美。对 HPI 的需要和兴趣是全球化的。来自欧洲、亚洲国家的培训团体、HRD、OE 和 OD 专业人员都共同支持 HPI 的愿景和实践。

这一章的内容回答了本章开篇时提出的那些主要问题,解释了 HPI 的特点或独特之处,叙述了它从何而来以及如何成长为一个具有全球影响力的专业领域。本章还回溯了 HPI 的来龙去脉和发展过程,证明了它如何可以帮助个人和组织取得职场成就。最后,论证了 HPI 不只是另一种颠覆性的时尚,而是构建富有价值的人类绩效的理性和合理的下一步——在当今这个苛刻的工作世界里,这是非常有意义的一步。

要点总结

1. **HPI 的核心愿景和使命是通过人来有效和高效地实现组织的所有利益相关者重视的组织成就。**为了实现这些结果,采用了一系列系统的过程,设计和开发各种经济的、可行的、为组织接受的干预措施来改进职场绩效和业务成果。

2. **HPI 的预期目的是"有价值的"绩效——由需要一定代价的行为而带来的有价值的成效,且行为的代价要远低于成效的价值。**作为一名 HPI 从业人员,应向组织具体展示你提议的干预的代价和价值。

3. **HIP 包括识别职场绩效问题、设计和开发适当的干预来解决这些问题的一系列系统化过程。**这些过程包括:(1)通过分析预期的和实际的职场绩效活动来识别绩效差距;(2)确定导致差距的原因和因素;(3)选择、设计和开发适当的、可行的、经济的、合意的干预,并构建业务案例;(4)实施所选的绩效干预;(5)开展持续的监测和评价活动来确证干预的效果并识别所需要的改进。

4. **吉尔伯特于 20 世纪 70 年代提出的行为工程模型仍然是一个基本的分析工具,该模型提出了影响职场绩效的六类主要变量。**这些变量包括:环境因素(如是否能得到频繁而中肯的反馈? 工作工具的设计是否能满足绩效需求? 是否有与绩效挂钩的适当经济激励?)和个人因素(如员工是否接受过系统设计的能满足典型工作绩效要求的培训? 是否有良好的员工选拔和晋升流程? 有没有对工人的动机进行充分评估?)。

5. **许多人类绩效问题都可以通过培训以外的途径得到解决。**除培训以外，可以改进人类绩效的干预种类包括：提供新的激励系统，提供更及时详尽的反馈方法，创建和提供绩效支持工具，采用更好的工人选拔和晋升程序，改善工作设计和工作场所的环境条件，以及其他多种绩效改进技术。

应用问题

1. 研读图 14.2 所示的 HPT 模型，回答下列问题：

a. 绩效分析阶段的主要目的是什么？

b. 为什么说该模型中的原因分析阶段至关重要？用模型的这一部分中列出的术语来支持你的观点。

c. 从干预的选择、设计和开发阶段所列的所有干预中选择三种（培训和教育除外）。查找其他资源中对这三种干预的定义，写出你对这三种干预的定义。对于这三种干预，你认为如果要充分地规划它们，教学设计者是否需要接受额外的培训，并说明为什么。

2. 假设某学院的主席正在跟负责处理学生入系申请的有关人员进行商讨。在解释现有问题的原因时，负责该项工作的办事员说："办公室主任从来都没有确切地告诉过我我的工作职责是什么，她也从未给我任何帮助，也不告诉我我的工作做得怎样。她还要求我接电话，而我认为这应该是办公室接待人员做的事。而且最大的问题是，我常常不得不走到办公室的那一头去把申请表传真到大学招生办公室，这占去我很多时间。另外，教师们常常让我为他们复印课本材料，只要他们提出要求，我就得放下手头的工作。"请识别在办事员的陈述中存在的绩效问题，为每一类问题提供一个适当的解决方案。

3. 教学设计和技术专业（IDT）录取的一些学生在第一次学习人类绩效技术时，感觉自己所受的训练不足以为执行图 14.1 所列的任务做好准备。但现在很多 IDT 专业的研究生都自诩为绩效改进专家，并从事图 14.1 中所列的许多活动。在老师的帮助下，找出你所在专业中两个自认为具备了 HPT 专门知识的研究生，对他们进行访谈，尽量查明：(1)他们应用的是哪些 HPT 技能，(2)他们是怎样获得那些技能的。然后写一份简短的报告来说明你的研究结果。在报告的结尾部分要说明你认为你将如何获得这些技能。

参考文献

Bassi, L., Frauenheim, E., McMurrer, D., & Costello, L. (2011). *Good company: Business success in the worthiness era*. Oakland, CA: Berrett-Koehler Publishing.

Bassi, L., & McMurrer, D. (2007). Maximizing your return on people. *Harvard Business Review, 85*(3), 115–123.

Becker, G. S. (1993). *Human capital: A theoretical and empirical analysis with special reference to education* (3rd ed.). Chicago: University of Chicago.

Bhati, D. (2007). *Factors that influence transfer of hazardous material training: the perception of selected firefighter trainees and supervisors*. Doctoral dissertation submitted in partial fulfillment of the requirements for the degree of Doctor of Philosophy, University of Central Florida.

Binder, C. (2009). *The six boxes approach: A fast on-ramp to HPT*. Paper presented at the annual conference of the International Society for Performance Improvement, Orlando FL.

Boardman, J., & Sauser, B. (2013). *Systematic thinking: Building maps for worlds of systems*. Hoboken, NJ: Wiley & Sons.

Bradley, K. (1996, October). *Intellectual capital and the new wealth of nations*. Lecture delivered to the Royal Society of Arts, London.

Corrado, C., Hulten, C. R., & Sichel, D. (2004). *Intangible capital and economic growth*. Washington, DC: National Bureau of Economic Research, Working Paper No. 11948.

Crawford, R. (1991). *In the era of human capital: The emergence of talent, intelligence and knowledge as the worldwide economic force and what it means to managers and investors*. New York: HarperBusiness.

Davenport, T. O. (1999). *Human capital: What it is and why people invest in it*. San Francisco: Jossey-Bass.

Davenport, T. O., & Harris, J. (2007). *Competing on analytics: The new science of winning*. Boston: Harvard Business School Publishing.

Dean, P. J., & Ripley, D. E. (1997). *Performance improvement pathfinders: Models for organizational learning systems* (vol. 2). Washington, DC: International Society for Performance Improvement.

de Rosnay, J. (1975). *Le macroscope, vers une vision globale*. Paris: Le Seuil.

Echols, M. (2008). *Creating value with human capital investment*. Wyomissing, PA: Tapestry Press.

Edvinsson, L., & Malone, M. S. (1997). *Intellectual capital: Realizing your company's true value by finding its hidden brainpower*. New York: HarperBusiness.

Esque, T. J., & McCausland, J. (1997). Taking ownership for transfer: A management development case study. *Performance Improvement Quarterly, 10*(2), 116–133.

Fitz-enz, J. (2009). *The ROI of human capital: Measuring the economic value of employee performance* (2nd ed.). New York: American Management Association.

Fitz-enz, J. (2014). *Predictive analytics for human resources*. Hoboken, NJ: John Wiley & Sons.

Geis, G. L. (1986). Human performance technology: An overview. In M. E. Smith (Ed.), *Introduction to performance technology* (vol. 1). Washington, DC: National Society for Performance and Instruction.

Gilbert, T. F. (1962). Mathetics: The technology of education. *Journal of Mathetics, 1*(1).

Gilbert, T. F. (1996). *Human competence: Engineering worthy performance* (ISPI Tribute Edition). Washington, DC: International Society for Performance Improvement.

Gilley, J. W., Maycunich, A., & Quatro, S. (2002). Comparing the roles responsibilities, and activities of transactional and transformational HRD professionals. *Performance Improvement Quarterly, 15*(4), 23–44.

Glassdoor. (2015). E-Y performance-improvement-consultant salaries. Retrieved from www.glassdoor.com/Salary/EY-Performance-Improvement-Consultant-Salaries-E2784_D_KO3,37htm

Halal, W. E. (1998). *The infinite resource: Creating and leading the knowledge enterprise*. San Francisco: Jossey-Bass.

Harless, J. (1970). *An ounce of analysis (is worth a pound of objectives)*. Newman, GA: Harless Performance Guild.

Harless, J. (1995). Performance technology skills in business: implications for preparation. *Performance Improvement Quarterly, 8*(4), 75–88.

Harless, J. (1998). *The Eden conspiracy: Educating for accomplished citizenship*. Wheaton, IL: Guild V Publications.

Hartt, D. C. (2008). *Human performance improvement . . . the Coast Guard way*. Presented to the American Society for Training & Development, Annual Conference, Yorktown, VA.

Hubbard, D. (2007). *How to measure anything: Finding the value of "intangibles" in business*. Hoboken, NJ: John Wiley & Sons.

Indeed.com. (n.d.). Instructional designer salary. Retrieved from www.indeed.com/salary/Instructional-Designer.html

Kaufman, R. (1995). *Mapping educational success*. Thousand Oaks, CA: Corwin Press.

Kaufman, R. (2006). *Change, choices and consequences – A guide to mega thinking and planning*. Amherst, MA: HRD Press.

Keely, B. (2007). *OECD insights human capital: How what you know shapes your life*. Paris, France: OECD Publishing.

Lickert, R., & Pyle, W. C. (1971). Human resource accounting: A human organizational measurement approach. *Financial Analysis Journal*, 75–84, 101–102.

Mager, R. F., & Pipe, P. (1970). *Analyzing performance problems or you really oughta wanna*. Belmont, CA: Fearon Publishers.

130

Marker, A. (2007). Synchronized analysis model: Linking Gilbert's behavior engineering model with environmental analysis models. *Performance Improvement Journal, 46*(1), 26 – 32.

Mitchell, C., Ray, L. R., & van Ark, B. (2015). *The conference board CEO challenge 2015: Building innovative, people-driven organizations.* New York: The Conference Board.

Mueller, M., & Voelkl, C. (Eds.). (2004). Sustaining performance [Special issue]. *Performance Improvement Journal, 43*(6).

Nickols, F. W. (1977). Concerning performance and performance standards: An opinion. *NSPI Journal, 16*(1), 14–17.

Payscale.com. (n.d.). Corporate trainer salary. Retrieved from www.payscale.com/research/US/Jobs=Corporate-Trainer/Salary

Pease, G., Byerly, B., & Fitz-enz, J. (2012). *Human capital analytics: How to harness the potential of your organization's greatest asset.* Hoboken, NJ: John Wiley & Sons.

Pfeffer, J. (1998). *The human equation: Building profits by putting people first.* Boston: Harvard Business School Press.

Phillips, J. J. (2003). *Return on investment in training and performance improvement programs.* Burlington, MA: Butterworth-Heinemann.

Pourdehnad, J., & Bharathy, G. K. (2004). *Systems thinking and its implications in organizational transformation.* Proceeding for the Third International Conference on Systems Thinking in Management, Philadelphia, PA.

Robinson, D. G., Robinson, J. C., Phillips, J. J., Phillips, P. P., & Handshaw, D. (2015). *Performance consulting: A strategic process to improve, measure, and sustain organizational results* (3rd. ed). Oakland, CA: Berrett-Koehler Publishers.

Rossett, A. (2009). *First things fast: A handbook for performance analysis.* San Francisco: Pfeiffer.

Rummler, G. A. (2004). *Serious performance consulting—according to Rummler.* Silver Spring, MD: International Society for Performance Improvement.

Rummler, G. A., & Brache, A. P. (1995). *Improving performance: How to manage the white space on the organization chart* (2nd ed.). San Francisco: Jossey-Bass.

Schultz, T. W. (1981). *Investing in people: The economics of population quality.* Berkeley and Los Angeles, CA: University of California Press.

Senge, P. M. (1990). *The fifth discipline: The art and practice of the learning organization.* New York: Doubleday.

Stewart, T. A. (1994, March 10). Your company's most valuable capital: Intellectual capital. *Fortune*, 68–74.

Stewart, T. A. (1997). *Intellectual capital: The new wealth of organizations.* New York: Doubleday Dell Publishing Group.

Stolovitch, H. D., & Keeps, E. J. (1999). *Handbook of human performance technology: Improving individual and organizational performance worldwide.* San Francisco: Jossey-Bass.

Stolovitch, H. D., & Keeps, E. J. (2004a). *Training ain't performance.* Alexandria, VA: American Society for Training & Development.

Stolovitch, H. D., & Keeps, E. J. (2004b). *Front-end analysis and return on investment toolkit.* San Francisco: Jossey-Bass/Pfeiffer/Wiley.

Stolovitch, H. D., & Keeps, E. J. (2006a). Forward. *Handbook of human performance technology* (3rd ed.). San Francisco: Pfeiffer/Wiley.

Stolovitch, H. D., & Keeps, E. J. (2006b). *Beyond training ain't performance fieldbook.* Alexandria, VA: ASTD Press.

Van Buren, M. E., & Eskine, W. (2002). *State of the industry: ASTD's annual review of trends in employer-provided training in the United States.* Alexandria, VA: American Society for Training and Development.

Van Tiem, D. M., Moseley, J. L., & Dessinger, J. C. (2012). *Fundamentals of performance improvement.* San Francisco: Pfeiffer/Wiley.

Webster's Dictionary. (2014). *New college edition* (5th ed.). Boston: Houghton Mifflin Harcourt.

131

第十五章　绩效支持

马克·J·罗森伯格① 马克·罗森伯格及其合伙人

请想象……

132

想象你领导着一个竞争残酷的销售组织。贵公司几乎每天都发布新产品，需要不断进行培训。为了跟上进度，你的销售队伍几乎把 20％ 的时间花在上课、经理简报和电话会议上。这段时间远离客户，损害了你的底线。为了对付这种情况，你构建了一个移动支持解决方案，为你的销售团队提供有关新产品和竞争定位的即时信息——随时随地都可获取。接下来发生了什么？客户接触时间和销售对话质量上升了，销售业绩也上升了。

再想象你的在线业务很兴隆，以至于你一直在为不断扩大的客服中心招聘新人员。入职培训需要八个星期的时间，新产品促销需要大量的员工简报和再培训。更为严重的是，你所在的是一个受监管的行业，政府对客户互动有各种各样的要求。你的解决方案是：在客服中心应用程序中嵌入在线支持，以提供随需应变和积极主动的指导，从而简化了客服中心的许多常规活动，并能为合规性提供追踪。

现在，启动你的想象力。你认为这种正好在需要的时间和地点提供的学习和绩效支持还可以用在什么地方？你将如何支持：

需要即时信息来挽救生命的现场急救员？

---

① 本章经许可节选自白皮书《在需要时：绩效支持案例》，数字化学习协会（www. elearningguild. com）2013 年出版。在网站 http://bit. ly/wp-1306 上可以找到并下载该白皮书。

必须不断跟踪库存和订单变化的仓库人员？

需要一个实时仪表盘来监控企业是否运行良好的首席执行官？

想更多地了解用来应对此类挑战的独特而创新的策略吗？请继续阅读。

现代组织中的培训、学习和绩效

我们在一个知识密集型的世界里生活和工作。新知识始终呈指数级增长，而知识的半衰期在急剧下降。我们必须知道更多，但我们所知道的东西的保质期比以往任何时候都要短。而且，工作更加复杂。需要做的事情更多、更复杂且多变。一旦做错，后果将很严重。

传统上，我们应对知识爆炸的对策就是提供培训这样一种单一解决方案，但是培训所能做的事情十分有限。在当前这样快节奏、全球化的工作环境里，虽然培训和学习等传统方法的出发点是好的，但单凭它们本身已无法满足现代工人对新知识和新能力似乎永不满足的强烈欲望。其原因有以下三点：

成本问题。 培训费用昂贵。有时培训物有所值，但并不总是如此。用于课堂设施、教师和交通的费用可能会增加。数字化学习可以省下这些费用，但其开发成本却相当高。然而，最大的代价显然是离开工作的时间。就这一点来说，你能拿出几个小时、几天、几周的时间让员工放下工作任务去接受培训吗？良好的培训对于运营良好的组织至关重要，但员工、客户或企业可以投入培训的时间是有限的。能缓解生产率下降的新策略值得我们认真考虑。

速度问题。 我们知道，在不投入巨大成本时课堂培训的可扩展性不强，特别是在学习者人数较多的情况下。数字化学习能同时将内容传递给无数的人，但其开发和更新往往要花费很长的时间。当员工需要立刻知道某事或需要立刻做某事时，等待的代价有多大？你是否奢侈到可以用数月、数周甚至数天时间来等待信息推出或更新？还有，如果信息很重要但却很简短，你是否愿意花费所有时间和费用来将它包装成一门课程？

有时，少即是多。 组织一直力求让工作更容易、更简单、更高效。如果你能够快速地把工具或资源交到员工的手中，帮助他们更快更好地完成工作，同时减少培训，难道你不应该这么做吗？

设想一下：我们可以把工具和资源嵌入到工作中，这样，每当推出新产品或出现变化时，员工就不用停下工作去参加培训。人们所拥有的即刻可用的工具和资源越好，其生产率就越高。

工作即学习；学习即工作

工作和学习之间的界限正在快速消融——这是好事。

我们希望更好的过程、工具和资源带来更好的绩效。

现在我们重点关注移动性，以确保随时随地为员工提供支持。

我们认识到工作的社会性质，利用社交媒体来分享内容以及联系具有专门知识的人，其形式可以是在线资源中的明确内容，也可以是通信网络另一端的同行和专家。

我们知道，不可能为所有教学改进制定一种单一的策略。人们以自己的方式和速度寻求知识和技能。我们必须适应这一点。

我们希望把知识和技能的获取个性化，这样员工就可以只获取他们所需要的，也可以只在他们需要时获取。我们不希望把他们置于努力吸收知识的境地，就好像从消防栓里饮水那样。

我们希望利用新技术，化复杂为简单，变冗长为简要，转无序为有序，易模糊为清晰。

现在，我们认识到，为职场中的人类绩效提供直接支持的解决方案和方法在企业的整体学习和绩效战略中越来越重要。我们把这类解决方案和方法总称为绩效支持。

什么是绩效支持？

绩效支持是一种工具或其他资源，它能够在用户正好需要时为用户提供恰到好处的任务指导、支持和生产率效益，其形式可以是印刷产品，也可以是技术支持的产品。

所有关于绩效支持的定义的共同点是：聚焦于工具和资源，强调应用，及时——"在需要时"。换句话说，不是用绩效支持来了解任务，而是直接用它来配合任务的执行。其根本目的是恰好在需要时将恰当的支持以恰当的复杂程度或详细程度传递给恰当的人。

虽然在理解绩效支持概念时，"工具"是很重要的，但是实际上我们不能把所有工具都视为绩效支持。罗塞特（Rossett）和谢弗（Schafer）（2007）曾说："物体（工具）必须包含针对某项任务或需求的有价值的信息、过程或看法。"因此，计算机并不是绩效支持，但软件应用程序则可能是。锤子不是绩效支持，但建议在某项工作中该用哪种钉子的卡片是绩效支持。

为了更好地理解绩效支持，有必要将它与培训加以区分。表 15.1 阐明了它们之间的主要区别。

表 15.1　区分培训和绩效支持

	培训	绩效支持
意图	教导	执行任务
工作流程	推迟工作	开展工作
学习的价值	有组织的学习	偶然学习
目标	获得技能和知识	完成工作任务

把培训和绩效支持区分开来

培训的作用是为了让人们掌握特定技能和知识，而在课堂中或线上向人们提供具有明确目标、结构和活动的周密规划的教学。而另一方面，绩效支持的作用是完成工作，直接完成任务（没有学习目标，只有绩效目标）。学习是偶发的。培训要求停下工作去参与学习，然后再回到工作中应用所学。绩效支持则使员工们在工作过程中运用解决方案。

在需要时

或许没有什么比"在需要时"更能说明绩效支持的独特性。如果做得好，绩效支持和工作本身往往是无法区分开来的。

"在需要时"是绩效支持的核心，可以把它作为一个简单的测试：你是如何在人们恰好需要的时候帮助他们成功完成其工作任务的？绩效支持专家戈特佛里德森(Gottfredson)和莫舍(Mosher)(2010)提供了一个极其有用的框架。他们提出的"五个需要时刻"模型是为了确定何时需要考虑绩效支持。前两个时刻集中于知识和能力的获取，让人们为工作做好准备，因此，与培训关系更密切，也更适合与培训相结合。后三个时刻转向了知识和能力的应用，强调在工作中为人们提供支持。总之，这五个需要时刻共同构成了戈特佛里德森所说的人们从学习新事物到将技能和知识应用于实际挑战的全过程。做少量简略的事即可改变全部绩效策略的有效性。

绩效支持的类型

绩效支持的分类方法有许多种。一种基本方法是将其分为两类：工作帮助和电子绩效支持系统(EPSS)。工作帮助多为纸质工具，如购物清单、食谱、地图等。电子绩效支持系统以技术为中心并依赖于技术，小到应用程序，大到企业 IT 系统。

表 15.2 列出了其他几位专家的界定方法，提供了更多的见解。如何对待绩效支持在一定程度上取决于你如何看待绩效支持。

表 15.2　绩效支持的类型

格洛丽亚·格里 (Gloria Gery)	史蒂夫·福尔曼 (Steve Foreman)	阿利森·罗塞特 (Allison Rossett) 和丽莎·谢弗(Lisa Shafer)
外部的 单独的、与工作分开的，要求用户停下工作去使用工具。 示例：用户手册、参考书。	**软件帮助** 帮助软件产品使用者。 示例：在线帮助系统或向导程序。	**规划簿** 支持用户做好任务准备或进一步了解任务。帮助用户更稳健地思考挑战。 示例：飞行前检查表、食谱。
外在的 可在绩效系统中找到，与手头的工作有些关系，但并未整合进工作流程。 示例：在线帮助系统。	**任务和过程支持** 直接指导用户完成复杂任务或端对端过程。使用户能够将其缩小以了解其与全局的关系，也能够将其放大以获得详尽的逐步指导。 示例：交互式流程图。	**助手** 支持用户完成任务。一切都是为了在此刻把任务做好。 示例：在线帮助系统、食谱。（并不是所有绩效支持工具都既是规划簿又是助手，但有很多这样一身二任的例子。）

格洛丽亚·格里 （Gloria Gery）	史蒂夫·福尔曼 （Steve Foreman）	阿利森·罗塞特 （Allison Rossett） 和丽莎·谢弗（Lisa Shafer）
内在的 完全嵌入工作流程，实际上不能把工作和支持区分开来。 示例：指导你完成软件安装的向导程序，它隐藏复杂性并指导你完成工作过程。	**诊断性工具** 着重为决策和问题解决提供支持。包括基于场景的工具或"如果—那么"工具，它们可以提出问题并提供建议。 示例：还贷计算器、移动电话的规划计算器。	

良好绩效支持的七个特征

究竟是什么值得我们付出努力？能引发成功的又是什么？良好绩效支持的七个特征将为你指明方向。

1. 良好绩效支持让工作更轻松。这非常容易理解。如果它比它所取代的过程或工具更复杂，你将永远达不到足够的临界用户数量——临界用户数量是创新自我维持所需要的用户数量。另一方面，如果用户发现用了该工具后，工作更轻松了，对该工具的使用将会猛增。

2. 良好绩效支持能让用户——以及组织——更高产。当然，轻松并不一定意味着有价值。用户和组织需要看到明显的业务优势，如效率、生产率、成本降低、时间减少等。轻松和高产是必须的特征。

3. 良好绩效支持是与工作流程相整合的。绩效支持与工作方向越一致，用户离开实际工作任务的时间越少，其效果就越好。为了获得支持，你必须停止工作并保持非工作状态的时间越多，那么绩效支持解决方案的效率就越低。

4. 良好绩效支持具有成本效益。这是一个简单的算术问题。绩效支持可以令工作更轻松，可以提高生产率，但底线是收益是否超过投入。衡量成功的真正标准是底线结果。

5. 良好绩效支持是易于掌握的。虽然绩效支持的使用是很直观的，但也可能需要一些初始培训或指导,这些初始培训或指导的合理性需要由以后运用这些工具所得到的回报来证实。但是,如果培训过于昂贵、令人沮丧、复杂或冗长,那么用户可能认为不值得为它花时间。

6. 良好绩效支持是易于扩展的。绩效支持的价值定位随用户数量的增加而增加。要让你的解决方案容易被所有需要它的人获取,这一点是十分必要的。任何阻碍因素都会损害产生最佳成本效益所需的足够数量的员工采纳机会。

7. 良好绩效支持是易于更新的。知识爆炸和不断的组织变革要求工具和资源能快速有效地更新、修订、改进和重新部署。如果用户感到绩效支持落后于他们的需要,那就极其容易被抛弃。

绩效支持的基本原理

绩效支持提供了巨大的机会,但要想成功,首要任务是得到赞助商、客户和领导层的支持。为什么应该考虑绩效支持? 业务案例是什么? 有什么风险和好处?

作为绩效改进的一种途径,培训这条路一直很坎坷。在课与课之间,旧习惯又会抬头,然后健忘也随之而来。在培训中,员工的能力也存在着差异。有些人比其他人需要更多的学习时间,但是课程——尤其是教师主导的课程——很难为每个人提供最适合于他们的速度。数字化学习在这方面是有帮助的,但到了应用所学的时候,员工却往往是孤身一人。

培训能否提高能力?

受过培训的人很少有能完全胜任的。如图 15.1 所示,有一种传说认为培训能直接提高人的能力(线条 1),但实际上,我们能期待的最好结果是让人们准备好在回到工作岗位后继续培养能力(线条 2)。如果没有培训后的支持,就会存在这样的风险:他们所学到的东西会萎缩(线条 3)。当这种情况发生时,我们什么也做不了,你可能不得不重新来一遍(代价很高),但下一次培训,你可能会遇到很多来自学习者的阻力,他们想知道为什么必须重新学习这个课程。但是,如果采用职场支持,包括绩效支持,学习者很可能达到更高的能力水平,甚至是精熟水平(线条 4)。

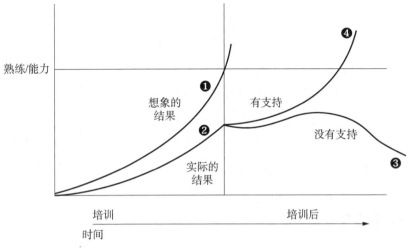

图 15.1　支持对于达到精熟水平的作用

这种方法的好处包括:

● 能力提升的总体成本更低,再培训率更低。

● 比单独培训达到的绩效和生产率水平更高。

● 当工作场所的绩效支持有助于提高工作生产率时,可缩短培训时间(员工在培训期间的生产率为零;任何让人们更快回到工作岗位的策略都是对底线的提升)。

● 减少在职绩效的下降。

绩效支持的契机

　　成功的绩效支持方案有赖于一开始就选择正确的项目或问题。如果问题是独一无二、高度依赖经验的,或者缺少一系列明确界定的过程和方法,那么绩效支持可能并不是一个好的选择。但是,有很多情况都适合运用绩效支持:

　　● 对于明确而重复性的任务,绩效支持能加快工作速度,并消除一些繁重的工作。对于复杂的任务,绩效支持能隐藏某些复杂性,使员工专注于工作最基本的方面。

- 对于需要应用某种过程的任务，绩效支持能将概念性信息转换为生产性产出。
- 在工作过程、程序和/或结果发生重大变化时，绩效支持可"指导"用户实现从旧方式到新方式的转变。
- 在需要标准化的、可靠的工作产出时，绩效支持能减少产品随后出现兼容性或一致性偏差的可能。
- 当需要对工作进行监控或记录时，绩效支持能追踪活动并生成有助于业务运行的报告。

毫无疑问，组织有很多需要绩效支持的契机；你要做的只是环顾周遭环境并倾听有关线索，它们比你想象的更容易辨认。

日常生活中的绩效支持

从软件到卫星网络，绩效支持在我们的日常生活中随处可见。

税收软件

（外部的和外在的，任务和过程支持，助手）

相当多的人都不会计算自己的纳税情况。那些令人头昏脑涨的表格和规章制度（更不用说数学了）让人望而生畏。怎么办？上培训班学习如何准备纳税申报单，甚至学习如何记账或会计学。或者，雇用一名受过训练的专业人员来做这件事。再或者，使用税收软件（如 Turbo Tax），它可以隐去复杂性，指导用户完成整个过程。由此你完成了工作，在这个过程中可能发生了一些学习，但学习并不是必须的。绩效支持工具为你（或者和你一起）完成了任务。

全球定位系统

（内在的，任务和过程支持，规划簿和助手）

现在开车的人是怎样找到路的？很多人认为地图（甚至在线地图）已经过时了。当然，答案就是全球定位系统。有了好的全球定位系统，你顺利达到你想要去的地方的可能性就极大地增加了。但如果询问使用全球定位系统的人是如何到达那个地方的,很多人都回答不出。换句话说,他们并没有学会如何从一个地方到达另一个地方,但他们同样高效地到达了那里。预期绩效(从 A 地到达 B 地)远比基础学习(如何阅读/理解地图)重要。

工作中的绩效支持

在许多现代组织中,绩效支持为许多角色和职能增加了价值。

在一家技术公司增强职场支持

(外在的,任务和过程支持,助手)

如果你用数字化学习作为在职参考,你会发现很多问题,因为数字化学习的设计并不是为了实现快速访问,要从教学课程中查找少量信息也很困难。在很多情况下,再次访问在线培训需要重新注册,要准确找到你想要的内容需要在课程中进行长时间的浏览——这是巨大的时间浪费。这就是一家大型高科技公司面临的情况。需要在职支持的员工发现,培训材料不能有效地为工作相关的问题提供快速准确的答案。打到服务台的电话数量增加,这是他们无法承受的代价。通过把课程平台中的一些内容提取出来导入绩效支持平台,员工们便可以在需要时轻松地获得重要的信息,而培训也重新聚焦于最基本的技能。4 年来,该绩效支持解决方案被访问了 40 万次,而服务台则节省了 760 万美元。

保健服务公司采用新的销售软件和流程

(外在的和内在的,任务和过程支持,助手)

引入新的软件是困难的,要在其基础上再引入新的销售流程就更困难了。当一家大型保健服务公司发现其销售队伍使用了十多种不同的销售流程时,觉得自己该做点什么了。一旦新的销售软件包到位,公司就直接把复杂的绩效支持添加进软件中。这种解决方案对情境敏感,能监控销售人员使用工具的情况,并在极少中断工作流程的情况下提供"如何做"方面的支持。这种解决方案极大地减少了员工离开工作去参加培训所需的成本和时间。使用一年后的结果显示,共节省了几乎 79 000 个工时,以及超过 275 万美元的成本。

国防部处置弹药和炸药

（外部的，任务和过程支持，规划簿和助手）

很少有工作比违规操作条令带来的后果更可怕。一家为国防部（DoD）人员提供基本培训的政府机构，在帮助学习者掌握如何处置弹药和炸药等复杂任务时遇到了问题。他们在几门课程中都讨论了这个问题，但是这个问题的复杂性仍然使它难以被理解和应用。为了解决这个问题，该机构构建了一个组合资源，既可作为教学游戏，又可作为基于现场的绩效支持工具。在工作中，员工利用这个工具访问弹药和炸药的关键信息、协议以及必要的储存指南，保证安全有效地储存弹药和炸药。现场人员很快就采纳了这个工具，称赞它的移动性和易用性使他们能够快速找到重要的工作信息。这一工具的巨大好处还包括：快速、易用，可根据政府需求的更新而重新部署，维持信息更新的总费用低。

137

制药业的人员管理

（外部的，任务和过程支持，规划簿）

有时，无需投入新技术也可以实现绩效支持目的。解决方案就是以新的方式来利用已有的工具。在这个案例中，一家大型制药公司希望提升其项目经理的"人员管理"技能。经过六个月的培训后，许多经理依然很难做好监管任务。公司采用了一种新颖的绩效支持方法，利用 Skype 建立了一条基于同伴的热线，让那些成功领导了高绩效团队的经理充当志愿者。该热线使项目经理在需要时即可得到可靠的指导和信息。四个月以后，监管绩效方面实现了明显的提升，在一年以内，85％的项目经理都成了该热线的"有效贡献者"。在这个案例中，绩效支持解决方案不是提供对文件或任何类型的专家生成内容的访问。相反，它提供的是对专家本身的直接访问。

绩效支持和培训：协同工作

理解培训和绩效之间的相互关联，有助于开发出更加全面的学习和绩效支持解决方案，使学习和绩效支持各自发挥与自身优势相称的价值。图 15.2 阐明了它们之间的关系。培训是多种学习方式中的一种。我们也可向同伴学习,通过试误学习,通过练习和指导学习,通过观察他人学习,通过各种信息资源学习,不一而足。虽然学习对于绩效至关重要,但它并不是达成绩效的唯一途径。激励和奖赏能提升绩效,合适的工作环境同样也能提升绩效。当然,恰当的工具就能提供极大的帮助。这正是绩效支持最突出的地方。

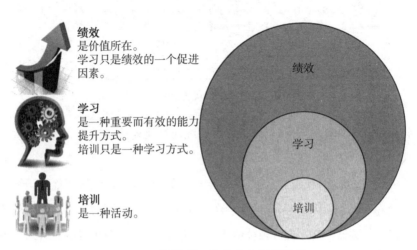

绩效
是价值所在。
学习只是绩效的一个促进因素。

学习
是一种重要而有效的能力提升方式。
培训只是一种学习方式。

培训
是一种活动。

图 15.2　培训、学习和绩效之间的关系

新混合学习

许多人都把混合学习视为课堂学习和在线培训的结合。这种看法虽然是有益的,但却是极其不完整的。

展望未来,如图 15.3 所示,我们的绩效改进工具箱(包括绩效支持)正在扩充。

这个模型展示了各种新的非正式职场学习和绩效方法,这些方法着重强调的是做而不是学习。这就是新的混合学习,它并不贬低正式培训的价值,但揭示了各种能更成功有效地改进绩效的新方法。绩效支持就是这些新策略中的一种。

绩效支持可以随学习者一起从培训情境转向工作现场。培训——课堂培训或在线培训——可以提供背景知识,为工具的使用提供背景;培训还可以提供教

138

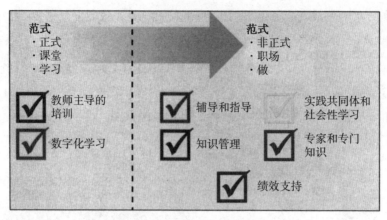

图 15.3　绩效改进解决方案的扩充工具箱

学和练习，以便用户能够在工作情境中熟练而愉快地使用工具。这种方法能帮助人们实现从学习者到员工的无缝过渡。

　　将数字化学习（模拟）与绩效支持相整合的一个绝佳例子是"挽救生命模拟器"（www.heartrescuenow.com），它教人们何时该使用除颤器，而不是如何使用除颤器。除颤器的使用方法则被留给了除颤器本身，它会在需要的时候告诉用户整个过程。你能想象一个以前从未用过除颤器的人在如此紧急的时刻还试图去弄懂一套印刷的使用说明吗？通过让除颤器本身来为用户提供指导，可以把错误和延迟的可能降到最低。

　　每一种方法——培训和绩效支持——都有其自身的价值。选用哪一种方法（像除颤器的例子中，两种方法通常都是适当的），需要对工作场所的绩效环境、要完成的工作、用户的学习和绩效要求等有深入的理解。因此，绩效支持策略和学习策略常常是相互依赖的，特别是在需要进行评估时。

应对需要增加培训时间的要求

　　培训者和学习者往往都抱怨课程内容太多。由于成本和生产率等方面问题，增加培训时间会受到企业的抵制。削减内容又会遭到主题专家的抵制，他们会说他们教的内容都是必需的。通过把一些内容放进绩效支持，在需要时获取，就可以腾出宝贵的培训时间用于更多、更先进的最适合在培训中传递的内容。

　　采纳绩效支持对培训专业人员很有帮助，因为它提供了一个进入工作场所的有力入口,而工作场所才是真正日常绩效问题所在的地方。

实现绩效支持

对于任何好的项目,在设计和构建绩效支持方面都有许多共同之处,但是也有一些过程步骤和细微区别是这类解决方案所独有的。在为绩效支持选择合适的项目并洞悉它时,需要注意以下十二点内容:

- 把握全局。这一点对于任何绩效支持项目都至关重要。对于那些从前一直把职场绩效问题主要视为培训问题的人来说,这意味着在开始之前,要拓宽自己的思维方式并审视整体绩效。要在最大而不是最小的沙盘上演练。

- 必需的绩效评估。选择一个必须立即解决的被视为"痛点"的业务问题。它是否令领导层夜不能寐?然后,将你的选择缩小至一个培训无法充分或有效解决的、明显需要绩效支持的问题。不要透支自己,尤其是当你在做自己的第一个项目时。小的胜利胜于大的失败。

- 要记住,绩效支持不能解决所有需求。例如,一些罕见或不可预测的情况使绩效支持解决方案的创建变得不切实际(阿波罗 13 号就是一个很经典的例子)。其他情况包括:第一次就需要迅速的反应和完美无瑕的行为(如急诊室的医生或战场上的士兵)。对此,应对方法是训练员工更好地认识这些独特情况并毫不犹豫地做出反应。这样做可能代价不菲,但请想想如果不这样做的后果。

- 以终为始。我们常常由解决方案开始,然后试图找出要解决的问题。直到最后,我们才去考虑自己是否成功。更好的方法是从促成成功标准的业务或绩效问题开始,然后,由此预期结果出发,形成绩效支持解决方案。

- 建立赞助。绩效支持是一种新思维。无论你觉得这是一件多么正确的事,你都不可能单靠自己做到。要寻求"绩效问题"拥有者的支持。这个人具有(而不仅仅是管理)要处理的工作流程。要想找到合适的赞助人,首先要使用他们的语言,理解他们的问题,然后要建立信誉并表明自己理解了他们所面临的问题、衡量问题的方法以及人类绩效对该问题的影响。

接下来,通过展示某个拟议解决方案的原型或模型向他们兜售概念。在要求赞助人提供你需要的东西时,一定要清楚详尽(即资金、资源和/或担保)。在推出你的解决方案时,要确保能得到从上到下的连锁赞助,尤其是在绩效人员的组织中。

- 定义成功标准。要尽早做这件事,这样可以为项目确定明确的预期。要聚焦于绩效和业务的测度,而不是培训和学习的测度。另一个重要的测度是,必须要有足够数量的用户采纳该成功的绩效支持解决方案。如果没有足够数量的用户,那么该解决方案对这些测度可能就没有什么影响。记住,要先确定你的临界数量目标。

- 生成需求。一旦确定了关键问题和相关测度,你便可以确定对业务问题影响最大的工作角色,列出与每个角色相关的绩效风险或缺陷的主要方面。请专家根据频繁性、复杂性、对业务问题的影响程度对这些方面进行评级。根据这三个标准评出的等级最高的方面需要优先关注,明确各个方面需要何种类型的绩效支持解决方案以使绩效得以改进。由此处开始进入了设计环节。

139

- 为工作而设计。设计绩效支持,最主要的是要了解工作的性质、构成工作的任务以及员工完成工作所需的方法、能力和风格。与专家(主题专家或工作绩效专家)和新手员工(他们将提供不一样但同样很重要的视角)协作是设计和构建适当工具的关键。我们主张为工作而设计和绩效中心的设计。

- 合理利用技术。如果你的解决方案要用到技术,那么须选用合适的技术,这一点至关重要。单靠很好的技术并不能使绩效支持成功,但坏技术肯定会毁了绩效支持。如果没有可靠的技术共同起作用,那么绩效支持什么也干不了。你有"车",但它们有"路"。

- 测试解决方案。分配足够的时间和资源来对解决方案进行仔细的测试,可以在错误造成巨大代价之前予以发现和修正。应该进行三类测试:原型测试、用户测试、质量保证和系统测试。原型测试使我们有机会收集利益相关者对于概念和早期设计想法的反馈信息。用户测试是让少量用户在开发过程的不同点上使用解决方案以确保其相关性和易用性。质量保证和系统测试在开发的最后阶段进行,目的是确保该技术可靠地工作并能应付预期的用户数量。

- 促进用户采纳。一旦绩效支持构建完成并准备部署,你的任务只完成了一半。为了在最短时间内获得最多的用户,要实施长期的沟通计划,沟通计划的重点在于买进而不仅仅是认识,要保证提供扎实的培训和支持。要说明绩效支持的好处而不是特点,要说明它是针对某问题的解决方案而不是一种"活动"或一种"技术"。要将绩效支持工具嵌入到初始培训所用的案例研究或模拟中。通过演示和成功案例来推广该工具,直到达到所需的临界使用量。然后,传达你预期的业务测度的进展情况。

- 改造和创新。随着新的过程和知识投入使用,绩效支持的效用一定会随着时间的推移而下降,有时下降得比预计的还要快。对工具进行更新将提升其长期效用,使绩效支持的创建更具有成本效益。要让解决方案保持活力,就要定期收集来自任务执行者和领导层的反馈信息,并积极主动地做出回应。要制定一个为期数年的路线图,通过一系列版本来扩展解决方案的内容和功能。最后,在解决方案获得成功的基础上,确定其他可用后续项目来解决的问题。早期的成功很可能会引起组织中其他领域对绩效支持需求的增加。

如果总是把绩效支持作为一种学习或培训解决方案来对待,那么绩效支持将永远不会是一种可行的选择;事实上,绩效支持并不是一种学习或培训解决方案。对于一些培训者和人力资源专业人员,这已经超出了他们的舒适区。这种变化的心态也扩展到了直线集权型组织,他们可能视培训或其他传统方法为默认的解决方案,或者简单的出路,这时他们应该更密切地关注自己所管理的工作。要转变观点并不容易,但是如果不这样做,后果将是毁灭性的。你想要的是粉丝,而不仅仅是用户。

绩效支持技术的未来

绩效支持的未来前景非常光明,不仅仅因为它在工作场所非常有意义,还因为技术令绩效支持的设计、实现和分发变得更简单、更低价。

移动技术

与工作本身一样,绩效支持正在变得移动化。高速网络无处不在,随时随地访问复杂工具不仅是可能的,而且非常具有实用价值。时间就是金钱,移动中的员工需要在自己出现需要时能快速访问绩效支持。快速网络消除了使用移动内容时曾经带给人们沮丧体验的滞后时间。这里一分钟,那里一分钟,虽然可能都是微不足道的,但是如果每天有数百人(甚至更多)都会不只一次地使用绩效支持,那么所有这些一分钟加起来就快得多了。

移动设备足够便携和快速,能为那些极其有价值的数据密集型的绩效支持提供支撑。智能手机尤其是平板电脑(包括自带设备——BYOD项目)的普及能以足够低廉的代价来装备每个人,为绩效支持提供一个比传统的笔记本电脑和台式机更加灵活的平台。

应用程序

光是"应用程序"的想法就带有绩效支持的特点。当然,并非所有应用程序都是绩效支持,如游戏、新闻、天气、音乐等应用程序就不是。但是很多移动应用程序确实都服务于绩效支持的目的,如抵押贷款计算器、导航(GPS)系统、自我诊断工具、库存管理条码扫描器等。

应用程序制作和发布的成本较低,易于更新,针对性强,能快速构建以应对新的需求和挑战。应用程序开发者通常不认为自己是在构建绩效支持工具,但如果你看看他们的产品,就会发现这正是他们一直在做的事。

与更大更复杂的企业范围的解决方案相比,应用程序让组织能够极其容易地将新工具推向现场。那些大型的、复杂的、企业范围的解决方案不会消失,但更简便的应用程序为绩效支持提供了巨大的增长机会。

想了解更多应用程序如何发挥绩效支持作用的优秀例子,请查看美国红十 *140*字会网站(http://www.redcross.org/prepare/mobile-apps)上的应用程序集合。

社交媒体

社交媒体的兴起将对绩效支持产生越来越大的影响。不仅仅是推特、脸书、领英以及其他一些非常有吸引力的流行的社交媒体服务,还包括那些为某个组织或企业定制的专门的社交应用程序。请想一想企业内部的协作和绩效支持机会。例如,利用微博在线讨论区和实践共同体提问,利用博客分享见解,利用维基构建新知识等,这些都有助于保持解决方案的活力和及时性。

云计算

云计算为绩效支持带来了福音。"云"允许存储和管理大量可访问的实时移动数据和信息,并把这些数据和信息集成到低成本的应用程序中。如果没有"云",势必要把大量内容储存在移动设备中,而这将使移动绩效支持在未来变得不切实际。如果绩效支持不能实现移动化,那么它将哪儿也去不了。

同样重要的是,从知识管理的视角看,"云"让信息有更好的质量控制。这个单一的来源极大地提高了内容的准确性、实用性和一致性,而不是每个人都去下载一个自己的内容库并且还要为如何使内容保持最新而烦恼。

体验应用程序接口(xAPI)

培训组织利用 SCORM 互操作标准来追踪培训活动。但 SCORM 令人沮丧的一点在于,它不能追踪非教学的在职活动。现在,体验应用程序接口(xAPI,也被称作"TinCan"应用程序接口)提供了技术规范来追踪工作场所更广泛的学习和绩效经验。经过仔细处理,xAPI 还能捕捉和报告与绩效支持的利用有关的数据。

其他技术进展

人们在其他一些领域开发的更多的技术可以为绩效支持的开发、部署和利用提供极大帮助。这些技术包括:

- 众包工具可以让大量用户向实践共同体提供输入、想法、新知识和改进建议。
- 增强现实以前所未有的虚拟方式把绩效和工作信息与物理工作场所合并在一起。此处一个可能的例子就是把诸如谷歌眼镜一类的产品与绩效支持集成在一起。
- 推理引擎为绩效支持带来了更高水平的"智能",帮助系统"学习"用户的偏好和需求,使绩效支持解决方案更加个性化。

- 响应设计是一种 Web 设计方法,可优化任何设备上的内容查看体验。它可以使电子绩效支持更容易实现跨平台(包括智能手机、平板电脑和计算机)访问。

- DITA(达尔文信息类型架构)是新一代"写一次,用多次"的 XML 数据模型的一个例子,它使得针对不同受众和目的的内容创作变得更简便和高效。

- 任务管理系统使绩效支持解决方案能够监控任务进度、完成情况,以及其他与工作相关的活动。

- 工作流支持系统可辅助复杂的绩效支持系统应用程序,以管理工具使用中固有的步骤和过程。

市场情报公司互联网数据中心(IDC)把 IT 界最热的一个话题"大数据"定义为:"新一代的技术和架构,旨在通过高速捕获、发现和/或分析大量的各类数据,经济有效地从大量的各类数据中提取价值。"更好地从 IDC 所说的数字世界中提取价值对于知识管理和绩效支持具有重要意义。

绩效支持智能化

最后一种考虑绩效支持走向的方法是戈特佛里德森(2013)所说的绩效支持图谱(performance support spectrum)。我们有时经常采取的一种做法是,仅仅发布大量的内容,而对内容的寻找和理解则留给用户自己去完成。这种做法对少数人是有用的,但对大多数人,这种做法太令人灰心,不值得花费时间。将来,绩效支持将更有针对性、更自动化、更智能化。

我们将把高度针对性的绩效支持嵌入到工作过程中,建立内容和工作之间的直接联系;只纳入最相关的内容。

自动化绩效支持将无需用户发出请求而在工作情境中提供恰当的信息和指导,提高其易用性、准确性和效率。

智能绩效支持将"学习"用户的需求,并"演化"为能根据用户使用工具的历史记录和用户过去的工作绩效来为用户提供支持。这些工具能随着用户从新手变为熟练员工、资深员工直至专家而不断调适。智能绩效支持能够大大缩短达到精熟所需的时间。

技术使绩效支持得以在许多工作领域（销售、IT、客户服务、制造业、金融业、人力资源等）和许多工作环境（办公室、家里、路上、客户和消费者所在地等）中随时随地地猛增，其潜力将越来越显著。这将使我们更有信心把绩效支持作为绩效改进的首选或主要选择，而不是作为事后的考虑。

要点总结

1. **我们在一个知识密集型的世界里生活和工作。** 新知识呈指数级增长，但知识的半衰期却急剧下降。我们必须知道得更多，但我们所知道东西的保质期却比以往任何时候都要短。

2. **绩效支持是一种正好在需要时为用户提供恰到好处的任务指导、支持和生产率增值的工具或其他资源，其形式可以是印刷产品也可以是技术支持的产品。**

3. **绩效支持为改进绩效提供了极佳的机会，特别是对于明确而重复性的任务、需要应用某种过程的任务、涉及重大变化的任务、要求标准化产出的任务，以及需要监控并记录工作过程时。**

4. **绩效支持的好处包括：能力提升的总成本更低，再培训率更低，比只用培训达到的绩效和生产率水平更高，减少在职绩效的下降，以及因工作场所的绩效支持有助于提升工作生产率而缩短了培训时间。**（工人在培训期间的生产率为零；任何让人们更快回到工作岗位的策略都是对底线的提升。）

5. **绩效支持可以随学习者一起从培训情境转向工作现场。** 培训——课堂培训或在线培训——可以提供背景知识，为工具的使用提供背景；培训还可以提供教学和练习，以便用户能够在工作情境中熟练而愉快地使用工具。这种方法帮助人们实现从学习者到员工的无缝过渡。

6. **绩效支持的未来前景非常光明，不仅仅因为它在工作场所非常有意义，还因为技术令绩效支持的设计、实现和分发变得更简单、更低价。**

1. 请描述一个假设(或真实)的例子(不能用本章所举的例子),说明绩效支持系统或工具可能会(或实际上)如何支持以下某一类组织的运作:(1)客服中心,(2)客户关系部,(3)政府机构,(4)军事组织,(5)人力资源部,(6)咨询机构,(7)销售部。

2. 确定问题1所列的某一类组织中确实(或可能)存在的真实(或假设)的绩效问题。说明如何能够用绩效支持来解决该问题,以及提供绩效支持可能对当前培训或计划中的培训产生的影响。

3. 假定你正在为问题1所列的某一类组织工作,再假定你的主管不愿意批准组织的绩效支持开发。主管要求你写一份篇幅一页的备忘录,说明公司应该采用绩效支持的三个理由。请你撰写备忘录。

4. 设想在不远的将来你就会成为一名教学设计师,到那时绩效支持的应用已经很普遍了。如何在正式课程教学之外利用这些工具来增强学习? 如何把这些工具整合进正式课程设计以增强学习? 在正式学习之前或之后可以如何利用绩效支持? 请各举一个例子加以说明。

参考文献

Gottfredson, C. (2013). From scattered information to transformational performance support: Where are you? Retrieved from http://www.learningsolutionsmag.com/articles/1156/from-scattered-information-to-transformational-performance-support-where-are-you

Gottfredson, C., & Mosher, B. (2010). *Innovative performance support: Strategies and practices for learning in the workflow*. New York: McGraw-Hill.

Rossett, A., & Schafer, L. (2007). *Job aids and performance support in the workplace: Moving from knowledge in the classroom to knowledge everywhere*. New York: Pfeiffer/Wiley. Associated web site and tool: http://www.colletandschafer.com/perfsupp/

第十六章　非正式学习

索尔·卡利纳　　康考迪亚大学

非正式学习发生在参观者与博物馆的展品发生互动时。　　　*142*

非正式学习也发生在人们针对最近的诊断结论在网上查询相关医疗条件时。

非正式学习也发生在研究生在会议的社交活动期间汲取资深专业人员的工作经验时。

非正式学习也发生在一个人帮助另外一个人解决某个计算机问题时。

非正式学习还发生在一个员工向五个经理建议改变某个程序——而每个经理都不同意时。

但是，什么是非正式学习呢？

本章将对这一问题进行解释。首先对非正式学习下一个定义，在一定的情境中讨论当前教学设计者对这一话题的兴趣，然后阐述非正式学习的机会及其发生的方式，最后阐明教学设计者怎样支持自己工作组织中的非正式学习。

关于非正式学习

这一部分阐述非正式学习的一般背景。我将先对一般性的非正式学习进行界定，接着界定工作场所中的非正式学习。然后讨论近期引起人们对这个主题感兴趣的动因。最后识别最常见的非正式学习形式，特别是在工作情境中的非正式学习形式。

定义非正式学习

许多关于非正式学习的定义都突出了它的学习者控制特性。例如,在我们所著的《高级网络培训:开启符合教学原理的在线学习》(2005)一书中,玛格丽特·德里斯科尔(Margaret Driscoll)和我把非正式学习定义为:由学习者自主确定学习目标和目标达成标准的过程。这一点与正式学习相反,在正式学习中是由教师或教学设计者来确立目标以及判断目标成功达成的标准和途径的。

这样的定义表明正式学习和非正式学习是截然不同的。不过,就像著名的非正式学习研究者维多利亚·马西克(Victoria Marsick)(2009)指出的:"非正式学习和正式学习总是在很多重要方面相互影响。"换句话说,一个非正式学习活动常常包含一些正式学习的要素。例如,一名新员工通过一些在职活动学习如何招呼客户和操作收银机,而不是去正式课堂里学习。在某种意义上,这样的学习是非正式的,因为它按照学习者的学习速度发生在学习者方便的时候;但它又不是完全非正式的,因为雇主决定了学习的结果并设计了一系列活动来促进学习。

在工作场所,许多被认为是非正式的学习活动都有一些正式学习的特征。事实上,英国政府曾招募贾尼丝·马尔科姆(Janice Malcolm)、菲尔·霍金森(Phil Hodkinson)和海伦·科利(Helen Colley)(2003)等研究人员来为非正式学习下定义。他们的最终定义把非正式学习比作一系列的杠杆,每一个杠杆对学习过程具有不同的控制作用。这些"杠杆"包括:

- 过程:控制和评估学习。在最典型的正式学习情境中,由教师控制和定义学习,教师确定目标并进行评估以确定学习者是否达成了目标。在最不正式的学习情境中,由学习者自己确定目标和标准,以及何时完成学习。

- 地点:学习在何处发生。在最典型的正式学习情境中,学习发生在一个专为学习而准备的地方,如传统课堂或虚拟课堂。在最不正式的学习情境中,学习在日常生活情境中有机地发生。

- 目的:学习是学习活动的主要目的还是次要目的。在最典型的正式学习情境中,学习是主要目的。在最不正式的学习情境中,学习是偶发的副产品。

- 内容：学习的主题是为了即时效用还是长期效用。获得大量内容——如作为某一职业之基础的基本概念——往往具有长期效用，通常被认为是正式的。而关于某特定情境的过程和程序的内容则对工作和工作绩效有更直接的影响，往往被认为是非正式的。

在加拿大政府的一个类似项目中，威克（Wihak）、霍尔（Hall）、布拉顿（Bratton）、沃肯廷（Warkentin）、威克和麦克弗森（MacPherson）（2008）增补了第五个"杠杆"：

- 意识：学习者意识到学习已经发生的程度。在最典型的正式学习情境中，学习者对于学习的发生（或应该发生学习）具有高度的意识。在最不正式的学习情境中，学习者可能甚至没有意识到自己学到了一些东西，直到很久以后才逐渐意识到。

这一扩展的定义是以早期认为非正式学习和正式学习相互关联的认识为基础的。它也包括许多特定的学习过程，如非正规学习（nonformal learning，涵盖了发生在学校、大学和工作场所之外的其他地方的教学）、偶然学习（incidental learning，在与他人或其他经验的互动中意外获得的顿悟和事实）、自主学习（self-directed learning，学习者根据与导师或教师的正式协议开展的教育过程）。

近来引发对非正式学习兴趣的动因

必须承认，在人类历史上，当一个人有意或无意地向另一个人传递知识时，非正式学习就已经存在了。再者，对于非正式学习的各个不同方面，研究者们已经进行了一个多世纪的探索。例如，博物馆研究者探索了各种让参观者从博物馆展品中学习的方式，教育者探索了个体学习者自主学习的各种方式。

但是对于非正式学习这一主题的兴趣在过去二十年间明显上升。其中一些兴趣来自执业教学设计师。随着绩效改进范式（详见第十四章）被大多数培训团体采纳，对于把培训迁移到工作中以提升员工在职绩效的兴趣也随之产生。培训迁移的核心往往在于把正式课堂中学到的材料应用到工作中去。然而，大量研究证据表明，成功的迁移源于在工作场所提供各种非正式学习的机会和支持，使学习者在试图把课堂中学到的东西应用到"真实世界"中去的时候可以得到练习和反馈，最终帮助学习者扩充始于正式课堂的技能库。非正式学习在有效迁移中起着核心作用,因为员工在试图把技能应用于工作场所时可以得到指导和辅导,也因工作场所的多次成功而建立自信,还通过观察同事的工作以及利用在线资源(如参考资料和用户资料、补充辅导材料、绩效支持系统等)扩大其能够处理的工作范围。绩效支持系统(详见第十五章)是所有能帮助员工实施在职任务的资源的集合。在某些情况下,系统替员工执行任务;在另一些情况下,系统指导员工执行任务。非正式学习在有效的绩效支持中也起着核心作用。

使教学设计者对非正式学习感兴趣的另一个重要驱动力是互联网的出现,由于互联网的出现,员工们有机会访问巨大的信息宝库。此外,社交媒体——特别是领英之类社交网络网站上的讨论区和小组——将员工们联系在一起,使他们可以交换各种窍门和技巧,并且在此过程中实现学习。这些发展带来的结果就是:教学设计者断定,员工们越来越靠自己学习了。

但是,使教学设计者对非正式学习感兴趣的最重要驱动力或许是动态的、基于知识的工作的出现。除了将用户联系在一起以外,计算机还能更快捷地为决策者提供信息,并精确地定位关键所在,而这一切如果不依靠计算机是不可能实现的。这转而帮助组织发展出更复杂的经营战略,使它们能更好地瞄准其活动并更快地对外部事件做出反应。这又反过来引发更灵活的工作任务:(1)灵活的工作团队,将具备特定项目所需专门知识的人聚拢在一起,并在项目完成后解散团队;(2)更短的产品开发周期(曾经需要一到五年的项目现在只要花三个月到一年)。这种灵活性要求员工们在项目上更快地提高生产率。正式课堂面临着时间安排上的挑战,并且即使时间安排方面不成问题,所需的高度专业化课程也不易找到能胜任的教师,因此,组织越来越依赖非正式学习来使员工为项目做好准备。

144   非正式学习的常见形式

虽然非正式学习可以采取多种形式,但有些形式似乎比其他形式更常见。在这一部分,我将描述那些常见的形式,这些形式多由教学设计师设计、开发和推进。

有两种类型的非正式学习。第一类非正式学习能促进个人学习,使个人靠自己形成认识以及获得知识和技能。教学设计师可以通过以下方法来推进员工的独立学习活动：

- 准备案例研究。针对某一特定情境中的特定挑战，以书面或视频形式进行描述，使人们可以看到其他人是如何解决挑战的，并能够将获得的知识迁移到自己的工作环境中。

- 开发内容或文档。内容或文档等术语指的是能帮助员工执行工作并且可供员工在工作时查对的多种类型的信息资料，通常包括使用手册、参考资料、报告，以及其他类似的资料。

- 设计导览（guided tours）。导览提供有关某一主题的快速预览，使员工熟悉某个主题，并帮助其确定自己在这方面是否需要学习更多的内容。

- 提供技巧和诀窍清单。这是关于员工如何有效且高效使用软件和其他产品的建议——通常由计算机系统自动提供。

- 开发辅导教程。这是正式的教学课程，当然，在非正式学习的背景下，由员工们自愿参加，在学习者方便的情况下学习。这些辅导材料帮助员工们发展并练习工作所需的技能。

- 创建游戏和模拟活动，为某个特定环境或挑战（模拟成分）建模，使参与者有机会在该环境中体验明智决策带来的好处和错误决策的后果（游戏成分）。

- 提供在岗培训（OJT）的机会，使员工们在其日常工作任务背景下执行任务，获得有关自己行为的反馈并进行反思，这样他们就能明确自己到底学到了什么并在下次执行任务时应用所学。

- 创建绩效支持系统，在员工执行任务时实时提供帮助。有关绩效支持系统的详细阐述见本书第十五章。

另外两种非常有效的个人非正式学习形式一般无需教学设计师的介入就会发生。第一种是尝试错误，即员工尝试做一项任务，直到能有效执行该任务为止，在这个过程中，他们要确定哪些是完成此任务所不应该做的事。第二种是发展性任务，即在员工当前工作情境中赋予他们新的职责，要求他们经常使用从未用过或偶尔使用的技能。发展性任务结合了我们刚才提到的多种非正式学习形式，但是通常由经理在没有教学设计师介入的情况下为其员工设计发展性任务。

第二类非正式学习能促进两个或更多人的学习。在这些情况下,学习有时是一些可能与学习有关也可能与学习无关的事件的副产品。为了促进员工们之间的相互作用和相互学习,教学设计师可以:

- 协调午餐交流会(lunch and learn)计划,在用餐时(通常为午餐,并由此而得名)进行的 60 到 90 分钟的具有教育议程的计划。午餐交流会一般由一个特邀演讲嘉宾就某个感兴趣的主题发表演讲,但是也可以只是一个小组独立讨论某个主题,不过需要一位主持人来保证对话不会偏离主题。

- 从主题会议而不是学习中梳理出深刻见解。例如,会议主持人在会议结束时进行会议总结。与会者或许能从会议总结中发现一些有助于他们更有效开展工作的新见解或要诀。

- 组织研讨会、座谈会、碰头会和在线研讨会。这些正式会议或者邀请一位与会者感兴趣的话题方面的专家作为特邀演讲嘉宾,或者促成小组内部的对话,或者以上活动兼而有之,目的都是使与会者获得新的洞见和看法。教学设计师的作用一般在于组织这些活动,邀请特邀嘉宾,招募促进者,让嘉宾和促进者明白会议涵盖的内容以及如何同与会者互动。

- 安排辅导计划,让刚接受新职责的员工在经验丰富的员工指导下执行任务,并获得有关自己工作的反馈。教学设计师的作用一般是,为作为辅导者的员工准备辅导建议以及向学习者提供反馈的诀窍。

- 主持实践共同体,具有共同兴趣的一群人在一起进行讨论,讨论有时可以通过社交媒体小组(如面向高校教师的领英小组)来进行,或者也可以通过面向专业技术作者协会的脸书页面来进行。这些共同体可以为员工们当前的问题提供答案,也可以为员工们提供融入某个专业或组织的长期社会化过程,还可以帮助员工们建立起他们自己的网络。

- 开发和协调指导计划,在指导计划中,由一位经验丰富的员工通过听取其门生(protégé)的想法、帮助其门生设计应对当前挑战和长期挑战的方案、为其门生提供建议和洞见,并在可能情况下为其门生提供新的机会,来为其门生提供持续不断的工作和生涯指导。

145

非正式学习的契机和问题

本节首先探讨非正式学习的契机,即人们通常在工作情境中学习的机会。然后描述非正式学习的特征,如果我们想要提升非正式学习在组织中的运用水平就必须考虑这些特征。

整个工作生命周期中的非正式学习机会

在一项探讨人们如何发展与职业有关的专门知识的研究中,迈克尔·埃劳特(Michael Eraut)(2000)发现,随着员工在工作岗位上待的时间增加,他们遇到的问题的性质也发生了变化。在其任职初期,员工们的工作重点在于确定自己需要解决何种类型的问题,即所谓的模式识别过程。随着员工们的经验越来越丰富,他们的关注焦点也发生了变化,他们试图理解更广泛的工作情境,即所谓的元认知过程。

这一类研究表明,工作的生命周期提供了一个框架,而培训和开发专业人员可以利用此框架来预见员工在整个工作生命周期中不断变化的学习需求。生命周期指的是一名员工在一个指定职位上的任期,从他开始那项工作到他换到下一个职位或离开组织为止。图 16.1 阐明了工作生命周期中的关键时刻。

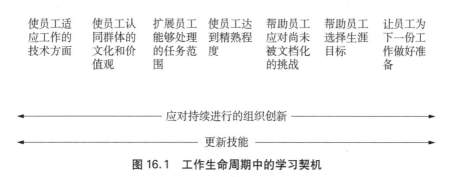

| 使员工适应工作的技术方面 | 使员工认同群体的文化和价值观 | 扩展员工能够处理的任务范围 | 使员工达到精熟程度 | 帮助员工应对尚未被文档化的挑战 | 帮助员工选择生涯目标 | 让员工为下一份工作做好准备 |

◆——————— 应对持续进行的组织创新 ———————▶

◆——————— 更新技能 ———————▶

图 16.1 工作生命周期中的学习契机

在整个工作生命周期中,员工们必须应对持续进行的组织创新,如变革管理方案,质量提升计划,以及政策、工作标准、产品和过程的修订。工作生命周期中的每个重要关头或阶段也带来了学习的契机。在大多数阶段,是外部因素推动了学习过程,比如当一名员工被要求承担更多的职责、开始使用一个新的软件程序或要遵守新的政策或程序时。在这些情况下,雇主一般并不提供正式的培训,因此员工们不得不自己摸索如何应对这些要求。就如下文将要提到的,在每一个阶段,非正式学习都有助于员工的发展。

- 使员工适应工作的技术方面,如电话推销或使用某种专门的著作工具(authoring tool)来创建数字化学习方案。在这个阶段,通常采用在岗培训。在理想的在岗培训中,学习是有组织的,由一位经验丰富的员工对新员工进行辅导。

- 使员工认同群体的文化和价值观,这样他们就能够以文化上适当的方式进行互动。这方面的学习基本上是非正式的。最好的情况是通过非正式辅导和融入实践共同体来促进学习;最糟的情况是通过尝试错误来学习。

- 扩展员工能够处理的任务范围(如让一名销售代表处理退货,或者让一名教学设计者开发更加复杂的材料)。有许多非正式学习方法(如辅导材料、指导、参考文档、要诀和技巧、实践共同体等)都能帮助员工扩展其能够处理的任务范围。

- 使员工达到精熟程度,这样他们就能更有效和高效地处理其当前的工作职责。一个简单的例子是在使用微软办公软件时,由原来的菜单选择变为使用键盘快捷键。帮助员工扩展任务范围的那些方法同样能帮助员工达到精熟程度。

- 帮助员工应对尚未被文档化的挑战,如计算机系统的复杂的定制、应对工作团队的人际问题等。在这些情况下,文档可以提供一些指导,但能让专家通过头脑风暴产生各种想法的实践共同体在发展这些技能方面往往是最有效的。

- 帮助员工选择生涯目标,当员工们准备开始一份新工作时就需要考虑这一问题,或者环境迫使他们必须考虑这一问题。有时员工通过个人学习而发现了自己的下一份工作;有时是接受了辅导或指导。在许多情况下,员工会综合利用这两种方式来确定自己下一步的生涯规划。

- 让员工为下一份工作做好准备。一旦员工确定了下一步想要从事的工作,这些新工作往往要求其进行正式学习,包括学位课程和证书课程。但是非正式的辅导课程、发展性任务、指导、辅导等同样能帮助员工为下一份工作做好准备。

- 应对持续进行的组织创新,如启用新的预订系统。虽然这些创新一般会用全新的软件来执行旧的工作任务,但往往涉及工作职责或工作过程的改变。虽然组织依靠正式课程来教员工们如何使用新系统及履行工作职责和过程,但许多员工不参加正式学习或拒绝改变,因此组织在很大程度上仍依赖非正式行动,如用晋升信息来促使人们尝试新的系统、职责和过程;提供要诀和窍门来帮助员工们更容易地实现转换;通过辅导和指导来帮助员工们处理转换中的人际方面的问题。
- 更新员工的知识技能,使其使用最新的方法和技术来执行工作。指导和辅导能帮助员工们认识到技能更新的必要性。帮助员工扩展任务范围和达到精熟程度的许多方法都能帮助员工更新技能。

非正式学习的特征

工作生命周期的框架揭示了众多的非正式学习过程,即激发人们进行非正式学习的原因以及在工作生命周期的每个阶段进行学习的方式。越来越多的经验性研究证据揭示了非正式学习的特征以及影响非正式学习取得成功的特征。

非正式学习要求领导以身作则并允许人们学习。研究发现,对非正式学习的参与直接受到组织上层领导的行为影响。与领导只是口头提倡非正式学习相比,如果上层领导做出了投入非正式学习的榜样并与员工谈论非正式学习——进行行为示范并鼓励员工投入非正式学习——那么员工们投入非正式学习的可能性将会增加。一项关于数字化学习课程在工作中的非正式运用的研究得到了一个意外的结果,说明了为什么这种示范作用是很有必要的。在那项研究中,即使学习与员工们当前的岗位需要直接相关,员工们也并不觉得他们应该在工作时间学习,因为他们认为这是对工作时间的无效使用。

非正式学习不同于信息分享。在一天中,人们分享无数的有趣消息——无数可能立刻就能用但没有长期益处(至少不是在刚刚得到这些消息时)的事实和细节。这些有趣消息仅仅是信息(如关于组织中领导层变动的新闻就是一个有

146

趣消息）。

与此相反，教学不仅仅是告知，最终要为知识、技能和态度的形成提供机会。而这些知识、技能和态度最终要向第三方展示，由第三方来评估学习者是否发展了这些能力。这就是为什么在教不熟悉的知识和技能时，正式的教学往往要明确描述和展示材料，并提供练习和评估的机会来证明学习者确实已经获得了预期的知识、技能和态度。

要把这些明确的活动都结合到非正式学习中是很棘手的。在有些情况下，学习者并不需要全部的展示、练习和评估活动，因为新技能与已有技能非常相似，就像软件程序中剪贴文本类似于实际的剪贴文本一样。而在另一些情况下，学习者只有通过真实世界中的行为才能发现自己是否成功地掌握了新的知识、技能和态度。

因此，要点在于，如果学习涉及行为的改变，那么只有当学习者实际展示出行为的变化时，才能认为学习发生了；而不能在仅仅告知他们与该行为相关的有趣消息时就认为学习发生了。

非正式学习是一种社会性活动。不能仅仅因为学习不是在正式安排的课堂里发生就认为非正式学习是一种单独进行的活动。事实上，一些非常有效的在线学习经验也是社会性活动。例如，指导人员帮助学习者把复杂概念应用于实际情境，增强任务的绩效。同样地，导师为其门生提供来自生活体验的洞见，以及根据学习者独有的情境（从持续的深入关系中了解的）为其提供量身定制的建议。

但是，或许最有效力的社会性学习途径是通过共同体学习。在工作场所称其为"实践共同体"，这个术语最早由让·莱夫（Jean Lave）和艾蒂安·温格（Etienne Wenger）（1991）提出。共同体分享新闻和想法，讨论执行任务的各种方式，为其成员提供支持。共同体可以存在于面对面情境，如一个部门的成员和地方演员工会；也可以是在线形式，如通过领英和脸书小组、持续的推特事件（如教学设计者在＃lrnchat 每周一次的聊天）、Elearningguild. com 之类的专门网站等。共同体的好处之一是它能帮助成员将已经文档化的观念（如某个政策或程序）应用于实践，并通过成员间的相互学习而加速成员的发展。只有在成员积极参与的情况下，共同体才能有效地发挥这些作用。参与带给整个共同体的好处要大于它给个人带来的好处,共同体内的讨论必须是文明和相关的。

非正式学习并不总是有效和高效的。虽然非正式学习的最大好处之一是人们对自己所学到的东西有着深深的归属感和自豪感,但实际情况是非正式学习并不总是有效和高效的学习途径。

在有效性问题上,就如马西克、沃特金斯(Watkins)、卡拉汉(Callahan)、沃尔普(Volpe)(2006)等人所说,其挑战在于人们可能并不总是能认识到自己需要开始一个学习序列。例如,在工作情境中,人们可能错误地相信自己完成任务的方式是正确的。出现这种情况的部分原因在于,正如西茨曼(Sitzmann)、艾莉(Elly)、布朗和鲍尔(Bauer)(2010)等人所指出的,绝大多数人往往不能有效地评估自己的技能和能力。

在另一些情况下,学习者可能相信自己成功地学到了一些东西,但事实上他们并没有学到什么。就像基施纳、斯威勒和克拉克(2006)等人在一篇讨论非正式学习环境中的最少指导教学的、有争议但被广泛引用的论文中指出的:"与注重对学生学习过程进行指导的教学方法相比,最少指导教学的效果和效率都较差。"(p.76)例如,在乔·唐宁(Joe Downing)(2007)关于客户支持代表的一项研 *147*
究中发现,客户支持代表要利用谷歌搜索尽快解决客户的问题。客户支持代表将建议以返回结果中靠前的几个结果中的一个作为解决客户问题的方法。然而,在多数情况下,他们的建议并没有解决问题,致使客户反复打来电话并越来越愤怒。针对客户问题的解决方案是通过一个指定的——或支架式——协议来诊断来电者的问题,这将解决80%的问题。如果客户支持代表在该协议不能解决问题时需要进行搜索,那么他们应该接受有关搜索方法的培训。

促进非正式学习

虽然非正式学习常常发生在没有教学设计者直接介入的情况下,但我们可以提供一个框架来获得高质量的非正式学习并支持学习过程。本节将讨论促进非正式学习的几种方式。

一种促进非正式学习的方式是通过技术来实现。支持非正式学习的技术有许多,包括以下几类:计算机(台式机和笔记本)和移动设备、平板电脑、智能手机、电子书阅读器等。对于不同的学习任务,学习者喜欢使用的设备可能不同。例如,学习者可能更愿意用台式机来练习复杂的计算。然而,通常情况下,学习者更愿意在学习需要出现时或有学习情绪时进行学习,因此,学习者将使用当时最方便的设备来学习。

能向学习者传递非正式学习内容的媒体类型包括:

- 传统的或非计算机化的媒体,如印刷材料、教室和会议室、老式的录音录像设备、电影胶片、幻灯片等。

- 以内容为核心的或 Web 1.0 技术,能与学习者分享文本、音频和视频,还包括网站、在线参考资料和电子书、在线辅导教程等。

- 社交媒体或 Web 2.0 技术,能促成个人之间的互动(可能是学习者之间或学习者与教师之间),包括社交网络网站(如 LinkedIn 和 Facebook)、微博网站(如 Twitter)、照片和视频分享网站(如 Flickr 和 YouTube)、虚拟会议空间(如 Adobe Connect 和 Citrix GoTo Meeting)。

- 企业学习系统,在整个组织内分发非正式学习的材料,并追踪和报告非正式学习活动。企业学习系统有这样几种:内容管理系统(主要用来发布材料并追踪材料的使用情况)、学习管理系统(用于电子注册并把学习者与学习材料联系在一起)、课程管理系统(将学习者与相关材料联系起来)、人才管理系统(具有学习管理系统的功能,并将组织内其他所有人力资源活动如工资支出和雇员信息等数字化)。

如果让人们能够尽可能多地接触以上各种技术,就能促进非正式学习。但除了提供访问途径之外,还需要把这些技术融入到人们的工作和个人生活中,这样学习才能尽可能无缝地发生。本领域专业人员可以宣传这些技术的价值,开发业务案例来帮助组织获取或扩展这些技术的应用方式,并提供教学支持。

在技术之外,学习专业人员——包括但不限于教学设计者——还可以通过以下九种方式来促进非正式学习。

1. **取得行政官员对非正式学习的支持。** 如前所述,领导对非正式学习行为的成功示范,以及正式地鼓励并允许员工在工作中进行非正式学习,可增强工作场所中的非正式学习。这一点也同样适用于其他环境。如果学生生活中的榜样人物(如教师、教练,当然还有家长)以身作则地在课堂之外进行学习,那么学生也会在课堂之外进行学习。

在工作场所，培训人员正是全力促进非正式学习在工作场所中应用的人，因此他们应负责请求组织的领导层公开表示对非正式学习的支持。支持的形式有许多种，包括：

- 发表支持非正式学习活动的声明，承认员工通过非正式学习学习到了与工作相关的多方面内容，表明管理人员支持这些过程，要提高对非正式学习的认识，鼓励员工参与非正式学习。
- 同意用工作时间开展非正式学习活动。
- 同意为提议的非正式学习项目提供资金。
- 在可能的情况下，与组织内的员工分享他们自己的非正式学习经验。

2. **订阅外部内容以扩充学习机会。** 虽然通过谷歌可以访问许多信息，但它不能支持对所有信息的访问，大多数用户在遇到付费内容（即他们必须付费才能查看谷歌找到的内容）时就明白了这一点。此外，免费获得的内容可能是错误的：过时的内容、不完整的内容、不正确的内容。或者，免费资源可能实际上是一个营销工具，其中包括不完整的或令人误解的信息。

为了促进对质量最好的内容的非正式学习，组织可能需要获取有版权保护的材料。这些材料包括：

- 订阅行业性和专业性的杂志和期刊。
- 订阅一次付费便能访问多个行业性和专业性的杂志和期刊的数据库。 *148*
- 付费参加由行业和专业协会及私人组织赞助的个人网上研讨会和在线活动。在多数情况下，一次注册可以让多名员工参与活动，而且注册人在注册后还可以听录音。
- 订阅由行业和专业协会及私人组织提供的在线辅导。
- 书籍或丛书。

由于绝大多数组织都没有雇用图书馆员，培训人员通常要负起管理这些资源的责任。因此，学习专业人员必须负责识别和订阅这些资料，提高其可用性，追踪其使用情况，并监督其内容的更新。

此外，学习专业人员还需要确保员工们能在工作场所访问这些资源。许多组织都限制员工使用互联网，或是出于安全考虑，或是为了提高生产率。例如，有些组织会拦截带视频的外部文件。这样一来，人们就看不到订阅的资料了。

3. **支持人们的非正式学习努力。**如前所述，虽然非正式学习常常是单独进行的，但它并不一定是完全独立的活动。学习专业人员可以通过以下各种方式来支持非正式学习过程：

- 若有人提出请求（或意识到有需求时），要帮助员工们确立或澄清自己的学习目标和达成目标的路径。
- 通过确认各种学习选择以及如何利用这些选择，让员工们获知学习机会。一些组织中使用的正式的生涯发展活动有助于完成这项任务。许多大中型组织为其核心工作技能建立的，以及许多专业协会为其专业项目所提供的外部描述的生涯发展路径同样有助于完成这项任务。
- 帮助员工们发展独立学习能力和研究能力。学习专业人员可以提供的具体服务包括：旨在评估员工是否准备好开展独立学习的准备情况评估；评估个人技能的工作坊；搜索和评估网上信息以便员工能识别谷歌反馈的首个结果何时有用何时无用的工作坊；在非正式学习中出现困惑或问题时为员工提供个别化的指导和辅导；为非正式学习者提供路标，以便他们能够跟踪自己在学习过程中的进展并明确地进行评估。

4. **承认非正式学习。**部分原因是学习常常是在没有意识到的情况下发生的；部分原因是学习的发生需要一段较长的时间，而不是发生在一个短暂而集中的事件期间（如培训期间）；还有部分原因是员工们往往聚焦于问题而不是学习，以至于员工们自己和他们周围的人（如主管、其他员工）都没有意识到发生了学习，更不要说意识到他们学到了什么。不承认非正式学习将使员工认识不到新的经验教训如何影响他们当前的行为。更有甚者，不承认非正式学习将使员工不能充分认识到它所带来的实实在在的好处，包括外部认可的专门知识、增加的工作职责、晋升等。

正式承认非正式学习首先是承认学习已经发生。这一般是通过辅导过程来实现的，其中包括辅导者帮助员工识别并标明自己学到了什么。正式承认非正式学习也包括对员工学到的专门知识进行认证。这可以通过对人力资源系统中员工的受教育情况进行更新，而不是那么正式地实现。更正式的方式是通过认证过程来实现——由第三方对所获得的专门知识进行认可。

5. **推进文档化来支持非正式学习。**如果经理和员工们计划利用非正式学习的话，他们就需要学习材料。虽然其中有些材料来自组织"外部"，但很多材料都是专属于学习者工作或参与的组织的。人们常常利用以下各类文档进行非正式学习：

- 适用于个别部门、职能（多个部门），区域和整个组织的政策、程序和过程。资料的范围随文档范围的扩大而扩大。
- 指南。
- 标准。
- 有关当前产品和服务的市场营销文献。
- 有关当前产品和服务的用户文档。
- 有关当前产品的服务文档。
- 有关未来产品和服务的规划文档。
- 服务记录。
- 客户记录。

但是，组织中一直存在的问题是从未有人记录过这些内容，或者就算有，需要这些内容的员工也不可能获得它们。在有些情况下，文档是有的，但其他人却无法获取。它们可能储存在某一名员工的硬盘上，而不是储存在所有员工都能访问的共享文件夹里。在另一些情况下，除了记录这些文档的人以外，其他人都读不懂。他们使用的代码和类似的速记符号只有其本人以及一两个同事才能理解。

由于教学设计者在其正式课程中经常采用这类文档——在某些情况下他们还创作这些文档——他们可以倡议组织建立更加完整的文档，并在必要时开发这些内容。

6. **设计具有"可检索性"和"可用性"的非正式学习材料。**马西克和沃特金斯（1990）发现，人们发起非正式学习活动是为了解决眼前的问题。但是他们常常找不到想要的材料，因为创建这些材料的人并没有考虑人们会如何寻找这些材料，或者采用了不同的术语进行描述，而更常见的是，被掩埋在他们所发现的一堆实际上有关其他主题的材料中。此外，即使人们找到了所需要的材料，但由于其描述并没有考虑在真实情况下的实际运用，充其量只是稍稍有用而已。 *149*

设计人们能够很容易就找到的材料叫"可检索性"设计。设计人们能够很容易加以利用的材料叫"可用性"设计。格洛丽亚·格里 1995 年提出的十九条绩效中心设计原理为可检索性设计和可用性设计提供了一个框架。一般性的用户中心设计原理[如雅各布·尼尔森（Jakob Nielsen）在其博客 Alertbox 和书籍《Web 可用性设计》（2000）中提出的原理]增强了学习材料和设备的用户中心视角。

7. **设计用于内容发布的模板。**模板类似于填空表单，能在人们编写和创作内容时进行提示，因此它们可以被用作非正式学习的工具。很多教学设计者在创建在线课程时都使用模板，但主要用来保证所有材料的外观和屏幕布局保持一致。

除了提示人们何处需要填写信息外，模板还能提示用户在特定地方提供特定类型的材料，并引导人们编写这些材料。因此，甚至在由主题专家和用户来准备内容时，也会与其他主题专家和用户所开发的材料之间具有一定程度的一致性，其中也包含了教学设计师会遵循的可检索性和可用性原理。

8. **保持内容的最新性。**如果人们用于非正式学习的材料是过时的，那么获得的学习也是过时的。由于大量材料是由教学设计师创建和策划的，我们有责任确保材料始终保持准确。问题在于，许多教学设计师虽然热衷于开发用于非正式学习的新内容，如文档、知识库、要诀和诀窍条文、辅导教程以及类似的资源，但他们对于保持内容的最新性却很少有热情。

为了方便对材料的持续维护，组织可以在它发布的所有材料上标明发布日期。如果发布日期显示材料可能有点过时，那么人们可以开始就同一主题搜索最新材料。

不过，为了更好地处理内容的维护问题，组织可以使用内容管理系统，这是一个在整个组织内使用的软件，它以文件的形式储存和组织内容，区分同一文件的不同版本，追踪内容开发的过程——从开始到审批再到发布。有些内容管理系统有一个特别的功能是识别失效日期。当内容"失效"时，负责该内容的人会收到一个通知。然后这个人会审阅该材料以确定它依然有效还是需要更新。

9. **不断提升非正式学习资源的可获得性。**如果人们不知道存在非正式学习机会（特别是那些涉及无意识学习努力的机会），他们就不会加以利用。因此，组织必须不断地提升非正式学习资源和机会对于员工的可获得性。由于大量的非正式学习资源是由教学设计师创建和策划的,在创建用来宣传这些非正式学习资源的材料时我们也处于一个十分有利的位置。

最起码,教学设计师应该编制非正式学习资源的目录,确认资源的主要类别,列出并描述每种可用的学习资源,以及其预期的和可能的用途与受众群体。通常,组织会在一个学习门户网站或类似的网站上在线发布这份目录。

更好的做法是,教学设计师可能还会编制宣传材料,提供一个或多个非正式学习资源或机会的简单介绍。典型的宣传材料包括:

- 新资源通告,如订阅 EBSCO 之类的数据库,或者更新的标准操作程序的可用性。
- 宣传某一组资源以增加人们对它的认识,如对新生产线的系列辅导教程进行宣传,或者对一门可通过 Coursera 获取的新课程的宣传。
- 对工作场所学习的一般认识,如和加拿大绩效与学习研究所资助的 Learn@Work week 联合举办的组织活动。
- 简报和网络杂志,一种定期发布的将多个通告浓缩至一份出版物的宣传工具。除了宣传具体资源外,这些简报和网络杂志中往往还包括如何有效利用其中的非正式学习的材料。
- 社交媒体帖子,让人们关注刚才所述的那些宣传活动。

结论

本章介绍了非正式学习,描述了非正式学习的多种形式,从更大的工作背景和实际发生的学习过程两方面解释了它是如何发生的,提出了众多促进非正式学习的方法。作为一名教学设计师,必须注意非正式学习能促进正式学习向工作的迁移。指导、文档、试误,以及类似的各种形式能帮助员工应用在正式课程中学到的技能,还能帮助员工对这些技能及其价值产生新的见解。作为一名专业人员,还必须注意非正式学习是可以用来加强自己作为教学设计师的技能和发展自己的职业生涯的工具。

150

1. **非正式学习的定义依情境不同而不同。**真正的非正式学习是一个由学习者自主确定学习目标和目标达成标准的过程。工作场所往往更希望人们遵照特定的协议、采用公认的概念定义，致使学习者丧失一些对学习过程的控制权。因此，工作场所的非正式学习的定义是：学习者对学习的过程、地点、目的和内容等有一定控制权的过程，在此过程中学习者可能意识到也可能没有意识到学习的发生。以上两个定义都与正式学习相反，在正式学习中是由教师或教学设计者来确立目标以及判断目标成功达成的标准和途径的。

2. **虽然非正式学习的历史同人类历史一样悠久，但在过去二十年间，人们对这种学习形式的兴趣显著增加。**其原因是工作场所采用了绩效范式，对培训迁移和绩效改进等相关主题的兴趣增加，以及网络的兴起。

3. **非正式学习可以采取多种不同的形式。**包括着重促进个人学习的形式，例如经验（如发展性任务）和独立学习机会（如绩效支持）；以及涉及与他人互动的形式，其中有正式的活动（如研讨会）和不那么正式的人际互动（如工作场所的对话）。

4. **非正式学习行为常常由某种意识到或没有意识到的学习需求所触发。**学习材料的性质往往因个人所处工作生命周期阶段的不同而不同，而工作生命周期可从使员工适应工作的技术方面开始直到员工主动为下一份工作做准备。

5. **有效的非正式学习还要求领导层以身作则。**应允许人们开展学习；应承认非正式学习不同于学习分享，非正式学习是一种社会性活动，以及非正式学习并不总是有效或高效的。

6. **技术促进非正式学习。**这些技术包括所有能让学习者在最方便的地方进行学习的设备。

7. **为了促进非正式学习，学习专业人员有责任取得对非正式学习的支持。**他们还应订阅外部内容来扩展学习机会，支持人们的非正式学习活动，以及承认非正式学习。

8. **为了促进非正式学习，教学设计者有责任帮助构建一个内容的基本架**

构,以便其他人能够利用这一基本架构来开展非正式学习。包括：设计具有"可检索性"和"可用性"的材料，开发模板供教学设计者以外的人用于发布内容、维护内容，以及不断推广非正式学习内容。

应用问题

1. 在考虑如何把非正式学习结合进你的教学设计之前，请先考虑如何把非正式学习结合进你自己的职业生涯中。你服务于一家专门为大型组织设计和开发教学的精品公司，并且最近完成了自己作为教学设计师的第一年工作。在过去的一年中，你辅助几位经验丰富的教学设计师完成了分配给其他人的项目。你帮助一对夫妇进行了数字化学习的制作，辅助设计了一些工作指导和概念指南作为一个大项目的补充材料，为另一个数字化学习项目开发了两个模块，还设计和开发了五次相关网络研讨会中的一次。你在每个项目上的表现都令人满意，同事们认为你在制作任务上完成得最好，你对最新著作工具的掌握使你在组织中脱颖而出。但你最喜欢的是设计和开发工作。一些同事认为你的设计和开发工作都很出色，而另一些同事则认为你的设计工作只是合格水平，他们注意到你设计的课主要集中于低阶技能，有关应用方面的指导很有限，并且主要依靠机械的多重选择题来开展活动和互动。在你思考自己第二年的工作——以及以后的职业生涯——时，请考虑以下问题： *151*

- 你为自己设立的学习目标是什么？为什么？
- 你将如何实现这些目标？
- 你将如何判断自己实现了这些目标？
- 你会向谁寻求帮助？你会向他们寻求何种帮助？

2. 现在，请想想你将如何在工作中运用非正式学习。你是一家政府职业介绍所服务中心的教学设计师。中心为公众提供以下服务：申请失业援助；帮助寻找工作（就业）；帮助确定最适合个人的工作类型（生涯咨询）；帮助寻找培训和教育以便为工作做好准备，包括指导人们如何寻找财政援助来支付培训和教育费用。由于新近宣布将有一笔资金用于解决你所在社区失业率飙升的问题，有几名其他中心的员工被调到了你所在的中心，来帮助解决新的立法预计会造成的流量峰值问题。虽然所有中心都遵循同样的一般方法，但由于每个社区的经济不一样，因此它们都有自己不一样的运作指南，面对的客户也略有不同。因为新调来的员工一到你所在的中心就要开始跟客户打交道，所以他们没有时间接受培训，但他们需要了解中心的工作程序与其他中心有什么不一样，也需要了解你所在社区的独特的经济问题。在你思考这些新员工如何融入你所在的中心时，请考虑如下问题：

- 非正式学习如何能够帮助满足新调来员工的需求？根据工作生命周期的学习契机来看，这类学习涉及哪些阶段？
- 你可能会提供哪些非正式学习机会？你为什么选择这些机会？
- 在你为新调来的员工设计和策划非正式学习时，你需要关注非正式学习过程的哪些特征？为什么？你将如何解决这些问题？

参考文献

Carliner, S. (2012). *Informal learning basics*. Alexandria, VA: ASTD Press.

Downing, J. (2007). Using customer contact centers to measure the effectiveness of online help systems. *Technical Communication, 54*(2), 201–209.

Driscoll, M., & Carliner, S. (2005). *Advanced web-based training strategies: Unlocking instructionally sound online learning*. San Francisco: Pfeiffer.

Eraut, M. (2000.) Non-formal learning and tacit knowledge in professional work. *British Journal of Educational Psychology, 70*(1), 113-136.

Gery, G. (1995). Attributes and behaviors of performance-centered systems. *Performance improvement quarterly, 8*(1), 47–93.

Kirschner, P. A., Sweller, J., & Clark, R. E. (2006). Why minimal guidance during instruction does not work: An analysis of the failure of constructivist, discovery, problem-based, experiential, and inquiry-based teaching. *Educational psychologist, 41*(2), 75–86.

Lave, J., & Wenger, E. (1991). *Situated learning: Legitimate peripheral participation*. Cambridge, UK: Cambridge University Press.

Malcolm, J., Hodkinson, P., & Colley, H. (2003). *Informality and formality in learning: A report for the Learning and Skills Research Centre*. Norwich, England: Learning and Skills Research Centre.

Marsick, V. J. (2009). Toward a unifying framework to support informal learning theory, research and practice. *Journal of Workplace Learning, 21*(4), 265–275.

Marsick, V. J., & Watkins, K. E. (1990). Informal and incidental learning in the workplace. Online submission.

Marsick, V. J., Watkins, K. E., Callahan, M. W., & Volpe, M. (2006). Reviewing theory and research on informal and incidental learning. Online submission.

Nielsen, J. (2000). *Designing web usability*, Indianapolis, IN: New Riders.

Nielsen, J. (Ongoing.) Alertbox. www.alertbox.com

Sitzmann, T., Ely, K., Brown, K. G., & Bauer, K. N. (2010). Self-assessment of knowledge: A cognitive learning or affective measure? *Academy of Management Learning & Education, 9*(2), 169–191.

Wihak, C., Hall, G., Bratton, J., Warkentin, L., Wihak, L., & MacPherson, S. (2008). *Work-related informal learning: Research and practice in the Canadian context*. Unpublished report. Ottawa, ON: Work and Learning Knowledge Centre of the Canadian Centre for Learning.

第六部分

不同背景下的教学设计和技术

第十七章　工商业中的教学设计

莫妮卡·W·特雷西　　韦恩州立大学,底特律

加里·R·莫里森　　欧道明大学,诺福克

教学设计实践的主要领域之一是私营部门——主要是商业、工业、卫生保健*152*

和军事环境——这可能是因为持续的员工培训①是这些组织的一个有机组成部分。单就美国而言,据培训产业2014年报道,培训这一产业的成本已高达618亿美元。显而易见的是,这些数据是不全面的,因为它们只是反映了百人或百人以上组织直接投入正式培训的成本,并没有包括非正式的、在职的培训,也没有包括全美的小公司的培训。在2014年,培训的薪资总额也增加了,公司内部支出424亿美元,外部咨询服务和产品支出61亿美元。工商业在教育和培训方面的投资并非仅见于美国,世界各国的情况也差不多。随着工商业在全球范围内不断扩张,其对员工培训的需求也在不断增长。

这种增长不只反映了对培养有知识的劳动力的重视,也反映了对员工岗位绩效的关注以及对解决组织问题的关注。因此在今天,教学设计所包括的不只是简单地生产教学。现在,它与美国国内外众多公司所接受的整体设计思维方法联系在一起。

在本章,我们将详细介绍当今商业环境中教学设计实践的性质。我们将要讨论:

---

① 这里我们没有区分"教育"和"培训"的概念。因此,我们所用的培训这一术语包括了各种类型的专业发展活动,从专门技术训练到行政人员发展。

- 教学设计师和其他设计团队成员在设计过程中的作用；
- 当前工商业教学设计中的制约因素；
- 公司中教学设计和开发的趋势，包括跨文化和设计思维。

公司情境中的教学设计的性质

公司情境中的教学设计方法有很多种。在这一节，我们将考察这些方法以及影响设计过程的因素。

教学设计师的角色

传统上，教学设计师在公司情境中可以扮演三大类角色。具体的方法因组织和项目的不同而有所不同。在本节我们首先考察教学设计师所扮演的每一类角色，然后在本章后续内容中继续介绍工商业中影响设计的其他角色。

唯一设计师。设计师是变革代理，其目的是影响学习者、团队和组织的知识、技能和绩效（Tracey 和 Boling，2013）。从前，在一些小公司或小项目中，教学设计师可能是唯一的永久性团队成员。而今天，教学设计师可能会发现自己在各种组织文化中都担任着一个项目的唯一设计师的角色。在这种情形下，主题专家（SME）只是暂时在"团队"中工作，通常是为设计师开发教学材料提供必要的内容，只在需要时（即主题审查和修订时）才介入。公司的其他员工，如媒体开发者、平面设计师、电脑程序员等可能负责全部材料的制作；促进者或人力资源经理则负责日程安排、营销以及最终完成的教学干预或产品的交付和评价。虽然其他人也对设计做出了贡献，但设计师须全面控制和负责，也可以由项目经理或客户经理来控制和负责。主题专家也可以作为教员，这样他们对干预的设计和实施就有更大的兴趣和责任。

团队成员/领导者。随着工商业中教学设计的发展，教学产品的设计会由一个包括众多成员的团队来负责。团队中教学设计师的数量从一个到多个不等，其职责大小也从高级或首席设计师到教学设计师或技术专家。团队的其他成员则视学习者、所用传递技术的类型和项目范围不同而不同。表 17.1 列出了各种团队成员。

团队本身会随组织类型和项目的复杂性不同而有所不同。三类常见的工作团队为：虚拟团队、跨职能团队、承包人主导团队。

随着组织的全球化发展和分权，组织中教学设计师参与或领导的项目团队往往会发现自己不过是一个虚拟团队中的一部分，而不是一个同地团队。传统团队在同一幢楼内工作，能直接碰面，而虚拟团队的成员分散在不同的地方。在有些情况下，团队成员可能位于同一个大致的地理区域内，但不能直接碰面。不过更常见的情况是，虚拟团队的成员位于一个国家的不同时区，甚至位于不同的国家。虚拟设计团队必须利用各种电子通信方式来进行需求评估、设计审阅、开会等。Skype、I-Chat、谷歌文档、微软网络会议、Adobe Connect 等通信工具的出现，使虚拟团队的沟通便宜且高效。当今虚拟团队面临的挑战在于，跨越许多不同时区、位于各个不同地方的人要在大致相同的工作日一起工作，教学设计师现在发现自己是在非常多元化的全球文化中开展工作。

表 17.1　教学设计团队成员

团队成员	指派（assignment）
利益相关方	项目存续期间
教学设计师	项目存续期间或设计阶段
主题专家	从最初的设计规划会议开始直到实施
评价者	形成性评价期间或从实施形成性评价前开始
项目经理	设计规划期间或往往从设计规划阶段前开始
文本编辑	始于制作期
多媒体/电脑程序员	从策略设计后或开始制作时起
视频/音频制作	始于制作阶段
脚本设计人员	始于策略设计之后或在制作阶段
平面设计师	始于制作阶段
翻译人员	始于制作阶段
最终用户	从设计会议开始一直到实施形成性评价

协作对于一个设计团队的成功是极其重要的。协作型设计师必须善于表达

想法、倾听和协商。一个设计团队的设计过程与最终产品同等重要,因此,若教学设计团队成员和领导者能促进富有成效的协作,那么将能生成更多的创新性设计。有人认为,我们必须把设计看成是与利益相关方和最终用户一起工作的机会,而不是为利益相关方和最终用户工作(Brown,2009)。定期与利益相关方和最终用户协作,可以减少产品在形成性评价期间需要进行的修改。如果设计团队能够进行面对面的协作,那么他们的关系和灵感将得到滋养,使设计师和团队成员能够借鉴彼此的想法进行构建。

一些大公司的设计工作也被外包给能提供设计服务的组织和个人。这样一来,供职于大公司和军队的教学设计师的角色也发生了变化。现在他们主要是作为项目经理,时间大多花在监督那些拥有不同程度教学设计专门知识的承包商身上。在这些情况下,指导外部设计团队了解组织文化就成了教学设计师的一项重要任务。

外部设计师/顾问。 外部设计师/顾问是由客户公司聘请来制作产品或领导项目的。教学设计团队可以全部由外部成员组成,也可以由开发者、经理、主题专家、设计师等内部成员和其他外部成员共同组成。多年来,为了精简服务流程和提高效率,许多组织都削减了内部培训部门,增加了外部顾问的使用。很多时候,雇用外部设计顾问是为了解决客户眼中的培训问题。因此,设计顾问必须利用出色的沟通和观察技能来找出问题的根源及其原因。设计顾问必须与客户沟通并通过推荐可能与最初请求不一致的最佳解决方案来指导客户。外部设计顾问的技能库包括:与教学设计过程中的其他重要参与者建立关系的能力、指导客户的能力、提供问题的最佳解决方案的能力。

其他重要参与者的作用

客户。 一个设计项目可能涉及众多客户人员,包括雇用教学设计师的公司雇员、公司的其他利益相关者、最终用户,以及内部设计团队成员(若教学设计师为外部成员)。在最简单的环境中,客户拥有问题通常是因为此人为最终用户的主管或经理。对于外部设计顾问来说,重要的是要即刻确认所有客户(Morrison,Ross,Kalman和Kemp,2013)。例如,可能有两个或两个以上的客户。第一个客户是为项目提供资金的人,可以称其为相关利益方;第二个客户是项目的拥有人,他可能是最终用户的经理。当一个经理为项目提供资金,另一个人作为项目经理或决策影响者(他可能是整个项目实施期间的主要联系人以及设计团队和决策者之间的联系管道)时,情况就更加复杂了。如果再加上希望绩效得到改进的人——或者说最终用户,那么客户列表上就有四个人! 有些项目会考虑到外部主题专家、更多的内部设计团队成员,或者其他能够影响设计评审或决策的人,就变得更加复杂。虽然每个教学设计项目至少有一个客户,但设计师必须找出所有可能影响教学设计过程的客户,并就最佳沟通和协作方式达成一致。识别形形色色的客户及其职责和预期能帮助设计师解决问题并防止问题的发生。教学设计师和设计团队有责任指导客户(们)了解整个过程以及设计过程各个阶段的目的和价值。

主题专家。传统上,确定一个主题专家——他提供必要的内容供设计师设计和开发教学干预——是客户的责任。随着需要教学设计师为之设计解决方案的问题越来越复杂,就需要一个更广泛的主题专家库。主题专家库里的专家可能包括:关于内容方面的专家、关于最终用户方面的专家、了解组织文化的人、精通传递系统方面的人。教学设计师必须与相关利益方一起确定并理解设计产品所需要的全部主题专家以及每个专家能够投入设计工作的时间(Morrison等,2013)。一旦确定了这方面的需求,设计师就必须创建一个与主题专家进行协作而不是与设计师进行协作的沟通系统。每个主题专家分享重要信息的方式可能不同,设计师必须具有变通性,能批判地思考,并能提出正确的问题来获取成功设计所需要的信息。如果主题专家一直作为设计团队的成员,那是很理想的。设计师以及其他设计团队成员在沟通和设计过程中需要保持灵活性以确保这种情况的发生。

最终用户。最终用户是公司雇员、经理和领导,他们为了提升绩效而使用设计产品或干预。传统上,教学设计师通过调查、访谈或其他数据收集方法来收集最终用户的信息。今天,越来越多的设计团队力主让最终用户的代表成为设计团队中稳定的成员。这样做的目的是帮助设计师通过建立情感联系和理解来突出最终用户群体,以此作为设计师和最终用户之间的桥梁(Kouprie 和 Visser,2009)。

工商业中教学设计的约束条件

　　收集信息是设计师在着手一个设计项目时首先要履行的活动之一。如果在项目开始前还没有确定最初的约束条件，那么在此期间这些约束条件将会被发现。约束条件是任何一个工商业设计项目中都有的有机组成部分。由于人们认为约束条件会妨碍或限制设计，设计师以往总是努力控制或消除这些约束条件。然而在今天，设计师认识到，约束条件实际上为设计带来了创新、修正和改进的可能(Cross，2011)。现在，在设计师创建具有创新性的高质量设计干预和产品时，约束条件被视为有益的工具。

识别并接纳约束条件

　　约束条件总是与问题解决(设计中的一项重要设计活动)相伴而行。设计研究者实际上已经创建了一些模型来支持设计师在设计过程中去识别和接纳约束条件并解决问题。如劳森(Lawson)(2006)的模型根据三个维度对约束条件进行了分类。第一个维度是由谁造成了这些约束条件，可能是设计师、相关利益方、最终用户等。如相关利益方可能提出时间和资源方面的制约，这限制了设计团队与主题专家一起工作的时间。因此，设计团队必须努力接纳这个约束条件，并找出与主题专家进行沟通的其他方法，收集信息以便设计出最佳的干预。这个维度可能也包括来自设计师的约束条件(如与客户和主题专家等打交道的经验等方面的设计先例，或一般的设计经验等)。对于最终用户如何学习和应该如何创建干预，设计师也可能带有某种哲学信念或理论视角。这些约束条件将引导设计团队的决策并影响最终的干预或产品。

　　劳森(2006)的第二个维度涉及约束条件和情境：它们是设计内部的吗，如内容、传递方式选项或多个最终用户？它们在设计问题的情境内吗，如对组织的价值感知、最终用户的动机、感知到教学干预的必要性？虽然组织可能不能完全理解设计团队提出的解决方案的必要性，但设计团队必须理解和接受客户对设计问题的感知。反过来，团队不仅必须理解和接受客户和设计问题施加在设计解决方案上的约束条件，还必须利用这些约束条件来设计出一个创新的解决方案。

劳森(2006)模型的最后一个维度侧重于要设计的材料类型、功能和实际应用，即设计团队可能想设计一个多媒体干预，但内容和最终用户的需求可能需要采用不同的传递方式。在这样的情况下，设计团队可能并没有他们想要的教学设计决策控制权。关于材料、功能和实际应用的决策可能在设计团队介入前就已经制定好了。基于此，团队必须快速确定已经制定的决策并在这些约束条件内工作。

劳森(2006)模型阐明了设计师在设计中必须处理和接纳的众多约束条件。他还认为，设计问题在很大程度上是由外部约束条件构成的，对于这些外部约束条件，设计师几乎无法或完全不能控制。虽然很多人在面对这些约束条件时会感到沮丧，但事实上，这些都是设计师必须接受并用以创建创新性干预和产品的最重要的约束条件。

另一种约束条件是项目的资金。虽然为教学干预的开发提供资金的方式有很多种，但我们可以把这些方法归为三大类(Morrison等,2013)。第一类是固定预算，即教学设计和(更多的是)培训部门收到的一笔必须持续一年的固定金额。因此，设计师和经理必须根据预算限制决定他们可以完成哪些项目。例如，是一年做一个或两个影响力很大的项目，还是选择几个能影响各种最终用户(但数量不一定更多)的小项目。第二类是费用返还制度，教学设计和培训的成本作为公司间接成本的一部分，被当作隐形成本返还给各个团体或部门。通常，有了这个制度，项目可以一直持续到全部设计资源都达到最大化。最后一类是利润中心法。教学设计小组的经理带着一份能带来收入的培训项目提案去找上级管理层。如果上级管理层认为该提案可行——也就是说它能产生适当的投资回报——那么小组便可获得一笔贷款来进行培训的开发和初步实施。参加培训的人必须付学费，一开始，收到的学费用来偿还贷款，然后产生的利润被用来资助未来的项目和更新现有的项目。因此，培训干预开发的每一种融资形式都伴随着许多约束条件和机会。

项目管理对教学设计

有些项目具有大笔预算、若干重要节点和充足的人员，这样的项目往往需要有人来担任项目经理。这一职责通常被委派给教学设计师或者说由教学设计师来承担,因为他才是事实上的项目领导者/经理。从预算、期限、产品方面看,项目越大,项目管理者的责任也越大。当这种责任变大时,教学设计者就面临着在完成教学设计任务和项目管理任务两者之间进行抉择的两难境地。忽视教学设计过程将影响产品的质量;忽视项目管理过程将影响进度、人员、制作和预算。为避免这种两难境地,大型项目通常的做法是,要么聘请一名项目管理专家,要么委派一位高级教学设计师全权负责,然后这名高级教学设计师就会把全部精力放在管理任务上。由于组织机构精简,项目管理的责任通常由教学设计师来承担。在一些小型组织中,一名经理可能要承担项目经理的全部或绝大部分责任,以便让教学设计师能够集中精力开展设计工作。

公司内的设计和开发的趋势与问题

如今,工商业在一般业务实践和员工学习方式方面的变化迫使教学设计师重新思考我们该如何在公司、军事设施以及其他需要我们专业知识的地方工作,以及如何为公司、军事设施和其他需要我们专业知识的地方工作。工商业中有两个明显趋势,分别是:公司向国家外的增长和扩张;被称为设计思维的专门性活动和习惯在日常业务实践中的实施。因此,教学设计师必须解决好以下两个问题:如何开展跨文化工作以及如何把设计思维融入自己的设计活动。

跨文化教学干预

随着市场的扩张,以及通信方法和全球化的发展,跨文化教学干预在工商业中已经很常见。文化是所有人类表达的决定因素(Barter, Jette 和 Wiseman,2003)。在为跨文化受众设计教学干预时,设计师和设计团队必须确认社会文化因素和学习者文化因素。

社会文化因素。 从前,当我们审视工商业中的文化差异时,我们会聚焦于其他国家。然而今天,人口的变化和趋势表明,无论在美国国内还是国外,人口在种族和文化上都变得越来越多样化。在为多样化文化设计教学时,理解基本社会差异是一个十分重要的参照点。教学设计师必须利用主题专家、全面的最终用户样本、翻译人员、文化专家等来收集可能会对教学设计过程的成功与最终教学干预和产品产生影响的信息。可能对教学干预产生影响的社会文化因素包括：世代和社会遗产或传统；关于学习的观念、价值观和规则；解决问题的方式；对模式、颜色和符号的解读；对思想和行为的理解等。例如，在一个教学活动中，在跨文化的员工中间可能存在很多社会文化因素。处在这种情势下的设计团队必须利用文化相似性，同时还要与主题专家代表和最终用户代表密切合作，以避免文化敏感的内容和演讲方式。

学习者文化因素。有效的教学设计包括与最终用户合作并理解最终用户，因为他们把自己的体验带到了教学干预中。在跨文化教学中，设计团队应该尽早熟悉最终用户的代表，与他们建立起贯穿整个设计过程的工作关系。虽然主题专家能保证内容的准确性，但最终用户代表会让设计团队更接近他们的文化。教学干预中的文化因素会影响设计团队对待最终用户的方式/对教师的角色期待、时间概念和真实性活动的使用、最终用户的沟通风格，以及最终用户如何处理人际关系。能让最终用户应用从教学干预中学到的内容的迁移环境，也要受文化因素的影响。

为跨文化员工设计教学。在为跨文化员工设计教学时，教学设计师必须透过另一种文化而不是他们自己的文化来观察世界，同时还必须认识到自己的文化在多大程度上决定了自己如何进行教学设计。教学设计师的价值观和世界观决定着教学材料的结构和设计师创设的情境（Stevens，1969；Zhang，2001）。在为全球市场开发有效的教学材料时，设计师可以采用的一种方法是通过消除文化因素而使教学国际化，然后采用与文字处理器等软件的本土化相类似的过程来对教学进行本土化，使之适应每一种文化。设计师和设计团队应思考，为了帮助设计而收集到的文化方面的信息可能将如何影响最终用户对于教学干预、绩效甚至学习本身的态度。对教学材料可能具有的文化含义的敏感性，以及在设计中适应各种可能影响学习的文化因素的能力，包括设计出一个在手势、性别认同和文本惯例等方面都遵从某文化群体之信仰的教学产品。教学设计师必须承认，除了语词的选择外，插图中微妙的符号和线索在不同文化中也传递着不同的含义。

企业中的设计活动

近来工商业中的一个趋势,是对于一种被称为设计思维的专门的思维活动和习惯的青睐(Cross,2007;Lawson 和 Dorst,2009)。这些概念和活动促使公司把设计原则视为一个影响到组织各个层面和全部活动的综合术语。虽然是我们在设计教学,但包括 IBM(www.ibm.com/design/language/)在内的公司都支持那些将设计思维融入能支持整体业务增长的活动中的管理人员。现在,设计思维已在很多业务行动中得到执行。它虽然类似于教学设计师采用的大多数过程,但重要的是人们必须认识到,在工商业界,对"设计"这一术语的理解现在已有了新的含义。作为教学设计师,我们有责任去了解工商业界是如何理解设计的,并让我们的客户和利益相关方明白我们也采用了设计思维,因为我们首先是设计师,我们的产品是教学干预。我们对这些概念和活动的理解将有助于我们在工商业文化中开展工作。

设计思维。设计思维推动了企业对传统设计的创新方法的引入,其目的是让员工、管理者和行政领导运用设计师的创造性方法来发掘原创思维、更具创造性的策略方法和更好的产品创新。包括 IDEO、哈佛商学院、斯坦福大学等在内的组织都在教跨学科团队接受并将创造性思维(Fatcliffe 和 McNeil,2012)和用户中心设计(Baek,Cagiltay,Boling 和 Frick,2008)融入自己的公司,以便更好地理解最终用户体验(Ratcliffe 和 McNeil,2012)的价值。这种方法采用了教学设计师所用的多种方法,如创造性问题解决、情境映射、用户观察、焦点小组、角色发展(persona development)、渔栅模型(fish-trap models)、交互原型等,在包含复杂性和系统思维的组织情境中考察项目,以便生成可持续的解决方案。设计思维活动和企业教学设计之间有许多相似之处。教学设计强调客户或最终用户和相关利益方的需求,这一点与工商业中的设计思维是一致的。设计思维也是高度协作和包容的,它推动团队一起开展头脑风暴,提出众多的想法,然后根据最终用户的反馈对这些想法进行完善,最后实施解决方案。多年来,教学设计团队一直以这种方式开展设计活动。组织在自己的一般活动中融入设计思维,这将反过来促使组织更好地理解教学设计和教学设计师的工作。

设计师即研究者。虽然工商业中的教学设计师有多重角色和职责,但这些

环境中的设计师能够为不断增长的教学设计知识库做出独特的贡献。研究曾经

被认为是一种纯粹的学术活动,但在今天,研究可以采取多种不同的形式,包括发现、集成、应用和教学(Boyer,1997)。教学设计师是问题解决者,而反思是问题解决过程中的一个重要组成部分(Schön,1983;Schön,1987)。普拉克(Plack)和格林伯格(Greenberg)(2005)认为,反思赋予实践以意义,并促进深度学习。当教学设计师对设计决策进行反思时,可以对问题进行重新定义、质疑自己的假设,并从不同的视角去看待问题情境。应用领域(包括教学设计)的反思可以促进自身发展和专业发展,为领域的研究基础做出贡献。教学设计师的研究是实践与学术相结合的一个例子,最终可以提升工人、设计师和组织的绩效。

结论

现在,教学设计在企业中得到了普遍应用。这些工作环境的复杂性和压力不仅影响了设计师的角色,也在很多情况下影响了设计过程本身。全球化教学的需求激发了教学设计的发展。因此,当前的教学设计侧重于注重最终用户体验的复杂问题解决。

要点总结

1. **教学设计实践的一个主要领域是私营部门。**自 20 世纪 80 年代开始,企业、工业和军事情境中的员工培训便稳步增长。

2. **公司情境中的教学设计师可以承担三大类角色。**可能是唯一设计师,可能是设计团队成员/领导者,或者可能是外部设计师/顾问。

3. **其他重要参与者在设计过程中的作用对于教学干预和产品的成功也是至关重要的。**客户(们)、主题专家和最终用户都是设计过程中的重要参与者。教学设计师必须努力与这些利益相关方沟通和协作。

4. **约束条件是教学设计中一个有机的重要组成部分。**设计师必须识别并接纳项目的约束条件,同时利用它们努力制作创新的教学干预。约束条件与问题解决——一种重要的设计活动——相伴而行。有些约束条件是由设计师、利益相关方和最终用户造成的;有些约束条件与情境有关;有些约束条件与要设计的材料类型有关。此外，设计问题可能还存在一些外部约束条件，对此设计师很少能控制或完全不能控制。所有这些约束条件可能妨碍设计也可能增进设计，这取决于设计师和设计团队如何看待这些约束条件。

5. **培训行业发生了很多变化，包括跨文化培训和设计思维。教学设计师要应对这些趋势，就应该承担起实践者、教育者和研究者的角色，努力识别、记录和施行最佳实践。**在为跨文化受众设计教学时，设计师必须识别各种社会文化因素和学习者文化因素。今天的教学设计师还必须理解设计思维在工商业各个领域的渗透，要让客户和相关利益方明白设计思维活动和教学设计的一致性。

应用问题

一家国际公司正在建造世界上最大的购物商场。为确保它成为一家最干净的购物商场，并提供世界一流的服务，公司聘请了一名美国教学设计顾问与一家美国保洁公司合作。该顾问负责组建并监督团队，为实施商场保洁工作的员工设计、开发和传递定制化教学。客户希望所设计的教学要确保员工们有效识别和执行自己的工作任务，并能提高其工作效率。清洁商场的员工来自四个不同的国家（印度、孟加拉国、尼泊尔和菲律宾），说着不同的语言。员工们的阅读技能很低或者完全没有，他们没有一个人有过清洁商场的经验。他们全都是母公司带来的移民。学习者为 40 名从客户最初雇用的员工中选出的团队领导和 375 名保洁人员。

158　　　请回答以下问题：

1. 外部教学设计师的作用是什么？

2. "其他"重要参与者的作用是什么？

3. 项目中可能存在的与情境有关的约束条件和与设计师有关的约束条件有哪些？

4. 作为一名设计师，你将如何努力预防或克服你所识别的与情境有关的和与设计师有关的约束条件？

5. 你将提出哪些问题来帮助自己确定社会文化因素和学习者文化因素？

6. 你将如何为这些跨文化员工设计教学？

参考文献

Baek, E., Cagiltay, K., Boling, E., & Frick, T. (2008). User-centered design and development. In J. M. Spector, M. D. Merrill, J. Merrienboer, & M. P. Driscoll (Eds.), *Handbook of research on educational communications and technology* (3rd ed., pp. 659–670). New York: Lawrence Erlbaum Associates, Publishers.

Barter, Z. J., Jette, C., & Wiseman, D. (2003). Dancing numbers: Cultural, cognitive, and technical instructional perspectives on the development of Native American mathematical and scientific pedagogy. *Educational Technology Research and Development, 51,* 87–97.

Boyer, E. L. (1997). *Scholarship reconsidered: Priorities of the professoriate.* San Francisco: Jossey-Bass.

Brown, T. (2009). *Change by design.* New York: Harper Collins.

Cross, N. (2007). *Designerly ways of knowing.* London, UK: Springer-Verlag.

Cross, N. (2011). *Design thinking.* New York: Berg.

Kouprie, M., & Visser, F. S. (2009). A framework for empathy in design: Stepping into and out of the user's life. *Journal of Engineering Design, 20,* 437–448.

Lawson, B. (2006). *How designers think: The design process demystified* (4th ed.). Oxford, UK: Elsevier.

Lawson, B., & Dorst, K. (2009). *Design expertise.* Oxford, UK: Elsevier.

Morrison, G. R., Ross, S. M., Kalman, H. K., & Kemp, J. E. (2013). *Designing effective instruction* (7th ed.). Hoboken, NJ: John Wiley and Sons, Inc.

Plack, M. M., & Greenberg, L. (2005). The reflective practitioner: Reaching for excellence in practice. *Pediatrics, 116*(6), 1546–1552.

Ratcliffe, L., & McNeill, M. (2012). *Agile experience design: A digital designer's guide to agile, lean, and continuous.* Berkeley, CA: New Riders.

Schön, D. (1983). *The reflective practitioner: How professionals think in action.* London: Temple Smith.

Schön, D. (1987). *Educating the reflective practitioner.* San Francisco: Jossey-Bass.

Stevens, W. D. (1969). Sign, transaction and symbolic interaction in culture mediation. *AV Communication Review, 17,* 150–158.

Tracey, M. W. (2015). Design team collaboration with a complex design problem. In B. Hokanson, G. Clinton, & M. Tracey (Eds.), *The design of learning experience: Creating the future of educational technology.* Springer, NY: Educational Communications and Technology Series.

Tracey, M. W., & Boling, E. (2013). Preparing instructional designers and educational technologists: Traditional and emerging perspectives. In M. Spector, D. Merrill, J. Elen, & M. J. Bishop (Eds.), *Handbook of research on educational communications and technology* (4th ed., pp. 653–660). New York: Springer.

Training Industry. (2014, November/December). Training industry report. *Training Magazine, 51,* 16–29.

Zhang, J. (2001). Cultural diversity in instructional design. *International Journal of Instructional Media, 28,* 299–307.

第十八章 军事教育和培训环境中的教学设计机会

玛丽·F·布拉顿-杰弗瑞　　海军部

　　任何一个国家的军队,无论是美国陆军、英国皇家海军陆战队、荷兰皇家空军、德国联邦国防军、新加坡武装部队、澳大利亚国防军,都是一个团结、敬业、机敏的群体,其成员之间的情谊是企业界所不能比的。军队文化源于战争的威胁和彼此间必须以命相托的信赖。虽然他们都有保护国内外人们的生命和财产这一共同使命以及完成这一使命的责任,但今天作为国际军事单位成员的军人还有着多样化的兴趣和个人目标。对个人需求的重视使得现在的军队培训处于动态的变化之中。培训中涉及的人员——也许就是作为一名教学设计师的你——必须制作出既能满足整个军队的要求又能满足个人需求的培训。如今的现役军人志愿服务于他们的国家,但他们也期望有所回报。

　　在军队环境中工作的教学设计人员所面临的挑战有:承认无效教学会带来灾难性后果;创建能满足军队需求同时又兼顾个人兴趣的培训;为一个始终处于变化中的环境进行设计;当技术的发展速度超过适应变化的能力时,明智地利用技术;承担角色规定的责任,或者因与军队的特殊关系(联邦工作人员或承包商)所应承担的责任;针对单个项目进行设计,这些项目可能被重新用于其他培训产品或传递环境。

　　在适应当今现役军人的需求,实现军队从现在到未来的转变中,教学设计人员起着十分重要的作用。其角色要求他们:具备有关学习理论和教学策略的知识并能有效地加以运用;了解如何最佳地应用技术来满足各种学习环境下的用户的需求;能够创建混合式的学习方案;能够在预算内工作;理解并懂得国内外军事文化和国际部队的文化；能够与客户沟通。

　　本章概述了国际军事领域中的教学设计师和开发者所面临的主要问题和挑战，既有课堂上的，也有战争环境中的。本章内容将有助于正确认识为军队创建培训产品的教学设计师和开发者的角色和责任。

　　本章首先概述了军队文化以及教学设计和开发在该文化中的作用；接下来的部分阐述了正在变化中的军队作用和责任；然后讨论了国际军事界未来的愿景；最后描述了为军队工作的教学设计人员的角色。本章末尾还有一份术语表，用来帮助理解军队环境中特有的一些术语。

军队文化及教学设计和开发在该文化中的作用

　　自从第二次世界大战结束后，美国的国防力量已经从国内防卫扩展到全球防卫（见图 18.1）。1948 年，联合国安全理事会设立了联合国维和人员来监督阿拉伯和以色列国家之间脆弱的停火协议（联合国维和行动，2012）。二战结束后十年，德国成为北大西洋公约组织（NATO）的成员。任何军事组织都要面对的一个挑战是要认识到招募和留住合格人员的必要性。德国联邦国防军参谋长福尔克·维克尔（Volker Wieker）将军说："……我们必须继续为那些正在寻找第一份工作的潜在求职者提供有竞争力和吸引力的培训计划。除此之外，我还谈到有吸引力的资格课程，这些课程可帮助退役军人在离开军队后开始其'第二个

160

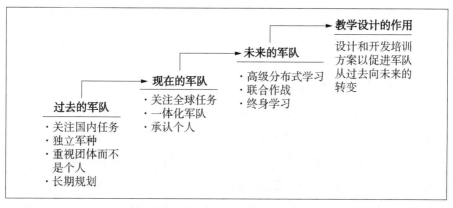

图 18.1　演化中的军队文化

职业生涯'。"(联邦国防部,2010)在2001年,联合国安全理事会授权成立国际安全援助部队(ISAF),由代表十九个国家的军事人员组成。这支联合部队的任务是协助新的阿富汗临时政府维护喀布尔的安全和稳定(北大西洋公约组织,2015)。2009年,国际安全援助部队重申,它不仅致力于提升维和努力,而且要致力于在国际社会建立一种全面的军民合作方式。重建团队在社区参与中发挥着重要作用(北大西洋公约组织,2008)。这种全球化的军事演变表明,对于跨文化的和世界范围内的培训的需求增加了。

但是,赢得战争和提供安全只是军队的一部分使命。所有北约成员国都承诺要开展维和行动并提供人道主义援助。兑现承诺需要大量训练有素的男女,而这正是教学设计师得以应用其知识技能的培训领域。

要在军队环境里有效地工作,教学设计师就必须理解并懂得军队在未来数年内将发生哪些转变。军事培训将伴随着这种转变而演变,对技术的运用和重视将对培训产生重大影响。

与教学设计师一起工作的军队客户都是各自职业领域的主题专家。他们一般不熟悉教育原理、学习理论或教学技术应用。他们关于课堂和学习的知识仅限于他们作为学生时的个人经验。他们关于技术的知识是通过职场经验而获得的。对于如何以及何时运用某种理论或技术来实现最佳的学习方案,以及如何在一定预算和环境限制下达成任务,他们坚信教学设计团队能为他们提供最好的建议,教学设计师必须"懂行",还应该了解教学技术领域的最新进展。不这样就不符合客户或团队代表的设计公司的最大利益。有缺陷的设计或无效的技术运用会导致成千上万美元的浪费。类似的错误将有损公司的声誉或者使公司以后较难得到有关的合同。

变化中的军队角色和职责

多年以来,美国和其他发达国家的军队已经发展成大型的、技术先进的、全方位的、综合的组织,它所承担的责任也是众多的。此外,由于贩运人口、毒品交易、公海上的海盗活动等违法行为日益猖獗,联合国安全理事会呼吁世界各国海军打击海上犯罪集团(联合国安理会第2077号决议,2012)。与此相似,澳大利亚国防军参与了12个以上的国际行动,包括边境保护、联合国和联合政府行动、

第三国部署,以及诸如2015年尼泊尔救援行动和2015年瓦努阿图太平洋救援行动等灾难性悲剧的救援行动。其复杂性不仅在于地理问题,还在于由美国、日本、中国、印度尼西亚、马来西亚、新加坡、韩国、印度和南太平洋国家等组成的多国部队的沟通和训练问题(澳大利亚政府,国防部,2015)。这些增加的责任已经改变了各国士兵、海军军人和空军人员的生活。这些长期的全球性任务空前地影响了个人的生活和职业目标。这就要求教学设计师提供既能支持国内培训和学习又能支持海外培训和学习的学习方案。以下讨论的问题与变化中的军队角色和责任以及与此变化相对应的教学设计师作用有关。

161

未来趋势

各国军队都将面临着一些共同的挑战。其中将对教学设计师的作用产生影响的两个挑战是:

- 一国或多国军事力量的国际责任;
- 新技术。

全球化企业的蓬勃发展依赖于国际伙伴关系。设计师必须承认客户的文化多样性,据此选择能适应不一样的学习者的培训或学习方案。在设计可能用于国际部队的产品时,复杂程度将会进一步加大。许多美国的盟友都购买美国的教学产品,使用其培训和军备。德国空军和海军战斗机人员,以及全部地对空导弹的操作人员,完全是在美国和加拿大接受培训的(哈洛曼空军基地,2016)。其他一些国家也提供互换的培训课程,并支持在美国军事基地开展联合军演。

新技术无处不在,存在于每一个企业、每一个家庭之中。通过互联网,学生们可以和世界各地的孩子们分享课堂经验。低成本的数字通信让国际友人和亲人触手可及。对手也一样能使用这些新技术。运用安全网络和限制申请数量是军队用来防止非法访问的两种方法,但这些安全方案可能使教学设计师必须调整培训产品的设计和传递。设计师必须学会在这些系统的限制内工作。

军队问题

资金

每个国家的每个军种所面临的挑战都是如何最好地利用获得的培训资金。很多时候，为了不超出预算就必须采取折中方案。低技术的培训方案（如基于纸张的工作帮助）可能不是最理想的方法，但却是在预算内完成培训任务的较好选择。想要发挥技术的所有能力是一种难以抵挡的诱惑，但是不明智地使用资金会导致设计公司的快速倒闭。对教学设计师来说，一个值得考虑的选择是，结合任务装备来提出低技术或高技术的新培训方法。

教学设计师必须仔细而准确地说明培训方案的成本，提供在项目预算内的各种备选方案。无论用于项目的是怎样的资金，都可能减少用于另一项目的资金，因此设计者必须帮助客户估算成本或者进行权衡。

技术范围

在军队工作的教学设计师发现，自己要支持范围广泛的教学产品的开发，包括从最简单的基于纸张的产品、便携式的工作帮助，到高级的计算机模拟和虚拟培训世界。在高端技术方面，军队采用了世界上最复杂的模拟技术，如战斗机飞行员模拟与大规模的虚拟指挥和控制演习。培训开发者可利用的技术范围一方面增加了提高培训真实性和有效性的可能，另一方面对于那些努力适应多样化教学和绩效要求的教学设计师提出了更多的挑战。

传递环境

和普通公民一样，军人也必须不断学习新事物才能获得职业成功并在敌对的环境下生存。与普通公民的运作环境不同的是，培训始终是核心舞台。除了新雇员或新设备的培训，普通公民的培训一般是与工作场所或工作现场分离的。而在军队中，培训就是工作的一部分，是与工作场所结合在一起的。这意味着培训就是大部分的日常活动。基于此，军队的培训是渗透性的，同时对培训产品的质量和多样性的要求也更高（见图 18.2）。教学设计师要认识到培训可能发生在课堂、军事要塞、基地、轮船以及任何部署了士兵的地方——甚至是战斗中。这种多变的培训环境意味着培训产品必须适应所有的环境。

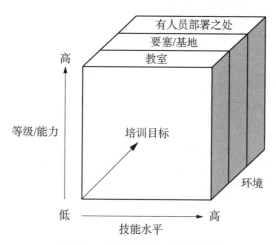

图 18.2　培训产品的全频谱使用

设计的约束条件

大型系统的设计对教学设计师提出了独特的挑战。系统越大、越分散，挑战就越大。为军队进行设计在很多方面不同于为大公司进行设计，在管理、配置、实施、培训教员的专门知识等方面都有不同。

大公司内的管理哲学一般只是执行董事会的指示。军队则以其多种多样的独立军种及各军种的不同任务而自豪。尤其当在联合部队中工作时，教学设计团队发现自己必须取悦许多很有主见的客户。

在任何基于技术的解决方案中，配置可能是项目中最困难的一个方面。各个军种都有自己的网络基础设施和购置多年的设备。大多数情况下，设计师必须利用这些遗留下来的(已有的)系统，并将之与新的硬件和软件相结合。

项目一旦完成并经过了理想情境中的公开测试，教学设计团队就要帮助军队进行项目的实施或者为政府实施团队提供指导。实施面临着独特的挑战，因为将会在各种不同的情境下实施——在战场，在轮船上，在世界各地，在教室里。 *162*

与那些拥有培训部门和专业教员的大公司不同，军队使用主题专家，给他们提供教学材料来帮助他们"教"。教学设计师必须创建培训培训者的材料，循序渐进地对课程计划进行解释,并把学习理论整合进去。美国军队认可专家型教员(master instructor),如果是短期任务(不超过三年),就需要为教员提供能清楚解释学习包所有要素及其依据的学习理论的材料。

人员

各军种面临的最主要挑战是招募优秀的人才和保留训练有素、技艺高超的现役军人。同盟国中的许多国家都在其国防规划中指出,需要招募和保留高素质的人才(《澳大利亚军队 2020》《英国未来国防战略背景》《美国联合愿景2020》)。这些规划也承认需要提高生活质量,特别是在个人发展和专业发展方面。

备选培训方案

教学设计师已习惯于先考察目标受众的技能和知识水平,再据此决定如何设计教学及所用的语言水平。教学设计师关于学习理论和教学策略的知识尤为重要。从历史上看,培训一般是针对“群体”进行设计和传递的。在第一轮培训中没有表现出预期行为的现役军人将接受补救性教学直到掌握为止。补救性教学一般是按照初次教学的方式进行的。

在补救性活动中,不是以同样的形式呈现同样的信息,也不是以稍有不同的形式呈现同样的信息,教学设计师可能推荐完全不同的教学方法。允许个体学习者选择不同学习选项,这样就可以实现学习者控制,而学习者控制是成人学习的基本原则。

现在教学设计师可以利用的技术选择使他们能够提出多种培训方案来应对个人水平上的各种教学挑战。例如,在炊事兵的培训中,已订购了基于计算机的培训产品来取代课堂教学。一项针对客户炊事兵族裔构成的研究显示,大量西班牙/拉丁美洲士兵具有专业水平。而有关技术使用机会的研究表明,以上两个族裔的人初到工作场所时,其计算机使用经验要少于来自其他族裔的人(Katz和 Levine, 2015; McGee, 2002)。霍夫斯泰德(Hofstede)关于跨文化理论的研究(引自 McGee, 2002)为马库斯(Marcus)和古尔德(Gould)(引自 McGee, 2002)提出的基于网络的设计提供了基础。该设计特别指出,要针对不同群体设计基于文化的教学考虑,包括对个人成就的最低限度的重视、主动学习、简单而直接的设计、一致而反复的视觉线索,以及在采取行动或做出决定前对后果进行暗示(McGee,2002)。教学设计师可能会建议客户采用混合的解决方案:既有基于团队的回顾评论,也包括实验室任务或实验。计算机软件程序或者辅助材料应最低限度地使用图形,留出更多的空白空间。视觉线索应在整个课程中为学习者提供指引并为学习者提供更方便的导航帮助。最后,课程应允许学习者在做出最终决定前选择和访问各种备选办法。设计这样的考虑文化差异的教学,特别是对于西班牙/拉丁美洲群体,将增加学习者成功的可能。

163

军队的未来愿景

指导性文件

各国军队都制定并向其主管机构提交了许多文件来描述军队未来的愿景和目标。就美国的情况而言,《四年防务评估报告》(QDR)(国会要求)阐明了未来美国军队为完成保卫本土、营造全球安全、军力投送和决战制胜等任务所需要的能力姿态(美国国防部,2014)。这一文件构建了各军种要努力实现的愿景。各军种必须审视自己目前运转的方式,并根据QDR的标准来改革。各军种所描述的跟QDR一致的愿景,是教学设计师在设计开发军事培训方案时一个极佳的出发点。增加对你为之工作的具体军事部门愿景和规划的熟悉度,将有助于你提出最佳的培训方案。

如果你为一个国际军事机构工作,你可以通过互联网访问各国国防部的网站来查找这些规划性文件。

长期规划

在对飞机或船舶进行设计、原型制作和定购时,技术便已超越了原先的计划。教学设计师必须能够"洞察未来",指出有关技术和学习研究可能如何演变,以及这种演变对未来的培训需求将产生什么影响。

未来军事培训的关键在于三个主要领域:高级分布式学习、国内和国际的联合作战、终身学习。

高级分布式学习

"高级分布式学习(ADL)计划由美国国防部长办公室(OSD)发起,是要通过政府、工业和学术界的合作,建立一个新的分布式学习环境,使所有学习工具和课程内容都能够在全球范围内实现互操作。ADL 的愿景是以经济有效的方式,使人们在任何地方和任何时间都能够访问可满足个体需要的高质量教育和培训。"(高级分布式学习使命,2016)

ADL 最初在美国开展,其国际成员包括加拿大、韩国、拉丁美洲/加勒比海、北约、新西兰、挪威、波兰、罗马尼亚、塞尔维亚和英国等区域的 ADL 协作实验室。这些协作实验室为教学设计专业的学生提供了学习和专业发展的机会。

联合作战

协作可以实现资金、购置物、技术和人员的最大化利用。美国军队及其盟军作为一支联合部队——所有军事部门和联合搭档是一个有机整体——而战斗。这种协作要求培训也须联合进行,必须使开发的培训产品能够提高不同军种的联合作战能力。这种教学设计任务所固有的要求是,要认识到不同军种(即陆军、空军、海军和海军陆战队)的多样性、联合部队信条的多样性(如北约或联合国的多国武装力量联盟以及他们各自相关的战略战术),甚至文化的多样性(如语言和宗教的不同)。

终身学习

由于各种原因,军队领导支持和鼓励超越军事要求之外的学习。部队里的继续学习机会提高了现役军人的职业专长,也为离开部队的复员军人提供了许多机会。例如,英国通过驻地的大学和开放大学为士兵提供了各种高级学习机会。英国政府已经确立了一项终身学习政策,这项政策涉及军队的部分就是学习部队计划,所有军衔的军人都可以参加(现役军人,2004)。

欧盟(EU)已在欧洲范围内开始了一项教育改革,允许学生"无国界学习"。欧洲学分互认系统(ECTS)简化了各学院间的学分认定程序。这个开放系统允许军队学生在海外服役时仍可继续实现其个人的学习目标。

美国海军作战部长阿德米拉尔·弗恩·克拉克（Admiral Vern Clark）的一番话，表明了对个人学习目标的尊重和认可：

> 组成我们军队的那些人决定慷慨地把自己奉献出来。每个穿上这套军服的人……都做出了巨大的牺牲……领导者应该做出承诺来回报水兵们的承诺。我坚信，像我一样的人一定会信守承诺——确保人们拥有成功所需的工具。我们必须为他们提供一个能让他们有所作为的机会。他们希望我们给他们一个机会来展露他们的能力，他们想得到成长和发展的机会（Kennedy，2000）。

为军队工作的教学设计师的作用

教学设计专业总是以自己的创造性、独创性和研究性而自豪。这意味着教学设计师能够并且应该提出大量创新性的解决方案。为军队客户工作的教学设计新手可能以为"银行"会为投资这些浩大的项目敞开大门，但事实并非如此。有限的资金使每个项目都需要权衡。采用跟教学设计的质量功能配置模型（Bratton-Jeffery 和 Jeffery，2003）相类似的场景（scenario）方案讨论矩阵（图18.3），不失为一种系统的权衡方法，教学设计师可以此为依据与客户展开讨论。

在审视本节呈现的这些场景时，要明确你已知道些什么；列出需要问客户的问题清单；并根据教学技术实践和理论列出可能的解决方案。利用场景方案讨论矩阵来引导你的思维。在审查这些解决方案时，务必要考虑教学设计师将要涉足的各个方面。

场景 1：完成学位对军事部署

预备役部队成员约翰·金（John King）中士面临着 12 个月的海外轮调任务。他所在的部队和来自国民警卫队的信号大队一起组成联合军力，负责促进饱受战火摧残地区的稳定与安全。金中士所在连队将加入一支规模更大的部队，负责巡逻和收集信息。

165

金中士在一家大公司工作，公司替他支付攻读工商管理专业学位的费用。

记住：在为军队设计和开发培训方案时，教学设计师必须要考虑设计事项以及军队环境特有的人力和技术方面的问题。

	学习理论	技术运用	混合方案	预算	军队文化	沟通
资金						
长期规划						
联合培训						
低技术vs.高技术						
传递环境						
备选培训方案						
设计限制						
动机						
文化多样性						
知识水平						
技能水平						
学习者的过去经验						

（上方标注：设计事项；左侧标注：设计问题）

图 18.3　场景方案讨论矩阵

要在公司内获得提升，他就必须完成学位。不幸的是，这次的军事部署将中断他的学位学习，并危及他在公司里的职位。金中士感到最大的问题就是：如果离开工作岗位到海外服役对他的个人目标实现会带来什么影响？

　　问题。你是教学设计团队中的一员，该设计团队的任务是要妥善安排好军事部署与远程学习选择的问题。确定各种既能满足现役军人的个人需要，又能满足军队组织要求的策略。

　　军队的解决方案。金中士是新军人的典型代表，新型的军队期望其士兵受过良好教育,精通技术,能出色地完成任务,在战场上大获全胜。军队的培训模式是"训练—警戒—部署—使用"。培训内容除了作战战术外,还包括语言、文化意识和地区专业知识等方面的教育(陆军部,2005)。个别军种在 20 世纪 90 年代后期推出了在线学习机会。2010 年,国防信息系统局、国防采办大学和 ADL 推出了联合知识在线(JKO)来支持国防部的培训。JKO 的目的是通过制作媒体丰富的沉浸性培训来激发认知、直觉。创新和适应性思维,以培养复杂决策技能(联合知识在线,2010)。

场景 2: 联合培训美国部队

在海湾沿岸地区已组建了一支联合特遣部队,任务是维持各港口的安全。这支特遣部队的成员来自空军、海军和海岸警卫队。海岸警卫队拥有作战控制权,并和国土安全部协调工作。

与地方机构、航空、航海机构之间的熟练沟通被确认为须解决的培训问题。尽管海岸警卫队成员训练有素,对于跟一些地方机构(如警察局、急救部门)和商业航空航海资源间的沟通程序也有些经验,但是军队并不熟悉这些沟通网络。来自陆海空三军的特遣队成员需要接受有关非军事沟通程序方面的培训,以便协调安全活动。

问题。你是由来自各军种和许多设计公司的人员所组成的"组合团队"中的一个成员。该团队的任务是要找到一种培训方法,把由各军种人员组成的特遣队作为一个单一的快速反应(ready-response)部队进行培训。有哪些方法能够提供最现实的培训方案,并能对武器装备和培训评价方面的技术进展善加利用?

国防部的解决方案。国防部要求每个军种都做好在城市环境作战的准备并能开展人道主义和维和行动。埃格林空军基地位于佛罗里达州的潘汉德尔市,是一个耗资 2000 万美元的城市作战和反恐训练中心,在那里开展城市地形条件下的军事行动(MOUT)。基地将模拟一座城市,在这座城市里,美军及其盟军将接受有关新型战争的各个方面的培训——能够从人道主义救援立即转入战斗状态(Blair,2004)。海军陆战队最近在弗吉尼亚州的匡蒂科建立了一个类似的基地。据海军上校大卫·穆恩(David Moon)所说:"由于当今作战环境的复杂性和大型城市枢纽的增多,这是未来的重点。虽然传统战争依然很重要,但有很多

战争都是在城市环境中进行的。"(Davis，2015)

结论

虽然在军队环境中做教学设计师充满挑战，但却为专业发展提供了格外充分的机会。关于学习理论和教学策略的知识，事实上可以任何方式加以运用：教师主导的或教师促进的课堂、非正式的自我学习、正式的同步或异步在线学习课程，以及以上任何几种方式或者全部方式的混合。

然而，在军队环境中，教学设计师所面临的许多挑战对技能的要求超出了从任何正式或非正式学程中所获得的基本信息。也许其中最令人畏缩的就是要理解和正确认识军队文化。陡峭的学习曲线中包含着与军队有关的所有事情：从熟悉所有军衔到军事协定——而这些和教学设计并没有直接关联。还有，为军队工作时，"通融"实际上是不可能的。设计师面临着时间期限和预算方面的限制，需要在最短的时间内以最低的成本为纳税人提供巨大的生产力。这就使得教学设计工作特别紧迫。

对个人专业需要的重视，同军队组织的需要、预算的限制以及快速发展的技术一起，成了军队教育和培训环境中的教学设计师的挑战，使得他们的职业生涯充满了困难，但却能获得极大回报。在军队环境中工作的教学设计师从不感到无聊，如果有足够的时间，他们还有机会从事教学设计过程中从分析到评价的每一个方面。

166

要点总结

1. **真诚地尊重和欣赏客户及其所支持组织的角色和责任。**你将会发现，军队客户一般非常直接和果断。有时，你可能会发现自己在等待主题专家来审核可交付成果。这可能是令人沮丧的，但你要知道，主题专家将任务放在首位，其他一切都是次要的。开发备份计划和能快速实施的替代方法应该是你的教学系统设计工具箱中的标准工具。

2. **要研究组织的愿景和未来方向。**运用你的知识来帮助他们驾驭学习浪潮。如果说主题专家是他所在领域的专家，那么在教学设计、学习策略和运用技术来丰富学习过程等领域，你就是专家。关于信息的组织或传达方式、策略的选择或实施、对复杂的教学技术世界的理解，你的客户都要依赖你来提出建议。在大学毕业后，你还须继续你的专业发展。

3. **用客户的语言来传达或阐明你的策略。**作为教学设计师，我们对自己的沟通能力感到自豪。为了开发内容，我们学会了客户的行话，但我们也期望客户学会我们的行话以便理解合同上的术语或设计方法。运用客户熟悉的类比和隐喻对于团队构建和发展共识具有很大的帮助。

应用问题

1. 你应邀帮助一个组织为一个第三世界国家的军队系统构建基于计算机的培训。请你准备一份简短的报告（1—2页）来说明实施该课程的考虑事项和约束条件。利用图18.3所示的场景方案讨论矩阵来帮助你组织自己的答案。

2. 你的客户希望在其培训课程中利用技术，但是实施培训的现场并不总能提供电子接入设备。你可能会建议采用哪些替代方案来保证项目成功实施？用图18.2中的图示来引导你思考。准备一份表格，其中要包括各种学习结果，以及基于技术的策略同某个或多个替代方案在能力、技能水平、传递环境、开发问题、制约因素等方面的对比。

3. 人道主义努力是许多国家军队的一项主要任务。准备一些基于网络的培训材料来帮助现役军人学习如何开展援助活动。可考虑访问有关急救、天灾或饥荒援助、野外火灾救援等方面内容的网站。

术语表

现役。服役军人被委派到服役的部队，作为一名全职的正规军成员而服役。

高级分布式学习。一项联邦计划，支持政府、学术界、工业界之间的协作，以提供访问便捷、持久、互操作、可重用的网络和软件解决方案。

部署。现役军队从美国的常驻地转移到海外执行一段时期的军事行动。

联合作战。 这一术语表明把独立的美国各军种(空军、陆军、海军陆战队、海军)作为一个共享资源、人力和军事任务的一体化部队来对待。

《美国联合愿景2020》。 一份规定了军队未来愿景和要求的军方文件。《美国联合愿景》每10年出版一次(如2010、2020、2030)。

总军力。 所有为美国军队工作的人,包括现役军人、预备役军人、国民警卫队以及联邦雇员。

参考文献

Advanced Distributed Learning. (2015). The power of global learning, partnerships. Retrieved from http://www.adlnet.org/partnerships.html

Advanced Distributed Learning: About Us–Our Mission. Retrieved July 5, 2016 from https://www.adlnet.gov/about-adl/

Australian Government, Department of Defence. (2015). Global operations. Retrieved from http://www.defence.gov.au/Operations/

Blair, K. (2004, January 13). Eglin plans for street fight: Proposed training facility would replicate city for urban warfare. *Pensacola New Journal*, 1A.

Bratton-Jeffery, M. F., & Jeffery, A. (2003). Integrated training requires integrated design and business models. In A. M. Armstrong (Ed.), *Instructional design for the real world: A view from the trenches* (pp. 218–244). Hershey, PA: Idea Group.

Davis, S. (2015, June 19). MOUT training, brilliance at the basics. Retrieved from http://www.barracks.marines.mil/News/NewsArticleDisplay/tabid/4206/Article

Department of the Army. (2005, June). FM 1: The army and the profession of arms. Retrieved from http://www.army.mil/fm1/chapter1.html#section6

Department of Defense. (2014, March). *Quadrennial defense review report*. Retrieved 6 July, 2016, from http://www.defense.gov/Portals/1/features/ defenseReviews/QDR/2014_Quadrennial_Defense_Review.pdf

Federal Ministry of Defence. (2010). Interview with General Wieker: "We need to think in terms of what is feasible." Retrieved from http://www.bmvg.de/portal/a/bmvg/kcxml/04_Sj9SPykssy0xPLMnMz0vM0Y_QjzKLd4k3cQsESUGY5vqRMDFfj_zcVP2g1Dx9b_0A_YLciHJHR0VFAFwAQBQ!/delta/base64xml/L2dJQSEvUUt3QS80SVVFLzZfRF80Rzk!?yw_

contentURL=%2FC1256F1200608B1B%2FW282TE2G049INFOEN%2Fcontent.jsp

Joint Knowledge Online. (2010, February). Courseware and capabilities. Retrieved from http://jko.jfcom.mil/catalog.pdf

Katz, V.S., & Levine, M. H. (2015). *Connecting to learn: Promoting digital equity among America's Hispanic families*. New York: The Joan Ganz Cooney Center at Sesame Street.

Kennedy, D. (2000, June 22). Clark will leave legacy of progress [Electronic version]. *The Flagship*. Retrieved from http://www.chinfo.navy.mil/navpalib/cno/covenant.html

McGee, P. (2002). Web-based learning design: Planning for diversity. *USDLA Journal, 16*. Retrieved from http://www.usdla.org/html/journal/MAR02_Issue/article03.html

North Atlantic Treaty Organization. (2008, December). Final communique'. Retrieved from http://www.nato.int/cps/en/natolive/official_texts_46247.htm

North Atlantic Treaty Organization. (2015, September). ISAF's mission in Afghanistan (2001-2014). Retrieved 5 July, 2016, from http://www.nato.int/cps/en/natohq/topics_69366.htm

Serving Soldier. (2004). Education for personal development. Retrieved from http://www.army.mod.uk/servingsoldier/career/usefulinfo/epd/ss_cmd_epd_w.html

United Nations Department of Peacekeeping Operations and Department of Field Support (2012). Civil Affairs Handbook. http://www.un.org/en/peacekeeping/documents/civilhandbook/Civil_Affairs_Handbook.pdf

United Nations Security Council Resolution 2077. (2012). Recalling its previous resolutions concerning the situation in Somalia. Retrieved from http://www.un.org/en/ga/search/view_doc.asp?symbol=S/RES/2077(2012).

第十九章 卫生保健教育中的绩效、教学和技术^①

克雷格·洛卡蒂斯　　国家医学图书馆

我在本章回顾了技术在支持卫生保健情境中的绩效以及在教学中的作用，168特别是技术在医生和其他保健专业人员的教育和培训中的作用。我尤其重视医学教育，因为医学中的许多趋势会延续到其他保健科学学科。虽然我很重视专业人员的教育，但是也探讨了一些相关的领域，如病人和客户的保健教育。我的目的是帮助读者理解教学设计和技术在卫生保健中的作用，并为他们提供足够的背景来确定自己是否愿意在卫生保健领域工作。

本章首先概要介绍了各种保健情境和医学教育的简史，后者被用来构架有关卫生保健领域的教育和培训的探讨以及目前推进技术应用的因素；讨论了临床推理、问题导向学习、循证医学，明确了保健科学界的一些重要的教育问题和方法。

卫生保健情境

卫生保健领域非常广泛，不仅涉及保健服务的提供，也涉及相关研究。它包括医学专业及其各个附属专业，还有兽医、牙医、护理、联合保健以及公共卫生等。生物技术（利用 DNA 和蛋白质排序来改变物种）和医学信息学（应用信息和通信技术来支持医学研究、实践和教育）都是其附属专业。

---

① 这项工作是作为美国国家医学图书馆和国家卫生研究院的校内研究计划的一部分完成的。

保健领域不仅包括各种专业和专业团体,也包括解剖学、生物化学、分子生物学、生理学和心理学等有关科学和学科。除了学术机构、医院、诊所和研究中心以外,卫生保健领域还可以包括某些管理机构、应对灾害的机构和组织,以及药品制造业、基因工程工业、医疗器械工业等。当你带宠物去看兽医、去药店买药、在餐馆用餐或在杂货店买食品时,你的生活就已经直接或间接地受到保健科学的影响了。

卫生保健由各种不同的子集组成,包括:(1)学术医疗中心和保健专业学校;(2)政府机构;(3)制药和生物技术公司、私人基金会;(4)专业社团和保健协会;(5)医院、诊所和其他护理机构。每一个都不同程度地涉及保健专业人员和准专业人员的教育,并提供消费者保健教育和继续教育。

最显而易见的卫生保健教育和培训的下属机构是专业学校。医学院设有医学教育系,负责对学生和课程进行评价并开发相关的课程;生物医学传播系负责制作医学图解、照片、视频和多媒体等;医学信息学系从事与计算机和信息技术应用相关的教学和研究;可能还有能进行远程会诊和学习的远程医疗办公室;有医学图书馆可提供计算和信息资源,以支持研究、实践和教育;通常还拥有学习资源中心和计算机实验室。其他保健专业学校因规模大小不同可能有一个或多个类似的系。保健专业学校不仅提供课程,而且还开发数字媒体形式的交互性多媒体教育课程或在线课程。

政府保健机构、制药公司、医院和诊所对员工进行内部培训,也经常为其他人员提供培训。一些外部培训的主要目的是使公共卫生专家和其他专业人员跟上时代,但大多数外部培训的重点都是对一般公众开展教育和提供消费者保健信息。

私人基金会为开发保健教育课程承保,并向专业人员和消费者公布自己感兴趣的资料。专业协会也非常积极地参与继续教育,它们举办会议,出版杂志,制作辅导教程和案例研究,提供虚拟杂志社供保健专家对出版物中的信息进行在线讨论。此外,它们也向一般公众提供信息。

消费者保健和继续教育贯穿于其他保健教育领域和培训领域。消费者保健包括健康及保健问题、特殊疾病、技能培训(如急救)和病人教育等方面知识的普及教育。大多数保健专家每年都需要完成一定数量的继续教育,而且几乎每所医学院和每个专业社团都提供继续医学教育(CME)课程。有时参加专题学术研讨会和出席会议也可获得 CME 学分,若能证明使用了某些教育材料也可以获得学分。许多准专业人员还需要再培训或进修培训。

医学教育：简要概述

在提供卫生保健和引领其他保健专业人员团队方面,医生起着重要作用。这种领导延伸到管理以及直接提供护理(如医院行政和生物医学研究)以外的其他领域。因此,医学教育的趋势和标准经常延伸到其他领域。由于对医学教育项目的研究和评估较多,指导卫生保健领域教育和培训的经验性证据大多来自医学领域和其他模仿医学教学方法的保健行业。例如,护理和公共卫生学校已采用了目前在医学院流行的各种基于案例的方法。

在美国,只有获得学士学位的人才能开始接受医学教育,而教育过程本身可以分为三个阶段——在医学院进行的"本科"教育;住院医生实习期的研究生教育;为了获取其他领域的知识和证书以及为使自己在领域内与时俱进而进行的研究生教育和继续教育。

医学教育：简史

医学教育的历史也可以分为三个阶段：前科学阶段;重视选定学科和专业的科学阶段或"弗莱克斯纳"(Flexner)阶段;除科学外还关注问题解决和认知的后弗莱克斯纳阶段。

前科学阶段

从安德烈亚斯·维萨里(Andreas Vesalius)和莱昂纳多·达芬奇(Leonardo davinci)的时代开始,教育技术在医学中就占有一席之地。他们基于解剖结构的画作是试图根据直接观察(而不是推测、迷信或宗教信仰)来编纂医学知识的最早尝试,这些画作可以被视为"研究工作"和教学辅助工具。尽管医学中的"科学"可回溯至文艺复兴时期,但直到 20 世纪初期才出现了一场为美国医学课程提供科学基础的运动。

科学阶段

1910 年,亚伯拉罕·弗莱克斯纳(Abraham Flexner)给卡内基教学促进基金会提交了一份报告,其中记载了医学教学从学徒制发展到更为正式的教育的过程。《弗莱克斯纳报告》注意到 18 世纪末美国的首批医学院都是附属于大学的,目的是教授基本信息,为学生进入学徒期做好准备(Flexner, 1910)。在该报告发表的时期,绝大多数学校都是独立的商业企业,重视说教式教学,设施很少,没有附属医院。医生只要记住病症和药剂(比如,如果病人发烧,就给他奎宁)就可以毕业。除了那些用于解剖的实验室外,学校医学院一般都没有实验室,也很少重视当时正给医学界带来革命性变化的生物科学和新医学技术(如听诊器、温度计、X 射线和实验室测试)。

《弗莱克斯纳报告》呼吁将学术课程同学院、大学和医院重新合并,提倡科学的严密性。课程的前两年为基础科学,后两年则学习各个临床学科。将两部分课程紧密联系在一起的是科学方法,因为人们认为生物医学研究中的假设验证和演绎推理同样可以用于个体的诊断和治疗。

后弗莱克斯纳阶段

《弗莱克斯纳报告》确立了科学医学的概念,由它所建立起来的课程在长达 70 年的时间里几乎没有改变(美国医学院校协会,1984)。不管是有意还是无意,它对实验室科学和临床科学的分类造成了医学课程的分裂,这种情况受到了 20 世纪六七十年代的问题导向学习(problem-based learning, PBL)运动的挑战。

问题导向学习是对于许多人都觉察到的一个问题的回应,这个问题就是科学内容与临床内容的分离(Albanese 和 Mitchell, 1993)。PBL 的支持者认为应该在问题解决情境中学习内容而不是在获得知识之后运用知识来解决问题,他们认为,问题解决情境中的学习让学生自己决定自己需要了解什么,使学生可以对来自多种不同学科的信息加以综合,形成可迁移的问题解决能力,并获得利于终身学习的有效的自我学习技能。用来实现这些目的的方法让学生置身于大量真实和模拟的病例中,学生通常以小组的形式开展活动(Barrows 和 Tamblyn,

1979)。

1984年，在美国医学院校协会(AAMC)的内科医师通识专业教育及大学医学预科委员会发表了《21世纪的医生》这一报告后，人们对PBL的兴趣变得更加浓厚(Albanese和Mitchell，1993)。医生普通专业教育(GPEP)报告支持问题导向学习、计算机和信息技术的应用，以及提供医院以外的临床学习经验(因为住院患者并不能反映大多数医生在实践中遇到的患者群体)。

美国医学院校协会于1986年发布的另一份报告《信息时代的医学教育》同样对医学课程产生了明显影响，报告强调了医学领域的知识爆炸，并提出为了培养学生的终身学习习惯，必须进一步整合数据库和决策支持系统等信息技术(Salas和Brownell，1997)。

问题导向学习和循证医学

问题导向学习得到了临床推理研究的支持。临床推理研究表明，专门知识在很大程度上是先前问题解决经验的函数。问题解决的专门知识取决于遇到的病例类型，而不是取决于弗莱克斯纳所主张的一般科学方法的应用和假设—演绎推理(Norman，Young和Brooks，2007；Norman，1985；Patel，Evans和Groen，1989)。实际上，它取决于获得与病人当前问题有关的、关于特定疾病的丰富而详尽的概念性信息(内容特定的信息)(Norman，2008b，2005)。

随着专门知识的发展，问题解决日益变得自动化，主要是模式识别而不是形式推演的过程(Norman等，2007；Norman，1985；Patal等，1989)。模式识别在临床推理的多个层面上都很重要。一方面，模式识别指辨认出病人呈现出的代表不同疾病和健康状态的症状群；另一方面，涉及检查患者时看到的一些物理模式如皮肤损伤的情况，或对图像和视觉信息的解释(如X射线的异常)(Norman等，1996)。

元分析、文献综述和不少研究都表明，采用PBL课程的学生在临床推理测试中跟那些学习传统课程的学生表现得一样好，甚至更好，但在基础科学测试中要稍差一些。学习PBL课程的学生更喜欢自己的学习方式(Albanese和Mitchell，1993；Vernon和&Blake，1993)，采用PBL课程的学生的学习态度更积极，能更好地将知识迁移到不同的情形,也是更出色的自主学习者(Albanese 和 Mitchell,1993;Imanieh,Dehghani,Sobhani 和 Haghighat,2014;Norman,2008a;Oh,Chung 和 Han,2015;Rideout 等,2002;Vernon 和 Blake,1993)。

循证医学(EBM)运动在一定程度上是问题导向学习的产物。EBM 包括明确叙述临床问题,从关于该问题的医学文献中寻找证据,批判性地评价这些证据,将其用于特定的病人(Craig,Irwig 和 Stockler,2001;循证医学工作组,1992;White,2004)。

EBM 运动引发人们对各种医学问题相关的研究进行元分析和系统综述。在医学课程中应用这种方法论,可使学生习惯于查阅各种信息源以使自己与时俱进(参见 Burrows,Moore,Arriaga,Paulaitis 和 Lemkau,2003;Finkel,Brown,Gerber 和 Supino,2003;Wadland 等,1999;White,2004),虽然执行这种方法论具有一定的挑战性(Greenhalgh,Howick 和 Maskry,2014)。

保健科学教育的其他特性

虽然问题解决的教学方法以及在学习和护理过程中应用证据是极为重要的,但卫生保健教育还具有风险、利他主义和沟通、感官知觉、科学、创新等重要特性。

风险

保健专业教育中的所教所学可能会产生危及生命的后果。在保健领域,学习中出现的字面上的错误就能关系到生或死。而且,这些风险不仅仅对病人存在,而且对于保健从业者和学生也存在。保健专业人员想要表明自己时尚而不戴橡胶手套,那以他们就会暴露在传染性疾病的环境中,因为他们经常跟有害物质打交道。此外,他们在处理疑难杂症和遭遇信息沟通困难时还会存在情绪上的风险(Martin,Mazzola,Brandano,Zurakowski 和 Meyer,2015)。

利他主义和沟通

保健专业是给人以帮助的专业。对于那些选择卫生保健为职业的人,治病助人的观念远远不只是一句空话。"希波克拉底誓言"和专业协会及政府机构公布的准则为他们设定了行为的标准。因为这项工作实际上涉及向他人施以援手，所以需要具备人际技能和沟通技能来与他人建立信任，以及处理跟疾病有关的心理社会方面的问题，并管理卫生保健团队（Dimitrijevic 等，2007；Farmer，2015；Weiland 等，2015）。

这个方面是如此重要，因此医学院会经常雇用一些演员和非专业人员进行特别的培训，让他们模仿各种疾病和情况，供学生诊断和检查。使用"标准化"病人和其他教学及评估的方法目前是一个活跃的研究领域（美国医学院校协会和国家医药考试委员会，2002）。

感官知觉

生物医学从业人员和研究者的工作有赖于进行观察和对观察结果进行推理。有些观察涉及数值数据，如脉搏、血压，或者疾病传播的流行病学图表。有些观察涉及声音，如听病人的呼吸和心跳等。更多的观察则涉及图像（数值的可视化表征），如心电图，或者"原始数据"，如外科大夫在身体检查中看到的皮肤病变，病理专家利用显微镜识别出的细胞变化和适应，以及放射科医生所解释的 X 射线和其他图像等。保健专家所处理的这些原始数据的感知性使得人们难以想象，假如不借助多媒体，生物医学实践者和从业人员将怎样进行学习。通过活检标本或 X 光照片可以进行诊断，但在判断图像质量方面可能不会有比卫生保健专业人员更严格或更敏感的评判委员会了。

171

科学

那些利用技术来处理卫生保健中的绩效和教学问题的人要跟主题专家合作，这些主题专家要么是科学家，要么是具有科学背景的实践者，他们认为教学是提供护理或开展研究的自然结果，与其他学者相比，他们或许更不可能会自我中心地介入教学。不过，他们不大可能在没有证据的情况下接受教育中的变化。

创新

科学的思维方式促使人们更愿意对新技术和新教学方法进行试验。卫生保健领域中有不少创新性的教育技术应用,其中有很多是由保健科学人员和实践者自己直觉地创造出来的。20 世纪 60 年代最早的几项计算机应用,包括数据库、专家系统、教育模拟等的开发都出现在医学领域(Blois 和 Shortliffe,1990;Hoffer 和 Barnett,1990),交互性电视和卫星最早的一些应用也涉及远程医学和远程学习(参见 Foote,Parker 和 Hudsan,1976)。

保健科学的教学方法论

利用高级计算和网络技术进行会诊和教育,是目前保健科学研究中一个很活跃的领域(Ackerman 和 Locatis,2011)。为了给教育对象和诊断应用的创建提供图像库,全部成年男性和女性的解剖结构都已经被数字化了(Ackerman,1998;Dev 和 Senger,2005;Kockro 和 Hwang,2009)。许多协作实验室已被建立,便于科学家和教师们开展协作并提供在线远程学习(Cohen,2002),此外采用三维图像和触觉反馈的沉浸式虚拟现实环境已被开发出来用于外科手术的计划和培训(Dev 等,2002;Montgomey,Burgess,Dev 和 Heinrichs,2006;Sandrick,2001)。

在医学教育中,模拟和多媒体是两种应用广泛的重要方法。为了确保学生接触到他们在现实生活中可能会遇到的各种病例,需要使用模拟;为了把教育经验整合到学生需要加工的各类信息之中,以使学生成为良好的问题解决者和实践者,需要使用多媒体。

有三类医学模拟。第一类是基于案例的问题解决模拟,通常由计算机呈现,它引导学生完成病史采集、检测和测试、提出可能的诊断、选择其中最有可能的一种诊断等一系列过程。其中有一些也可以让学生开出治疗方案(美国医学院校协会和全国医学考核委员会,2002)。第二类是教授简单的物理程序、问题解决,或者同时教授物理程序与问题解决的人体模型和物理设备。最简单的设备包括学习和练习心肺复苏用的复苏安妮(Resusci® Anne)人体模型、练习注射用的上臂模型等。更多更高级的模拟器包括:外科训练和学习内窥镜检查用的带强制反馈的计算机系统(Dev 等,2002),以及高度复杂(和昂贵)的具备呼吸、心跳、瞳孔扩张和静脉扩张以模拟身体情况的计算机化人体模型。人体模型和许多计算机问题解决模拟都是动态的,病人的状况会随着时间推移及学生采取的措施而变化。最后一种模拟是让受过训练的人扮作标准病人来培训人际技能。为了给技能的学习和应用提供一个更现实的情境,人们将演员的使用和机械设备的使用结合在一起(Kneebone 和 Bailie,2008)。例如,把一个手臂模型绑在演员手臂上练习注射,这样会使任务更加逼真,特别是当演员正在像一些病人那样进行分散注意力的谈话或抱怨时。

模拟既用于团队培训,也用于个体培训(Piquette 和 LeBlanc,2015)。可以用多个计算机化人体模型来模拟灾难发生时病人蜂拥而至的情况,此时学生不仅要进行救治,还要进行分诊以确定哪些模拟的情况需要紧急救治(Robertson 等,2009)。三维虚拟世界可以用来进行在线集体培训。它们类似于"第二人生"之类的公共虚拟世界,但它们描绘的是实际的急诊室和整座医院(Hansen,2008)。

今天,几乎所有的计算机模拟都使用多媒体来显示病变、放射学图像(计算机化断层扫描、核磁共振成像、X 光、超声波扫描图)、患者说话或移动的视频(用于神经检查、言语和步态分析)以及呼吸和心音的音频。多媒体也被纳入到更多教学材料以及可以通过视频会议向远程站点投影或分享的正式演示文稿之中。有证据显示,三维图像促进了解剖结构的学习(Garg,Norman,Eva,Spero 和 Sharan,2002;Yammine 和 Violato,2014),此外还有助于手术规划(Soria 等,2009;Yoon,Catalano,Fritz,Hahn 和 Sahani,2009)。因此,用于外科教学的高级模拟和用于解剖学学习的教学程序一般都包含三维图像(Dev 等,2002;Dev 和 Senger,2005)。美国医学院校协会已建立了一个在线医学教育门户网,在此可以保存、查阅和分享教师们创建的多媒体程序和对象(Reynolds 和 Candler,2009)。另外,国家卫生研究院已建立了一个三维打印交换中心,科学家可以在此分享打印出来的生物医学对象的三维模型。三维成像和打印技术的结合不仅可用来打印教育制品,还可以用来为个别病人制造假肢和其他医疗用品。

172

影响绩效和教育的因素/问题

影响卫生保健领域的绩效、教学开发以及教育技术应用的最重要的因素是知识和研究、成本和管理式医疗(managed care)、规则和标准,以及融合。

知识和研究

卫生保健方面的知识进展得非常快。知识量及知识的及时性已经使信息技术成为教育和实践中的一个重要成分(Salas 和 Brownell，1997)。随着信息技术的成本持续下降，对信息技术加以利用越来越不成问题。互联网使人人都可以免费搜索国家医学图书馆的联机医学文献分析和检索系统数据库(Medline database)中已公开出版的医学文献，但也使教员和从业者的压力更大，因为他们必须把握最新的研究成果。

互联网上无处不在的各种来源的保健信息使得知识的完整性和及时性更成问题。特别是随着 Web 2.0 社交工具的发展，任何人都能非常方便地编写、编辑或编纂卫生保健科学内容。这就更加有必要制定卫生保健信息的标准和有关指南，只有这样才能更好地帮助非专业人士判断信息的质量和适用性(Bader 和 Braude，1998；Robinson，Patrick，Eng 和 Gustafson，1998)。

成本和管理式医疗

对于卫生保健机构来说，教育是一个花钱的地方，而不是一个盈利的地方。这些花费通常是从医院和诊所的收入里支出的。缩减卫生保健成本(特别是通过管理式医疗)不仅影响保健服务的提供，还影响专业教育与培训。这就给教员们带来了更大的压力，使他们减少花在教学上的时间，而花更多的时间去给病人看病，同时缩短每个病人问诊的时间，从而进一步侵占了教导学生的时间(美国医学院校协会和全国医学考核委员会，2002)。

教员们对信息技术感兴趣是因为他们认为信息技术可以用来缓解教学负担，而其他人对信息技术感兴趣则是因为他们把信息技术视为患者和消费者保健教育的工具。具有讽刺意味的是，许多健康保险公司把信息和教育视为一种控制成本的手段(人们的保健知识越渊博，需要的服务就越少)，但是，许多病患和外行人士却将其视为能确保他们获得适当医疗的方式。

规则、标准和许可证

规则和标准对教育和培训产生影响是因为它们规定了必须学习的内容。《健康保险便利和义务法案》(HIPAA)规定了获取医疗信息的权利，制定了隐私权标准,这将影响教育者和研究人员利用医疗记录的方式(DiBenedetto,2003)。托管的电子医疗记录增加了对网络安全的需求。对卫生保健中使用的许多物质和设备及其使用程序也制定了相关规定。对于卫生保健人员还有认证和年度继续教育的要求。

融合

当电视、电话、计算结合在一起时,融合了这些不同形态技术的应用就出现了。我们可以边播放流媒体视频边通过视频会议讨论所播放的内容。同样的会议系统使医生们可以进行远程会诊,利用共享的白板和应用软件来讨论某一病例的信息,或者直接对病患提供会诊服务。

从前学生们只能利用单机版的计算机辅助教学包来学习,然后再分别访问光盘(CD‐ROM)或在线搜索更多的信息。既然教育资源和信息资源都是在线的,那么只需简单地建立链接就可以把二者统一起来。社交网络工具使学生们在课外也可以进行合作,还可以同其他机构的同事们开展协作。这些工具也成了卫生保健专业人员同病患和消费者沟通的途径,同样也是病患之间相互沟通的途径(Eysenback,2008)。

教育应用和信息应用之间的界限日益模糊,尤其是在问题导向学习和循证医学中,因为在这两种方式中,信息资源的利用就是学习方法的一部分。这种融合也延伸到了实践中,在实践中,电子医疗记录可以与其他辅助系统相结合。例如,可以把某个患者的病历链接到数据库,自动搜索与该患者病情相关的研究文献;可以把某个患者的病历链接到专家系统,从而提供有关诊断和护理方面的建议;可以把某个患者的病历链接到知识库,从而可警示处方药之间的相互作用。许多电子医疗记录系统可以包含多媒体信息,有许多设备可以帮助患者收集自己的健康数据(如呼吸音、脉搏、体温,或者喉咙、耳朵和身体的影像),患者可以将这些数据直接传送给医生进行评估。

173

要点总结

1. **保健科学事业的范围非常广泛,不只限于医院、诊所以及提供卫生保健**

的实践机构。许多公共组织、私营组织和非营利组织都参与了提供保健、促进健康和进行生物医学研究与开发的行列。

2. **在开发其他保健专业人员采用的绩效和教学方法方面,医学领域一直起着领导者的作用。**医学教育资金充足,而粗劣的医生教育和培训会带来很大的风险。因此,医学领域比其他卫生保健领域开展的教育研究和评价更多。

3. **传统医学课程把基础科学和临床实践分开。**这种做法源于这样一种哲学:学生先学习生物医学科学,然后将其应用于实践,而这种假设—演绎推理能指导临床问题解决。

4. **在医学和其他卫生保健行业,出现了一场从传统课程向基于问题课程转变的运动。**基础科学的教学被置于临床病例背景下进行。

5. **基于问题的课程得到了医学专门知识研究的支持。**研究表明,专门知识是过去问题解决经验的函数,而临床问题解决更多的是模式匹配的函数,而不是假设—演绎推理的函数。

6. **临床问题解决的感知性、与病患互动所需的人际技能、与病患和学生有关的风险等促进了模拟和多媒体等教育方法的运用。**计算机模拟、假人(manikin)、扮演标准病人的真人等都被用来为学习临床问题解决、医疗程序和人际技能提供一个安全的环境。

7. **模拟和多媒体使学生能够处理他们在医学院就读期间在医院和诊所里可能看不到的病例,并掌握他们在实际问题解决中将会遇到的丰富的内容。**

应用问题

1. 华盛顿特区发布了一份全面的灾难计划。计划要求在该地区出现任何大规模医疗紧急情况时,将受害者疏散到郊区医院和邻近的马里兰州贝塞斯达国家海军医疗中心。如果这些机构的接待能力无法满足救治需求,该计划要求将那些不需要紧急护理的受害者(如能走动的伤员)直接送往美国国立卫生研究院临床中心。为确保这三个机构做好应对大规模自然灾害和人为灾难的准备,你会提出哪些总体战略建议? 需要制定哪些程序和政策? 人们如何确信这些程序和政策能真正发挥作用?

2. 一家大型医院随机抽取了去年的病历样本进行回顾性审计。审查发现了医疗差错的一些原因，包括对患者目前用药的记录不足，以及以前用药与当前处方用药之间可能存在的相互作用。大量的条目被认为难以辨认，并且有 10% 的病例进行了重复的医学测试，这可能是因为在患者被检查时测试结果还没有被输入到病历中，也可能是因为提供者在病历中没有找到测试结果。医院的医疗主管在办公室给你打电话说，很明显，他购买并提供给员工们的用于病历管理和维护的光盘没有发挥作用。因此，他希望你开发一个定制的不会占用员工太多门诊和病房时间的培训方案。你将如何回应医疗主管的请求？

参考文献

Ackerman, M. (1998). The visible human project. *Proceedings of the IEEE, 86*(3), 504–511.

Ackerman, M., & Locatis, C. (2011). Advanced networks and computing in healthcare. *Journal of the American Medical Informatics Association, 18*(4), 523–528.

Albanese, M., & Mitchell, S. (1993). Problem-based learning: A review of the literature on its outcomes and implementation issues. *Academic Medicine, 68*(1), 52–81.

Association of American Medical Colleges. (1984). *Physicians for the twenty-first century.* Washington, DC: Association of American Medical Colleges.

Association of American Medical Colleges. (1986). *Medical education in the information age.* Washington, DC: Association of American Medical Colleges.

Association of American Medical Colleges and the National Board of Medical Examiners. (2002). *Embedding professionalism in medical education: Assessment as a tool for implementation.* Philadelphia, PA: National Board of Medical Examiners.

Bader, S., & Braude, R. (1998). "Patient Informatics": Creating new partnerships in medical decision making. *Academic Medicine, 73*(4), 408–411.

Barrows, H. S., & Tamblyn, R. M. (1979). *Problem-based learning in health sciences education.* (National Library of Medicine Monograph, Contract No. 1 LM-6-4721). Bethesda, MD: National Institutes of Health.

Blois, M., & Shortliffe, E. (1990). The computer meets medicine: Emergence of a discipline. In E. Shortliffe & L. Perreault (Eds.), *Medical informatics: Computer applications in health care.* Reading, MA: Addison-Wesley.

Burrows, S., Moore, K., Arriaga, J., Paulaitis, G., & Lemkau, H. (2003). Developing an "evidence-based medicine and use of the biomedical literature" component as a longitudinal theme of an outcomes based medical school curriculum: Year 1. *Journal of the Medical Library Association, 91*(1), 34–41.

Cohen, J. (2002). Embryo development at a click of a mouse. *Science, 297*(5587), 1629.

Craig, J., Irwig, L., & Stockler, M. (2001). Evidence-based medicine: Useful tools for decision making. *Medical Journal of Australia, 174*(5), 248–253.

Dev, P., & Senger, S. (2005). The visible human and digital anatomy learning archive. *Studies in Health Technology Information, 111,* 108–118.

Dev, P., Montgomery, K., Senger, S., Heinrichs, W. L., Srivastava, S., & Waldron, K. (2002). Simulated medical learning environments on the Internet. *Journal of the American Medical Informatics Association, 9*(5), 554–556.

DiBenedetto, D. (2003). HIPAA privacy 101: Essentials for case management practice. *Lippencott's Case Management, 8*(1), 14–23.

Dimitrijevic, I., Kalezic N., Ristic, J., Stefanovic, D., Millcevic M., Bumbasirevic, M., Subotic, D., Pavlovic, D., Vucetic, C., & Ivanovski, P. (2007). "I am sorry I have bad news . . ." – Principles in informing patients on the gravity of a disease and the treatment. *Acta chirurgica Iugoslavica, 54*(2), 95–100.

Evidence-Based Medicine Working Group. (1992). Evidence-based medicine: A new approach to teaching the practice of medicine. *Journal of the American Medical Association, 268*(17), 2420–2425.

Eysenbach, G. (2008). Medicine 2.0: Social networking, collaboration, participation, apomediation, and openness. *Journal of Internet Medical Research, 3,* e22.

Farmer, D. (2015). Soft skill matter. *JAMA Surgery, 150*(3), 207.

Finkel, M., Brown, H., Gerber, L., & Supino, P. (2003). Teaching evidence-based medicine to medical students. *Medical Teacher, 25*(2), 202–204.

Flexner, A. (1910). *Medical education in the United States and Canada: A report to the Carnegie Foundation for the Advancement of Teaching.* Boston, MA: Updyke. Reprinted in 1973 by Science and Health Publications,

174

Bethesda, Maryland.

Foote, D., Parker, E., & Hudson, H. (1976). Telemedicine *in Alaska: The ATS-6 satellite biomedical demonstration; final report of the evaluation of the ATS-6 biomedical demonstration in Alaska.* Palo Alto, CA: Institute for Communications Research, Stanford University.

Garg, A., Norman, G., Eva, K., Spero, L., & Sharan, S. (2002). Is there any virtue in virtual reality? The minor role of multiple orientations in learning anatomy from computers. *Academic Medicine, 77*(10), S97–S99.

Greenhalgh, T., Howick, J., & Maskry, N. (2014). Evidence based medicine: A movement in crisis? *BMJ, 348,* g3725 (online only).

Hansen, M. (2008). Versatile, immersive, creative and dynamic virtual 3-D healthcare learning environments: A review of the literature. *Journal of Medical Internet Research, 10*(3), e26.

Hoffer, E., & Barnett, G. O. (1990). Computer in medical education. In E. Shortliffe & L. Perreault (Eds.), *Medical informatics: Computer applications in health care.* Reading, MA: Addison-Wesley.

Imanieh, M. H., Dehghani, S. M., Sobhani, A. R., & Haghighat, M. (2014). Evaluation of problem-based learning in medical students' education. *Journal of Advances in Medical Education and Professionalism, 2*(1), 1–5.

Kneebone, R., & Baillie, S. (2008). Contextualized simulation and procedural skills: A view from medical education. *Journal of Veterinary Medical Education, 35*(4), 595–598.

Kockro, P., & Hwang, P. (2009). Virtual temporal bone: An interactive 3-dimensional learning aid for cranial base surgery. *Neurology, 64*(5) (Suppl 2), 216–229.

Martin, E. B., Mazzola, N. M., Brandano J., Zurakowski, D., & Meyer, E. C. (2015). Clinicians' recognition and management of emotions during difficult healthcare conversations. *Patient Education and Counceling, 98*(10), 1248–1244.

Montgomery, K., Burgess, L., Dev, P., & Heinrichs, L. (2006). Project hydra—A new paradigm of Internet-based surgical simulation. *Studies in Health Technology Information, 119,* 399–403.

Norman, G. (1985). The role of knowledge in the teaching and assessment of problem-solving. *Journal of Instructional Development, 8*(1), 7–10.

Norman, G. (2005). Research in clinical reasoning: Past history and current trends. *Medical Education, 39,* 418–427.

Norman, G. (2008a). Problem-based learning makes a difference. But why? *Canadian Medical Association Journal, 178*(1), 61–62.

Norman, G. (2008b). The glass is a little full – of something: Revisiting the issue of content specificity in problem solving. *Medical Education, 42,* 549–551.

Norman, G., Brooks, L., Cunnington, J., Shali, V., Marriott, M., & Regehr, G. (1996). Expert-novice differences in the use of history and visual information from patients. *Academic Medicine, 71*(10), S62–S64.

Norman, G., Young, M., & Brooks, L. (2007). Non-analytical models of clinical reasoning: The role of experience. *Medical Education, 41,* 1140–1145.

Oh, S. A., Chung, E. K., & Han, E. R. (2015). The relationship between problem based learning and clinical performance evaluations. *Korean Journal of Medical Education, 27*(3), 195–2000.

Patel, V., Evans, D., & Groen, G. (1989). Biomedical knowledge and clinical reaoning. In D. Evans & V. Patel (Eds.), *Cognitive science in medicine.* Cambridge, MA: MIT Press.

Piquette, D., & LeBlanc, V. (2015). Five questions critical care educators should ask about simulation-based medical education. *Clinics in Chest Medicine, 36*(3), 469–479.

Reynolds, R., & Candler, C. (2009). MedEdPortal: Educational scholarship for teaching. *Journal of Continuing Education in the Health Professions, 28*(2), 91–94.

Rideout, E., England-Oxford, V., Brown, B., Fothergill-Bourbonnais, F., Ingram, C., Benson, G., Ross, M., & Coates, A. (2002). A comparison of problem-based and conventional curricula in nursing education. *Advances in Health Sciences Education, 7,* 3–17.

Robertson, B., Schumacher, L. Gossman, G., Kanfer, R., Kelley, M., & DeVita, M. (2009). Simulation-based crisis team training for multidisciplinary obstetric providers. *Simulation in Healthcare, 4*(2), 77–83.

Robinson, T., Patrick, K., Eng, T., & Gustafson, D. (1998). An evidence-based approach to interactive health communication: A challenge for medicine in the information age. *Journal of the American Medical Association, 280*(14), 1264–1269.

Salas, A., & Brownell, A. (1997). Introducing information technologies into the medical curriculum: Activities of the AAMC. *Academic Medicine, 72*(3), 191–193.

Sandrick, K. (2001). Virtual reality surgery: Has the future arrived? *Bulletin of the American College of Surgeons, 86*(3), 42–43, 63.

Soria, F., Delgado, M., Sanchez, F., Alona, A., Jimenez Cruz, J., Morell, E., & Uson, J. (2009). Effectiveness of three dimensional fluoroscopy in percutaneous nephrostomy: An animal model study. *Urology, 73*(3), 649–652.

Vernon, D., & Blake, R. (1993). Does problem-based learning work? A meta-analysis of evaluative research. *Academic Medicine, 68*(7), 550–563.

Wadland, W. C., Barry, H., Farquhar, L., & White, A. "Training medical students in evidence-based medicine: a community campus approach." *FAMILY MEDICINE-KANSAS CITY-*31 (1999): 703–708.

Weiland, A., Blankenstein, A. H., Van Saase, J. L., Van der Molen, H. T., Jacobs, M. E., Abels, D. C., Kose, N., Van Dulmen, S., Vernhout, R. M., & Arends, L. R. (2015). Training medical specialists to communicate better with patients with medically unexplained physical symptoms (MUPS). A randomized control trial. *PLoS One, 10*(9), e0138342 (online only).

White, B. (2004). Making evidence-based medicine doable in everyday practice. *Family Practice Management, 11*(2), 51–58.

Yammine, K., & Violato, C. (2014). A meta-analysis of educational effectiveness of three-dimensional visualization technologies in teaching anatomy. *Anatomical Sciences Education,* 1–14 (online only).

Yoon, L., Catalano, O., Fritz, S., Hahn, P., & Sahani, D. (2009). Another dimension in magnetic resonance cholangiopanreatography: Comparison of 2- and 3-dimensional magnetic resonance cholangiopanreatography for the evaluation of intraductal papillary mucinous neoplasm of the pancreas. *Journal of Computer Assisted Tomography, 33*(3), 363–368.

175

第二十章　把技术整合进中小学及学前教育中

安妮·奥滕布雷特-莱夫特威奇
托马斯·布鲁什　　　　　　　　印第安纳大学

引言

美国《2010 国家教育技术规划》指出："技术在我们日常生活和工作的各方面几乎都处于核心位置,我们必须利用它来提供引人入胜的、有强烈影响的学习经验和内容,以及资源和评估,以更完整、真实和有意义的方式来衡量学生的学习成就。"(Gray, Thomas 和 Lewis,2010,p. ix)近几十年来,K-12 学校的师生可利用的技术资源不断增加。例如,经济合作与发展组织(OECD)的一份报告(2015)发现,从 2009 年到 2012 年,在学校每周参加技术活动的学生比例显著增加。与此类似,"明日项目"报告表明,与 2013 年相比,2014 年美国教师使用的数字化内容更多,具体为在线视频的使用(上升了 33%)、谷歌教育的使用(上升了 38%)和数字化课程的使用(上升了 55%)(明日项目,2014a)。

鉴于 K-12 情境中技术的可用性和实际使用率越来越高,也鉴于技术在大多数人的日常生活中越来越重要,因此必须考虑以最有效的方法将这些工具和资源整合进教学中去,要着重考虑那些支持学生学习和参与的工具与方法。因此,本章的重点是:

1. 详细阐明如何用技术来支持教学的模型和策略;

2. 目前 K-12 情境中的技术资源;

3. 与技术整合相关的问题。

用技术支持教学：目前的模型和策略

技术整合模型

已经有一些模型很好地描述了在教学中整合技术来支持教和学的有效方法。文献中最盛行的两个模型是 SAMR 模型和 TPACK 模型。这两个模型都把重点聚焦在教师身上，即：教师为了有效整合技术以支持教学所需要考虑的各个方面。

普恩特杜拉（Puentedura）提出的替换、增强、修改、重塑（substitution、augmentation、modification、redefinition，SAMR）模型（Romrell，Kidder 和 Wood，2014）界定了一个渐进模型，其中的每一层代表了一种将技术整合进教学的有效途径。在第一层（替换），技术只是作为一种直接的替换工具，并不改变教学法。例如，教师用计算机创建一个可以打印出来的工作表，让学生完成和提交。在第二层（增强），技术也是作为一种直接的替换工具，但会产生功能上的提升。例如，教师可能要求学生使用某种在线资源而不是印刷的纸质资源——功能上的提升包括学生现在能够方便地搜索关键词。第三层是修改，技术使教师能够对任务进行明显的重新设计。例如，教师可能要求学生利用谷歌文档之类的在线出版工具协作创作一本书。第四层也是最高层，为重塑，技术使教师能够创建从前在没有技术的情况下无法想象的新任务。例如，学生可以在公共博客上发表具有说服力的文章，与"真人"专家在 Skype 上就某个主题/问题进行探讨（Puentedura，2013）。

整合技术的学科教学知识（technological pedagogical and content knowledge，TPACK）模型是一个旨在阐明教师在教学中的技术运用以及提升技术运用水平的框架（Mishra 和 Koehler，2006）。研究者和教师教育者把 TPACK 模型用作一种理解和提高职前教师和在职教师的技术整合能力的工具（如，Baran，Chuang 和 Thompson，2011；Graham，Cox 和 Velasquez，2009；Hughes，2005）。TPACK 模型被描述为三个相互重叠的知识（技术知识、教学法知识和学科内容知识）圈。这三个圈相互重叠便产生了七种不同的知识：学科内容知识（CK）、教学法知识（PK）、技术知识（TK）、整合技术的教学法知识

（TPK）、整合技术的学科内容知识（TCK）、学科教学法知识（PCK），以及整合技术的学科教学知识（TPACK）。人们认为，如果教师具备了很强的 TPACK，他们就能将技术整合进自己的教学中。在一个例子中，很多经验丰富的教师可能具有高超的学科教学法知识，但由于其技术知识薄弱，他们很难掌握 TPACK，因而在技术整合方面也有很大的困难。

为了帮助教师们掌握 TPACK，进而提升技术整合能力，应该对教师在七个方面的知识进行评估，并针对其薄弱点采取行动。例如，如果教师的技术知识薄弱，那么专业发展就应该重点培养教师的技术技能。例如，米什拉（Mishra）和克勒（Koehler）（2006）在一次专业发展活动中对教师的 TPACK 进行了检视：教师们带来了一节自己想上的课，然后有人向他们展示了可以支持这节课的适用技术。尽管这个模型在概念上很站得住脚，也得到了广泛的应用（Koehler，Shin 和 Mishra，2012），但有些研究者却对此模型的有效性提出了质疑（Brantley-Dias 和 Ertmer，2013；Graham，2011；Kopcha，Ottenbreit-Leftwich，Jung 和 Baser，2014）。

教师和学生的技术标准

在 K-12 教育中，为学生制定共同标准是很重要的，这样才能勾勒出一条基线，用来评估学生在实现发展目标方面的进展。在教育技术领域，为使学生具备技术素养，国际教育技术协会（ISTE）提出了学生应该达到的六条总括性标准：（1）创新与变革；（2）沟通和协作；（3）熟练运用信息开展研究；（4）批判性思维、问题解决和决策；（5）数字公民；（6）技术操作和概念。最新的学生标准发布于 2007 年，不久将会更新。

国际教育技术协会还发布了教师标准，概要地提出了教师为将技术整合于教和学而应达到的五大绩效指标：（1）促进和激励学生的学习与创造；（2）设计和开发数字时代的学习经验与评估工具；（3）成为数字时代工作和学习的表率；（4）提高数字公民意识和责任感并以身作则；（5）注重专业成长和领导力。其他标准还有由联合国教科文组织（http://unesdoc. unesco. org/images/0015/001562/156210E. pdf）和 21 世纪学习伙伴（http://www. p21. org/our-work/p21-framework）提出的学生和教师的技术能力标准。

用技术提升教学

对于 K - 12 情境已出现了许多提升当前教学实践的策略,而在这些策略中,技术是一个很关键的因素。有关充分利用技术来提升教学的建议包括:促进探究式学习,支持个性化学习,通过游戏等其他更多策略吸引学生参与内容学习,使用翻转学习之类的在线和混合学习策略,提供"创客运动"设计空间使学生能利用数字技术创造各种产品。下面将阐述这些提升措施。

支持探究式学习

一个日益受到重视的领域是探究式学习方法,包括基于项目的学习和问题导向学习(Brush 和 Saye,2014)。在这两种模式中,教学活动都围绕着引人入胜的真实问题展开。为帮助学生制定和维护他们对问题的解决方案,要为学生提供资源和支架。在这些模式中,可以用技术来支持探究过程。例如,赛耶(Saye)和布鲁什(Brush)(2007)为了帮助学生探索社会公正问题,为学生提供了发生于20 世纪 60 年代的美国黑人民权运动的真实的多媒体资源。他们发现,学生们相信多媒体资源可以帮助他们更好地理解美国黑人所面临的斗争。埃特默尔和奥滕布雷特-莱夫特威奇(Ottenbreit-Leftwich)(2013)描述过学生开展能源研究的活动。学生们用技术来开展实验,与另一群美国学生协作,向广大受众呈现自己的结果。通过这一项目,学生们利用 Web 2.0 工具与其他学习者协作,形成了共享的知识库。

支持个性化学习

个性化学习侧重于利用各种策略和方法来支持个人性的、自我主导的学习目标(Grant 和 Basye,2014)。这种方法通常是让学生采用他们自己的学习策略,以自己的速度达成学习目标,并以自己独特的方式来展示其知识。个性化学习的一些常见方法包括:让学生参与混合学习环境,制定大学和职业准备学习规划,以及为学生整合基于能力的教学模式(Tanenbaum,Le Floch 和 Boyle,2013)。

有些研究者认为,在技术的帮助下,教师能够更容易地促进个性化学习。例如,自适应学习软件可以通过即时性的形成性评价来指导学生完成个性化课程(Johnson，Adams Becker，Estrada 和 Freeman，2014)。

基于游戏的学习

作为一种很流行的趋势,数字化游戏在教育中的重要性已被很多人所宣扬。根据琼·甘茨·库尼中心(Joan Ganz Cooney Center)最近的一份报告,在接受调查的课堂教师中,几乎有 75％的人说自己在教学中使用过数字化游戏,超过45％的人说他们每周至少使用一次数字化游戏(Takeuchi 和 Vaala,2014)。教师们常常将数字化游戏定义为有奖励的训练和实践活动,以及更复杂的具有一定规则的模仿主流游戏的教育游戏。"明日项目"(2013)的一份报告中说:"在课堂中使用游戏的教师们坚信,游戏能提高学习投入。十位教师中有五位表示,他们发现数字化游戏起到了帮助学生更直观地理解困难的学术概念的作用……这既提高了学生的成绩,也提升了他们的个人生产力。"(pp. 6 - 7)

K‐12 教育中的在线学习

K‐12 教育中一个日益增长的趋势是在线学习。事实上,"明日项目"的一份调查(2014a)发现,2006 年至少修读一门在线课程的传统学生占 24％,到2013,这个数据已经上升到 50％。另外,这份调查还发现,有 29 个州开办了全日制在线学校。皮恰诺(Picciano)、西曼(Seaman)、谢伊(Shea)和斯旺(Swan)(2012)在报告中指出,学区和高中的行政管理人员认为提供在线课程的主要原因在于,此类课程能提供其他方式所无法提供的课程(包括大学先修课程),允许未通过课程的学生再次学习课程,并能满足特定学生的需求。

虽然在线课程在美国的 K‐12 教育中得到了广泛发展,但在线教学和混合教学在世界其他地区的发展却相当不均衡。例如,有关世界范围内 K‐12 教育中在线学习的一份报告指出,在线学习的挑战之一在于,它只适合于发达国家的城市学生,而其他国家(如博茨瓦纳)的学生则表示他们无法获得技术,甚至不可能把在线学习视为一种教学的选择(Barbour 等,2011)。通常,地方政府和国家政府都会为在线学习提供资金,但是,这份报告提供的证据表明,世界上许多国家不仅缺乏资金,而且缺乏大规模实施 K‐12 在线学习的政策和规划。更有甚者,这些国家往往没有为教师有效实施在线学习提供必要的培训和支持。

翻转学习

翻转学习是用来描述一种创新教学法的术语,它(1)利用技术手段把讲课内容录制下来作为家庭作业供学生在家查看;(2)学生在课堂上则做作业和项目,实践他们从家庭作业中学到的想法(Finkel,2012)。关于翻转学习,人们的一些顾虑主要集中在学生是否能获得期望他们去学习的作为家庭作业的材料。例如,在一个近期的调查中,接受调查的教师中有近一半的人表示担心学生在家里无法获取在线资源,这样就会让翻转模式的实施成为问题(明日项目,2014b)。为克服低收入人群无法访问在线资源的问题,芬克尔(Finkel)(2012)提供了一些可能的解决方案:课前和课后在图书馆提供技术访问的机会;对内容进行格式化以便学生可以在自己的移动设备或从学校图书馆借出的设备上观看视频;提供 DVD 或闪存盘,方便那些在家无法上网的学生借用。

芬克尔(2012)进一步讨论了翻转学习的优势,认为这种方法极大地提高了教师差异化教学的能力。学优生可以快速观看视频并可观看其他拓展活动的视频,而学困生则可以暂停和重放视频直到自己理解了概念为止。另一个潜在的问题与教师自己创建视频有关,这会让教师花费额外的时间和精力。不过,利用已有的开放资源,如可汗学院(http://khanacademy. org)提供的开放资源,可以帮助教师克服这一障碍。在网站 http://flippedclassroom, org/上有更多支持翻转学习的资源可用。

创客运动

创客(maker)运动的重点是为 K - 12 学生提供一个设计空间,让他们利用计算机编程、电子设备、3D 打印机、机器人以及其他技术/资源来创建各种产品。学生们构造的一些受欢迎的产品包括:电子珠宝、电子游戏、类人生物(cybernetics creature)、互感纺织品(interactive textiles)等(Blikstein 和 Krannich,2013)。许多创客空间出现在全国各地的图书馆里,它们所提供的不仅仅是信息资源(Peppler 和 Bender,2013)。佩普勒(Peppler)(2013)认为,这类"兴趣驱动的艺术学习"需要四种生产实践:技术(编码、调试、重新利用)、批判性(观察和解构媒体、评价和反思、参考、改造和重组)、创造性(做出艺术选择、连接多模态符号系统)、伦理道德(承认所有权、提供内部信息、尊重协作和分享)。正如布里克斯泰因(Blikstein)和克兰尼希(Krannich)(2013)指出的,有关创客空间和创客项目的研究还未能充分考察这类课程创新对学习的影响,然而,有几个项目[如佩普勒(2013)引用的巴伦(Barron)的项目]已发现,参与数字制作的学生更多地表现出建设性倾向(如互联网技能、对计算的自信)、批判性倾向(如寻求其他资源来验证信息)、社会性倾向(如创建和分享带有政治信息的媒体)。

目前 K–12 情境中的技术资源

近年来,学校可获得使用的新的技术工具和资源越来越多。随着这些工具的推广使用,学者们一再主张技术使用应更多地以学生为中心(如,Ertmer 和 Ottenbreit-Leftwich,2013)。以下就是一些新近出现的、能更好地支持以学生为中心学习方法的技术工具和资源。

移动设备

移动学习(包括手机和平板)在 K–12 教育中已越来越流行。移动技术在教育方面的功能可见性包括在任何时间任何地点传递内容的能力。此外,移动设备能提供即时的帮助和反馈(Lai,Yang,Chen,Ho 和 Chan,2007)。移动技术还具有随时随地访问信息和资源的能力,这就使学生能够根据自己的学习水平编制文档和创建制品(Lai 等,2007)。随着拥有移动设备(手机和平板)的学生越来越多,在 K–12 教育中开展移动学习便更加容易和可行。在一次有代表性的全国性调查中发现,802 名智能手机用户中有 37% 的用户年龄在 12—17 岁之间(Madden,Lenhart,Duggan,Cortesi 和 Gasser,2013)。此外,74% 的用户表示他们偶尔通过移动设备(手机或平板)访问互联网,四分之一的人主要使用手机访问互联网(Madden 等,2013)。

当谈到课堂里的移动技术时,报告显示平板电脑在课堂中的应用增长最快(PBS,2013)。在运用平板电脑的教师中,71% 的人表示对教学最有用的是应用软件;68% 的人一周至少用一次平板电脑,29% 的人则每天都使用平板电脑

(PBS，2013)。不过，教师们也表示，尽管移动设备可以提高学生的参与度和动机水平，但在课堂中使用这些技术也可能导致一些困难，如无法公平地访问移动设备、课堂中断等(Thomas，O'Bannon 和 Bolton，2013)。

K-12学生也报告说，移动设备在课堂上的应用在增多。例如，在最近的一个调查中(明日项目，2013)，接受调查的 325 000 名学生中有三分之一表示他们在学校使用过移动设备。这些设备日益普及，加上它们有利于学生学习的功能，导致1：1创新项目(一名学生一台计算设备)的增加。1：1创新项目使所有学生无论何时何处都能即刻访问学习资源(Wong 和 Looi，2011)。遗憾的是，并非所有学校都能负担得起 1：1 创新项目的费用(Ullman，2011)，有些学区动用了原本用于教科书的资金来购买技术设备。

许多学区发现，由于要为学生购买足够的资源以及要负责处理与这些设备相关的技术问题，实施1：1创新项目是很困难的。为了解决这一问题，许多学校开始转向 BYOD(自带设备)项目，即允许学生把他们自己的移动设备带到课堂上使用(Ullman，2011)。一所中国香港的小学对其一年来在科学探究中实施BYOD 的效果进行了考察。学校发现，学生获得了许多教科书以外的知识，并对科学探究表现出了积极的态度(Song，2014)。不过，实施 BYOD 也有很多困难。如麦克雷(McCrea)(2015)所指出的，学校必须具有能支持大量用户的无线网络。麦克雷还建议，为了适应各种各样的设备，必须仔细选择那些可用于多种设备而不是只适用于某一种设备的资源(如教学应用程序)。除此之外，为学生将要使用的各种设备提供可用的信息技术支持也是非常必要的。

数字课本

电子/数字课本是一种可以通过移动设备或计算机访问的数字化形式的课本。据联邦通信委员会(FCC)的数据，仅 2012 年一年，美国学校在课本上的花费就超过了 70 亿美元。除此之外，学校里的许多课本已经有七到十年的历史，其中包含着一些过时的内容。为了解决这一问题，联邦通信委员会和教育部与数字课本协作组织合作，制订了一项计划，以此来推进数字课本在 K-12 教育中的应用并增加学校和社区的带宽。有些国家，如韩国，已经开始着手把所有学生的课本都转换成数字课本。

在 K-12 学校采用数字课本既有好处，也有挑战。其好处包括：可以把许多电子书储存在一个设备上，可以使用电子书的各种独特功能（如注释以及词汇表和搜索等集成工具），比传统课本更低的成本等。而挑战包括：短暂的书籍借出期，复杂的软件，缺乏技术支持，粗劣的用户设计（设备、软件、文本对齐方式），有限的教室电源，缺少教师培训，无法使用电子书设备（Gu, Wu 和 Xu, 2015）。总体上，许多教师和学校领导似乎都认同数字课本在 K-12 教育中的巨大潜力（Embong, Noor, Ali, Bakar 和 Amin, 2012；Lee, Mossam 和 Kok-Lim, 2013），但是还需要采取具体的策略和不断的努力来设计和开发相应的硬件与软件（Gu等, 2015）。

Web 2.0 工具   *180*

Web 2.0 是一个十多年前开始流行的术语（Cormode 和 Krishnamurthy, 2008）。Web 2.0 被认为是对最初的互联网的一种改进。一开始，互联网主要是静态的，用户只能被动接收各个网页的信息，但是，在 Web 2.0 时代，用户更为投入，他们发表评论，上传内容，与其他用户互动。其所用的许多工具都彰显了 Web 2.0 的协作特性：媒体分享网站（如 Flickr、Instagram、YouTube）、社交网络网站（如 Facebook）、博客和微博网站（如 Tumblr、Twitter、Blogger）、社会性书签（如 Delicious），以及协作知识发展维基（如 Wikispaces）。或许最受欢迎的 Web 2.0 例子维基百科已经成了最大的参考网站之一。个人用户（超过 76 000 名活跃贡献者）可以创建和更新有关任何话题的条目（目前已有 285 种语言的超过三千四百万条的条目）。

Web 2.0 工具增加了用户的互动和投入，因为这些工具对于基本用户来说足够简单（Hew 和 Cheung, 2013）。尤其是学生们，他们正在利用这些工具，并将其用于个人目的和学习目的。格里诺（Greenhow）、罗贝利亚（Robelia）和休斯（Hughes）（2009）思考了 Web 2.0 的优势对教和学的影响。他们认为："由于技术专长现在已不再成为障碍，网络访问和学习情境更加广泛，因此 Web 2.0 的互联、内容创建与合成、交互等功能可见性可以促进和增加学习者对于创造性实践、参与和制作的研究兴趣。"（p. 249）在 K-12 环境中，很多教师和学生都在利用这些功能可见性。不过，有些教师和学生也表达了与使用 Web 2.0 工具相关的挫折。教师们表示,给用 Web 2.0 工具创建的文章和项目评分并提供反馈会花费过多的时间;而学生们则表示,技术问题、糟糕的时间管理、网上的干扰等使 Web 2.0 作业更具挑战性(Nair,Tay 和 Koh,2013)。

在一篇讨论 Web 2.0 工具对 K-12 学生学习的影响的综述中,休(Hew)和张(Cheung)(2013)指出,对于学生学习的任何积极影响大多与 Web 2.0 技术的使用方式有关,而不是与这些工具本身有关。例如,把博客用于同伴评议或自我反思,或者用播客来评议信息,似乎都能提升学生的成绩,然而,成绩的提升可能更多源于所用的教学策略(即同伴反馈和评议)而不是工具(博客和播客)的使用。Web 2.0 工具只是使这些策略的实施更加容易和高效(Hew 和 Cheung,2013)。因此,从教学的立场看,可能更重要的是要先关注能最有效地实现学习目标的教学策略,然后再分析能促进该策略实施的 Web 2.0 工具。

开放教育资源

开放教育资源(OER)和开放内容的使用在 K-12 教育中已越来越受欢迎。开放教育资源是存在于公共领域的教和学材料,或者是上传的带有特殊版权许可、允许其他人使用和编辑的教和学材料。OERs 包括各种各样的教育材料,大到完整的课程,小到一个学习对象(如视频或图片)。教师和教育利益相关者推崇 OERs,认为它为学校节约了资金,因为它省下了开发新教育材料所需的时间和资源(Trotter,2008)。除了节省金钱、时间和资源外,研究还表明,使用 OERs 的学生的学习收益与使用传统材料的学生大致相当(Robinson,Fischer,Wiley 和 Hilton,2014)。

知识共享组织(CC)(2015)是一个非营利组织,致力于帮助创造性作品的拥有者合法地分享和传播其材料。截至 2014 年,用户已分享了 8 亿 8 千 2 百万 CC 授权的作品。世界各地的教师和教育者为各个不同网站上的 OER 数据库(见表 20.1)做出了贡献。

表 20.1　开放教育资源

| 课程维基(Curriki) | http://www.curriki.org |
| OER 公地(OER Commons) | https://www.oercommons.org |

教育站点集锦(EDSITEment!)	http://edsitement.neh.gov
联邦卓越教育资源(Federal Resources for Educational Excellence)	http://free.ed.gov
CK-12基金会(CK-12 Foundation)	http://www.ck12.org
Gooru	http://www.goorulearnig.org
开放教育(Open Ed)	https://www.opened.io
塞勒学院(Saylor Academy)	http://www.saylor.org
河马校园(HippoCampus)	http://www.hippocampus.org
TED教育(TED-Ed)	http://ed.ted.com
我的课程分享(Share My Lesson)	http://www.sharemylesson.com
看着学(WatchKnowLearn)	http://www.watchknowlearn.org
麻省理工学院高中开放课件(MIT Open Courseware for High School)	http://ocw.mit.edu/high-school/

K-12情境中技术整合相关问题

障碍和促成因素

虽然有很多关于如何使用技术来有力地促进教和学的叙述(如 Ertmer 和 Ottenbreit-Leftwich，2013)，但学者们认为，技术的使用水平仍然没有达到他们所希望的程度。许多学者对这一现象进行了调查，认为技术未能被充分整合进 K-12 教育是因为存在一些特定的障碍。休和布鲁什(2007)发现，妨碍 K-12 学校中技术整合的障碍包括：

- 资源(缺乏技术、缺少获取技术的机会、没有时间、缺少技术支持)；
- 知识和技能(缺乏技术技能、缺少技术支持的教学法技能、缺少技术相关的课堂管理技能)；
- 制度(领导、学校时间安排、缺乏技术整合规划)；
- 态度和信念(教师对技术的态度和信念)；
- 评估(衡量学生学习、高风险考试、技术使用与传统考试之间可觉察到的矛盾)；

● 学科文化(围绕某一学科领域的制度实践和期望)。

在所有这些因素中,教师一般认为,对教师采纳和运用技术影响最大的因素是内在因素(如对技术的知识和信念)。要进行技术整合,教师必须具有一般的技术知识(如何使用硬件和软件),以及如何使用技术来支持教和/或学的知识。然而,技术在不断更新,因此教师需要持续的专业发展来更新自己的知识。例如,埃特默尔、奥滕布雷特-莱夫特威奇、萨德克(Sadik)、森杜鲁尔(Sendurur)和森杜鲁尔(2012)发现,即使是那些在技术使用方面获奖的教师也表示,有时他们的知识是一个障碍,因为他们"仍然认为总有那么多东西需要去学习和发现……特别是在技术方面,(因为)技术的发展实在太快"(p. 429)。

在技术采纳和运用中,教师的信念也起着十分重要的作用。例如,在一项早期被引用的研究(Ertmer 等,2012)中,教师们表示,同事们的态度和信念是影响学生使用技术的最大障碍。如果教师认为技术不重要,那么无论任务和资源是什么,他们都不大可能会在课堂中实施和使用技术,

专业发展经验为克服上述两个障碍提供了机会。专业发展机会应当与教师的信念直接相关联,要求教师把技术整合到一节已有的课中(Mishra 和 Koehler,2006)。在专业发展过程中,应该向教师介绍与他们的课堂直接相关的技术。由于教师对于教学法情境感到很自在,他们会围绕自己的特定情境来发展知识,并能与他们的已有信念很好地相结合。

数字鸿沟

自从教育中的技术出现以来,利益相关方和研究人员都表现出了对数字鸿沟及其对学生之影响的担忧。数字鸿沟指的是由学生的技术接触程度不同而导致的教育经验上的差异。数字鸿沟似乎在大多数发达国家都存在,其主要原因是学生社会经济地位的差异(Li 和 Ranieri,2013)。从国际角度看,数字鸿沟也存在于不同国家之间;不同国家的学生使用技术的机会极大地依赖于国家的富裕程度(Mardikyan,Yildiz,Ordu 和 Simsek,2015)。

起初,数字鸿沟只是简单地指学校里拥有技术的学生与那些无法获得技术的学生之间的差异。人们担心那些没有机会使用技术的学生(通常来自低社会经济地位)会缺乏作为 21 世纪劳动力所需要的准备和技能(Reinhart,Thomas

和 Torskie，2011)，因此，学校购买了更多的技术以防止其学生掉队。不过，更多技术可能也不能令学生为 21 世纪做好准备。

研究表明，社会经济地位较低的学校使用技术的方式往往不能促进学生的高阶思维，也大多没有技术促进者。赖因哈特(Reinhart)及其同事认为，缺少技术促进者可能导致专业发展活动更少，并使教师知识匮乏。这被称为第二层次的数字鸿沟(Reinhart 等，2011)。有些学者还提出了不同的数字鸿沟理论(Hohlfeld，Ritahaupt，Barron 和 Kemke，2008)，他们认为数字鸿沟存在于不同层面：学校基础设施、课堂和学生个体。

促成采纳

虽然很多人都承认数字鸿沟的存在，但有些研究也表明，即使是在资源有限的情况下，那些看到了技术运用价值的教师仍然会克服这些障碍而将技术整合进自己的课堂(如 Ertmer 等，2012)。例如，在埃特默尔 2012 年的一项研究中，有一位教师将自己的设备从家里带来，以弥补资源的不足；而另一位教师则写了补助金申请以获得更多的资源。教师们还可以利用工作站以使有限的资源得到充分使用，或者让学生们自带设备。

究竟哪种方法能最有效和高效地促使 K-12 学校大规模地采纳技术，许多学 *182* 者对此争论不休。通常，技术革新的引入是通过自上而下(管理者驱动)或自下而上(教师驱动)的决策过程实现的。佩特科(Petko)、埃格(Egger)、坎蒂耶尼(Cantieni)和韦斯皮(Wespi)(2015)考察了四种不同类型的技术革新的决策和采纳过程：互补的(自上而下以及自下而上)、自上而下的、自下而上的、随意的(也就是可以由教师来决定是否采纳)。佩特科等(2015)发现，当学校综合采用自上而下和自下而上的方法时，管理部门和教师都会支持学区的革新，此时师生们表示课堂中的技术运用较多；其次较为成功的是完全自上而下的方法；再次是自下而上的方法。

结论

在决定是否将某项技术应用于某特定课堂情境以及如何应用时，或许最重要的是应首先考虑该技术的运用能否促进教和学。有时，研究者和教育者并未首先关注该技术可能如何影响教学实践和学生学习，就急于采纳新技术。只有以有效的教学法实践和学生学习为核心，我们才能研究各种技术所具有的功能可见性，并确定其运用将如何支持已知的有效教学法。在考虑要不要将一项新技术应用于某个教学情境时，最重要的是要考虑该技术具备的功能可见性能否有助于支持良好的教学法实践，并由此提升学习效果。

要点总结

1. **理解技术整合并不是一件简单的事。** 许多人都试图给成功的技术整合下定义，并说明成功的技术整合是什么样子的。虽然已经提出了若干模式和标准，但我们认为，只要技术整合对 K-12 教和/或学产生积极影响，其整合的模式和标准可以不同。

2. **技术可以使课程和教学实践得到加强。** 在 K-12 学校里实施的几种新兴创新实践（探究式学习、翻转学习、个性化学习）都可以因技术的使用而得到支持。

3. **各种新工具不断被引入。** 似乎始终有大批新技术工具和资源可供教师使用。在采用一种新工具前，重要的是要先思考该工具所具有的功能可见性以及如何利用这些功能可见性来促进教和/或学。

4. **技术的采用需要系统性的支持。** 要促成技术的成功采纳，学区必须理解所有鼓励和支持技术整合的障碍与促成因素。

5. **教师是技术整合中最重要的资产。** 如果教师相信技术很重要并得到必要的支持，那么将更有可能实现技术的采纳和利用。

6. **只有在技术有益于教/学时才应使用技术。** 在将任何技术用于教和学之前，我们应首先问自己：它对教和学的益处是什么？

应用问题

有一个学区最近决定对全体师生实施 1∶1 平板电脑创新项目。他们相信，只要以有意义的方式利用技术，平板电脑将有助于支持以学生为中心的个性化教学方法。他们希望平板电脑可以帮助提高学生的学业成绩、学习参与、协作和沟通。虽然有些教师对此感到很兴奋,但许多教师却对自己在课堂里如何运用这些设备表示担忧和质疑。学区希望你能在以下几个方面提供帮助:

1. 为学区提供有助于技术采纳的点子。换句话说,阐述三到四种学区可用来支持教师(特别是那些表示担忧和质疑的教师)采纳技术并成功进行技术整合的方法。

2. 举办一个工作坊,就如何利用技术为教师出点子。要记住,提供学科特定的例子有助于与教师保持联系,并让教师看到能直接迁移到他们课堂里的实用的想法。请描述该工作坊。

3. 学校还希望对能降低成本的方法进行研究。你将提出哪些建议来帮助降低项目成本?

参考文献

Baran, E., Chuang, H. H., & Thompson, A. (2011). TPACK: An emerging research and development tool for teacher educators. *TOJET, 10*(4). Retrieved from http://www.tojet.net/articles/v10i4/10437.pdf

Barbour, M., Brown, R., Hasler Waters, L., Hoey, R., Hunt, J. L., Kennedy, K., Ounsworth, C., Powell, A., & Trimm, T. (2011). Online and blended learning: A survey of policy and practice from K–12 schools around the world. *International Association for K–12 Online Learning.* Retrieved from http://files.eric.ed.gov/fulltext/ED537334.pdf

Blikstein, P., & Krannich, D. (2013, June). The makers' movement and FabLabs in education: Experiences, technologies, and research. In *Proceedings of the 12th International Conference on Interaction Design and Children* (pp. 613–616). Chicago: ACM.

Brantley-Dias, L., & Ertmer, P. A. (2013). Goldilocks and TPCK: Is the construct "just right?" *Journal of Research on Technology in Education, 46*(2), 103–128.

Brush, T., & Saye, J. (2014). Guest editors' introduction: Special issue on technology-supported problem-based learning in teacher education. *Interdisciplinary Journal of Problem-Based Learning, 8*(1).

Cormode, G., & Krishnamurthy, B. (2008). Key differences between Web 1.0 and Web 2.0. *First Monday, 13*(6).

Creative Commons. (2015). *Creative Commons licenses.* Retrieved from http://creativecommons.org/

Embong, A., Noor, A., Ali, R., Bakar, Z., & Amin, A. (2012). Teachers' perceptions on the use of e-books as textbooks in the classroom. *World Academy of Science, Engineering and Technology, 70*, 580–586.

Ertmer, P., & Ottenbreit-Leftwich, A. (2013). Removing obstacles to the pedagogical changes required by Jonassen's vision of authentic technology-enabled learning. *Computers & Education, 64*, 175–182.

Ertmer, P., Ottenbreit-Leftwich, A., Sadik, O., Sendurur, E., & Sendurur, P. (2012). Teacher beliefs and technology integration practices: A critical relationship. *Computers & Education, 59*(2), 423–435.

Finkel, E. (2012). Flipping the script in K12. *District Administration, 48*(10), 28.

Graham, C. R. (2011). Theoretical considerations for understanding technological pedagogical content knowledge (TPACK). *Computers & Education, 57*(3), 1953–1960.

Graham, C., Cox, S., & Velasquez, A. (2009). Teaching and measuring TPACK development in two preservice teacher preparation programs. In *Society for Information Technology & Teacher Education International Conference* (pp. 4081–4086). Retrieved from http://www.editlib.org/p/31297/

Grant, P., & Basye, D. (2014). *Personalized learning: A guide for engaging students with technology.* Eugene, OR: International Society for Technology in Education.

Gray, L., Thomas, N., & Lewis, L. (2010). *Teachers' use of educational technology in U.S. public schools: 2009* (NCES 2010-040). Washington, DC: National Center for Education Statistics, Institute of Education Sciences, U.S. Department of Education.

Greenhow, C., Robelia, B., & Hughes, J. E. (2009). Learning, teaching, and scholarship in a digital age Web 2.0 and classroom research: What path should we take now? *Educational Researcher, 38*(4), 246–259.

Gu, X., Wu, B., & Xu, X. (2015). Design, development, and learning in e-textbooks: What we learned and where we are going. *Journal of Computers in Education, 2*(1), 25–41.

Hew, K., & Brush, T. (2007). Integrating technology into K–12 teaching and learning: Current knowledge gaps and recommendations for future research. *Education Tech Research Development, 55*, 223–252.

Hew, K. F., & Cheung, W. S. (2013). Use of Web 2.0 technologies in K–12 and higher education: The search for evidence-based practice. *Educational Research Review, 9,* 47–64.

Hohlfeld, T. N., Ritzhaupt, A. D., Barron, A. E., & Kemker, K. (2008). Examining the digital divide in K–12 public schools: Four-year trends for supporting ICT literacy in Florida. *Computers & Education, 51*(4), 1648–1663.

Hughes, J. (2005). The role of teacher knowledge and learning experience in forming technology-integrated pedagogy. *Journal of Technology and Teacher Education, 13,* 277–302.

Johnson, L., Adams Becker, S., Estrada, V., & Freeman, A. (2014). *NMC horizon report: 2014* (K–12 Edition). Austin, TX: The New Media Consortium.

Koehler, M. J., Shin, T. S., & Mishra, P. (2012). How do we measure TPACK? Let me count the ways. In R. Ronau, C. Rakes, & M. Niess (Eds.), *Educational technology, teacher knowledge, and classroom impact: A research handbook on frameworks and approaches* (pp. 16–31). Hershey, PA: Information Science Reference.

Kopcha, T., Ottenbreit-Leftwich, A., Jung, J., & Baser, D. (2014). Examining the TPACK framework through the convergent and discriminant validity of two measures. *Computers and Education, 78,* 87–96.

Lai, C., Yang, J., Chen, F., Ho, C., & Chan, T. (2007). Affordances of mobile technologies for experiential learning: the interplay of technology and pedagogical practices. *Journal of Computer Assisted Learning, 23*(4), 326–337.

Lee, J., Mossam, C., & Kok-Lim, A. (2013). Can electronic textbooks be part of K12 education? Challenges, technological solutions, and open issues. *Turkish Online Journal of Educational Technology, 12*(1), 32–44.

Li, Y., & Ranieri, M. (2013). Educational and social correlates of the digital divide for rural and urban children: A study on primary school students in a provincial city of China. *Computers & Education, 60*(1), 197–209.

Madden, M., Lenhart, A., Duggan, M., Cortesi, S., & Gasser, U. (2013). *Teens and technology 2013.* Washington, DC: Pew Internet & American Life Project.

Mardikyan, S., Yıldız, E., Ordu, M., & Simsek, B (2015). Examining the global digital divide: A cross-country analysis. *Communications of the IBIMA.* Retrieved from http://www.ibimapublishing.com/journals/CIBIMA/2015/592253/592253.pdf

McCrea, B. (2015). 9 IT best practices for BYOD districts: Districts with successful bring your own device programs share their key strategies for rolling out and managing student-owned devices in school. *THE Journal (Technological Horizons In Education), 42*(1), 26.

Mishra, P., & Koehler, M. J. (2006). Technological pedagogical content knowledge: A framework for teacher knowledge. *Teachers College Record, 108*(6), 1017–1054.

Nair, S. S., Tay, L. Y., & Koh, J. H. L. (2013). Students' motivation and teachers' teaching practices towards the use of blogs for writing of online journals. *Educational Media International, 50*(2), 108–119.

OECD. (2015). *Students, computers and learning: Making the connection.* PISA: OECD Publishing.

PBS. (2013). Teacher technology usage. Retrieved from http://www.edweek.org/media/teachertechusagesurvey-results.pdf

Peppler, K. (2013). *New opportunities for interest-driven arts learning in a digital age* (Deliverable to the Wallace Foundation). Bloomington, IN: Indiana University.

Peppler, K., & Bender, S. (2013). Maker movement spreads innovation one project at a time. *Phi Delta Kappan, 95*(3), 22–27.

Petko, D., Egger, N., Cantieni, A., & Wespi, B. (2015). Digital media adoption in schools: Bottom-up, top-down, complementary or optional? *Computers & Education, 84,* 49–61.

Picciano, A., Seaman, J., Shea, P., & Swan, K. (2012). Examining the extent and nature of online learning in American K–12 Education: The research initiatives of the Alfred P. Sloan Foundation. *Internet and Higher Education, 15,* 127–135.

Project Tomorrow. (2013). The new digital learning playbook: Understanding the spectrum of student activities and aspirations. Retrieved from http://www.tomorrow.org/speakup/pdfs/SU13Studentsreport.pdf

Project Tomorrow. (2014a). Digital principals, digital teachers. Retrieved from http://www.tomorrow.org/speakup/downloads/PROJECT-TOMORROW-10-3-14.pdf

Project Tomorrow. (2014b). Speak up 2014 national research project findings: Flipped learning continues to trend for third year. Retrieved from http://flippedlearning.org/cms/lib07/VA01923112/Centricity/Domain/4/Speak%20Up%20FLN%202014%20Survey%20Results%20FINAL.pdf

Puentedura, R. (2013). SAMR first steps. Retrieved from http://www.hippasus.com/rrpweblog/archives/2014/11/13/SAMR_FirstSteps.pdf

Reinhart, J. M., Thomas, E., & Torskie, J. M. (2011). K–12 teachers: Technology use and the second level digital divide. *Journal of Instructional Psychology, 38*(3), 181.

Robinson, T., Fischer, L., Wiley, D., & Hilton, J. (2014). The impact of open textbooks on secondary science learning outcomes. *Educational Researcher, 43*(7), 341–351.

Romrell, D., Kidder, L., & Wood, E. (2014). The SAMR model as a framework for evaluating mLearning. *Online Learning, 18*(2), 1–15.

Saye, J., & Brush, T. (2007). Using technology-enhanced learning environments to support problem-based historical inquiry in secondary school classrooms. *Theory and Research in Social Education, 35*(2), 196–230.

Song, Y. (2014). "Bring your own device (BYOD)" for seamless science inquiry in a primary school. *Computers & Education, 74,* 50–60.

Takeuchi, L., & Vaala, S. (2014). Level up learning: A national survey of teaching with digital games. The Joan Ganz Cooney Center. Retrieved from http://www.joanganzcooneycenter.org/publication/level-up-learning-a-national-survey-on-teaching-with-digital-games/

Tanenbaum, C., Le Floch, K., & Boyle, A. (2013). Are personalized learning environments the next wave of K–12 education reform? American Institutes for Research: Education Issue Paper Series. Retrieved from http://www.air.org/sites/default/files/AIR_Personalized_Learning_Issue_Paper_2013.pdf

Thomas, K. M., O'Bannon, B. W., & Bolton, N. (2013). Cell phones in the classroom: Teachers' perspectives of inclusion, benefits, and barriers. *Computers in the Schools, 30*(4), 295–308.

Trotter, A. (2008). Educators assess open content movement. *Education Week, 27*(43), 8–9.

Ullman, E. (2011). BYOD and security. *Technology &*

Learning, 31(8), 32–36.

Wong, L. H., & Looi, C. K. (2011). What seams do we remove in mobile-assisted seamless learning? A critical review of the literature. *Computers & Education, 57*(4), 2364–2381.

第二十一章　高等教育中的教学设计

布伦达·C·利奇菲尔德　　南阿拉巴马大学

已经有很多书籍讨论过高等教育中的教学和如何成为一名优秀的教师等问 *185*
题。这方面的一些经典之作(Bain，2004；Filene 和 Bain，2010)从总体上阐述了
高等教育教学的哲学以及有关演讲、讨论、评估和期望等的策略。麦克凯奇
(McKeatchie)的书(Svinicki 和 McKeatchie，2014)已经出了第十四版，书中涵盖
了上述策略以及远程教育、主动学习、技术、多样性和其他一些主题。巴克利
(Barkley)(2010)编纂了若干学生参与活动作为大学课堂教学的补充。尼尔松
(Nilson)(2010)写了一本有关大学教学基础的简明易懂的书。绝大多数关于大
学教学的书籍都没有关注系统的课程设计和基本教学设计。伍德(Wood)
(2009)的书比较接近，因为它指出课程设计应始于目的、目标和评估的创建。但
很少有书籍将教学设计和开发作为起点。

关于教学设计的论文和书籍众多。其主题包括教学设计师的技能(Allen，
2012)、作为变革代理(Campbell，Schwier 和 Kenny，2009)、作为领导者(Shaw，
2012)、作为模型实施者(Enkenberg，2001)、作为策略设计者(Kagan，2014)，以
及教学设计能为高等教育做什么(Terlouw，2014)。而这些有关教学设计的论
文和书籍中缺少的则是如何把教学设计融入研究生和本科生的高等教育教学中
的具体阐述。

已经有相当多用于各种目的的教学设计模式：系统取向的模式(Branson，
1975；Dick 和 Carey，2010；Smith 和 Ragan，1993)、产品开发模式(Bergman 和
Moore，1990；Leshin，Pollock 和 Reigeluth，1990)、课堂取向模式(Gerlach 和

Ely，1980；Kemp，Morrison 和 Ross，1994；Reiser 和 Dick，1996），以及其他模式。这些模式都是规定性的，涵盖了系统化教学设计过程的基本要素。课堂取向模式最接近于高等教育课堂的设计，但更适合于 K-12 课堂情境，因为 K-12课堂情境中教学活动有限、资源量少，K-12 的教学设计主要是个人行为，教师不会得到教学设计的培训，对于材料多为直接选用和修改使用而不是创建（Gustafson 和 Branch，1997）。

　　本书第四章讨论的梅里尔的波纹环状模式（Merrill，2013），就是专门针对课程开发的教学设计阶段的。它的分析已经完成，并承认问题是可以通过教学解决的。该模式有助于我们把注意力集中在课程开发的教学设计部分，并引导设计师完成以下六个阶段内容：(1)要解决的问题；(2)解决问题的活动序列；(3)培养成分技能的教学；(4)适用策略；(5)完成教学设计；(6)设计评估和评价。该模式虽然为每个阶段提供了结构框架，但它并未涉及学习者的具体情况和动机因素。

　　艾伦（Allen，2012）提出的持续接近模式（SAM）（见第四章和第五章）精简了 ADDIE 模式。它认为学习活动的基本特征是有意义、令人难忘、激励性和可测量的。这四个特征看来似乎涉及学习者和学习者参与，但 SAM 模式主要是一个过程开发模式，并没有详细阐述如何在高等教育学习者中实现这些结果。

186　　虽然很多教学设计模式都为如何开发教学提供了很好的指导，但它们都没有关注学习者以及对教学的情感投入。当它们用于开发培训时，是有效的。不过，在绝大多数培训情境中，学习者是为了获取他们想要或需要的某种新技能。即使是在强制性培训的情况下，对于教学的必要性也几乎不需要进行劝说。高等教育中的课程设计和开发涉及的不仅仅是信息，还涉及技能和态度、对内容的参与、在参与过程中受到激发，以及理想情况下学生根据课程经验选择或更换专业。在高等教育中，我们需要超越那些有效和高效地设计和开发教学的基本教学设计模式。我们需要的模式应能把学习者的知识、技能和态度作为教学设计和开发过程以及学习者最终发展的基本组成部分。

有意义学习模式

　　一个在高等教育中具有极佳应用潜力的模式是芬克（Fink）（2013）提出的。

芬克(2013)认为,学习是根据变化来定义的。"为了让学习发生,必须让学习者出现某种变化。没有变化,就没有学习。有意义的学习要求形成某些对学习者的生活具有重要作用的持久性变化。"(p. 34)为了实现有意义的学习,教师必须创造学习经验来促进和激励学习者进行认识、联系、综合并投入学习。

综合课程设计

要创建教学上合理的、激励性的主动学习,对没有接受过教学方法训练的教师来说并不是一件容易的事,许多人熟悉并践行的主要是内容中心教学而不是学习者中心教学。教师不应该受需要涵盖的内容数量所驱动,而应该集中关注学生应该培养的与课程内容有关的技能和价值观。一位教师所能获得的最高赞美是,一名学生由于一门相关的、有意义的、有趣的课程而改变了专业。综合课程设计的基本结构是由情境因素所决定的学习目标、反馈和评估、教和学活动这三种之间的关系(见图21.1)。

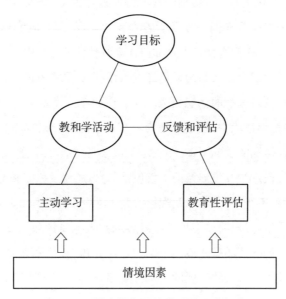

图 21.1　综合课程设计的重要组成部分

对于一门真正综合的课程,全部四个组成部分必须保持一致并相互关联。例如,如果教师为学习者设定的目标是培养该学科领域的批判性思维技能,那么,教学策略就是必须为学习者提供批判性思维的范例和活动,以供学习者练习批判性思维技能。然后评估学习者在这方面的能力,并为学习者提供有关其成功或需要改进的反馈信息。如果教师以演讲为主要教学方法,那么学习者就很难培养批判性思维技能;由此,评估也就不可能集中于批判性思维技能。如果是这样的话,就会令学习者产生挫败感并丧失自信。问题在于,许多教师并没有认识到目标与学习活动之间的必要联系,即使在课堂活动中没有为学生提供练习来发展批判性思维技能,也仍然要对批判性思维技能进行评估。

有意义学习的分类学

芬克认为他提出的模式是关系模式和交互模式,而不是层级模式。总体上,它与其他教学设计模式并没有根本的区别,具有易于遵从的设计和开发步骤。所不同的是,它把有意义学习分类学的各个范畴整合进了总体设计。这些范畴始于标准知识和应用水平,然后转向那些侧重于学习者及其课程经验的其他范畴(图 21.2)。

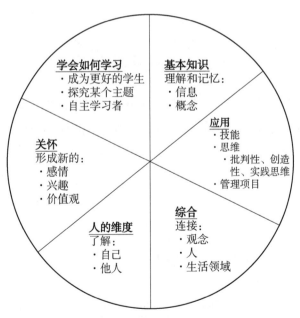

图 21.2　有意义学习的分类学

有意义学习的交互性

重要的是,分类学的各个范畴之间是相互作用和相互支持的。其相互支持并非线性的,而是交互的,因为为某一范畴创建的活动和任务会引发其他类型的学习。例如,用提示指导学生如何记忆基本知识范畴的内容,这一活动也适用于学会如何学习这一范畴。应用范畴的某个任务可以帮助形成关怀范畴的情感、兴趣,还可能改变价值观(图 21.3)。

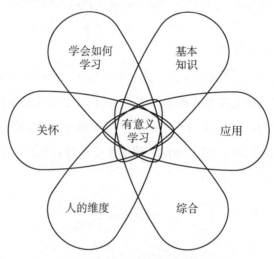

图 21.3　有意义学习的交互性

分类学的范畴是实现综合课程设计的基础。把握这些范畴,下一步便是执行十二个设计阶段及其相关步骤。每个步骤都详细说明了设计一门系统且全面的高等教育课程的过程和问题,为学生提供反映分类学范畴的经验和活动。每一个步骤在芬克 2013 年出版的著作中都有详细描述,以下是对各个步骤的简要描述。

188

起始阶段:构建坚固的基本组成部分

1. 确认重要的情境目标。

在教学设计中,这被称为受众分析,包括学生特征(先前知识、经验、课外职责、学习风格等)和教师特征(知识基础、经验、技能、能力等)等方面的信息。教与学情境的具体背景(如学生数、水平、地点、传递方法)如何？外部团体的期望是什么？这门课程如何融入课程方案或专业序列？课程性质如何？最后，是否存在某种对学生构成挑战的特殊的教学法难题？为了揭开课程内容的神秘面纱，是否有任何需要澄清的重大错觉或误解？这些问题的答案明确了受众及其需求，有助于教师制定课程的基本结构。

2. 确认重要的学习目标。

这一步是合理教学设计的基础，并为课程设定了预期和指导方针。学生原来不会做但在学完课程后应该能够做的是什么？这不仅仅是在学期末要具备的知识、技能和态度，而且是将来也应该具备的。分类学提供了一个框架，供教师创建各种处理新知识、技能和态度的活动。这些问题明确后便直接进入第三步。

3. 形成适当的反馈和评估程序。

学习者需要做什么来证明自己掌握了课程的知识、技能和态度？这显然不只是普通测验以及期中和期末考试。评估必须有意义，还必须与课程目标相一致。评估程序与分类学中的活动直接相关。如果没有经常性的评估，就难以给出中肯的反馈，也难以让学习者表现出对自己成就的自信。

4. 选择有效的教和学活动。

以学习目的和目标为指导，创建或查找能使学生投入并保持主动性的活动。活动必须多样化，并且活动应与分类学中的范畴直接相关。应设计课内和课外两类活动。要做到这一点，一种方便的方法就是运用芬克的堡顶模板（castle-top template）。

5. 确保各主要部分相互协调。

目的和目标、教和学活动、评估、反馈等主要部分必须相互协调。每一个目标都必须有相应的活动，并且这些活动要与对活动的评估和建设性反馈相一致。

中间阶段：将各部分组合成一个连贯的整体

6. 创建课程的主题结构。

绝大多数课程都应有四至七个主要的议题、专题或主题（Fink，2013）。当然，还会有次级主题，但应该有一些构成学科的知识、技能和态度之基础的大主题。

7. 选择或创建教学策略。

教学策略不同于教学方法。教学方法包括演讲、讨论、小组活动、案例研究等。它们是教师采用的具体活动。策略是多种方法的组合,当这些方法一起使用时,就会产生学习结果。基于团队的学习、合作/协作学习、问题导向学习等则是策略。教师也可以通过对各种不同方法和活动加以整合和排序来创建策略。

8. 整合课程结构和教学策略,创建一个学习活动的总体计划。

既然已设计和开发出了策略与方法,现在是时候创建一个总体的路线图来说明课内外将要发生的事情。需要考虑的最主要的事情是多样性以及最有效的顺序。此时要回答两个主要问题:"课程应该如何开始?""课程应该如何结束?"这些问题的答案将构成教师创建出来的、让学生有一个良好开端的内容,也将构成在课程结束时展示和评估学生的知识、技能和态度的方式。

最后阶段:完成剩余的重要任务

9. 开发评分系统。

指出要评定什么、如何评定、何时评定。是否要赋予某些活动不同的权重?

10. 排除可能存在的问题。

会出现什么差错? 各项活动和任务的时间安排是否合理? 对活动和任务进行全盘考虑,算算学习者完成这些活动和任务将需要多少时间。让学生阅读课程指南,以确保其易于理解。学习者要做的事情是太多还是太少? 在课程的首次开发中,通常令人担忧的是要做的事情太多。学习者是否有适切的资源去完成活动或任务?

11. 撰写课程大纲。

许多大学都有一个标准的模板可供使用。如果没有的话,网上有许多范例,或者可以从同事处获取。记住,这一步是在课程设计过程结束时进行,而不是在开始时进行。

12. 计划对课程和教学的评价。

作为一名教师,如果你想要有所改进,就必须对你的课程进行评价。高等教育中使用的许多标准化评价并不能为课程的有效修订提供足够的具体信息。学生们可以对课程提供建设性的反馈,因为他们已经学完了该课程。如果你想知 *189*

道具体活动的有效性,可针对每项活动提问。最好是创建一份针对你的课、全部活动以及组成部分的评价表单。还可以在课程结束时开展访谈和焦点小组来获取更多信息。你获得的反馈信息越多,在下次课程中的改进就越大。

设计阶段的这十二个步骤与其他教学设计模式类似,需要以系统化的方式加以应用。每一步都依赖于下一步,并且都是规定性的。这些步骤容易遵从,也是教学设计师所熟悉的。芬克模式与其他模式不同的是他提出的分类学中的六个范畴。对于每一个范畴,都有一组教师该问的、可帮助制定课程设计与开发框架的问题。这些问题及其答案在第二到第八步中处理。它们涉及要设计的目标、活动以及课程的整合。

综合分类学并提出正确的问题

有意义学习模式由六个范畴组成:基本知识、应用、综合、人的维度、关怀、学会如何学习。每个范畴都包含若干其他学习类型和策略,这些学习类型和策略对该范畴进行补充并扩展学生的学习。以下是对各个范畴的简要描述以及每个范畴该问的问题。

芬克用于开发有意义学习经验的指导性问题是:"我希望学生在课程结束一到两年后能做什么?"这为教师设定了不一样的思维方式。重要的不只是要考虑当前这个学期,还要考虑长期的知识、技能和态度。一年以后学习者会如何看待这门课程? 他们还会记得吗? 他们会记得什么? 他们会因这门课程改专业吗?

基础知识

这个范畴是所有教学的支柱,也是绝大多数高等教育课堂中最易于使用和用得最广的一个范畴。它是对于信息和观念的标准化呈现,其呈现方式多是通过演讲、阅读课文、看视频和演示文稿等方式传递。要理解一门学科及其概念、思想和原理,基本知识是必不可少的。具有坚实的学科基础对于进一步的研究和进步是至关重要的。高等教育的绝大多数课程都通过演讲、课内时间和评估而很好地实现了这一点,但问题是,学习者应该记住的最重要的信息是什么?

学习者应该记住哪些观念、概念、原理和关系？一本大学课本有数百页的信息，它们不可能具有同等重要性。在课程结束很久以后学习者还应该记住的是什么？这是在开始设计一门课程时教师首先应作出的一个决定。

应用

当基础知识牢固后，就可以转向应用范畴。在这个范畴，学习者利用信息来发展与学科相关的思维能力和技能。他们应该能以三种方式进行思考：批判性、实践性和创造性。要想全方位地驾驭和理解学科领域，这三种思维是至关重要的。当学习者能以多种方式思考时，他们就更有可能成功地参与到能展示其所学的复杂项目中去。此外，他们就观念、数据和结果等方面进行沟通的能力也会更强。

需要提出的主要问题是：学习者是否正在发展批判性、实践性、创造性的思维技能。许多课程确实包含甚多，但对于那些严重依赖多重选择测试的课程，这几乎是不可能的。例如，在我写本章内容时，我的一个前一天参加了一项考试的博士生进来了。我问他考试怎么样，他说考试共有 93 道多重选择题——而这只是该课程四次考试中的一次——此外还有许多论文综述和一个最终项目。这是否达到了应用水平呢？如果最终项目要求学习者运用课程中学到的知识和技能，那么就可能达到了。如果论文综述要求进行批判性、实践性和创造性思维，那么也可能达到了。但是他说他们只是对论文的内容进行概括。四次多重选择测试或许根本不是应用，它们主要是对基本知识的简单记忆而不是批判性思考。

综合

综合是应用的自然延伸，但是许多课程都没有提供这个范畴的经验。它表示要让学生有机会在功课中把课程的观念同自己的学习经验和生活联系起来。它要求创建的活动不仅要让学生在某一具体学科的学习中运用知识技能，还要将概念和观念应用于其他学习和生活的领域。

分类学的综合范畴，其重点在于把观念、人和生活的相关性联系起来。这就要求精心规划教学活动和任务，以便学习者能够发现学习主题与其生活的关系，并/或发现学习主题有可能助力其职业生涯发展。这一点适用于在职学习活动。此外,学习者还应看到该课程与学科领域内其他课程的结合程度。

人的维度

人的维度范畴以及接下来的两个范畴(关怀和学会如何学习)极少被整合进高等教育课程之中。人的维度这一范畴涉及让学生了解自己和他人。这可以通过多种方式实现:做领导者的机会、团队活动、自我主导(self-authorship)、服务性学习,等等。模拟、角色扮演或观察等经验可以让学生去观察需要不同观点的情境,并在这样的情境中开展互动。在考虑不同的观点并对不同观点进行反思的过程中,学生可以更充分地了解自己和他人。

190

把人的维度这一范畴整合进课程设计,包括帮助学习者认清自己与学科领域的关系。他们是如何受到学科领域影响的? 作为课程结果,哪些观念和实践将会被长期记住? 他们将如何根据新获得的知识技能与他人互动? 这些听起来很难去设计,但通过项目、活动、课堂互动、小组活动等,学习者在现在及将来可以学会欣赏这门学科以及自己与该学科的关系。

关怀

关怀是人的维度的逻辑推进。如果学生能够看到自己与他人的联系,那么他们就应能对自己和学科形成新的感情、兴趣和价值观。通过提升学科动机以及在研究和项目上花费更多的时间,这一范畴可得以体现。对于能让学生更直接了解该学科的服务性学习活动,他们可能会更感兴趣。在这个层面上,他们可能会真正地、更充分地投入活动,并改变自己对学科内容及其价值的看法。

关怀是属于情感领域的范畴。学习者应该与学科领域及其内容、观念和原理形成情绪上的连接。此时需要问的问题是:"作为修读本课程和参与活动的结果,学习者应该具有什么样的感情、兴趣和观念?"为了让学习者形成情绪上的连接,应该引导学习者并向他们提供活动,使他们在这些活动中以有意义的、相关的方式应用知识和技能,这样才能对他们产生意义并改变其根本看法。

学会如何学习

最后这个范畴是有意义学习的核心，教师可以把它整合进整个课程中。所有教员都希望让学生成为更好的学习者，更具有自主能力。另外，成为更有见识的消费者和知识建构者，对于学生来说也是很重要的。这些技能在基本知识层面就可以启动，并且要贯穿于整个课程。虽然学会如何学习听起来像是基本的良好学习技能，但它在更高的水平上运作，超越了学生在特定时间学习的所有学科，应该在整个高等教育经验中予以实践和提升。

最后这个范畴也是一个应该被融入整个设计过程的范畴。为了让学习者取得成功，大多数人都需要帮助，其形式多为示范、鼓励和指导。它始于基本知识这一范畴，然后继续贯穿于其他所有范畴。通过提出以下问题——学习者怎样才能成为更好的学生，如何成为某学科的更好的学生，如何成为自主学习者，教师可以制定如何引导学习者实现这些目标的计划。学习技巧、建设性反馈、范例、热情等都能帮助学习者去欣赏该学科，并将其注意力引导到从学科中获得最大的意义和相关性上。

范畴整合

在这些范畴之间没有具体的分界，"实现任何一类学习的同时也提高了实现其他类型学习的可能性"。（Fink，2013，p.37）要实现有意义的学习，每一个范畴都要与其他范畴同进退。学习经历是一个流动的过程，而不是一个具有步骤的线性过程。

一个范畴中能够增强另一个范畴的活动例子有服务性学习活动、实习、学生教学、实地工作等。从以上任一活动中获得的经验都可增强关怀范畴，也可以让学习者与影响自己发生改变的课程及内容形成更强的联系。这些范畴并非循序渐进的步骤，而更像是相互交织的丝带，将彼此联系在一起。

结论

由于认证机构和大学战略规划扩大了它们的期望，高等教育机构不仅着眼于学习成果，也着眼于学生，关心学生的福祉，以及在不确定的经济时代的留存问题。有意义学习模式可帮助我们开发出具有坚实教学设计基础并聚焦于学习者及其经验的课程。教学的目的应该是培养完整的学习者，而不仅仅是掌握丰富信息的人。教学设计模式可以为系统化课程设计和开发提供指导。有意义学习模式可以扩充系统化设计过程，培养积极参与的学习者，并使其发展知识、技能和态度，从而尽可能多地从高等教育学习经验中获益。

要点总结

1. 有意义学习意味着要设计一门具有六个重要范畴的课程：基本知识、应用、综合、人的维度、关怀以及学会如何学习。

2. 综合课程设计是学习环境中的情境因素引导下的学习目标、教和学活动、反馈和评估之间的相互作用。

3. 影响学习的情境因素包括具体背景，其他人的期望，以及学科、学生和教师的性质。

4. 所有学习都是由学习目标、教和学活动，以及反馈和评估构筑而成的。

应用问题

1. 你被聘为顾问，要重新设计一门高等教育课程。想想你学过的一门可以改进的课程，记住这门课程并回答下列问题，以及详细说明课程。

   a. 准备八到十个对教授的提问以获取有关课程情境因素的信息。

   b. 学生在学完课程三到五年后还应记得什么？可以回答这个问题的三个课程总体目标是什么？

   c. 设计两个要求学生完成的服务性学习项目。

   d. 简要说明课程的三项评估。（不包括测试、测验和论文写作。）要有创造性。

2. 评价你本学期所修的课程。它们与芬克模式的匹配情况如何？它们包括了哪些部分，没包括哪些部分？

Allen, M. (2012). *Leaving ADDIE for SAM.* Davners, MA: American Society for Training and Development.

Bain, K. (2004). *What the best college teachers do.* Cambridge, MA: President and Fellows of Harvard College.

Barkley, E. F. (2010). *Student engagement techniques: A handbook for college faculty.* San Francisco: Jossey-Bass.

Bergman, R., & Moore, T. (1990). *Managing interactive video/multimedia project.* Englewood Cliffs, NJ: Educational Technology Publications.

Branson, R. K. (1975). *Interservice procedures for instructional systems development: Executive summary and model.* Tallahassee, FL: Center for Educational Technology, Florida State University. (National Technical Information Service, 5285 Port Royal Rd., Springfield, VA 22161. Document Nos. AD-A019, 486 to AD-A019 490)

Campbell, K., Schwier, R., & Kenny, R. (2009). The critical, relational practice of instructional design in higher education: an emerging model of change agency. *Education Technology Research & Development, 57,* 654–663.

Dick, W., & Carey, L. (2010). *The systematic design of instruction* (5th ed.). New York: Harper Collins College Publishers.

Enkenberg, J. (2001). Instructional design and emerging teaching models in higher education. *Computers in Human Behavior, 17,* 495–506.

Filene, P., & Bain, K. (2010). *The joy of teaching: A practical guide for new college instructors.* Chapel Hill, NC: University of North Carolina Press.

Fink, L. D. (2013). *Creating significant learning experiences: An integrated approach to designing college courses.* San Francisco: Jossey-Bass.

Gerlach, V. S., & Ely, D. P. (1980). *Teaching and media: A systematic approach* (2nd ed.). Englewood Cliffs, NJ: Prentice-Hall Incorporated.

Gustafson, K., & Branch, R. (1997). *Survey of instructional development models.* Syracuse, NY: ERIC Clearinghouse on Information and Technology.

Kagan, S. (2014). Kagan structures, processing, and excellence in college teaching. *Journal on Excellence in College Teaching, 25*(3-4), 119–138.

Kemp, J. E., Morrison, G. R., & Ross, S. M. (1994). *Designing effective instruction.* New York: Merrill.

Leshin, C., Pollock, J., & Reigeluth, C. (1992). *Instructional design: Strategies and tactics for improving learning and performance.* Englewood Cliffs, NJ: Educational Technology Publications.

Merrill, M. D. (2013). *First principles of instruction.* San Francisco: John Wiley & Sons.

Nilson, L. B. (2010). *Teaching at its best: A researched-based resource for college instructors.* San Francisco: Jossey-Bass.

Reiser, R., & Dick, W. (1996). *Instructional planning: A guide for teachers* (2nd ed.). Boston: Allyn and Bacon.

Shaw, K. (2012). Leadership through instructional design in higher education. *Online Journal of Distance Learning Administration, 15*(3).

Smith, P. L., & Ragan, T. J. (1993). *Instructional design.* New York: Macmillan.

Svinicki, M., & McKeachie, W. J. (2014). *McKeachie's teaching tips: Strategies, research, and theory for college and university teachers.* Belmont, CA: Wadsworth.

Terlouw, C. (2014). Instructional design for higher education. *Instructional Design: Volume II: Solving Instructional Design Problems,* 341–354.

Wood, B. (2009). *Lecture free teaching.* Arlington, VA: NSTA Press.

第二十二章 欧洲的教学设计：趋势和问题

耶龙·J·G·范麦里恩博尔　　马斯特里赫特大学

贝戈尼亚·格罗斯　　巴塞罗那大学

赫尔穆特·M·尼格曼　　萨尔兰大学

引言

在欧洲，教学设计是不存在的。在欧洲，教学设计是一个蓬勃发展的领域。非常奇怪的是，这两种说法都是正确的。当搜索欧洲高等教育提供的近 22 500 个硕士学位课程时，几乎没有教学设计和教育技术，只有少数例外（如荷兰乌得勒支大学、西班牙穆尔西亚大学、德国萨尔兰大学）。不过，在欧洲教育领域的一个领先科学组织——欧洲学习与教学研究协会（EARLI）里，教学设计是一个受欢迎的活跃的特殊兴趣小组。因此，虽然专注于教学设计和教育技术的教育课程很少，但教育心理学、教育科学、学习科学、教学法、媒体研究、计算机科学以及其他科学学科的研究人员和从业者都对教学设计问题表示出了兴趣，并常在教学设计特殊兴趣小组及其他组织中碰头。

不过，教学设计在欧洲的地位与在美国的地位迥然不同。在美国，教学设计本身是一门学科。必须承认，它是一门极其折中的学科，试图将多个不同领域的理论用于教学设计实践，以提升学习并生成更高效的教学，衍生出了许多教学设计模式和方法（至少有 100 多个），这些模式和方法在背景、情境、基本学习理论、首选传递模式等方面存在很大差异（Branch 和 Gustafson，2002）。尽管如此，教学设计通常被视为一个与学习科学不同的折中的领域。确实，教学设计和学习科学的异同在美国是一个有争论的话题，有人呼吁将二者进一步融合。在欧洲，没有这样的讨论，因为教学设计本身并没有被视为一门学科，而是被视为一个松散的科学和实践领域，在这个领域，来自多个不同学科的研究人员可以相互交流。

本章旨在描述这个松散领域内可以看到的主要趋势和问题。让事情更加复杂的是，这些趋势和问题不仅出现在一个极其松散的领域内，也出现在五十一个不同的国家内，其中只有二十八个国家是欧盟成员国，而且各个国家都有其自己的教育制度、实践和政策。显然，本章不可能公正地对待在其他许多国家中发现的大量不一样的趋势和问题，本章作者仅代表三个国家，因此他们描述的是荷兰、西班牙和德国共有的趋势和问题——他们并没有说这些趋势和问题在所有欧洲国家中都可以看到。接下来将依次讨论工商业界培训、职业教育和训练(VET)、中小学教育、高等教育等方面的趋势和问题。最后，我们将讨论不同应用领域中的趋势和问题之间的差异和相似之处。

工商业界的培训

在欧洲工商业界，教学设计仍然是一个陌生的领域，已有的教学设计模式和
193 方法很少被用于培训课程的设计，至少不是以系统的方式应用。培训设计通常由内容专家负责，而不是由教学设计师或培训专家负责。传统上盛行两种方法：短期课程法和在岗培训法。短期课程法往往由新产品、服务和技术等的发展引发的新培训需求所驱动。这些需求往往经由非正式评估确定，而不是通过认真仔细的培训需求分析确定的，为了满足这些需求，一个或多个内容专家通过建立课程或工作坊来向目标学习者教授新产品、服务或技术。课程往往较短（从半天到一周不等），要么集中在某个地方进行，要么通过侧重于信息传输的数字化学习应用进行。这种方法的长处是能灵活地满足新的培训需求，提供最新的信息，且信息是由真正的专家提供的。其缺陷包括：教学的质量较差，侧重于新信息的呈现而不太关注提供有意义的练习和反馈，还有更重要的是，课程中学到的东西很少能被迁移到工作场所(Van wijk，Jansen 和 Lyles，2008)。

在岗培训法源于中世纪的学徒制模式，但形式有所不同。在一个极端，雇员们在有严格监管的工作中学习。监督者是一名内容专家，他向学习者示范如何

执行工作任务,设置学习者能够处理的任务,激励学习者探索执行任务的不同方法,提供指导和反馈,鼓励学习者反思自己执行任务的方法并说明所需的技能和知识(参见认知学徒制的学习;如 Stalmeijer 等,2013)。通常,要通过开展总结性评估来决定培训是否继续。这种方法在那些安全问题至关重要的领域,如医学、航空、化工等中很普遍。其中,监督起到了双重作用:既帮助员工学习,又能防止可能造成灾难性后果的人为错误。在另一个极端,工作场所学习可以是极其非结构化的,但需要某种绩效评估过程的支持。也就是说,要定期组织绩效评估,制定改进计划和个人发展计划,并采取行动落实这些计划。一名不一定是内容专家的教练或导师会帮助员工制定并实现发展计划(Swager,Klarus,van Merrienboer 和 Nieuwenhuis,2015)。一般而言,许多公司和行业采用的是介于这两个极端之间的在岗培训形式。

长期以来,短期课程法和在岗培训法并行存在,但几乎没有被整合过。主管或教练会向员工推荐某门课程,充其量只是因为他们相信那门课程有助于员工的学习和发展,但根本谈不上在岗培训和短期课程的一体化设计。直到 20 世纪90 年代,随着能力为本的方法开始流行,这种情况才开始有所改变。这些方法强调把与工作有关的知识、技能和态度(即职业能力)同涉及沟通、伦理、批判性思维、信息素养(即通用能力;Delamare Le Deist 和 Winterton,2005)等内容的高阶能力进行联合开发。从事真实职业任务一般被视为培养此类能力的基础,而能力为本培训课程通常包括在虚拟任务环境(如角色扮演、计算机模拟、高仿真模拟器、严肃游戏等)和真实在岗环境这两种环境下进行的职业任务实践。长期以来,这种在在岗培训和离岗培训(off-the-job)中采用同样培训设计的综合方法仅限于在某些特定领域如航空领域使用,但随着能力为本学习的兴起,这种综合方法已越来越普遍。

近来,另一个有助于短期课程法和在岗培训法进一步融合的趋势是混合学习(如 Spanjers 等,2015)。在短期课程法中,数字化学习从未取得过真正的成功,因为事实证明它很难代替"真正的专家",而且也因为它同工作场所的联系总是很弱。在某种意义上,现代方法可被看作是"双重混合"的,因为它不仅把数字化学习同面对面学习相结合,还把工作中的学习同工作外的学习相结合。在这种综合设计中,学习者既可以在虚拟情境(使他们有机会在安全的环境中进行实践)中从事真实的专业任务,也可以在工作中从事真实的专业任务。他们可以通过数字化学习资源查询完成任务所需要的信息,与同伴学习者和专家就这些资源进行讨论;也可以参与面对面集会,在集会中反思先前执行的任务和遇到的困难并规划未来的学习活动。在这种双重混合方法中,新的产品、服务和技术并不直接引发侧重于信息传输的新的短期课程,而是首先被转化为新的专业任务,通过在模拟专业环境或真实专业环境中执行这些新工作任务来教授必要的信息(如 van Merrienboer,2000)。

职业教育和训练

在欧洲各国,职业教育和训练(VET)远没有实现一元化或者标准化。虽然有些国家采用的主要是各种形式的职业学校(全日制),但在德国等其他国家,首选的初始职业教育(I-VET)模式是双元制。在这种双元制下,学生与公司签订为期两年到三年半的学徒合同,同时还必须到国家主办的职业学校学习,在职业学校学习的时间一般占 20%(即每周一天)。这种德国模式影响了其他若干国家,如西班牙有些学校已开始引进这种双元制。职业教育和训练方案的质量由商会或行会控制,课程则由雇主组织和雇员组织(多为工会)合作制定。考试后由商会颁发国家认证的证书。其他国家首选的是学校为本的初始职业教育和训练(如法国、荷兰等),尽管这些国家也确实有类似于双元制的形式,就像德国、奥地利等首选双元制的国家也有学校为本的初始职业教育和训练形式一样。

欧盟当前的目标不是使各种不同 VET 形式标准化,而是确保证书的质量以及正式资格的兼容性和可比性:《欧洲资格框架》包括八个按学习结果来描述的共同参考水平。第 1 级水平代表"基本常识、基本技能,以及在有组织情境中直接指导下的工作和学习";第 8 级水平指的是"工作和学习领域最前沿的知识……""最先进和最专业的技能和技巧,包括综合和评价……"以及"表现出实质性的去权威、创新、自主、学术和职业操守,持续致力于新思想或过程的发展……"(欧洲委员会,2015)。这与注重整合技能、知识和态度的能力为本方法的普及相吻合。四要素教学设计(4C/ID;van Merrienboer 和 Kirschner,2013)和决策导向教学设计(DO ID)框架模式(Niegemann 等,2008)等教学设计方法注重整合各种学习结果,它们在德国和其他有类似职业教育体制的国家都很流行。因此,在职业教育和训练领域,重点是以真实专业任务作为学习任务设计的基础。

学校为本 I-VET 的问题往往在于学校提供的设施、工具和机器同公司提供的设施、工具和机器之间存在着差异;而双元制方法的问题在于这样一个事实:大公司一般可以对其学徒进行全方位能力的训练,而中小型公司(SMCs)是高度专业化的,不能为其学徒提供全方位能力的训练。例如,一家不供应高档菜品的小型乡村餐馆不能提供与一家大型高级连锁餐厅相同的能力训练;一家只生产特定汽车零部件的高度专业化的供应商公司同一家拥有众多产品的大型公司相比,情况也是如此。虽然有时集中进行的课程能弥补缺失的能力,但大公司更多应用的是灵活的数字化学习和混合学习形式,而中小型公司实际上更迫切需要这些方法。

为部分应对前述问题,一些欧洲国家以及欧盟已开展项目来促进多媒体学习环境在中小型企业中的应用。欧盟的终身学习计划批准了几个职业教育和训练领域(如职业驾驶)的教学模拟项目(Ball,2015)。然而,虽然模拟器的成本往往高达一百万欧元或更多,但制造公司大多没有为培训者选择和安排基于模拟器的学习任务序列提供多少支持。而且,也没有根据教学设计原理来管理模拟驾驶过程,还缺乏评估及推荐个性化任务序列的数据库设备。

虽然针对工作任务的外部驾驶模拟器和飞行模拟器的费用远远超出了VET 的预算,但由于虚拟现实(VR)眼镜和增强现实(AR)眼镜(如 Oculus Rift®、Google™ 眼镜等)的出现,情况似乎有了一些变化。一个德国项目(Glassroom,联邦政府拨款)将针对 VR 和 AR 设备在维修技术人员培训中的教学应用进行系统化的设计和评价。VR 眼镜可以在没有任何危险的情况下模拟几乎全部与技术相关的活动。在这一领域,教学设计的焦点是深入的任务分析。为了评估紧急情况(如对气象机器的故障分析),在教学设计师不在场的情况下,可使用佩戴式摄像机,由一名资深技术人员来解释他或她正在做的事情。然后根据任务分析程序(如 Jonassen、Tessmer 和 Hannum,1989)对视频进行分析,生成真实的模拟任务。使用 AR 眼镜可以为新手提供必要的信息来完成困难的任务,从而为其完成实际工作提供支持,如在检修一台高科技农机时,技术人员通过 AR 眼镜能看到连线示意图的相关部分。

严肃游戏一般被看成是一种基于模拟的学习,在 VET 中还很少使用。尽管欧盟有许多创新项目,但由于开发成本高,无论在大公司还是中小型公司,这些方法都还没有成为标准的训练方法。一个有趣的例外是荷兰高级职业教育中的 CRAFT:它根据四要素教学设计模式,提供了一门游戏支持的机电学课程(van Bussel, Lukosch 和 Jeijer, 2014)。CRAFT 包括一个模拟工作场所,学生可以利用虚拟机器来构造各种机电产品;还有一个游乐园,学生可以利用这些产品来构造各种景点并分享给朋友和家人。CRAFT 不只是一个严肃游戏,还是一个提供游戏支持课程的工具:它设置了学生在游戏中的模拟工作场所执行的学习任务,设置了学生在学校里的真实机器上执行的学习任务,还设置了学生在工作场所实习时执行的学习任务。对这些学习任务的评估分别由游戏、教师和职场主管来进行,而所有学生评估都将被反馈给游戏。这样就可以监督学生的进步情况并调整所提供的学习任务来满足学生的个别需要,从而形成了一门高度灵活的课程。

中小学教育

中小学教育包括欧洲各国的义务教育阶段,然而各国在义务教育的组织方面有很大差异(欧洲委员会,2014)。2011 年的国际教育标准分类(ISCED)被采用,因此使收集统计数据进行比较成为可能。初等和中等教育对应的级别为:ISCED 1(初等教育:法定入学年龄通常在 5—7 岁,学制为四到七年不等),ISCED 2(初中教育:学生入学年龄一般为 10—13 岁,不过最常见的是 12 岁),以及 ISCED 3(高中教育:学生入学年龄一般为 14—17 岁)。有三种主要的组织方式:

1. 单一结构教育。采用一贯制的义务教育,初等教育和初中教育之间没有过渡,所有学生都接受共同的通识教育(如挪威、瑞典、捷克共和国、匈牙利等)。

2. 共同核心课程。成功完成初等教育后,所有孩子都升入初中教育,学习同样的共同核心课程(如英国、法国、西班牙、意大利等)。

3. 差异化初中教育。成功完成初等教育后,孩子们将进入不同的初中教育路径(如德国、荷兰、奥地利、立陶宛等)。

尽管在教育体制上存在较大的不同,但欧洲已成功实行了"全民教育"政策。除了极少数的例外情况,欧洲各国的义务教育入学率为100%。在所有欧洲国家,中小学教育课程都非常重视语言、外语、数学和科学、个人技能和生活技能,以及道德价值观。然而,人们日益认识到,掌握阅读、写作、算术,以及中等教育的其他学校科目,对于成功的成人生活是必要而不充分的条件。因此,人们越来越注重通用技能或21世纪技能,如沟通和团队工作、问题解决和推理、创造思维和分析思维、学会学习等(Voogt,Erstad,Dede和Mishra,2013)。21世纪技能的纳入要求对已经十分繁重的课程进行重大的改革。由于不可能再增加新的课程,也不可能在传统学科中增加新的内容,因此,改革通常是通过利用新的教学技术和评估程序来实现的。

一些学校试图将21世纪技能融入整个课程,使其成为所有学校科目的基础;其他学校则试图改变学校课程的传统结构,使之能更容易地与21世纪技能相结合。这些转变既影响到课程的内容,也影响到所用的教学方法。在内容方面,人们倾向于把学校科目纳入到更广泛的跨学科主题中。例如,荷兰中等教育区分的主题为:"文化与社会"(强调艺术和外语)、"经济与社会"(强调社会科学、经济学和历史学)、"自然与健康"(强调生物学和自然科学)、"自然与技术"(强调自然科学)。在教学方法方面,人们倾向于更多采用项目或者其他丰富的学习任务,这些项目或任务要求学生从事具有挑战性的跨学科项目,使他们能够学习与21世纪技能直接相关的传统学校科目的知识和技能。例如,荷兰的所谓Technasia是侧重于技术的大学预科教育学校,它有一个称为"研究与设计"的中心学习轨迹,学生们在其中以小组形式参与由公司和大学构建的技术项目。这种方法与梅里尔的首要教学原理(2013)和范麦里恩博尔的四要素教学设计模式(van Merrienboer和Kirschner,2013)等注重围绕真实生活任务进行课程设计的整体教学设计模式相一致。在职业教育和训练中,真实生活任务一般来自专业领域,而中小学教育中的真实生活任务往往来自日常生活、社会或科学。

虽然绝大多数欧洲国家都在大力投资中小学的信息通信技术(ICT)基础设施建设,用于基本技能(数学、拼写等)学习的单机版"操练与练习"应用也很流行,但直到现在,ICT 并没有从根本上改变教与学的过程。不过,近期的三方面发展可能最终将带来突破性的进展。第一,翻转课堂模式迅速普及,特别是在中等教育领域(Touron 和 Santiago,2015)。在这种模式中,一些或绝大多数直接教学不再由教师在教室前方进行传递,而是通过视频讲座或其他在线传递方式获取。课堂上空出来的时间便可以用来开展小组讨论,以及/或者从事那些有利于培养 21 世纪技能的任务和项目。这样一来,翻转课堂便极好地突出了前文所述的基于项目的多学科学习。第二,基于 ICT 的学生监控系统正日益普及,特别是在初等教育领域(Tymms,2013)。这一系统为教师提供了学生学习进展方面的信息,教师可以据此调整教学,使其适合于个别学习者(个性化)或不同群体学习者(差异化)的需求。当所有学习者不在同一时间聆听同一场讲座或不在同一时间从事相同的任务,而是组成小组去研究解决不同的跨学科问题时,就更有必要调整教学使其适应学习者的个别需求。第三,平板电脑等新的移动技术能支持前述"iPad 学校"或"平板课堂",因为它们为人们随时随地学习多媒体信息提供了灵活的解决方案,又能提供必要的学生监控数据。

高等教育

过去十年,欧洲高等教育的一个重要发展被称为"博洛尼亚进程"(Bologna process),即欧洲各国之间为确保其高等教育标准和质量具有可比性而举行的一系列会议和达成的一系列协议(参见职业教育和训练的《欧洲资格框架》)。这一进程促进了对结构改革发展的高度重视,如一个统一的欧洲学位体系(学士—硕士或 BAMA 系统)以及统一的学分制(欧洲学分转换体系或 ECTS)。同时,快速的社会变革、欧洲各国之间学生流动的增加、非欧洲学生比例的增多,以及信息和通信技术的影响等,使高等教育的学习和教学过程正在经历着重大发展。因此,教学设计必须考虑到更加复杂的学习场景,生成一个能够随时随地访问的定制化学习系统。在设计高等教育的学习时,灵活性和个性化成为重要组成部分。

远程教育教学法和数字化学习对欧洲的高等教育产生了极大影响。创造了一种新的学习模式,也就是面对面活动与在线学习相结合的方式(即混合学习)。

安德森和德龙(Dron)(2012)把远程教育教学法分为三类：认知行为主义、社会建构主义、联通主义。他们把认知行为主义定义为运用印刷材料、电视和广播的前网络时期；把社会建构主义定义为 Web 1.0 和远程会议(teleconference)时期；把联通主义定义为 Web 2.0 和社交网络提供的沟通和互动过程。联通主义的方法促进了大规模开放性在线课程(MOOCs)的最初发展，使成千上万的学生能参与同一门课程，访问课程内容并使用工具与其他课程参与者互动。

　　欧洲开放教育门户网站[①]显示西班牙、英国、法国和德国对 MOOCs 非常感兴趣。在近 300 门西班牙语的大规模开放性在线课程中，西班牙国立远程教育大学(UNED)占了极大比例。英国开放大学领导下的英国未来学习平台共有 26 个合作伙伴，包括大英图书馆、大英博物馆和英国文化协会等。在法国，政府推出了法国数字大学，这是第一个法国数字学习门户网站。其 MOOC 平台是法国数字化学习和教学五年战略计划的十八项行动之一。德国在线教学平台——iversity[②]——成立于 2008 年，是一个学术协作平台，在 2011 年合并。它提供德语和英语的大规模开放性在线课程，并宣布使用其平台的两个高等教育机构将获得 ECTS 学分。在大规模开放性在线课程的设计方面，可以看到从传统的基于联通主义，强调自主性、多样性、互动性和开放性的 cMOOCs(Downes，2014)向所谓的 xMOOCs 的转变。贝茨(Bates)(2014)认为，xMOOCs 有六条设计原则：使用(1)视频讲座；(2)计算机评分的作业；(3)同伴评估；(4)支持材料；(5)徽章或证书；(6)学习分析。此外，目前正在对 MOOCs 中的小组合作进行研究。例如，荷兰马斯特里赫大学是一所采用问题导向学习的大学，它在其大规模开放性在线课程中也应用了问题导向学习的原则，包括小组活动的运用。[③]

　　大规模开放性在线课程适应了注重学生兴趣和喜好的更广泛的新发展。有些方法探讨了让学生参与课程规划和设计的问题，认为在课程中纳入学生对教学和学习的观点对于学生和教师都是有益的。"学生参与"法认为，让学生参与可以鼓励他们自主控制、反思并更好地认识自己的学习过程，促进深度学习方法的采用(Bain 和 Zimmerman，2009)。"学生参与"法认识到，学生对自己学习的

---

① http://ooeneducationeuropa.eu/.

② https://iversity.org/.

③ https://moocs.maastrichtuniversity.nl/.

感受和体验对于教育的改善是独特且必不可少的（Bovill，Cook-Sather 和 Felten，2011）。目前，有关采纳学生意见的研究表明，提供更多选择、控制、挑战和协作机会能增强动机和投入（Toshalis 和 Nakkula，2012）。在高等教育中，学生还与教师一起从事学术研究，被视为"生产者"或"研究人员"。这使学生成了高等教育根本性变革的重要动因，创造了一个价值观得到修正、开放性和知识共享得以促进的新型社会机构（Neary，2012）。

讨论

本章尝试探讨欧洲教学设计的趋势和问题。不过，教学设计在欧洲的地位不同于它在美国的地位，欧洲各国间教学设计的趋势和问题也大不相同，这些趋势和问题在工商业、职业教育和训练、中小学教育和高等教育等领域的应用也各有不同。因此，差异远多于相似。然而，如果我们必须指出在教学内容（教什么?）和教学方法（如何教?）方面的一个趋势，那就是整合。就内容而言，在工商业界，对于工作相关的知识和技能的教学与通用能力的教学被越来越多地结合在一起进行；在职业教育和训练中，职业能力取代了传统的知识、技能、态度三分法；在中小学教育中，传统的学校学科越来越多地被综合成包含学科知识和 21 世纪技能的更加广泛的主题；在高等教育中，学生越来越多地参与研究和真实世界项目，这不仅是为了培养他们的学术能力，也是为了让他们对自己的学习轨迹有更大的控制权。就方法而言，在工商业界以及职业教育和训练领域，可以看到面对面学习和数字化学习以及在岗学习和离岗学习的进一步融合（引出了"双重混合"项目）；在中小学教育领域，可以看到回家作业与学校功课的进一步融合，学生可在家为学校里的（多学科）项目做准备（翻转课堂）；在高等教育领域，可以看到数字化学习（尤其是大规模开放性在线课程）与基于校园的项目和问题解决的进一步融合，促成了更灵活的课程计划和更开放的课程。

本章引言部分已指出，教学设计在欧洲的地位不同于美国：它本身并不是一门学科，而是与教育技术一起形成了一个松散领域，在这个领域，来自多个不同学科的研究人员和从业者可以相互交流。使这个领域联系在一起的不只是对教学设计和教育技术问题的共同兴趣，还有欧洲的政策（报告、准则等），这些政策设置了共同的主题,并在欧洲各国间形成了越来越相似的环境。这在工商业界是显而易见的,其中开放的边界创造了一个欧洲市场,在这个市场中,大多数公司在不同的国家开展业务,但培训和发展方法只有一种。在职业教育和训练领域,为使证书具有可比性并相互兼容,欧洲正在实施《欧洲资格框架》。在中小学教育领域,教育体制仍然具有巨大的多样性,但其分类体系至少使我们可以在欧洲范围内收集数据以进行比较。在高等教育领域,博洛尼亚进程促成了一个统一的学位体系和欧洲学分转换体系,便利学生在欧洲各国之间流动。

结论

总而言之,在欧洲,教学设计是一个松散但活跃的领域。鉴于欧洲的政策和趋势,我们预计,未来教学设计在欧洲将变得更加重要。首先,对"复杂学习"(如 van Merrienboer 和 Kirschner,2013)的需求越来越大,其目的旨在同步发展和整合知识、技能与态度,或者着眼于职业能力和通用能力的发展。第二,对于灵活的教育课程的需求越来越大,这种课程使用混合了面对面学习和数字化学习以及在岗学习和离岗学习的丰富媒体。为满足这些需求,迫切需要有效的教学设计模式和教学设计师的专门知识。

要点总结

1. **在欧洲,教学设计是一个松散的科学和实践领域。**欧洲极少有称为"教学设计"或"教育技术"的教育课程,但是却有一些活跃的科学和专业组织致力于教学设计问题,其成员来自许多不同的学科领域。

2. **双重混合方法在工商业以及职业教育和训练等领域中越来越流行。**在双重混合方法中,教育课程不仅混合了面对面学习和数字化学习,还混合了在岗学习和离岗学习(用于职业教育和训练中的实习期)。

3. **在职业教育和训练的学习任务设计中,越来越多地运用真实职业任务。**尽管这与模拟任务环境、虚拟现实、增强现实、游戏等的运用相适应,但它们的运用仍然因相对较高的开发成本而受到限制。

4. **在中小学教育领域,传统的学校科目越来越综合化,并与 21 世纪技能相互融合。**多学科项目使这种融合成为可能:翻转课堂模式越来越普及,这样学生可以在家学习在线信息,然后把这些在线信息应用于学校的多学科项目。

5. **通过运用数字化学习而实现灵活性,是高等教育的一个重要目标。**高等教育旨在更好地适应日益多样化的学生群体的个别化学习需求,而 MOOCs 等数字化学习应用在这方面发挥着重要作用。

6. **欧洲教学设计的主要趋势是整合。**既包括内容和学习目标的整合,如多学科主题或职业和通用能力,也包括教学方法的整合,如在线学习与面对面学习的混合、离岗学习和在岗学习的混合等。

应用问题

1. 一家欧洲建筑电气设备公司每年都开发新的技术产品和解决方案。其客户为大约 10 万家欧洲技术公司(如照明、供暖和空调、家用电器等行业内的公司)。每当一种新产品发布时,都需要在很短的时间内为所有客户提供指导。此外,还需要为不同欧洲国家的职业学校的学徒和学生提供教学材料。假设你是这家欧洲公司的教学设计顾问,请你描述一个可以用来指导所有目标人员的解决方案。

2. 在 2015 年到 2016 年,有 150 多万难民从叙利亚和其他中东国家涌入欧洲。他们中大多数人都不会说英语或其他欧洲语言。在很多情况下,他们的职业资格证并不完全符合欧洲标准。这些难民预计要在欧洲停留较长的时间,因此他们应该融入欧洲经济体系。假设你是欧盟的一名职业教育和训练顾问,请你制定一项令中东难民融入欧洲职业体系的计划。

3. 在欧洲,中小学教育可以采取单一结构教育、共同核心课程、差异化初中教育等形式。你的国家采取的是什么形式?从教学设计的视角看,每种体系都有自己的挑战。例如,个别化教学在单一结构教育中可能会特别有效,因为这种体系面对的是高度异质性的学生群体。鉴于贵国的中小学教育体制,你认为贵国有哪些特别重要的趋势?

198

Anderson, T., & Dron, J. (2012, September). Learning technology through three generations of technology enhanced distance education pedagogy. *European Journal of Open, Distance and E-learning.* Retrieved from http://www.eurodl.org/

Bain, K., & Zimmerman, J. (2009). Understanding great teaching. *Peer Review, 11*(2), 9–12.

Ball, C. (Ed.). (2015). *Proceedings of the Conference Transport Meets Education* (Potsdam/Germany 12.-13.02.2015). Stuttgart, Germany: etmServices.

Bates, T. (2014). *Comparing xMOOCs and cMOOCs: Philosophy and practice.* Retrieved from http://www.tonybates .ca/2014/10/13/comparing-xmoocs-and-cmoocs-philosophy-and-practice/#sthash.DOCQbLJN.dpuf

Bovill, C., Cook-Sather, A., & Felten, P. (2011). Students as co-creators of teaching approaches, course design and curricula: Implications for academic developers. *International Journal for Academic Development, 16,* 133–145.

Branch, R., & Gustafson, K. (2002). What is instructional design? In R. Reiser & J. Dempsey (Eds.), *Trends and issues in instructional design and technology* (pp. 17–25). Upper Saddle River, NJ: Pearson Education.

Delamare Le Deist, F., & Winterton, J. (2005). What is competence? *Human Resource Development International, 8,* 27–46.

Downes, S. (2014). The MOOC of one: Personal learning technologies. *INTED2014 Proceedings,* 4757-4757.

European Commission. (2014). *The structure of the European education systems 2014/2015: Schematic diagrams.* Brussels, Belgium: European Commission.

European Commission. (2015). Learning opportunities and qualifications in Europe. Retrieved from https://ec.europa.eu/ ploteus/search/site?f%5B0%5D=im_field_entity_type%3A97

Jonassen, D. H., Tessmer, M., & Hannum, W. H. (1999). *Task analysis methods for instructional design.* Mahwah, NJ: Erlbaum.

Merrill, M. D. (2013). *First principles of instruction.* New York: Wiley.

Neary, M. (2012). Student as producer: An institution of the common? [Or how to recover communist/revolutionary science]. *Enhancing Learning in the Social Sciences, 4*(3), 16–24.

Niegemann, H. M., Domagk, S., Hessel, S., Hein, A., Hupfer, M., & Zobel, A. (2008). *Kompendium multimediales Lernen* [Compendium of Multimedia Learning]. Heidelberg, Germany: Springer.

Spanjers, I. A. E., Konings, K. D., Leppink, J., Verstegen, D. M. L., De Jong, N., Czabanowska, K., & van Merrienboer, J. J. G. (2015). The promised land of blended learning. *Educational Research Review, 15,* 59–74.

Stalmeijer, R. E., Dolmans, D. H. J. M., Snellen-Balendong, H., van Santen-Hoeufft, M., Wolfhagen, I. H.A.P., & Scherpbier, A. J. J. A. (2013). Clinical teaching based on principles of cognitive apprenticeship: Views of experienced clinical teachers. *Academic Medicine, 88,* 861–865.

Swager, R., Klarus, R., van Merrienboer, J. J. G., & Nieuwenhuis, L. F. M. (2015). Constituent aspects of workplace guidance in secondary VET. *European Journal of Training and Development, 39,* 358–372.

Toshalis, E., & Nakkula, M. J. (2012). Motivation, engagement, and student voice. In N. Hoffman, A. Steinberg, & R. Wolfe (Eds.), *The students at the center series* (pp. 1–42). Washington, DC: Jobs for the Future.

Touron, J., & Santiago, R. (2015). Flipped learning model and the development of talent at school. *Revista de Educacion, 368,* 196–231.

Tymms, P. (2013). *Baseline assessment and monitoring in primary schools.* London, UK: Routledge.

van Bussel, R., Lukosch, H., & Meijer, S. A. (2014). Effects of a game-facilitated curriculum on technical knowledge and skill development. In S. A. Meijer & R. Smeds (Eds.), *Frontiers in gaming simulation* (pp. 93–101). Berlin, Germany: Springer.

van Merrienboer, J. J. G. (2000). The end of software training? *Journal of Computer Assisted Learning, 16,* 366–375.

van Merrienboer, J. J. G., & Kirschner, P. A. (2013). *Ten steps to complex learning* (2nd rev. ed.). New York: Routledge.

Van Wijk, R., Jansen, J. J. P., & Lyles, M. A. (2008). Inter- and intra-organizational knowledge transfer: A meta-analytic review and assessment of its antecedents and consequences. *Journal of Management Studies, 45,* 830–853.

Voogt, J., Erstad, O., Dede, C., & Mishra, P. (2013). Challenges to learning and schooling in the digital networked world of the 21st century. *Journal of Computer Assisted Learning, 29,* 403–413.

第二十三章　亚洲的教学设计和技术：聚焦日本和韩国

铃木克明　　熊本大学

郑仁铖　　国际基督教大学,东京

199　　在一些亚洲国家和地区,如南韩、中国和中国台湾,政府支持在教育和培训中采用媒体与技术的举措促进了教学设计和技术(IDT)作为一个专门领域的发展。本章将重点讨论亚洲的两种截然不同的情况——日本和南韩(后文称韩国)。在西方国家看来,日本和韩国似乎有很多共同点。如拉彻姆(Latchem)、郑(Jung)、青木(Aoki)和奥兹库尔(Ozkul)(2008)等人所言,它们都继承了中国的儒家、佛教和其他文化表现形式,并通过采纳和适应西方的思想和发明而成为工业强国。两个国家都有高度成熟的高科技产业和高度发达的数字基础设施。两个国家都非常重视教育和教师以及人与人的交往,都试图改革自己的教育系统以适应 21 世纪的世界。不过,正如本章所述,在 IDT 的应用和发展上,日本和韩国与西方国家有很大的差异,日本和韩国之间也有很大的差异。它们每个国家都带来了独特的挑战。本章将分别详述这些情况,以便深入了解这些差异、原因和结果。

日本的情况[①]

引言

　　日本作为一个工业化国家,具有与其他工业化国家相似的教与学的技术环

---

① 本案例的作者为铃木克明。

境,长期以来在世界经济中处于领先地位。然而,在 IDT 领域却与其他国家不同,因为日本采取了独特的方式,将快速西化与悠久的亚洲文化历史相结合。这很可能取决于人,而不是取决于技术;也可能取决于组织的维持方式:它有什么不同? 有什么相似之处?

在西方人眼里,日本一直是一个神秘的国度。它被称为艺伎、幕府将军、切腹自尽和《寿喜烧》(Sukiyaki)歌曲之国。这个国家在第二次世界大战之前和第二次世界大战期间曾经是一个法西斯政权的国家,后来成了一个民主国家。从一个战后国家东山再起成为一个领先的工业国家,这一奇迹吸引了许多研究人员,他们希望能弄清楚这一切是如何发生的并从中吸取经验教训。

这些研究得出的结果之一便是全面质量管理,全面质量管理原是日本发明的一项技术,但现在却从美国输出回日本。畅销书《日本第一》(Vogel,1980)以及知识管理专家野中郁次郎(Nonaka)教授及其隐性知识和显性知识理论(Nonaka,1994)引起了人们的广泛关注,并被视为揭开日本奇迹的一个线索。

因此,日本充满了神秘和刻板印象。那么日本的教学设计和技术(IDT)实践同西方国家有什么不同? 在本节,你将了解到日本的 IDT 情况与你熟悉的其他地方之间的异同。我们将先了解工商业界的情况,然后再了解学校的情况。

教学设计和技术给日本带来了数字化学习运动

在日本,被称为教学设计师或教育技术学家的专业人员直到最近才被人们所熟知。随着数字化学习的出现,教学设计和技术才引起了日本工商业界人力资源开发(HRD)部门的兴趣。

200

2000 年被认为是日本数字化学习的元年。这方面的一个重要事件是日本产业经济省下属的高级学习基础设施联合会(ALIC)编纂出版了《数字化学习白皮书》(高级学习基础设施联合会,2001)。计算机和网络教学、多媒体运用、基于互联网的学习等培训技术以数字化学习之名合并在一起,自此,数字化学习这一术语得到了牢固的确立。教学设计和技术被视为一种"新技术",一种提升和确保数字化学习质量与有效性的重要工具。

教学设计和技术作为日本数字化学习产业中的一种技术,最初不过是指有吸引力的、可用的屏幕设计,以及为学习材料提供结构。其焦点是:更合理的屏幕布局、充分运用字体和颜色、更方便的导航技术等。其目的是让材料具有专业的外观。在引导人们把"新技术"想象成与数字化学习的视觉和艺术设计有关的东西方面,"设计"一词发挥了一定的作用。然而,他们并不明白教学设计和技术(IDT)与可用性设计和视觉设计有何不同。

经过一段时间之后,重点才转移到旨在产生有效的教育和培训结果的系统化过程上。在此之后,对培训需求、参与者、情境以及可用资源的分析才成为教学设计和技术的必要步骤。具体事例包括:一次为期两天的关于教学开发的ADDIE(分析、设计、开发、实施、评价)模式的研讨会;一次为期一天的关于如何利用教学设计师工具箱的工作坊;以及一次为期五天的以熟悉数字化学习材料设计和开发的基本知识为目的的工作坊。2003 年,李和奥芬(Oven)(2000)的《多媒体教学设计》被译为日语,这是第一本向日本学界介绍教学设计和技术的书籍。即使这样,日本读者依然难以理解教学设计和技术与项目管理有何不同。

在日本,可利用的有关教学设计和技术的培训材料在缓慢而稳定地增长着。例如,本节的作者在 2002 年就基于迪克和凯瑞(Carey)的模式写过一本名为《教学材料设计手册》的入门级书籍。2004 年,日本翻译出版了著名的迪克和凯瑞(2001)的书。2006 年,熊本大学创办了日本第一个教学系统的在线硕士课,为工商业的数字化学习培养专业人才。日本数字化学习联盟于 2008 年启动了数字化学习专业认证计划。若干教学设计和技术的重要著作被翻译引进日本,包括加涅、韦杰(Wager)、戈拉斯(Golas)和凯勒的(2005)《教学设计原理》(第五版,2007 年翻译出版),凯勒(2009)的《学习与绩效的动机设计》(2010 年翻译出版),以及本书的第三版(Reiser 和 Dempsey,2011)。

综合了可用性设计、项目管理与基于研究的教学设计原理的教学设计和技术(IDT)逐渐为工商业界所认可。然而,还需要向前迈出一大步。教学材料设计与开发意义上的 IDT 应和联结培训与公司业务战略的绩效技术相结合,这一观念必须得到更大的普及,才能真正对人力资源开发(HRD)实践产生较大的影响。矛盾的是,日本经济增长速度的下滑使人们注意到了这个过程。当前经济形势导致对更高质量的人力资源开发、更有效的培训以及变革过程设计产生兴趣的专业人士的人数比以往任何时候都要多,以求使企业能准备好在知识社会这个不明朗和不断变化的世界中发挥作用。日本培训与开发协会于 2007 年成立,自 2011 年以来,它一直致力于将美国培训与开发协会的全球基础系列翻译为日语,其中包括组织发展、人类绩效改进、继任规划、领导力发展等主题。

数字化学习出现前的教学设计和技术

我先前说数字化学习的出现才使日本有了教学设计和技术,对此不应理解为日本在此之前并未在培训中使用媒体和技术。虽然由现场教员在面对面小组环境中开展培训在过去和现在的许多培训课程中很常见,但在许多培训场景中都使用了媒体和技术。特别是在 CD-ROM 驱动器成为所有个人电脑的标准部件后,大量利用这种媒体的学习材料进入了消费市场和商业市场。随着互联网的出现,市场上也出现了许多在线学习材料。这一趋势构成了数字化学习基础设施开发的坚实基础。

另一方面,绝大部分基于媒体的培训材料尚未充分利用基于研究的 IDT 原理。许多材料只是把书本或教师讲座转换成了电子媒体。可以说,缺乏分析和设计,以及几乎完全依赖基于经验的经验性法则是限制 IDT 采纳的主要因素。IDT 在数字化学习运动之后才出现的原因很简单。日本没有受过训练的教学设计和技术专家。在撰写本节内容的时候,日本仍然只有一项培养工商业界的教学设计和技术专家的研究生课程(Suzuki, 2009)。而且与美国不同,教育学院几乎没有面向工商业培训的研究生课程。教育学院的重点是教师教育,旨在为 K-12 学校系统培养教育人员。至于教学设计和技术在日本没有得到充分利用的另一个原因,可以通过详细分析日本工商业界的人力资源开发传统而了解。

日本人力资源开发的非 IDT 特征

虽然日本大型商业公司的教育和培训部由来已久,但它们却很少关注培训的质量和充分的投资回报率(ROI)。在 20 世纪 80 年代末经济崩溃前,高速增长的经济使企业在没有认真培训员工的情况下也能盈利。公司最关心的是尽可能多地生产;生产得越多,卖得就越多。于是,人力资源开发只关心生产率,而不关心员工的个人发展。

因此,长期以来,培训职能一直被视为对员工良好日常工作的一种奖赏。其背后的观念是"时不时地从日常琐事中抽身出来真是太好了"。对于提供培训的期望是,通过把员工带到某个远处的培训场所,使他们摆脱日常工作的喧嚣和烦扰,将使他们消除疲劳、振作精神。公司由此认为,员工将会精神饱满地回到工作岗位。一些大型公司甚至试图通过让人们了解它们在一些著名度假胜地的精良培训设施来吸引新员工,而不提及其培训课程的内容和效果对个人发展的作用。无须考虑培训内容在随后的工作中是否易于应用,也不需要培养员工的工作相关能力;只是期望培训能以相当间接的方式为未来提供一种精神状态。

汉纳姆(Hannum)和布里格斯(1982)对系统方法和传统方法进行了比较,他们指出,在传统培训中,(1)内容只来源于教员的经验;(2)教学策略是基于经验的;(3)测验充满了惊喜;(4)期望测验结果为正态分布;(5)如果教学失败,则认为学员需要投入更多的时间和努力。公平地说,今天日本开展的大多数培训依然属于汉纳姆和布里格斯所描述的传统方法。

通常,日本企业并不认为其培训部门是由专业人员构成的组织实体。相反,它们认为培训部门的职位只是那些占据此职位的人临时留驻的地方。人们在职业道路上前进时,总是来来去去。因此,人们在一个培训部门待的时间很少超过两三年,之后他们就会接受另一份工作。积累起来的 IDT 相关知识和技能同样很少能留在培训部门。尽管组织对新员工培训和两年以上员工后续培训的成功负有责任,但所提供的培训在很大程度上仍然是直觉性的,以最好是重复过去经验这一常识性原则为基础。培训师也从他们自己小时候接受的学校教育方法(特别是粉笔加讲授的方法)中获得强烈的暗示。

日本学校里的教学设计和技术

新技术的出现总是能为教学设计和技术进入学校情境提供机遇。当视听工具和个人电脑最初出现时,情况就是这样。互联网和万维网的出现带来了同样的教育机遇。这些挑战要求教师们思考,怎样才能最好地把新技术与已有的教学体系相融合,以及这对教学的重新设计有什么影响。近来日本重视信息通信技术(ICT)在课堂中的应用,对于 IDT 相关概念和技术在学校教师中的传播,这可能会是一个机遇。

2009 年 4 月,日本文部科学省(MEXT)宣布了一项名为"学校新政规划"的倡议,旨在推进 ICT 在学校中的应用。2009 年标志着日本 ICT 教育的又一个新纪元。文部科学省出版了《ICT 教育手册》(下文简称《手册》)扩展版(第二版)。《手册》没有提供英文本,但第二版保留了 1990 年第一版提出的三个 ICT 教育目标:(1)信息利用技能;(2)对信息的科学理解;(3)积极参与信息社会的态度。出于这些目的,2002 年在 3—12 年级的课程中引入了"综合学习"(每周 3 小时,直到 9 年级),2003 年"信息"被设立为一门新的高中必修课(一门单独的包括两个单元的课程,三年内完成),这两门课目前仍然被列在课程之中。

2010—2013 年间,在政府主办的实验学校(未来学校项目)里进行了一对一移动设备试验,并提出了一些指导方针。翻转课堂运动吸引了很多具有创新精神的学校教师的关注。MEXT 已开始提倡把"主动学习"作为高校改革和 K‐12 学校改革中培养 21 世纪技能的关键词。日本开放在线教育促进会(或简称为 JMOOC, http://www.jmooc.jp/en/)于 2013 年成立,并于 2014 年首先推出了两门针对 K‐12 教育的初级 JMOOC 课程。

因此,政府一直在为教师提供 ICT 相关基本技能和 ICT 提升教学方面的培训,并很早就为学校的 ICT 领导人开展培训研讨会(Akahori, Horiguchi, Suzuki 和 Nambu, 2001)。在网上为教师们提供了许多机会,使他们可以获得 ICT 相关技能的培养机会,获取良好的教学实践和技巧。此外,在大学教师资格课程的职前培训中,必须修读一门两学分的"ICT 基础"课程才能获得教师资格证。但是,那些不情愿的教师或对技术有畏惧心理的教师一旦获得教师资格证,可能就不再接受任何培训。在某一门学科的教学中应纳入多少 ICT,对此并没有明确的要求或法规予以规定。结果,那些喜欢运用 ICT 的教师将不断尝试并能够有效利用 ICT,而那些目前不用 ICT 的教师可能在其以后的职业生涯中都不会运用 ICT。因此,教师(及其班上的学生)之间的数字鸿沟将会扩大而不是消失。

良好实践还在继续:从何处培养日本人的心态

虽然教学设计和技术作为一个专业其传统很薄弱,但日本的许多学校教师都有足够的创造性来形成自己的教学风格。特定学科领域的教师群体创造了许多方法并将其作为自己的传统予以分享。这种创造性过程就是广为人知的课例研究(如 Lewis, 2002)。通过这一过程,日本的教学传统因此形成了主题特定的教学设计原则。换句话说,可以把教师们视为其本学科的教学设计师。

202

由于各个学科领域的传统对日本的学校教师发挥着如此重要的作用，教学方法往往由年长的教师传给年轻一代的教师。直到 20 世纪 70 年代末，所谓的"夜间警醒"(overnight alert，即少数教师在深夜依然保持清醒并进行非正式交流)一直是教师的职责之一。据说，这些深夜交谈使年轻教师有机会分享年长教师的智慧。MEXT 因此而为入职第一年的教师设立了一个指导计划，使这种非正式的传统分享正式化，但很难说有多少学校传统是简单地经由正式培训而得以传递，以及在多大程度上正在产生新的传统。

在日本，要成为一名学校教师的竞争依然非常激烈，教学职业依然受人尊敬。即使在没有教育学院和政府帮助的情况下，各学科的地方教师组织也在培养高素质人才的过程中发挥着重要作用。日本将继续培养年轻一代利用各种媒体和技术进行有效学习的能力，同时，学校教师还将保持其被西方国家熟知的"课例研究"这样一种创造性的、高质量的教学实践(如 Fernandez 和 Yoshida，2004)。

韩国的情况[①]

公司里的教学设计和技术

在介绍一家韩国公司近来的教学设计和技术实践前，让我先向你介绍一位资深的教学设计师李泳珉(Lee Youngmin)女士。她是一家顶尖数字化学习公司的首席项目经理，该公司已为 1000 多家企业、政府机构、大学、教师培训机构和公共组织提供了 1000 多个数字化学习课程和项目。李女士具有 IDT 硕士学位，在企业数字化学习方面有十多年的经验。她的职业生涯始于一家小型数字化学习公司，她花许多时间做了大量的情节串联板。她的许多同事几年后都离开了公司——有的去海外就读 IDT 或 HRD 的研究生课程，有的当了教师，有的加入了大公司的 HRD 部门，有的加入了高等教育机构的数字化学习中心或 IDT 中心。但李女士坚守工作岗位，五年后成了一名高级教学设计师，七年后成了首席项目经理之一。作为首席项目经理，她管理着几个数字化学习开发项目，

---

① 本节作者为郑仁铖。

她要会见客户以评估其需求,与主题专家交谈,进行任务/内容分析,开发标准化的情节串联板格式,安排多媒体制作计划。此外,她还要指导经验不足的教学设计师,向客户展示最终的数字化学习产品。她完全明白 IDT 和数字化学习需要最高的质量,也要反映理论和研究,但同时,她没有充足的时间和资金去开展恰当的需求分析和任务分析,也没有充足的时间和资金在数字化学习设计中应用个性化教学策略或建构主义教学策略。因此,她的绝大多数数字化学习课程都遵循公司的标准化内容展示模板,采用由公司内部平面设计师设计的类似的屏幕设计布局,采用点播视频讲座外加一些 PPT 材料的形式。但是,李女士还设法开发了至少一到两门范例性的数字化学习课程,在这些课程中严格应用了系统性的 IDT 程序,有时还应用了建构主义方法或其他创新方法。

在我们描述一名韩国教学设计师必须做的工作时,你必须意识到可能会被要求在不同的环境中扮演不同的角色,这一点很重要。在一些情况下,你可能只需为教学过程拟定计划,而实际开发则交由其他人去做;在其他情况下,你可能需要作为课程开发者或者作为计算机或网络技术专家洞悉项目。在一些情况下,你可能介入需求评估和任务分析阶段;在其他情况下,你可能介入平面设计和屏幕布局设计,也可能介入学习过程和结果的评价。在某些组织里,你可能是唯一的一个教学设计师;在其他一些组织里,你可能是教学设计师团队或多学科课程开发团队中的一员。你的雇主对于你的资格和经验的期望可能不同于他们对你作为教学设计师的期望。在我们描述韩国教学设计师的角色、工作和地位时,你可能需要牢记这些要点。

那些开发和提供数字化学习课程或项目的公司要么雇用内部教学设计师,要么把工作外包给自由职业者。作为这些公司里新任命的一名教学设计师,最初几年你的大部分时间可能要花在情节串联板上。你会发现,你不会参与在正式学习期间曾经历过的令人兴奋的创造性设计活动,你要做的只是遵从高级教学设计师或内容专家的要求。你将使用公司的标准化内容展示模板,应用内部平面设计师设计的那些一再重复使用的屏幕设计布局,并且主要采用点播视频讲座和 PPT 材料。随着近来 Web 2.0 和 Web 3.0 技术以及社交媒体在教育和培训中的应用,你可能时不时地会被要求去开发一些微视频内容、推广虚拟学习环境、在教学设计中应用人工智能概念、促进用户创造的内容开发等,所有这些都需要完善和更新你的 IDT 能力（Lee，Park 和 Song，2014）。

一般而言，你的工作会承受许多项目和计划的压力，既没有时间和资金去充分运用系统性的 IDT 程序，也没有时间和资金去采用你在学习期间学到的互动和创新原则。可以理解的是，你将会发现这些重复性的低层次工作枯燥乏味，毫无成就感，因此，毫不奇怪，50％的教学设计师会离开公司，从教学设计和技术领域永远消失。随着他们的离开，你可能会发现，填补他们职位的都是非 IDT 专业的人，部分原因是教学设计师数量短缺又很受欢迎。那些留在公司的人最终会从事更有趣、更具挑战性的 IDT 工作，并享受与客户之间更密切的工作联系。随着你在 IDT 方面经验的增加和进一步的学习，你甚至可能会升任项目经理。

正如有几项研究所指出的，与日本和其他国家相比，韩国更趋向于将数字化学习作为战略目标。邦克（Bonk）（2004）早在 21 世纪初就注意到，韩国已经进入了大规模采纳阶段。丹麦首尔创新中心（2014）报告说，在政府各部委和机构的持续支持下，韩国的数字化学习不断增长。随着 20 世纪 90 年代企业数字化学习的快速增长，教学设计和技术这一概念在韩国的企业培训中得到了更广泛的应用。一些大公司热衷于聘用教学设计和技术专业的人来当公司的教学设计师或 HRD 人员。他们倾向于指派那些具有 IDT 硕士或博士学位的人担任高级教学设计或培训职位。在三星、LG、SK、现代等大公司里，教学设计师、HRD 专家和培训经理受人尊敬，报酬丰厚，他们与来自管理、营销、销售背景以及外部培训公司的培训师组成多学科团队进行协作。

利姆（Lim）（2007）把数字化学习在企业里的指数级增长归因于《就业保障法案》的扩大，《就业保障法案》从 1999 年开始即为企业数字化学习提供资金支持。为了获得资助资格，公司必须接受劳动部委托的外部监测小组对其数字化学习项目进行的定期评估——外部监测小组将对内容质量、IDT 以及学习者支持等进行评估。这一政策促使韩国企业让教学设计师参与到数字化学习的开发和传递中来。

作为韩国企业中的教学设计师，你很可能会发现自己非常受欢迎。2009年，我在撰写本章前一稿时就已经指出，大学里的 IDT 课程，尤其是本科阶段的 IDT 课程，不能为快速增长的数字化学习市场培养出足够多的真正能够胜任工作的教学设计师。与美国和其他欧洲国家不同，韩国有几所大学设有本科阶段的 IDT 课程,每年可培养大约 150 名毕业生。其课程计划涵盖了 IDT 的各个方面,包括:IDT 模式和理论、数字化学习设计和开发、教育媒体、动机设计、学习理论和 IDT、人力资源开发、计算机技能等。但是,雇主们认为,这些本科毕业生并没有充分的 IDT 能力去进行高质量数字化学习的开发。桑(Song)(2009)估计,在这些参与数字化学习设计的人中,只有不足 5% 的人能够信心十足地应付从需求评估到评价的整个系统性 IDT 过程;大约 30% 的人能够进行主要的 IDT 活动但不那么自信;而其余 65% 的人在参与 IDT 过程时会有困难。不过,近来 IDT 学术项目一直在不断努力,提供基于需求的课程,培养学生的胜任能力,以适应快速变化的数字化学习领域,因此,那些 IDT 项目的毕业生质量已有了明显提高。

为了给韩国数字化学习市场提供高质量的教学设计师,促进 IDT 培训,韩国电子商务协会(KIEC)成立,这是一个由政府支持的组织,以促进电子商务为目的。KIEC 于 2008 年创建了国家级"数字化学习教学设计师"认证考试,主要评估设计高质量数字化学习课程所必须的入门级知识技能和高级知识技能。迄今为止,这一认证体系对于 IDT 发展和数字化学习质量的贡献总体上是积极的。

高等教育中的教学设计和技术

高等教育中数字化学习的激增也增加了 IDT 人员的就业机会。在 20 世纪 90 年代末和 21 世纪初,雇用 IDT 毕业生的主要是包括数字化学习公司在内的营利性企业,而现在,高等教育机构正在聘用更多的 IDT 毕业生。21 所私立非营利网络大学和学院以及在线研究生院皆聘用 IDT 专业的学生担任教学设计师、教员或在线助教。几乎所有的韩国传统大学都设有教学和学习中心(CTLs)或者数字化学习支持部门,并聘用 IDT 专业的毕业生担任教学设计师或 ICT 专家(Leem 和 Lim,2007;韩国教学和学习中心协会,2011)。IDT 原理在数字化学习中的广泛应用提升了课程质量以及教和学的质量,并生成了更具交互性的方法(Kim 和 Eom,2014)。虽然传统大学和网络大学提供的绝大多数所谓数字化学习课程都是视频讲座,但近来有些数字化学习课程开始注重高阶思维技能的提升。

韩国的教育技术学家已说服立法者把"教学系统设计工作"纳入数字化学习评价系统,该评价系统定期对网络大学和在线研究生院提供的数字化学习课程或项目进行认证和评价。

拉彻姆等(2008)注意到,由于政府的相关政策,许多韩国教育技术学家以及数字化学习研究者和开发者都在海外学习、主修 IDT,并认为数字化学习或其他创新学习形式是由健全的教育原理所驱动的。这与日本的情况形成了反差,在日本,绝大多数教育技术学家主修的都是电子工程或计算机专业,他们认为技术是主要推动力,对 IDT 的研究在某种程度上较为肤浅。在韩国,如果你精通IDT,那么会有相当多的职业路线供你选择。可以选择的职业生涯包括:大学里的科研人员或教师,韩国教研信息服务中心(KERIS)的研究者,韩国职业教育和培训研究所(KRIVET)的研究者,或者韩国国立开放大学远程教育研究所的研究者,大学教学和学习中心的教学设计师,政府官员网络培训中心或韩国空军网络培训中心的教学设计师等。

2003 年以来,韩国政府支持网络大学在内的所有大学成立了教学和学习中心。如果你拥有 IDT 的硕士或博士学位,那么你可以在这些中心得到一份全职工作。你的职责是为教职员工和学生举办工作坊、研讨会和在线课程,帮助他们规划、实施和评价自己的教学方案和 ICT 应用,而在日本则几乎没有这样的支持系统。此外,可能还会要求你承担或从事研究和出版工作。当然,这与 IDT人员被公认为学术界的一员而不仅仅是技术人员密切相关。

学校里的教学设计和技术

"教学设计"这一术语开始流行大约是在十五年前互联网显现出其在企业培训和高等教育中的潜力的时候。不过,IDT 的根源却是 20 世纪 50 年代韩国学校对视听媒体的引入,20 世纪 60 年代和 70 年代初"教育技术"概念作为基于研究和开发的以教育改进为目的的系统规划的出现(Morgan 和 Chadwick,1871),以及 20 世纪 80 年代和 90 年代 ICT 与 K-12 教育的整合(Mizukoshi,Kim 和Lee,2000)。韩国在 20 世纪 60 年代和 80 年代把年轻教师和学者送去海外修读IDT 硕士和博士课程的政策,也促进了 IDT 概念的推广及其在正式教育中的应用。

随着 ICT 和数字化学习在课程和教师培训项目中的引入,越来越多的韩国教师接受了这样一种观念：将 IDT 原理与 ICT 能力相结合能达到更高水平的学习者满意度、参与度，并让学习者有更好的行为表现。正如联合国教科文组织亚太地区教育局（Farrell 和 Wachholz，2003）和联合国教科文组织统计研究所（UIS，2014）观察到的，韩国已制定了全国性的数字化学习政策和计划，并为这些政策和计划的执行提供了充足的预算。为了充分利用数字化学习，目前正在对课程进行修订。关于如何将 ICT 与各门课程和各年级教学相整合，已提出了若干教学法建议。计算机和网络连接已普及，但课堂里的学生—计算机比率很低。如果你是校长、部门主管或教师，那么你会被要求继续接受培训，培训内容不仅包括 ICT 技能，还包括数字化学习开发、在线协作、教学设计和技术，以及知识共同体的构建。作为一名教师，每三年就要更新一次自己的技术知识和教学法知识以及 ICT 技能。有具体的行为指标来监测你在这些方面的能力，并且你应确保，不管你教的是哪个学科和年级，你的课堂活动至少有 10％是基于 ICT 的（Latchem 和 Jung，2009）。在职培训越来越多地以在线方式进行，以这种方式获取和更新你的知识与技能可以让你对真正的数字化学习和混合学习有很好的了解。

政策学习和研究机构中的教学设计和技术

如果你的研究兴趣是在国家政策研究、探究、评价、最佳实践研究，或者培训者培训等方面，那么你可能会受雇于韩国教研信息服务中心，这个组织的任务是为 K－12 教育、教师培训和高等教育部门的数字化学习提供动力、规划、基础设施、资源和激励。或者你也可能在韩国职业教育和培训研究所谋得一份工作，它主要负责评价和审计企业的数字化学习。你也可能在韩国教育开发研究所（KEDI）就职，KEDI 负责制定基于研究的教育政策。你也可能就职于国家终身教育研究所，其任务是开发并支持终身学习项目，包括面向全体公民的韩国大规模开放性在线课程（K-MOOCs）。所有这些研究机构都大量聘用了有硕士或博士学位的 IDT 专业毕业生。

弥合 IDT 研究—实践的鸿沟

虽然可以看出，IDT 在韩国是一个被认可的专门的教育和培训领域，但你很可能会发现,对学术界而言,它本身就可以被视为一个专业领域或学科。你可能还会发现,西方的 IDT 概念与韩国文化中一直以来对教师、讲授、面对面交流以及考试的尊崇之间可能存在冲突。你仍然会发现讲座的存在。教师、家长,甚至企业部门的一些人坚持认为,最好的教学传递方式是由教师或内容专家通过讲座进行传授。这就是如林(Lim)、任(Leem)和郑(Jung)(2003),张(Jang)、张、许(Seo)、李(Lee)和任(2003),以及林(2007)等所指出的,为什么绝大多数企业的数字化学习都采用单向性的信息文本或点播视频讲座,而极少提供机会让学习者进行互动、问题解决和高阶思维。你还会发现,在考察韩国国立开放大学等机构所提供的所谓数字化学习项目时,其流视频或广播往往都是以视频讲座的形式进行的。研究发现,学生更喜欢由教师或内容专家录制的面对面交流视频,而不是缺乏人情味的在线文本。其原因可能是他们可以看到讲座是什么样子,并反复重放直到他们认为自己理解了讲座内容且做好了考试准备(Latchem 和 Jung,2009)。这对他们来说很重要,因为语境、非语言沟通和说话人的地位在韩语沟通中很重要,而这些在视频录像中当然全都得到了呈现。同样,你也会发现,学生们不太愿意讨论,也不大质疑视频讲座中的内容。这在一定程度上是因为学习者对于不及格的正常焦虑,也因为韩国社会传统上比西方社会等级森严,因此教科书、教师和年长者应该受到尊重而不是受到挑战。

遗憾的是,教学上的这种文化差异没有成为韩国教育技术学家研究的重点。韩国人对于寻求全球性的或通用的 IDT 研究和开发方法更感兴趣,而其日本同行则在寻求日本特色的 IDT 方法。林和廉(Yeon)(2009)发现,在 1994 到 2006 年间,韩国《教育技术杂志》上发表的与 IDT 理论有关的论文中,只有 15% 的论文关注情境特定的开发研究,而其余 85% 的论文讨论的都是一般性的 IDT 理论和模式。近来,林、柳(Yoo)和程(Chung)(2014)的一项研究表明,绝大多数关于 IDT 的研究感兴趣的都是理论性讨论,而忽视了 IDT 应用实践,如果要充分发挥 IDT 在韩国教育和培训中的潜力,还需要更多针对不同文化环境的研究。过分依赖西方国家特别是美国的 IDT 理论和模式,可能会阻碍韩国为世界 IDT 知识做出应有的贡献。或许现在正是韩国发展辛拉腊(Sinlarat)(2007,p. 166)所说的 IDT"生产文化"的时候,生产文化承认韩国可以为世界的 IDT 文献贡献大量的智慧和经验。

结论

本章阐述了日本和韩国在实施 IDT 时表现出的令人振奋的拓展和趋势。虽然不同地方的情况可能大不相同,就像本章所讨论的两个案例一样,但我们发现,若要充分发挥 IDT 的潜力,教育和培训机构以及政府需要具备清晰的愿景、战略计划、承诺和执行能力。同样重要的还有,在教育和培训中应用 IDT 时,必须考虑文化问题以及教育者和培训者的培训与支持问题,并避免技术决定论。

要点总结

1. 在日本和韩国,教学设计和技术已经被公认为教育和培训实践的一个有机组成部分。数字化学习的开发加速了 IDT 原理在两国教育和培训中的应用。

2. 尽管日本和韩国有许多共同之处,但由于韩国政府制定了支持 IDT 专业人员并为教师提供 IDT 知识和技能的政策,因此韩国的 IDT 比日本得到了更牢固的融合和专业化。

3. 韩国人对于寻求全球性的或通用的 IDT 研究和开发方法更感兴趣,而其日本同行则在寻求日本特色的 IDT 方法。如果要充分发挥 IDT 在亚洲教育和培训中的潜力,还需要更多针对不同文化环境的研究。

应用问题

1. 想象你是一位西欧或北美的教学设计管理者。请利用互联网或图书馆来确定在为日本或韩国创建材料时需要考虑的主要文化因素,并开发一个量规来评价这些因素的文化敏感性。

2. 思考本章讨论的日本和韩国的案例。用一张表格阐明两个案例(日本和韩国)的异同点,以及你自己国家的情况。参照此表格阐述这些异同点可能如何影响 IDT 专业人员在这些环境中履行其工作职责。

Advanced Learning Infrastructures Consortium. (2001). *E-Learning whitebook 2001/2002*. Tokyo: Advanced Learning Infrastructures Consortium (ALIC).

Akahori, K., Horiguchi, H., Suzuki, K., & Nambu, M. (2001). Development and evaluation of Web-based in-service training systems for improving ICT leadership of school-teachers. *Journal of Universal Computer Science, 7*(3), 211–225.

Bonk, C. J. (2004). The perfect e-storm: emerging technology, enormous demand, enhanced pedagogy and erased budgets. *The Observatory on Borderless Higher Education.* Retrieved from http://www.publicationshare.com/part2.pdf

Dick, W. Carey, L., & Carey, J.O. (2001). The systematic design of instruction. (5th Edition). New York, NY: Longman. Upper Saddle River, NJ. Pearson Education, Inc.

Farrell, G., & Wachholz, C. (Eds.). (2003). *Meta-survey on the use of technologies in education in Asia and the Pacific.* Bangkok: UNESCO. Retrieved from http://unesdoc.unesco.org/images/0013/001349/134960e.pdf

Fernandez, C., & Yoshida, M. (2004). *Lesson study: A Japanese approach to improving mathematics teaching and learning.* New York: Routledge.

Gagné, R. M., Wager, W. W., Golas, K. C., Keller, J. M., & Russell, J. D. (2005). *Principles of instructional design.*

Hannum, W. H., & Briggs, L. J. (1982). How does instructional systems design differ from traditional instruction? *Educational Technology, 22*(1), 9–14.

Innovation Centre Denmark Seoul. (2014*). E-Learning in Korea: Overview of E-Learning sector in Korea.* Seoul: Embassy of Denmark, Innovation Centre Denmark Seoul.

Jang, I., Jang, S. J., Seo, Y. K, Lee, K. S., & Leem, J. H. (2003). *A monitoring report of cyber universities.* Seoul: Korea Education Research and Information Service.

Jung, I. S. (2009). The emergence of for-profit E-Learning providers in Asia. *TechTrends, 53*(2), 18–21.

Keller, J. M. (2009). *Motivational design for learning and performance: The ARCS model approach.* Springer Science & Business Media.

Kim, H., & Eom, W. (2014). A case study on action learning program for faculty development. *Korean Journal of Educational Technology, 30*(4), 839–878.

Korean Association of Centers for Teaching and Learning. (2011). *University education whitebook.* Seoul: Korean Association of Centers for Teaching and Learning. Retrieved from http://www.kactl.org/default/whitepaper.pdf

Latchem, C., & Jung, I. S. (2009). *Distance and blended learning in Asia.* New York and London: Routledge.

Latchem, C., Jung, I. S., Aoki, K., & Ozkul, A. E. (2008). The tortoise and the hare enigma in e-transformation in Japanese and Korean higher education. *British Journal of Educational Technology, 39*(4), 610–630.

Lee, J., Park, E., & Song, H. (2014). An exploratory study on the competencies of E-Learning instructional designers in the age of Web 3.0. *Korean Journal of Human Resource Development Quarterly, 16*(1), 143–168.

Leem, J. H., & Lim, C. (2007). The current status of E-Learning and strategies to enhance educational competitiveness in Korean higher education. *The International Review of Research in Open and Distance Learning, 8*(1). Retrieved from http://www.irrodl.org/index.php/irrodl/article/view/380/763

Lewis, C. C. (2002). *Lesson study: A handbook of teacher-led instructional change.* Research for Better Schools.

Lim, B., Leem, J. H., & Jung, I. S. (2003). Current status of cyber education in Korean higher education and quality control: The year of 2002. *Korean Journal of Educational Research, 41*(3), 541–569.

Lim, C. (2007). The current status and future prospects of corporate E-Learning in Korea. *The International Review of Research in Open and Distance Learning, 8*(1). Retrieved from http://www.irrodl.org/index.php/irrodl/article/view/376/761

Lim, C., & Yeon, E. (2009). Review of current studies in instructional design theory in Korea: Major trends and future directions. *Asia Pacific Education Review, 10*(3), 357–364.

Lim, H., Yoo, Y., & Chung, J. (2014). The comparison analysis of domestic research trends of educational technology in last decade. *The Journal of Educational Information and Media, 20*(2), 137–159.

Mizukoshi, T., Kim, Y. S., & Lee, J. Y. (2000). Instructional technology in Asia: Focus on Japan and Korea. *Educational Technology Research and Development, 48*(1), 101–112.

Morgan, R. M., & Chadwick, C. (1971). *Systems analysis for educational change: The Republic of Korea.* Tallahassee, FL: Learning Systems Institute, Florida State University.

Nonaka, I. (1994). A dynamic theory of organizational knowledge creation, *Organization Science, 5*(1), 14–37.

Reiser, R. A., & Dempsey, J. V. (2011). *Trends and issues in instructional design and technology.* Upper Saddle River, NJ. Pearson Merrill Prentice Hall.

Sinlarat, P. (2007, October 23-25). Reglobalizing Thai higher education: The path for future. Paper presented at The 8th International Conference on Education Research, Seoul National University, Seoul, Korea.

Song, S. (2009, July 18). E-mail interview.

Suzuki, K. (2009). From competency list to curriculum implementation: A case study of Japan's first online master's program for E-Learning specialists training. *International Journal on E-Learning, 8*(3), 469–478.

UNESCO Institute for Statistics (UIS). (2014). *Information and communication technology (ICT) in Asia.* Retrieved from http://www.uis.unesco.org/Communication/Documents/ICT-asia-en.pdf

Vogel, E. F. (1980). *Japan as number one.* Tokyo: Tuttle.

206

第七部分

谋取 IDT 职位并取得成功

第二十四章　谋取教学设计职位：由个人经历得出的经验

罗伯特・A・瑞泽　　佛罗里达州立大学

本章旨在描述我在寻找教学设计领域的第一个职位时所获得的一些经验。*207*
我希望这些经验能对有兴趣获取教学设计职位的你们有所帮助。

由于处在教学设计的思维框架之中，我在重申本章目标时所用的术语会令那些笃信传统教学设计实践的人感到满意（善意提醒建构主义者——请不要再往下看，否则你会很不愉快的）。本章的目标是，读完这一章后，读者将：

1. 选择应用本章所述的那些经验；

2. 在教学设计领域找到一个理想的职位。

在开始描述我所获得的经验之前，我想先简要介绍一下获得这些经验时的背景条件。首先，我是在旧时代的后期获得这些经验的，准确地说是 1975 年。很多人都爱说"时代已经不同了"，但是时代并没有那么大的不同。第二，在我获得这些经验的时候，我正在找一份学术界的教员职位。虽然我的一些经验主要适用于那些寻找类似职位的人，但我相信不管你要找的是哪类教学设计职位，大部分的经验都能让你受益。第三，我所描述的这些经验大多是在我读博士的时候获得的，其中有些经验可能更适用于博士生。但我认为，其中的大部分经验对于任何有志于谋取 IDT 领域相关职位的人，都是有价值的。

既然我已经自做主张地解决了你们对我的这些经验的有效性可能具有的担忧，就让我带你们回到已往那些令人激动的日子吧……一名地位低下的研究生（说的就是我），再次独自沉重缓慢地前行。

旅行开始了

20世纪70年代前半期，即人们常说的"柳暗花明又一村"（the light at the end of the tunnel），在1975年1月，我终于看到了希望。我意识到还有几个月我就要从亚利桑那州立大学的教学设计博士课程专业毕业了。当时我决定要开始寻找一个毕业后可以进入的职位，于是我求职的历程就这样开始了。

我求职时借助的第一个信息来源是一本活页式的求职手册（job book），这是一本由我们博士点的教员维护和更新的手册。看完这本手册，我想起了一首当时非常流行的歌曲——《就这些吗?》。不用说，手册中列出的学术界的教员职位数量比我所期望的少得多。因此，我决定从其他途径找寻相关职位信息。这就得出了我的第一条经验。

经验1：利用多种资源来了解教学设计的工作机会

今天，求职者一般利用互联网来寻找自己兴趣领域的工作机会，这样做也应该是你在寻找教学设计领域的工作机会时采用的主要策略之一。热门的求职网站有"Indeed. com""Monster. com""LinkedIn. com"，以及许多其他网站，上面列出了数百个教学设计的职位，这些职位分布在包括大型和小型企业以及高等教育机构在内的各类组织中。在《高等教育纪事报》所维护的求职网站"Chronicle Vitae. com"上还可以找到高等教育中的许多教学设计职位、教师职位，以及行政和员工职位。访问网站"USAjobs. gov"还可以找到联邦政府的教学设计职位。

在许多与教学设计领域有关的专业协会（第二十六章将全面介绍这些协会）的网站上也列出了许多工作机会。此外，几乎所有这些协会在其年度会议中都设有求职中心。在求职中心，各组织会发布现有的工作机会，求职者可以发布自己的简历，求职中心还提供会议区域以便进行工作面试和开展有关工作机会的非正式讨论。许多专业组织全年提供这样的求职中心服务，其大部分活动都在线上进行。

你就读的学术机构的教员也是一个极佳的有关工作机会的信息源。他们通常会从其他机构的同事、校友以及熟识的专业人员那里获得关于工作机会的信息。因此，向你的教员询问他们可能知道的工作机会是明智的做法。本章后面部分将说明如何与你的教授进行工作方面的讨论。

现在很明显，我所提到的大多数关于工作机会的信息源都可以通过互联网访问，但遗憾的是，在我寻找工作的时候还没有互联网。不过，与你们听到的传闻不同的是，在我求职的时候，印刷机确实已经发明出来了！因此，我可以从各种专业刊物和专业会议上获得有关工作机会的信息，并且在浏览这些职位信息的过程中，我获得了不少有用的经验。

经验2：大部分教学设计职位都在工商业界

虽然这条经验在1975年让我感到很惊讶，但是今天，任何人对此都不应再感到惊讶了。尽管近年来高等教育中的教学设计职位有了很大的增加（Berrett, 2016），但教学设计领域的绝大多数职位仍然在工商业界（如 Sugar, Hoard, Brown 和 Daniels, 2012）。在我求职的时期，这种情况更甚。因此，经验2让我有些沮丧。不过，同后面一条经验相比，这种沮丧也就算不了什么了。

经验3：（即所谓的"大学教师的哀叹"）大多数报酬高的教学设计职位都在工商业界

这种情况到今天仍然没有改变。我工作单位（佛罗里达州立大学）的许多教学设计专业的硕士毕业生一开始都在工商业界从业，他们的工资与拥有博士学位的大学教员的工资相当。工商业界的教学设计岗位的平均年薪可以在很多在线资源中找到，如"PayScale.com""Salary.com""Glassdoor.com"等。

经验4：了解企业是如何运作的

鉴于经验2和经验3，也许你最感兴趣的是工商业界的工作职位。如果是这样的话，你就必须清楚地了解企业是如何运作的。在佛罗里达州，许多学生通过修读商学院开设的本科水平的商业和管理课程（如组织发展）来了解企业运作方面的知识。你的大学里应该也有类似的课程，这些课程可以帮助你很好地了解你将来工作的商业环境。

经验 5：掌握扎实的媒体制作技能

在我继续浏览工作机会列表时，我还注意到许多将来的雇主希望所雇用的教学设计师具有扎实的媒体制作技能。今天，这种情况甚至愈演愈烈。这些年来，用来传递教学的媒体已经发生了改变（真的不太需要幻灯演示了吗？）但各个组织依然要求雇用的教学设计师具备扎实的媒体制作技能，特别是数字化学习和多媒体制作等领域的技能（Sugar 等，2012）。我们领域的许多课程计划都会提供众多侧重于媒体制作技能的课程。因此，我的建议是应修读几门这方面的课程。

遗憾的是，我在读研究生的时候没有选读多少媒体制作方面的课程，我相信这方面技能的欠缺对于我所申请的几个职位起到了很不利的影响。幸运的是，我感觉自己在亚利桑那州立大学学习和担任研究生助教期间所获得的教学设计技能和经验，确实帮助我获得过几个工作面试的机会。这就引出了我的下一条经验。

经验 6：掌握扎实的设计（和分析）技能

我相信经验 5 和经验 6 是密切相关的。尽管媒体制作技能可能助你获得一份工作，但我相信具备扎实的设计技能也很必要，这包括从能够描述目的和目标一直到能够开展形成性评价，能根据收集到的数据修改教学。而且，随着近来对绩效改进的重视，尤其是对前端分析的重视，我相信掌握扎实的分析技能也是很重要的，这包括需求评估、工作任务分析和教学分析等方面的技能。

说到分析，如果你对自己具备（或不具备）的技能的分析使你对自己所能胜任的职位类型有所担忧，那么让我来帮你减轻忧虑——别担心，你能管理。你可以照字面意思理解前一句话的后半部分。就像我求职时候的情况一样，现在许多招聘启事都要求具备管理教学设计项目的技能。因此，让我们来看下一条经验。

经验 7：掌握一些管理技能

许多教学设计专业的毕业生都指出在他们刚工作不久，就被推到了某种管理岗位上。我们领域的许多研究生课程计划都提供了这方面的课程和/或经验，我相信，掌握一些教学项目管理和人事管理的技能和经验，对你肯定是很有好处

209

的。本书第十三章就侧重于阐述这些技能。

经验 8：培养扎实的沟通技能

要成为一名有效的教学设计师或管理者，你必须能够清晰地与他人沟通，既包括书面沟通，也包括口头沟通。并且，你必须是一名优秀的倾听者，你必须能清楚地理解主题专家和设计团队其他成员在说什么。为此，你常常需要问一些问题来澄清一些不太清楚的地方。你还必须是一名优秀的记录员。正如我发现的以及我以前的许多学生已证明的，要在我们这个领域内取得成功，这些沟通技能是必不可少的。

当然，在求职过程中，良好的沟通能力也是一项至关重要的技能。在开始申请职位的时候，我试着利用自己的写作能力来准备求职信，以为至少可以让自己成为其中某些职位的有力竞争者。在一部旧打字机（当时还是前文字处理时代）前连续工作很长时间之后，我寄出了很多求职信。在我还没有思想准备的时候，我就收到了第一个回复。这使我得出了下一条经验。

经验 9：如果没能获得你申请的第一份工作，不要泄气

由这一经验的标题你就能猜到，我没有得到我申请的第一份工作。不幸的是，同样的事情也可能发生在你身上，因此你要有思想准备！有了这样的想法，我并没有因我收到的拒绝信而一蹶不振，而是急切地等待我申请的第二个雇主给我的回复。在我还没有反应过来的时候，第二个回复来了。而这个回复又引出了下一条经验。

经验 10：如果没能获得你申请的第二份工作，也不要失望

我可以继续列举很多类似的经验，但与其陷在这些不幸中不能自拔，还是用"一连串坏运"来概括吧。不过我最终还是转运了，这发生在我加入教育传播与技术协会（AECT）之时。这就让我得出了后面两条经验。

经验 11：加入一个或多个专业组织

加入一个专业组织是我在职业生涯早期所采取的最重要的一步。加入专业

组织,然后参加 AECT 年会,使我有机会结识了本领域的其他许多人,包括其他学术机构的学生和教员,以及许多在其他背景(如工商业界、政府、K‑12 教育、军队等)中工作的教学设计专业人员。因此,甚至在我尚未意识到的时候,我就开始建立了一个由熟识的专业人员组成的网络,这个人际网络对于我整个职业生涯中的专业成长都很有助益。而我相信,你作为一个初学者加入一个专业协会,尤其当你还是一名即将开始职业生涯的学生时,同样的事情也会发生在你的身上(现在加入会让你更快走入正确的轨道,而不要说什么接纳学生为会员的比率很低!)。

你应加入那些哪些协会呢?请阅读本书第二十六章,初步了解你自己对哪些组织感兴趣。同时,一定要与你的教授谈谈你的职业目标,听取他们的意见,看他们认为哪些协会最适合你。然后加入一到两个协会。现在请看下一条经验。

经验 12:在专业组织中要表现得主动活跃

我加入 AECT 后,参加了它在达拉斯举办的年会。在年会上,我注册了求职服务,做了几篇论文陈述,同其他大学的教师进行了交谈(尽管我的教授一直想把我藏起来),并在 AECT 某一个分部的一个委员会做志愿者。用今天的话说,我一直很高调。在我生活中的这一次,我的高调形象(不,我不是在谈论我的鼻子)得到了回报:我被邀请去两所大学参加求职面试。

那么,你怎样才能在专业协会里表现得积极主动呢?要做到这点,一种方法是在年会上做一次或多次演讲报告。专业协会在年会召开数月前,会向其所有成员发出信息,邀请他们提交提案,以便在年会上发言。如果你收到这样的邀请,千万不要害羞;去提交一个提案,也许可以与一个同学或你的教授一起合作完成此提案(与他人合作完成这些任务是一个很好的主意;它使你有机会分享想法和责任,但一定要与认真负责的人合作!)。

第二种好方法是志愿为组织内的某部门(通常称为分部或特别兴趣小组)做事。该怎么开始呢?我的建议是,在你去参加年会时,可以去参加几个部门的业务会议。这些业务会议一般持续 60 到 90 分钟,其日期和时间通常会在会议议程中列出并向所有人公开。若你去参加这样的业务会议,便很可能听到该部门计划开展的一些活动。如果你觉得这些活动比较有趣，那么可以去志愿帮忙（就我而言，我在 AECT 的一个部门志愿组织了一个奖励项目），然后好好做事。在你这样做时，组织内的同事会承认这一点，并尊重你的主动性和能力。然后你就能向更大更好的方向前进。如我前面所说，我首次参与 AECT 便获得了两次求职面试机会，而以后在我整个专业生涯中始终参与组织的活动，这为我的职业生涯带来了数不清的好处。

虽然我在 AECT 年会上的积极表现使我得到了两所大学的求职面试机会，但除此之外，还有其他的因素在起作用。在我参加会议时，我为完成课程作业所写的几篇稿子，以及和别人合著的研究项目报告，已经被接收为会议报告或被杂志所录用。由于我是在一个"要么出版要么朽烂"（publish or perish）的世界里寻找职位，我的报告和文章发表记录肯定没有被忽视。于是，就有了下一条经验。

经验 13：把论文发表出去，而不是珍藏起来

词典对珍爱的解释是"深情地紧抱不放"。我的建议是，与其把你的课程论文和项目报告珍藏着（或者扔到一边），还不如提交给会议发表，并/或考虑投给专业期刊发表。

投到哪里去呢？本书第二十六章列出了本专业的一些期刊，它们都可以为你提供发表论文的机会。浏览一下这些期刊所发表论文的类型，把你的论文投到似乎最适合它们的期刊去。我非常崇尚以身作则，因此需要指出的是，我曾向其中的很多杂志社投过论文，不过请注意，我说的是"投过"，而不是"发表过"。很少（其实可能也不是很少）时候，我的论文也会被拒。由此，我得出了下一条经验。

经验 14：如果论文被拒，不要心灰气馁

即使你的论文被拒，你也可以从审阅你论文的人那里得到一些有价值的反馈。如果评语指出你的文章有一些可以补救的问题，那么我建议你根据评语对文章进行修改。修改完后，再投到其他的杂志社，也可以重新投给之前的杂志社。如果坚持这样的方法，你的论文最终很可能会被发表。不过，在最初遭到多次拒绝的时候，不要惊慌。

说到被拒,让我再回到我的故事。关于我的故事,前面正好谈到我要去参加两所大学的面试。第一个面试是在托莱多大学。我之所以提这所大学的名字有两个原因。第一个原因是,当我告诉我妻子我要到那里面试时,她唯一的反应是:"圣托莱多!"第二个原因则是希望你注意下一条经验。

经验 15:要培养某一方面的专长

通常,想雇用教学设计师的组织寻找的是在我们领域的某个方面有专长的人。在 20 世纪 70 年代的托莱多大学,情况也是如此。当时,托莱多大学教育学院正在制定并实施能力本位的教师教育计划。对我来说,幸运的是,对于能力本位教学我已经具备了大量的能力!事实上,那时我还是亚利桑那州立大学的一名研究生,我跟一位教员一起设计了一门能力本位教学的课程,同时我也上过几次课。我还递交了一篇会议论文,描述我在那个方面的工作,并协助我的两位教授起草了一份最终成了该主题热门教科书的稿子(即 Sullivan 和 Higgins,1983)。因此,作为一个还在读研究生的人,我在能力本位教学领域已积累了大量的专业知识。具有这些专业知识无疑是一所正在招聘开发能力本位课程人才的大学邀请我去面试的一个主要原因。

从这里得到的经验便是,在你还是一名学生时,就要培养自己在某一方面的专长,这样你在找工作时才有可能从众多求职者中脱颖而出。当然,很重要的一点是,你决定培养的专长应该是未来许多年里在我们领域内有很大需求的方面。而且同样重要的是,在你培养自己某一方面专长时,你要形成若干能够证明你的技能和经验的确凿证据(如你开发的教学材料、你教的课程、你提交的论文等)。我的个人简历中就提供了这样的证据,这显然是我被邀请到托莱多大学面试这个职位的一个原因。这次面试让我得出了下一条经验。

经验 16:在准备面试时,尽可能多了解一些潜在雇主的信息

我十分清楚地记得我在托莱多大学的面试。我在那里遇见的每个人都很好,其中不少人对我和我的工作很感兴趣。有一位大学教员(暂且称他为 X 教授)对我比较擅长的一个领域尤其感兴趣(尽管我已想不起来是哪个领域了,就假设是掌握学习领域吧)。X 教授在这个领域的确有过非常多的研究。他问我

是否读过他写的关于掌握学习的最新一篇论文。我回答说还未读过他的论文。"那么,"他又问,"你读过琼斯(Jones)关于掌握学习的精彩的文献综述吗?"我不得不再次回答尚未读过。谈话继续照这样的方式进行,随着谈话的推进,我越来越肯定,我不可能得到这份工作了。这次我说对了——我没能得到这份工作,但是我从中学到,当一个组织邀请你去参加求职面试时,要尽可能多地去了解该组织以及你在面试中可能遇到的人,这一点很重要。

如果不清楚面试人员有哪些,可以请与你联系的人发送一份面试日程给你(他们很可能会给你)。面试日程中很可能会有一些面试人员的姓名(如部门主管的姓名),也可能列出你将要会见的小组(如"会见搜索委员会")。对于后一种情况,你可能需要做一些调查工作,弄清该小组的成员是谁。很多时候,这样做是值得的。

如果我当时花时间尽量多了解一些托莱多大学教员们的兴趣和专长,我极有可能发现 X 教授和我都对同一个领域感兴趣。那么,只要在面试前稍微花一点时间去了解他在这方面所做的工作,我就可以在他问我之前主动提起和讨论他的研究成果。我确信,这样一来我留给他的印象肯定比当时面试后他对我的印象要好得多。从我的失误中,你可以得到的经验教训是,要花一些时间去了解你的潜在雇主。在面试时,你就可以向他们表明你非常了解他们和他们的组织。这样做,不仅可以增加你被录用的机会,也可以增加你对该组织的了解。于是,你就可以决定是要在那里工作还是到其他想雇用你的组织去工作。

经验17:熟悉你感兴趣领域的最新文献

我在托莱多大学面试的故事表明,至少在我自认为比较擅长的领域,我未能熟悉最新的研究文献。你该如何去熟悉本领域中你特别感兴趣的那些方面的最新文献呢? 一种很好的方法就是,从定期了解你感兴趣领域的几种期刊的最近几期开始。向教授们请教哪些期刊是非常值得你翻阅的。

当你确定了你最感兴趣的期刊之后,尽量定期浏览这些期刊(最好几个月浏览一次,每年一两次也可以,至少按我的标准是这样!)。既然大多数期刊都可以在线获取,因此要访问大多数期刊是相当容易的。在了解最新文献时,你只需浏览每期刊物的论文标题,对于感兴趣的,可阅读其摘要。如果你读了题目和摘要后还是很感兴趣,应该把这篇论文以电子方式存档,以便日后参考(如果你真的很有抱负,那也可以在把论文归档到电子文件夹前先读一读!)。

在 1975 年我可以填写的一个文件夹可能就是失败的面试经历。我没有得到托莱多大学的工作,也没有获得我面试的第二所大学的教员职位。此后不久,我获得了一个研究和开发中心的面试机会,但还是以失败告终。这次失败特别令人沮丧——因为只有我一个人参加面试!不过,当我知道我没被录用的唯一原因是意外的预算削减(至少他们是这么告诉我的!)后,我感觉好多了。

这时我决定,和我在亚利桑那州立大学的教授们谈一谈,看看他们能不能给我一些建议。这个决定后来被证明是很明智的,因为教授们给我的不是建议,而是一份工作——他们雇我为系里的教员!由此得出了接下来的两条经验。

经验 18:让教授们知道你在找工作

经验 19(作为经验 18 的先决条件):向教授们证明你做得很好

经验 18 很重要,因为教授们可能知道一些你没有觉察到的工作机会。但是,经验 19 更加重要,因为如果你不能向他们证明你做得很好,教授们就不大可能推荐你去承担某个职位的工作,甚至有什么工作机会也不通知你。另一方面,如果你做得很好,教授们将不厌其烦地帮助你去获取一个好职位。因为教授的推荐对于是否录用一个刚毕业的学生,是一个关键的因素。如果你还是学生,那么我建议你应该特别留意经验 19。(你会希望你的教授对你做出不好的评价吗?)

在教授们聘用我为他们的同事之时我就知道,如果有其他好的工作机会,我会继续去争取。这样,我将可以开阔眼界,并与其他机构的师生分享我在亚利桑那州立大学所获得的学识。此外,也不能指望一直有这么一笔钱来雇用我。

幸运的是,就在亚利桑那州立大学用来雇用我的那笔钱行将用完之时,我偶然看到了佛罗里达州立大学关于教学设计岗位的招聘启事。不幸的是,招聘启事中希望申请者具备某些方面的技能,而在这些方面我却没有什么经验或训练。无论如何,我还是决定去申请这个职位。果然,我得到了那份工作。于是就有了最后一条经验。

经验 20(即众所周知的"形成性评价者的忠告"):如果现有的工作不太适合你,换一个。申请你感兴趣的工作,即使你不具备广告中要求的确切资格

如我在前面所说的(见经验 15),本领域的一些组织往往希望雇用具有某方面专长的人,也会在其招聘启事中对该方面做出明确说明。虽然具有某方面专长对你确实很有利,但我的经验,甚至是我以前的很多学生的经验告诉我,即使你不具备招聘启事中要求的所有技能,该职位也值得你去申请。为什么雇主会雇用一个不具备雇主所要求的一些技能的人呢? 有两个原因: 他们可能没找到合适的具备雇主所要求的那些技能的求职者,以及/或者他们可能发现求职者的另一些技能同样或者更打动他们。因此,只要招聘启事中要求的技能与你拥有的技能相去不远,我就支持你去申请该职位。

以我为例,在我得到佛罗里达大学的工作时,我被告知,我在某些技能方面很出色,这比我欠缺招聘启事中要求的某些技能更加重要。幸运的是,如佛罗里达州立大学聘用我的人所期望的,我在得到这个职位后学会了那些所欠缺的技能。

现在,离我获得本章所述的这些经验已经过了 40 多年了。我还在佛罗里达州立大学,而且仍在继续学习。我希望你遵照我描述的这些经验,也能跟我一样找到一份满意的工作。祝你好运!

要点总结

1. **具备广泛的技能可以增加你被聘用的机会。**一定要培养自己扎实的沟通技能,以及与教学设计的分析、设计、开发(媒体制作)、实施、评价和管理等各个阶段相关的技能。

2. **培养教学设计领域的某方面专长,而且确保你打算培养的专长技能具有旺盛的需求,而且在若干年后同样有较大的需求。**

3. **大多数教学设计职位,包括薪资水平高的职位,都在工商业界。**如果你对于在工商业环境中的工作感兴趣,那么要清楚地了解企业的运作方式。修读一门或几门商业课程会很有帮助。

4. 从学生时代开始，就要成为教学设计行业的活跃分子。加入一个专业组织并积极参与其中（如帮助组织开展工作、在会议上发表论文、提交论文供发表等），这些将提高你的知名度，并帮助你建立起专业网络，而这个专业网络会帮助你找到工作并助你在职业生涯中不断进步。

5. 在找工作时要积极主动。搜索各种发布工作机会的信息来源，向你的教授寻求建议和帮助，要毫不犹豫地申请本领域内的各种工作，也包括那些所要求技能与你已具备技能不太匹配的工作。

6. 在你申请工作（或提交会议提案、发表论文）时，有时甚至经常会被拒绝。不要因被拒绝而心灰气馁。继续努力！如果你这样做，你成功的机会就会很大。

应用问题

1. 假定你正在找工作（或许你真的在找工作！）。查阅本章列出的至少三个有关工作机会的信息来源，找出其中至少六个你感兴趣的工作的招聘启事。列出这些招聘启事中频繁提及的这份工作的必备技能。分析你自己在这些技能方面的水平如何，如果你认为必须提升这些技能，那么请列出你会采取哪些步骤来提升自己的能力。

2. 会见你所在学位点近期毕业的、获得职位与你感兴趣的职位相似的至少两位毕业生。请每位毕业生探讨一下在其看来有助于获取该份工作的因素。以本章列出的经验作为提示，请受访者指出哪些经验描述了他们成功求职的重要影响因素。

参考文献

Berrett, D. (2016). Instructional design: Demand grows for a new breed of academic [article in special section]. *Chronicle of Higher Education, 62*(25), B41–B42.

Sugar, W., Hoard, B., Brown, A., & Daniels, L. (2012). Identifying multimedia production competencies and skills of instructional design and technology professionals: An analysis of recent job postings. *Journal of Educational Technology Systems, 40,* 227–249.

Sullivan, H. J., & Higgins, N. (1983). *Teaching for competence.* New York: Teachers College Press.

第二十五章　绩效顾问

凯瑟琳·坦查　　坦查设计公司

朱迪思·黑尔　　黑尔协会

引言

　　朱迪思·黑尔(Judith Hale)博士和凯瑟琳·坦查(Catherine Tenzca)都是职业绩效顾问,两人在这方面的经历加起来超过了半个世纪。绩效顾问与客户合作,处理各种问题以帮助人们更好地完成工作,尤其是确保他们具备成功所需的适当知识和技能。虽然朱迪和凯茜来自不同地区,学历不同,从事过不同类型的项目,但她们在经营小型咨询公司方面都取得了成功,她们对成功需要具备的条件也有着共同的看法。在本章中,朱迪和凯茜——共同或分别——就人们对于本领域内的咨询方面的问题进行解答。

问题：什么是独立顾问？这个角色与承包商、分包商和内部顾问有何不同？

朱迪说……

　　独立顾问有自己的专业培训和教学设计实践。他们按一定的价格提供其专业知识,帮助公共部门和私营部门中的组织设计、开发、交付和评价学习解决方案。他们的专业知识包括聘用相关的工作(work-for-hire)和咨询(advice)两个方面。聘用相关的工作可能包括分析绩效数据以确定学习需求、制作用于实时或在线发布的教学材料和绩效支持材料、提供培训、协调会议、评价项目的有效性等。咨询部分包括在传递技术选择、数据解释、内容排序、信息分享等问题上提供有理有据的建议。把顾问与承包商区分开来的正是其咨询部分。如果没有咨询部分，你就只是一个临时工，按照别人告诉你的去做事。

分包商是指因雇佣而工作的人。分包商的合同中可能包含也可能不包含提供咨询服务。他们是作为额外的人手还是作为顾问，要取决于他们与雇用他们的人之间的关系。

内部顾问也为如何构建劳动力的能力提供专业和技术方面的专门知识。不过，他们不是独立的企业，因此他们不会从事独立顾问所做的有关业务管理和业务发展方面的事情。

问题：绩效顾问实际上做些什么？

凯茜和朱迪说……

绩效顾问定义并帮助解决的问题同什么样的人才能很好地完成工作有关。在任何一天，我们每个人可能都有两到三次客户会议——一般是在线的——涉及结构化倾听、项目管理、解决方案呈现等方面的平衡。

凯茜说……

让我们来看看典型的一天——事实上，就是昨天。

214　8:30　在客户电话会议前与项目团队进行电话会议。这是一个中等规模的项目，涉及的客户方人员和咨询方人员不多。我们讨论了项目的进展、时机、职责、下一步要做的事情等，这一切都是在认真查看项目计划书的同时进行的。我们讨论了需要与客户讨论的重要事项、我们希望如何处理这些事项，以及在讨论的每一个部分由谁来牵头。

10:00　电话跟进同一客户，这是一家酒店管理公司。这时，牵头的人是我，我要掌控电话会议，确保完成议程中的所有事项，找到每个问题的解决方案。

10:45　看报、喝茶(我喜欢自己当老板)。

11:30　与一个长期客户通话,了解一个与教师培训有关的潜在新项目。我询问了项目的目标、主要的利益相关方、时间要求、客户的愿景等。我在脑中进行了一个非正式的 SWOT(优势、劣势、机会、威胁)分析。我转述了客户的话并确认我理解了她的需求。我说我能帮上忙,并答应给她一份计划方案。

12:30　在接下来的几个小时里,我回复电子邮件(这是随时随刻都要做的工作),上网,延迟了做提案的工作,吃午餐,做提案,把一堆衣服扔进洗衣机。

14:30　与我的客户(一家 IT 公司)举行在线会议,会上,我向我的客户展示了我们为我客户的客户——一家联邦机构——开发的培训课程。我们排演了他们的一系列要求、我们的建议和产品草案——一个为期三天的教师主导的培训课程。我们仔细地把我们所做的一切与他们的要求相联系。我的职责是作为解决方案的主要演示者(和销售人员),然后在回应联邦机构的反馈时保持安静,以便我的客户可以确定还有哪些额外的要求需要满足。

15:30　从下午 2:30 开始是跟进会议,以确定下一步的行动。

16:00　思考的时间。我为另一个客户想了一些可能的解决方案,客户需要弄清楚的是,如何高效地为一份技术含量高、薪水高、流动性低、人员数量少的工作储备人才。通常我会在一天结束的时候去想些问题,因为在晚上或者在我睡觉时,各种想法似乎会从我脑海里往外冒。

这真的是很典型的一天——关于项目管理及呈现解决方案的大量电话会议和网络会议,还有一些用于思考和写作的时间。

不为人知的一面。 很多时候差不多到晚上 10:00 才能结束一天的工作……与刚才提到的时间安排几乎一样,只是用于思考的时间略少些,因为:

● 一个客户突然把交付日期提前了。

- 一个现有项目中增加了新的要交付的成果。

- 收到了出乎意料的重要反馈。

- 团队中有人发生了突发状况，我不得不顶上。

- 我自己发生了突发状况。

- 会议超过了规定时间。

在这样的日子里，全部办公时间就像在仓鼠跑轮上不断奔跑一样，只有在晚上才能进行思考或做一些私人活动。这就是我的真实生活。

问题：顾问的职业发展道路是怎样的？

凯茜和朱迪说……

第 1 阶段：获取经验。很多教学设计师在自己创业之前都会与大型或中型咨询公司合作，还有一些在公司或其他环境中担任内部顾问，然后再开始咨询实践。这两种选择都很好，因为它们提供了一个风险很小的学习或获取经验的机会。在受雇两年或多年后，职业顾问决定尝试自己创业。

第 2 阶段：开创自己的事业。在咨询之路上的另一个典型步骤是，在最初一两年的启动期内，要建立一个基本客户以维持收入。很多人利用这个基本客户——以及大量辛勤的工作——来发展新业务。这个阶段需要耐心和毅力，因为网络和营销的结果可能需要数月乃至数年才能看得到。由于收入和工作压力，或者由于工作和生活方式与预想的不一样，许多有抱负的顾问便在此时改变了自己的职业道路。

第 3 阶段：着眼于长远目标。对，让我们假定，工作正在进行，作为顾问，你是愉快且成功的。此时，成功的顾问需要处理的工作超过了他们独自一人能处理的工作量，因此他们不得不从以下选择中做出决定：(1)坚持做只需一个人便能完成的项目；(2)建立分包商网络并/或寻找合作伙伴来承接更大的项目；(3)由一个独立顾问变为一个小企业主，雇用员工来完成工作；或者(4)利用获得的知识和经验，作为一名组织的领导者来应对新的挑战。所有这些选择都是合理的，恰当的选择要取决于你的个人目标和抱负。本章主要侧重于单独工作的顾问或与分包商合作的顾问。

每种发展道路都是独特的。有些人具有周详的职业规划并照此执行。然 *215*
而,很多人只能根据好运、厄运和家庭因素等选择随遇而安。

凯茜说……

就我的情况,我的很多决定几乎是身不由己的,而有一些决定则是经过深思
熟虑的。为了让简历更充实,我在就读研究生时就接了一些分包工作,在研究生
毕业后依然继续承接分包工作,我觉得我喜欢对我的工作、共事者以及工作环境
有一定程度的掌控。最重要的是,我喜爱从事与新企业和新内容有关的工作所
带来的挑战。我很幸运,几乎立刻就有了一份全职工作。随着工作越来越多,我
不得不决定是否要雇用员工以发展业务。我与几位同样需做出这类决定的高级
顾问进行了交谈。最后,我决定不这样做,因为我对自己目前的收入水平很满
意,而且我不想为了多份薪资而承担做业务的压力。我是一个把项目分包给其
他人的总承包商,是其他人的分包商,是单独与客户接洽的独立顾问。我就这样
工作了 30 年。我期望有一天能转成兼职顾问,有时间去做我喜欢的另一些事。

朱迪说……

我决定扩大业务。尽管我的企业被归为独资企业,但我有 11 名全职员工,
这种情况已持续了 25 年之久。今天,我有一家公司,还在两个由一些专长为绩
效改进、学校改进、认证和评估的独立顾问组成的实践共同体中工作。

问题:顾问需要哪些关键的基本设计技能?

凯茜说……

这个问题的核心不是咨询技能,而是教学设计/绩效改进技能,这些是我们
的核心能力。仅仅选择几个关键的教学设计技能是很困难的,但以下技能似乎
可以把优秀的顾问和那些选择了其他道路的人区分开来。

1. 设计的基本原理。绩效顾问必须熟练掌握教学设计模式,如迪克-凯瑞
模式,这将帮助你以系统化的方式开展工作。这意味着对流程/策略以及模式背
后的理论具有深入的了解。

高级从业者通常以多种模式和理论为基础，能应用各种模式，并能根据不同的项目需求推荐使用不同的方法。高级从业者还能将理论转化为实践，能将"教学设计对话"翻译为客户理解和欣赏的语言。但是，这里的基础技能是精通至少一种模式，这样，你就可以以一种有组织的方式来开展工作。

例如，让我们想一想一种熟悉的过程取向模式——ADDIE（分析、设计、开发、实施和评价）。绝大多数从事培训及培训相关工作的人都熟悉 ADDIE 模式，所以在与他人合作共事时，这是一个很好的起点。在第一阶段即分析阶段，所有顾问都应该能够根据要实现的目标就分析的策略方法向客户提出建议，能够讨论各种不同数据收集法（如访谈、观察、焦点小组、调查、现有资料综述等）背后的原理，并能为每种方法提供便利。

2. 解释。绩效顾问必须能够解释某种给定的绩效解决方案将如何给客户带来其所看重的变化。

假设你已经很好地完成了分析，提出了一个很棒的解决方案。方案可能很简单，也可能很复杂。不管是哪一种，你都必须能将它兜售给客户，让客户相信这对他们是有意义的。他们真的不关心技能的提高，甚至也不关心绩效的改进，除非你能向他们证明，改进将使他们在乎的事发生——可能是增加一家私营公司的市场份额，或者减轻一家公关卫生机构人浮于事的情况。

作为一名顾问，你真的需要兼具精深的技术专长和高明的沟通技能，以帮助客户看到从问题到解决方案再到结果的逻辑流程。你必须能够给他们讲故事，这样他们不仅能够理解，而且还能维护你的解决方案。

3. 编写目标。一名绩效顾问必须能够制定一组与工作行为明确相关的教学目标。

我们的许多工作都是能力为本的，好的设计师都有能力建立一条从结果到工作行为到终点目标（教学目的）再到使能目标（次级技能和知识）的逻辑路径。优秀的设计师能够很快编写出形式不拘的非常有意义的目标。例如，你编写的可能是三部分（即行为、条件和标准）组成的目标，也可能采用特定的有意义的（对设计师而言）动词分类学，如加涅和布鲁姆提出的动词分类学来编写目标。在任何情况下，熟练的设计师都要在学习者必须掌握的东西和工作执行者必须做的事情之间建立明确的联系。如果做不到这点，之后就会导致各种各样的问题,包括项目管理和范围蔓延等问题。

4. 为目标而设计。一旦确定了一组目标,绩效顾问就必须能够制定一份包含了适当绩效策略的设计计划。

教学设计师/绩效顾问一旦确定了一组目标,下一步就要创建一份设计计划,以详细说明教学将如何帮助学习者掌握那些目标。此时的一项基本技能是,无论目标要求的掌握水平如何,你都要能够为它确定一条最有效的达成路径。虽然培训组织中几乎每个人都能够填写一份包括目标、主题、教学策略、教学时间和评估在内的设计计划,但是要想成为一名成功的顾问,你必须从容地填写设计计划——将完善的理论同具有创造性和参与性的方法以及精简而有针对性的内容相结合。 *216*

无论现有的学习方法和技术如何,一名好的顾问应该有足够的深度来完成这个任务。例如,如果明天开发出一种新技术,使人们能够以一种全新的方式学习,那么一名优秀的绩效顾问应能指出最有效地利用该技术的方式、时机和目的。

5. 开发解决方案。经验丰富的顾问会听取其客户的需求,并有整套的解决方案来满足那些需求。

顾问要提出和回答很多问题。事实上,"提出和回答问题"是对顾问工作的最好描述。绩效的驱动因素是什么? 这是否是培训问题? 通过改进培训可以解决此问题的哪个部分? 考虑到这种情况下驱动绩效的所有要素,最有效和高效的干预措施有哪些,为什么? 考虑到我们组织的优势和劣势,我们有哪些选择?

一名好的顾问应能回答所有这些问题,并提供各种解决方案的例子。有经验的绩效顾问可以根据自己丰富的经验来完成这一任务,而新手顾问则可以根据他或她研究过的案例故事来完成这一任务。

朱迪说……

随着时间的推移,为了满足客户的需求,顾问可能会选择扩展其工具箱。例如,一些顾问在其开发在线或教师主导培训的服务中添加了重新设计工作流程和激励系统的能力,或者就学习管理系统提供建议的能力。另一些人则选择在某些特定方面磨炼其专业知识,像我会选择专攻评估和认证。

问题：顾问需要的非教学设计技能有哪些？

朱迪说……

一名成功的独立顾问必须具备四类重要的非教学设计技能：

1. 打造品牌；

2. 财务管理和企业管理；

3. 项目管理；

4. 生活管理。

打造品牌是通过营销和沟通计划来完成的。营销是指任何旨在让你看起来可信、有影响力和成功的活动。沟通是通过讲述你的引人入胜的故事，将你与品质、物有所值、效能、创新等联系在一起。营销计划包括你想要联系的人、你的预算以及你用来衡量成功的标准。经常被忽视的是，如何规划建立市场对你的服务的认知度，以及如何传达你的价值主张。沟通渠道是你用来解释和推广你的产品和服务的工具，以便潜在客户能够找到你。这些工具包括：

- 印刷材料，包括名片、广告、明信片、传单、信函和文章等。

- 电子工具，如网站、网络研讨会、移动应用、社交媒体等。

- 隶属关系，如协会成员、志愿者工作、参与工作组等。

- 演讲，如参加专业小组讨论、举办研讨会、做展示、主持活动等。

打造品牌的一些技巧包括：

- 了解协会的日程，因为它们会提前九个月征集演讲者。

- 了解出版日历，因为从稿件被接收到实际出版可能需要九个月到一年的时间。一定要核实有关格式、篇幅、引文和阅读水平等方面的要求，在提交前请人为你编辑文档。

- 想办法让自己成为一名专家，如通过演讲、被引用、参加专门小组讨论、主持或推广活动、出版、参加工作组等方式。

- 利用各种计划以一种安全无威胁的方式让潜在客户认识自己，如为委员会提供志愿服务、始终履行承诺、给予他人信任等。

- 及时更新你的网站和社交媒体。

- 把你的活动和成就转化为宣传材料,如宣称获得了新的合同、被选中发表演讲、主持专门小组讨论、在委员会任职等。

财务管理和企业管理主要是关于把你的个人财务和专业财务分开并设定优先级的规制。例如,你应该开设一个单独的银行账号来存放你的收入以及支付业务费用,并办一张专用于业务开支的信用卡。一个好的建议是,始终留出至少45％的收入用于税收、保险和基础设施方面的开支。向那些专门为小企业和咨询公司服务的会计师征求意见也很重要。

项目管理就是要协调你的活动,以便按时交付成果。你还需要监督你的分包商,有时还要监督你的客户。客户总是记得你迟到的时候,却忘了他们没有按时完成审查的情况。创建一个项目章程,张贴上项目时间安排,并附上商定的交付日期,并经常设置项目状态审查日期,这将有助于保证所有人都不偏离轨道。

生活管理就是照顾好自己的身体和情感,并在这个过程中不断地学习。下 **217**
面是生活管理的一些技巧:

- 相信你能学会如何成为一名优秀的生意人,也能学会如何取得成功。这是一种技能,而不是天生的。
- 从互动中学习。
- 以健康的方式管理你的情绪。
- 以礼貌的方式进行沟通——真正礼貌的方式。
- 待人以尊严和尊重——即使他们在背后中伤你(我还在努力提高这一技能!)。
- 耐心——要知道,建立可信赖的声誉是需要时间的。
你的人际网络也需要很长时间才能获得回报,同样需要耐心。
- 愿意长时间工作。善待你的客户。

问题:你是如何开始成为一名生意人的? 你是如何获得咨询工作的?

朱迪说……
当我被问及这个问题时,我告诉人们,要想清楚自己想成为顾问的动机是什么。动机可能是个人性的，也可能是专业性的。在个人性动机方面，可能是希望增加或减少旅行，希望有更加灵活的工作日程，或者希望对自己的生活有更多的掌控权。在专业性动机方面，可能是希望做更加令人兴奋的工作，或者希望自己做老板。遗憾的是，有些愿望是不太现实的。

接下来，我请他们定义他们想要推销的究竟是什么。我进一步询问，你能提供什么具有商业可行性的产品，使潜在客户在考虑其需要满足的需求或需要解决的问题时能想到你？我提醒他们，有很多种方法可以让你显得与众不同，例如：

- 你的服务范围。有的顾问专门从事开发或传递；另一些顾问则从需求分析、设计、开发、传递到评估无所不包。
- 你的工作质量。一些顾问根据自己的工作质量来推销自己，并提供证明书来支持自己的主张。
- 你的方法的效率。例如，我有完善的流程记录，能够在更短的周期基础上进行竞争。
- 你带来的价值。你可以通过做客户不能做、不想做或没有时间做的事情来增加价值。
- 你的经营方式和你的生活哲学。

再接下来，我请他们把他们将要从事的活动同客户想要的活动区分开来。例如：

- 你可能认为自己是一名熟练的促进者，但客户付钱给你是为了在某一个问题上达成共识，或者让团队就角色、责任或行动过程等达成一致。因此，要谈谈你的促进技能能为客户带来什么好处。
- 你可以开发在线课程，但客户希望能以更低的成本让员工学得更好更快。因此，要指出员工可以将内容应用于工作。
- 你可以传递教学，但客户希望有一支能力更强的员工队伍，或者想在工作单位内培育后备力量（bench strength）。因此，要强调你的工作可以让客户对其员工的能力更有信心。

我的目的是让他们思考一下自己与其他顾问有什么不一样，目的是要证明自己高于普通水平。

问题：比较和对比顾问与为雇主工作的教学设计师的职业生涯有何不同？

凯茜说……

我和我丈夫是在佛罗里达州立大学研究生院教学系统专业的迎新会上认识的。我们俩都坐在后排，努力装出一副玩世不恭的样子，那时我们都很紧张。毕业前，我们结婚了，孩子也快要降生了。我从事咨询业，他则受雇于各种组织，包括州和联邦的机构。我们这样过了好些年，一人提供丰厚的收入以及灵活的育儿可能，而另一人则提供稳定的收入并享有员工福利。

后来遇到裁员，突然我家里就有了两个绩效顾问——一个是地地道道的绩效顾问，另一个是不得已做了绩效顾问。有五年的时间，我们一起工作、一起生活，直到他决定重新做回一名雇员，也就是他现在的工作状态。

因此，在我们家，有很多时间可以谈论做一名顾问和做一名雇员有什么不一样。人们经常会问我们："哪一条路更好？"幸运的是，我们都认为自己做出了正确的选择。我们建议你在选择职业道路或决定做出改变之前，先回答表 25.1 中列出的问题。

表 25.1　你该考虑咨询业吗？

1. 我喜欢： a. 我喜欢随时结识新朋友，不断扩大人际网络。 b. 我喜欢有一群值得信赖的同事，一个由我所了解的人组成的稳定的团队。
2. 我喜欢： a. 不断学习新事物，探索新的行业和学科领域。 b. 熟悉我的主题，这样就能更深入地了解我组织中的人需要掌握什么。
3. 我喜欢： a. 推销我的工作。 b. 做工作。
4. 我喜欢： a. 从一个项目跳到另一个项目；渴望新的挑战，但如果在一件事情上工作太久，就会感到厌烦。 b. 随着时间的推移不断构建人际关系和专门知识，这样我才感到放松和舒适；我不喜欢因总在开始做新的事情而带来的压力。

5. 我认为冒险是： a. 令人振奋的。 b. 可怕的。
6. 星期一早上我必须向一群决策者提供一些新的想法,这让我觉得： a. 能信心十足地把我自己和自己的想法展示给新的人。 b. 压力很大。
7. 一想到必须向某人汇报并遵守组织的政策就让我感到： a. 恐慌;我需要掌控自己的工作。 b. 放松;我为什么要操心呢？
8. 选择一个： a. 职称对我来说没有多大意义。我喜欢走自己的职业道路。 b. 我喜欢在自己的职业生涯中获得晋升并承担更大的责任。

每种情况都不一样,但总的来说,如果你趋向于选择答案"a",那么你的个性更适合做顾问;如果你趋向于选择答案"b",那么你更适合做一名雇员(或只有一个客户的承包商)。

我们发现,作为顾问而表现出色的人和作为员工而表现出色的人之间的一个巨大差异是对于新颖性或稳定性的强烈偏好。

问题：现在的咨询业与十年前有什么不同？你认为未来它会走向何方？

凯茜和朱迪说……

"临时顾问"(accidental consultant)的数量增加。过去十年间,就业市场起起落落,许多教学设计专业人员发现自己失业了。突然之间,他们以"顾问"的身份在领英(LinkedIn)上出现了。从事自由职业的人和从事专业咨询工作的人是不一样的。

在薪资问题上存在很大差异。现在有越来越多的自由职业开发者可以利用最新的快速开发工具创建培训课程。这一群体的技能水平差异很大,但因其绝对数量过多而压低了薪酬。具有广泛而深厚的技能、能够在战略层面工作的绩效顾问总是很受欢迎的,并且能够获得很高的薪酬。因此,在"开发人员"层面,薪资水平低、竞争激烈;而在"战略"层面,薪酬高、需求大。

人们变得越来越专业化了。教学设计一直是一个专业，但现在有了数字化学习、学习策略、销售培训等更细分的专业。无论是在内容领域还是在学习技术领域，许多顾问都在寻找成功所需要的专营市场（niches）。

快速发展正显示出其糟糕的一面。拥有最新的培训"玩具"一直都很有吸引力。三十年前，客户决定购买激光光盘来进行培训。二十年前，提供基于计算机的教学是很诱人的。今天，我们很可能听到客户说，"我想要开发一门MOOC"（即使他们并不了解MOOC是什么）或者"要采用移动学习"（即使他们的所有员工都坐在工作站旁，能访问电脑里的一切内容）。所有这些东西都有其目的和适当的用途，但没有一个是适合一切问题的解决方案。过去，开发新的传递系统所需基础设施的成本高昂，这往往就要求人们必须对其适当性多加思量。现在，很多技术都能以低廉的投资获得，虽然这很好，但其副作用是，许多非常糟糕的教学也因此被开发出来，从而败坏了技术和行业的名声。我们听客户说"数字化学习并不起作用"，这真让人羞愧，因为我们觉得他们真正想说的是："做得不好的数字化学习或者不是问题的适当解决方案的数字化学习是行不通的。"

结论

朱迪说……

希望我们分享的信息能帮助你更好地理解什么是独立顾问。如果你决定自己创业或改变你的就业决定，希望本章提出的那些建议能帮助你做好准备。我们的目的是希望帮助你们避免各种讨厌的陷阱，不惧怕拥抱意料之外的挑战。无论这段旅程把你带向哪里，它都会让你对自己和企业家世界产生新的认识。在有疑问时，请省思以下箴言：能力带来自信，自信带来勇气。

凯茜说……

选择当顾问是一种职业生涯决定，而不是两份全职工作之间的临时工作。有时候，你可以快乐地起舞——当你领导的项目取得重大的积极成效时，当你的客户赞美你时，或者只是当你规划自己的日子、做自己的主人时。有时候是令人沮丧、吃力的，但即便如此，你仍然是自己命运的主人。如果你觉得这听起来很吸引人,那么顾问的生活对你可能是一个不错的选择。

1. 一名真正的绩效顾问是一名具有深厚的教学设计专门知识和良好咨询技能的专业人士。

2. 咨询是一门生意,它要求谨慎的决策——决定究竟要不要让它成为一门生意、如何开始,以及如何发展和维持你的生意。

3. 顾问在很多方面都必须自我驱动,因为他或她必须发展新的客户,培育现有客户,推动自己的学习,不断扩大人际网络,并经营一家企业。

4. 聪明的顾问遵循良好的商业惯例。他们把个人费用和业务费用分开,留出用于税收和保险的开支,与了解咨询相关财务实践的会计师合作。

5. 有市场头脑的顾问通过一个完善的营销和沟通计划来打造自己的品牌,他们会一遍又一遍地讲述自己的故事。

6. 要想成为一名快乐且成功的绩效顾问,需要具备商业头脑、技术能力、人际技能,以及创业精神。

应用问题

1. 你将在 18 个月后搬到另一个州。搬家的原因是你的配偶升职了,需要调到另一个办事处。你认为这是一个绝佳的机会,可以开创自己的咨询业务。为了让你为这次职业生涯转变做好准备,请制定一个营销沟通计划。计划要:

　　a. 描述你想提供的服务和不提供的服务。

　　b. 用能够让你在竞争中脱颖而出的方式描述你的服务。

　　c. 确定你想让哪些人、职位或群体了解你的服务。

　　d. 为各类服务对象各自起草一些广告词。

　　e. 确定你要用的传播媒体。

　　f. 创建一份日程表,说明你将与每个人沟通的内容、时间和方式。

2. 你是一名雇员,但时不时会冒出自己创业的想法。现在管理层发生了变化。你知道自己可以留下来,但你决定认真地重新考虑一下自己创业的想法。留出时间去思考一下你的选择,运用你的才智制定一个行动计划,即使现在你还处于雇佣状态。利用下列问题来帮助你思考:

a. 如果我决定自己创业,我的生活会有哪些变化?

b. 在没有工作以及面临项目成果交付时,我是否具有自律性来管理好自己的时间? 我的财务状况如何?

c. 我是否愿意不断地拓展和推销我的服务? 创建一个我可以信赖的支持系统? 找到能为我着想的顾问?

d. 我是否具有谈判的技能和韧劲来使客户和我自己获得最大利益?

e. 我能在多大程度上容忍模棱两可? 我能自在地与拒绝我建议的人一起工作吗?

第二十六章 投身教学设计和技术：对专业发展的建议[①]

詹姆斯·D·克莱因　　佛罗里达州立大学

尼克·拉什比　　《英国教育技术杂志》

220　　人们期望教学设计和技术（IDT）专业人员能随时把握学习、教学、绩效改进、媒体、技术等方面的最新动态（Klein，Spector，Grabowski 和 de la Teja，2004；Koszalka，Russ-Dft 和 Reiser，2013；Richy，Fields 和 Foxon，2000）。为了跟上领域的最新进展，学者们和从业者们加入专业组织，参加会议，参与正式和非正式的网络活动，阅读专业期刊，开展研究，发表研究成果，并通过评论他人的成果来做出学术贡献。虽然后几项活动通常被认为是学术界专业人士的工作范围，但其他工作情境中的实践人员也可以在阅读、评论和发表等活动中获益良多。

本章将提供 IDT 领域内你可以加入的专业组织的信息，以及你可以利用并投稿的出版物的信息。无论你是作为消费者还是（如我们所希望的）作为 IDT 领域中主动活跃的成员，我们的目的都是帮助你做出明智的决策。本章首先概述了在决定加入哪些组织和利用哪些出版物时需要考虑的因素，然后详细介绍了 IDT 领域成员感兴趣的 20 个专业组织和 55 种出版物。我们将回答一些常见问题，例如你怎么知道该加入哪个组织？你应该出席哪些会议？你应该把时间

[①] 我们要感谢雅辛·亚尔辛（Yasin Yalcin）和杜克·洛尔（Duke Lorr）帮助收集本章所介绍的有关期刊和专业组织的信息。

花在哪些社交网络上？我们还将讨论该阅读哪些出版物以及学术写作的问题。

加入一个专业组织

大部分专业组织都有一个明确规定的符合领域内某特定群体之兴趣的使命。这些专业组织专注于众多各不相同的领域，如教育技术、绩效改进和培训、信息技术与计算机、学术探究（scholarly inquiry）等。此外，它们也面向广泛的专业人士，既有高等教育中的学者，也有工商业界的实践人员。

是否加入某个专业组织，部分取决于它的侧重点是否与你的职业目的和兴趣相匹配。举例来说，如果你的目的是在工商业界谋一份教学设计师的工作，那么你应该考虑加入一个着重关注绩效改进或培训的专业组织。如果你计划成为大学教学人员，那就应该考虑加入以学术和研究为主要任务的专业组织。

组织能为其成员提供的益处也是决定是否加入该组织时需要考虑的因素。这些益处可能包括年会、会议、就业帮助、杂志订阅、专业发展机会等。这些益处之所以重要是因为它们有助于你成为该领域中活跃的、见识广博的一员。例如，参加会议使你有机会了解并跟上最新的发展趋势，分享各种思想和问题，与其他人形成专业关系网等。另外，订阅组织出版的期刊或杂志能够帮助你了解该领域其他专业人员正在应用的最新理论、研究或技术。

要权衡加入一个专业组织所带来的益处和加入该组织所付出的代价。组织的年费从少量的、微不足道的一点费用到几百美元不等。会议费和杂志订阅费也可能很贵。由于绝大部分专业组织都有一定比例的研究生会员，因此，在校期间你就可考虑加入少数组织，看看哪一个最适合于你。

加入在线论坛或社交网络网站

一个相对较新的现象是近年来出现的大量在线论坛和社交网络网站。现在，这些论坛和社交网络已被用于支持包括 IDT 在内的许多专业领域的实践共同体。在线论坛最简单的形式不过是一个在网上分享共同兴趣、提出并讨论想法的松散的群体。它们都是些短期的群体，从形成到发展，直至被忽视，全都发生在一个相对较短的时期内。不过其中也有一些是比较顽强的。真正的社交网络网站是有组织的，像脸书等一些社交网络网站的主要目的是社交，但被用作专业性网络；而像领英等另一些社交网络网站从一开始就是作为专业性网络来设计的。最好的网络需要有专业的管理，这样才能促进讨论。

对于上传到在线论坛和社交网络网站上的信息和材料，你必须谨慎对待。仔细阅读条款和条件，看看如果你接受它们会泄露什么。至少有一个网站试图宣称对于上传至其网站上的所有材料、照片和其他内容具有所有权。至于其他网站，如果你想退出网站，将很难（甚至不可能）删除你的个人信息。有些雇主会查看社交网络网站上的条目，并将其作为选拔和招聘过程的一部分。再说一遍，在向社交网络网站上传任何内容之前，请三思。

寻找在线论坛和社交网络网站的一个好去处是专业组织的网站；你也可以在参加会议时与志趣相投的同仁进行交谈，从而了解这些网站。一个社交网络的好坏取决于它的活跃成员。想想你为什么想要加入某个网站。是通过潜水或参与一些讨论来了解新的发展吗？是想通过发帖来获得同事的支持吗？是通过发布一些表明你领导者身份的评论和见解来建立你在领域内的声望吗？选择一到两个社交网络网站，将精力集中在上面。积极参与可以加速你的专业人际网络的发展。千万不要低估你为维持人际网络而必须投入的时间。

技术的快速发展意味着不久的将来会有更多不同形式的在线论坛和社交网络网站得到发展。要想有效利用它们需要仔细考虑个人的成本效益。你应该问一问：参与在线论坛和社交网络网站的讨论需要付出多少努力？我能得到多少回报？

决定参加哪些会议

专注于你的研究兴趣的专业会议是一个好地方，在那里你可以与老朋友会面，确认现有想法，聆听同仁宣讲。但进步通常是由于人们将明显不相关的想法联系在一起时发生的。有时，你需要被冲击一下，离开确定好的道路，接触 IDT 另一分支甚至是另一门学科的新思想。有时参加一场与你的专业领域并不直接相关的会议也能使你得到很多启发。

会议和展览都是学习事件。作为一名见识广博的学习者(毕竟,你也是一名教学技术专家!),你应该带着明确的学习目标去参加会议和展览,并事先计划好如何实现你的目标。大多数会议都有一个网站,你可以用它来规划你的参观学习。确认你想要参加的活动。公认的权威人士做的报告通常是值得参加的,但也不要忽视了那些不太有名的报告者,他们对于该领域或许会有一些重要见解。

再者,许多公司会在他们的展台展示学习材料,这样你就有机会对一些前沿产品进行评论。要向他们提问(如,你也像这样设计过材料吗? 这些材料对目标受众起作用吗? 怎样改进这些材料呢?),花时间与参展商交谈,翻阅他们的材料,对此一定不要犹豫。参展商会感到很荣幸,你也将从中学到东西。

IDT 领域的专业组织

本章这一部分将详细介绍 IDT 社群感兴趣的 20 个专业组织。许多协会都会举办年会或赞助在线论坛和网络。这里列出的组织中有一些是以前的版本中没有包括的,我们通过查看每个团体的网站获得了最新的信息。要记住,就像 IDT 本身一样,这些专业组织也在不断发展。新的团体形成了,协会名称变更了,同时也有一些组织解散了。

美国教育研究协会(AERA)关注的是如何通过鼓励学术探究和促进研究成果的传播来改进教育。其成员包括教育研究者、教育行政管理人员、教育评价人员、教授以及来自不同学科的研究生。AERA 有 12 个分会和近 155 个特别兴趣小组,这些兴趣小组使那些对某个特别议题具有共同兴趣的成员能够相互交流信息和想法。对 IDT 感兴趣的人通常属于分会 C:学习与教学,或者属于教学技术特别兴趣小组。AERA 主办的年会多达几千场,涵盖了许多主题的报告。 222 那些想在学术界谋职的个人将会发现,AERA 年会上的求职中心和在线工作机会列表特别有用。AERA 出版了几份期刊,包括:《美国教育研究杂志》《教育研究者》以及《教育研究评论》。

教育传播与技术协会(AECT)针对的是那些对教育技术的使用及其在学习过程中的应用感兴趣的专业人员。其成员包括教授和研究生、学校图书馆的媒体专家、研究者以及工商业界的教学开发者。该协会根据其成员的特殊兴趣设立了几个部门和委员会(councils)。对 IDT 感兴趣的人加入的部门着重关注的是：教学设计和开发、研究和理论以及培训和绩效。AECT 还有一个研究生大会(graduate student assembly)，它为研究生们提供共同体、人际网络，并使他们最终进入 AECT 和 IDT 行业。AECT 主办的国际年会上有数百场报告和一个求职中心，同时它也主办一场关注一些特殊主题的夏季会议，还有一个在线求职中心。AECT 出版的刊物有：《教育技术研究与开发》《远程教育评论季刊》《技术趋势》和《应用教学设计杂志》。

人才发展协会(ATD)，原名为美国培训与开发协会(ASTD)，是为那些对职场学习和绩效感兴趣的人而设的一个专业组织。其成员来自跨国公司、中型和小型企业、政府部门、学术部门以及咨询公司等。ATD 在全世界好几个地方有当地分会，这样就可以与当地培训专业人员形成组织网络。ATD 每年主办多次专业会议，而且有一个在线的就业资料库(job bank)，专为那些想在培训和绩效领域求职的成员提供帮助。ATD 还为合格的从业人员提供学习与绩效专业认证。ATD 出版了一份年度行业状况报告《TD 杂志》，以及几份其成员感兴趣的在线通讯。

教育计算促进协会(AACE)是一个致力于利用信息技术改进学与教的知识、理论和质量的国际组织。其成员包括研究者、开发者、实践者、行政人员、政策制定者、培训者、成人教育者和其他对教育中的信息技术感兴趣的人员。每年主办的国际会议包括 ED-MEDIA(教育多媒体世界大会)、E-Learn(企业、政府、卫生保健和高等教育中的数字化学习世界大会)、Global Learn(学习与技术全球大会)。AACE 出版的刊物有：《交互式学习研究杂志》《教育多媒体和超媒体杂志》《国际数字化学习杂志》以及《在线学习研究杂志》。此外，该组织创建了一个相当大的数字图书馆，在其中可以访问十多万篇期刊论文、摘要和会议论文集；它还有一个在线职业中心。

澳大拉西亚高等教育学习中的计算机协会(ASCLITE)的目标群是那些投身于高等计算机辅助教育和培训(包括交互性教育多媒体)的人。它每年举办一场会议，促进同那些与其具有类似侧重点的组织之间的合作，其出版物为《澳大拉西亚教育技术杂志》。

英国学习与发展研究所(BILD)通过与英国和世界各地的主要组织保持联

系,为其成员提供建立联系并获得集体智慧的机会。

加拿大教育创新网络(CNIE)是一个由教育工作者、管理者和实践者组成的共同体,他们致力于通过利用教育技术来加强远程教育的研究和实践。CNIE每年举办一次年会,出版的刊物有《加拿大学习和技术杂志》和《远程教育杂志》。

新西兰远程教育协会(DEANZ)旨在促进教育中灵活开放的学习系统的开发、研究和实践。该协会既有个人成员也有机构成员,其成员主要来自新西兰,也有的来自环太平洋地区。

新加坡教育研究协会(ERAS)为了提高教育质量而加强对教育研究成果的运用,并推进与国际研究团体的密切联系。该组织是世界教育研究协会的创始成员之一。

数字化学习网络(ELN)是英国的一个为培训业的技术使用者设立的组织。该组织的目标是为职场中基于技术的学习和开发提供信息源和最佳实践。

欧洲学习与教学研究协会(EARLI)是一个供欧洲和世界其他地方的学者就教学和教育研究的各种想法进行探讨的组织。EARLI每两年主办一次会议,出版了《学习和教学》《教育研究评论》以及《学习和教学的新视角》等刊物。

中国香港教育传播和技术协会(HKAECT)是为了促进中国香港与国际教育技术和研究而成立的。HKAECT主办了一次会议,出版了《传播与教育杂志》。

国际教育媒体理事会(ICEM)成立的目的是推进教育技术应用的最佳实践。它每年举办年会,出版的刊物有《国际教育媒体》。

国际绩效改进协会(ISPI)致力于应用绩效技术(HPT)提高工作场所的绩效。其成员包括绩效技术专家、培训指导者、人力资源管理者、教学技术专家和组织顾问。ISPI的国际网络连接着各地的分会,覆盖了美国、加拿大、南美洲、 *223* 欧洲、中东、澳大利亚和新西兰。该组织每年主办一次国际年会、一场展会和几场短训班。它还为符合条件的人提供认证机会,使他们成为经过认证的绩效技术专家或学校改进专家。ISPI通过在线职业中心提供招聘信息,出版的刊物有《绩效改进杂志》《绩效改进季刊》和《绩效报道》(*Performance Xpress*)。

国际教育技术协会(ISTE)通过推进技术在K-12教育和教师教育中的有效使用,为教和学的改进提供领导和服务。其成员包括K-12教师、教育行政人员、技术协调员、媒体专家和教师教育者。ISTE支持几个专业兴趣小组,负责为教育计算机和技术这一教师预科课程推荐认证指南。该协会主办了全国教育计算会议,创建了一个博客来讨论课堂中的技术整合等主题。ISTE 出版的刊物有《教师教育中的计算机杂志》和《教育中的技术研究杂志》。

韩国教育技术协会(KSET)致力于创建教育技术解决方案,以帮助学者和实践人员改进教学和学习。其成员包括学术界、企业和政府机构的研究人员、开发人员和实践人员。KSET 主办了一次关于教育技术主题的国际年会。

马来西亚教育技术协会(META)为教育者提供就教育技术的思想进行合作和交流的机会。它出版的刊物为《马来西亚教育技术杂志》。

澳大利亚开放和远程学习协会(ODLAA)是一个专业协会,其成员的兴趣在于远程教育和开放学习的实践和管理。它的目标是推进澳大利亚远程教育的实践和研究,加强远程教育者之间的沟通,并保持同其他远程教育协会之间的联系。它出版的刊物是《远程教育》。

信息技术和教师教育协会(SITE)瞄准那些对信息技术在教师教育中的使用感兴趣的专业人员,以提升他们的研究、学识和彼此间的协作为目标。其成员有各学科的个别教师教育者和教师教育者附属组织。SITE 每年主办一次国际年会,出版的刊物有《技术和教师教育杂志》《技术和教师教育的当代问题》。

国际华人教育技术协会(SICET)支持教育技术在中国的应用。对于那些研究教育技术以促进教和学的华人学者,SICET 促进了他们的国际联系和交流。它主办了两次会议,出版了两份在线杂志。

阅读、评论和写作:IDT 专业人员的 3R

除了主动地加入某个专业组织外,针对 IDT 领域最新趋势和问题的阅读与写作也可以提升你的专业发展。应根据出版物的关注重点与你的兴趣是否相适应来决定要不要阅读某份专业出版物。专业出版物与专业组织一样,都有其具体目标和特定对象。有一些是学术性的期刊,刊登的多是有关研究和理论的综述与论文;另一些杂志主要刊登有关当前实践的文章。IDT 社群感兴趣的出版物关注的主题非常广泛,包括认知和教学、远程教育、教学开发、多媒体、培训,以及绩效改进等。你所阅读的期刊就是你的望远镜,能为你提供有关领域的最新研究和发展的信息。

期刊的价值或质量部分取决于读者的兴趣。一份期刊,工商业界的从业人员觉得它非常有用,但对于研究人员或在学校情境中就职的 IDT 专业人员来说可能就没有什么价值。在判断一份期刊的质量时可以考虑的一些要素包括:投稿的论文是否会进行同行评议、采用和拒绝的论文的比率、影响因子、编辑和编辑委员会的声望。

近年来,网络电子期刊的数量越来越多。如果你想了解 IDT 的最新趋势和问题,电子期刊可能是一个很好的信息来源。虽然有些电子期刊采用了与同行评议的纸质期刊相同的严格标准,但有些电子期刊对于其发布的信息的准确性却不那么在意。作为一名受过良好教育的信息消费者,对于读到的内容,无论它发布在哪里,都应该进行批判性地分析。

如果你就职于学术界(或打算将来在学术界就职),你的专业发展中自然就有一步是开展研究并投稿寻求发表。对于那些在其他情境中工作的人,在学术性期刊上发表论文的情况不多。有些编辑重视实用的观点,本章后面列出的一些期刊和杂志就是专门针对 IDT 实践人员的。

论文发表的竞争很激烈,被采用的论文只占投稿论文的一小部分。有些学术性期刊采用的论文不到投稿论文的 10%。虽然本章没有用更多篇幅来详细说明如何才能让你的论文得到发表,但我们在此罗列了一些需要考虑的主要事项。

首先,想一想关于这个主题人们已经知道了什么,你对已有研究可能会做出什么贡献,你希望人们在读了你的论文后采取什么不一样的做法。在开始写作前,必须确定你的关注点和现有的文献。如果你的工作不能增加任何新的东西,那么你应该向自己提出以下两个问题:我为什么要写它? 如果我没有雄心让别人在读了我的论文后采取不一样的做法,那么我为什么要花时间去写它呢? 你会发现,针对这些问题制作一些简明的带项目符号的列表并将其贴在一个每当你想坐下来写论文时就能看到的地方,是很有帮助的。 224

其次,要研究那些你认为可能适合你的想法的期刊。要了解它们发表的论文的类型,阅读投稿说明,确保满足它们对论文的风格、格式和篇幅的要求。很多 IDT 期刊都是英文期刊。如果英语不是你的母语,可请求某个以英语为母语的人为你的语法和习语进行润色。必须让编辑和评阅人能理解你试图传达的内容。此外，还要让人感到你的论文饶有趣味。你必须向编辑、评阅人以及读者兜售你的论文。并不是所有主题都值得一读，但如果你能抓住读者的注意力，那么你的论文被发表的机会就更大了。

再次，只提交你的原创作品，不要抄袭自己以前发表过的作品或者自己没有什么贡献的其他作者的作品。已有一些既定规则对合理使用（即可以纳入多少其他已发表的作品）做出了规定，但必须认真注明出处和引用。列出合著者以及承认对该作品有贡献的其他人，这些也是需注意的伦理方面的考虑因素。我们强烈建议你阅读并遵从美国心理学协会（APA）或其他专业团体颁布的有关指南。

最后，请同事帮你润色论文，直到将你的论文打磨得闪闪发光。请他们对你的作品进行审阅和评论，并提出以审阅他们的作品作为回报。在投稿前要确保你的论文尽可能好。如果最初几次投稿被拒，不要气馁。每个作者（包括本书中提到的那些作者）都曾经历过投稿被拒的情况。

阅读各种期刊将帮助你明确什么样的论文是好论文。磨炼自己这方面技能的另一个途径是为一种或多种期刊做评阅人。这种角色并不只属于领域中最有经验的个体。你的意见是有价值的，对你自己的个人发展是极其有益的。除了在投稿过程中阅读文章时所获得的经验外，你还将在教学设计和技术的趋势和问题公开发表前几个月就能先睹为快。如果公开发表的期刊是你的望远镜，那么评阅就是你的超视距雷达。选择感兴趣的期刊并提供你的服务。

IDT 领域的专业出版物

本节将对 IDT 及相关领域的 55 种专业出版物进行比较详细的介绍，包括每份杂志的最新信息以及以前的版本中未录入的一些较新的期刊。有关每份杂志的信息来自杂志本身及其网站，或者来自以下《卡贝尔国际目录》中的一种：《教育技术和图书馆学》《教育课程和方法》《教育心理学和管理学》（参见：www.cabells.com）。这里提到的每份杂志的录用率是指在获取这些信息时的录用率。

《美国教育研究杂志》刊登的是经过同行评议的关于教育理论和研究的论

文。教学设计和技术领域的学者对其中有关教学、学习和人的发展部分的文章特别感兴趣。录用率为13%。

《美国远程教育杂志》是一份同行评议的杂志，刊登有关远程教育研究、理论和实践的论文。该杂志针对的读者是：开发和传递远程培训和远程教育课程的教育者，以及远程教育系统的教育行政人员。录用率为11%～20%。

《澳大利亚教育技术杂志》是一份匿名审稿的杂志，刊登的论文主要聚焦于高等教育和继续教育、终身学习和培训等各种背景下的教育技术。

《英国教育技术杂志》刊登经过同行评议的论文，其主题主要涉及关于学习技术和传播的理论、应用和开发。该杂志针对的是教育、培训、信息技术和传播等领域的学者和专业人员等国际读者。录用率为10%。

《加拿大学习和技术杂志》是一份同行评议杂志，重点关注以促进学习为目的的技术运用。其主题包括：学习理论和技术、认知和技术、教学设计理论和应用、在线学习、教育中的计算机应用、模拟和游戏，以及技术在学习过程中的其他应用。录用率为20%。

《人类行为中的计算机》是一份同行评议杂志，刊登的理论文章、研究报告和文献综述多为从心理学角度审视计算机应用。该杂志探讨了人与计算机的互动以及计算机使用对个人、群体和社会所产生的心理影响。录用率为30%。

《当代教育技术》是一份同行评议的国际杂志，聚焦于各种教育情境中的教育技术和教学设计的研究、理论和应用。录用率为30%。

《远程教育》是一份同行评议的国际杂志，刊登有关远程教育、开放教育和灵活教育等方面的研究和学术性论文。录用率为21%～25%。

《教育研究者》刊登的是许多学科的教育研究者普遍感兴趣的学术性论文。该杂志有一个特色板块，刊登经过同行评议的论文，报道、综合或分析教育领域的学术探究。录用率为6%～10%。

《教育技术》是一份专业杂志，刊登的论文未经评议，多为说明科学知识在教育和培训环境中的研究和实践应用的文章。该杂志涵盖了与教育技术领域相关的许多主题。

《教育技术和社会》刊登同行评议的论文，探讨影响教育系统开发者和实施与管理这些系统的教育者的若干问题。

225

《教育技术研究与开发》是一份同行评议杂志，刊登研究报告、文献综述、理论性和概念性论文，以及对程序、方法和模式的描述。杂志的侧重点是教育技术的研究和开发。录用率为10%。

《技术与教育整合电子杂志》是一份匿名审稿的在线杂志，其特色是着重登载技术整合方面的研究成果和实践论文。

《教学科学》是一份同行评议的跨学科杂志，其侧重点在于理解有关教学过程的理论和实践及其与学习的联系。近期的文章主要反映了学习科学的视角。录用率为21%～30%。

《交互式教育多媒体》是一份在线杂志，刊登与多媒体的研究、实施和设计相关的同行评议论文和特约论文。该杂志涵盖的主题包括：教育多媒体、超媒体、学习、设计、教学以及对用于教育的新技术的评价。

《问题导向学习的跨学科杂志》是一份同行评议的在线开放访问的杂志，所登载论文的侧重点在于：对于在K-12和中等教育后课堂中实施问题导向学习时相关各个方面的分析、研究和实践。

《国际教育技术杂志》是一份匿名审稿的在线杂志，主要登载教育技术领域的研究论文。它每年在线出版两次，不收取费用。

《国际数字化学习和远程教育杂志》刊登的学术性论文和研究报告主要聚焦于与数字化学习和远程教育相关的问题。其目的是提升和促进关于这些主题的学术性研究，并为国际学术传播提供一个论坛。录用率为35%。

《国际学习技术杂志》登载与学习技术的理论、设计、实施、有效性和影响有关的同行评议论文。录用率为30%。

《国际在线教学法和课程设计杂志》聚焦于在线课程设计和教学方法的开发，以促进教和学。录用率为20%。

《国际技术与设计教育杂志》发表有关技术教师准备、技术能力评估以及技术与其他课程要素的关系等问题的研究和开发的论文。录用率为21%～30%。

《国际培训和开发杂志》是一份匿名审稿的杂志，主要刊登关于培训的理论研究、概念性研究和方法论研究方面的论文。该杂志针对的是来自学术界、企业界以及从事公共政策制定和实施的国际读者。

《国际培训研究杂志》刊登经过同行评议的关于澳大利亚及国际培训和职业

教育方面的研究论文和研究评论。录用率为 55%。

《国际数字化学习杂志》刊登经过同行评议的有关数字化学习的研究、开发和实践方面的论文。该杂志针对的是企业、政府部门、卫生保健和高等教育中的教育者和培训者等国际读者。录用率为 10%～19%。

《开放和远程学习研究国际评论》是一份匿名审稿并开放访问的电子杂志，刊登的论文主要涉及开放学习和远程学习领域的项目和课程。它为灵活传递模式下的学习方式提供了文献研究。录用率为 40%。

《应用教学设计杂志》是一份同行评议的在线杂志，聚焦于教学设计的研究和实践。其目的在于促进学术界和教学设计实践者之间的反思性实践和协作。

《应用学习技术杂志》是一份同行评议的在线杂志，侧重于教育、培训和工作绩效中的应用学习技术的议题、问题和应用。它面向各行各业及军方的培训人员、专业人员和教育人员，行政人员和高管，以及学术界。

《计算机辅助学习杂志》是一份同行评议杂志，它关注的是利用信息通信技术来支持学习和知识交流。该杂志针对的是研究者和实践者一类的国际读者，着重探讨协作学习、知识工程、开放学习、远程学习和网络学习一类的主题。

《计算机居间沟通杂志》是一份匿名审稿的电子杂志，侧重研究基于计算机的媒体技术通信。刊登的论文涉及原创研究和对先前研究的元分析。

《高等教育中的计算机杂志》是一份同行评议杂志，刊登原创研究、文献综述、研究的实施和评价等方面论文，以及有助于理解与教学技术和教育环境有关的议题、问题和研究的理论性、概念性和政策性论文。该杂志为高等教育中的教学技术研究和整合提供了视角。录用率为 10%～12%。

《教师教育中的数字化学习杂志》是一份匿名审稿的杂志，它提供了一个论坛，供各部门、学校和教育学院之间分享有关在教师教育中运用技术的信息。

《教育计算研究杂志》刊登的同行评议论文主要侧重于教育计算应用、用于教育环境中的计算机硬件和软件的设计与开发、计算机辅助教育。录用率为 11%～20%。

《教育多媒体和超媒体杂志》刊登的同行评议论文主要探讨教育中多媒体和超媒体的研究、开发和应用。该杂志侧重于利用能集成图像、声音、文本和数据的技术工具进行学习和教学的理论和实践。录用率为 11%～19%。

226

《教育心理学杂志》是一份同行评议杂志,登载涉及各层次教育的原创心理学研究,有时也会登载与教育心理学有关的理论论文和评论文章。录用率为17%。

《教育研究杂志》登载的经同行评议的论文多为对初等教育和中等教育实践的描述和综合研究,尤其关心的是教育情境中各种可操作的变量。录用率为18%。

《教育技术系统杂志》登载的论文侧重于把计算机和网络教学作为教育系统的一个有机组成部分。该杂志探讨了交互式计算机辅助系统的设计和开发、在教育系统中利用技术的技巧和课程,以及运用技术的课堂实践和实验。录用率为70%。

《交互式学习研究杂志》是一份匿名审稿的杂志,刊登的论文多涉及教育和培训中交互学习环境的理论、设计、实施、有效性及影响。文章类型包括理论展望、研究报告、文献综述和学习环境描述等。录用率为10%～19%。

《教育中的交互媒体杂志》刊登的论文多涉及教育中交互媒体的理论、研究和实践。该杂志采用开放同行评议的方法——评阅者署名并对他们的评论负责,作者有答复权,读者也有机会在发表前表达意见。录用率为16%。

《在线互动学习杂志》刊登与高级学习结果相关问题的单学科和跨学科视角的原稿、批判性短文和评论。这是一份同行评议的电子杂志,其论文多为在线互动学习相关的理论、研究和实践。录用率为6%。

《学习设计杂志》是一份开放访问的在线同行评议杂志,它关注高等教育中的教学法和学习设计的系统研究,重点是技术的创新运用。录用率为40%。

《教育中的技术研究杂志》刊登经过匿名审稿的论文,内容主要是与教育技术的教学运用有关的研究、系统或项目的描述与评价、文献综述以及理论或概念立场等。该杂志针对的是教师、教师教育者、技术协调员、教育政策制定者和企业领导者等国际读者。录用率为17%。

《技术和教师教育杂志》是一份同行评议杂志,刊登的论文主要涉及信息技术在教师教育中的运用。该杂志涵盖了职前和在职教师教育,以及课程和教学、教育管理、员工发展、教学技术和教育计算等领域的研究生课程。录用率为15%。

《技术、学习和评估杂志》是一份同行评议的在线学术杂志,它提供了一个跨学科的论坛,使那些结合了技术、学习理论和评估的创新能够被分享。

《视觉文化杂志》是一份匿名审稿的杂志,主要对视觉文化和视觉传播的各个方面进行经验性、理论性、实践性或应用性探索。该杂志着重关注各领域对视觉要素的有效使用。录用率为40%。

《学习与教学》是一份同行评议杂志,刊登关于学习、发展、教学的经验性研究,理论论文,方法论方面的论文,以及文献综述等。该杂志的重点是欧洲在这一领域所做的工作。录用率为13%。

《开放实践》是一份开放访问的同行评议杂志,刊登学术性论文,提供世界各地有关开放教育、远程教育和灵活教育发展的信息。

《绩效改进》是一份匿名审稿的专业杂志,以工作场所的绩效技术从业人员为目标读者。该杂志涉及各种类型的干预和 HPT 过程的所有阶段,其内容为有关模式、干预、如何指导、即用型工作帮助等方面的实践经验,也有一些研究论文。

《绩效改进季刊》是一份同行评议杂志,主要刊登绩效改进和人类绩效技术领域的文献综述、研究论文及其他学术性论文。它试图整合和拓展其他学科中与解决问题和绩效改进有关的方法、过程和研究成果。

《远程教育评论季刊》是一份同行评议杂志,刊登与远程学习的理论、研究和实践有关的论文、研究简讯、评论和社论。该杂志经常探讨与在线教学设计相关的问题。录用率为50%。

《学习技术研究》刊登的同行评议论文主要关注的是教育和工商业领域中的技术在学习和教学中的运用。录用率为35%。

《教育研究评论》是一份同行评议杂志,刊登对教育相关研究文献的批判性综合评论文章。该杂志包含着从多种不同学科角度解释和综合教育研究的评论。录用率为8%。

《TD杂志》刊登的是非同行评议论文,这些论文通过案例研究提供当前最佳实践的有用信息,分享新技术及其应用,报道新出现的趋势,解决人才发展领域的相关关键问题。该杂志的目标受众是商业、政府部门、学术界和咨询业的从业人员。

《技术趋势》刊登的同行评议论文主要聚焦于技术在教育和培训中的实际应

227

用。其主题包括：媒体和项目的管理，教学技术原理和方法在教育、企业培训和军事培训中的应用。它以教育传播和技术领域的专业人员为目标受众。录用率为 25%。

《培训杂志》刊登非同行评议特辑，如行业领导人的访问和简介、特别报道、独创研究、观点以及培训和职场发展中的最新趋势。

《土耳其教育技术在线杂志》是一份同行评议的电子杂志，登载的论文多涉及课堂中的教育技术运用，教育技术对学习的影响，学生、教师和行政人员对教育技术的看法等。录用率为 35%。

结论

教学设计和技术是一个正在快速发展的领域。从表面上看，本领域的趋势似乎是由技术的进步所驱动的。然而，支撑教学设计和传递以及其他干预措施的学习和绩效一直在发展。称职的专业人员在自身的持续专业发展方面投入了大量的时间，他们加入专业组织，出席会议，阅读领域内的相关出版物，为领域的知识库做出贡献。社交和专业网络的诞生、兴盛和消亡是如此频繁和迅速，以至于人们必须有意识地努力才能跟得上。作为教学设计和技术领域的一名专业人员，你必须将这些知识应用于自身，并为自己制定有效利用这些渠道的策略。积极投入教学设计和技术领域将有助于你的专业发展。

要点总结

1. 人们期望教学设计和技术领域的专业人员能随时把握学习、教学、绩效改进、媒体、技术等方面的最新动态。

2. 为了跟上领域的最新进展，学者们和从业者们加入专业组织、参加会议、参与正式和非正式的网络活动、阅读专业期刊、开展研究、发表研究成果，以及通过评论他人的成果来做出学术贡献。

3. 在决定是否加入某个专业组织或阅读某份专业期刊时，应考虑它的使命是否与你的职业目的和兴趣相匹配。

4. 要权衡加入一个专业组织所带来的益处和加入该组织所付出的代价。益处可能包括期刊订阅、年会和会议、就业帮助，以及建立人际网络的机会等。

5. 积极加入在线论坛和社交网络网站可以加速发展你的专业人际网络。有效利用这些资源需要仔细思量个人代价和收益。

6. 会议和展览都是学习事件。你应该带着明确的学习目标去参加会议和展览，并事先计划好如何实现你的目标。

7. 作为一名受过良好教育的信息消费者，无论你读到的内容发表在什么地方，你都应该对它进行批判性分析。

应用问题

1. 选择一个你感兴趣的主题，查阅本章所列的出版物，找出那些发表了有关该主题论文的出版物。阅读一些与该主题相关的论文（最好来自不同的出版物），解释哪些刊物提供了最好的信息来源。

2. 为你下次要参加的会议写一个行动计划，列出你的学习目标，以及你预计怎样达到这些目标，需要做哪些准备，要实现目标还需要其他哪些资源（选择某次会议而不是一些抽象的事件，会更加容易）。

3. 联系本章所列的一份或几份期刊的编辑。如果你够格的话，向他们询问成为审稿人和志愿者的条件。如果你不够格，请审视自己与这些条件相关的技能状况，并制定一个计划来培养自己目前欠缺的技能。

参考文献

Klein, J. D., Spector, J. M., Grabowski, B., & de la Teja, I. (2004). *Instructor competencies: Standards for face-to-face, online, and blended settings*. Greenwich, CT: Information Age Publishing.

Koszalka, T. A., Russ-Eft, D. F., & Reiser, R. (2013). *Instructional designer competencies: The standards*. Charlotte, NC: Information Age Publishing.

Richey, R. C., Fields, D. C., & Foxon, M. (2000). *Instructional design competencies: The standards* (3rd ed.). Syracuse, NY: ERIC Clearinghouse on Information and Technology.

228

第八部分

技术与学习

第二十七章　数字化学习和教学设计

约翰·V·邓普西　　南阿拉巴马大学

理查德·N·范艾克　　北达科他大学

在我们为本书第一版撰写这一章时,我们就认为,教学设计者在指导高质量 *229*
在线课程开发方面可以起到十分重要的作用。这一点已经在许多领域得到了证
实,其中最明显的或许就是大学。在大学里,各种形式的数字化学习已经被认
可,就像当初课堂学习被认可一样;在大学里,许多教学设计者现在的日常工作
岗位就在学习技术中心。在线传递的学习与非在线传递的学习之间具有巨大的
差异这一观念也一直在改变。正如教学设计者长期以来所主张的,不论学习的
形式如何,虽然学习形式本身肯定是内嵌于教学的,但学习都是良好教学设计的
结果。除了那些最顽固的教育者和管理者外,虚拟实践共同体和无处不在的个
人媒体已经对所有人产生了影响。融合、虚拟社会学习共同体和个人技术会是
并将继续是数字化学习的主要驱动力,但是只关注技术却是缺乏远见的。

对于任何学习环境,我们的精力都必须始终集中于如下方面:有效实现学
习结果、安排富有创意的切实的设计、在开发和制作团队中工作、管控可行的学
习支持系统。要理解这对于今天的数字化学习意味着什么,就必须要知道我们
在技术和远程教育方面的确切进展,同时也要求 21 世纪的学习方法实现某种范
式上的转变。这就引发了以下问题:我们是否真正理解当今数字化学习的概念
和功能? 或许更重要的是,我们是否有合适的概念模型来适应这一变化中的形
势? 既然各个机构都在增加投资来促进高质量教学(在线或非在线),那么教学

设计者是否有能力来培训教职员工最佳地开展设计,或者教学设计者自己是否有能力开展大规模的设计? 或者说我们是否正在走向淘汰? 教学设计者的培养应如何改变才能适应技术和传递手段的进步? 本章将探讨一些有助于我们回答以上问题的核心概念,修正一些正在变化中的概念,概要阐述一些当前面临的以及未来要面临的新挑战。

什么是数字化学习?

在过去几年中,数字化学习(E-learning)已经成了一个宽泛的术语,包括以任何方式利用技术的学习。一直以来,我们试图根据不同形式来区分学习[计算机辅助教学、多媒体教学、混合(blended)学习和在线学习]、根据地理位置来区分学习[远程教学、面对面教学、混成(hybrid)学习]、根据时间来区分学习(同步教学和异步教学),也根据以上各方面的不同组合来区分学习(如混合-混成)。这样的做法一开始是成功的,但是快速的变化很快就使这些正统的区分变成了笑柄。在线曾经就是异步文本和一些图像,以及很少的视频,现在已经发展为视频、音频、动画和交互性的绝妙(即使有时是混乱的)结合。

再想想数字化学习、在线学习、网络教学、远程学习等术语又是如何被经常混用的。各个机构在实践中随意地应用这些术语的具体含义(即一个机构或一种学习环境所说的远程学习与另一个机构所说的远程学习可能非常不同)。这些定义的语境造成了学习环境设计方面的限制,影响了学习环境的功能可见性,然而设计者和开发者却很少关注这些参数的意涵。今天,学习者在一门课程中既可以开展同步(实时)互动,也可以开展异步(不同时)互动,还可以既有同步互动又有异步互动;学习者既可以与其他学习者互动,也可以与学习管理系统互动,还可以同时开展两类互动;所有这些互动既可以在同一地点进行,也可以在不同地点进行。手机、电话系统、专门视听网站、学习管理系统、多媒体计算机、社交媒体平台、万维网,以及不久后的虚拟现实耳机等都可以促生教学经验。教学中涉及的技术不同,而且并不总是处于教学设计者或教师的控制中,因此教学本身既可能是正式的、有意图的(如课程或培训研讨会等设计好的学习经验),也可能是非正式的(如社会计算和网络),甚至可能是完全偶然的(如非教育性的电脑游戏)。以前,我们的教学可能综合了以上两到三个特征或方面,而今天的数字化学习可能综合了其中任何一个特征或者全部特征。今天的数字化学习随时可以将这些特征结合进去,也可以根据当前的需要对它们进行增减。这些描述仅仅是对极其复杂的数字化学习环境所做的蜻蜓点水式的探讨,这是因为数字化学习设计者没有充分考虑现代数字化学习的意涵和影响因素。打个比方,我们误将森林(一个简单的表示一致性的单词)认作树木(构成了森林的多样化生物体)。我们只需要看看最近关于大规模开放性在线课程(MOOCs)的讨论,就可以发现我们(教学设计者)不负责任的证据。虽然 MOOCs 在教育机会民主化方面具有巨大的潜力,但公众将它们等同于规模达数千人而不是数十人的"在线"学习。对于受过教学设计训练的人来说,在 MOOCs 开始之前,关于 MOOCs "有效"与否的问题就已经进行过很多辩论。MOOCs 几乎没有根据学习者的行为表现来提供有意义的指导和反馈——这是加涅良好教学实践九大标志中的两个——的机制。它们能起作用吗? 能,但是必须在充分理解技术、学习者和学习结果等的意涵的前提下进行设计和开发。

由于技术功能强大、易于使用、无处不在,我们可以按照我们曾经希望的组合学习对象的方式来组合和匹配内容、媒体、教学方法和形式等。技术功能和易用性的增强,结合教学设计研究以及当今高等教育与企业培训中丰富的数字化学习实验室,已经引发了非常高效的学习,事实证明,这种学习与以往的学习方式和方法引发的学习一样有效(Shachar 和 Neumann, 2010;美国教育部,2009)。随着异步和同步之间的差别以及面对面和远程之间的差别逐渐消失,给它们下定义以及用不同术语来称呼它们的需要也在逐渐消失。学习就是学习,数字化学习只不过是在曾经的传递/接受/反馈循环中加入了电子技术而已。时间、空间和技术的融合所带来的影响远远超出了不断发展的学习范式和当前趋势。与流行观点不同的是,这不仅仅是学习"新技术",而是需要重新诠释我们的教学设计观以及教学设计者的专业能力。

学习结果的分析和三角互证

丰富的学习结果远远不止于简单地获取知识。就像梅里尔(1997)和其他人早就指出的,信息并不是教学。教学设计中最有用的概念框架对于数字化学习的适用性就像它们对于其他功能结构的适用性是一样的。加涅的九大教学事件(1985)和凯勒的 ARCS(注意、相关、自信、满意)模型(1983)都不会对教学策略和动机策略的性质产生限制。相反,这些模型为教学设计者提供了一个框架,使他们可以主动地处理有意(intentional)学习环境中的课程主题。例如,艾伦的模型(见第五章),芬克的模型(2013)(见第二十一章),刘易斯(Lewis)和沙利文(Sullivan)的模型(见第三十七章),强调了学习的教学情境和文化的重要性,把这方面的工作向前推进了一步。

通常,教学设计者的工作是为实现有意学习结果做安排。市场依然要求教学设计者具备基本的教学设计技能,如利用学习结果分类学(如 Bloom,1956;Gagné, 1985)的能力、为实现有意学习结果而进行分析的能力。在许多著名的教学设计课本中,对于如何把学习结果归类、如何开展学习分析或教学分析,以及学习者分析、标准参照评估、教学材料的形成性评价等基本技能都进行了充分阐述和传授。

在有意学习环境中迄今尚未受到重视但却非常重要的一点是三角校准(triangulated alignment)。三角校准的意思是预期学习结果的目标、评估和学习活动之间要相互对准、相互预见、相互依赖。一个最常见的未能实现三角校准的例子是,明明希望实现高阶学习结果如问题解决(认知技能),这一点在学习目标中甚至也得到了准确的表述,但评估和/或学习活动却集中于言语知识(一种完全不同的习得能力)。常见的非三角校准的例子甚至还有:学习活动本身是创造性的、有效力的,但却与预期目标不匹配;或者学习活动与目标确实相匹配,但学习者所面对的评估却与此二者完全不一致。在充分的教学设计中,所有三个成分必须相互对准、相互预见。在数字化学习中,工具有时会限制过程。例如,当前数字化学习中大量的集成高质量测试软件可能会诱使教师或教学设计者去准备一些同陈述的习得能力结果不一致的多重选择题。虽然制定一个目标是相当简单的,毕竟它不过是用专业术语把学习结果表达出来,但为之开发和校准策略与评估可能就难得多了。与简单的串联式讨论(threaded discussion)和反思报告(reflection paper)相比,有意义的学习活动(特别是当涉及异步环境中的小组时)要求更有创意和更精心的准备,因此,即使它们对于预期结果是更加适合的策略,设计者可能也不愿意花时间去进行设计和开发。

使有意义的评估和学习活动与学习结果充分校准是一项棘手的工作。几乎在所有情境中,这都要求对目标、评估和学习活动进行反复修订,直到三者之间以及这三者与预期学习结果之间高度相关(一致)为止。对于这套技能,教学设计师是训练有素的。不过,数字化学习环境还有一个令人欣喜的特点,即数字化学习环境充满了非正式学习或偶发学习的机会,这一点在正式的 IDT 教学中是不受重视的。互联网比迄今为止其他任何颠覆性技术更有用的一点是,它可以让我们获得一些意外的收获:获取或扩展知识。对于教学设计者来说,这可能是数字化学习最强大但还未被开垦的特性。毫无疑问,互联网上的偶发学习和非正式学习(见第十六章)是一片值得大学教师、企业研发团队和研究生们系统探索和研究的沃土。顺便说一句,我们所学到的常常是能激发持续学习活动的强烈兴趣的火花。相比有些人所说的"客观主义"学习方法(如迪克和凯瑞的模型,1990),建构主义、联结主义、情境学习等教育哲学对偶发学习进行了更加坚定的探索。不过,虽然在创设数字化学习环境时,教学设计者理应利用这些概念方法(conceptual approach)来对有意学习结果和无意(unintentional)学习结果进行系统的设计,但许多教育者相信,有意学习的教学设计已经非常繁琐以至于有些不切实际,就更不要说对偶发学习的设计了。

教学设计教授将非常坦率地告诉你,一些享有盛誉的教学设计研究生课程的毕业生并不能可靠地进行哪怕是有意学习结果的教学分析。虽然我们相信学习使用传统的教学分析方法是教学设计教育中的一个重要部分,但指望非教学设计人员应用如此繁琐的教学分析方法是不现实的。数字化学习材料的开发速度之快以及许多课程开发者或教师缺乏有关训练,使得在许多情境中都不可能应用传统教学分析中的学习分类学。

综合框架、迭代和自然学习

除了利用抽象的传统教学设计分类学之外,另一种替代方法是运用从更一般意义上思考学习结果的综合框架。它不再把分类学的各个层次视为分离的、去情境化的学习结果,而是从情境学习和真实情境的视角来考虑学习结果。这是我们人类最常见的学习方式——依赖于经验和真实世界的知识,并反复完善我们的学习经验以实现我们的目的。

例如,自然学习法(elemental learning)(Dempsey,2010)和SAPS法(Van Eck,2015)就依靠更为综合的非传统方法,而不是依靠正式的分类学来设计和评估学习结果。该模型基于对学习分析的直接测量,它是迭代的,而不是只使用前端分析的方法。迭代模型在真实学习环境或模拟学习环境的背景下构建重要的学习过程,反思其效果,设想需要改进的方面,修订预期的学习结果、评估和学习活动使其更加有效,从而促进了三角校准(目标、评估和学习活动)。

自然学习法(图27.1)区分了两类学习结果:自然学习结果(现实生活的结果和高度模拟现实生活的结果)和虚构学习结果(通常是去情境化的程序、概念和知识)。换句话说,实际的或模拟的要素涉及对现实生活任务或模拟的现实生活任务的评估或学习——而虚构学习结果则不是。教学设计专业的教育往往更强调虚构学习结果,侧重于对虚构学习结果的实践——而正是这些虚构学习结果让非教学设计者感到过于繁累,被非教学设计者视为很大的挑战。受生物学和人类学中通俗分类学以及布鲁纳(Bruner)(1960)的螺旋式课程影响,这种方法主要考虑的是自然学习结果(实际或模拟的现实生活),虚构学习结果(程序、概念、相关知识)则被结合进一个自然发生的迭代过程中。这个模型也使创造性内容专家经常表现出来的不可思议的直觉更容易发挥作用。这一类更简单、更

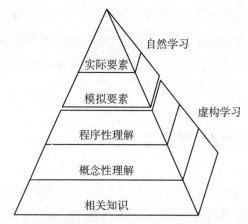

图27.1 以实际要素为顶点的自然学习金字塔。上面两层是自然学习结果,下面三层是虚构学习结果

直接的教学设计和学习分析模型把重点放在现实世界中发生的事情上，最有可能被数字化学习采用，也最有可能促进数字化学习的迅速发展，而教学设计从业人员理应更熟练地运用这样的模型并促成其扩散。

数字化学习功能架构

数字化学习的形势已经发生变化并不意味着学习与教学设计间的关系已经改变。无论使用的是何种媒体，我们仍然要利用教学设计来创建学习环境和产品。然而，由于技术的发展及其对人类认知和互动的影响，在我们的工作中涉及的过程或功能架构也正经历着快速的变化。所谓功能架构，我们指的是教学系统中涉及的各个功能性实体和成分以及它们之间的协作和相互作用。很显然，它们大多受到新技术的影响，但是也许最值得重视的是这些技术用以促进新的思维和互动方式的途径。例如，手机短信的运用就显示了学习环境中的功能架构是如何受影响的。长期以来，人们一般只使用语音进行电话沟通，而现在大多数人使用短信和语音进行电话沟通。这又反过来扩展了功能架构的可能性以及教学系统如何利用这种交互技术的可能性（完成家庭作业的短信提醒、实时小组数据报告等）。我们认为，如果想在未来的学习中继续发挥有意义的作用，我们就必须理解和拥抱教学设计功能架构的变化，而不仅仅是技术本身的变化。

232

社会互动对设计的影响

自世纪之交以来，持续对数字化学习产生影响的因素是共同体的影响力以及为有目的的学习活动而对社会性学习技术的应用。孤独的学生在其电脑上独自学习至深夜，与同伴几乎没有或完全没有接触，这样的情况现在还有，但目前和将来的学习系统将更强调分享经验。教学设计者只需看看 2005 年前后脸书和推特等社会性学习工具的迅速崛起，就能明白这些技术与数字化学习经验的融合意味着我们不能只是"添加"技术，而是要改变学习经验的本质——学习的功能架构。

如果说社会建构主义有什么真正值得捍卫的，那就是学习任务的共同建构——本质上是一种社会活动。许多数字化学习设计者开始注重那些被他们整合成一个永久性程度不同的产品［课本、电子书、维基、网络会议、非正式混搭程式（mashup）］中的信息。同样地，数字化学习是指学习小组在越来越多的学习选择和共享经验中行动的过程。这就要求教学设计者转变思维，采用类似于电视真人秀节目和平行实境游戏（alternate reality games）的策略，即在牢记短期和长期目标的前提下，设计师必须监控、调适并（与学习者）共同完成教学故事。与学习者共同组成设计团队进行教学设计、同伴教学以及其他协同设计等常见的例子都表明，既重视产品又重视过程可能是数字化学习讨人喜欢的优点之一。常规课堂不易提供的参与性和创造性在设计良好的在线环境中却司空见惯。有效组织（但并不死板）的数字化学习小组过程［就像约翰逊和约翰逊（参见第三十二章）所描述的那些过程］描述了如何组织和引导小组、小组领袖有什么职权、其他小组成员承担什么责任、如何评定小组项目以及教师的仲裁作用。这些都是社会性游戏的规则。这些规则使学习共同体极其富有活力，具有令人可喜的不固定性，而教学设计者如果想要创造或增加有意义数字化学习环境的价值，就必须理解和掌控功能架构上的这些及其他变化。

媒体对技巧[①]

数字化学习的功能架构也要求我们改变对于学习技术的概念化，不再把学习技术当作"仅仅是媒体"传递方式或课程组成部分。虽然我们领域已研究了技术在支持认知和学习方面的作用，但我们的术语可能并不足以表现构成数字化学习的技术、教学设计和认知的复杂性等。因此，冒着可能会引入更多专业行话的风险，我们用技巧（technics）一词来表示数字化学习技术所能提供的学习策略的（learning tactics）。教学技巧（instructional technics）是利用所设计或所选择的技术来实现特定学习结果的活动或策略。它们受教学策略的（instructional strategy）影响或驱策，有时也受削减成本需要的影响。从实现自然学习结果所需教或学的内容和时间这个"全局"来看，技巧并非战略性的。相反，它们是我们

---

① 此处是在比里维斯·曼福德（Lewis Mumford）更为现代的语境下使用技巧一词，但又与技术（technology）相似，因为技术被认为是"人类为了自身目的控制和支配自然力量而开展的活动"。（1952，p. 15）

教学设计工具箱中的新工具，将随着学习环境的发展演变而被采用或淘汰。它们因环境和媒体而异。实际上，技巧是教学设计者在数字化学习功能架构的境脉中使用的工具包。

教学技巧可以是校园讲座、计算机辅助培训模块、在线研讨会、参考书网站、电子书、DVD、串联式讨论、视频会议、博客、模拟、绩效支持系统，以及能实现学习的其他无数元素的任意组合。数字化学习同样可以是同步的（"实时"发生的）、异步的（非"实时"发生的），或者同步异步的混合。因此，技巧使我们能够根据学习结果、媒体的认知相关特点、学习者类型、环境以及任何技术限制或学习文化来对教学加以概念化（和设计）。

技巧对卡车

大约三十年前，理查德·克拉克（Richard Clark）声称媒体"对学生学习成就的影响并不比运送食品的卡车对我们营养的影响大"（1983，p. 446），从而在教学设计界激起了一场有益的辩论。其观点一般被称为"单纯工具"论。就其本身而言，媒体比较研究的统计数据使其很难被驳倒。[①] 随之得出的假设是，学习是被"传递"给学习者的（方法），而传递工具本身（媒体）并不太重要。在科茨马（Kozma）对此所做的同样有名的回应中，科茨马反驳道："媒体可以根据其技术、符号系统和加工能力等认知相关的特点来进行区分。"（1991，p. 179）他还说：

> 克拉克毫无必要地分裂了媒体和方法。媒体和方法具有不可分的关系，它们都是教学设计的一部分。在一个特定的设计中，媒体促进或限制了方法的应用，而方法则利用并实现了媒体的潜能。（p. 205）

换句话说，所有卡车并不都是同等的：水槽车可以运输西瓜，但为了有效运输必须将西瓜打成果泥，这就改变了消费体验。如果考虑到在线模拟游戏等更

[①] 尽管美国教育部一次由克拉克担任顾问的庞大的元分析发现，平均而言，在线学习和混合学习条件下的学生比接受面对面教学的学生表现得更好（美国教育部，2009），但过去许多媒体比较研究和远程教育比较研究得到的结果基本上都表明不存在显著差异。

高级的媒体，或许就更容易理解此观点的逻辑。虽然很多人认为游戏促进了问题解决，但是若仔细审视各种不同的游戏玩法和不同类型的问题就可以清楚地看到，某些游戏玩法对某类问题比对其他类型问题更为合适（如 Hung 和 Van Eck，2010；Van Eck，2015）（也可参见第三十三章）。从这一令人振奋的学术观点中得出的结论（使我们）更加相信：追问所设计的数字化学习环境中哪些方面比其他方面更重要是无益的，有益的做法是将它们都视为总体设计中的构成成分。巧妙的设计整合了先前知识，超越了"某种"学习对另一种学习的对比性控制实验。人们越来越认为，教学不是"传递"，甚至不是有意设计的；我们从榜样那里习得态度，而这些榜样可能根本就没有意识到他们对我们的影响；我们也在与娱乐媒介的交互中实现偶发学习。任何设计都具有创建秩序的功能。最好的教学设计是创建秩序，即创设一个有利于学习发生的丰富环境。良好的设计不会预先假定一种具有高度可控性的、能定量测量其短期学习结果的传递方法。方法（传递的、建构的或偶发的）和媒体形塑了学习结果，但是在一个丰富的、设计良好的环境中，无论是方法还是媒体，都不可能单独影响长期的学习结果。

如果我们不再把教学设计视为创建教学的手段，而认为它是要通过设计各种学习经验来让学习者自己去创造自己的学习，那么这样的区分就变得特别重要。虽然我们的模型和核心问题仍然与数字化学习的设计相关，但我们关于学习结果、目标、媒体和学习经验本身的思考必须不断发展。那么，在实践中又会是怎样的呢？

功能架构、技巧和自然学习

综合功能架构、技巧以及自然学习和虚构学习结果等概念，我们就可以得到一个路线图，让我们设计出的数字化学习环境能够反映学习是一种建构经验的当代观念。聚焦于现实世界中发生的真实的、情境化的任务（自然学习结果）可实现以下几点。它有助于设计出统一的、有意义的、复杂的数字化学习环境，而不是缺乏情境的、过度简单化的学习容器。当然，这在教学设计中并不是全新的方法；我们常常根据我们心中认为最重要的真实世界的学习结果开始进行设计（见第三十五章）。但是，它确实提供了一种更好的方法，将学习环境概念化为学习者和知识将在其中得到应用的世界之间的动态互动。它不再需要考虑如何将学习迁移到真实世界中去；我们必须使设计出的环境明显支持复杂而富情境的真实世界学习而不是去情境化的虚构学习。

同样地，最好不要再把数字化学习技术视为一个平台（如应用了某某媒体的学习管理系统），而要把它视为融合了技巧的功能架构的组成部分，而功能架构中的技巧是用来设计学习经验以支持学习者接受或（最好是）建构知识、技能和态度的。我们教学设计人员不是技术的提供者，而是环境的设计者，我们所设计的环境允许以预期和非预期的方式使用技术，这些预期和非预期的方式也包括评估学习和记录学习的证据等重要功能。有一种倾向是通过界定学习者将要使用的平台、时间、地点和工具来"划定"学习者涵盖的范围。这就使我们的数字化学习环境更加具有人为性、更不灵活、更不相关、更不持久。这就强化了"单纯工具"论，在某些情况下，甚至会降低学习结果。

与其作一些关于所有在线学习者的假设（如他们不能出席校园课堂、很难进行同步学习等），不如选择技巧（并允许学习者选择技巧）来创建丰富且灵活的环境，以反映自然学习结果，支持必要的虚构学习结果，并与数字化学习环境之外的世界相联系。如果学习结果要求进行互动，那么可以指定通过网络会议系统和本人出席的同步会话来开展互动，但也要将这些同步会话录制下来，方便以后通过网络、手机等回看。如果需要协作，那么学习小组应该能够在即时消息、短信、维基、会议系统技术等众多工具中自行选择所用的工具。当真实环境中的交互活动很重要时，应该提供安全的网络会议工具和虚拟世界以供讨论，或者举行集会（若能亲自出席更可取）或角色扮演等。当然，各种技术的激增加剧了学习者和教师的焦虑。底线就是把各种可能的学习结果（有意的和非正式的）同各种技术组合的功能可见性一起考虑，然后创建一个理论适当的，巧妙、灵活地利用这些因素的教学设计。

教学设计领域和数字化学习

数字化学习环境比以往任何时候都复杂，也比以往任何时候都需要熟练的教学设计者；日益复杂的数字化学习系统以空前的速度涌现，这也使人们感到困感。教学设计的好时候到了,因为我们工作的领域越来越难耕耘,这就使我们的角色越来越重要了。组织需要具有良好理论背景并掌握数字化技术运用能力的教学设计师的帮助。不过,对于一个组织来说,教学设计师始终是一个高成本项目,如果组织看不到我们在数字化学习开发过程中的必要性,那么对我们的需求和我们得到的报酬都会降低,而这将威胁到我们继续存在的必要性,至少也将削弱我们可能做出的贡献。

因此,我们建议重新讨论认证问题。尽管先前在这方面的努力有时还存有争议,也不太有效,但时代已经变了。现在许多学校对照它们自己内部开发的核查表和专业发展程度来对数字化学习设计进行"认证",而教学设计师自身却缺席了这一对话。随着 20 世纪 90 年代和 21 世纪初数字化学习的发展,我们正在将自己的领土割让给那些不懂得教学设计原理和实践的人。我们看到那些核查表都集中于某些标准要素(如公告、大纲、讨论板、维基)的有无,而不关心功能架构或学习结果。我们可能觉得很难就教学设计师意味着什么达成一致,但高等教育并不会觉得难以为我们界定这一领域,至少在涉及数字化学习时是如此。如果我们希望在其中占有一席之地,就必须加入对话。

基本教学设计和数字化学习技能的认证至少要求一个教学设计师具备本领域的基本能力。由于认证要求常常会对专业学校产生驱动作用,认证还应保证大学课程在追寻教育心理学的最新潮流时不会忽视基本的教学设计技能。虽然本领域对于认证标准并未达成广泛的一致,但已经有了一些标准,如国际培训、绩效与教学标准委员会提出的标准(Koszalka、Russ-Elf 和 Reiser,2013),这些已有的标准可以成为下一步努力的起点。这类努力与大学和各专业社团的认证要求相结合,将使教学设计的专业实践具有一定的可靠性。标准和认证是一个严谨的专业的标志,我们应当认真对待这些讨论,否则就有可能坐失良机。

要点总结

1. **数字化学习已成为一个宽泛的术语,涵盖了所有以任何方式涉及技术的学习。**技术进步带来的性能和易用性的增强使混成学习、混合学习、远程学习之间的区分基本上变得无关紧要。在一定程度上,也使时间(同步、异步)、地点和平台类型(如移动、万维网、面对面)之间的区分变得不太重要。

2. **数字化学习的特点表现为两种现象：**(1)利用各种协作性或交互性功能实体和成分的功能架构；(2)利用设计的或选择的技术来实现学习结果的技巧。

3. **注重自然学习结果能促进更简单、综合和迭代的学习分析与评估方法，有助于为媒体、平台、地点和时间的运用指明方向。**虽然分析有意学习结果和偶发学习结果非常重要，但传统的教学分析技术复杂而低效。

235

4. **在一个设计良好的数字化学习环境中，无论是单靠媒体还是单靠方法(传递的、建构的或偶发的)，都不可能影响学习的长期效果。**教学设计与所有设计一样，具有创建秩序的功能。

应用问题

1. 如果你要设计一门大学生的教学设计和技术(IDT)课程，请描述你将如何重新构思课程。硕士课程中的哪些内容可以转入本科课程中？认证将如何以及在哪里起作用？硕士课程有何不同？硕士课程和博士课程是什么关系？

2. 如果你要设计一门教学设计和技术(IDT)导论的数字化学习课程，你如何决定将哪些技巧纳入其中？运用本章讨论的术语和概念(如自然学习结果和虚构学习结果、技巧的选择等)，想想为学习者设计功能架构并选择适当技巧和让学习者自己去做这些事情的设计意味着什么？这将对设计过程产生什么影响？

3. 假设你受聘设计一门包含目前所用的全部技巧和技术(社交网络、协作、脸书等)的"21世纪学习课程"。你将为此课程设计哪些重要特征？你将如何设计有意学习和无意学习？

4. 假设你受聘为一名教学设计顾问，帮助一家国际企业创建一个虚拟培训网络。请描述你将采取哪些步骤，以及在评价此网络的可行性及开发你所提议的系统时你会问哪些问题。

5. 利用互联网找出10个分布式学习的例子。找出下列各类别的一些例子(一个例子可以涉及几个类别)：

- 企业界的分布式学习

- 学术界的分布式学习

- 分布式资源支持

- 混成课堂

- 虚拟课堂

- 在实际地点实施的分布式学习

- 通过虚拟机构实施的分布式学习

- 以营利为目的的分布式学习

- 免费的分布式学习

- 技能培训（如计算机技能培训）

- 知识培训（如第二次世界大战的历史、心理学导论等）

参考文献

Bloom, B. S. (Ed.). (1956). *Taxonomy of educational objectives*. New York: D. McKay.

Bruner, J. (1960). *The process of education*. New York: Vantage.

Clark, R. E. (1983). Reconsidering research on learning from media. *Review of Educational Research, 53*(4), 445–459.

Dempsey, J. V. (2010). Elemental learning and the pyramid of fidelity. In R. Van Eck (Ed.), *Gaming and cognition: Theories and practice from the learning sciences* (pp. 82–107). Hershey, PA: IGI Global.

Dick, W., & Carey, L. (1990). *The systematic design of instruction* (3rd ed.). New York: Harper Collins.

Gagné, R. M. (1985). *The conditions of learning and theory of instruction* (4th ed.). Fort Worth, TX: Holt, Rinehart and Winston.

Hung, W., & Van Eck, R. (2010). Aligning problem solving and gameplay: A model for future research and design. In R. Van Eck (Ed.), *Interdisciplinary models and tools for serious games: Emerging concepts and future directions* (pp. 227–263). Hershey, PA: IGI Global.

Keller, J. M. (1983). Motivational design of instruction. In C. M. Reigeluth (Ed.). *Instructional design theories and models: An overview of their current status* (pp. 386–434). Hillsdale, NJ: Lawrence Erlbaum Associates.

Koszalka, T. A., Russ-Eft, D. F., & Reiser, R. (2013). *Instructional designer competencies: The standards* (4th ed.). Charlotte, NC: Information Age Publishing.

Kozma, R. B. (1991). Learning with media. *Review of Educational Research, 61*(2), 179–211.

Merrill, M. D. (1997, Nov/Dec). Instructional strategies that teach. *CBT Solutions,* 1–11.

Mumford, L. (1952). *Art and technics*. New York: Columbia University Press.

Russell, T. L. (2001). *The no significant difference phenomenon: A comparative research annotated bibliography on technology for distance education*. Montgomery, AL: IDECC.

Shachar, M., & Neumann, Y. (2010). Twenty years of research on the academic performance differences between traditional and distance learning: Summative meta-analysis and trend examination. *Journal of Online Learning and Teaching, 6*(2), 318.

United States Department of Education. (2009). Evaluation of evidence-based practices in online learning: A meta-analysis and review of online learning studies. Edited by B. Means, Y. Toyama, R. Murphy, M. Bakia, & K. Jones. Washington, DC: U.S. Department of Education Office of Planning, Evaluation, and Policy Development Policy and Program Studies Service.

Van Eck, R. (2015). SAPS and digital games: Improving mathematics transfer and attitudes in schools. In T. Lowrie & R. Jorgensen (Eds.), *Digital games and mathematics learning: Potential, promises and pitfalls*. New York: Springer.

236

第二十八章 社交媒体和教学设计

瓦内萨·P·登嫩　　佛罗里达州立大学

社交媒体概述

　　社交媒体是基于网络的工具,它允许用户构建人际网络以实现彼此沟通和信息分享。社交媒体已迅速成为当代生活的一个突出特征。绝大多数美国成人都是社交媒体用户(Perrin,2015),绝大多数西欧成人也都是社交媒体用户(国家统计局,2013)。其他国家的使用率各不相同,但一直呈上升趋势。虽然社交媒体在各部分人群中都得到了普遍使用,但在青年中的使用率较高,且随着教育水平和收入水平的上升而上升(Perrin,2015)。

　　社交媒体的使用已遍及生活的方方面面。通过社交媒体,人们建立起在线人际网络来支持和维护关系、提供信息等。对很多人来说,这些网络已成为日常生活不可或缺的一部分,他们用这些网络来指导工作和家庭活动,并根据需要与其他人和信息相联系(Rainie 和 Wellman,2012)。人们依赖社交媒体获取新闻(Barthel,Shearer,Gottfried 和 Mitchell,2015)、保健(Fox 和 Duggan,2013)等各方面信息,也依赖社交媒体开展各种活动,如参与公民生活(Smith,2013)、寻找相亲对象(Smith 和 Duggan,2013)、接受教育(Tess,2013)等。

　　在教育领域,社交媒体被视为一种新兴技术,即其地位还在形成之中,有时甚至跟夸大的宣传联系在一起,其最佳用途在当前可能还未被充分理解,也还未实现(Veletsianos,2010)。在机构层面,社交媒体的影响范围远远不只是学习。例如,它被用来支持营销和人员招聘、学生外联(student outreach)、课外活动等。

在学习情境中,社交媒体的使用可能是由机构推动和促进的,也可能是由个别教师或教学设计者自发发起的。推动社交媒体在教育领域应用的影响因素包括:希望利用人们已在其他生活方面使用过的技术,希望参与当前的教学趋势,相信社交媒体能激发学生动机等。不过,仅仅决定社交媒体应该被用来支持特定环境或背景下的学习并不意味着转而利用社交媒体进行设计和教学是一件顺利或成功的事情——即使个人已经经常性地使用社交媒体。

以下两个故事是对教学设计者和教师在设计其课程时所面对的真实情况的模拟。它们突出了当前与社交媒体支持学习有关的社会氛围和期望。

故事1:斯泰西(Stacey)是一家大型保险公司的教学设计管理者。她的任务是带领一个团队修订外勤人员使用的继续教育材料。如果斯泰西及其团队要做的全部工作就是更新内容,那么这项任务可能相对简单。但是,他们还要面对一个更大的挑战——运用社交媒体互动或类似于社交媒体的互动来吸引学习者。斯泰西被告知这样做的原因有两点。第一,公司希望利用社交媒体作为一种学习趋势,吸引新员工,并努力成为领域的创新领导者。第二,该公司希望,把社交媒体纳入强制性培训以促进员工更多地使用公司的在线沟通工具和社交媒体网站。接到任务后,斯泰西很快提出了以下几个问题:社交媒体是只用来发布内容还是与学习者互动的?若使用社交媒体,自己的团队能不能控制学习内容并维持质量标准?所有目标雇员是否都准备好或愿意通过社交媒体来学习?

故事2:托德(Todd)是一所公立大学的教员。他最近感受到很大的压力,因为他读了许多有关社交媒体如何吸引千禧一代的文章,想要将社交媒体和相关技术纳入自己的课堂。但他不确定该如何开始。他的学习管理系统里有一些集成的社交媒体工具,他也听说其他教员在用脸书和推持之类的流行工具。他觉得他的课已设计得很好了,不知道该用社交媒体来做什么——是与学生分享信息,与学生沟通,还是让学生开展小组活动?他还担心学生通过社交媒体得到不正确的信息,担心学生出现他不完全确定该如何管理和控制的不文明在线行为。

斯泰西和托德的故事代表了当前教学设计者和教师面临的真实机会和挑战。虽然斯泰西的情况是由组织授命驱动的,托德的情况只是对体制压力的反应,但他们都认识到,有效的整合要求进行认真的需求评估、教学设计和促进。他们都看到社交媒体可以有许多不同的使用方式,其中有些更具有交互性。最后,他们都担心内容、质量、参与等方面的问题。当他们开始进行教学设计时,他们都需要确认适当的社交媒体学习活动及进行工具选择,并直接面对由于使用在线、公开、用户中心的学习技术所带来的挑战。

社交媒体工具及其教育应用概述

社交媒体工具在快速变化之中。新工具不断被开发出来,已有工具频繁被淘汰或被吸收进其他工具中。即使是那些拥有大量用户的成熟工具,其更改也很常见,会定期推出新的功能、特性和服务条款。表 28.1 所示的都是人们在个人活动和专业活动中常用的工具,这些工具的具体特点使其能支持学习和职业发展。

除了表 28.1 中所列的写作和讨论等活动外,社交媒体工具还经常被用于分享、收集和管理信息。虽然许多工具的特性使其能在不同程度上促进这些活动,但有些工具却是专门用于收集和分析网络信息的。这类工具包括 Delicious、Diigo、Pinterest、ScoopIt 及 Storify 等。这些工具鼓励用户从各个网站或其他社交媒体中创建书签或收集条目,然后进行分组、标记、注释并分享。用户在这些标记和管理活动中可以形成小组,开展协作。

此处所列的项目并不是详尽无遗的,还有无数可以为教育者所用的社交媒体工具(更多学习活动的例子请参阅表 28.2)。有些工具是专为教育应用而设计的,它们模仿主流工具,但具有额外的隐私、安全和教师监督功能。例如,Edublogs 是一个专门为教育和课堂应用而设计的博客平台;Edmodo 是一个多面的社交网络,有非公开的班级空间和各种短消息与文件分享工具。其他社交网络,如照片分享网络 Flickr,则侧重于特定媒体。

239

表 28.1　流行的社交媒体工具及其教育应用

工具	简要描述	教育应用
脸书(Facebook)	脸书是一个社交网站,它为用户个人提供一个个人主页,与用户联系的"好友"可以对其个人主页中的内容进行分享、点赞和评论。脸书还允许创建群组。	可以用脸书群组来组织班级成员进行沟通和分享。
博客(Blogs)	博客工具允许用户在一个网页上发布一系列帖子(文本、图像和视频),这些帖子按时间倒序排列。读者可以对每个帖子进行评论或分享。	学生个人博客可作为反思性写作论坛或课堂活动的在线档案袋。教师可以开一个博客来与学生沟通并鼓励学生进行评论。
推特(Twitter)	推特是一个微博工具,允许用户传播简短的信息。信息可以包括图像和统一资源定位器(URLs)。推特可以根据用户或主题标签(如♯社交媒体)对信息进行聚合。	共同的主题标签可以使多个用户间进行实时聊天或异步资源分享。学生可追踪专家和重要信息资源。
领英(LindedIn)	领英是一个职业网络工具,允许用户创建可搜索的个人档案,该个人档案侧重于个人的教育背景和经历。领英还支持开放或封闭的全组,为讨论和分享提供框架。	不常用来支持正式学习,但在小组讨论区可实现非正式学习。
优兔(YouTube)	优兔是一个视频分享的社交媒体工具。用户可以发布自己的视频,也可以收看其他用户共享的视频。用户可以创建自己的频道,其他用户可以订阅这些频道并在有新视频时收到通知。	看他人创建的视频(如讲座、辅导教程),上传和分析教师讲座,上传和分享学生项目。
维基(Wiki)	维基是允许多名用户共同编辑的网页。维基有完整的编辑历史记录,也包含讨论工具,使投稿人可以就他们正在网页上进行的编辑工作进行讨论。	支持协作性头脑风暴、同伴写作和编辑。

教学运用和优势

　　社交媒体作为教学工具,具有开放课堂经验、更加以学习者为中心、扩充课堂内容基础等特点。利用社交媒体,教师和学习者都可以接触到大量的学习资源和专家。另外,社交媒体还可以用于支持班级成员之间的学习互动,支持与非班级成员之间的学习互动,并获得更多人的反馈和评论。表28.2介绍了一些常见的学习活动类型,并总结了这些活动有或没有社交媒体支持的不同之处。

表28.2 有或没有社交媒体支持的学习活动

活动	没有社交媒体支持	有社交媒体支持
讲座	教师给坐在教室里听讲的学生讲课。在线学生可以观看讲座视频。	无论是现场讲座还是讲座视频,在讲座过程中学生都可以通过社交媒体的副通道(back channel)相互交流,提出和解答问题,分享相关资源。教师随后可以审阅这些沟通信息并确定是否需要提供额外的学习帮助。
客座讲座	仅限班级成员参与。一般是正式的预先安排好的演讲。	无论是完整的讲座还是比较随意和松散的互动,都很容易找到和联系到众多专家并参与其讲座。
阅读和讨论	学生完成教师指定的阅读材料。学生把问题记下来在课堂上提问,或者通过电子邮件或在上班时间私下提问。讨论在课堂上进行,人员仅限于课程参与者。	学生完成指定阅读材料,但如果有问题,可以通过在线发帖随时向教师、同学或其他学识渊博的人寻求帮助。讨论可以上课时在教室里进行,也可以在课堂外的在线场地与非课程参与者进行讨论。
评论	学生在课堂上向同学展示自己的作品并获得反馈。另外,学生也可以相互交换论文并进行书面反馈。	学生通过社交媒体工具向同学或更多人展示自己的作品并获得反馈。反馈提供者一般可以看到彼此的评论。
研究项目	学生在图书馆开展研究,撰写报告并提交给教师。	除了利用图书馆资源,学生还可通过在线网络搜索相关材料,对于自己正在构思中的想法也可以通过在线网络获得反馈。

需注意,社交媒体对不同学习活动的促进方式是不一样的。有时社交媒体的使用是由教师驱动的,社交媒体被直接设计到课堂活动之中;有时社交媒体的使用是由学生驱动的,社交媒体被结合到了教师并未事先规划或教师根本就不知道的活动中。社交媒体工具可用来促进更充分的课内沟通,比如,在教师讲课的同时学生可以用社交媒体的副通道进行有意义的联系,又比如,可以创建工作共享空间来收集集体意见。

社交媒体工具还有助于拓展课堂的边界。教师可以轻松连接广泛的专家网络并邀请他们参与在线课堂活动。如果课堂上正在阅读某位作者的文章，那么就可以通过社交媒体向他提问，请他补充更多的信息。学习同一门课程不同部分的学生或者不同机构中学习同一个主题的学生可以相互联系，从而使相关资源得以在更多人之间共享，也使更多的人得以共享关于课程主题的讨论。此外，班级成员还可以寻求与真实人群(authentic population)的联系。例如，如果学习者在上一门社会福利工作(social work)课，那么他们可以同真实的社会福利工作者联系以帮助他们更好地理解理论与实践的关系。如果他们在学习平面设计或广告，那么他们可以从目标受众那里获取反馈。

社交媒体内容和活动的自存档以及用户分析数据的可获得性意味着教学设计者还可以重新审视评估。对于社交媒体环境中的学习者，不仅可以根据他们的最终产品来进行评估，也可以根据他们参与开发最终产品的过程来进行评估。与内容和他人互动的数量及类型可以说明学习者付出努力的广度，而互动的内容和性质以及创建和修订的具体路径可以反映学习者加工的深度。

教学挑战

就像前文的故事所示，设计融入社交媒体的教学对教学设计者提出了一些新的挑战。与主题专家一起收集学习内容，将之按逻辑顺序予以组织，并按适当的间隔不时穿插练习活动和评估，在这些方面，教学设计者通常是富有经验的。虽然练习活动中可能会插入一些课堂上出现的不可预知的因素(对于一个练习活动，无论怎样指导或者直接提示，学习者都可能出现独有的反应)，但教学设计者一般负责帮助教师确定目标行为并促使学生朝目标行为发展，而非预期学生反应之外的情境则留给教师去处理。然而，社交媒体技术使教育中出现了一种分散效应，将原本集中于一点的控制分散到了众多参与者手中，这就意味着非预期事件超出了一位教师预计能够处理的范围。另外，要利用社交媒体带给学习情境的分散效应，教学设计者还需要重新思考其教育学方法。

教学设计者面临的另一个挑战可能在于他们感受到的要将社交媒体融入学习活动和评估的压力。随着这些工具及其支持的网络日益成为日常生活的一部分，许多学习组织都想要利用它们。不过，在教育情境中采用社交媒体的驱动力应该是学习目标和学习情境,而不应该是外部压力。如果社交媒体并不是最佳的选择,那么教学设计者必须顶住这些压力,否则就只能选择其他非教育性的方法来支持组织对社交媒体的运用。

最后,在教育情境中,社交媒体也可能是一种破坏性力量。有一项研究发现,社交媒体在教育情境中的使用并不理想,它降低了学习者的行为表现和快乐程度,加重了高技术紧张症(technostress)(Brooks,2015)。还有一项研究发现,学习者频繁进行任务转换,在学习任务和与学习无关的社交媒体互动中来回转换(Rosen,Mark Carrier 和 Cheever,2013)。这些研究结果使我们对利用社交媒体支持学习的价值产生了疑问,因为学习者必须努力使自己专注于手头的学习任务。对于教学设计者来说,其所面临的挑战就是,如何帮助学习者学会有效利用社交媒体,从而最大限度地降低学习者的压力;以及如何利用社交媒体的破坏性特质(如利用社交媒体来支持实时知识需求),并在社交媒体的破坏性特质损害生产力时避免使用社交媒体。

工具和基于服务的问题

真正对教育者具有吸引力的社交媒体的特征是:开放性、易分享性、媒体的自存档性、在生活各方面的渗透性——同时这些特征也是在利用社交媒体前必须认真考虑的问题。教学设计者应当考虑学习组织要面临的风险和可能的前景,也应当考虑那些要上这些课程和要使用他们所创造学习材料的教师和学习者会面临的风险和可能的前景。教师和学习者可能并没有准备好使用社交媒体,或者对社交媒体的使用并不熟练,或者他们对于在社交媒体环境中学习感到不自在。在运用社交媒体时,教学设计者所做的深思熟虑的计划可以帮助减轻或舒缓与学习有关的各方人员所感到的担忧。

隐私问题是社交媒体用户普遍具有的担忧,他们担心在社交媒体上分享太多信息会令自己更容易陷入尴尬或犯罪。美国的《家庭教育权利和隐私法案》(FERPA)中有关于教育记录的隐私管理的规定。虽然该法案没有完全禁止将社交媒体用于教育目的,但是对可以被分享的学生信息类型以及教师可以在公开在线情境中实施的学生互动类型进行了限制。为了避免隐私方面的担忧,教师可以使用有类似社交媒体功能的安全工具,或者鼓励学生用笔名进行在线课堂互动。这些解决方案有助于减少学生留下教育相关的数字足迹的可能性。换句话说,如果所有作业都使用笔名或者用密码来保护,那么用学生的名字进行网络搜索应该就搜不到什么与功课相关的内容(想了解更多有关远程学习中学习者隐私问题的讨论,请参阅 Dennen,2015)。

数字化信息容易在网上发布和分享也引发了用户对知识产权的担忧。在社交媒体环境下,这一问题因社交媒体内置的分享工具和文化而被放大。教学设计者在设计社交媒体学习环境时应该考虑多方面的知识产权问题。对于专利内容,最好完全不要用社交媒体。也就是说,有些主题应该用其他方式来处理。学习者可能没有充分意识到或不太关心有关知识产权的问题,他们可能会以侵犯某人知识产权的方式将课程材料分享给他人,或者将外部材料分享给课程成员。另外,也应该对学习者的知识产权加以考虑,因为要求他们在一个公开环境中分享自己的智力成果可能使他们更容易受到伤害。

隐私和知识产权问题都可能因为服务协议的条款而变得复杂化。服务协议的条款规定了社交媒体网络或工具提供者以及最终用户双方的权利,而这些权利是由社交媒体网络或工具的提供者来规定的。用户在创建自己的账户时必须同意该服务协议条款,但是有些用户并没有认真阅读那些条款,而且就算有人读,那些术语往往也是冗长且晦涩的(有关社交媒体服务协议条款及其语言和知识产权的概述,请参阅 Fiesler 和 Bruckman,2014)。服务协议条款包含的典型主题有:如何使用用户账户,何种内容可以通过该服务发布和分享,用户贡献的内容归谁所有以及这些内容如何使用,用户和服务提供者之间的争端如何处理等。这些协议使服务提供者对用户数据——有意分享的内容、人口统计学信息、用户行为等——拥有广泛的权利,并使服务提供者可以随时切断用户对服务和用户储存内容的访问。对许多用户来说,服务协议条款造成了一个潜在的问题。换句话说,存在潜在冲突的可能性,而这在教育情境中可能是具有破坏性的。

对于教学设计者来说,服务协议条款造成了两个层面上的担忧。第一,教学设计者必须确定服务协议条款同组织的使命、内部政策、知识产权等是否一致。第二,教学设计者应当考虑所选工具或服务的服务协议条款会不会令学习者感到不适。例如,脸书的服务协议条款规定,用户只能有一个脸书账户,并且该账户必须使用真实身份。对于那些不想公开自己的个人活动以及教育活动或专业活动的人,对于那些想让自己的数字足迹最小化的人,使用脸书或者有类似政策的社交媒体工具来支持学习或专业发展可能是不合意的。

为了提高学习者的舒适度,教学设计者可以做三件事。第一,仔细选择工具或服务,要考虑其目前在学习者群体中使用和接受的广泛程度,还要考虑学习者群体中对于该工具或服务是否有明显的异议。要注意,在其他情境中普遍使用并少有异议的工具或服务并不表示它就适用于学习的目的;而那些在其他情境中不太使用的,结合了社交媒体特性并有很强隐私控制的工具或服务在某些情况下可能是最佳的选择。第二,教学设计者可以提供学习材料(包括工作帮助)来帮助学习者更好地理解服务协议条款以及如何使用这些工具,包括如何调整自己在该工具内的隐私设置以及其他保护自己隐私的方法(如使用笔名、不透露个人信息、不接受陌生人的交友申请等)。第三,虽然这会削弱社交媒体的教育效益,但教学设计者可以为那些不乐意使用这种媒体的人开发一些被动介入他人分享的内容和互动的手段,或者为他们开发其他形式的学习任务。最后一种选择并不完美,因为它可能导致选择它的学习者的交互式学习经验减少。

国际化考虑

在为国际受众设计教学时,还必须考虑更多的事项。虽然脸书和推特等主要社交媒体已在全球范围内得到广泛使用,但并不是所有国家的个人都能很容易地方便地访问它们。例如,有些国家屏蔽了一些国际上使用得较多的社交媒体工具,但这并不是说其公民和居民不能访问社交媒体。相反,这些国家政府促进了本国社交媒体工具和网络的发展。有时,其他国家也试图限制或禁止社交媒体工具的使用,特别是当它们被用来公开反对政府时。

社交媒体和其他趋势

利用社交媒体支持学习还受到许多其他趋势的推动,最明显的就是移动学习、开放教育资源、学习共同体和个人学习网络等。移动手机极大地推进了对于社交媒体网络和资源的随时随地访问。开放教育资源在在线社交网络之间免费共享。学习共同体利用社交媒体工具进行联系和在线沟通，而个人可以通过社交媒体建立和维护自己的学习网络。

结论

社交媒体的应用已经成为日常生活的一个标准组成，教育部门也不例外。社交媒体提供了另一种途径，通过这种途径，可以向学习者传递内容，让学习共同体成员进行互动。对于很多人来说，在他们日常的求知活动中，内容访问和学习互动都是非正式进行的。不过，教学设计者的任务是要确定在一个正式学习情境中，何时及如何最佳地利用社交媒体。这一挑战要求教学设计者仔细考量众多情境性因素。其中一些因素，如学习者特征和学习目标，是为教学设计者所熟悉的；另一些因素，如隐私、知识产权、破坏性、学习者舒适度等，在网络化在线学习环境下出现了新的变化。随着时间的推移，教学设计者肯定会更加懂得如何利用社交媒体来促进自身的专业发展，也会更加懂得如何将社交媒体融入其学习设计之中。同时，这些工具本身也会不断发展，为实用、安全和符合教学法要求的学习环境的设计带来新的互动机会和挑战。

242　**要点总结**

1. **社交媒体是与移动学习等相关技术一起发展起来的一种新兴技术。** 在这一领域中工作的教学设计师应保持灵活性，并能预计社交媒体工具及实践的动态性。

2. **社交媒体可以用来开发动态学习共同体，也可以用来促进在线环境中的知识共享。**

3. **不应为用社交媒体而用社交媒体。** 只有在适合学习者和学习目标时，才在学习环境中使用社交媒体。对于为了跟上潮流而把社交媒体融入学习设计所带来的压力，教学设计师应该予以抵制。

4. **在选择用于学习活动的公共社交媒体工具和网络之前，教学设计师必须**

考虑其组织及学习参与者的隐私和知识产权问题。

5. 为了最成功地设计社交媒体的教学应用,教学设计师可以做三件事:(1)在选择工具时心中始终装着学习者和学习情境;(2)为学习者提供机会和帮助,使他们熟悉并有效地使用工具;(3)为那些对使用社交媒体感到不自在的学习者提供备用选择。

应用问题

1. 选择一种你已经很熟悉的社交媒体工具,探索其各种功能,包括个人主页、公开沟通、小组沟通、私人沟通、文件共享等。列出你认为该工具所适合的学习活动,以及该工具不适合的学习活动。

2. 查找一份你认为其学习目标可以借助社交媒体实现的在线课时计划。对它进行重新设计以融入社交媒体。其中要包括教师和学习者成功利用社交媒体支持学习的指南,以及教师和学习者可能进行的预期社交媒体互动的例子。

3. 想一个你过去参加过的组织。哪些社交媒体工具可能成为该组织学习工具箱中的有效组成部分?社交媒体可以用于哪些学习活动?可能的隐私和知识产权问题有哪些?创建一个演示文稿并提交给该组织领导人,概述运用社交媒体的相对优点和缺点,并就社交媒体的使用时机和方式提出建议。

参考文献

Barthel, M., Shearer, E., Gottfried, J., & Mitchell, A. (2015). *The evolving role of news on Twitter and Facebook*. Washington, DC: Pew Research Center. Retrieved from http://www.journalism.org/2015/07/14/the-evolving-role-of-news-on-twitter-and-facebook/

Brooks, S. (2015). Does personal social media usage affect efficiency and well-being? *Computers in Human Behavior, 46*, 26–37. doi:10.1016/j.chb.2014.12.053

Dennen, V. P. (2015). Technology transience and learner data: Shifting notions of privacy in online learning. *Quarterly Review of Distance Education, 16*(2), 45–60.

Fiesler, C., & Bruckman, A. (2014). *Copyright terms in online creative communities*. Paper presented at the CHI '14 Extended Abstracts on Human Factors in Computing Systems, Toronto, Ontario, Canada.

Fox, S., & Duggan, M. (2013). Pew Internet and American Life Project. *Health Online 2013*.

Hoffman, E. S. (2009). Social media and learning environments: Shifting perspectives on the locus of control. *Education, 15*(2), 23–38.

Office for National Statistics. (2013). *Social networking: The UK as a leader in Europe*. London: Office for National Statistics. Retrieved from http://www.ons.gov.uk/ons/rel/rdit2/internet-access---households-and-individuals/social-networking--the-uk-as-a-leader-in-europe/sty-social-networking-2012.html

Perrin, A. (2015). Social networking usage: 2005–2015. Retrieved from http://www.pewinternet.org/2015/10/08/2015/Social-Networking-Usage-2005-2015/

Rainie, L., & Wellman, B. (2012). *Networked: The new social operating system*. Cambridge, MA: The MIT Press.

Rosen, L. D., Mark Carrier, L., & Cheever, N. A. (2013). Facebook and texting made me do it: Media-induced

243 task-switching while studying. *Computers in Human Behavior, 29*(3), 948–958. doi:10.1016/j.chb.2012.12.001

Smith, A. (2013). *Civic engagement in digital life*. Washington, DC: Pew Research Center. Retrieved from http://pewinternet.org/Reports/2013/Civic-Engagement.aspx

Smith, A., & Duggan, M. (2013). *Online dating & relationships*. Washington, DC: Pew Research Center. Retrieved from http://pewinternet.org/Reports/2013/Online-Dating.aspx

Tess, P. A. (2013). The role of social media in higher education classes (real and virtual)—A literature review. *Computers in Human Behavior, 29*(5), A60–A68. doi:http://dx.doi.org/10.1016/j.chb.2012.12.032

Veletsianos, G. (2010). A definition of emerging technologies for education. In G. Veletsianos (Ed.), *Emerging technologies in distance education* (pp. 3–22). Athabasca, Canada: Athabasca University Press.

第二十九章　移动学习

克拉克·奎恩　　奎恩创新公司

引言

　　为什么要进行移动学习？真正的问题其实是，为什么不进行移动学习？设备就在这里；事实上它们在这里、那里，以及任何地方！它们正在使用中。无论你到世界上的任何地方，很难看到人们不在使用设备。你能说出最近一次你去过的一个没有人埋头于设备的地方吗？

　　这种泛在性是有原因的：这些设备让人们更有效。例如，我们来看看这些应用：

- 搜索会议中所用的术语的定义；

- 查找产品功能；

- 计算小费或分摊账单；

- 进行单位换算（如将华氏温度转换为摄氏温度）；

- 设置提醒以免错过约会或某件事；

- 查日历以找到一个可用的对话时间；

- 回到办公室时插入一个要做某件事的提醒；

- 做笔记；

- 查找某人的联系方式；

- 拍摄停车位或酒店房间的照片；

- 发送电子邮件、短信或推文；

- 打电话；

- 导航；

- 寻找附近的餐馆。

以上只是你经常会进行的一部分活动。明确地利用这一机会来满足组织在学习和绩效方面的需求是移动学习的核心。不过，为了妥善利用这一机会，我们需要明确一些事情。对此我们需要一些定义和框架。

设备

首先，让我们弄清这一问题：什么是移动设备？移动设备是功能手机（feature phone）、智能手机、平板电脑还是笔记本电脑？对此我们如何理解？我们认为移动设备的基线是什么？

这在过去是比较简单的：当时有掌上电脑（PDAs）和笔记本电脑。在它们刚出现时，帕姆公司的研究（PalmSource，2003）表明它们在使用模式上存在显著区别：移动设备使用频率高，每次使用时间较短（几分钟），而笔记本电脑使用频率低，每次使用时间更长。这一区别提供了一个明确的分别。

随着移动设备样式的发展，要弄清这个区别就更具挑战性了。当可穿戴设备、平板手机、上网本等出现后，其界限就模糊了。

在一份早期的报告中，我们曾把移动设备（作为更广泛的移动学习定义的一部分）定义为："小巧便携的数字化设备，个人日常可以随处携带，能可靠地连接，可装在口袋或钱包里。"（Wexler 等，2007）现在来看，这样的定义还充分吗？

这个定义能让我们了解移动设备可能是什么样子的。人们一直带着的设备是哪些？很明显，那就是电话。虽然智能手机（可能更恰当的称呼是 app 手机）变得无处不在，但功能手机也有一些基本通信功能、摄像头以及网页浏览功能，所以想到手机是一个很好的基线。因此，"日常基础"是有意义的。

"随时连接"也是如此。意思是设备能随时访问附近可访问的蜂窝信号，也指设备能随时访问附近的无线局域网（wi-fi）或者甚至是有线同步信号（cabled syncing）。

不过，"可装在口袋或钱包里"这一点现在已不那么充分了。若考虑到平板电脑、笔记本电脑以及其他类似的设备，我们需要一个说得通的答案。为了找到一个相对没有歧义的定义，我现在认为移动设备是指当人们站立或行走时可以自然使用的设备。智能手机显然完全符合这一标准，平板电脑也符合。不过，虽然在站着时也可以通过二指禅打字（hunt-and-peck typing）而使用笔记本电脑，但笔记本电脑的设计并不是在无支撑情况下使用的。因此，根据以上定义，我们可以把笔记本电脑排除在外。

现在问题就变成了：平板电脑该如何定位？平板电脑的使用模式不同于便携式设备的使用模式。其使用模式与笔记本电脑相似，即每次使用时间较长，而且显然也不是那么方便拿取和收拾。但是，其更大的屏幕空间可以显示更多数据，这一点在对数据进行解释时是非常有价值的，例如，在根据病人的病史、当前症状、测试结果和用药情况等对病人进行诊断时。平板电脑也可以在对移动性要求不高的场合使用，如飞机驾驶舱、医院、办公室或仓库地板等。最后，平板电脑还特别适合与其他人分享，如向客户展示信息。在决定使用何种设备时这些方面都需要加以考虑。

然而，更普遍的情况是要确定人们已经在用哪些设备。与其试图把人们引向别处，不如去他们所在之处。因此，智能手机是移动设备的原型；它是你一直随身携带的东西，不只是在你预想的时候，在商店里、在家里甚至在聚会上你都会随身携带。平板电脑可以说是一种特殊用途的设备，要与需求匹配。

移动学习

如果以上是移动设备的特点，那么移动学习的特点又是什么呢？通常，我们的想法是让人们提前做好准备，即所谓"以防万一"式的学习。不过，这类学习让人们脱离工作并做好准备，然后返回工作岗位，这样的学习方式与移动经验并不一致。

作为一个最重要的心理框架，我们认为我们的目的并不是"学习"。我们学习是为了能够以我们现在还不会的新方式去做事。有时，学习并不是问题的解决方案。例如，绩效咨询领域（教学设计理想的前身或超集）除了通过最初的差距分析确定核心问题外，还要进行根本原因分析以找出绩效不理想的原因是什么。

作为根本原因分析的一部分,要确定是否存在以下问题:(1)缺乏技能,表示需要培训;或者(2)缺乏知识,若是这样,那么最好的做法是把知识"置于世界中"(换句话说,为学习者提供绩效支持)。如果是后者,那么我们的目的应当是运用合适的工具来创造理想的绩效,并着眼于能支持理想绩效的所有方式。

根据这样的框架,再考虑到移动设备天然地被作为快速访问机制而使用,那么,移动学习的定位自然更接近于绩效支持而不是正式学习。对于正式学习,移动学习作为一种增强和扩展正式学习的手段要比作为主要的传递机制更有意义。接下来,我们还需深入探讨移动设备的固有属性。

模式

为了进行实用设计,在思考如何支持学习和绩效的实际基础时,我要提到移动设备的四个功能可见性,我称之为 4C:内容、计算、沟通和捕获(Quinn,2011):

- 内容(Content),即个人访问的内容或准备使用的内容。可以是文本、图片、图形、音频、视频、动画等任何媒体形式。

- 计算(Compute)是一个混合主导(mixed-initiative)的过程,即用户与设备以辩证的过程互动以实现某种结果。如计算器、软件向导、有各种选项并能计算出某种结果的表单等。

- 沟通(Communicate),即与其他人连接。可以通过语音、视频、文本等方式连接;可以是人们用以交互的任何方式。

- 捕获(Capture),即捕获当前情境。这可以通过照相机、麦克风录音,或者用户使用键盘或书写软件记笔记等方式进行,包括有关当前情境的任何可获得数据,如时间、地点等。

我们注意到,大体而言,以上 4C 中的任何一点都不是移动设备所独有的。确实,台式机也有内容、计算和沟通等性能。甚至台式机也能知道你在使用的应用程序并让你获取计算机的当前状态甚至音频或视频图像。

但是,移动设备则更进一步。它可以通过相机获取你的当前位置,也可以探测地点、动作或环境信号。简言之,移动设备可帮助你精确地记住大脑记不住的东西。更有甚者……

如果把捕获和计算相结合,我们就得到了一个新的非常有价值的独特性能:语境化(contextualization)。如果我们知道你(何时)在哪里,我们就可以据此做特定的事情。我们可以根据你当前的情境引入相关信息并将它转换为学习机会或绩效机会,而这样的机会在其他情况下是不可能得到的。移动学习是学习和生活之间更加紧密的轮转,比以往没有随身个人导师的任何时候都紧密。

语境化的两个具体应用包括:增强现实和平行实境。增强现实指的是可以获取到某个情境中通常得不到的更多额外信息。屏幕上通过相机拍摄的图像可以添加更多额外细节(如某设备的基础运行方式、相关故障排除信息、连接附近可选的食品或学习选项等),以揭示通常情况下存在于元素之间的隐蔽联系。这类信息也可以通过文本或音频添加。平行实境指的是一个被创造出来的单独的世界和故事,虽然它实际上并不存在,但通过技术可以在世界上显现出来并被具体化。就像游戏被用于严肃学习一样,平行实境也可以用于严肃的结果(参见Pagano,2013)。

246

利用

那么如何利用这些性能呢? 答案是 K - 12 教育、高等教育、公司以及其他更多情境都可加以利用。利用主要是对 4C 的利用: 提供信息以补充正式学习或作为绩效支持;将计算能力用于一般性理由和具体理由;提供沟通和协作的方式;捕获行为或情境用以反思或共享。语境化的利用相对较新,但已在越来越多的情境下得到应用。

移动学习在 K - 12 教育中具有重大优势。对于小孩子,移动设备较小的尺寸使其外形更自然;触摸屏作为指向设备比鼠标更直接。移动设备可以用来传递信息,如与学习者分享视频或图解;利用安装好的应用程序来提供必要的无限量的练习;为特定学习要求提供计算辅助;提供问题和相应功能;作为数据收集和注释设备。此外,其提供情境信息的能力正变得越来越容易,从识别树叶到识别历史、建筑等皆很方便。它的一个局限性是目前还缺乏对现实世界进行注释的标准。

在课堂中利用移动技术的几个探索并不成功。其中一个使用"每个孩子一台笔记本电脑"(One-Laptop-Per-Child)平台的项目不成功的原因是,它忽略了教师的准备和对教师的支持(Warschauer, 2011)。同样,洛杉矶统一学区应用iPad的尝试也失败了,因为预期的软件并没有按照承诺被交付。不过,其他一些侧重于移动功能自然整合的项目却取得了成功,如圣玛丽城市学校(Gray, 2011)。

高等教育同样可以利用移动学习来为信息呈现、练习、调查等课堂活动服务。记笔记、拍照和信息搜索等都能起到了增强课堂的作用。通勤的时候也可以进行额外的学习。此外,高等教育还可以把移动学习用于行政管理,如交作业、查分数、搜索图书馆、与教师和其他学生沟通(Quinn, 2012)。在利用移动设备的语境化学习机会,以及利用开源分布式移动系统(如 ARIS;见 arisgames. org)方面,已进行了一些实验,不过这一领域尚在研究中,离系统地应用还有段距离。

在高等教育中,平台的应用更为成功。阿比林基督教大学已成功地把苹果手机或触控式 iPod(iPod Touch)整合为传递平台,杜克大学也已成功地推出了iPods。现在很多大学向学生提供 iPads。

企业对移动学习的应用正在快速发展。如果考虑到企业软件(专门设计用于满足组织需求的软件)的移动访问版越来越容易获得,那么可以说绩效支持版的移动学习也已经很先进了。组织的移动学习主要还停留在"手机上的课程"阶段,但我们已越来越多地看到各种扩充学习经验的移动辅助工具。

为员工(无论是一个销售团队还是整个组织)配备移动设备正在让位于"自带设备"(BYOD)的做法——自带设备的做法是把开发出来的解决方案传递到人们自己的设备上,而不是试图让他们去适应一个新的平台。个人拥有设备已成为一件稳赢的事,虽然最初为员工提供组织配备的设备是有意义的,但有了跨设备管理解决方案的软件后,这样做就越来越没有必要了。

设计移动学习

有了这个框架,我们就可以考虑如何设计移动学习解决方案了。移动学习的情况超越了教学设计（ID），因此其设计过程也同样如此。这里我将避开ADDIE模式而使用一个由四部分组成的模式，这四个组成部分是：分析需求，详述解决方案，开发解决方案，评价结果。

分析

在为移动设备进行设计时，需要考虑的因素比为台式机设计时要多。设备、情境、需求等可能都不一样。而且，如果我们牢记以上几点，那么我们的设计过程看起来应该更像是绩效咨询而不是教学设计。

虽然移动学习的分析没有什么不同，也不应该有不同，但首先应该问一问："问题是什么？绩效差距是什么？为什么？"在理想情况下，会有一些衡量指标：不够快是因为错误率太高还是因为成功率不够？这些指标在销售、客服、运营及其他任何方面都可能存在。不过，应该把它们具体化和定量化，不然我们如何得知我们什么时候成功了呢？

除了这些常规信息外，还需要一些移动学习特定的数据，如设备；台式机一般是受到控制的，而移动设备更多的是自带设备，也可能不管你怎么考虑，人们更愿意通过个人拥有的移动设备来访问解决方案。一旦开发了移动策略，确定了支持平台，这个问题就简单了，但是无论如何，需要先确定问题空间。

同样地，绩效情境也需要加以考虑。如果不在办公桌旁，那么是在办公室还是在工厂里（如会议室或车间）？目标受众是否"四处奔走"（on the go），是否在任何可能的地方（车上、交通枢纽、客户所在的地方或公共空间）？这些地方的连接性、安全性和移动性如何？是否有其他人在？

还需要识别影响成功的因素。指标上的哪些变化会被认为是可行的干预？应该对实际情形进行核查：提供解决方案所需的条件是否与期望的结果具有前景良好的关系？当然，我们还应该问一问：这真的是一个移动学习情境吗？使用情境化设备是不是比使用用户自带的设备更好？

我们应该就以下问题问问自己：

- 人们在移动中吗，还是处在移动的空间中，或者受限制的空间中？
- 他们带了设备吗？带了什么设备？
- 媒体或交互性是否很重要？

247

- 他们需要与其他人沟通吗？

- 是否需要捕获信息？

基于分析的结果应该得出一个明确的提案：移动解决方案能满足特定的需求，并具有预期成本和预期收益。有了这个提案，我们就可以继续前行了。

详述

一旦明确了问题所在和问题的性质，确定了可用的设备，我们就可以开始详述解决方案了。我们的设计目标应该是在实际的限制下满足需求。有几个方面需要留意，特别是范围、布局和媒体。

移动学习设计的首要原则之一是最少帮助原则，其目标是只提供最少支持即能让人成功前行。这有几个原因。第一，考虑到移动设备有限的内存、功率和大小，这是有意义的；第二，大多数人只是想重新回到他们正在做的事情上，尤其当他们忙个不停的时候。帕姆公司（PalmSource，2003）提出移动开发的一个最佳平衡点是用20％的功能满足80％的需求，这依然是一个很好的建议。

极简主义在媒体方面尤其突出。在筛选文本和图解、缩减和压缩音视频、避免无关交互功能等方面，值得投入更多的精力。例如，不必用完整句。文件大小是机载问题，而带宽是支持远程内容的问题。对于移动学习，少即是多。

第二个主要原则是先设计解决方案然后再考虑实施。这里的要点是，无论是支持学习还是支持绩效，在确定如何传递前，要先确定最佳的认知增强方式，创建整体用户体验。要首先聚焦于你想要他们做的事情。

此外，要考虑使用合适的通道和媒体。我们常常忘记移动设备具有多种通道：短信服务（也叫短信）、语音、电子邮件、网络、应用程序等。我们可以发送视频、音频、静态文档，也可以进行交互。同样地，用户与设备沟通的方式也有多种，包括触摸、姿势、说话、拍照、录音等。不过你应该尽量少用文本。如果可能的话，让他们选择答案而不是键入答案。要考虑交互如何进行：你想从用户那里得到什么，他们又应该获得什么？

如前所述，思考这个问题的一个有益的方法是从增强人们能力的角度去考虑。我们的大脑善于进行模式匹配，但不善于记忆枯燥的信息或人为的信息，也不善于进行复杂的计算。数字技术则正好相反，有了这些互补的能力加持，我们的能力就更强大。因此,我们的建议是要寻找技术能够解决的我们认知上的差距。我们可以让信息(如产品或软件包的特点)易于获得以供查询,而不是试图让学习者记住它们;核查清单能防止我们跳过某些步骤;计算器卸去了我们用纸笔进行计算或返回办公室制作报价的负担。还可以列出很多,它们的目的都是寻找能增补我们能力的方式以便获得最大的成功。

还有一个有用的原则是要明确考虑情境。我们越来越能够识别用户、情境和需求,并针对这些具体情况制定解决方案。根据用户所在地点和时间我们可以做什么? 我们能否提供当地指南? 为了支持绩效和学习,对于一个事件,我们能否事前让他们做好准备,事中提供支持,事后巩固结果? 附近有谁或者有什么? 能具体就不要笼统。

一旦把我们需要的经验细化了,就可以考虑开发问题了。随着开发工具越来越强大,我们的能力也不断增强,因此,我们不应把设计局限于我们从前的经历,而应先想象理想的世界,然后再看看我们离它有多远。

开发

经验一旦设计完成,可用的传递方式多得惊人。此时的考虑应该基于对多种因素的评估和权衡(tradeoff),因为虽然很容易立刻就想到应用程序,但可能更好的是移动网络或其他解决方案。

有了相关的权衡,进行开发方案的选择就相当简单了。最容易开发和部署的是移动 Web:创建一个用于移动交付的优化的网络应用程序。利用所谓的响应式设计(让设计适合于任何屏幕的一套 Web 技术),我们可以创建出在不同设备上都能用的解决方案。并且,如果情况变了,解决方案也容易相应改变,几乎不需要额外的技术知识。

在另一端,最昂贵的解决方案是在该平台的开发环境中编写的定制应用程序。这样的解决方案可以提供最大的用户体验,最大限度地发挥硬件的优势。另一方面,任何改变都必须要发布。虽然你可以编写应用程序来从网络中获得数据,但对功能或界面的任何改变都需要一种机制来将设备的软件更新到最新版本。

一种中间方法是采用软件包,它用特定平台容器"包裹"移动 Web,使其可

248

以在设备上做本地运行。这些软件包能更好地利用硬件,但是以一种更一般化的方式来利用硬件,它们做不到像定制应用程序一样快速和精良。决定采用"软件包或应用程序"的标准是用户体验是否需要优化(例如,你正在销售移动学习解决方案),或者是否需要高级硬件访问才能使用诸如独特传感器之类的东西来实现特定的语境化。

另一种适用于内容(如交互很少)的解决方案是电子书。通过电子书标准可以访问内容,其创作过程更像是文字处理而不是编码。这类资源易于部署,不过其更新要求使用应用程序推荐的移动设备管理解决方案。

任何平台设备都可以从服务器处获得数据,因此没必要仅仅为了适应变化而使用网络开发。有了良好的设计和开发,只要有需要就可以访问新信息。也就是说,只要有连接就可用。而没有可用网络的地方,如矿山和荒野等偏远地区,将需要一个固定解决方案。

原型和测试是开发的必要组成部分,这涉及评价问题。

评价

与任何举措一样,移动干预应该有期望的结果,也应该通过评价来确定这些结果是否得到了实现。尽管测试需要得到更广泛的验证,但对移动解决方案的评价并没有什么特别之处。

与其他学习或绩效方案一样,移动方案的评价应聚焦于分析阶段所确定的可测指标。用户用了你的解决方案后是否达到了理想的绩效?与移动方案相关的问题还有连接速度、解决方案占用的设备空间,以及在"忙碌"状态下使用的能力。

因此,测试必须采用代表性情境抽样的方式进行,而不能仅仅在方便的情况下使用。要在反映了个人实际工作的地方和使用实例中进行测试。在这些条件下是否容易阅读?用户能否进行交互?他们得到了需要的东西吗?

经过测试和修订(假定经过几个修订周期),就可以对移动解决方案进行开发和部署了。

从移动学习到移动战略

对移动学习这个名称多少有些误解；它其实并不是针对学习，而是针对绩效。另一个误解是把移动学习视为一种能满足即时需求的战术（tactic），而移动学习实际上是一种战略，因为它提供了一个平台，任何计划都可以在此平台上传递。总之，移动学习就在这里，机会就在我们手中。

当我们想让自己变得更强时，我们要采取一种尊重我们本性的视角，即能赋予我们力量而不是奴役我们的视角。关键是要以人性的方式来使用技术。这就带来了以下几方面的战略影响。

第一，你的第一个移动项目将使他人对你还能做什么形成某种期待。如果你的战术是制作一个应用程序，那么受众将继续期待应用程序；他们还将期待他们在其他应用程序上看到的所有品质。同样，无论你最初选择何种设备，都将限制人们对于你的解决方案的期待。预见并准备迎接预见的东西。因此，你的选择间接定义了你的战略，你选择的第一个移动战术最好与你的长期打算相一致。

第二，对于课程之外的技术使用的关注可以带来更广阔的视角，不要再以为只有课程才能提供学习和发展。在这个意义上，移动是变革的潜在催化剂。这很可能带来有关技术潜在作用的新视角。应该理解这一点并将其纳入总体方案。如何利用移动项目实现成功的组织变革？

移动也不只是设备。无论你选择何种开发方案，都会涉及技术。移动设备的管理、安全问题以及其他更多问题就都出现了。理想情况是，移动项目采用内容工程方法（Udell，2012），这一方法聚焦于更严格、更离散的内容界定。这对其他领域，包括数字化学习，也产生了影响。应该要求与信息技术团体建立富有成效的伙伴关系。

最后，要侧重于找出我们人能做什么和我们让机器做什么二者之间的平衡，这有可能触发对移动学习之外的任务设计方法的重新评价。这并不是坏事，但不应被忽略。我们如何能够成功利用移动学习来实现工作过程的转移？

强烈建议你采用一种战略性方法来对待移动学习，而不要仅仅把它当作一种策略。确定你想要去哪里，以便让你的第一个移动举措成为迈向那个方向的一步，也是满足真实需求的一步。任何最初的移动举措都会产生反弹，对此应该有所预见和规划。

移动学习使我们能够超脱于固定的台式机，但它又远远不止于此。这是一个非常值得加入的情境，因此，请大胆向前，移动起来吧。

249

要点总结

1. **移动学习不只是移动数字化学习。**与其说它是手机课程，不如说它是其他任何东西：绩效支持、社会性学习、非正式学习。与其说是推，不如说是拉。

2. **设计的目的是为了增强我们的能力。**扩充学习，而不是成为学习的源泉；在我们欠缺的方面提供帮助来扩充我们的大脑。

3. **应用最少帮助原则。**在各种形态中极简主义都是很好的做法，而在移动设计中却是至关重要的。

4. **利用实际情境。**实现极简主义的方式之一是围绕工作来进行学习，并利用已有的实际情境。还要根据执行者所在的地方和时间来考虑你可以提供哪些有益的支持。

5. **采用平台途径。**要认识到移动是一个平台，并从形成战略和架构的角度来认识它。

应用问题

1. 每十年进行一次人口普查，根据普查结果，国家希望查明所有个人及其家庭情况（以及其他可能的人口统计信息）。你的任务是找到一个移动解决方案以满足人口普查员的需求，因为他们要挨家挨户去访问那些没有回答调查的人和地方。他们要去人们家里进行采访，还要记录各个飞地里的无家可归者。理想情况下，应该有一个大屏幕区域来方便录入数据。但另一方面，这样显眼的设备可能令很多公民感到受威胁。请描述一种均衡的装置，其中要包括移动设备，它可以在不让受调查人感到威胁的情况下方便数据收集。讨论你将如何处理隐私问题。

2. 爱国者保险服务通过在当地办事处工作的外地代表提供各种不同的保险套餐。这些套餐结合了健康、生活、住房、残疾等方面的计划，并根据地区、市场压力和法规定期变更。他们目前在分布于全国的一些培训中心提供培训课程。同时，他们已开始把数字化学习课程外包给一家供应商，供应商建议说，由于受众具有"在路途"的特性，可以追加价格把数字化学习改造成移动方案。他们请你加入，帮助他们制定移动战略。对于现场人员如何使用移动技术，你有什么建议？

参考文献

Gray, L. (2011). Small size, big potential: Mobile learning devices in school. *CoSN Compendium 2011, 9*(3).

Pagano, K. O. (2013). *Immersive learning: Designing for authentic practice.* Alexandria, VA: ASTD Press.

PalmSource. (2003). *Zen of Palm*. Retrieved from http://www.cs.uml.edu/~fredm/courses/91.308-fall05/palm/zenofpalm.pdf

Quinn, C. N. (2011). *Designing mlearning: Tapping into the mobile revolution for organizational performance.* San Francisco: Pfeiffer.

Quinn, C. N. (2012). *The mobile academy: mLearning for higher education.* San Francisco: Jossey-Bass.

Udell, C. (2012). *Learning everywhere: How mobile content strategies are transforming training.* Alexandria, VA: ASTD Press.

Warschauer, M. (2011). *Learning in the cloud: How (and why) to transform schools with digital media.* New York: Teachers College Press.

Wexler, S., Schlenker, B., Brown, J., Metcalf, D., Quinn, C., Thor, E., Van Barneveld, A., & Wagner, E. (2007). *360 research report mobile learning: What it is, why it matters, and how to incorporate it into your learning strategy.* Santa Rosa, CA: eLearning Guild.

第三十章　大规模开放在线课程的涌现和设计

柯蒂斯·J·邦克　　印第安纳大学

米米·米杨·李　　休斯敦大学

托马斯·C·里夫斯　　佐治亚大学

托马斯·R·雷诺兹　　美国国立大学

250　　　　过去二十多年间,互联网提供了丰富的交互式学习资源、独特的社会性互动和协作形式,以及新颖的内容和课程传递类型。其中一种令人振奋的新型学习传递方式是大规模开放在线课程(MOOC)。对于 MOOC,虽然肯定是有争议的,但它无疑已经前所未有地引起了公众对于在线学习的关注。虽然这个术语本身出现还不到十年的历史,但在过去几年里,已出现了数十家 MOOC 供应商和软件公司,以及若干与 MOOC 相关的报告、简讯、课程和计划;并且出现了越来越多的 MOOC 开发者和教员、MOOC 参与者或"学习者"、MOOC 研究者、MOOC 书籍和杂志,以及 MOOC 清单(关于 MOOC 的历史及关键事件,可参见 Moe, 2015)。正如这种新现象不可避免地会出现一样,对于 MOOC,既有热心的倡导者,也有持怀疑态度的批评者。

定义 MOOC

大规模开放在线课程这个术语是加拿大爱德华王子岛大学的戴夫·科米尔(Dave Cormier)提出的。他看到他的同事——当时还是曼尼托巴大学的乔治·西蒙斯和加拿大研究委员会的斯蒂芬斯·唐斯——开放了其名为"连接主义和连接的知识"的在线课程,除了 25 名注册付费的学生外,还有 2 200 名免费参与课程的学习者,对此他就提出了 MOOC 这个术语(Downes,2011)。因此,MOOC 主要描述的是通过网络无限制地免费参与教育经验。除了更多的注册人数和课程内容开放访问外,MOOC 通常还包括传统的教学成分和在线课程的典型成分,如论坛和互动练习。

对于 MOOC 的实际构成,是有争议的。例如,有些人认为 MOOC 并不是真正的开放,因为比如说课程一旦结束就会被撤掉,所以其内容通常无法重用(Wiley,2015)。还有人认为"大规模"一词是误导或者说很难确定——人数达到多少我们才认为是大规模? 其他一些课程可能被错误地归入 MOOC,因为它们实际上并不对任何人开放,就像谷歌公司在其 G2G(Googler to Googler)项目中提供的公开演讲、育儿、Python 编程、数据可视化、正念、冥想等主题的MOOCs 都只向内部公司雇员开放而不向外部人员开放(Kessler,2015)。显然,这种内部提供的课程没有满足开放标准。人们表示的担忧还有: MOOC 过多地由哈佛大学、麻省理工学院、斯坦福大学等精英美国机构所占据,以及MOOC 运动是否会令西方文化和英语在世界欠发达地区的霸权永久化。

cMOOCs、xMOOCs 及 pMOOCs

如前所述,MOOC 潮流始于几位加拿大教师的供外部参与和联系的免费开放课程(Moe,2015)。鉴于斯蒂芬斯·唐斯和乔治·西蒙斯最初教授 MOOC 是为了验证"连接主义"这一新兴学习理论,因此这种基于他们理想的课程也就以连接主义或 cMOOCs(Kop,Fournier 和 Mak,2011)而为人们所知。

cMOOCs 鼓励通过意义的分享和协商来促进社会互动。重要的是,在这类课程中,每个人都可能是一个非常重要的合作教师(co-instructor)或知识来源。例如,每个参与者可能都有一个博客来反思课程模块或反思他人分享的资源,同时也提供他们自己的资源。其他人可以通过 Facebook、Twitter、Pinterest、LinkedIn 等各种社交媒体工具向这些博客发送链接。事实上,参与者一般会在其推特帖子上加上一个与课程有关的标签,这样就扩充了课程内容资源,同时又与课程内容资源实现了独特的连接(Kop 等,2011)。MOOC 或许还会用维基来积累资源,用各种工具来可视化地展示参与者的贡献并聚合资源。通过制作与课程相关的数字制品而实现的主动参与往往超出了课程的预期,并能帮助参与者反思自己的创作过程(Kop 等,2011)。

然而,不久以后,其他一些人和组织便预见到了更大的内容获取可能性。例如,到 2010 年,斯坦福大学、麻省理工学院、哈佛大学、杜克大学、爱丁堡大学、宾夕法尼亚大学以及其他一些知名机构便开始进行 MOOC 实验。2011 年秋,斯坦福大学开出了几门 MOOCs,注册学习者人数超过了十万。这些大规模课程绝大多数是计算机科学和工程方面的课程。一点也不奇怪,这些课程依赖传统教学模式,包括使用流媒体或预先录制好的讲座,以及论坛和由计算机进行评分的在线测试。这类 MOOCs 被称为 xMOOCs。当然,不是所有这类课程都能完全依靠客观评分测验;事实上,有些 xMOOCs 也尝试进行同伴评估,或者采用其他形式的证明或徽章等来表明课程完成。

被广泛推广的 xMOOCs 的意图是希望通过向大量的人传递内容而实现教育民主化。但是,xMOOC 教学方法引发了许多问题,而且这些问题无疑将继续下去——这些问题主要是:缺乏个性化、反馈有限、学习者的隔离和孤独感、评估薄弱等。许多参与者报告说,要在全职工作或完成其他个人义务和职业义务的同时跟上这些在线课程的速度是相当困难的。相应地,xMOOCs 的辍学率常常高达 90% 或以上。

2013 年开始,pMOOC 模式出现了(Reeves 和 Hedberg,2014)。在 pMOOCs 中,参与者通过在线协作来完成一个项目(如设计一个纪念碑)或解决一个问题(如为某个城市中衰退的区域制定一个城市复兴计划)。例如,在一门主题是开放教育资源的 pMOOC 中,在职或职前教师须相互合作,制作可供他们自己和其他教师使用的开放教育资源。表 30.1 概括了 cMOOC、xMOOC 和 pMOOC 之间的区别。

表 30.1　三类 MOOC 的区别

MOOC 类型	cMOOC	xMOOC	pMOOC
学习者角色	主动的	被动的	主动的
教师角色	共同学习者	视频中的圣人	身边的指导者

MOOC 类型	cMOOC	xMOOC	pMOOC
学习理论	连接主义	行为主义	建构主义
主要教学法	知识整合	知识复制	知识创造
比喻	"我们编辑电影"(we link movies)	"我们看电影"	"我们拍电影"
开发方法	学习设计	教学设计	教育设计研究
主要评估类型	自我评估	外部和/或同伴评估	自我和/或客户评估
资金来源	凭直觉或经验投资(seat of the pants funding)	大量外部投资	适度客户投资

来源：Reeves 和 Hedberg，2014。

其他类型的 MOOCs

MOOC 的短暂历史清楚地表明，参与 MOOC 的收益要取决于 MOOC 的传递方式以及 MOOC 满足受众需求和预期的程度。MOOCs 正越来越多地进入终身学习领域和专业发展课程，如面向 K-12 教师的专业发展课程(Laurillard，2014)，以及面向保健人员、企业领导人等的专业发展课程。这类 MOOCs 被称为"专业发展"MOOCs（即 PD-MOOCs）(Bonk，Lee，Reeves 和 Reynolds，2015)。这些 PD-MOOCs 的长度从几天的聚会到几个月的不等。一些学院和大学正利用这类 MOOCs 来迎合其大量校友和捐赠人群体的需要；实际上就是把从前的学生和支持者召回校园，尽管是以虚拟的方式。正如我们所预期的，PD-MOOCs 的目的一般是提升参与者的职场技能，如学习一种新的统计软件工具、新的监管程序、抵押贷款实践或管理方式等。重要的是，参与者可以通过其电脑或移动设备注册一门 PD-MOOC，然后在自己方便的任何时间任何地方对课程内容进行快速访问。人们不必再申请入学、筹措资金，然后再到校园里上几个月的课。有了 MOOC，课程就在线上，并且一般不需要什么直接费用，虽然那些希望官方认可其完成了 MOOC 的人可能需要支付一笔费用。

252

除了 PD-MOOCs 外,过去几年里还出现了一些其他类型的 MOOCs。例如,补救性 MOOCs 的目的在于帮助那些学业落后的学生或者缺乏足够技能或能力去开始下一阶段学习的学生。补救性 MOOCs 的对象主要是那些缺乏充分的阅读、写作、算术或一般学习能力的大学新生(Bandi-Rao 和 Devers,2015)。还有一些 MOOCs 的对象是那些想要参加大学预修课程(AP)考试的学习者。例如,学习者可以注册 edX 高中课程计划(edX,2014b),其中包括微积分、计算机科学、生物学、西班牙语、心理学导论、物理学等四十多门高中课程和 AP 考试准备课程。

除了上述专业发展、工作技能再培训、补救、先修等类型外,还有其他类型的 MOOCs 或由 MOOC 衍生出来的 MOOC 类课程。这些类似 MOOC 的课程形式有 BOOCs(大型开放在线课程,big open online courses)、MOOD(大规模开放在线讨论,massive open online discussion)、SPOCs(小型私有在线课程,small private online courses)(Watters,2013)、DOCCs(分布式开放协作课程,distributed open collaborative courses)(Bonk,Lee,Reeves 等,2015)。不足为奇的是,MOOCs 的许多愿景和计划,特别是那些侧重于完成认证或能力认证相关要求的愿景和计划,目前在执行方面是滞后的,因为各机构在努力将 MOOC 经验和传统认证形式进行编纂和协调。与任何新的教学传递系统一样,关于MOOCs 和开放教育资源(OER)及开放课件(OCW)的普遍使用,还有许多问题有待解决。不过,大量与 MOOC 相关的术语及其相关的组织和传递形式,激起了那些对 MOOC 持不同态度的人关于 MOOC 作为一类变革性(对许多人来说是颠覆性)传递机制的长期潜力的讨论。

MOOC 供应商和列表

许多人抱怨说很难找到高质量的在线内容(Bonk,Lee,Kou,Xu 和 Sheu,2015)。还有人找不到他们需要的 MOOCs 或开放教育资源。幸运的是,我们可以列出美国的 Udacity、edX、NovoEd、Coursera 和 Udemy 等 MOOC 供应商,以及已开始提供 MOOCs 的在线学习公司和 Blackboard、Canvas 等课程管理空间。除了这些设在美国的实体外,还有拉丁美洲的 Mirada X、澳大利亚和新西兰的

Open2Study、英国开放大学的 FutureLearn、柏林的 iversity，以及欧洲的 OpenupEd 等项目。此外还有关于 TechnoDuet、the MOOC List、Class Central 以及 Open Culture 等 MOOC 供应商的摘要列表。这些列表中的哪一个会在未来几年占据突出地位，还很难预测。很可能会出现一个或多个附加服务，来更好地聚合、宣传甚至管理 MOOC 相关课程和计划。

MOOC 商业计划

与 MOOC 及其他形式的开放教育相关的一个问题是，如果这些资源或课程都是免费的，那么其商业模式是怎样的呢？它们如何持续下去？在过去几年中，关于 MOOC 作为一种学习传递工具如何维持这一问题，人们已进行了一些讨论。部分看法列举如下：

1. 收取课程报名费。

2. 设置小而灵活的课程申请费（而对那些来自欠发达地区的人依然免费或收取很少费用）。

3. 对作业评定、安全评估、考试处理等收费（如美国人民大学）。

4. 完成认证或证书收费［注意：这种做法在 MOOC 供应商中很普遍；MOOC 供应商如 Coursera 有一个"签名轨迹"（signature track），而 Udacity 则称之为"纳米学位"（nanodegree）（Schroeder，Cook，Levin 和 Gribbins，2015），也可以称之为微证书（microcredential）或微学习（microlearning）（Grovo，2015）］。

5. 向需要学分的人收费。

6. 对那些想学习更高级或更广泛内容的学习者收取课程提高费。

7. 售卖课程参与者的数据分析。

8. 在证书或学位课中提供免费的初期 MOOC 经验（企业界称之为"亏本销售的商品"）。

9. 围绕 MOOCs 销售教学支持服务和辅助服务（如辅导、学习准备等）。

10. 招募广告客户来赞助课程和学位的费用。

让 MOOCs 产生收入的方法还有收入共享模式、会员和订阅服务、捐赠模式、公司赞助、人才定位费和佣金、内容租赁和授权等。近来，一些大学如佐治亚理工大学正在尝试通过提供 MOOCs,取消或大幅降低与在校学习有关的费用,从而降低诸如计算机科学等传统学位课程的费用(DeMillo,2015)。显然,支持免费教育服务(如 MOOC)的方式多种多样。与免费和开放的教育形式有关的其他商业计划和模式近来还会出现。目前,重要的是从那些使用了本节所列方法的人身上吸取经验。

253

教学设计和技术专业人员为什么应关注 MOOCs?

教学设计师以及教学设计和技术领域的其他专业人员应当关注 MOOCs 的原因如下。首先,它们目前代表着一种可扩展的、颠覆性的教育传递形式,引起了教育管理者、教师、家长、学习者甚至是政治家的关注。因此,教学设计人员和其他教育技术从业人员越来越多地被要求进行 MOOCs 的设计、开发和评价。第二,许许多多的组织和机构都在试验 MOOCs 和其他形式的开放教育。因此,对于那些在这种新形式的教育内容和传递方面有过经验的人,特别是那些在 MOOC 相关项目和行动中承担领导职务的人来说,多了许多工作机会。第三,虽然对于 MOOCs 现在仍没有定论,但那些参与设计和提供 MOOCs 的人却有机会影响世界上那些他们可能永远不会谋面的人的生活。因此,参与到 MOOC 中可能是一件非常有意义的工作。第四,MOOC 作为一种发展很快的教育传递形式,正在检验技术、教学和学习的边界(limit)。那些参与其中的人可以试行某种独特的教学传递方法,包括利用与其他在线学习形式相关的新兴技术。第五,许多资源都被分配到了 MOOC 项目中。鉴于以上及其他一些原因,我们建议那些对各层次教学设计和技术感兴趣的人认真考虑去获取一些与 MOOC 有关的经验。

如前所述,MOOCs 已被广泛用于各种各样的学习需求和情境,从补救性技能培养、中高等教育中的高级学习,再到面向公众的技能提升和再培训。特别值得注意的是在 2014 年,ALISON 公司提供 MOOCs 来帮助应对埃博拉危机,而大约在同一时间,英国开放大学的 FutureLearn 也提供了一门与苏格兰独立公投有关的 MOOC(Reynolds, Reeves, Lee 和 Bonk,2015)。最近,亚利桑那州立大学与 edX 合作创立了全球新生学院,提供 MOOCs 作为低成本的大学入门课程选择,以此来直接解决不断上涨的高等教育成本问题(Lewin,2015;

Stripling, 2015)。同样,如前所述,佐治亚理工大学正在分拆其计算机科学硕士课程的成本,为那些选择 MOOCs 的人提供价格更具有竞争力的学位课程(DeMillo, 2015)。

在企业培训界,对 MOOCs 也投入了极大的关注(Hilger, 2014)。例如,雅虎的工程师们现在可以通过 MOOCs 获得证书(Meister, 2013)。同样地,MOOC 供应商 Udacity 成立了开放教育联盟,通过提供网页设计、编码、交互式3D 图像、数据分析等领域的"纳米学位"来帮助培养明天的劳动力(Waters, 2015)。与此类似的还有,Aquent 文科中学为网页设计、编码、JavaScript 以及相关技能领域创意专业人才提供免费技术课程。还有 SAP 公司为其合作伙伴和各类 SAP 技术开发人员提供"OpenSAP",让他们了解自己的技术(Bersin, 2013)。

教学设计和技术专业人员对于质量的担忧

虽然 MOOCs 显然正在开启许多新的在线学习方式,但其质量问题并没有得到充分的解决,不能让大多数批评者感到满意。首先,迄今为止,对 MOOCs 的认证手段尚无得到广泛认可。第二,一些批评者认为 MOOC 学员的低完成率(只有2%到10%)是其质量低劣的表现。不过要记住,如前所述,这样的数据多来自对 xMOOCs 的研究,而不是 cMOOCs、pMOOCs 或 PD-MOOCs 的数据。而且,现在考察实际参与和课程完成情况的方法已有所不同,如跟踪那些注册一周以后仍在参与的人。换句话说,许多潜在参与者在注册时都具有良好的愿望,但他们却常常忘记了课程或者没有充裕的时间来参与课程。

可以根据标准而不是课程完成率来考察课程的质量(edX, 2014a; Reeves和 Bonk, 2015)。例如,有一项调查随机选择了76门 MOOCs(其中 cMOOCs 26门,xMOOCs 50门),调查其中教学设计原则的体现情况,结果发现,教学设计原则在两类 MOOCs 中都很少得到体现(Margaryan, Bianco 和 Littlejohn, 2015)。虽然我们知道没有研究来证实这一点,但我们推测,很少有 MOOCs 是在训练有素的教学设计师的帮助下进行系统设计的;相反,绝大多数 MOOCs 似乎是由一些内容专家和计算机程序员一起利用一直存在的教学材料拼装起来的。

关于质量问题,第三个显而易见的担忧与对 MOOC 学习的评估有关,特别是当某一门 MOOC 涉及的主题领域很难被客观评估和评分时。还有一个普遍的担忧是,潜在的雇主是否会认可 MOOC 学分。其他一些问题包括:(1) MOOCs 真正开放或成熟的程度;(2) MOOC 学分被其他教育系统认可的可能;(3) MOOCs 中英语语言的支配地位;(4) 网络剽窃和能力确认问题;(5) 版权材料的使用;(6) 充分的教师培训;(7) 公平和准入方面的各种问题,特别是有关非免费 MOOCs 的意图和设计问题。

尽管有以上各种各样的问题和担忧,但 MOOC 和各种 MOOC 衍生产品很可能会一直存在。因此,教学设计师、学习中心主任、人类绩效技术专家以及其他人必须认识到 MOOC 是什么或代表什么,以及它们在扩大和增加学习机会方面的潜力。此外,我们鼓励教学设计师或教学设计和技术专业人员注册几种不同类型的 MOOCs,以获得对 MOOCs 质量(或缺乏质量)的直接体验。

教学设计和技术专业人员面临的 MOOC 挑战和障碍

除了上述问题外,MOOC 教师、教学设计师以及其他教学技术专业人员还面临着与 MOOC 和开放教育有关的其他许多挑战和障碍。这些障碍主要包括如何寻找和组织供成千上万参与者使用的高质量内容。虽然现在有丰富的在线内容可以获取,但挑战不仅在于很难准确地找到最有效、最新、最有用和最易用的资源,而且同样非常具有挑战性的是,如何针对来自全球不同地区具有不同期望的 MOOC 学习者的问题、需求和兴趣去制定与内容相适应的易执行的教学策略。简单地说,虽然 MOOC 是一种解放性、颠覆性的技术,但同时也是一种因其无限性和复杂性而极其受限和具有挑战性的技术。

为此,虽然教学设计者传统上是根据被认可的经典的行为主义或认知主义学习和教学方法来组织教学,但现在他们可能不得不扩大自己的设计范围,不得不采用更广泛的学习和教学模式来指导自己的设计。例如跨文化、跨语言、跨社会界限的反馈和评估形式就提出了很大的挑战;特别是当反馈和评估还必须与各种不同的实践标准相一致的时候。MOOC 的大规模性使教师极难(如果不是不可能)为注册课程的多样化学习者提供及时准确的反馈。另一个问题涉及如何创建充分的教学支持,以使 MOOCs 的开放性不至于让学习者因过多的内容或选择而不堪重负。开放访问,虽然从提供学习者自治和控制的方面来看是很重要的,但似乎也是无秩序的,很容易使课程参与者的认知能力难以禁受。

MOOCs 以及开放资源必然具有的分布性有望推进文化理解和互动,但是这一潜力在目前的 MOOCs 和其他类型的开放教育中是不会实现的。有些批评家认为,MOOCs 是 21 世纪的数字殖民主义,它把发达国家的文化实践、体制和知识通过 MOOC 平台传递给发展中国家和欠发达地区,而几乎不关注跨文化和跨语言的学习需求(Portmess,2013)。因此,基于 MOOC 的教学设计方法——可能比其他教学形式更加——需要把参与者的声音和个人代理形式(personal forms of agency)纳入教学考虑。教学设计和技术专业人员比以往任何时候都更需要讨论 MOOC 参与者和学习者用以评估和处理具有文化攻击性或霸权性的开放资源的可行方法。无论这些挑战有多大,我们仍然有机会提出教育改革方案来促进对文化因素经过深思熟虑并尊重不同文化的教学设计,减少或者甚至消除这类学习者障碍。

设计 MOOCs:一些指导原则

在某些方面,MOOCs 的设计同其他任何类型的在线课程经验的设计相类似,但在很多方面又不同于其他任何类型的在线课程经验的设计。不过,其设计原则要依预期的 MOOC 类型和内容领域的不同而不同。以下是创建 MOOCs 的一些一般准则和原则。

1. **规划经验。**或许最重要的原则就是提前规划 MOOC 经验。当然,有些活动会在 MOOC 开展的过程中自然显现并回应学习者的需求。但是考虑到 MOOC 的规模,有很多东西还是必须在上第一堂课之前就设计和制作好,包括视频讲座、绝大多数(即使不是全部)课程任务或活动、课程评估和考试等。在课程任务和活动方面,特别重要的是明确设计的参与机会,如讨论总结者、内容聚合者、注释者、文化诠释者等(Bonk 和 Khoo,2014)。

2. **为每个经验建立反馈。**在在线环境中,反馈是极其重要的;在 MOOC 授课过程中,反馈更加重要。反馈可以来自其他参与者或学习者(即同伴)、教师或教学辅助人员、自我评估、导师和教练（包括先前学习过该 MOOC 的学习者）以及计算机系统。xMOOCs 多采用由计算机算法提供的反馈。其他反馈涉及同伴评议和各种形式的小组协作与评价。

3. **创建交互。** 为了提高留存率，在 MOOC 中创建交互时段是很重要的，如同步活动期间或辩论时的轮询问题（polling question）、角色扮演、论坛、调查等。参与者想要知道自己的声音被听到了。

4. **提供变式和选择。** 任务的变式和选择在网上不仅是可能的，而且是必要的（Bonk 和 Khoo，2014）。要提供各种不同类型的活动，包括自己发起的小组活动和与他人的协作活动、个人反思活动等。要嵌入使用组合、排列、替换、删除以及其他策略去修订先前创建的学习对象的可能性。要保证把这些学习对象置于开放资源库中。

5. **综合同步和异步经验。** 同步经验的社会临场感更强；不过，在 MOOC 中将同步和异步经验相结合可以同时提供反思和互动的机会。

255 6. **分割视频和其他课程成分。** MOOC 学习者更喜欢 20 分钟以内的短视频剪辑而不喜欢太长的视频。切割视频的技术工具越来越多（如 TubeChop），标注此类视频内容的工具越来越多，用以评估通过观看共享在线视频讲座和其他内容而进行学习的工具也越来越多。

7. **设计快速响应的交互性学习共同体。** 可以利用多种形式的社交媒体（如 blogs、Facebook、Twitter、Pinterest 等）和协作技术（如 wikis、Adobe Connect、Skype、Google Hangouts 等）来开发和建立在线学习共同体。虽然在一定程度上学习与共享社区在其他类型的 MOOCs 中确实也存在，但学习与共享社区却多见于 cMOOCs 中。

8. **构建自我反思和团队反思的时刻或机会。** 鉴于 MOOC 的潜在参与者数以千计，个人必须对自己的学习历程和成就进行反思。

9. **提供每周回顾和更新。** 对于一门 MOOC 中提供和分享的各种资源，每周对分享的资源进行总结有助于参与者应对信息超载。

10. **尽可能使经验或活动个性化。** 根据学习者的姓名和地点来称呼学习者将促进更充分的学习连接；链接到各种不同的包含着可能促进个性化信息的社交媒体网站或课程简介，也将促进更充分的学习连接。

11. **投入资源分享。**MOOC 参与者具有的知识和经验常常是 MOOC 教师所缺乏的。想办法分享这类经验和资源可以扩充课程资源和学习可能性。

12. **愿意在中途做出改变。**MOOC 经验会影响到无数人。如果发现课程质量或参与度不佳，要考虑改变传递方式、作业、评价或其他变量。

结论

万维网作为一种教育传递机制的出现带来了 MOOCs 的发展。对于 MOOC 和开放教育，有很多批评和警告，也有很多希望和机会。显然，与培训、人员流失、语言、认证、设计和评估等相关的一系列问题仍然需要进一步的探讨。同样，MOOC 内容的质量和传递仍然是一个基本的挑战和关切。虽然我们对于 MOOCs 的有效设计已经有较多了解，但在未来几年，关于 MOOCs 和 MOOC 相关衍生产品的教学设计思考和实践还将继续进行。

将来，无论在你作为教学设计和技术专业人员的生涯中，还是在你成年初期或以后的职业生涯期甚至退休后作为在线自主学习者的个人生活中，你都有可能遇到 MOOCs。与你的个人兴趣相关的大规模开放在线课程以及与你的工作职责相关的大规模开放在线课程每天都在出现。我们真诚希望，你能享受 MOOCs 带来的新机遇，以满足你对特定主题的好奇心和对学习的全部渴求。希望本章能在设计和参与高质量 MOOC 学习经验方面为你提供一些洞见。

要点总结

1. **有多种 MOOC 类型。**如本章所述，MOOCs 为大量的人提供了教育内容，这些内容通常是免费的。MOOC 的类型包括：标准化的课程传递 xMOOCs，注重社会连接的 cMOOCs，需要完成项目的 pMOOCs，以及旨在提升职场劳动力技能的专业发展课程——PD-MOOCs。

2. **促进 MOOC 可持续的商业模式比比皆是。**有很多与 MOOC 有关的商业计划；其中最有前途的是那些要收取安全评估和完成认证费用的计划，以及各种订阅模式和使用付费广告的计划。

3. **MOOC 不再被视为昙花一现的时尚而遭到忽视。**教学设计师和技术专家应当关注 MOOC,因为它代表的是一种在过去几年里吸引了很多人的新兴教学传递方式。很多与 MOOC 和开放教育相关的资源分配和实验正在进行,而它们的最终成功要依赖于教学设计师的重要作用。MOOC 正在检验教学技术和教学法在改变人们生活方面的极限所在。它们在中等学校、高等教育和企业培训中正在发挥越来越大的作用。有了纳米学位和证书,这一领域在未来几年将取得更大的进展。

4. **MOOCs 的质量受到许多复杂问题的影响。**与 MOOCs 相关的质量问题有很多,这在意料之中。有些担忧与评估的手段和类型相关,其他问题则包括低完成率——特别是 xMOOCs 的完成率。至少有一项关于 MOOCs 的大型研究表明,MOOCs 中教学设计原理的应用非常薄弱(Margaryan 等,2015)。与质量相关的其他问题还有:评估、学习者剽窃、教师培训不足、版权材料的使用等。

5. **在 MOOCs 的有效利用方面还有很多挑战和障碍。**那些想要利用 MOOCs 的人所面临的挑战包括:如何寻找和组织可供具有不同技术能力和文化机会的人获取的高质量内容。要在一门 MOOC 内提供跨越文化、语言和社会界限的学习体验是相当困难的。另一个问题是要了解哪些教学策略或方法可满足绝大多数 MOOC 参与者的需求和兴趣。毫不奇怪,教学设计师要负责为 MOOC 学习者创建教学支持,以帮助他们浏览无以计数的资源而不会不知所措。

6. **教学设计原理正逐渐明朗。**虽然 MOOC 是一种新近出现的现象,但有许多可靠的教学设计原理已被证明是可以促进其成功的。其中包括:设计多种让参与者提供同伴评估和接受他人评估的方式;设计快速响应的学习共同体;构建交互式和参与性的学习体验;回顾课程活动并扼要重述支持材料;设计参与者之间分享资源的方式等。

应用问题

1. 你在一所"旗舰大学"(flagship university)担任教学设计师,该大学所在的州在全国的健康和健身排名中位次较低。为了解决你所在州的这一关切点,你和一个公共卫生与在线教育专家团队已经成功地向一个大型基金会撰写了一份赠款提案。州长办公室知道了这个令人振奋的消息,邀请你去参加新闻发布会(该新闻发布会成为多家报纸头条);大约一两个小时后,在返回大学之前,你甚至跟州长进行了短暂的会面。在你回去一周后,你发现你所在大学刚刚与一家供应商签订了一份提供MOOCs的协议。不幸的是,这并不是你所熟悉的MOOC供应商,也不是你的团队所计划合作的供应商。你和你的团队负责帮助设计有关冥想和正念、人类营养基础知识、数字健身训练、运动生理学、身心健康、马拉松训练、反思老龄化,以及可持续健康饮食等方面的课程;其中的前两项计划将在短短三个月内推出。令你吃惊的是,你所在的州已经有数千人提前注册了这些课程。不过,令人遗憾的是,由于你所在的学校裁员,你原本打算与之合作的公共卫生学院的两名主要人员中的一位已不再受雇于该校。你的声誉岌岌可危。在这种情况下,

    a. 为了保证项目成功,你认为必须解决的两个或三个主要问题是什么?为了解决这些问题,拟采取哪些主要步骤?

    b. 为保证健康和健身MOOCs的成功,你打算在其中嵌入哪些类型的教学设计功能或交互元素?有没有哪些具体教学法活动能提升这类课程?

    c. 为了更多地了解健康和健身MOOCs以及一般健康和健身的信息,你可 *257*
以利用哪些资源?

    d. 如何评价该项目是否成功?你的标准或目标是什么?你如何向管理层推销你的评估方法?

    2. 你供职于一所以招生为导向的私立大学,该校希望通过四门基于MOOC的课程来提供数字化教学(E-Teaching and Learning)的硕士学位专业,从而扩大其在拉丁美洲的市场份额。这项新的学位课程计划将通过以更低的成本在拉丁美洲提供学分课程来创收,同时还要收取完成证书费用。正因如此,其中构建的教学活动和策略不仅要满足课程实践、机构和专业社团的需求和标准,还必须回应美国和拉美国家之间的文化、语言和政治差异。大学领导指派你和你的教学设计团队来负责这个新项目。对于新项目全面实施后将会产生的由招生带来的收入,校长办公室充满了热情。为了加快推出基于MOOC的数字化教学专业,校长设立了一个特别工作组来负责课程推广、课程注册事项,并解决技术方面的

问题。但是，课程、教学活动与策略等需要你领导的由教学设计师和主题专家组成的团队来处理。你和你的团队要负责从以下方面去设计课程：(1)数字化学习的历史与现状；(2)学习理论与数字化学习教学方法；(3)数字化学习的评估和能力证明；(4)数字化学习的文化和语言适应。

    a. 你将如何管理该项目？你将制定哪些政策和措施来确保项目成功？

    b. 你可以在这几门 MOOCs 中嵌入何种类型的教学设计功能来保证课程的成功？

    c. 你将如何保证主题专家和教学设计师之间富有成效的协作？

    d. 如何评价该项目的总体成功程度？又如何评价你负责设计的具体 MOOC 课程的成功程度？

参考文献

Bandi-Rao, S., & Devers, C. (2015). Developing MOOCs to narrow the college readiness gap: Challenges and recommendations for a writing course. In Special Issue: MOOCs and Open Education. *International Journal on E-Learning, 14*(3), 265–277.

Bersin, J. (2013, November 20). The MOOC marketplace takes off. *Forbes.* Retrieved from http://www.forbes.com/sites/joshbersin/2013/11/30/the-mooc-marketplace-takes-off/

Bonk, C. J., & Khoo, E. (2014). *Adding some TEC-VARIETY: 100+ activities for motivating and retaining learners online.* OpenWorldBooks.com and Amazon CreateSpace. Retrieved from http://tec-variety.com/

Bonk, C. J., Lee, M. M., Kou, X., Xu, S., & Sheu, F.-R. (2015). Understanding the self-directed online learning preferences, goals, achievements, and challenges of MIT OpenCourseWare subscribers. *Educational Technology and Society, 18*(2), 349–368. Retrieved from http://www.ifets.info/journals/18_2/26.pdf

Bonk, C. J., Lee., M. M., Reeves, T. C., & Reynolds, T. H. (2015). Preface: Actions leading to "MOOCs and open education around the world." In C. J. Bonk, M. M. Lee., T. C. Reeves, & T. H. Reynolds (Eds.), *MOOCs and open education around the world* (pp. xxx–xlii). New York: Routledge. Retrieved from http://publicationshare.com/moocsbook/ and http://www.moocsbook.com/free.php

DeMillo, R. (2015). Unbundling higher education and the Georgia Tech online MS in computer science: A chronicle. In C. J. Bonk, M. M. Lee, T. C. Reeves, & T. H. Reynolds (Eds.), *MOOCs and open education around the world* (pp. 147–156). New York: Routledge.

Downes, S. (2011, August). *Free learning: Essays on open educational resources and copyright*: Retrieved from http://www.downes.ca/files/books/FreeLearning.pdf

edX. (2014a, January 21). *Harvard and MIT release working papers on open online courses.* edX blog. Retrieved from https://www.edx.org/blog/harvard-mit-release-working-papers-open/#.VOEnbo1TFjs

edX. (2014b). *We are launching a high school initiative.* edX press release. Retrieved from http://blog.edx.org/we-are-launching-a-high-school-initiative/

Grovo. (2015). Training the trainer: How to create microlearning. Technical Report. Retrieved from https://www.grovo.com/microlearning

Hilger, C. (2014, September 8). Putting MOOCs to work recap [Infographic 7 ways that corporations are using MOOCs]. Extension Engine. Retrieved from http://extensionengine.com/putting-moocs-to-work-recap-infographic/#.VHKBnG0zX4

Kessler, S. (2013, March 26). Here's a Google perk any company can imitate: Employee-to-employee learning. *Fast Company.* Retrieved from http://www.fastcompany.com/3007369/heres-google-perk-any-company-can-imitate-employee-employee-learning

Kop, R., Fournier, H., & Mak, J. S. F. (2011, November). A pedagogy of abundance or a pedagogy to support human beings? Participant support on massive open online courses. *International Review of Research on Open and Distance Learning (IRRODL), 12*(7). Retrieved from http://www.irrodl.org/index.php/irrodl/article/view/1041/2025

Laurillard, D. (2014, December 30). *Anatomy of a MOOC for teacher CPD.* University College London: Institute of Education. Retrieved from http://www.lkl.ac.uk/cms/files/jce/reports/anatomy_of_a_mooc_for_teacher_cpd_ucl-ioe.pdf

Lewin, T. (2015, April 22). Promising full college credit: Arizona State University offers online freshman pro-

gram. *The New York Times.* Retrieved from http://www
.nytimes.com/2015/04/23/us/arizona-state-university-
to-offer-online-freshman-academy.html?_r=0

Margaryan, A., Bianco, M., & Littlejohn, A. (2015). Instruc-
tional quality of massive open online courses (MOOCs).
Computers & Education, 80, 77–83.

Meister, J. (2013, August 13). How MOOCs will revolutionize
corporate learning and development. *Forbes.* Retrieved
from http://www.forbes.com/sites/jeannemeister/
2013/08/13/how-moocs-will-revolutionize-corporate-
learning-development/

Moe, R. (2015). The brief and expansive history (and future)
of the MOOC: Why two divergent models share the
same name. *Current Issues in Emerging eLearning, 2*(1),
Article 2. Retrieved from http://scholarworks.umb.edu/
ciee/vol2/iss1/2/

Portmess, L. R. (2013). Mobile knowledge, karma points and
digital peers: The tacit epistemology and linguistic repre-
sentation of MOOCs/Savoir mobile, points de karma et
pairs numériques: L'épistémologie tacite et la représenta-
tion linguistique des MOOC. *Canadian Journal of Learning
and Technology/La Revue Canadienne de L'apprentissage
et de la Technologie, 39*(2). Retrieved from http://cjlt.csj
.ualberta.ca/index.php/cjlt/article/viewFile/705/360

Reeves, T. C., & Bonk, C. J. (2015). MOOCs: Redirecting
the quest for quality higher education for all. In Special
Issue: MOOCs and Open Education. *International
Journal on E-Learning, 14*(3), 385–399.

Reeves, T. C., & Hedberg, J. G. (2014). MOOCs: Let's get

REAL. *Educational Technology, 54*(1), 3–8.

Reynolds, T. H., Reeves, T. C., Lee. M. M., & Bonk, C. J.
(2015). Open options: Recapping this book with eyes on
the future. In C. J. Bonk, M. M. Lee., T. C. Reeves, &
T. H. Reynolds (Eds.), *MOOCs and open education
around the world* (pp. 327–341). New York: Routledge.

Schroeder, R., Cook, V. S., Levin, C., & Gribbins, M. (2015).
Alternative models of MOOCs. In C. J. Bonk,
M. M. Lee., T. C. Reeves, & T. H. Reynolds (Eds.),
MOOCs and open education around the world
(pp. 275–285). New York: Routledge.

Stripling, J. (2015, April 24). The making of a higher-ed
agitator: Michael Crow's prescription for colleges
divides and inspires. *The Chronicle of Higher
Education.* Retrieved from http://chronicle.com/article/
The-Making-of-a-Higher-Ed/229619/

Waters, J. K. (2015, August 5). How nanodegrees are
disrupting higher education. *Campus Technology.*
Retrieved from http://campustechnology.com/
articles/2015/08/05/how-nanodegrees-are-disrupting-
higher-education.aspx

Watters, A. (2013, November 29). Top ed-tech trends of
2013: MOOCs and anti-MOOCs. *Hack Education.*
Retrieved from http://hackeducation.com/2013/11/29/
top-ed-tech-trends-2013-moocs/

Wiley, D. (2015). The MOOC misstep and open education. In
C. J. Bonk, M. M. Lee, T. C. Reeves, & T. H. Reynolds
(Eds.), *MOOCs and open education around the world*
(pp. 3–11). New York: Routledge.

258

第三十一章　明智地使用丰富媒体

鲁思·科尔文·克拉克　克拉克培训和咨询公司

理查德·E·梅耶　加州大学圣芭芭拉分校

259　　　在多媒体培训环境中,你可以如何利用丰富媒体——如动画、视频、音频等——来帮助人们学习? 请考虑以下三种教授闪电形成的方法。A方法包括简单的视觉图像,使用线条画加屏幕文本描述。B方法使用伴有音频解说的动画图像来描述闪电过程。由于有些人可能觉得闪电形成这个话题有些枯燥,所以C方法增加了几个视频故事来激发兴趣。例如,其中一个故事描述了闪电对飞机的影响,包括一架飞机被闪电击中的画面。B方法和C方法使用的丰富媒体包括动画、音频和视频;A方法使用的是静态图像而不是动画或视频,采用印刷文本描述而不是音频解说。此外,A方法和B方法只关注事实性内容,而C方法在事实性描述中增加了关于闪电的有趣故事。你认为这三种方法中的哪一种对学习更有效? 现在花一分钟时间从以下选项中进行选择。

最好的学习效果源于:

_____A. 方法A,因为与另两种方法相比,方法A使用的是更为简单的媒体。

_____B. 方法B,因为它使用了动画和音频来阐述科学过程。

_____C. 方法C,因为有趣的故事能激发学习者学习闪电形成的动机。

_____D. 没有显著差异,因为三种方法教授的都是同样的关于闪电形成的内容。

丰富媒体的哪些特征能促进学习？哪些特征会导致分心或不能增加成本效益？这些都是我们在本章要探讨的问题。

2013年，美国企业在劳动力学习方面的投资超过1亿5千万美元[人才发展协会（TAD），2014]。为了让这一重大投资产生最大的回报，教学项目开发者在做出多媒体设计决策时，必须考虑那些被证明有效的方法，这才是明智的做法。为了阐明我们的主张，我们将主要侧重于基于研究的理论和证据，这些理论和证据有助于我们最佳地利用有关静止图像、动画、音频和文本的基本教学模式。虽然我们能够选择不同的教学方法，如游戏和模拟，但我们将侧重于基于证据的文本、音频和图像的运用，因为所有教学环境都使用了这些模式的某种组合，并且有数量可观的研究可用来指导你做出决策。

技术中心教学和学习者中心教学

由于计算机和通信技术取得的令人惊叹的进展，教学设计师们忍不住要问："我可以如何利用丰富媒体来设计教学?"这反映的是一种技术中心的教学设计方法，因为我们从技术的性能（如丰富媒体的可用性）出发设计教学来顺应这些性能。例如，在采用技术中心的方法时，我们可能会想方设法地综合利用视频和动画的功能去设计一节课。

让我们简要回顾一下20世纪那令人失望的以技术为中心的历史（Cuban，1986，2001）。20世纪20年代，电影被吹嘘为一项将彻底变革教育的前沿技术。 260 20世纪30和40年代，广播被作为一种将世界上的专家带进课堂的方式而受到推广。20世纪50年代，教育电视被认为是未来教育的关键所在——它结合了电影和广播的优势。20世纪60和70年代，人们宣称，计算机辅助教学很快就将取代教师。在以上各种情况下，事情的发展周期都很相似：先是大力宣称一种前沿技术将变革教育，接着是热忱地在一些教育情境中实施，而最终的结论是那种新的前沿技术并没有成功。

技术中心教学设计方法的问题是什么呢？其主要问题是，没有把学习者以及我们已知的人如何学习的知识纳入考虑范围。相反，在学习者中心的教学设计方法中，核心是如何促进学习者的自然学习过程。丰富媒体必须加以改造以服务于学习者的需要,而不是相反。简单地说,采用学习者中心方法时,我们会问:"我们可以如何改造丰富媒体来辅助人类学习?"

本章的主题是,丰富媒体的使用(或不用)应当与我们所知道的人的学习方式以及关于教学有效性的研究证据相一致(即,教学设计师应当采取学习者中心的方法来利用丰富媒体)。采取学习者中心方法涉及设计以促进学习为目的的教学。这种方法的一个重要方面是承认循证实践,该观念指出教学实践应以研究证据为基础。我们对循证方法的定义是,在进行有关学习环境的设计、开发和交付的决策时明智地使用当前的最佳证据(Clark,2015)。尽管有多种类型的证据可用,但我们更倾向于随机分配学习者到实验组和对照组的实验研究证据。

循证实践的基本原理是什么? 教学决策的依据可以是某种看法、一时的风尚、意识形态、建议、证明信或者未经验证的最佳实践。这些方法的问题在于,几乎没有理由使我们相信它们能引发有效教学。相反,若采用循证方法,那么我们拟采用的教学方法和模式已被证明适用于当前的学习者和学习目标。

人是如何学习的

学习是如何进行的? 这是学习科学要解决的主要问题,而学习科学是有关人是如何学习的科学研究(Mayer,2011)。学习科学认为,学习是指由学习者的经验所引起的学习者知识的变化。由此,教学的科学主要涉及的是帮助人们学习的教学方法(Mayer,2011)。因此,人们对于学习如何进行的认识应当成为教学方法的基础。

如图 31.1 所示,学习发生于学习者的信息加工系统内,信息加工系统包括记忆存储、感知记忆、工作记忆和长时记忆等部分。你可以看到,外部世界的信息——教学性语词和图像——作用于学习者的眼睛和耳朵,然后作为视觉形象或听觉形象在感知记忆中停留不到 1 秒的时间。如果这些稍纵即逝的输入信息被学习者注意,那么就会被转入工作记忆;工作记忆会把这些信息组织为一个认知表征。

工作记忆是包括刻意学习在内的所有有意识思维的核心,不过它的容量是

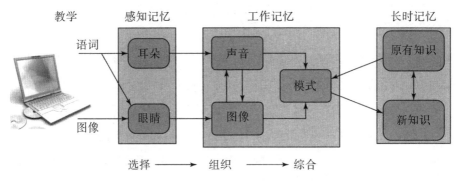

图 31.1　人类学习过程模式

有限的。学习者在工作记忆中一次只能加工少量元素,这一点在米勒(1956)指出工作记忆的容量为 7 ± 2 个信息块后已被普遍接受。因此,教学设计的一个主要挑战就是要顺应学习者工作记忆中有限的信息加工容量。

相反,长时记忆是一个永久性、大容量的信息存储库,包括有组织的知识结构(称之为图式)。在学习过程中,长时记忆中的原有知识(如图式)被激活,与来自工作记忆的输入信息相结合。在工作记忆和长时记忆之间存在着一种互动:储存在长时记忆中的原有知识可以被用来对工作记忆中的材料进行组块,从而使学习者能够加工更多的材料。这就是那些长时记忆中有关知识较少的新手学习者跟经验丰富的学习者相比更容易受认知负荷影响的原因。因此,在设计教学时,要把学习者的原有知识方面的差异当作或许是一个最重要的个别差异特征予以考虑。

如图 31.1 所示,要把教学输入转换为长时记忆中的新知识和技能,需要三个认知过程:

选择。从感知记忆到工作记忆的箭头表示学习者对某些输入信息予以注意并将它们转入工作记忆以进行进一步的加工。

组织。工作记忆内部的箭头表示学习者在心理上把输入的材料组织成连贯的言语表征和视觉表征。

综合。从长时记忆到工作记忆的箭头表示学习者在心理上把新的知识表征综合起来,并与长时记忆中激活的相关原有知识相结合,最终形成新的知识和技能。

最后,从工作记忆到长时记忆的箭头表示把新建构的知识储存在长时记忆中,供以后使用。

在学习过程中,当学习者投入到适当的选择、组织和综合过程中时,有意义的学习就发生了。这些过程部分受制于学习者的元认知知识和学习者动机,元认知知识是关于如何管理学习的知识,动机则能启动和维持目标导向活动。

信息加工系统的另一个方面是,视觉/图片信息和听觉/言语信息有各自独立的加工通道,每个通道有各自不同的认知负荷限制。图像是在视觉/图片通道中加工,有声语词是在听觉/言语通道中加工。印刷文字先在视觉/图片通道中加工,然后可能转入听觉/言语通道进行加工。

学习过程中强加于工作记忆的心理工作量被称为认知负荷(Mayer,2009;Sweller,Ayres 和 Kalyuga,2011)。教学设计面临的主要挑战是既要促进适当的认知加工——选择、组织和综合,同时又不能使工作记忆超负荷。表 31.1 简要概括了三种形式的认知负荷——无关的加工、必要的加工、生成性加工。

表 31.1 教学设计中的三类认知负荷

负荷种类	描　述	举　例
无关的	由低劣的教学设计决策导致的无关心理负荷	用含有无关细节的过度复杂的视觉图像来阐述某个过程,如血液循环过程
必要的	旨在对学习材料进行表征而造成的心理负荷以及由教学内容本身的复杂性造成的心理负荷	呈现的材料对于学习者来说比较复杂(即要求同时操控记忆中的多个元素)
生成性的	旨在理解材料意义而形成的相关的心理负荷,取决于学习者组织和综合内容时付出的努力	使用有助于学习者理解内容意义的解释性视觉图像 安排有助于学习者实现教学目标的实践活动

低劣的教学设计会产生无关的加工,无关的加工会侵蚀有意义学习所需要的有限的加工能力,因此,一个重要的教学目标就是要降低无关的加工。要学习的材料的复杂性可能需要高水平的必要加工,以便对输入的材料进行心理表征(主要是选择和初期组织),因此,一个重要的教学目标是要帮助学习者管理必要的加工。最后,必须激发学习者,使其具有努力理解输入材料之意义的动机,也

就是说,要投入生成性加工(主要是组织和综合),因此,最终的教学目标是要促进生成性加工。

总之,教学设计师要努力使教学项目降低无关的加工,管理必要的加工,促进生成性加工。近期的许多研究(Clark 和 Mayer,2011;Clark,Nguyen 和 Sweller,2006;Mayer,2009,2014;Sweller 等,2011)对一些旨在降低无关加工(如在相应的图像旁边添加信号或配以文字)、管理必要加工(如把一节课分成若干部分或针对一些主要部分预先提供训练)、促进生成性加工(如使用会话体裁或安排相关实践活动)的具体教学方法进行了考察。

与教学设计师特别相关的三条基于研究的学习原则是:

容量有限原则。对于每个通道,人们一次只能加工少量信息。

双通道原则。人们加工视觉/图片信息和听觉/言语信息的通道是各自独立的。

主动学习原则。当学习者在学习过程中投入适当的认知加工时,有意义的学习才会发生。适当的认知加工包括:注意输入信息的有关部分,在心理上把材料组织成一个统一的认知表征,以及在心理上把认知表征与长时记忆中激活的原有知识相结合。

262

在开发职场员工学习课程时应考虑证据和人类学习过程,为了阐明我们的这个主张,我们将重点讨论几个与多媒体学习中视觉效果和文字的最佳利用有关的问题。

问题1:视觉效果能提升学习吗?

视觉效果包括静止图像、动画和视频,视觉效果可能较难生成,并且会增加课程开发与交付所需的时间、成本和带宽。在视觉效果上的投资有什么好处吗?让我们来看看证据。梅耶(2009)对许多只用文字呈现内容的课和同时利用文字与视觉效果呈现相同内容的课的学习效果进行了比较研究。例如,在图31.2中,你可以看到一个只使用文本材料的课时片段和一个同时使用文本与视觉效果的课时片段。

学习者被随机分配到两种课时安排中,并在学习结束后进行测验。在11项

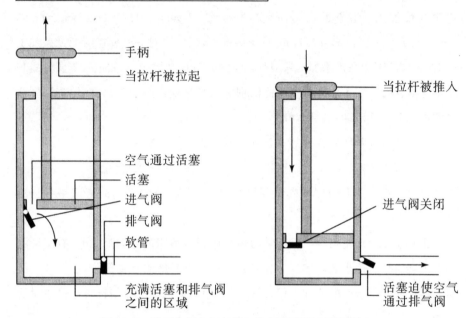

当拉杆被拉起时，空气通过活塞，充满活塞和排气阀之间的区域。当拉杆被推入时，进气阀关闭，活塞迫使空气通过排气阀。

手柄
当拉杆被拉起
空气通过活塞
活塞
进气阀
排气阀
软管
充满活塞和排气阀之间的区域

当拉杆被推入
进气阀关闭
活塞迫使空气通过排气阀

图 31.2　关于自行车打气筒工作原理的两个不同版本

涉及刹车、泵、发电机、闪电和数学等学习主题的研究中，有视觉效果的课时安排促进了更好的学习。增加视觉效果的学习的效益更高，其中位效应值为 1.39。这就意味着，如果增加适当的视觉效果，只用文本材料的学习小组的平均分数将提高近 1.5 个标准差。引发视觉学习能力的心理原因与我们前面讨论过的工作记忆的双通道功能有关。同时使用文字和视觉效果的课为大脑提供了两个构建意义的机会——一个来自文字，另一个来自相应的图像——并鼓励学习者在两者之间建立联系。

问题 2：视觉效果对有些学习者更有效吗？

我们发现，为描述泵的工作原理的文本增加视觉效果能提升学习。那么，一些学习者是否会比其他学习者从视觉效果中获益更多？有些培训者相信，存在着影响个体的最佳学习方式的视觉型学习风格和听觉型学习风格。你是否相信你是一个视觉型学习者或听觉型学习者?

事实上,有些学习者确实能从视觉效果中获益更多,但这些个别差异与学习风格没有太大关系。请看这个实验。布鲁尔(Brewer)、哈维(Harvey)和塞姆勒尔(Semmler)(2014)等人考察了两个版本的法官在正当防卫审讯中对陪审团的指导。第一个版本只有通常由法官进行讲解的音频。第二个版本配合音频增加了视觉效果,如流程图和图解。学习者有两类:一类是与绝大多数陪审团成员类似的法律初学者;另一类是法学学生,他们被随机分派参与其中一个版本的教学。在完成教学后,对个人的理解情况进行测试。结果如图 31.3 所示。

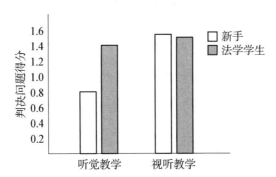

263

图 31.3 视觉效果对新手和专家的效果(改编自 Brewer, Harvey 和 Semmler, 2004 的数据)

请看图 31.3 中的图示,然后从以下选项中选择最合理的结论:

_____A. 新手从视觉效果中获益最多。

_____B. 专家从视觉效果中获益最多。

_____C. 专家和新手都从视觉效果获益。

_____D. 利用视觉效果使新手提升到了专家。

新手从视觉效果中获益最多,事实上,在视觉效果的帮助下,他们对法律教学的理解基本上达到了法学学生的理解水平。由于法学学生的原有知识,他们在没有视觉效果辅助的情况下,仅靠听觉教学就能够理解教学。根据图 31.3 所示数据,以上问题的答案是 A 和 D。

梅耶和加利尼（Gallini）（1990）以及卡柳加（Kalyuga）、钱德勒和斯威勒（1998,2000）的研究报告构成了卡柳加（2014）所说的专业知识逆转效应的基础。专业知识逆转效应指的是，对新手有帮助的教学模式或方法不仅对专家没有帮助，在某些情况下反而会降低专家的行为表现。如前所述，学习者的原有知识是在进行教学设计时需要考虑的最重要的个别差异。

学习风格概念又如何呢？克拉齐格（Kratzig）和阿巴斯诺特（Arbuthnott）（2006）曾要求学习者评估自己的学习风格（视觉型、听觉型、动觉型），然后用标准化学习风格量表对每个学习者进行测试，还对其视觉、听觉和动觉记忆进行了测试。研究团队随后探讨自我评估、量表评估和记忆测试的相关性或关系。他们发现任何两个测量结果之间都不存在相关。换句话说，自认是视觉型学习者的人用学习风格量表测出的结果并不是视觉型学习者，也没有表现出更强的视觉记忆。他们的研究结论是："与学习风格理论相反，人们似乎能够利用所有三种感知模式进行有效的学习。"（p. 241）随后，帕什勒（Pashler）、麦克丹尼尔（McDaniel）、罗勒（Rohrer）和比约克（Bjork）（2008）针对学习风格的研究结论是："在我们看来，学习风格理论在教育中的广泛普及同缺乏可靠证据来证明其效用之间的反差是惊人的、令人不安的。关于学生学习风格分类的实际效用还有待证明。"（p. 117）

问题3：更丰富的视觉效果是否更有助于学习？

丰富的视觉效果相对来说更详细、更复杂。例如，像图 31.4 中的版本 A 显示的三维透视图就比版本 B 的简单线条画更丰富地阐述了心脏的血液循环。

我们在引言中所说的关于闪电形成的动画描述就要比一系列静止图画更丰富。动画包含了大量由程序控制播放的瞬时视觉信息。相比之下，静止图画只显示少量关键帧，并由学习者自行控制观看速度。对于同样的课堂内容，视频要比动画更丰富，因为动画略去了无关的背景视觉信息。近来著作软件和图形软件的进展使制作动画和视频等丰富视觉效果更加容易。关于丰富图像的有效性，我们有哪些证据呢？

A. 线条画和三维图画

布彻(Butcher)(2006)比较了三个课程版本对于理解血液如何流经心脏的影响，这三个课程版本分别是：只有文本；配有简单线条画的文本；配有复杂的三维透视图的文本，如图31.4所示。

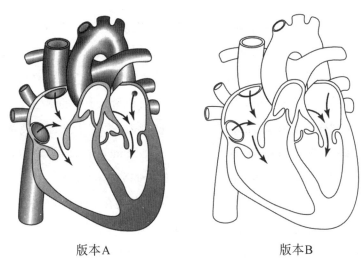

版本A   版本B

图 31.4　心脏血液循环的简单和复杂图解(Butcher，2006)

与自行车打气筒的实验类似，布彻发现，在文本之外增加视觉效果提升了对血液循环的理解——简单图解和复杂图解都比单独文本更有效。但是，对两个图解的比较发现，简单的线条画比复杂的图解更有效——特别是对于新手学习者(Butcher，2006)。她建议："特别是对于新手学习者，更可取的做法是去除视觉表征中的非必要细节。"(Buther，2014，p. 182)

B. 静止图像和活动图像

就像许多教学方法一样，关于静止图像和活动图像的争辩，最好的答案是：看情况而定。活动图像(视频或计算机生成动画)可以说明换用其他方式则无法观察到的过程，如种子发芽或蜂鸟的飞行模式。与此同时，由于活动图像显示的是大量转瞬即逝的视觉信息，会造成巨大的心理负荷。

从直觉上看，在教授一个涉及运动的物理元素的过程(如闪电形成)时，活动图像应该更有效。但是,针对一系列课程主题(例如,刹车的工作原理、马桶的冲刷过程、闪电的形成过程)展开的研究比较了用活动图像进行的学习和用一系列静止图像进行的学习,梅耶、赫加蒂(Hegarty)、梅耶和坎贝尔(Campbell)(2005)发现,利用一系列静止图像学习的效果与利用活动图像学习的效果一样好,或者更好。

用活动图像还是用一系列静止图像主要取决于:(1)视觉表征的目的;(2)视觉效果与学习者之间的认知匹配;(3)活动图像的具体特征,如提示(Hegarty,2014;Lowe 和 Schnotz,2014)。例如,在一个实验中,目标是识别跳跃中的袋鼠的运动阶段。研究团队发现,利用活动图像学习的学生行为表现不如利用一系列静止图像学习的学生行为表现,因为一系列静止图像使学习者可以仔细比较每个阶段与其他阶段的不同(Lowe,Schnotz 和 Rasch,2011)。活动图像的瞬时性减少了区分运动过程中身体姿态细微差异的机会。

或许对于教育者来说,活动图像的价值更多的还在于作为作业辅助的价值。如果你的目标是指导工人完成一个装配任务,哪一种表征会更有效?是文字描述、静止图像(没有文字),还是活动图像(没有文字)?华生(Watson)、巴特菲尔德(Butterfield)、柯伦(Curran)和克雷格(Craig)(2010)比较了在这三种表征形式的指导下,学习者前后五次尝试构造一个包含 33 个步骤的设备所花的时间。在第一次尝试中,采用活动图像所用的时间最短。在第二次构造时,采用活动图像和静止图像所用的时间没有差别。到第五次构造时,采用三种表征所用的时间相同——或许,此时学习者已经学会了这些步骤。这些结果表明,如果作业环境只允许一次构造,那么采用活动图像所需的作业时间最短,但是,如果可以让同一个人进行多次构造,那么采用静止图像和采用活动图像的效果几乎没有差别。

这一研究加强了我们关于活动图像在支持动作技能任务方面的价值的认识。一些针对其他动作技能开展的研究也报道了类似结果。例如,艾尔斯(Ayres)、马库斯、占(Chan)和钱(Qian)(2009)的研究以及翁(Wong)、马库斯、艾尔斯、史密斯、库珀(Cooper)、帕斯(Paas)和斯威勒(2009)的研究都发现,对于打结或折纸等任务,利用活动图像学习的效果要优于用一系列静止图像学习的效果。因此,当任务涉及动手类的动作技能时,活动图像要比静止图像更有效。

使活动图像更有效的条件

如果确定活动图像是最适合的绩效支持或最适合于教学目标,那么请考虑如何平衡活动图像复杂的瞬时显示所带来的心理负荷。首先,请考虑用提示手段把学习者的注意力引向活动图像的相关方面。有时候,一些重要的运动只涉及一些较小的元素,很容易被另一些更大的运动元素所掩盖。还有时候,你可能想把注意力引到多个同时发生的动作上。近期的研究表明,箭头等作为在静止图像中很有效的提示手段,在活动图像中却并不那么有效。作为替代,可考虑用颜色流(即进程路径提示)来引导学习者的视线,使他们关注活动图像的相关方面(Boucheix 和 Lowe,2010);也可以用音频叙述作为提示手段,把学习者的注意力引导至图像显示的相关方面。第二,加入一些允许学习者控制活动图像显示的工具。例如,滑动条可使学习者灵活地查看活动图像(Lowe 和 Schnotz,2014)。

C. 计算机生成动画和视频

假定你想要阐明一些人际技能,如如何卖出产品或在课堂上如何管理捣乱的学生,你可以用文字叙述、动画或者视频来展示范例。莫雷诺(Moreno)和奥特加诺-莱恩(Ortegano-Layne)(2008)比较了实习教师通过以三种方式显示的课堂范例来学习教学原则的情况,这三种方式是:叙述性文字描述、计算机动画和视频。与我们至今讨论过的研究一致,他们发现两种可视化形式(即动画和视频)的学习效果比文字描述的学习效果更好,学生对两种可视化形式的评分也高于文字描述。

决定使用动画还是视频则要取决于若干实际因素和教学因素。例如,你可能拥有支持视频录制和编辑的技术设备而没有制作动画的技术设备,或者情况正好相反。另一个要考虑的因素是视觉内容的波动性。有一个花大价钱制作出来的聚焦于军队领导力的视频在提交几个月后就由于军种的变换而过时了。视频捕捉了场景中的全部可见元素,因此与动画相比,视频的视觉逼真度更高。然而,视频在选择性和灵活性上不如动画。与此相反的是,动画是被绘制出来的,可以允许许多视觉功能可见性,包括删去不必要的细节,从不同

265

角度动态阐明某个对象,阐明不易用其他形式描绘的过程和事件等(Lowe 和 Schnotz,2014)。

使视频更有效的条件

视频被广泛应用于教师教育,有许多经验教训可用于涉及人际技能的教学目标,如销售和客服。如前所述,在教师教育中,视频被用来阐明教学原则。有很多可用的视频案例库是专门为教师编辑的,其内容包括各种问题导向学习的课的主题。最后,教师自己可以把自己的作品制作成视频,作为作品选辑的一部分提交,或者供评论和讨论。

德里(Derry)、谢林(Sherin)和谢林(2014)提出了几种方法来管理视频中的认知负荷。一种方法是把视频分段,允许停顿、开始,以及重看特定部分。可以由课堂促进者对视频进行分段,也可以把视频分段嵌入到在线课程中。视频的分段可以同时伴以文字线索,以引导学习者注意视频的相关方面。例如,视频观前指导可以要求学习者特别关注教师如何奖赏合宜行为和管理不合宜行为。另一种认知负荷的管理方法是预先学习,即将视频中要阐述的概念先用文本形式呈现出来加以学习。贝策尔(Beitzel)和德里(2009)发现,先阅读再看视频的学习效果要好于先看视频再阅读的学习效果。还有一种方法是,德里等(2014)建议删除与教学目标无关的镜头。

问题 4:为激发动机而添加的视觉效果能提升学习吗?

有时添加丰富媒体元素是为了激发学习者的动机。毕竟劳动者的学习主题往往是相当枯燥的,增加一些有趣的故事和视觉效果可以吸引在高端媒体环境中成长起来的年轻一代。例如,对于引言中提到的闪电形成教学,与其拘泥于对闪电形成的基本描述,不如加入一些视觉效果和有关闪电的故事,如飞机被闪电击中的故事。那么,添加故事或图像等丰富媒体能不能提升学习效果呢?

在 20 世纪 90 年代初,加纳(Garner)及其同事(Garner, Alexander, Gillingham, Kulikowich 和 Grown, 1991; Garner, Brown, Sanders 和 Menke, 1992)发现了他们所说的引人入胜的细节所具有的负面效果。他们在研究中把

包括文字信息在内的引人入胜的细节插入到旨在激发兴趣的教学材料中。课中所用的引人入胜的细节往往与一般性主题相关,但与主要教学目标无关。哈普(Harp)和梅耶(1997)评估了在多媒体课中加入引人入胜的文字和引人入胜的视觉呈现各自带来的学习效果。例如,在一堂关于闪电如何形成的课中,他们加入了一些简短的讨论,如闪电击中高尔夫球手会怎样以及闪电击中飞机的后果。学习者认为,这些包含了引人入胜细节的小插曲的课比没有这些小插曲的课更为有趣;但是,这些加入小插曲的课极大地降低了学习效果。在六项不同的研究中,不包含引人入胜信息的课显示出了105%的中位学习增益,其效应值为1.66,比包含引人入胜信息的课更高。

宋(Sung)和梅耶(2012)比较了四种版本的课带来的学习效果和学生对这些课的评分,这四种版本是:纯文本、文字加装饰性视觉效果、文字加引人入胜的视觉效果、文字加相关的视觉效果。学习者对三个具有视觉效果的课给予了更高的评价。尽管学习者有不同的偏好,但加入相关视觉效果的版本取得了最好的学习效果。事实上,加入引人入胜视觉效果的版本比纯文本的效果低得多。在这项研究中,我们再次发现了引人入胜视觉效果的负面影响;然而,我们也看到,学习者喜欢视觉效果,但他们不会区分妨碍学习的视觉效果和促进学习的视觉效果。你面临的挑战是,对内容的可视化处理必须既能够激发动机又能促进有效学习。

一种在增强动机的同时也提升学习的新兴图形化方法叫情感设计(Um,Plass,Hayward 和 Homer,2010;Mayer 和 Estrella,2014)。在主题为免疫系统如何工作(Um 等,2012)和病毒如何引起感冒(Mayer 和 Estrella,2014)的课中,带有人类特征(如富有表现力的眼睛)的彩色图像比起没有人类特征的黑白图像,引发了更有效的学习成果。

问题 5:用配音或字幕解释图像能带来更好的学习效果吗?

我们在前文回顾的多项研究表明为文字添加相关的图像是有好处的。关于用配音或是字幕来描述图像的好处,我们有什么证据吗?

用简短的语音叙述解释复杂的图像

在 2009 年写这一章的内容时,我们得到的结论是,证据表明用配音描述视频的学习效果通常要优于用字幕描述视频的学习效果。在进一步讨论这个问题时,我们有更多证据表明配音的好处以及使用配音的一些边界条件。

有很多研究比较了通过带字幕的图像进行的学习和通过配音图像进行的学习,现在我们有更充分的证据来支持我们的观点。吉恩斯(Ginns)(2005),洛(Lowe)和斯威勒(2005),莫雷诺(2006),梅耶和皮尔加德(Pilegard)(2014)等发表的关于这一问题的研究综述一致认为,如果用配音来解释图像,学习会更有效。教学研究心理学家称此研究结果为通道效应(modality effect)。梅耶和皮尔加德(2014)回顾了 60 多项已发表的对比实验研究,这 60 多项研究比较了通过配音图像学习的小组和通过字幕图像学习的小组。在数学、电气工程、闪电、刹车、环境科学游戏等诸多内容的学习中都发现了通道效应,并伴有来自教学法代理的解释(Mayer,2009)。在 33 项基础研究中,所有研究都产生了积极的效果,其中位数效应值为 0.88,这是很高的。而且,通道效应也在实际的课堂现场测试中得到了证实(Harskamp,Mayer,Suhre 和 Jansma,2007)。

如果你回忆一下我们曾讨论过的工作记忆的双通道特征,你就能明白配音叙述为何更有效。如图 31.1 所示,工作记忆有一个言语(听觉)通道和一个视觉通道。当用音频来解释图像时,信息就会在工作记忆的听觉通道和视觉通道之间进行分配,从而优化了工作记忆的容量限制。与此相反,当用字幕来描述图像时,全部信息都指向了工作记忆的视觉中心,于是导致了信息超载。

现有研究表明,在下列条件下,通道效应最显著:(1)学习者原有知识较为欠缺;(2)解说较短;(3)学习者不能控制课的播放,如在典型的动态图像中。梅耶和皮尔加德(2014)在综述中总结道:"在各种各样的学习情境中,有足够的证据表明,学习者通过图像加配音的方式学习比通过图像加字幕的方式学习的效果更好,其中位数效应值为 0.76。"(p.336)

作为一名实践人员,当你准备在数字化学习中使用文本和音频时一定要记住以下几点。音频形式呈现的信息转瞬即逝。在一些情况下,呈现在屏幕上的字幕更适合提供记忆支持。例如,当你为培训练习提供指导时,文本会更有效,因为学习者在练习过程中可以随时对照文本进行参考。此外,每当用音频旁白来描述视觉效果时,都应提供回放按钮,让学习者有机会回听其内容。新的专业术语可能既得益于文本,也得益于音频。最后,通道效应假定,音频旁白中使用的语言是流畅的。非母语使用者可能会发现旁白比字幕增加了更多认知负荷。

技术中心与学习者中心:底线

从维基或推特等社交媒体到第二人生之类的虚拟世界,每一次新的技术革新都会催生众多关于学习的极其乐观的想法。但是,从过去六十年来媒体演变中得到的教训,以及我们这里所总结的证据,让我们得到了一种有约束条件的观点。首先,我们从本章总结的众多研究中可以得出的一个话题是:少往往是多,简洁的媒体可能比丰富的媒体对学习更有效。为什么呢?因为人类大脑已进化形成一种很容易超载的基本结构。第二,学习的目标不同于广告的目标或电子游戏的目标,它要依赖努力加工信息来建构新的知识和技能。

第二个话题推荐了若干技巧,如提示或学习者控制,你可以用丰富媒体来将无关加工降至最低程度并管理必要加工。简单地说,我们建议你采用学习者中心的教学观,顺应学习者信息加工的限制并利用人类记忆的优势。有些人声称最新的技术创新是学习的万灵药,对此保持怀疑态度是有道理的。

在考虑选择简洁或丰富的媒体呈现时,请牢记你的教学目标,学习者的背景知识,以及媒体呈现涉及的时间、预算、技术资源等实际问题。我们建议你根据当前的最佳证据、学习心理学、教学环境的实际限制来权衡自己的选择,而不提倡任何特定的教学方法。

要点总结

1. 在设计多媒体教学时,要考虑人类记忆的优势和限制,以及计划使用视觉图像、文本和音频时的证据。

2. 运用相关的视觉效果来支持新手的学习。

3. 如果教学目标是理解某一过程,与其采用三维图像或动态图像等复杂的演示,不如用简单的视觉效果,如线条画或静止图像。

4. 在传递有关动作技能的程序性信息时,可考虑以动态图像来显示,如利用人手和动画生成的一些独特效果。

5. 在使用动态图像(计算机生成动画或视频)时,要通过计算机生成动画中循序渐进的提示、视频分段、学习者控制工具,以及对动画或视频内容的预先学习来管理潜在的认知超载。

6. 除了认知负荷低和/或使用音频会增加认知负荷(如学习者不是本国人)的情况外,要用简短的配音旁白来解释视觉效果。

267 应用问题

1. 假定你希望帮助人们学习如何使用健身器材进行健身锻炼。你认为使用一系列静止图像、动画或者视频,哪一种效果更好呢?使用印刷文本、口头文本或不用文本,哪一种效果更好呢?请用研究证据和一种认知学习理论来证明你的答案。

2. 假定你希望帮助人们了解一种病毒如何导致一种新的流感病毒株。你开发了一套幻灯片,描述了该过程的六个步骤,并配上了字幕。你的主管建议你在其中包含一些关于病毒的有趣故事,这样可以为原本枯燥的演讲增添趣味。根据研究证据和你对于学习过程的理解,你将如何回应你的主管?

3. 在如何使用健身器材和病毒如何引起流感的两节课中,你对于视觉效果、文本和音频运用的考虑有何不同?对于那些对病毒概念一无所知的学习者和那些对病毒概念有一些背景知识的学习者,你的考虑有何不同?根据我们所讨论的证据,比较和对照针对不同教学结果和不同学习者背景的教学方案。

4. 假定你计划用计算机动画来演示设备部件的多个同步运动。请描述你将如何管理由动画造成的无关负荷。

参考文献

Association for Talent Development (ATD). (2014). *State of the industry report 2014*. Alexandria, VA: Association for Talent Development.

Ayres, P., Marcus, N., Chan, C., & Qian, N. (2009). Learning hand manipulative tasks: When instructional animations are superior to equivalent static representations. *Computers in Human Behavior, 25,* 348–353.

Beitzel, B., & Derry, S. (2009). When the book is better than the movie: How contrasting video cases influence text learning. *Journal of Educational Computing Research, 40,* 337–355.

Boucheix, J. M., & Lowe, R. K. (2010). An eye tracking comparison of external pointing cues and internal continuous cues in learning with complex animations. *Learning and Instruction, 20,* 123–135.

Brewer, N., Harvey, S., & Semmler, C. (2004). Improving comprehension of jury instructions with audio-visual presentation. *Applied Cognitive Psychology, 18,* 765–776.

Butcher, K. R. (2006). Learning from text with diagrams, promoting mental model development and inference generation. *Journal of Educational Psychology, 98,* 182–197.

Butcher, K. R. (2014). The multimedia principle. In R. E. Mayer (Ed.), *The Cambridge handbook of multimedia learning* (2nd ed., pp. 174–205). New York: Cambridge University Press.

Clark, R. C. (2015). *Evidence-based training* (2nd ed.). Alexandria, VA: ATD.

Clark, R. C., & Mayer, R. E. (2011). *E-learning and the science of instruction – Proven guidelines for consumers and designers of multimedia learning* (3rd ed.). San Francisco: Pfeiffer.

Clark, R. C., Nguyen, F., & Sweller, J. (2006). *Efficiency in learning*. San Francisco: Pfeiffer.

Cuban, L. (1986). *Teachers and machines: The classroom use of technology since 1920*. New York: Teachers College Press.

Cuban, L. (2001). *Oversold and underused: Computers in the classroom*. Cambridge, MA: Harvard University Press.

Derry, S. J., Sherin, M. G., & Sherin, B. L. (2014). Multimedia learning with video. In R.E. Mayer (Ed.), *The Cambridge handbook of multimedia learning* (2nd ed., pp. 785–812). New York: Cambridge University Press.

Garner, R., Alexander, P., Gillingham, M., Kulikowich, J., & Grown, R. (1991). Interest and learning from text. *American Educational Research Journal, 28,* 643–659.

Garner, R., Brown, R., Sanders, S., & Menke, D. (1992). Seductive details and learning from text. In K.A. Renninger, S. Hidi, & A. Krapp (Eds.), *The role of interest in learning and development* (pp. 239–254). Hillsdale, NJ: Erlbaum.

Ginns, P. (2005). Meta-analysis of the modality effect. *Learning and Instruction, 15,* 313–332.

Harp, S. F., & Mayer, R. E. (1997). The role of interest in learning from scientific text and illustrations: On the distinction between emotional interest and cognitive interest. *Journal of Educational Psychology, 89,* 92–102.

Harskamp, E., Mayer, R. E., Suhre, C., & Jansma, J. (2007). Does the modality principle for multimedia learning apply to science classrooms? *Learning and Instruction, 18,* 465–477.

Hegarty, M. (2014). Multimedia learning and the development of mental models. In R. E. Mayer (Ed.), *The Cambridge handbook of multimedia learning* (2nd ed., pp. 147–158). New York: Cambridge University Press.

Kalyuga, S. (2014). The expertise reversal principle in multimedia learning. In R. E. Mayer (Ed.), *The Cambridge handbook of multimedia learning* (2nd ed., pp. 576–597). New York: Cambridge University Press.

Kalyuga, S., Chandler, P., & Sweller, J. (1998). Levels of expertise and instructional design. *Human Factors, 40,* 1–17.

Kalyuga, S., Chandler, P., & Sweller, J. (2000). Incorporating learner experience into the design of multimedia instruction. *Journal of Educational Psychology, 92,* 126–136.

Kratzig, G. P., & Arbuthnott, K. D. (2006). Perceptual learning style and learning proficiency: A test of the hypothesis. *Journal of Educational Psychology, 98,* 238–246.

Lowe, R., & Sweller, J. (2005). The modality principle in multimedia learning. In R. E. Mayer (Ed.), *The Cambridge handbook of multimedia learning* (pp. 147–158). New York: Cambridge University Press.

Lowe, R. K., & Schnotz, W. (2014). Animation principles in multimedia learning. In R. E. Mayer (Ed.), *The Cambridge handbook of multimedia learning* (2nd ed., pp. 513–546). New York: Cambridge University Press.

Lowe, R., Schnotz, W., & Rasch, T. (2011). Aligning affordance of graphics with learning task requirements. *Applied Cognitive Psychology, 25,* 452–459.

Mayer, R. E. (2009). *Multimedia learning* (2nd ed.). New York: Cambridge University Press.

Mayer, R. E. (2011). *Applying the science of learning*. Boston, MA: Pearson.

Mayer, R. E. (Ed.). (2014). *The Cambridge handbook of multimedia learning* (2nd ed.). New York: Cambridge University Press.

Mayer, R. E., & Estrella, G. (2014). Benefits of emotional design in multimedia instruction. *Learning & Instruction, 33,* 12–18.

Mayer, R. E., & Gallini, J. K. (1990). When is an illustration worth ten thousand words? *Journal of Educational Psychology, 82,* 715–726.

Mayer, R. E., Hegarty, M., Mayer, S., & Campbell, J. (2005). When static media promote active learning: Annotated illustrations versus narrated animations in multimedia learning. *Journal of Experimental Psychology: Applied, 11,* 256–265.

Mayer, R. E., & Pilegard, C. (2014). Principles for managing essential processing in multimedia learning: Segmenting, pretraining, and modality principles. In R. Mayer (Ed.), *The Cambridge handbook of multimedia learning* (2nd ed., pp. 316–344). New York: Cambridge University Press.

268

Miller, G.A. (1956). The magical number seven plus or minus two: Some limits on our capacity for processing information. *Psychological Review, 63,* 81–97.

Moreno, R. (2006). Does the modality principle hold for different media? A test of the methods-affects-learning hypothesis. *Journal of Computer Assisted Learning, 22,* 149–158.

Moreno, R., & Ortegano-Layne, L. (2008). Do classroom exemplars promote the application of principles in teacher education? A comparison of videos, animations, and narratives. *Educational Technology Research and Development, 56,* 449–465.

Pashler, H., McDaniel, M., Rohrer, D., & Bjork, R. (2008). Learning styles concepts and evidence. *Psychological Science in the Public Interest, 9,* 105–119.

Sung, E., & Mayer, R. E. (2012). When graphics improve liking but not learning from online lessons. *Computers in Human Behavior, 28,* 1618–1625.

Sweller, J., Ayres, P., & Kalyuga, S. (2011). *Cognitive load theory.* New York: Springer.

Um, E. R., Plass, J. L., Hayward, E. O., & Homer, B. D. (2012). Emotional design in multimedia learning. *Journal of Educational Psychology, 104,* 485–498.

Watson, G., Butterfield, J., Curran, R., & Craig, C. (2010). Do dynamic work instructions provide an advantage over static instructions in a small scale assembly task? *Learning and Instruction, 20,* 84–93.

Wong, A., Marcus, N., Ayres, P., Smith, L., Cooper, G.A., Paas, F., & Sweller, J. (2009). Instructional animations can be superior to statics when learning human motor skills. *Computers in Human Behavioral, 35,* 339–347.

第九部分

教学策略

第三十二章　社会互赖理论和高质量学习经验设计

戴维・W・约翰逊　　明尼苏达大学
罗杰・T・约翰逊　　明尼苏达大学

变化中的教师角色

　　教师角色正从信息呈现者变为学习过程、学习环境和学习经验的设计者(Johnson，Johnson 和 Smith，2006)。引发这一变化的背后影响因素包括：(1)人们日益认识到学习经验应该是积极主动的，应该最大限度地提高学生的学习参与度；(2)有证据表明，精心设计的教学经验能令学生获得知识和能力的过程更高效，更有效，也更有吸引力；(3)技术进步对学生信息获取的影响。教学设计被定义为：教师或教学开发者对学习情境的组织进行规划以使学生能最有效地获取信息和技能，养成作为共同体一员和社会成员所必需的态度和价值观。正向教学设计包括：(1)确定学习者的当前状态和需求；(2)界定预期的教学结果；(3)为学生组织学习经验，以帮助他们实现预期的目标。另一方面，反向教学设计包括：(1)确定预期的教学结果(作为教学的结果，学习者应该知道、理解和能够做的东西)；(2)确定能证明教学成功的证据(我们如何知道学习者实现了预期结果，以及能证明学习者理解和精熟的证据是什么)；(3)计划如何组织学习经验(哪些活动能为学习者提供所需知识和技能，需要什么材料和资源)。

　　正向和反向设计程序至少有三个缺点。第一，正向和反向设计的一般指导原则并没有告诉教师如何创建能克服被动学习的学习活动；第二，对于如何设计和实施最有效的主动学习活动,它们几乎没有为教师提供什么标准;第三,对于教师该如何修正自己当前的工作方式或喜欢的工作方式以实现优化的主动学习,它们没有为教师提供相关的指导。而我们在本章提供的课时计划模板为如何创建更加主动和投入的课,以及如何修正现有活动以提升学习投入提供了指导原则。

除了过于一般化和模糊外,正向和反向教学设计的指导原则还缺乏理论指导。能极大推进教学设计领域的将是一套以理论为基础的指导原则,为如何组织课程提出具体建议。本章将提出一个这样的模板,它源于社会互赖理论,并经过了数百项具有较好内部效度和外部效度的研究的经验性验证。

设计良好的课应满足的基本要求

设计良好的课要求学生积极主动(不能被动),引导学生投入(不分心),要有基于标准的评估。课的这三个方面相互重叠,因此,一般情况下如果你做到了其中一个方面,也就做到了其他两个方面。本节将对这三个方面进行讨论。

270　　**主动学习**

设计学习经验的第一个要求是要保证学生积极主动而不是消极被动。从被动到主动实际上是一个连续体,因为没有任何学习经验是完全被动的(甚至睡眠都有主动的成分,所以唯一真正被动的行为就是死亡)。问题在于,学习经验的组织在多大程度上能让学生主动或被动。靠近连续体的被动端,学习的形式主要是听老师讲课或者单独阅读信息,学生在学习时可能做笔记并画出重点段落,也可能不做笔记也不画出重点段落。被动学习的特点是:学生沉默寡言、孤立(与他人分开学习),处于他人的指导下。靠近连续体的主动端,学习发生在学生建构、发现或转换自己的知识之时。主动学习要求学生以有意义的方式,在认知和情感上都积极地和其他学生、指定的任务及用以完成任务的材料或资源等互动。主动学习的特点是:学生与他人交谈(即投入对话),与他人互动(即作为二人小组、三人小组、四人小组等的成员),生成新概念和认知结构(即通过学习活动发现自己的洞见和意义),决定自己的方向(即与小组伙伴配合确定学习的方向和速度）。主动学习一般要求有一个学习伙伴或学习小组，在讨论中共同分析、综合和评价所学习的信息。在讨论中，学生建构起新的认知结构或者利用已有的认知结构来吸收新的信息和经验。

主动学习有多种类型，以下即是一些主动学习的例子（Johnson，Johnson 和 Smith，2014）。

合作学习

合作是指齐心合力实现共同目的（Johnson 和 Johnson，1989；Johnson 等，2014）。在合作情境中，每个人都追求对自己和其他小组成员都有益的结果。合作学习就是在教学中利用小组，使学生们一起努力，使自己和他人的学习效果最大化。合作学习与竞争学习（学生们为实现某个学术目标而互相对抗，如获得只有一个人或极少人能得到的 A）相对，也与个体学习（学生不与其他学生相联系，单靠自己去实现学习目标）相对。在合作学习和个体学习中，对学生进行标准参照评价，而在竞争学习中，则是根据常模参照来评定学生。虽然对于何时何地可以适当地采用竞争学习和个体学习是有限制的，但任何课程中任何主题的任何学习任务都可以根据合作学习来进行组织。

问题导向学习

问题导向学习，即为了让学生学会相关的信息和程序而给学生提出一个问题，让他们理解和解决（Allen 和 Duch，1998；Barrows 和 Tamblyn，1980；Smith，Sheppard，Johnson 和 Johnson，2005）。正确解决问题是次要的，参与到与问题解决有关的信息收集过程中并学会与该问题解决有关的信息和程序才是重要的。问题导向学习的目的就是要让学生小组共同努力，有时也称为合作性问题导向学习或问题导向合作学习。

基于团队的学习

基于团队的学习是一种教学策略，它利用学习团队来提升学生的学习质量（Michaelsen，Watson，Cragin 和 Fink，1982）。教师指定具有不同技能和背景的学生组成 5 到 7 人的永久性团队。每个学生要负责完成家庭作业，也要为课堂上的团队合作做出贡献。课堂上的团队活动和应用练习被赋予很大的权重。课堂上的这些活动既致力于提升学术性学习也致力于团队发展，课堂上团队活动的组织要为学生们的努力提供经常且及时的反馈。

协作学习

协作学习起源于 20 世纪 70 年代英国詹姆斯·布里顿(James Britton)爵士等人的研究(Britton，1990)。布里顿以维果茨基的理论为依据，发现不仅个人的心智发展离不开社会，学生的学习也离不开学习者社区。该社区是由学生自己形成的。布里顿建议将学生置于小组之中，让学生自己去生成他们的学习文化、社区和过程。布里顿相信自然学习(natrual learning)(在该采取什么行动的问题上依靠直觉反应进行学习)而不是训练(应用解释、教导或行动诀窍)。

同伴互助学习

同伴互助学习指的是学生间在平等的基础上通过相互积极帮助而获得知识技能(Topping 和 Ehly，1998)。它可以被归入同伴互惠教学(reciprocal peer tutoring)。同伴互惠教学的做法是将年纪相同能力相仿的学生配对，彼此要负责，使对方投入到建构性学术活动中(Fantuzzo 和 Ginsburd-Block，1998)。同伴互助学习不同于传统的同伴教学，传统的同伴教学往往涉及不同年纪和不同成就水平的学生。

学生投入

设计学习经验的第二个要求是保证学生从智力和情感上投入学习活动(Johnsoan 等，2014)。这个连续体的一端是分心(disengagement)，另一端是投入(engagement)。学生分心指的是与任务无关的行为和负面情绪，以及缺乏专注、兴趣、努力、好奇心、坚持不懈、利用认知策略等学习指标。分心的学生不大
271 可能从高中毕业或继续接受高等教育。学生投入是指学生对学习活动和任务的兴趣、注意和专注，并进而努力完成任务。投入有时可以分为行为投入(去上课、做作业)、认知投入(努力理解信息、努力掌握复杂技能)和情感投入(对同学、学习任务和材料、老师等的积极反应)。通过让学生参与小组讨论，共同努力完成

学习任务,可以引发投入。

学生投入的一个必要方面是对学习任务的情感投入。信息和经验越能唤起情感,学生就越能记得住。激起情绪的一个简单方法是组织小组讨论,让学生在讨论中互动。与同学讨论总是比讲座更能够激起情绪。讨论引发了学生对内容学习的情绪,因而内容就变得难忘了。

小结

教师和教学设计者必须设计出能让学生积极主动地投入的课。为此,教师需要一个理论基础,由此理论基础可以推导出一个课时计划模板。能为此提供基础的理论就是结构—过程—结果理论和社会互赖理论。

结构—过程—结果理论

根据库尔特·勒温(Kurt Lewin)(1935)的理论,华生和约翰逊(1972)提出了一个理论,这一理论的基本假设是:情境的结构方式决定了个体完成任务的过程,而这一过程又决定了情境的结果。换句话说,结果源于努力过程,而不是直接源于情境的结构。这一理论同教学设计直接相关,因为它让教师把注意力集中在创设一种能产生理想的生生互动和师生互动过程的结构上。一旦理想的过程出现了,理想的结果几乎就可以自动出现(Johnson 和 Johnson,1989,2005)。换句话说,评估应该聚焦于过程的性质而不是学习的结果。

社会互赖理论

社会互赖理论的形成始于 20 世纪初,当时格式塔心理学派的创始人之一库尔特·考夫卡(Kurt Koffka)提出,群体是一个动力整体,其中群体成员的相互依赖可能是不一样的。他的同事库尔特·勒温在 20 世纪 20、30 年代完善了他的想法。库尔特·勒温指出:(1)群体的实质是成员间的相互依赖(由共同目标所致),这使群体成为一个"动力整体",因此群体中任一成员或子群体状态的变化都将改变其他成员或子群体的状态;(2)群体成员内部的内在张力状态推动他们朝着实现预期共同目标的方向前进。由于存在相互依赖,因此所涉及的必然不只是一个人或一个实体,这些人或实体必定会相互影响,因为某一个人或实体的状态改变将引起其他人或实体状态的改变。根据勒温的学生及同事如奥维桑基安(Ovisankian)、利斯纳(Lissner)、马勒(Mahler)、刘易斯等的研究,我们可以得出如下结论:目标实现是一种驱动力,正是这样一种驱动力激发了合作和竞争行为。20 世纪 40 年代末,刘易斯的一个研究生莫顿·多伊奇(Morton Deutsch)拓展了刘易斯关于社会互赖的推理,并提出了一种合作和竞争理论(Deutsch,1949,1962)。他的理论又由他的学生戴维·W·约翰逊与其兄弟一起进一步拓展。

社会互赖理论指出,有两种类型的社会互赖:积极互赖(合作)和消极互赖(竞争)。若一个人认为当或只有当与自己合作的其他人实现其目标时自己才能实现目标,就出现了积极互赖(即合作)。若一个人认为当或只有当与自己竞争的其他人不能实现其目标时自己才能实现目标,就出现了消极互赖(竞争)。若一个人认为无论情境中的其他人是否实现其目标,自己都能实现自己的目标,就出现了零互赖(no interdependence)(即个体努力)。

社会互赖理论的一个基本假设是,情境中构造的互赖类型决定了个人与他人互动的方式,而互动方式又极大地决定了结果(Deutsch, 1949,1962;Watson 和 Johnson, 1972)。积极互赖往往引发促进性互动;消极互赖往往导致对抗性互动;零互赖则导致互动缺失。根据个人是促成还是阻碍彼此的目标实现,存在着不同的可替代性、精神投注(cathexis)和可诱导性。可替代性是指一个人的行动可以代替另一个人的行动的程度;精神投注是指把心理力量投到自身以外的事物(如朋友、家庭、工作等)上;可诱导性是指愿意被他人影响和影响他人(Deutsch, 1949)。在合作情境中,学生行为往往可以相互替代,学生相互间投注了积极情感,彼此愿意相互影响。在竞争情境中,学生的行为不能相互替代,竞争者之间投注消极情感,彼此拒绝相互影响。在个体化情境中,不存在可替代性、精神投注和可诱导性。社会互赖类型同由它引起的互动模式之间的关系是双向的,每一个都可以引起另一个。例如,积极互赖往往使协作者投入促进性互动(即帮助、分享、彼此鼓励等),而促进性互动又往往引发合作。自 1949 年以来,社会互赖理论一直是这一研究领域的主要概念架构,它引发了数百项相关研究。

根据社会互赖理论，可以推导出三种合作学习（Johnson，Johnson 和 272
Holubec，2013）：正式合作学习、非正式合作学习、合作基本组。可以利用合作
学习小组来教授具体内容（正式合作学习小组），保证讲座中对信息的主动认知
加工（非正式合作学习小组），为学业进步提供长期支持和帮助（合作基本组）。

正式合作学习指学生在一堂课或几周的时间内共同努力，实现彼此的学习
目标或共同完成特定任务（如解决一些问题，完成一个课程单元，撰写一份报告
或论文，做一个实验，读一篇故事、戏剧、一个章节或一本书等）（Johnson 等，
2013）。任何课程要求或作业都可以被重新组织成合作性的。在正式合作学习
小组中，教师应：

1. 详述课的目标（至少一个学术性目标和一个社会技能性目标）。

2. 决定如何组建学习小组（小组规模、学生如何分组、需要指派哪些小组角
色、如何安排材料、如何安排空间等）。

3. 教授学生要掌握和应用的学术概念、原理和策略，并就以下方面做出说明：
（1）要完成的任务；（2）成功标准；（3）积极互赖；（4）个人责任；（5）预期学生行为。

4. 监控学习小组的运作，并就以下方面提供干预：（1）教授协作技能；（2）必
要时对学术性学习提供帮助。

5. 根据事先制定的优秀标准评价学生行为表现，并确保小组成员有效
合作。

非正式合作学习是学生暂时合作致力于实现一个共同学习目标，一般是存
续时间从几分钟到一节课不等的特别小组（Johnson 等，2013）。在讲座、演示或
电影中可以通过非正式合作学习使学生集中注意于要学习的材料，形成有助于
学习的氛围，帮助学生对这节课中要学习什么建立学习预期，保证学生对材料的
认知加工，结束一个教学环节等。在直接教学中，教师面临的教学挑战是要保证
学生进行智力活动，包括组织材料、解释材料、总结材料并将其与已有概念结构
相整合。非正式合作学习小组经常被组织用于让学生在讲座前后进行 3—5 分
钟的集中讨论，或者在讲座中穿插 3—5 分钟的同伴讨论。

合作基本组是长期的、异质的合作学习小组，有稳定的成员，学生相互支持、
鼓励和帮助，以实现学业进步（去上课、完成全部作业、学习等）（Johnson 等，

2013)。小组成员还以有效的方式互相帮助以实现认知和社会技能的发展,并有责任督促彼此努力学习。基本组每天都会碰面(或者也可以在上课时碰面)。它们是永久性的(存续时间从一年到数年不等),具有长期彼此照护的同伴关系,这对于促使成员始终如一地努力学习是很必要的。他们会进行正式会面,讨论每个成员的学业进步情况,彼此提供帮助,证实每个成员都在完成任务并不断取得学业进步。班级或学校的规模越大,主题越复杂和困难,就越有必要组建基本组。

当正式合作学习、非正式合作学习和合作基本组联合使用时,就为学校学习提供了一个整体结构。

合作的众多成果可被概括为三个宽泛的方面:努力实现目标、积极的人际关系、心理调适。因为研究参与者的经济阶层、年龄、性别和文化背景各不相同,因为研究中使用了各种各样的研究任务和因变量的测度标准,因为研究是由许多不同的研究人员进行的——这些处于不同情境和不同年代的研究人员具有明显不同的研究方向,所以关于社会互赖的总体研究具有相当的普遍性(Johnson和 Johnson,1989,2005)。

比起竞争和个体学习,合作实现共同目标可以获得更高的成就水平,形成更大的生产力(Johnsoan 和 Johnson,1989,2005)。这一点已得到了研究的证实,并成为最有说服力的心理学原理之一。与竞争和个体学习相比,合作往往还可引发更高层次的推理,更频繁地产生新的观点和解决方案(即过程增益),能更多地把在一种情况下习得的东西迁移到另一种情况下(即群体向个体的迁移)。个人在一起合作时,会更在意彼此,更加致力于彼此的成功和幸福感,而不是要决出一个最好的,也不是彼此互不相干地进行学习。当小组成员具有同质性时是如此,当小组成员在智力、残疾情况、种族、文化、社会阶层、性别等方面存在差异时也是如此。与竞争和个体学习相比,合作完成一项任务会带来更多任务导向的和个人的社会支持。最后,与同伴合作、重视合作还将带来比竞争学习和个体学习更好的心理健康水平和更强的自尊。

社会互赖理论(以及结构—过程—结果理论)说明,在情境中构建积极互赖将引发促进性互动,而这又会引发预期结果,获得更高的成就水平、更积极的支持性关系和更健康的心理。在实施主动学习(主要是合作学习,但也有问题导向学习和其他学习)时,研究者确定了构建主动学习情境以吸引学生投入的五个基本方面(Johnson 和 Johnson,1989,2005),它们是:积极互赖、个体责任、促进性互动、恰当使用社交技能、小组过程。由有效教学的这五个方面可以得出如下教学设计模板(图 32.1)。

学科领域：＿＿＿＿＿＿＿＿＿＿＿＿＿＿＿＿＿＿＿＿＿ 日期：＿＿＿＿＿＿ *273*

课：＿＿＿＿＿＿＿＿＿＿＿＿＿＿＿＿＿＿＿＿＿＿＿＿＿＿＿＿＿＿＿

目标：＿＿＿＿＿＿＿＿＿ 学术目标＿＿＿＿＿＿＿ 社交技能目标＿＿＿＿＿

小组规模：＿＿＿＿＿＿＿＿＿ 分组方法：＿＿＿＿＿＿＿＿＿＿＿

角色：＿＿＿＿＿＿＿＿＿＿＿＿＿ 材料：＿＿＿＿＿＿＿＿＿＿＿＿＿

学术性任务：	**成功标准：**

积极互赖：	**个体责任：**	**社交技能：**

监控：＿＿＿＿＿＿＿＿＿ 教师＿＿＿＿＿＿＿＿＿ 学生＿＿＿＿＿＿＿＿＿ 巡视员

观察的行为：＿＿＿＿＿＿＿＿＿＿＿＿＿＿＿＿＿＿＿＿＿＿＿＿＿＿

学习评估：＿＿＿＿＿＿＿＿＿＿＿＿＿＿＿＿＿＿＿＿＿＿＿＿＿＿＿

小组过程：	**目标设定：**	**全班过程：**

祝贺：＿＿＿＿＿＿＿＿＿＿＿＿＿＿＿＿＿＿＿＿＿＿＿＿＿＿＿＿＿＿

图 32.1 主动学习课时计划模板

教学设计模板

由社会互赖理论和结构—过程—结果理论可以推导出一个设计教学情境的模板。模板由五个基本要素组成,这些基本要素是任何支持积极学生参与和高水平学生投入的教学经验都必须具备的(Johnson 和 Johnson,1989,2005;Johnson 等,2013)。

首先,主动学习的核心是积极互赖,即认识到你与其他人是相互联系的,除非他们取得成功,否则你就不可能取得成功(反之亦然),并且你会从小组同伴的工作中得益而小组同伴也会从你的工作中得益(Deutsch,1949;Johnson 和 Johnsoan,1992)。积极互赖包括共同的目标、共同的奖赏、分配的资源和不同的角色。

第二,每个小组成员都要承担个体责任,也就是说每个小组成员都要完成分配给个人的任务并促进其他小组成员的工作(Johnson 和 Johnson,1989)。在对每个人的行为表现进行评估并将评估结果反馈给小组和个人时,个体责任就表现出来了。主动学习的目的是要让每一个学生自身都成为更强大的个体。学生们合作学习是为了以后作为个体时能表现得更好。可以通过以下方面来构建个体责任:(1)对每个学生进行个别测验;(2)要求每个学生都向一个同学讲解他学到了什么;(3)在学生合作时进行观察并记录每个成员的贡献。

第三,对于彼此的学习努力,学生们必须通过相互帮助、辅助、支持、鼓励、表扬来等促进彼此的成功(Johnson 和 Johnson,1989,2005)。这样做可以引发如下认知过程:口头解释如何解决问题,讨论要学习的概念的性质,把自己的知识教给同学,相互质疑彼此的推理和结论,将当前的学习与从前的学习相联系。还能引发如下人际过程:示范如何恰当应用人际技能,支持和鼓励努力学习,共同庆祝成功。

第四,学生必须恰当使用社交技能(Johnson 和 Johnson,1989,2005)。成功的合作需要人际技能和小组技能。必须像对待学术性技能一样,有意识地把领导力、决策、建立信任、沟通、冲突管理技能等精确地传授给学生。教给学生社交技能的程序和策略可以参见约翰逊(2014)以及约翰逊和约翰逊(2013)的研究。

第五,学生必须投入到小组过程中,要考察小组成员用来优化自己及彼此学习成效的进程之有效性，以便确定该如何改进这些进程（Johnson和Johnson，1989，2005）。教师必须让学生重点关注如何不断改进他们在学习中使用的过程的质量，为此，教师可以要求小组成员：（1）描述哪些成员行为对于全体小组成员实现和维持有效的工作关系是有帮助的或没有帮助的；（2）决定哪些行为可以继续或需要改变。小组过程的结果可能有：（1）精简学习过程使其更简化（降低复杂性）；（2）消除不熟练和不恰当的行动（对过程的误差检验）；（3）持续提升学生在团队中工作的技能；（4）为努力学习和成功而庆祝。

通过实施主动课堂的这五个基本要素，教师便可以：（1）用任何课程材料为任何学科领域的任何课组织主动学习；（2）调整主动学习以适应特定的环境、需求和学生；（3）实施干预以提升运转不良小组的有效性（见图32.1）。这五个基本要素构成了能保证学生课上主动性和投入度的设计模板。例如，简单地把学生置于小组内并给他们一个问题去解决，并不意味着问题导向学习真的会发生。学生们必须察觉到：彼此间存在积极互赖，每个人都对自己承担的任务负责，每个人都要促进彼此的学习和成功，必须恰当使用社交技能，并且在课时结束后必须对小组的学习过程加以审视以改进学习。只有构成有效且主动的课堂的这五个方面被精心组织进一节课中，这节课才会是积极主动的课，也才能引发学生的学习投入。

技术提升主动学习的方法

技术提升主动学习并增进学生参与的方法有很多（Johnsoan和Johnson，2014）。有效利用技术，可以把学生团结在一起共同努力，让学生彼此关注并把注意力集中在协同行为上，增加学生在共同任务中的投入度，提升整体学生经验。第一，技术可以提高阅读相同或相关材料的积极性。电子设备和社交媒体可以让学习小组的成员分享各自阅读的书籍段落，通过高亮显示某些段落使其他人知晓自己认为阅读材料中的重要部分，做笔记以供其他成员阅读和评论。

第二，当学生们一起制作一个由小组共同创作的文档时，利用谷歌文档（Google Docs）和类似程序技术，有助于学生学会如何写作。一组学生可以实时查看并修改小组共同创作的文档，对整个文档进行评论或对文档的某些部分进行评论。

第三,讨论可以无限期地进行下去,因为技术使学生可以在任意时间加入沟通。利用短信、社交媒体或视频会议等,小组成员可以随时把课堂上的讨论继续下去。

第四,技术使学生可以在任何小组作品中增加视觉成分。图像存储和编辑程序允许学习小组成员上传照片,并与小组、班级甚至全世界分享。

第五,技术使学习小组能够综合利用多种媒体来提升其项目和演示的质量。演示文稿中可以包含视频、动画、带音乐和旁白的幻灯片、伴有音乐和旁白的戏剧或舞蹈等,所有这些都可以发布到 YouTube 上。

利用技术提升主动学习和学生投入度,不让学生处于孤立状态或进行单独学习的方法众多,以上只是其中的一小部分。

结 论

教师更应该是教学经验的设计者而不是信息的呈现者。教学设计的一个目的是保证学生主动地投入到他们的学习经验中去。为此,教师需要有一个理论基础来推导出一个课时计划模板。为课时计划模板提供基础的理论是社会互赖理论和结构—过程—结果理论。两种理论都发现,学习情境的组织方式决定了学生投入学习的过程,学生投入学习的过程又决定了学习的结果。教师和教学都应该注重预期学习过程的创建,以便产生预期的结果。他们通过在每一个学习情境中贯彻五个基本要素来做到这一点,这五个基本要素是:积极互赖、个体责任、促进性互动、恰当使用社交技能以及小组过程。这五个基本要素创建的过程能引发更好的成绩,在生生之间和师生之间形成更积极和支持性的关系,使学生心理更健全。

275   **要点总结**

1. **教师的角色正在发生变化。**在设计学习和任务时,他们必须考虑学生的学习投入,使学生参与到主动学习情境中去。

2. 设计良好的课应满足的三个基本要求是主动学习、学生投入和基于标准的评估。

3. 结构—过程—结果理论和社会互赖理论为主动课程设计提供了坚实的理论基础。

4. 合作学习的五个基本要素是：积极互赖、个体责任、促进性互动、恰当使用社交技能、小组过程。

5. 通过让学生共同努力解决问题并设计解决方案，技术可以增强学生的学习投入。

应用问题

1. 选择一个你感兴趣的主题，查阅本章所列的出版物，找出那些发表了有关该主题论文的出版物。阅读一些与该主题相关的论文（最好来自不同的出版物），解释哪些刊物提供了最好的信息来源。

2. 为你下次要参加的会议写一个行动计划，列出你的学习目标，以及你预计怎样达到这些目标，需要做哪些准备，要实现目标还需要其他哪些资源（选择某次会议而不是一些抽象的事件，会更加容易）。

3. 联系本章所列的一份或几份期刊的编辑。如果你够格的话，向他们询问成为审稿人和志愿者的条件。如果你不够格，请审视自己与这些条件相关的技能状况，并制定一个计划来培养自己目前欠缺的技能。[①]

参考文献

Allen, D., & Duch, B. (1998). *Thinking toward solutions: Problem-based activities for general biology.* Fort Worth, TX: Saunders.

Barrows, H. S. & Tamblyn, R. M. (1980). *Problem-based learning.* New York: Springer.

Britton, J. (1990). Research currents: Second thoughts on learning. In M. Brubacher, R. Payne, & K. Richett (Eds.), *Perspectives on small group learning: Theory and practice* (pp. 3–11). Oakville, Ontario: Rubicon.

Deutsch, M. (1949). A theory of cooperation and competition. *Human Relations, 2*, 129–152.

Deutsch, M. (1962). Cooperation and trust: Some theoretical notes. In M. R. Jones (Ed.), *Nebraska symposium on motivation* (pp. 275–319). Lincoln, NE: University of Nebraska Press.

Fantuzzo, J., & Ginsburg-Block, M. (1998). Reciprocal peer tutoring: Developing and testing effective peer collaborations for elementary school students. In

---

① 这三个问题与本章主题没有关联，但原书即如此。——译者注

K. Topping & S. Ehly (Eds.), *Peer-assisted learning* (pp. 121–145). Mahway, NJ: Lawrence Erlbaum.

Fredricks, J., Blumenfeld, P., & Paris, A. (2004). School engagement: Potential of the concept, state of the evidence. *Review of Educational Research, 74*, 59–109.

Johnson, D. W. (2014). *Reaching out: Interpersonal effectiveness and self-actualization* (11th ed.). Boston: Allyn & Bacon.

Johnson, D. W., & Johnson, F. (2013). *Joining together: Group theory and group skills* (11th ed.). Boston: Allyn & Bacon.

Johnson, D. W., & Johnson, R. T. (1989). *Cooperation and competition: Theory and research*. Edina, MN: Interaction Book Company.

Johnson, D. W., & Johnson, R. T. (1992). *Positive interdependence*. Edina, MN: Interaction Book Company.

Johnson, D. W., & Johnson, R. T. (2005). New developments in social interdependence theory. *Genetic, Social, and General Psychology Monographs, 131*(4).

Johnson, D. W., & Johnson, R. T. (2014). Using technology to revolutionize cooperation. *Frontiers in Psychology, 5*, article 1156, 1–3.

Johnson, D. W., Johnson, R. T., & Holubec, E. J. (2013). Cooperation in the classroom (9th ed.). Edina, MN: Interaction Book Company.

Johnson, D. W., Johnson, R. T., & Smith, K. (2006). *Active learning: Cooperation in the college classroom* (8th ed.). Edina, MN: Interaction Book Company.

Johnson, D. W., Johnson, R. T., & Smith, K. (2014). Cooperative learning: Improving university instruction by basing practice on validated theory. In N. Davidson, C. Major, & L. Michaelsen (Eds.), Small-group learning in higher education: Cooperative, collaborative, problem-based and team-based learning. *Journal on Excellence in College Teaching, 25*(3/4), 85–118.

Lewin, K. (1935). *A dynamic theory of personality*. New York: McGraw-Hill.

Michaelsen, L. K., Watson, W. E., Cragin, J. P., & Fink, L. D. (1982). Team-based learning: A potential solution to the problems of large classes. *Exchange: The Organizational Behavior Teaching Journal, 7*(4), 18–33.

Smith, K., Sheppard, S., Johnson, D. W., & Johnson R. (2005). Pedagogies of engagement: Classroom-based practices. *Journal of Engineering Education, 94*, 1–15.

Topping, K., & Ehly, S. (Eds.). (1998). *Peer-assisted learning*. Mahwah, NJ: Lawrence Erlbaum.

Vygotsky, L. (1978). *Mind and society*. Cambridge, MA: Harvard University Press.

Watson, G. B., & Johnson, D. W. (1972). *Social psychology: Issues and insights*. Philadelphia: Lippincott.

276

第三十三章　优化：教学设计师可利用的游戏设计研究和实践

理查德·范艾克　　北达科他大学

瓦莱丽·舒特　　佛罗里达州立大学

劳埃德·里伯　　佐治亚大学

任何把游戏和学习分开来的人压根就不理解游戏和学习。

——马歇尔·麦克卢汉（Marshall McLuhan）

引言

至少从中世纪起游戏就被用于学习了，当时人们利用国际象棋来教战争策略（游戏研究所，未注明出版日期）。而且1837年，弗里德里希·福禄贝尔（Friedrich Fröbel）创立了后来被称为幼儿园的游戏与活动学院（Friedrich Fröbel，未注明出版日期），游戏构成了儿童早期教育的基础。因此，从某种意义上说，对于游戏的学习效力，我们已经利用和研究几个世纪了。但是，当游戏实现了从模拟到数字（先是街机，后是电脑，再是游戏机）的飞跃后，人们开始对其功效进行认真的研究。帕特里夏·格林菲尔德（Patricia Greenfield）1985年发表的《思维与媒体》及吉姆·吉（Jim Gee）2003年发表的《电子游戏对学习和读写能力培养的启示》等影响深远的作品，有助于开创一个建立在合理理论和实验设计基础上的研究实践时代。遗憾的是，尽管在建立一门新学科的道路上已有这些重要的路标，但许多研究仍然集中关注媒介本身而不太重视阐述游戏学习潜力的教学理论，以至于在如何设计游戏并将其整合到正式学习中的问题上，我们能够提供的指导远远不能满足人们在这方面的需求。我们对游戏和学习的理解还有许多重大的差距,包括:哪种游戏支持哪种问题解决(如 Hung 和 Van Eck,2010),玩家经验在意义形成中的作用(如 Gajadhar,2012),将商业游戏整合进课堂的有效模式(如 Van Eck,2008),游戏可能促发或不促发攻击行为的条件(如 Craig Anderson 和 Christopher Ferguson 的工作研究)。这些差距对于提高我们对游戏作为正式和非正式学习工具的认识提出了严峻的挑战。在你进入本领域开始自己的职业生涯时,这些挑战中的大部分将会留给读者你去应对。

我们相信游戏是非常有效的学习工具。我们相信这一点的理由同我们相信任何根据教学设计原理和过程设计的教学模式都会有效的理由是一样的。近来一项关于游戏的元分析发现,除去其他事项,基于游戏的教学在总体学习效果上的平均效应值比非游戏式教学提高了 0.33,而更重要的是,同无理论加持的游戏相比,有理论加持(精心设计)的游戏在提升学习效果方面的平均效应值达到了 0.37。这证明了:精心设计的游戏能促进学习(Clark, Tanner-Smith 和 Killingsworth,2014)。

精心设计的游戏之所以有效是因为它们是精心设计的,我们认识到这样说可能是一种循环解释。然而,已发表的众多缺乏设计(游戏和教学)说明的研究清楚地表明设计问题常常不被重视。教学设计要求我们必须分析给定媒体对于预期策略和结果的支持作用。这种分析的一种结果可能是决定不采用那种媒体。有许多研究声称要回答游戏是否能有效促进学习的问题,但对于任何教学媒体来说,这并不是最主要的问题。游戏在何时、何处、对何人有效,以及它们实现不同学习结果的机制是什么,这些才是最重要的问题。游戏并不是在所有地点、所有时间都比教科书、视频或讲座教学等更适合于所有学习结果和所有学习者。同其他所有媒体和模式一样,游戏也只有当它在特定媒体、环境和学习者的约束下,与教学结果和策略相适应时才能有效促进学习。那么,为何有如此多关于游戏和学习的讨论都聚焦于游戏是否具有教学作用,而不是集中于如何最好地设计游戏来发挥其教学功能?我们认为,构成本章主要结构的三种基本解释将有助于理解和回答这一问题。

在本章第一部分,我们讨论了游戏如何涉及玩耍,以及西方文化如何低估玩耍作为一项严肃活动的价值,这也是有那么多人依然质疑游戏"是否"能发挥教学功能的原因之一。在第二部分,我们讨论有多少"严肃游戏"最终变成游戏与情境的科学怪人式(Frankensteinian)混搭,而不是让游戏真正表现为一种媒体,由此引发了人们对游戏的教学功能的质疑。同样在第二部分,我们认为,游戏的真正效力可能在于促进高阶认知技能(如问题解决)方面的能力。

最后,在第三部分,我们讨论了学习游戏设计者面临的一个主要挑战,同时也是我们很高兴看到正在开始被解决的一个挑战:评估。评估绩效(及其近亲——激发绩效并提供反馈)要求我们了解,随着时间的推移人们是如何通过应用各种特定使能技能(如规则、定义性概念、具体概念等)来渐进地解决问题的。这就意味着,我们不能简单地让学生玩一个学习游戏,然后对他们进行测试——我们必须了解在整个教学(游戏)过程中知识是如何形成和表现的。这一需求已经由一个称为证据中心设计的评估设计框架得到了实现(ECD;参见 Mislevy, Steinberg 和 Almond,2003)。我们认为对于那些想要利用游戏的教学设计师来说,这个评估设计框架是非常重要的。

第一部分:游戏和玩耍理论

是什么让游戏如此好玩? 这个问题就相当于问是什么让一个笑话如此好笑。在某种层面上,我们都知道答案,但要想清楚地阐明却又惊人地困难。在电视剧《星际迷航:下一代》的一集中,指挥官数据先生决定直面这个问题:"是什么让某些事情变得有趣?"作为一个渴望成为人类的机器人,这个问题让他困惑不已,于是他以编程机器或分析工程师的身份开始着手回答这个问题,把"好笑"这个概念构想分解成所有他能想到的规则。他错误地试图提出一个宏大的"如果/那么"树来表示"好笑"(即如果先说这个,再说那个,以这种方式,等等,那么就很好笑)。而最好的答案,套用加里森·凯勒(Garrison Keillor)的话来说,就是:有些事情之所以好笑只不过是因为人们笑了。我们可能会嘲笑数据先生白费功夫,但教学设计领域的许多人似乎都遵循着一条类似的基于规则的"工程学"路径去理解该如何设计一个既好玩又有利于学习的游戏。仿照凯勒对好笑的定义,如果人们喜欢玩一个游戏,那么这个游戏就是好玩的。更具体地说,我们认为,如果一个游戏触发了玩家的玩耍现象(play phenomenon),那么这个游戏就是吸引人的或好玩的。因此,我们必须花些时间来理解什么是玩耍现象。幸运的是,有很多研究已从教育学、心理学、社会学、人类学等多学科视角对玩耍进行了探讨。

要让玩耍(play)成为教育游戏的一个目标,就要求设计者实现某种范式转换——采用学习者中心的建构主义的范式。要理解这种范式,必须理解仅仅玩一个游戏(merely playing a game)和"玩耍状态"(being "at paly")的区别。前者可能是教师要求学生或培训者要求员工玩某个游戏,而参与者们则尽本分地"玩游戏"。也就是说,你可以从头到尾观察并追踪他们的行为,甚至可以宣布某人或某几个人赢了游戏。但是,这些人可能根本就没有进入"玩耍状态",即他们根本就没有进入游戏发生的概念性认知空间或文化空间(Huizinga,1950)。

那么,什么是玩耍? 本章读者也许都知道什么是玩耍,并且你本人在前24小时内可能还有过这样的经历,即使你可能像许多成年人一样拒绝用"玩耍"来描述这一经历。玩耍可能发生在你的闲暇时间;如果很幸运你的工作正是你所喜欢的,"玩耍"也可能发生在工作时。这肯定是你想要做的事情,你也会说你是自愿去做这件事情的。你发现该活动具有内在激励的力量,因此你并不在意能从中"得到些什么"。你也会积极主动、完全投入地去做某事。最后,你可能处于这样一种状态:你没有意识到你自己或你在世界上的位置,只是觉得完全沉浸在该活动中。这种状态也让人感觉不到风险。你觉得可以自由地尝试新事物,或者可以自由地尝试不同的行为方式或思考方式——毕竟,这不过是玩耍。时间似乎消失了,当活动结束时你会惊奇地发现已经过去了那么长的时间(关于玩耍的正式定义和属性,请参阅 Pellegrini,1995;Rieber,1996;Sutton-Smith,1997)。有的人在从事自己的爱好(如园艺、木工、摄影、绘画……)时,可能会体验到这种"玩耍"的感觉;有的人可能在照顾儿女或享受彼此陪伴时体验到这种感觉;还有的人会在读书、演奏乐器或者玩电子游戏时产生这种感觉;少数幸运儿在撰写某书的某一章时会体验到这种感觉。

教育者和其他教育利益相关者(如家长、州立法人员等)很快会问:"玩耍有什么好处? 它会产生什么富有成效的结果或成果吗?"皮亚杰影响深远的研究依然是探讨这类问题的起点(Phillips,1981;Piaget,1951)。皮亚杰认为,玩耍和模仿是人类认知发展的内在核心策略。在玩耍中,儿童可以演练一种新形成的概念,以使其适合他们已知和已理解的内容(同化)。当儿童经历或遭遇新的事件、活动、观念或风俗习惯时,他们通过模仿来建构全新的心理模式(顺应)。在儿童不断面对变化的环境时,他们始终以这样的方式来获得一个有序而平衡的世界。正如人们终身都在经历同化和顺应这两种心理过程一样,在从儿童到成人的过程中,对人们来说,玩耍和模仿也始终是重要的认知工具。

研究文献中还有很多其他例证,虽然没有公开讨论玩耍,但显然与玩耍属于同一阵营。关于自主学习的研究(Zimmerman,1990,2008)就是一个这样的例证,特别是它强调个体在内在激励的活动中主动朝向目标的行为。不过齐克森米哈里(Csikszentmihalyi)(1990)提出的心流理论与玩耍最为类似,特别是在游戏设计情境中。例如,心流理论特别指出,需要使挑战最优化,由此使人们始终不会产生焦虑和厌烦。引起心流的活动具有清晰的目标,对于个人是否达成目标有清楚且始终如一的反馈。心流的另一个重要特点是,需要一定的努力才能达到心流状态,达到心流状态要求人们明确而有意地持续投入关注。

心理学家布莱恩·萨顿-史密斯(Brian Sutton-Smith)(1997)提出了多种方式来思考玩耍——对此他称为玩耍修辞学。其中最吸引教育者的是这样一种想法:玩耍会引发某些富有成效的结果(也就是说,玩耍即进步)。不过,萨顿-史密斯所说的玩耍能"带来好的结果"是含糊不清的。尽管有很好的理由让我们相信玩耍总体上是件好事情,但在把一些积极结果归因于玩耍时应当谨慎。有证据表明,积极结果和玩耍相伴相生(即相关效应),但这些证据大多是轶事性的而不是经验性的,这就使我们很难说是游戏引发了那些结果。玩耍的另一个含糊不清之处在于,进行玩耍本身可能就是玩耍的奖赏,而把获得玩耍之外的某些东西作为目标可能是一种误导。但是,玩耍状态的存在至少可以证明,对于随后要经历的认知和社会性成长,人们已经处于一种良好的状态之中了,而仅这一点就足以成为一个很好的理由——让我们把玩耍作为任何学习环境中的一个目标。

戴维·埃尔金德(David Elkind)(2007)的玩耍理论(Play Theory)进一步阐明了游戏和工作的关系。他提出有三种本能的驱动力是人类终其一生的认知和行为的根源:爱(人类表达愿望、感情、情绪的倾向)、工作(人类适应其物理世界和社会世界要求的倾向)和玩耍(人类改造其世界去适应自己并创造新颖的学习经验的需要)。

生活在一个复杂的社会系统中，人们要想适应良好，就须在一生的不同时期以不同的方式平衡这三方面的要求和目标。在生命早期，玩耍占据主导地位。到小学低段，玩耍逐渐退位，这时工作占主导，而爱和玩耍起支持作用。进入青春期后，爱占据主导地位。在成年后，这三者完全分离，尽管每一方面都可以通过同其他方面相结合而表现出来。在人生的各个阶段保持爱、工作和玩耍的和谐共存是一个重要的目标，对此家长和教师（以及教学设计者）应该努力促成。遗憾的是，许多成人常常把玩耍视为工作的对立面，使爱、工作和玩耍三者平衡的目标难以达成。

埃尔金德注重爱、工作和玩耍的平衡，这一点与齐克森米哈里的心流理论（1990）中的心理成长概念相似。在心流理论中，个人要在成为一个有独特身份的独特个人（区分）的需求和与他人及社会团体相联系（融合）的需求之间求得平衡，由此使个人变得更加复杂和先进。埃尔金德的爱、工作和玩耍的关系理论甚至可以映射当前对 21 世纪技能（例如，在具有多样性的团队中富有成效地工作，识别复杂问题并以创新的方案予以解决，有效沟通，批判性思维，有效利用技术，理解系统动力学，进行循证推理等）的关注。

本章关注的是将数字化游戏或电脑游戏用于学习，在这方面开展的研究中，人们的兴趣普遍集中在沉浸式游戏上，特别是大型多人在线角色扮演游戏（MMORPGs）。这些高度可视化、持久性的虚拟世界背后的技术引人瞩目，"高科技"游戏环境的技术复杂性只会与日俱增，促使一些我们现在甚至无法想象的新的游戏类型和互动模式的出现。不管游戏中技术的渗入程度如何，我们相信，人们始终渴望出现玩耍现象。

在提出了一个与教育游戏有关的关于学习和玩耍的理论基础后，接下来我们要透过教学设计的视角来审视基本架构问题。具体来说，我们要讨论一个模式，它可以帮助我们思考沉浸式游戏设计，将合理的学习理论融合进一个适用于学习和游戏设计的框架。

第二部分：混合理论、框架和问题解决

如我们在前一部分所言，有许多理论可以指导游戏研究和游戏设计。但是，

若审视 20 世纪 90 年代中期至今的文献,这一点却并不明显。这一领域的新人面临的一个主要陷阱是误将媒体认作信息,即假设"新的"电子游戏只有"新的"理论才能解释。这并不是说不同学科的理论不相关,也不是说不同学科的交叉不能产生新理论方法来理解游戏如何起作用。这一领域发展极快,我们的工具也必须跟上我们不断发展的理解。我们的格言是:所有好的研究和理论都建立在先前的研究和理论之上。因此,新学者和经验丰富的学者都该拥有一套可供其使用的核心理论工具。那么,我们如何知道最相关的理论有哪些,又如何将这些理论综合为一个研究和设计的框架? 当然,答案是视情况而定。行为主义原则(如强化时间表、刺激—反应潜伏期、联结等)能帮助我们理解冒险类游戏 280(Jeopardy-style game)是如何促进事实类信息的学习的。建构主义原则(如意义的社会协商)能帮助我们理解人们在开放性世界和 MMORPGs 中如何为其经验赋予意义。社会文化学习理论有助于解释文化对知识的中介作用和定位作用。当然,还有动机、控制点、自我效能感等方面的理论能帮助我们预测人们在游戏世界中的体验和坚持性(或不坚持)。我们选择应用的理论取决于我们的结果、学习者和制约条件。游戏有可能促进对复杂认知技能(定义概念、规则和问题解决)、态度和认知策略的深度学习,这是人们最常提到的游戏的好处,但很多人在这样说时并没有使用(或者报告使用了)能得出这些学习结果的理论工具。

芝麻工作室的琼·甘茨·库尼中心最近的一份报告(Takeuchi 和 Vaala,2014)调查了来自全美的 694 名教师,发现几乎 75% 的 K-8 教师说自己在课堂中运用了数字化游戏,超过 40% 的教师在课堂中运用数字化游戏是为了达到当地、州和国家的标准。不过,绝大多数 K-8 教师所用的是被称为"死读书"(drill and kill)的游戏,这种游戏主要关注的是那些在一节课的时间里就可以实现的低层次学习结果[加涅分类学(Gage, Wager, Golas 和 Keller,2004)中的言语信息和概念,布鲁姆分类学(1984)中的知识和应用]。当然,这本身并没有什么问题,但我们认为,有许多教学策略和模式可以同样有效地实现低层次学习结果。游戏作为一种媒体的真正优势在于,它有可能促进高层次学习结果(如规则和问题解决,或者综合和评价),以及其他传统上难以实现的学习结果。

有许多理论可以指导促进问题解决的沉浸式游戏的设计,但我们认为最适合于指导这类游戏设计的主要理论有三种。第一种理论通常被称为情境学习理论,它以情境认知(如 Brown,Collins 和 Duguid,1989)理论为基础。情境学习把学习和评估内置于真实世界环境。所谓"真实世界",指的是模拟真实世界情境的环境,通常可在其中观察和显示教学目标。

第二个主要概念是,环境和任务也必须是真实的。就是说,在真实世界情境中采取的行动能反映在真实世界中展示知识时出现的行动和过程。同时也意味着环境的表现必须是真实的,这样学习者采取的行动所引发的环境(以及其中的人、工具和资源)反应才能与真实世界出现的反应一致。当然,并不是说要完全逼真地模拟真实世界。真实世界中有许多方面并不适用于某个特定的学习情境(如在客户服务培训中学习如何应对愤怒的顾客时,就没有必要体验一个有重力的虚拟世界),并且关于模拟的研究表明,无关的细节(引人入胜的细节)会干扰学习(如 Harp 和 Mayer,1997)。如果学习者的专业水平不够,即使是相关的信息也可能会成为问题(如,Adcock,Watson,Morrison 和 Belfore,2010)。只需复制环境中对内容和过程结果来说最主要的因素,这一点很重要。

虽然"真实世界"(real world)和"真实的"(authentic)听起来像是同义词,但二者之间具有重要的区别。要求学生解决一个关于如何分配宠物小精灵卡的应用题并不是真实世界的例子;这是一个真实世界的问题。给孩子们实际的宠物小精灵卡片并把他们分成小组,要求他们想出一个公平的方法来分配卡片,使每个人都拥有相同的数值,这几乎是一个真实世界的问题——大约跟我们在学校情境中遇到的问题差不多。让学生根据所提供的数值来填写工作记录表或矩阵来解决这个问题,这不是真正的问题解决;而让他们自己决定要采用的过程,确定什么才是能公平地裁定真正数值的东西,构建自己的数值图表,这才跟我们在正式教育环境中所能得到的一样真实。研究已表明,建立在这些原则上的教学能有效促进初始学习结果和长期学习结果,并增加学习迁移到新情境的可能性。

第三个理论领域当然是关于问题解决本身的研究。作为一种学习结果,问题解决指的是综合多个规则和定义概念并将它们应用于没有现成答案的问题的能力。因此,人们一般相信,促进问题解决的唯一方法是,为学习者提供领域内的多样化问题供他们解决。这通常是在支架式问题解决教学策略的背景下进行的,有时也叫作问题中心学习或问题导向学习。因此,问题解决既可以被视为一种策略,又可以被视为一种学习结果,但问题始终是教学的核心。

显然,正式教育不可能为每一个主题都创建真实世界的问题,这也是为什么电子游戏是提供情境化学习环境以促进问题解决学习结果的最有效手段之一。电子游戏不是让学生"假装"自己身处真实世界,而是提供"真实"世界。还可以通过编程使这一世界在预期学习结果背景下呈现真实的反应。问题解决是人们经常提到的电子游戏的好处,但却被想得过于简单了。例如,我们必须认识到,有许多不同种类的问题,其认知构成、结构化程度、所需的领域知识等都不相同。如乔纳森(Jonassen)(2000)曾把问题分为十一类,每一类问题都需要具体的设计和教学策略来促进。因此,如果我们在面对面教学中必须以不同的具体方式来教授每一类问题,并且如果学习者必须具备特定的先决知识,那么当我们希望把某些问题嵌入到游戏设计中以增强特定的问题解决技能时,也必须要区别对待。这里没有足够的篇幅让我们对问题解决进行详细讨论;若想要更多了解有关问题和 *281* 游戏类型相匹配的信息,请参阅亨(Hung)和范艾克(Van Eck)(2010)的研究。

　　当然,对于这些领域来说,这几乎是不充分的讨论,但对于那些想深入探讨这些领域的人,有很多高质量的资源可用。在设计游戏时也没必要用到每种理论——就像在所有教学设计中一样,我们采取的策略要取决于学习者、环境、内容和情境。混合使用这些不同理论的方式有很多种,其中一种是一个叫作情境化的真实问题解决的框架(Van Eck,2015),但其他一些模式的使用也很成功(如,Barret 和 Johnson,2010;Borchert 等 2010)。

　　我们已经阐明了一些有助于设计学习游戏的理论和模式,但是并不只有这些。我们要提醒读者,这里所列出的理论并不是详尽无遗的,还有很多关于游戏和学习的文献值得我们参考。我们相信在所有这些成功的模式和框架背后都有一些基本事实,本章的目的就是要阐明这些事实。我们把这些事实合并成了几个命题,如下所述。

　　学习应该是目标导向的。乔纳森(2002)认为,所有好问题都具有两个特点。第一,有目标或未知。目标/未知就要求生成新的知识。第二,所有问题都应该具有某些价值,值得学习者去解决。与问题一样,游戏也具有目标/未知,要求学习者生成新的知识。游戏(至少好游戏)对于学习者实现目标也具有价值。因此,从定义上说,一个聚焦于问题解决的游戏将是目标导向的。

　　学习应该是主动的和互动的。21世纪的问题,就像游戏中的挑战,都是以一种分布式迭代的方式加以解决的。这类问题往往是劣构的、非线性的，要求从多种来源去收集数据。问题本身也很少以完整的方式呈现，往往会缺失一些要素。游戏问题的设计一开始应该是完整的，然后去掉一些关键要素。缺失的这些要素应该分布在多个资源之中。解决问题应该要求玩家在整个游戏过程中寻找不同的资源。这些资源会根据玩家在游戏中所处的位置和当前所拥有的信息而为玩家提供不同类型的信息。因此，游戏应该提供多种互动机会并要求玩家主动参与以解决问题。这是成功的商业游戏都具有的共同特征，能保证学习者成为一个主动参与者。

学习应该提供适应性挑战和支持。要根据不同专业水平提供不同水平的挑战和支持，为此，设计者应该认真组织游戏中的问题/剧情，以使其复杂性不断增加，同时所需的支持不断降低。就像问题本身一样，支持也应该是分布式的和情境化的。游戏中的支架可以采取多种形式，包括对话、与导师/顾问角色的互动等。挑战和支持也应该是适应性的，即游戏中的行为模式和行动（就像我们在本章最后一节提到的证据模型所表明的）可以触发支持和挑战选项。例如，游戏中自上次操作后经过的时间太长并反复进入游戏的死胡同，这就可能触发（真实的!）干预。

学习应该合并反馈。游戏中的每一个行动都应该引发某种形式的反馈，并且这些反馈也应该是情境化的和真实的。与游戏中的人物对话应该始终能获得某种形式的反应，可以是补充信息（使玩家知道自己做对了），或预录的反应，像"我对于已经说过的话没有什么要补充的了"（使玩家知道现在该继续前进）。关键是反馈应提供情境化的暗示和提示而不是直接的答案或指令，并且反馈还应对游戏的叙述、问题和环境具有情境敏感性。

第三部分：游戏中的隐性评估和证据中心设计

在游戏中，玩家在与环境互动时，各种游戏特定变量的值也在相应地变化。例如，在枪战中受伤会降低健康值，而找到财宝或其他物品则会增加库存商品的值。另外，解决了游戏中的主要问题可以让玩家获得等级或"升级"。你可能会说这些都是游戏中的"评估"——对健康、个人物品和等级的评估，但是现在应该考虑对游戏中不同粒度水平的教育相关变量进行监控。除了核查健康状态外，玩家还可以核查其系统思维、创造性、问题解决、团队协作技能，而所有这些能力都可以进一步分解为其组成知识和技能。如果在这些技能上得到的值过低，玩家就可能感到必须采取行动来提升它们。

那些想利用和设计游戏来支持学习的教育者面临的一个主要挑战是：如何在不中断游戏进程（及由此产生的投入和学习）的前提下有效地推断学生在任何时间点、任何水平上的所知、所信和所能做的事情。提升评估的质量和效用的一种方法是采用证据中心设计（ECD），证据中心设计可以为有效评估的设计提供信息，并对学生的各种知识和技能进行实时的能力水平评估（Mislevy 等，2003）。以学生的各种准确信息为基础，可以：(1)给予及时而有针对性的反馈；(2)根据心流理论和维果茨基的最近发展区，呈现一项与学生当时技能水平相适应的新任务或新要求。稍后我们将更详细地描述证据中心设计。

既然我们的目的是在学校（以及其他情境）中使用教育游戏来支持学习，那么我们必须保证评估的有效性、可靠性和无形化（保持学习投入完好无缺），这就是"隐性评估"的由来（参见 Shute，2011；Shute 和 Ventura，2013；Shute，Ventura，Bauer 和 Zapata-Rivera，2009）。在玩游戏的过程中，学生在执行复杂任务、使用我们想评估的那些技能或能力（如创造性、坚持性、空间能力等）时，自然会产生丰富的行为序列。玩家在与游戏互动时（即玩游戏的过程）就已经提供了评估技能所需的证据，这与教育或培训环境中的准则形成了鲜明对照，因为教育或培训环境中关注的焦点是活动的产品。

用这一连串证据来评估学生的知识、技能和理解力（以及信念、感情及其他学习者状态和特质），就使传统测评模式产生了问题。第一，在传统测试中，每个问题的答案被视为独立的数据点。而在游戏的互动序列中，个人的各个动作之间往往具有高度的相互依赖性。第二，在传统测试中，问题的设计通常是针对某些特定的知识或技能片段。正确回答问题就是知道了某一具体事实的证据：一个问题——一个事实。通过分析个人在一个游戏任务中的行为序列（其中的每一个反应或行为都是当前掌握特定事实、概念或技能的递增证据），我们就能够推断学习者对于总体教学结果的掌握程度。现在，我们通常希望从学习者的游戏互动中获得证据来评估一整套的技能和能力，而分析行为序列以推断这些能力的方法却并不明显。如前所述,证据中心设计可以解决这些问题。

证据中心设计的基本思想源于梅西克(Messick)(1994),后由米斯列夫(Mislevy)与其同事们(如 Mislevy,Almond 和 Lukas,2004;Mislevy 和 Haertel,2006;Mislevy 等,2003)明确提出。一个包括循证评估的游戏必须能够促使学生表现出带有关于目标知识和技能(即能力)之证据的行为,同时,还必须进一步结合评估目的对这些证据做出符合理论原则的诠释。指出这些变量及其相互关系可以回答梅西克(1994)提出的评估设计(具体说来就是证据中心设计)中的一系列核心问题。简单地说,这个框架要求评估者:(1)界定对于学习者能力的要求(能力模型);(2)确定作为该能力的构成要素的有效证据有哪些,以及如何测量这些证据(证据模型);(3)确定将由何种性质和形式的任务或情境来引出那些证据(任务模型)。

在具有隐性评估的游戏中,一个具体学生的能力模型是动态积累的,并且代表了对目标技能各方面的信念,表现为能力模型各变量的概率分布(Almond 和 Mislevy,1999;Shute 等,2009)。证据模型则识别可作为该技能证据的学生言行(Steinberg 和 Gitomer,1996),其表现形式是一个心理测量模型,表明了证据如何依从于能力模型的变量(Mislevy,1994)。任务或行动模型表现为能导出所要求证据的情境。

用来为这些能力和证据建模的一个有效工具是贝叶斯网络(如 Pearl,1988)。即,贝叶斯网络可以用在学习者模型(即关联特定学习者的能力模型)中,通过概率推断来更新和改进信念值(如关于学习者的能力),进而处理不确定性。用贝叶斯网络来实现学生模型的例子有很多(Behrens,Mislevy,DiCerbo 和 Levy,2010;Conati,Gertner 和 VanLehn,2002;Kim 和 Shute,2015;Shute 和 Ventura,2013;Shute 和 Wang,印刷中;Shute,Graf 和 Hansen,2005;Vanlehn 等,2005)。

用证据中心设计和贝叶斯网络来制作直接嵌入到游戏中的隐性评估,再加上数据自动收集和分析工具,不仅可以收集有关学生能力状态的有效证据,还可以减轻教师在管理学生的工作(或"玩耍")成果方面的负担。如果某个游戏易于使用,又能提供集成自动评估工具,那么教师们可能更愿意利用该游戏来支持学生学习各种广泛的具有教育价值的技能。隐性评估意在帮助教师们促进学生以一种有趣而投入的方式,学习当前学校里无法支持的具有教育价值的技能。当然,隐性评估也意在激发学生投入游戏过程的心流状态。

结论

本章的目的是试图把游戏和学习之间的点点滴滴联系在一起。为此,我们先描述了精心设计的游戏如何为人们提供了一个让人更愿意学习的环境,尤其是与传统课堂环境相比(参阅皮亚杰早期的论述和萨顿-史密斯的理论)。然后我们指出,为了发掘游戏对学习的真正潜力,需要合理的理论模式和框架来指导游戏的设计。我们认为这个框架就是情境化的真实问题解决。最后是关于隐性评估的部分,这部分旨在强调,在游戏过程中必须对有教育价值的技能进行准确的动态评估和诊断。我们讨论了隐性评估如何在隐蔽地监控和测量这些能力的同时支持教学决策。

总之,精心设计的游戏是具有潜在力量的强大工具,它能支持学习,特别是对于那些当前教育系统没有包括但在 21 世纪取得成功所必须的新能力的习得具有支持作用。探讨游戏环境对学习之影响的实验研究还太少(如,Van Eck,2007)。我们相信,新的游戏学习研究与教学系统设计(ISD)领域密切相关,也对 ISD 领域非常重要,新的游戏学习研究与 ISD 领域存在相辅相成的关系。

我们以一句引言开始本章,也将以一段引言结束本章:

> 因此,游戏是最古老的、久负盛名的教育工具……我们没见过母狮在黑板上给幼狮讲课,我们也没见过年长的狮子给后代写回忆录。有鉴于此,"游戏是否具有教育价值"这一问题就显得很荒谬。真正新奇的概念、未经验证的时尚和传统的违反者恰恰不是游戏,而是学校。

——克里斯·克劳福德(Chris Crawford)

要点总结

1. **游戏学习研究应借鉴先前关于学习的研究,而不应重起炉灶。**

2. 好的游戏能触发玩家的玩耍状态。

3. 情境化的真实问题解决是确保游戏能支持问题解决的一种有效方法。

4. 有多种类型的游戏,也有多种类型的问题,必须仔细地使二者相互匹配。

5. 游戏中的学习评估要求我们彻底转变对评估的看法,要从对外部"测试问题"的反应转为嵌入到游戏中的动作和模式。

6. 好的学习游戏能利用持续进行的隐性评估信息来及时为玩家提供有针对性的反馈,并呈现适合学生当前技能水平的新游戏任务。

7. 好的学习游戏就像所有好的学习活动一样,应该是主动的、目标导向的(具有玩家所看重的目标)、情境化的,并提供适应性挑战和支持。

8. 设计一个好的学习游戏的基本原则并不限于设计单个游戏的任何特定技术。

9. 教学设计原理和问题导向学习能支持和指导优秀学习游戏的设计。

10. 与他人合作以有效且创造性地实现一个共同目标的能力是一项重要的 21 世纪技能,这一点在优秀的游戏里都会受到重视。

应用问题

1. 用家里或教室里的日常物品(如纸杯、回形针、乒乓球等)设计一个非数字化游戏。请朋友们玩,然后问他们这个游戏好不好玩。向他们征求改进游戏的意见。根据他们的改进意见以及你想到的其他想法,重新设计游戏,请另一批朋友来玩改进后的游戏。游戏是不是更好玩了?尝试列出或绘制出你经历的游戏过程。该游戏是否具有促进学习的价值?如果没有,那么游戏中缺了什么?

2. 选择一个你认为适合于游戏的学习理论。你认为这个理论最适合的游戏类型(大型多人在线角色扮演游戏、益智游戏、冒险游戏、第一人称射击游戏等)是什么?为什么?在一个特定游戏中应用该理论的设计意涵是什么?请举例说明依据该理论设计游戏时的一个具体设计元素。

3. 确定一个问题解决水平的学习结果,开发一个能促进该学习结果的游戏的叙事描述。你将如何使其情境化?真实化?它发生在哪里?谁会参与其中?它看起来是什么样子的或感觉如何?

4. 利用问题 3 中的游戏构想，或者你选择的其他游戏构想/学习结果，描述一种能嵌入到该游戏中的隐性评估方法。要具体说明它如何契合于你的学习结果；如何进行测量；如何隐秘地进行整合；如何用它来进行评估或以某种方式修正游戏性能，或者两者兼而有之。

参考文献

Adcock, A. B., Watson, G. S., Morrison, G. R., & Belfore, L. A. (2010). Effective knowledge development in game-based learning environments: Considering research in cognitive processes and simulation design. In R. Van Eck (Ed.), *Gaming and cognition: Theories and perspectives from the learning sciences* (pp. 152–168). Hershey, PA: IGI Global.

Almond, R. G., & Mislevy, R. J. (1999). Graphical models and computerized adaptive testing. *Applied Psychological Measurement, 23*(3), 223–237.

Barrett, K. A., & Johnson, W. L. (2010). Developing serious games for learning language-in-culture. In R. Van Eck (Ed.), *Interdisciplinary models and tools for serious games: Emerging concepts and future directions* (pp. 281–311). Hershey, PA: IGI Global.

Behrens, J. T., Mislevy, R. J., DiCerbo, K. E., & Levy, R. (2010). *Evidence centered design for learning and assessment in the digital world* (Report No. 778). Washington, DC: National Center for Research on Evaluation, Standards, and Student Testing. Retrieved from http://files.eric.ed.gov/fulltext/ED520431.pdf

Bloom, B. S. (1984). *Taxonomy of educational objectives book 1: Cognitive domain.* White Plains, NY: Longman.

Borchert, O., Brandt, L., Hokanson, G., Slator, B. M., Vender, B., & Gutierrez, E. J. (2010). Principles and signatures in serious games for science education. In R. Van Eck (Ed.), *Interdisciplinary models and tools for serious games: Emerging concepts and future directions* (pp. 312–338). Hershey, PA: IGI Global.

Brown, J. S., Collins, A., & Duguid, P. (1989). Situated cognition and the culture of learning. *Educational Researcher, 18,* 32–42.

Clark, D. B., Tanner-Smith, E. E., & Killingsworth, S. (2014). Digital games, design, and learning: A systematic review and meta-analysis. Menlo Park, CA: SRI International.

Conati, C., Gertner, A., & VanLehn, K. (2002). Using Bayesian networks to manage uncertainty in student modeling. *User Modeling & User-Adapted Interaction, 12*(4), 371–417.

Csikszentmihalyi, M. (1990). *Flow: The psychology of optimal experience.* New York: Harper & Row.

Elkind, D. (2007). *The power of play: How spontaneous, imaginative activities lead to happier, healthier children.* Cambridge, MA: Da Capo Lifelong.

"Friedrich Fröbel." (n.d.). In *Wikipedia.* Retrieved from http://en.wikipedia.org/wiki/Friedrich_Fröbel

Gagné, R. M., Wager, W. W., Golas, K. C., & Keller, J. M. (2004). *Principles of instructional design* (5th ed.). Belmont, CA: Wadsworth/Thomson Learning.

Gajadhar, B. (2012). Understanding player experience in social digital games: The role of social presence [Dissertation]. Oisterwijk, Netherlands: Uitgeverij BOXPress. ISBN 978-90-8891-391-4

Gee, J. P. (2003). *What video games have to teach us about learning and literacy.* New York: Palgrave Macmillan.

Greenfield, P. M. (1985). *Mind and media: The effects of television, video games, and computers.* Cambridge, MA: Harvard University.

Harp, S. F., & Mayer, R. E. (1997). The role of interest in learning from scientific text and illustrations: On the distinction between emotional interest and cognitive interest. *Journal of Educational Psychology, 89,* 92–102

Huizinga, J. (1950). *Homo Ludens: A study of the play element in culture.* Boston, MA: Beacon Press.

Hung, W., & Van Eck, R. (2010). Aligning problem solving and gameplay: A model for future research & design. In R. Van Eck (Ed.), *Interdisciplinary models and tools for serious games: Emerging concepts and future directions* (pp. 227–263). Hershey, PA: IGI Global.

Institute of Play. (n.d.). History of games and learning. Retrieved from http://www.instituteofplay.org/about/context/history-of-games-learning/

Jonassen, D. H. (2000). Toward a design theory of problem solving. *ETR&D, 48*(4), 63–85.

Jonassen, D. H. (2002). Integration of problem solving into instructional design. In R. A. Reiser & J. V. Dempsey (Eds.), *Trends and issues in instructional design & technology* (pp. 107–120). Upper Saddle River, NJ: Merrill Prentice Hall.

Kim, Y. J., & Shute, V. J. (2015). The interplay of game elements with psychometric qualities, learning, and enjoyment in game-based assessment. *Computers & Education, 87,* 340–356.

Lave, J. (1988). *Cognition in practice: Mind, mathematics, and culture in everyday life.* New York: Cambridge University Press.

Messick, S. (1994). The interplay of evidence and consequences in the validation of performance assessments. *Education Researcher, 32*(2), 13–23.

Mislevy, R. J. (1994). Evidence and inference in educational assessment. *Psychometrika, 59,* 439–483

Mislevy, R. J., & Haertel, G. D. (2006). Implications of evidence-centered design for educational testing. *Educational Measurement: Issues and Practice, 25*(4), 6–20.

Mislevy, R. J., Almond, R. G., & Lukas, J. F. (2004). *A brief introduction to evidence-centered design* (CSE Report 632). Washington, DC: Center for Research on Evaluation, Standards, and Student Testing. (ERIC Document Reproduction Service No. ED483399)

Mislevy, R. J., Steinberg, L. S., & Almond, R. G. (2003). On the structure of educational assessment. *Measurement: Interdisciplinary Research and Perspective, 1*(1) 3–62.

Pearl, J. (1988). *Probabalistic reasoning in intelligent systems: Networks of plausible inference.* San Francisco: Morgan Kaufman.

Pellegrini, A. D. (Ed.). (1995). *The future of play theory: A multidisciplinary inquiry into the contributions of Brian Sutton-Smith.* Albany, NY: State University of New York Press.

Phillips, J. L. (1981). *Piaget's theory: A primer.* San Francisco: W. H. Freeman.

Piaget, J. (1951). *Play, dreams, and imitation in childhood.* New York: W. W. Norton & Company.

Rieber, L. P. (1996). Seriously considering play: Designing interactive learning environments based on the blending of microworlds, simulations, and games. *Educational Technology Research & Development, 44*(2), 43–58.

Shute, V. J. (2011). Stealth assessment in computer-based games to support learning. In S. Tobias & J. D. Fletcher (Eds.), *Computer games and instruction* (pp. 503–524). Charlotte, NC: Information Age Publishers.

Shute, V. J., & Ventura, M. (2013). *Measuring and supporting learning in games: Stealth assessment.* Cambridge, MA: The MIT Press.

Shute, V. J., & Wang, L. (in press). Assessing and supporting hard-to-measure constructs. To appear in A. Rupp & J. Leighton (Eds.), *Handbook of cognition and assessment.*

Shute, V. J., Graf, E. A., & Hansen, E. (2005). Designing adaptive, diagnostic math assessments for individuals with and without visual disabilities. In L. PytlikZillig, R. Bruning, & M. Bodvarsson (Eds.), *Technology-based education: Bringing researchers and practitioners together* (pp. 169–202). Greenwich, CT: Information Age Publishing.

Shute, V. J., Ventura, M., Bauer, M. I., & Zapata-Rivera, D. (2009). Melding the power of serious games and embedded assessment to monitor and foster learning: Flow and grow. In U. Ritterfeld, M. Cody, & P. Vorderer (Eds.), *Serious games: Mechanisms and effects*

(pp. 295–321). Mahwah, NJ: Routledge, Taylor and Francis.

Steinberg, L. S., & Gitomer, D. H. (1996). Intelligent tutoring and assessment built on an understanding of a technical problem-solving task. *Instructional Science, 24,* 223–258.

Sutton-Smith, B. (1997). *The ambiguity of play.* Cambridge, MA: Harvard University Press.

Takeuchi, L. M., & Vaala, S. (2014). Level up learning: A national survey on teaching with digital games. New York: The Joan Ganz Cooney Center at Sesame Workshop. Retrieved from www.joanganzcooneycenter.org

Van Eck, R. (2007). Six ideas in search of a discipline. In B. Shelton & D. Wiley (Eds.), *The educational design and use of computer simulation games.* Boston: Sense.

Van Eck, R. (2008). COTS in the classroom: A teachers guide to integrating commercial off-the-shelf (COTS) games. In R. Ferdig (Ed.), *Handbook of research on effective electronic gaming in education.* Hershey, PA: Idea Group.

Van Eck, R. (2015). SAPS and digital games: Improving mathematics transfer and attitudes in schools. In T. Lowrie & R. Jorgensen (Eds.), *Digital games and mathematics learning: Potential, promises and pitfalls.* New York: Springer.

VanLehn, K., Lynch, C., Schulze, K., Shapiro, J. A., Shelby, R., Taylor, L., Treacy, D., Weinstein, A., & Wintersgill, M. (2005). The Andes physics tutoring system: Lessons learned. *International Journal of Artificial Intelligence and Education, 15*(3), 1–47.

Vygotsky, L. S. (1978). *Mind in society: The development of higher mental processes.* Cambridge, MA: Harvard University Press.

Vygotsky, L. S. (1987). *The collected works of L. S. Vygotsky* New York: Plenum.

Zimmerman, B. J. (1990). Self-regulated learning and academic achievement: An overview. *Educational Psychologist, 25*(1), 3–17.

Zimmerman, B. J. (2008). Investigating self-regulation and motivation: Historical background, methodological developments, and future prospects. *American Educational Research Journal, 45*(1), 166–183.

285

第三十四章　问题导向学习：基本设计特征

佩吉・A・埃特默尔　　普渡大学

克里斯塔・D・格拉泽夫斯基　　印第安纳大学

引言

　　问题导向学习(PBL)是一种学生中心的教学方法,其目的是通过对有意义问题的深度投入而促进学生的主动知识建构(Hmelo-Silver,2004)。20世纪60年代,PBL在医学教育中被提出,用来应对医学生的惰性知识(Whitehead,1929)和动机低下等问题(Gijselaers,1996)。具体而言,医学教员注意到:学生们先前学过的知识无法在诊断和治疗病患时得到贯彻和应用(Barrow,1996)。为了提升学生的学习动机,提高学生的专业知识和临床技能水平,教员们在专业教育一开始就让学生投入真实且相关的医学问题。经过五十多年的研究,这种做法已被证明对这些学习结果是成功的(Dochy,Segers,Van den Bossche和Gijbels,2003；Gijbels,Dochy,Van den Bossche和Segers,2005；Strobel和van Barneveld,2009；Walker和Leary,2009)。

　　巴罗斯和坦布林(Tamblyn)认为,PBL是"在理解和解决问题的过程中学习"(p.18)。一般说来,问题导向学习具有双重目的:(1)促进对主题内容的深入理解;(2)同步培养学生的高阶思维技能(Barrows,1996)。具体来说,PBL利用真实世界的问题来刺激学生的动机,使学科内容情境化,并促进高阶思维技能的发展。学生学会运用本学科的真实工具(如原始源文件、图形计算器、科学探测器等)来分析问题,以确定需要哪些信息,如何综合来自不同学科和来源的事实和概念,如何评价自己所提解决方案的优势。此外,课程的组织应促进小组活动、自主学习、批判性思维和自我反思(Hmelo-Silver 和 Barrows,2006)。

为了响应教育者、立法人员和政策制定者近来关于培养"创新者和创造者"的呼吁(Bonamici,2013;为创新而教,未注明出版日期;Wagner,2012),PBL 在 K-12 教育和高等教育中得到了普及[美国研究所(AIR),2014;Ravitz,2009]。虽然不太常见,但 PBL 也被用作职场培训方法,特别是当培训目标包括决策能力和问题解决能力的培养时。例如,PBL 被用来向学校人员和应急管理人员介绍面临突发恶劣天气时的关键决策过程(Stalker,Cullen 和 Kloesel,2015)。与此类似,美国空军研究实验室(Andrews,Hull 和 Donahue,2009)利用 PBL 向航空管理学院教授决策过程,使他们在面临严重飞机故障时能够"利用与完成高风险复杂任务相关的决策过程"(p. 13)。

巴罗斯(1986)认为,PBL 的实施是一个连续体,一端是短期的、孤立的实施,另一端是完全结合进全部课程中。贝莱特和斯卡德玛利亚(2000)把这些不同的实施水平分别称为大写 PBL 和小写 pbl。通常,大写 PBL 是"源于医学教育的独特的、有详细记载的教学方法"(p. 85),而小写 pbl 指的是"一系列模糊的教育方法,它将问题置于学习活动的中心地位"(Bereiter 和 Scardamalia,2000,p. 185)。因此,在考察 PBL 的学习结果时应同时批判性地审视其实施方式,以确定其方法在多大程度上反映了 PBL 教学法的鲜明特征。这样,就不会让读者错误地把实际上本应归结于其他问题中心方法的推论归结于 PBL。

问题中心方法:相同点与不同点

教师、教学设计者和其他教育者常常质疑 PBL 与其他各种形式的问题中心教学的异同。我们一般把 PBL 和其他各种形式的问题中心教学都归入探究式学习(IBL)这一宽泛的分类。希利(Healy)(2005)认为,IBL 是一种"尽可能模仿所学学科的实际探究模式"的教学方法(p. 68)。因此,IBL 的特点是:由真实的或逼真的(realistic)问题所驱动的复杂的、相关的、真实的学习者经验(Edelson,Gordin 和 Pea,1999)。在总括性的 IBL 下存在着各种各样的问题中心实践。除了 PBL,另外两种常见的方法是案例教学(CBI)和基于项目的学习(PjBL)。这些方法之间的区别很细微,但是我们认为,它们之间的区别存在于四个方面:问题的真实性(如逼真的还是真实的)、问题引入的目的和时机(如知识应用还是知识建构;在获得相关知识前或后引入问题)、问题类型/问题的结构化程度(如良构还是劣构)、最终成果的类型(如案例分析还是项目制品或问题解决方案)。表34.1揭示了这三种方法的区别。本章用 PBL 所指的是表中最后一行所示的学习方法。

表 34.1　三种探究式学习实践的区别

	问题的真实性	问题目的;问题引入时机	问题类型/结构化程度	最终学生成果类型
案例教学(CBI)	逼真的	复杂的一般学科知识的应用。学生投入到该领域从业人员通常会遭遇的问题情境中。问题一般是在学习相关概念之后引入,期望学生应用先前的知识。	复杂场景/半结构化。示例:当任务是造一把更好的铸锯时,要求学生考虑执业工程师面临的、与利益相关方和设计事项有关的问题。	与问题情境中的问题有关的分析和建议(一般是书面的,并要反思知识应用)。
基于项目的学习(PjBL)	逼真的	复杂的、跨学科知识的应用。一般是在学习相关概念之后引入,期望学生应用先前的知识。	复杂的/半结构化或良构的。示例:造一把更好的铸锯。	项目制品(海报、规划、小册子、演示文稿或其他制品)。
问题导向学习(PBL)	真实的或逼真的	将先前知识与当前新知识整合;进一步进行知识建构的机会。在获得所有相关知识前引入。	复杂的/劣构的。示例:怎样才能减少铸锯造成的伤害事故和诉讼事件?	基于证据的问题解决方案(通常是一个解决方案或建议)。

具体地说,这里把 PBL 定义为包括以下几个特征的学生中心的教学方法:(1)使用真实的劣构问题,并在获得全部相关知识前引入问题;(2)支持和促进学生自主学习;(3)为学生的知识建构提供支架;(4)学生、教师、共同体成员间的合作和协作;(5)对过程和结果的真实性评估,包括对问题解决方案的基于证据的

建议（Ertmer 和 Glazewski，2015；Ertmer 和 Simons，2006；Grant 和 Hill，2006）。值得注意的是，虽然这五个方面被认为是 PBL 的关键特征，但也不一定是 PBL 所独有的。例如，基于项目的学习和案例教学中通常也包含支架、协作学习和真实性评估。不过，本章将特别关注这些特征在 PBL 中是如何体现的。接下来我们将对每一个特征进行详细讨论。

使用真实问题

在 PBL 中，使用问题而不是主题或话题来作为课程的锚（Stepien 和 Gallagher，1993）。学习过程通常始于学生面对一个他们想要解决的真实问题、疑问或难题时（Boud，1985）。而且，正如麦克唐纳（MacDonald）和伊萨克斯（Issacs）（2001）注意到的，"问题先于解决问题所需的知识（广义的）"（p. 317）。这是 PBL 的一个关键特征——在要求学生应用知识去解决真实世界的问题之前，作为先决条件的学科内容知识尚未被引入或掌握。因此，课程是由问题驱动的［教育乌托邦（Edutopia），2014］，学生正是通过解决这些问题而获得内容知识的（Barrows，1083；MacDonald 和 Issacs，2001）。

PBL 中的问题是复杂的劣构情境或两难问题，这样的问题可以有多个有效的解决方案，得出解决方案的路径也很多（Jonnassen，2011）。问题一般以驱动性问题（driving question）（见表 34.2）的形式呈现给学生，这样可以很快激起学生的兴趣和"想要了解"的愿望。拉尔默（Larmer）和默根多勒（Mergendoller）（2012）认为，好的驱动性问题"用清晰的、引人入胜的语言来抓住项目的核心，使学生产生目的感和挑战感。问题应该是煽动性的、开放的、复杂的、与学习内容的重点相关的"（p. 2）。例如，一名九年级生物学教师围绕"是否应该征收肉类税"这一问题开发了一个 PBL 单元，这个问题立刻激起了学生们的强烈反响和参与动机（Brush 等，2014）。因此，这一问题为学生开展的 PBL 单元活动提供了目标，使他们的所有努力都在一个统一的目标下联系起来。如果没有一个好的驱动性问题，所需付出的艰苦努力似乎并不值得。也就是说，学生们可能会忽略自己努力的真正原因，最终把重点放在一系列有趣但不太相关的活动上（例如，"我们在制作海报。"）。

学生自主学习

自主学习(SDL)被定义为学习者过程,它涉及"……诊断他们的学习需求,提出学习目标,确定人力资源和材料资源,选择和实施适当的学习策略,评价学习结果"(Knowles,1975,p.18)。SDL 的这些过程对于 PBL 的成功是极其重要的。巴罗斯(1983)主张,学生小组确立需要深入探讨的主题,在小组成员间分割主题,每个成员就自己的主题进行个别研究,然后小组再集中讨论。他发现学生们一开始往往会抵制自主学习,但很快就体验到了成功。巴罗斯认为成功的原因一方面是学生想在同伴面前显得自己善于应对这样的社会压力,另一方面是不断练习这些技能引发更加精熟能力的事实。当小组再次集中在一起时,他们将汇报研究结果,回顾先前的假设,集思广益,评论新的想法,并制定论述计划。巴罗斯得出的结论是,虽然自我指导过程对大多数学生来说都不容易,但对于PBL 却是至关重要的,也可以通过一定的实践和指导而得到培养。对于学生自主学习,布隆伯格(Blumberg)(2000)也得出了类似的结论。在一个研究综述里,她从学习过程、策略、涉及应用或迁移的任务等三个方面考察了自主学习的证据。学生的自我报告和教师对学生的观察是一致的:两组都报告说有效的自主学习技能在一段时间后得到了发展,并且在一些情况下,参与者认为 PBL 比常规课程更能有效地促进这些技能。

表 34.2 驱动性问题示例及其相关学科内容

主要学科	驱动性问题	覆盖的主要内容
科学	● 如何利用生物学方法来满足我们的能量需求? ● 毒品如何影响你的身体、家庭、社区和世界?	生物学:细胞过程 化学、数学、人文学科
社会研究	● 国家在什么情况下可以正当地对其他国家使用武力?	历史遗留问题
科学/社会研究	● 谁负责确保社区中的食品/用水供应的安全?	热力学、水处理、水权
数学	● 作为热心公民,我们如何确定是否需要改变里普利县的限速以使其更安全? ● 从国际空间站可以看到多少地球表面?	代数:线性等式 几何:圆的公式

289

主要学科	驱动性问题	覆盖的主要内容
社会研究/数学	● 孩子们为什么应关心汽油价格?	成本收益分析、政治学
工程学	● 一种新的电子产品是如何开发、设计和推销给公众的? ● 我们如何设计、建造和测试水净化系统?	物理学、工程学、营销工程设计;科学:水系统
技术	● 我们如何在社区里规划、设计一个生物能量转换装置并对其建模? ● 是什么让某事物变得更坚固?	技术作为一个系统结构和材料属性

来源:改编自 Mong 和 Ertmer(2013)。

但这并不意味着自主学习是一种在 PBL 中自动出现的技能,相反,它需要示范、培养和促进。正如范登赫克(Van den Hurk)、沃尔夫哈根(Wolfhagen)、多尔曼斯(Dolmans)、范德弗勒滕(van der Vleuten)(1999)所观察到的,有时这需要花费许多时间。他们报告说,在多年的 PBL 经历中,第一年学生们往往狭隘地追求确定的学习问题,但在后几年,许多学生在学习中根据个人兴趣采取不同的方向。结果表明,那些追求多样化个人兴趣的学生往往在课程中表现得更好。

有时,为了提升学生的自主学习技能还需要通过直接教学来教授主动学习策略。在一项研究中,为了解决"PBL 疲劳"问题,研究人员教给学生一个 SDL四阶段循环:(1)对先前知识保持敏感或激活先前知识;(2)探索可用资源以及与未来职业目标的直接关联;(3)整合跨学科的概念;(4)在论文、公共论坛、反思等方面应用知识(Czabanowska,Schröder-Böck,Meijer,Moust 和 Roebertsen,2012)。学生们对循环的第一阶段和最后一个阶段的反应最为积极,因为他们觉得这两个阶段能直接引起他们的兴趣或者对他们的学习最有益。但是,在探索和整合阶段,学生们举步维艰,他们发现工作负担太繁重,并且没有可用资源来支持他们进行跨学科的整合。对此,研究者得出的结论是,学生可能需要更多的帮助,特别是在最初接触 PBL 的时候,这就是为什么支架是 PBL 学习环境中如此重要的组成部分。

为学生的知识建构提供支架

虽然越来越多的证据表明问题导向学习活动能促进批判性思维和问题解决等高阶技能(Strobel 和 van Barneveld，2009；Swan 等，2013；Tiwari，Lai，So 和 Yuen，2006；Wirkala 和 Kuhn，2011)，但支持以学生为中心的学习是有很多困难的。对学生来说，要成功完成问题导向学习活动需要完成多种自主任务：为完成活动设置有意义的目标，为实现这些目标承担更多责任，进行进程监控以确定所用的策略是否有效(Barrows，1983；Blumberg，2000；Ertmer 和 Glazewski，2015；Hmelo-Silver，Duncan 和 Chinn，2007)。

这些问题促使人们建议提供额外的指导或支架来帮助师生开展这类学习(Ertner 和 Simons，2006；Wood，Bruner 和 Ross，1976)。支架可以采取多种形式，但目的都是支持和指导学生达到比他们独自学习时更高的理解水平，尤其是考虑到 PBL 过程的复杂性(Hmelo-Silver 等，2007)。

赛耶和布鲁什(2002)提出了两类支持形式：硬支架和软支架。硬支架是指可以根据已知的或预计到的学生完成某项任务时的困难事先预计和规划的静态的支持。这些支持结构一般被嵌入到学习环境中，当学生主动投入问题解决时便可为他们提供支持(Belland，Glazewski 和 Richardson，2011；Sandoval 和 Millwood，2011；Simons 和 Klein，2007；Wu 和 Pedersen，2011)。例如，贝兰德(Belland)等(2011)开发了一个名叫"连接日志"(Connection Log)的在线系统，在中学生做出有关利用人类遗传信息的决策时，该在线系统可以用来支持他们组织信息、分享内容并形成基于证据的论断。研究者们注意到，该系统使所有学习者受益，它为学习者带来的益处不仅体现在其团队项目中，也体现在要求个人做出基于证据的论断的迁移任务中。而且，获益最多的学生是那些低成就学习者，这就支持了这样的假设：这种形式的硬支架能促进各类学习者的学习成功。

相反，软支架是由教师、培训者或同伴提供的动态的、情境特定的支持。这类支架要求促进者自始至终监控学习者的理解并在关键时刻提供针对性的支持(Saye 和 Brush，2002)。例如，在一个社区卫生服务展示会的情境中，一位卫生保健教育工作者要求家长们在常见问题(FAQ)部分列出他们用来决定是否让自己孩子接种疫苗的各种信息源。然后她组织了一场讨论，帮助家长们辨别支持接种疫苗和反对接种疫苗的理由中存在的偏见。在家长们讨论自己的信息源时,为给家长们的思考提供支架,该卫生保健教育工作者提出了以下问题:"这篇文章是谁写的? 你认为作者为什么要使用'_____'一词? 作者是否使用了基于研究或基于轶事的证据?"一旦家长们对不同媒体报道中存在的偏见有了更深的理解,卫生保健教育工作者就向他们推荐其他提供了有关儿童接种疫苗的基于研究的证据的信息源。

当然,并非所有支架都能被完全准确地归入"硬支架"和"软支架"两大类,因此,蓬坦别卡(Puntambekar)和科洛德纳(Kolodner)(2005)用"分布式支架"这一术语来表示教学情境中可以获得的各种各样的支持。此外,佩亚(2004)指出,在一个学习环境中有必要把各种不同形式的支架进行混合:"似乎可以考虑支架过程的'混合主动'设计,即人和机器联合起来帮助学生学习,其中某些支架活动由教师负责……另一些支架活动由软件来提供。"(p. 444)因此,教师和教学设计者必须考虑哪些支持最好由软件提供,哪些最好由教师提供,才能最优化地促进学生的问题解决。例如,为了帮助那些难以把证据整合到广阔的问题情境中去的学生,在每个小组决定该如何利用证据支持自己的解决方案时,教师可以与每个小组进行讨论(Saye 和 Brush, 2002),这是一个很难作为硬支架来提供的策略。此外,我们建议教学设计者考虑将两种支架设计进行混合。例如,有些硬支架可以用作中间结构,通过在必要反应前设置一些反思时间来支持教师提供软支架。这样,就在学生做出最初反应和教师提供对该反应的支持之间提供了一个思考空间来支持教师思考(Saye 和 Brush, 2002)。

学生、教师和社区间的合作与协作

协作是 PBL 环境的另一个重要组成部分,因为它允许学生或受训者利用彼此的看法和才能来为手头的问题设计出高明而有效的解决方案(Mergendoller 和 Thomas, 2005)。此外,小组协作为学习者提供了一个重要的机会,使他们能够练习与掌握沟通技能和人际技能,以及时间管理技能和自主学习技能等重要技能。

虽然学生一般都喜欢小组活动,但小组时间的利用并不总是富有成效的,教师必须制定各种策略来保证相关内容的学习。拉尔默和默根多勒(2012)认为,在一个 PBL 环境中,教师必须明确地教授和评估协作技能,并频繁提供机会让学生进行自我评估。使用经常性核查点和记录设备(如小组文件夹、设计日记、目标图等)可以让学生集中注意,并为学生提供强化或重新定向的机会。这些技巧也可以起到激励作用,因为它们使学生能够观察到自己的持续进步情况(Ertmer 和 Glazewski,2015)。

创设一个协作的课堂或一种协作性培训文化,要求教师扮演一个促进性的而不是指令性的角色。因此,教师应通过各种示范和支架技巧来与学习者交互,如提出若干好问题、演示富有成效的思维模式、提供适时的资源、领导任务执行情况汇报工作、促进小组和个人反思等(Ertmer 和 Glazewski,2015)。一般而言,教师可能需要一段时间的过渡和练习才能真正自如地扮演好这类促进性的角色(Grant 和 Hill,2006)。

最后,真实性任务的标志之一是它会涉及许多利益相关方;在整个任务期间的许多时间点都可以采纳利益相关方的观点。例如,教师可以邀请社区成员进课堂给学生们介绍问题;或者在学生们努力解决问题的过程中,去访问那些对问题的不同方面有所了解的专家。社区成员(家长、政治代表等)经常会受邀出席学生最终成果或建议解决方案的公开展示会。这增加了学生任务的真实性(即对"真实的"观众展示),也能提升他们对社区的参与度和投入度。

举例来说,在一个在线环境中,设计者采用交互的分支式视频案例来培训美军人员,帮助他们在面对军事基地的突发事件时作为第一反应人进行紧急决策(Glazewski,Benson,Rutledge 和 Zeisset,2009)。参与者选择与他们当前承担的军事任务一致的角色,三人一组进行在线合作,对各种可能的选择进行排序并确定最佳解决路径。视频案例的分支性使团队能够与场景多次互动,选择不同的解决路径并体验与每条路径相关的结果。在案例最后,参与者协作完成一次事后回顾,对团队的决策进行评估并反思其结果。

对过程和成果的真实性评估

在 PBL 中,教师通常要依赖多种评估实践,在一个问题导向的单元内运用多种方法。在一项有关基于项目的学习(PjBL)中的学生经验的研究中,格兰特(Grant)(2011)发现学生习得的一些学习成果是不为教师所见的,因此他认为,期望完全依靠制品来表示全部的学习成果是不合理的。评估实践一般可以分为三大类：(1)过程评估(enroute)，目的是为了监控学生进展和评估学习过程；(2)结果评估(culminating)，目的是为了观察学生对所探究问题的直接反应；(3)个人评估，目的是为了确定个体学生对目标内容的掌握程度。表34.3说明了这三类评估在不同情境和学科中是如何进行的。

第一种评估形式包括过程中的任务，如论文、日志、全组或小组任务报告、反思、模型或其他表征学习的东西，主要目的是监控学生的进步情况。研究表明，当这类过程性评估标准到位时，学生的学习表现更好。在一项研究中，研究者对两组法学学生进行观察，其中一些法学学生自愿完成六个过程性任务，其他法学学生则不完成过程性任务(Gijbels, van de Watering 和 Dochy, 2005)。这些任务包括额外的对于任何课程主题或资源中的学习材料的深入应用。与那些没有完成这些任务的学生相比，完成了额外任务的那些学生在期末考试中的表现更好，对课程的满意度也更高。研究者把学生的成功归因于他们课外在有意义的、富有成效的过程性任务上花了更多的时间，这深化了他们个人的学习。

第二种评估形式涉及最终的结果评估，代表学生对所探究问题的直接反应。最终评估是PBL的必要组成部分；如果没有这种评估，所实施的问题中心方法就不是"真正的"PBL。具体来说，这与以下事实有关，即PBL教师最感兴趣的是那些反映了复杂问题解决的策略和评估的实施(Gijbels 等, 2005)。巴罗斯(1986)指出，评估方法指引着学生学习的方式，因此，评估方法必须反映问题解决、临床推理和自主学习。"没有这些评估，学生在学习中就不会去尊重(原文如此)那些目标，PBL的教育目标将被削弱。教师也无从知晓学生是否实现了那些目标。"(p.485)在医学教育中，一种典型的评估是直接与问题相联，即学生对病例检查提出建议，就如下例所示(改编自 Barone 和 Sattar, 2009)。

291

[加西亚女士]一位30岁的西班牙女性，会说点儿英语，因烦躁不安的行为而被送到急诊室。病人的病史表明她上个月在你们医学院妇产科产下了一个健康男婴。她一直定期去做产前检查。她以前的化验结果见附件。她非常激动，大声嚷嚷，对周围的人破口大骂。她很害怕，不停地回头看。她拒绝让护士给她做检查或抽血(p.35)。

在学生们处理这个案例时,会有一名导师来促进学习过程,最终帮助他们形成诊断和治疗方案。

表 34.3　PBL 情境中的三类评估方法示例

情境	驱动性问题	过程评估	结果评估	个人评估
K-12 科学	是否应该征收肉类税?	● 小组在辩论准备阶段的重要事件(如论点形成、收集支持性证据) ● 起草 PPT 以供反馈	● 利益相关方的辩论	● 单元末评估 ● 政策提案
医学教育	对加西亚女士的最佳治疗方案是什么?	● 用 PPT 向小组成员介绍已确定的学习问题 ● 运用 KWL 图〔我们知道(Know)什么? 我们想(Want)知道什么? 我们学到了(Learned)什么?〕	● 差异化的诊断和治疗计划	● 单元末评估 ● 覆盖特定内容知识的委员会考试
工程教育	怎样才能减少因铸锯造成的伤害事故和诉讼事件?	● 初步设计文档	● 详细的设计文档 ● 所提新锯子的原型	● 课程末测验

最终评估的形式是多样的,具体采取何种形式主要取决于驱动性问题的性质。比如在肉类税的例子中,学生被分到不同的利益相关方团队(如农夫、家长、生态学家、医师等)中,然后在最终的课堂辩论中,要求学生从各自利益相关方的角度提出一个合理的、有充分证据的立场观点(Brush 等,2014)。此外,教师还要求学生再完成一项个人的最终评估:针对这个问题撰写一份反映其立场的有充分科学论据和社会性论据的政策建议。

第三种评估形式是对个体的测量,一般是针对内容目标的考试或表明自己立场的论文。根据学习经验的组织不同,可以是最终的课程考试,涉及整个学期的学习目标;也可以是单元评估,只反映单元目标。例如,在肉类税单元,教师制定了单元末要测试的具体学习目标,其中四个为:

● 描述光合作用在食物链中的作用。

● 确定食用营养金字塔不同层次的食物所具有的生态/能量意义。

- 就人类种群变化的原因和影响提出假设并以图表表示。

- 基于自然选择预测肉类生产中使用抗生素的后果。

教师开发了一项标准参照测验，对每个学生进行单独管理，这样就可以了解每个学生在达到与目标一致的州标准方面的行为表现和行为模式。

如前所述，PBL一般采用多种评估形式，因为不可能仅仅根据某一个制品或测验就对学生所学到的东西做出全面的评估（Grant，2011）。同时，PBL教师还常常组织同伴评估和自我评估，以便更清楚地考察学生的学习过程，包括自主学习技能的使用。在很多PBL案例中，教师还通过公开展示学生的作品来进行额外的"社区"评估（"community" assessment）。考虑到PBL的多重目标（即内容学习和高阶思维技能培养），使用多种评估形式可以让教师更好地判定学生在整个PBL过程中是如何掌握内容和SDL技能的。

292 结论

当前在课堂和职业培训情境中运用了多种多样的以问题为中心的方法，包括各种侧重于项目、案例和问题的方法。问题导向学习包含了一系列不同的以问题为中心的教学。也就是说，PBL包括使用真实的复杂问题，这些问题是在获得所有先决学科知识前通过一个引人入胜的驱动性问题来导入的。学习经验以这些知识的最终展示或应用而结束，也可能会包含一次有感兴趣的利益相关方出席的公开展示。

提倡使用PBL的教育者和研究人员强调，学生投入问题本身会增强其完成复杂问题解决这一艰苦任务的动机（Wirkala和Kuhn，2011）。因此，识别并拟定一个引人入胜的驱动性问题是PBL教师的一项重要责任。但是，PBL要比设计一个引人入胜的问题复杂得多。教师或设计者不应指望只需提供一个丰富的背景，然后希望那样就足够了。正如赫梅洛-西尔弗（Hmelo-Silver）等（2007）所指出及本章所强调的：对实施细节要进行大量规划，其中包括如何促进与支持学生和利益相关方之间的协作，如何提供种类和水平都适当的硬支架和软支架，以及如何设计和实施评估来了解个人和小组的学习细节（Ertmer和Glazewski，2015）。

总之,本章简要概述了问题导向学习的原则和实践,但是,鉴于本章篇幅有限,我们建议你只将本章内容视为一个导论。我们当然不打算给人留下这样的印象:本章提供了设计和实施真正的 PBL 单元所需的全部必要信息。正如任何采用 PBL 的人所证实的,至少在开始阶段需要做大量的规划工作(Czabanowska等,2012;Ertmer 等,2009;Grant 和 Hill,2006)。不过,考虑到 PBL 在学生投入和学生学习两方面的潜在回报(美国研究所,2014;Dochy 等,2003;Swan 等,2013),一开始投入的这些时间和精力似乎是非常值得的。我们鼓励读者继续前进:(1)在本章获得的知识之上,通过访问更多可获取的详细阐述 PBL 实施策略的资源来实现知识建构;(2)批判性地审视那些记载了基于证据的研究结果的研究,特别要注意对环境的描述,以了解促成健全而有意义学习经验的必要因素。

要点总结

1. **PBL 的目的是双重的**:一是促进学生对学科内容的深入理解;二是支持高阶思维技能的发展。

2. **真实性的复杂问题被用作课程的锚。**在一个 PBL 单元内,驱动性问题服务于 PBL 的双重目标,并且对学生具有激励作用。也就是说,它使学生感到为解决问题所付出的艰苦努力是值得的。

3. **PBL 与基于项目的学习和案例学习等其他以问题为中心的方法有很多不同之处。**它们之间的区别包括:(1)PBL 使用拟真的或真实的(相对于逼真的)问题;(2)在习得相关知识前便让学生投入跨学科的问题解决;(3)采用劣构的问题;(4)侧重于提出解决问题的建议/方案(而不是形成一个单一的制品)。

4. **PBL 有五个主要特征。**包括:(1)使用拟真的劣构问题并在习得相关内容前引入该问题;(2)支持和促进主动的自主学习;(3)为学生的知识建构提供支架;(4)教师、学生及社区成员之间的合作和协作;(5)针对过程和结果的真实性评估,包括基于证据的问题解决建议。

5. **在复杂的问题解决过程中,支架对于学生的努力起着重要的支持作用。**

6. **没有一个制品能完全反映学生在 PBL 中学到的所有东西,因此需要多种形式的评估。**

7. 使用了 PBL 标签并不一定等于真正的 PBL 方法。鉴于 PBL 实施的多样性,利用 PBL 文献的人必须密切留意其作者所描述的实施目标、内容和方式。

应用问题

1. 思考下列描述,判断它们哪一个是问题导向学习,哪一个是基于项目的学习,哪一个是案例学习,并说明你如此判断的理由。

- 根据指定阅读材料,选择人类基因组计划的一个主要贡献,创建 PPT 来详细说明该贡献是如何产生的。

- 在上周作业的基础上,阅读基因顾问对该案例中的夫妇提出的建议,以及这对夫妇对于这些建议的反应。考虑该家庭独有的遗传疾病风险,为他们提出具体的建议。说明你所提建议的利与弊。

293

- 正如你将读到的,原告指控被告故意给她注射 HIV。何种形式的证据最重要? 作为本案的现任法官,你将如何利用那些证据来影响你的投票?

(改编自 Regassa,Cheeptham 和 Shuster,2013)

2. 师生在 PBL 情境中的角色不同于他们在传统课堂环境中的角色。用一张图表来对比教师在 PBL 课堂和传统课堂中的活动。先请思考 PBL 教学法的不同特点(参见 PBL 原则♯4),然后概述 PBL 教师需要做些什么才能成功地促成各个部分。

3. 思考下面描述的一位高中教师在九年级生物课上实施 PBL 单元的场景。就凯诺(Kaynor)先生如何改善最终评估的结果提出一些建议。

为了向学生介绍遗传学这一主题,凯诺先生围绕"是否应该允许组织利用个人遗传信息来进行决策"这一问题设计了一个 PBL 单元。为了确保此单元能考虑到各种不同的观点,学生们被要求扮演各利益相关方(如家长、律师、科学家、宗教领袖等)的角色。最终的结果评估活动是组织一场辩论,由各组学生根据各自扮演角色的立场展开争论。该单元的结果表明,学生们在该单元中高度投入,并且,学生们在教师编制的后测中的表现要比在前测中的表现好得多。不过,那些先前知识水平较高的学生的收获不如那些先前知识水平较低的学生大,尽管他们还有很大的成长空间。在与凯诺先生谈及这一结果时,他认为也许最终的活动不太有效,并提议以后取消这一活动。

这一决定的潜在利弊是什么?教师在以后的实施中可以考虑采用哪些其他的策略?凯诺先生如何才能在确保更好的学习结果的同时忠于 PBL 教学法?

4. 描述一个你看到的或经历过的探究式教学法,说明它属于问题导向学习、基于项目的学习或案例教学中的哪一种,并进一步解释为什么它属于你选择的那种类型。

参考文献

American Institutes for Research. (2014). *Does deeper learning improve student outcomes?* Washington, DC: Author.

Andrews, D. H., Hull, T. D., & Donahue, J. A. (2009). Storytelling as an instructional method: Definitions and research questions. *Interdisciplinary Journal of Problem-Based Learning, 3*(2), 6–23. Retrieved from http://dx.doi.org/10.7771/1541-5015.1063

Barone, E., & Sattar, P. (2009). *Two problem-based learning cases: Methamphetamine.* National Institute on Drug Abuse. Retrieved from http://www.drugabuse.gov/sites/default/files/methamphetamine_0.pdf

Barrows, H. S. (1983). Problem-based, self-directed learning. *Journal of the American Medical Association, 250*(22), 3077–3080. Retrieved from http://dx.doi.org/10.1001/jama.250.22.3077

Barrows, H. S. (1986). A taxonomy of problem-based learning methods. *Medical Education, 20,* 481–486. Retrieved from http://dx.doi.org/10.1111/j.1365-2923.1986.tb01386.x

Barrows, H. S. (1996). Problem-based learning in medicine and beyond: A brief overview. *New Directions for Teaching and Learning, 68,* 3–12. Retrieved from http://dx.doi.org/10.1002/tl.37219966804

Barrows, H. S., & Tamblyn, R. M. (1980). *Problem-based learning: An approach to medical education.* New York: Springer.

Belland, B. R., Glazewski, K. D., & Richardson, J. C. (2011). Problem-based learning and argumentation: Testing a scaffolding framework to support middle school students' creation of evidence-based arguments. *Instructional Science, 39,* 667–694. Retrieved from http://dx.doi.org/10.1007/s11251-010-9148-z

Bereiter, C., & Scardamalia, M. (2000). Process and product in problem-based learning research. In D. H. Evensen & C. E. Hmelo (Eds.), *Problem-based learning: A research perspective on learning interactions* (pp. 185–195). Mahwah, NJ: Erlbaum.

Blumberg, P. (2000). Evaluating the evidence that problem-based learners are self-directed learners: A review of the literature. In D. Evensen, & C. E. Hmelo (Eds.), *Problem-based learning: A research perspective on learning interactions* (pp. 199–226). Mahwah, New Jersey: Lawrence Erlbaum Associates.

Bonamici, S. (2013). *Reps. Bonamici and Schock announce bipartisan congressional STEAM caucus.* Retrieved from http://bonamici.house.gov/press-release/reps-bonamici-and-schock-announce-bipartisan-congressional-steam-caucus

Boud, D. (Ed.). (1985). *Problem-based learning in education for the professions.* Sydney: Higher Education Research and Development Society of Australasia.

Brush, T., Glazewski, K., Shin, S., Shin, S., Jung, J., & Hogaboam, P. (2014). Iterative implementation of socio-scientific inquiry in high school biology: A teacher's perspective. Paper presented at the annual meeting of the Association for Educational Communication and Technology, Jacksonville, FL.

Czabanowska, K., Schröder-Bäck, P., Meijer, A. W. M., Moust, J. H. C., & Roebertsen, H. (2012). Problem-based learning revisited: Introduction of active and self-directed learning to reduce fatigue among students. *Journal of University Teaching & Learning Practice, 9*(1), 1–13.

Dochy, F., Segers, M., Van den Bossche, P., & Gijbels, D. (2003). Effects of problem-based learning: A meta-analysis. *Learning and Instruction, 13,* 533–568. Retrieved from http://dx.doi.org/10.1016/S0959-4752(02)00025-7

Edelson, D. C., Gordin, D. N., & Pea, R. D. (1999). Addressing the challenges of inquiry-based learning through technology and curriculum design. *Journal of the Learning Sciences, 8,* 391–450. doi:10.1080/10508406.1999.9672075

Educate to Innovate. (n.d.). *Education: Knowledge and skills for the jobs of the future.* Retrieved from http://www.whitehouse.gov/issues/education/k-12/educate-innovate

Edutopia. (2014). *Building rigorous projects that are core to learning.* Retrieved from http://www.edutopia.org/video/core-to-learning-keys-pbl-series-2

Ertmer, P. A., & Glazewski, K. D. (2015). Essentials for PBL implementation: Fostering collaboration, transforming roles, and scaffolding learning. In A. Walker, H. Leary, C. Hmelo-Silver, & P. A. Ertmer (Eds.), *The essentials of problem-based learning: Exploring and extending the legacy of Howard S. Barrows* (pp. 89–106). West Lafayette, IN: Purdue University Press.

294

Ertmer, P. A., Glazewski, K. D., Jones, D., Ottenbreit-Leftwich, A., Goktas, Y., Collins, K., & Kocaman, A. (2009). Facilitating technology-enhanced problem-based learning (PBL) in the middle school classroom: An examination of how and why teachers adapt. *Journal of Interactive Learning Research, 20*(1), 35–54.

Ertmer, P. A., & Simons, K. D. (2006). Jumping the PBL implementation hurdle: Supporting the efforts of K–12 teachers. *Interdisciplinary Journal of Problem-based Learning, 1*(1). Retrieved from http://docs.lib.purdue.edu/ijpbl/vol1/iss1/5

Gijbels, D., Dochy, F., Van den Bossche, P., & Segers, M. (2005). Effects of problem-based learning: A meta-analysis from the angle of assessment. *Review of Educational Research, 75*(1), 27–61. Retrieved from http://dx.doi.org/10.3102/0034654307500102

Gijbels, D., van de Watering, G., & Dochy, F. (2005). Integrating assessment tasks in a problem-based learning environment. *Assessment & Evaluation in Higher Education, 30*(1), 73–86. Retrieved from http://dx.doi.org/10.1080/0260293042003243913

Gijselaers, W. H. (1996). Connecting problem-based practices with educational theory. *New Directions for Teaching and Learning, 68*, 13–21. Retrieved from http://dx.doi.org/10.1002/tl.37219966805

Glazewski, K. D., Benson, J. B., Rutledge, D., & Zeisset, M. (2009, April). Designs for authentic engagement in virtual case study environments. Poster presented at the American Educational Research Association Annual Meeting, San Diego, CA.

Grant, M. M. (2011). Learning, beliefs, and products: Students' perspectives with project-based learning. *Interdisciplinary Journal of Problem-based Learning, 5*(2), 37–69. Retrieved from http://dx.doi.org/10.7771/1541-5015.1254

Grant, M. M., & Hill, J. R. (2006). Weighing the risks with the rewards: Implementing student-centered pedagogy within high-stakes testing. In R. Lambert & C. McCarthy (Eds.), *Understanding teacher stress in the age of accountability*. Greenwich, CT: Information Age.

Healy, M. (2005). Linking research and teaching: Exploring disciplinary spaces and the role of inquiry-based learning. In R. Barnett (Ed.), *Reshaping the university: New relationships between research, scholarship, and teaching* (pp. 67–68). New York: McGraw Hill/Open University Press.

Hmelo-Silver, C. E. (2004). Problem-based learning: What and how do students learn? *Educational Psychology Review, 16*, 235–266.

Hmelo-Silver, C. E., & Barrows, H. S. (2006). Goals and strategies of a problem-based learning faciliatator. *Interdisciplinary Journal of Problem-based Learning, 1*(1), 21–39. Retrieved from http://dx.doi.org/10.7771/1541-5015.1004

Hmelo-Silver, C. E., Duncan, R. G., & Chinn, C. A. (2007). Scaffolding and achievement in problem-based and inquiry learning: A response to Kirschner, Sweller, and Clark (2006). *Educational Psychologist, 42*(2), 99–107.

Jonassen, D. (2011). Supporting problem solving in PBL. *Interdisciplinary Journal of Problem-based Learning, 5*(2), 95–110. Retrieved from http://docs.lib.purdue.edu/ijpbl/vol5/iss2/

Knowles, M. S. (1975). *Self-directed learning: A guide for learners and teachers*. New York: Association Press.

Larmer, J., & Mergendoller, J. R. (2012). *Eight essentials for project-based learning*. Buck Institute for Education. Retrieved from http://bie.org/object/document/8_essentials_for_project_based_learning

MacDonald, D., & Isaacs, G. (2001). Developing a professional identity through problem-based learning. *Teaching Education, 12*, 315–333. Retrieved from http://dx.doi.org/10.1080/10476210120096579

Mergendoller, J., & Thomas, J. W. (2005). *Managing project-based learning: Principles from the field*. Retrieved from http://www.bie.org/tmp/research/researchmanagePBL.pdf

Mong, C., & Ertmer, P. A. (2013). Addressing STEM education needs: The case for adopting a PBL approach. *Educational Technology, 53*(3), 12–21.

Pea, R. D. (2004). The Social and Technological Dimensions of Scaffolding and Related Theoretical Concepts for Learning, Education, and Human Activity. *Journal of the Learning Sciences, 13*(3), 423–451.

Puntambekar, S., & Kolodner, J. L. (2005). Toward implementing distributed scaffolding: Helping students learn science from design. *Journal of Research in Science Teaching 42*(2), 185-217.

Ravitz, J. (2009). Introduction: Summarizing findings and looking ahead to a new generation of PBL research. *Interdisciplinary Journal of Problem-based Learning, 3*(1). Retrieved from http://docs.lib.purdue.edu/ijpbl/vol3/iss1/2

Regassa, L., Cheeptham, A., & Shuster, M. (2013). *Murder by HIV? Grades 5-8 Edition*. National Center for Case Study Teaching in Science. Retrieved from http://sciencecases.lib.buffalo.edu/cs/collection/detail.asp?case_id=672&id=672

Sandoval, W. A., & Millwood, K. A. (2011). The quality of students' use of evidence in written scientific explanations. *Cognition, 23*(1), 23–55. doi: 10.1207/s1532690xci2301_2

Saye, J. W., & Brush, T. (2002). Scaffolding critical reasoning about history and social issues in multimedia-supported learning environments. *Educational Technology Research and Development, 50*(3), 77–96. http://dx.doi.org/10.1007/BF02505026

Simons, K. D., & Klein, J. D. (2007). The impact of scaffolding and student achievement levels in a problem-based learning environment. *Instructional Science 35*(1), 41–72.

Stalker, S. L., Cullen, T., & Kloesel, K. (2015). Using PBL to prepare educators and emergency managers to plan for severe weather. *Interdisciplinary Journal of Problem-Based Learning, 9*(2). Retrieved from http://dx.doi.org/10.7771/1541-5015.1441

Stepien, W., & Gallagher, S. (1993). Problem-based learning: As authentic as it gets. *Educational Leadership, 50*(7), 25–28.

Strobel, J., & van Barneveld, A. (2009). When is PBL more effective? A meta-synthesis of meta-analyses comparing PBL to conventional classrooms. *Interdisciplinary Journal of Problem-based Learning, 3*(1), 44–58. Retrieved from http://dx.doi.org/10.7771/1541-5015.1046

Swan, K., Vahey, P., van 't Hooft, M., Kratcoski, A., Rafanan, K., Stanford, T., Yarnall, L., & Cook, D. (2013). Problem-based learning across the curriculum: Exploring the efficacy of a cross-curricular application of preparation for future learning. *Interdisciplinary Journal of Problem-based Learning, 7*(1). Retrieved from http://

dx.doi.org/10.7771/1541-5015.1307

Tiwari, A., Lai, P., So, M., & Yuen, K. (2006). A comparison of the effects of problem-based learning and lecturing on the development of students' critical thinking. *Medical Education, 40*(6), 547–554. Retrieved from http://dx.doi .org/10.1111/j.1365-2929.2006.02481.x

van den Hurk, M. M., Wolfhagen, I. H., Dolmans, D. H., & van der Vleuten, C. P. (1999). The impact of student-generated learning issues on individual study time and academic achievement. *Medical Education, 33*(11), 808–814.

Wagner, T. (2012, August 14). *Graduating all students innovative ready.* Retrieved from http://www .tonywagner.com/resources/tonys-latest-ed-week-commentary-graduating-all-students-innovation-ready-now-available

Walker, A., & Leary, H. (2009). A problem-based learning meta analysis: Differences across problem types, implementation types, disciplines, and assessment levels. *Interdisciplinary Journal of Problem Based Learning, 3*(1). Retrieved from http://dx.doi .org/10.7771/1541-5015.1061

Whitehead, A. N. (1929). *The aims of education: And other essays.* New York: Macmillan.

Wirkala, C., & Kuhn, D. (2011). Problem-based learning in K–12 education: Is it effective and how does it achieve its effects? *American Educational Research Journal, 48*(5), 1157–1186. Retrieved from http://dx.doi .org/10.3102/000283121141949

Wood, D., Bruner, J. S., & Ross, G. (1976). The role of tutoring in problem solving. *Journal of Child Psychology and Psychiatry and Allied Disciplines, 17,* 89–100. Retrieved from http://dx.doi.org/10.1111/j.1469-7610.1976 .tb00381.x

Wu, H-L., & Pedersen, S. (2011). Integrating computer- and teacher-based scaffolds in science inquiry. *Computers & Education, 57,* 2352–63. Retrieved from http://dx.doi .org/10.1016/j.compedu.2011.05.011

第三十五章 保持真实：当代学习环境中真实性任务的好处

贾恩·赫林顿　　默多克大学
托马斯·C·里夫斯　　佐治亚大学

引言

对于教学设计师、绩效专家和其他人用来为各种教育和培训目的开发和实施有效学习环境的学习设计原理，要想十分详细地予以阐明是一项很艰巨的任务。有很多不同的教学设计模式（Branch 和 Kopcha，2014）和大量学习设计（Beetham 和 Sharpe，2013）可以用来帮助应对这一挑战。本章将阐述真实性学习环境的关键要素，然后进一步探索其中最重要的要素——真实性任务的设计。基于任务的学习设计可以促成并支持强效的学习经验：使当代学生和受训者，事实上使所有学习者都能实现更全面的认知（知晓）、情感（关爱）、意动（意志）和心理动作（行为）目标。

真实性学习模型

有一个真实性学习的教学法模型，最早于 2000 年发表在《教育技术研究与开发》（ETRD）杂志上（Herrington 和 Oliver，2000），后经完善载于《真实性数字化学习指南》（Herrington，Reeves 和 Oliver，2010）一书中，该模型提出了九个关键要素来指导真实性学习环境的设计。它借鉴了情境学习和情境认知的倡导者们的开创性研究成果,以及基于建构主义哲学的其他方法(如抛锚式教学等)(如 Brown、Collins 和 Duguid,1989;范德比尔特认知与技术小组,1990;Lave 和 Wenger,1991;McLellan,1996)。它基于这样一个命题,即知识的有效获得所依赖的学习环境具有如下特征(Herriongton 和 Oliver,2000)。具体而言,真实性学习设计:

1. 提供的真实性情境要反映知识将在现实生活中应用的方式;

2. 提供真实性任务;

3. 提供接触专家表现(expert performance)及过程建模的机会;

4. 提供多重角色和视角;

5. 支持协作知识建构;

6. 促进反思以形成抽象概念;

7. 清楚表达以使隐性知识转化为显性知识;

8. 教师在关键时刻提供指导和支架;

9. 在任务中提供对学习的真实性评估(Herrington 等,2010,p. 18)。

在进一步的研究中,我们更详尽地探讨了模型的第二个要素——真实性任务,确定了设计真实性任务的十大学习设计原则(引用的研究参见 Herrington 等,2010;Herrington、Reeves、Oliver 和 Woo,2004)。这些原则是:

1. 真实性任务应当与真实世界相关。 为学习者设置的学习任务应当尽可能与现实世界中专业人员从事的任务相近,而不应当是去情境化的任务或学术性任务。

297 　　**2. 真实性任务应当是定义不良的,要求学习者界定完成任务所需的具体行动,而不是根据一个现成的规则(rubric)来完成任务。** 学习者要挑战的问题或任务应当被锚定在一个与现实世界的复杂性相近的情境中。

3. 真实性任务应当要求学习者在一段持续的时间内进行探究并加以完成。 为学习者设置的任务应当要经过几天、几周、几个月才能完成,而不是在几分钟或几小时内就可以完成。因此,这样的任务要求投入大量的时间、精力和认知资源。

4. 真实性任务应当使学习者有机会运用各种资源,从各种视角进行考察。 要运用多种资源而不是事先选好的有限的材料,这要求学生区分有关信息和无关信息,由此可培养高水平的信息素养并提升技术熟练度。这样,当学生面对新的真实性任务时便可以更好地完成。

5. **真实性任务应当提供协作机会。**协作应当成为学习者要完成的任务中不可或缺的一部分，因为必须培养学生的小组合作能力和团队领导能力。

6. **真实性任务应当提供反思的机会。**任务的设计应当通过促进自我反思、元认知和自主学习，促使学生个人或集体进行选择并反思其学习。

7. **真实性任务应当整合并应用于多个主题领域，并超越领域特定的学习结果。**任务的设计应当鼓励跨学科的视角，使学习者扮演多样化的角色，从而建构起坚实的专门知识而不是仅限于某一个定义良好的领域的知识。

8. **真实性任务应当与评估无缝结合。**评估学习者面对一个真实性任务时的表现应当与主要任务无缝地结合在一起。评估与任务结合的方式应反映现实世界中的评估而不是脱离任务的人为的评估，并且评估应充分说明学习者在认知方面（"我知道怎么做"）、情感方面（"我愿意做"）、意动方面（"我决心这样做"）和心理动作方面（"我能做到"）的进步。

9. **真实性任务应当鼓励开发本身具有价值的精良产品，而不是为其他事情做准备。**为学习者设置的任务最终应当创造一个完整的产品，而不是为其他事情做准备的一次练习或子步骤。从理想的角度看，这些产品还应该对整个社会有贡献。

10. **真实性任务应当允许相互竞争的解决方案和多样化的结果。**真实性任务应当允许广泛的多样化结果以产生原创性解决方案，而不应只有通过应用特定规则和程序得出的唯一的正确反应；解决方案应当接受专家、同伴、自己和公众的评阅，而不应服从于一个预先确定的评分方案。

最早由赫林顿（Herrington）和奥利弗（Oliver）（2000）开发的真实性学习环境模型提供了一个可供选择的学习设计（或教学模式），它不同于著名的加涅九大教学事件模型（Gagné，Briggs 和 Wager，1992）之类的系统化模型。加涅的九大教学事件模型无疑为定义良好的学习领域的设计和开发提供了充分的指导。但是，许多重要学习领域包含的高阶目标要求具有解决劣构问题的能力，而这些复杂目标反过来又要求在学习环境中设计和实施复杂且逼真的学习任务。

幸运的是，具有上述十个特点的学习任务不必在现实世界找到实例也可以成为真实性的任务。赫林顿等（2010）十分详尽地描述了如何将这些原则扩展到数字化学习环境中。事实上，真实性任务可以通过多种方式来提供，包括严肃游戏、在线学习模拟、移动学习以及其他交互式学习环境等。如果这些原则得以成功实行，那么任务就一定是"认知上真实的"（cognitively real）（Herrington, Reeves 和 Oliver，2007；Smith，1987）。模拟和融入剧情的学习环境都可以有效地作为现实情境，使学生通过真实性任务去探究复杂问题。

图 35.1 根据任务的真实性程度和任务情境（如真实工作场所或校园课堂）两个维度，阐明了课程中可以设置的任务类型。

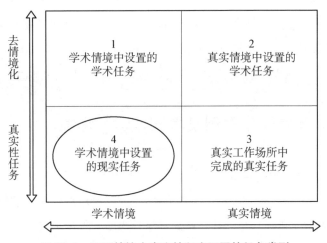

图 35.1 不同情境中真实性程度不同的任务类型

通常，大学里的任务位于第 1 象限（学术情境中去情境化的任务），由教师设置问题、作文题目、练习、测试等，让学生在教育情境中完成。第 2 象限的任务一般也是由教师设置，但这些任务是在一个真实情境中完成的，如在一次工厂参观或野外考察中的工作记录表。象限 3 主要是实习课或实习，由职前专业人员在真实的工作场所进行专业实践（真实情境中的真实任务）。

我们所界定的真实性任务位于第 4 象限（大学情境中的真实性任务），为学生创设的任务并不是在工作场所执行的真实职责和工作，但它们是"认知上真实"的任务（Smith，1986；Smith，1987）。史密斯（1987）在一个关于模拟的研究综述中认为，学习环境形式上的逼真并不是很重要，更为重要的是逼真的问题解决过程，史密斯对这一过程的描述是，任务在"认知上切实可行"（cognitive realism）。从这个意义上说，真实性任务是可以在课堂和教育机构中完成的逼真的复杂任务,它们使学生有机会进行像在真实问题解决情境中一样的思考。设计良好的任务使学生有机会像面对复杂问题的专业人员一样思考,使他们必须反思并决定如何行动。

由于真实性任务的结果要求产生逼真而精良的产品,这些学习环境通常要求学习者在相互协作中付出相当大的认知努力,全力以赴地从事与任务有关的行为。在这些任务上花费的时间和精力要远远大于去情境化的或学术性练习与任务(Herrington 和 Herringto,2006),因此,有些学习者(特别是那些过去常常因为在传统测验和考试中获得成功而得到奖赏的学生)一开始可能会拒绝要求协作的基于真实性任务的学习环境(Herrington,Oliver 和 Reeves,2003)。但他们一旦认识到正在实现的学习种类和学习深度所具有的价值,其抵触感就会慢慢消失。

教学设计者如何着手创设真实性学习环境

有两种主要方法可以用来设计真实性学习环境和任务,以保证上述重要特征不会被遗漏。第一种方法是从零开始设计学习环境,这时需要确定课程的范围,而真实性要素则需要从一开始就加以设计。第二种方法是对一门已有的课程进行重新设计,使其更具真实性。这一部分将对这两种方法进行详细阐述。

设计一个新的真实性学习环境

设计一门新的真实性课程可遵循以下指导原则。

1. 确定课程和范围,以及课程的目的和目标。这些步骤通常在课程的规划审批阶段完成,必须保证课程与整个学习计划相一致。

2. 利用真实性学习的九大要素对设计进行核查。

3. 最重要的元素是设计学生将要完成的任务。用前述真实性任务的设计要素来指导设计。不要把任务看作是分离的、用来测试学生是否学会了你教授的知识和技能的活动,而要把任务视为学生开展自主学习的途径。要创设一项有效"承载"全部课程目的的任务是一件非常困难的事情,但这是真实性学习有效性的核心所在,因为这种教学法的有效性在于任务本身。

4. 保证真实性情境适合于任务。例如,如果任务是要求学生完成一份关于职业健康和安全的报告，那么真实性情境可以是对餐馆、实验室、建筑工地、办公室等工作场所的模拟。或者，如果任务是完成一个作品集，那么真实性情境可以是一个艺术展、收藏的带注释的史料、一系列数学证明或者一系列针对学龄前儿童的活动。情境的描述可以简单，也可以精细；可以只用一个段落来描述环境，也可以是详尽的模拟或计算机表征。

5. 在为学习环境的设计提供多重视角时，要让学生有机会去获取各种各样的资源来完成任务。这可以很容易地通过互联网上丰富的可用资源来实现；在互联网上，更可能存在的问题是资源过剩而不是资源不足。要提供一些影响深远的资源来提示主要的相关资源，但一定不要把课程教材中的章节内容指定为学生需要的唯一资源。学生必须能够自己选择资源。

6. 可以通过多种方式来实现对专家表现的访问，包括利用互联网上已有的专门知识。不过，这方面也可以包括本地资源——教师，以及班级里见闻稍微广博一些的其他学生。比较传统的讲座就是一个非常适当的专家表现的例子，尤其是在讲座以主旨演讲或 TED 演讲（Gallo，2015）的形式而非教学序列的形式呈现时。

7. 在设计学习环境时，要保证学生有充分的机会去协作完成联合项目，有充分的机会通过演讲、维护自己的观点、写作等方式来清晰表达他们正在增长的理解，有充分的机会在活动中（在他们执行任务时）进行反思以及对活动进行反思（在任务完成后）。

8. 在规划课堂的时候，要确保学生完成任务时有机会获得学习支架。既要有一对一的支持，也要有一对多（小组）的支持，这样才能主要在元认知层面提供帮助，而不是直接简单地阐述如何获得结果。

9. 真实性评估要保证根据学生创建的作品来对学生进行评估，而不是通过单独的测验来评估学生。舒特（Shute）（2011）称这种评估为"隐性评估"，这是"一个静悄悄但有力的过程，它持续不断地收集学习者在游戏/学习中的行为表现数据，据此推导出学习者的相关能力水平"（p. 504）。确保任务的要求是让学生创建精良的本身具有价值的专业作品，并确保这些作品可以通过公开展示或网上传播或在 Web 2.0 平台上发表等方式而被分享。如果学习作品只接受教师的评分或评估，那么这样的评估并不是真正的真实性评估。

以上考量将使我们能够更加细致地设计真实性学习环境。与系统化教学设计方法相比,这种教学法并没有过多关注课程范围和顺序的确定及任务分析,而把重点放在设计真实性的、有意义的任务上,这些任务决定着学生的行为和方法——实质上决定着学生的学习。

重新设计现有课程以实现真实性

对于一门现有课程,可以通过重新组织而将真实性要素纳入其中,而且通过一种直接而有效的方式就可以做到这一点。一门课程如果已有每周活动[往往显示在课程学习管理平台(LMS)上]、配套的讲座、推荐的资源和教科书,那么就已经具备了真实性学习环境的基础,只是还需要添加真实性情境、真实性任务和真实性评估。特别是,可以设计一个包罗万象的主要任务(或者两到三个实质性任务),为已有的教学资源和事件提供原因和目的。可以重新组织小组资源来代替每周活动以支持更具实质性的任务。

案例研究

在许多领域都可以找到将真实性任务用作交互式学习环境之典型教学法的例子。例如,在健康领域,维斯珀(Vesper)、赫林顿、卡托奥卢(Kartoglu)和里夫斯(Reeves)(2015)描述了如何为发展中国家的公共卫生人员开发一门为期十二周的在线课程,该课程作为一个基于真实性任务的数字化学习环境,重点是如何管理储运疫苗和其他易腐药品的冷链。同样还是在健康领域,斯普罗德(Sprod)、阿戈什蒂纽(Agostinho)和哈珀(Harper)(2009)利用社交网络、Web 2.0 及各种新兴沟通技术,支持患有 I 型糖尿病的儿童的真实性自我管理教育。在商业创业中,林赛(Lindsay)和伍德(2015)利用真实性任务来提升创造性问题解决能力。在军队里,阿什福德-罗(Ashford-Rowe)、赫林顿和布朗(2014)描述了如何把真实性评估的设计原则应用于军事培训。在一个专业发展情境中,有人设计和实施了一个面向高等教育从业者的,将真实性方法与加里森、安德森和阿彻(Archer)(2000)的探究共同体模式相结合的真实性在线课程(Parker,Maor 和 Herrington,2013)。

把真实性任务作为一种教学法加以应用的情况也出现在其他许多学科中。

欧(Oh)、刘(Liu)和里夫斯(2014)描述了如何应用真实性任务设计原则来开发和实施一门研究生水平的数字化学习评价课程。在历史课上,莫里西(Morrissey)(2006)设计了"不只是墙上的名字"网站,让学生研究名字被刻在地方纪念塔或纪念牌匾上的某个真实士兵的名字,以此来学习第一次世界大战的历史。在文学课上,学生们创建了一份"北美小说和电影"在线杂志,为它撰稿、编辑并互相评阅(Fitzsimmons,2006)。在语言课上,学生们通过创建一份简报来学习作为外国语的英语(EFL)(Ozverir 和 Herrington,2011)。在一项探究五个国家的真实性任务使用情况的研究中,研究者还对真实性学习在多元文化情境中的运用进行了研究(Leppisaari,Herrington,Vainio 和 Im,2013)。

在真实性学习目标的实现中,新兴教育技术起到了重要的促进作用。博扎勒克(Bozalek)等(2013)描述了南美的高等教育者如何利用新兴技术来实现真实性学习的特征。

一个真实性学习环境的扩展例子是一个线上和校园混合提供的第一年的职前教师课程,在此课程中教育技术被用作认知工具(Herrington 和 Parker,2013)。在这个为期十四周的初期教师教育课程中,并未明确地想要教授在学生未来的教师生涯中很有用的教育技术及其应用。相反,学生们利用教育技术创造出了真正有用的作品,而且所用的技术依作品的不同而不同。一开始,所有学生都创建了一个网站,作为一个展示空间来展示他们在完成课程真实性任务中创建的作品,同时创建了个人博客来反思他们在整个学习过程中的学习情况。主要的真实性任务有两个:第一个任务是如何安全地、负责任地、道德地使用互联网;接下来的第二个任务是为自己选择的主题创建一个真实性学习环境。在第一个任务中,学生们要研究如何负责任地使用互联网,特别是学龄儿童如何安全地使用互联网。他们创建了一个网页来展示他们的研究成果,并制作了一张适合在教室里展示的海报。第二个任务要求学生选择一门学科,创建一个一年期的真实性学习项目。学生们在维基中创建了一个环境,同时为教师提供了一份实施指南,他们还拍摄了一部短片来描述自己制作的项目。

在整个学期中,学生们利用课程的学习管理系统(LMS),通过维基、Skype聊天,以及利用 Diigo 社会性书签网站等进行写作。因为几乎所有资源都不在LMS内,并且一旦学生们完成课程 LMS 就会对他们关闭,所以他们主要访问开放教育资源(OERs)。所有作品都会被分享在一个网站上,这样在学生们实习时或者毕业后在学校里担任教学工作时就会有越来越多可检索的真实性任务供他们利用。这些资源不是那种只在学习期间具有短暂生命力然后被扔到阁楼或垃圾桶里的作业——它们能在很多年里持续为教师们提供灵感。

越来越多的课程在引入真实性学习环境和任务,因为它对于师生作为学习伙伴的好处已越来越明显。但是,正如下一部分将要讨论的,真实性学习环境和 *300* 任务的广泛应用还存在着一些障碍。

结论

在我们分享与真实性任务相关的学习设计理念时,很自然会出现的一个问题是:"如果这种方法如此有用,为什么没有更多学习环境围绕真实性任务来设计呢?"尽管基于真实性任务的学习环境一看就很有吸引力,也有相当多的证据证明了它在促进学习方面的有效性(Herrington 等,2010),但要开发一个具有这些特点的有效的交互式学习环境对于学科专家和教学设计师而言是很复杂或者很艰巨的。在教育和培训中推广和支持真实性学习任务,可能需要通过在线提供这种学习设计的适当介绍来提高其知晓度(如 http://authenticlearning.info/ 网站上提供的大量资源)。

真实性任务的开发还要求教师采用一种较少说教的非教师中心的方法,而这种方法有时会与教师们已形成的角色身份格格不入。在首次实施这种方法时,极为重要的一点是要提供适当的支架,但教师们有时只是简单地提供详细的建议,而没有让学生体验到与确定前进道路有关的决策和反思过程。德布鲁因(De Bruijn)和利曼(Leeman)(2011,p. 699)指出,要在指导和让学生自行探索间找到平衡是不容易的。有时,教师对于挑战性任务的反应(反馈)过快,对于如何完成任务提供了过于详细的、逐步的指示。泰雷斯(Teräs)和赫林顿(2014)告诫我们在进行任务设计时不要"跳出油锅又进火坑"(jumping from the frying pan to the fire)。在这样的情形下,最好要审视和调整支架与支持的水平和性质,而不要屈从于"指令性"更强的解决方案。

除了这些教学法方面的考虑外,还需要更多更好的学习设计的研究。虽然教学设计师本身可能不会开展这类研究,但教授教育技术研究生课程的教职员肯定会开展这类研究。有一种相对比较新的方法叫"教育设计研究"或"基于设计的研究",这种方法鼓励教育技术教授与教学设计师和绩效技术专家等实践人员合作开发富有活力的交互式学习环境,同时识别可重用的设计原则(Reeves,Herringtn 和 Oliver,2005)。麦肯尼(McKenney)和里夫斯(2012)为那些寻求合作开发有效的、真实的、基于任务的学习环境并同时完善基本设计原则的教育研究者和实践人员提供了详尽的指南。

要点总结

1. **"保持真实"不仅仅是一句口号。**它的作用在于提醒我们:在任何可能的情况下都应将真实性任务融入学习环境的设计,这一点非常重要。

2. **逼真性更多存在于学习者的头脑中而不是学习环境中使用的媒体中。**要着重创设"认知上真实"的任务和环境(如对现实问题的简单描述和影像),而不是把重点放在努力重现逼真的沉浸性的计算机模拟和严肃游戏。

3. **真实性任务既能促进"动手"(hands on)学习,又能促进"动脑"(heads in)学习。**对于学习来说,仅有"做"是不够的。必须设计基于任务的学习环境来促进反思和元认知。

4. **相对于传统的学术性学习环境,真实性任务需要花费更多的时间,也需要更多的投入。**花费在任务上的时间对于学习来说是非常重要的,因为不管专家们说什么,"学习都不是容易的,也不是自动的"。有意义学习要求投入和努力。但是,如果任务确实是真实性的,那么绝大多数学生都将愿意投入必要的努力。

5. **评估应当成为学习环境中的一个有机组成部分,使学习者几乎感觉不到自己何时在学习何时被评估。**要确保学习任务最终形成一个本身具有价值的专业作品,并且该作品能够在形成它的学习环境之外被分享。

应用问题

1. 美国监狱的累犯率极高,有超过四分之三的罪犯在刑满释放后五年内又因新的罪行而入狱（Durose，Cooper 和 Snyder，2014）。导致高累犯率的一个主要因素是大多数犯人没有为重返社会做好准备。许多假释人员缺乏基本的素养，没有符合市场需要的工作技能，甚至连最低工资类型的工作所需要的态度和意愿都没有。假设你就职于一家数字化学习产业公司，公司想向美国司法部申请 300 万到 500 万美元的拨款，为剩余刑期在 12 个月内的囚犯制作教育课程，以提高他们的核心素养能力，提供入门级信息处理职位需要的基本技能，培养合宜的工作习惯（如准时到岗，表现出与任务相关的行为，能够接受有助于改进工作表现的反馈等）。作为贵公司向美国司法部申请拨款的申请书的一部分，你将如何利用与真实性学习环境（或者本章开头介绍的更具体的真实性学习任务）相关的学习设计原则来准备一份设计规划？

301

2. 当大规模开放在线课程（MOOCs）在 2011—2012 年首次登上头条新闻的时候，人们预测，那些缺乏资金或时间去利用传统高等教育方法的人将争先恐后地大量利用这些免费的在线课程（Bonk，Lee，Reeves 和 Reynolds，2015）。但是，有充分的证据表明，绝大多数成功完成 MOOCs 的人都是已经接受过高等教育的人（Emanuel，2013；Jordan，2014）。许多 MOOC 供应商如 edX 和 Coursera 都源自精英高等教育机构，如哈佛大学、麻省理工学院、斯坦福大学等（Pomerol，Epelboin 和 Thoury，2015）。假设你是一所公立社区大学的教学设计师，学校想开始提供 MOOCs，以便成功地满足社区居民的专业发展需求和学习需求。一门早期的 MOOC 侧重于"商务沟通写作"。与传统写作课程专注于语法和技巧不同，你和你的设计团队希望把这门 MOOC 课程开发成一个极具吸引力的"真实性数字化学习环境"。准备一份初步的设计文档，详细说明如何在此 MOOC 中应用真实性数字化学习的设计原则。特别就该 MOOC 如何达到史密斯（Smith，1987）所说的"认知上真实"这一问题提出几种设想。

3. 设想你是一个由教师、设计师和开发人员组成的大型团队中的一名教学设计师，你们正在做的一个项目是对一门研究伦理课程进行重新设计。这门课程目前在一所大型高校的硕士课程中跨学科开设，包括若干基于阅读和讨论的每周模块。课程的评估包括一篇论文和一次期末考试。课程已开设了几年，从未被修订过，但学校现在想进行一次重大改革以纳入现代教育技术。它希望该课程能成为学校的一个展示窗口。你作为该项目的教学设计师，将如何对课程进行重新设计，使之成为一个真实性学习环境？请准备一份教学设计规划和演示文稿，在计划日研讨会上提交给团队。

参考文献

Ashford-Rowe, K., Herrington, J., & Brown, C. (2014). Establishing the critical elements that determine authentic assessment. *Assessment & Evaluation in Higher Education, 39*(2), 205–222.

Beetham, H., & Sharpe, R. (2013). *Rethinking pedagogy for a digital age: Designing for 21st century learning* (2nd ed.). New York: Routledge.

Bonk, C. J., Lee, M., Reeves, T. C., & Reynolds, T. (Eds.). (2015). *MOOCs and open education around the world.* New York: Routledge.

Bozalek, V., Gachago, D., Alexander, L., Watters, K., Wood, D., Ivala, E., & Herrington, J. (2013). The use of emerging technologies for authentic learning: A South African study in Higher Education. *British Journal of Educational Technology, 44*(4), 629–638. doi: 10.1111/bjet.12046

Branch, R. M., & Kopcha, T. J. (2014). Instructional design models. In *Handbook of research on educational communications and technology* (pp. 77–87). New York: Springer.

Brown, J. S., Collins, A., & Duguid, P. (1989). Situated cognition and the culture of learning. *Educational Researcher, 18*(1), 32–42.

Cognition and Technology Group at Vanderbilt. (1990). Anchored instruction and its relationship to situated cognition. *Educational Researcher, 19*(6), 2–10.

de Bruijn, E., & Leeman, Y. (2011). Authentic and self-directed learning in vocational education: Challenges to vocational educators. *Teaching and Teacher Education, 27,* 694–702.

Durose, M. R., Cooper, A. D., & Snyder, H. N. (2014). *Recidivism of prisoners released in 30 states in 2005: Patterns from 2005 to 2010.* Washington, DC: Bureau of Justice Statistics.

Emanuel, E. J. (2013). Online education: MOOCs taken by educated few. *Nature, 503*(342). Retrieved from http://www.nature.com/nature/journal/v503/n7476/full/503342a.html

Fitzsimmons, J. (2006). Speaking snake: Authentic learning and the study of literature. In A. Herrington & J. Herrington (Eds.), *Authentic learning environments in higher education* (pp. 162–171). Hershey, PA: ISP.

Gagné, R. M., Briggs, L. J., & Wager, W. W. (1992) *Principles of instructional design* (3rd ed.). Fort Worth: Harcourt Brace Jovanovich.

Gallo, C. (2015). *Talk like TED: The 9 public speaking secrets of the world's top minds.* New York: St. Martin's Griffin.

Garrison, D. R., Anderson, T., & Archer, W. (2000). Critical inquiry in a text based environment: Computer referencing in higher education. *The Internet and Higher Education, 2*(2-3), 87–105. doi: http://dx.doi .org/110.1016/S1096-7516(1000)00016-00016

Herrington, J., & Herrington, A. J. (2006). Authentic conditions for authentic assessment: aligning task and assessment. In A. Bunker & I. Vardi (Eds.), *Proceedings of the 2006 Annual International Conference of the Higher Education Research and Development Society of Australasia Inc (HERDSA): Critical Visions: Thinking, Learning and Researching in Higher Education,* Volume 29 (pp. 141–151). Milperra, NSW: HERDSA.

Herrington, J., & Oliver, R. (2000). An instructional design framework for authentic learning environments. *Educational Technology Research and Development, 48*(3), 23–48.

Herrington, J., Oliver, R., & Reeves, T. (2003). Patterns of engagement in authentic online learning environments. *Australian Journal of Educational Technology, 19*(1), 59–71.

Herrington, J., & Parker, J. (2013). Emerging technologies as cognitive tools for authentic learning. *British Journal of Educational Technology, 44*(4), 607–615. doi: 10.1111/bjet.12048

Herrington, J., Reeves, T. C., & Oliver, R. (2007). Immersive learning technologies: Realism and online authentic learning. *Journal of Computing in Higher Education, 19*(1), 80–99. doi: 10.1007/BF03033421

Herrington, J., Reeves, T. C., & Oliver, R. (2010). *A guide to authentic e-learning.* New York: Routledge.

Herrington, J., Reeves, T. C., Oliver, R., & Woo, Y. (2004). Designing authentic activities in web-based courses. *Journal of Computing in Higher Education, 16*(1), 3–29.

Jordan, K. (2014). Initial trends in enrollment and completion of massive open online courses. *The International Review of Research in Open and Distributed Learning, 15*(1). Retrieved from http://www.irrodl.org/index.php/irrodl/article/view/1651

Lave, J., & Wenger, E. (1991). *Situated learning: Legitimate peripheral participation.* Cambridge: Cambridge University Press.

Leppisaari, I., Herrington, J., Vainio, L., & Im, Y. (2013). Authentic e-learning in a multicultural context: Virtual benchmarking cases from five countries. *Journal of Interactive Learning Research, 24*(1), 961–970.

Lindsay, N., & Wood, D. (2015). Facilitating creative problem solving in entrepreneurship curriculum through authentic learning activities. In V. Bozalek, D. Ng'ambi, D. Wood, J. Herrington, J. Hardman & A. Amory (Eds.), *Activity theory, authentic learning, and emerging technologies: Towards a transformative higher education pedagogy* (pp. 92–101). New York: Routledge.

302

McKenney, S. E., & Reeves, T. C. (2012). *Conducting educational design research*. New York: Routledge.

McLellan, H. (Ed.). (1996). *Situated learning perspectives*. Englewood Cliffs, NJ: Educational Technology Publications.

Morrissey, P. (2006). Not just a name on the wall. Retrieved from http://www.notjustanameonawall.com/

Oh, E., Liu, Y., & Reeves, T. C. (2014). Supporting adult learners' authentic learning experience by optimizing collaborative group work in distance learning courses. In A. P. Mizell & A. A. Piña (Eds.), *Real life distance education: Case studies in research and practice* (pp. 139–158). Charlotte, NC: Information Age Publishing.

Ozverir, I., & Herrington, J. (2011). Authentic activities in language learning: Bringing real world relevance to classroom activities. In T. Bastiaens & M. Ebner (Eds.), *Proceedings of EdMedia 2011* (pp. 1423–1428). Chesapeake, VA: AACE.

Parker, J., Maor, D., & Herrington, J. (2013). Authentic online learning: Aligning learner needs, pedagogy and technology. *Issues in Educational Research, 23*(2), 227–241.

Pomerol, J. C., Epelboin, Y., & Thoury, C. (2015). *MOOCs: Design, use and business models*. New York: John Wiley & Sons.

Reeves, T. C., Herrington, J., & Oliver, R. (2005). Design research: A socially responsible approach to instructional technology research in higher education. *Journal of Computing in Higher Education, 16*(2), 96–115.

Schön, D. (1987). *Educating the reflective practitioner:Toward a new design for teaching and learning in the professions*. San Francisco: Jossey Bass.

Shute, V. J. (2011). Stealth assessment in computer-based games to support learning. *Computer Games and Instruction, 55*(2), 503–524.

Smith, P. E. (1986). *Instructional simulation: Research, theory, and a case study*. ERIC Document Reproduction Service No. 267 753.

Smith, P. E. (1987). Simulating the classroom with media and computers. *Simulation and Games, 18*(3), 395–413.

Sprod, R., Agostinho, S., & Harper, B. (2009). A dialogic approach to online facilitation. In *Same places, different spaces: Proceedings ascilite Auckland 2009* (pp. 1008–1012). Auckland, NZ: Ascilite.

Teräs, H., & Herrington, J. (2014). Neither the frying pan nor the fire: In search of a balanced authentic e-learning design through an educational design research process. *The International Review of Research in Open and Distance Learning, 15*(2). Retrieved from http://www.irrodl .org/index.php/irrodl/article/view/1705

Vesper. J. L., Herrington, J., Kartoğlu, U., & Reeves, T. C. (2015). Initial design principles for establishing a learning community for public health professionals through authentic e-learning. *International Journal of Continuing Engineering Education and Life-Long Learning, 25*(2), 241–257.

第十部分

教学设计和技术的当前议题

第三十六章 职业道德：适用于实践的规则

莎伦·E·斯马尔蒂诺　北伊利诺伊大学

J·安娜·唐纳森　北爱荷华大学

玛丽·赫林　北爱荷华大学

很多时候，特定领域的专业人员并不知道或不清楚制约该领域专业行为的准则或规则。为了解决这个问题，许多专业组织都制定了希望其成员遵守的道德准则。"这些道德准则为日常实践提供了方向，也为理解和解释当今从业者面对的各种问题的伦理道德意涵提供了基础。"（Seels 和 Richey，1994，p. 107）

克拉克（1995）所赞成的一个重要观点是，我们需要就伦理道德问题进行公开对话。关于伦理道德的考虑应该被整合进 IT 学习计划之中，也应该超越对于版权合法性和合理使用等问题的有限的讨论。作为 IT 专业人员，我们必须实现这一理想：在我们关于新的先进技术的知识与设计和实施标准的完整性之间保持平衡（civero，Swierstra 和 Boernink，2011）。在一个动态的技术环境中，如果不考虑与专业有关的道德、法律和社会问题，人们便很容易成为一个身份不明的人（Tavani，2013）。

在认识 IT 责任时，克拉克（1995）指出了发展和理解道德能力所必需的几个要素。第一步是确定在处理包括伦理道德问题的情况时可能会遇到的陷阱。一个道德两难的例子可能是以下这样的情况：在在线课程中，教授假扮学生发帖以促进讨论。这里的陷阱是：教授的意图可能是鼓励学生参与讨论，但是实际上对他的学生来说这是一种不实陈述。有时我们可以通过如何不做某事的例子来实现最佳学习。克拉克鼓励使用不符合伦理道德的例子来加深我们的认识。前述教授假扮学生发帖的情况就是利用这类策略的一个例子。

教育传播与技术协会（AECT）曾提出过一个有关该领域的定义，用于指导协会在专业实践中发挥影响。完整的 AECT 道德准则请参考图 36.1。尽管人们一直期望专业人员的实践要符合伦理道德，但纵观领域定义的演变过程就会发现，伦理道德是一个反复出现的术语，而直到最近才真正被纳入到实际的定义之中。最新迭代的 AECT 定义（AECT 定义和术语，2008）把符合伦理道德的实践纳入到定义之中："教育技术是通过创造、利用和管理适当的技术过程和资源来促进学习和提升绩效的研究与符合伦理道德的实践。"(p.1)但是，甚至在具体提及符合伦理道德的实践之前，协会就已经领导制定了希望其成员在 IT 实践中遵守的道德准则并支持其实施。

序言
1. 此处的职业道德准则应被视为道德准则。这些准则意在帮助成员个体或集体维持高水平的专业行为。
2. 专业伦理委员会将制定与此处列举的具体伦理陈述相关的意见文档（解释性摘要或倾向的结果）。
3. 可针对提交给专业伦理委员会的具体个案提出意见。
4. 专业伦理委员会可应成员提出的请求对道德准则进行扩充或澄清。
5. 对涉及 AECT 成员的道德事项有疑虑的人应与主席联系。

第一部分：对个人的承诺
在履行对个人的义务时，成员应该：
1. 鼓励个人在追求学习时的独立行为，并提供获取不同观点的途径。
2. 保护个人获取不同观点材料的权利。
3. 保证每个人都有机会参与任何适当的项目计划。
4. 开展专业业务以保护隐私和维持个人诚信。
5. 在评估和选择用来创建教育工作区域的材料、设备、家具/车辆时，遵循完备的专业程序。
6. 采取合理的努力，使个人免受有害健康和安全的状况影响，包括由技术本身造成的有害状况。
7. 在教育中运用技术时，促进现有和完备的专业实践。
8. 在设计和选择任何教育项目和媒体时，努力避免那些会强化或加深性别的、民族的、种族的、宗教的刻板印象的内容。鼓励开发能凸显我们社会作为多元文化社区所具有的多样性的教育项目和媒体。
9. 避免任何可能被判断为歧视性、骚扰性、麻木不仁或冒犯性的行为，因为这些行为与我们对于个人在多样化专业和社会中的完整性、权利和机会的重视和促进相冲突。

第二部分：对社会的承诺

在履行对社会的义务时,成员应该:

1. 诚实地代表个人所属的机构或组织,并采取充分的预防措施来区分个人观点和机构或组织的观点。
2. 通过直接或间接的公开表达来准确而真诚地表述有关教育问题的事实。
3. 不利用机构或协会的特权来谋取私利。
4. 不接受任何损害或可能损害专业判断的小费、礼物或好处,不提供任何好处、服务或有价值的东西来获取特殊利益。
5. 与那些为专业服务的人一起从事公平公正的实践。
6. 促进教育技术对环境的积极影响并尽量减少其对环境的负面影响。

第三部分：对专业的承诺

在履行对专业的承诺时,成员应该:

1. 在专业权利和责任方面为所有成员提供公正公平的待遇,包括积极致力于为各种文化和学术上不同的观点提供在出版物和会议上发表的机会。
2. 不使用强制手段或许诺特殊对待来影响同事的专业决策。
3. 避免对协会的个人成员资格进行商业化利用。
4. 不断努力提升专业知识和技能,让赞助人和同事受益于个人的专业成就。
5. 诚实地提供个人的专业资格以及同事的专业资格和评价,包括对那些以各种形式发表的成果和观点给出准确的认可。
6. 通过适当的渠道开展专业业务。
7. 把指定的任务委派给合格的人员。合格的人员是那些受过适当培训或持有相应证书的人,或者是那些可以证明自己能胜任任务的人。
8. 告知用户版权法及其他对专业有影响的法律的规定与诠释,并敦促用户遵守。
9. 遵守与专业有关的或影响专业的所有法律;毫不犹豫地向 AECT 专业伦理委员会报告其他专业人员的非法行为或不道德行为;应协会要求参与专业探究。
10. 使用专业认可的准则和程序开展研究,特别是当这些准则和程序适用于保护参与者免受伤害时。

　　1974 年首次通过,到 1984 年,遵守 AECT 道德准则成为取得会员资格的条件。此版本于 2007 年 11 月通过 AECT 董事会批准。对涉及 AECT 成员的道德事项有疑虑的人应联系专业伦理委员会主席(职业道德准则,未注明日期,p. 1)。

图 36.1　职业道德准则

　　正是基于组织的专业道德准则,在本章你才能审度我们专业中的道德两难的例子,并反思 AECT 道德准则的实施如何影响你在每种情况下的实践。AECT 道德准则包括三个部分：对个人的承诺、对社会的承诺、对专业的承诺。在本章,每一个部分都将通过一个发人深省的场景来进行介绍。在审视每部分内容之前会提供若干引发讨论的问题。本章最后对道德准则进行了概述,使你 *305* 能够透过专业准则再次对每个场景进行思考。

对个人的承诺

安吉拉(Angela)不知道该怎么办。她是公司最近聘用的教学设计师，她不想惹是生非，然而，有些事情让她觉得不对劲。她的老板塞西尔·莱特(Cecil Wright)与他最喜欢的供应商共进午餐，回来后给她看供应商给他的新平板电脑。塞西尔相信，这种新的平板电脑可以解决会计部门员工用老旧的反应缓慢的台式电脑时反复出现的问题。当安吉拉胆怯地问起这种平板电脑的好处时，塞西尔说供应商已经向他提供了全部的研究报告，说明了这种新平板电脑的价值。他命令安吉拉开始撰写订购24台平板电脑的合理性文件。

安吉拉该怎么办?

在这种情况下存在的道德问题是什么？安吉拉可能会提出哪些问题？这时对安吉拉来说最好的方法是什么？

AECT道德准则的第一部分从专业视角规定了对个人的承诺，它提供了一些在这种情况下可能有用的指导。这部分的九条规定可以概括为与IT专业人员有关的三个范畴：技术和资源、多样性、个人权利。

技术和资源。作为IT专业人员，我们经常被要求就教学设计过程中涉及的技术和资源做出决策。正如预期的那样，道德准则也涉及有关与技术和相关教育资源的选择、实施和评价机会的问题。应该考虑的问题可能包括：要选择的资源能否确保学习者实现规定的教学目标？是否考虑了全部可用的备选技术？是否准确地报告了评价结果，并提出了修改建议？在处理技术问题时，健康和安全方面的考虑尤为重要。必须保证教学情境中的所有学习者都在一个安全的环境中进行学习，这一点至关重要。一些道德问题包括：需要符合人体工程学要求的工作站、不会诱发癫痫的CRT屏幕、满足色盲学生需求的安全须知，等等。

多样性。在今天这个文化影响和技术变革都十分巨大的世界里，多样性已超越了我们专业在地球村的地位。多样性概念也扩展至我们如何学习以及我们如何设计和创建教学。允许个人根据自己的意愿从各种资源中获取知识，这是道德准则所鼓励的。重要的是要记住,在实现学习目标的旅程上,可能有很多条道路可以通往最终的目的地。多样性概念的一个例子就是:我们有义务创设一个允许对不同于教师观点的各种观点进行公开讨论的学习情境。多样性的另一个方面是要避免使用对个人形成负面刻板印象的图像或讨论。

个人权利。这部分的第三个范畴涉及"个人权利"的各个方面。一种思考个人权利的方式是,从领域内的个人及其他同事和我们"客户"的专业权利的角度来考虑。IT 专业人员需要在个人诚信的框架内对待所有人的个人隐私。而尤为重要的是,在多样化的专业领域和地球村里,IT 专业人员的行为不能侵犯其他人的个人权利。

对社会的承诺

> 唐纳德(Donald)和拉珊德拉(LaShandra)在合作准备一项拨款提案,与地区的学区合作是提案要求的一部分。另外,人们还期望至少有一家公司赞助方参与资助活动。唐纳德有一个好朋友在一家地区技术经销商 XYZ 公司任职。唐纳德对拉珊德拉建议说,基于他的人脉关系,他可以从该公司得到一笔"划算的交易"(good deal),这将有助于他们制定预算。他的想法是,他们不必在技术上花太多预算,而是可以把这笔钱作为他们自己的津贴。他还确信,如果获得拨款,他的朋友还能够安排提供一些额外的材料。

拉珊德拉该怎么办?

根据 AECT 道德准则中对社会的承诺部分,这是对道德准则的违反,还是仅仅是处理拨款准备问题的一种合理方式? 拉珊德拉应该提出哪些问题? 这时对拉珊德拉来说最好的方法是什么?

职业道德准则的第二部分从社会的视角探讨教学技术的实践。IT 专业人员经常有机会在自己的专业活动中做出选择。这些活动常常涉及与个人工作场所以外的其他人合作。社会道德有助于塑造个人和群体相互联系的方式。遵从道德原则,个人可以帮助维持与学习者和同事互动时的社会秩序(Yeaman,Eastmond 和 Naper,2008)。这一部分的六条规定可以概括为三个范畴:表达、个人收益和专业服务。

表达。准则要求关于专业知识和经验的专业文档里的专业活动和经验必须诚实而坦率。同样，这些原则也要求人们必须清楚地列出事实、结果或个人意见的来源，无论其来源是书面文档还是人际沟通。如果想要在正式或非正式场合分享专业信息及其对组织的影响，必须要慎重行事。在回家的航班上通过网络访问与某人就专业咨询进行讨论是不恰当的，因为咨询是你和客户之间的协议，而不是与公众之间的协议。

个人收益。作为 IT 专业人员，在有机会获得个人收益时，应认真区分个人活动和专业活动。许多机构都确定了可获得个人薪酬的适当活动，任何时候都必须遵守这些原则。利用累积的病假日为其他小工厂提供服务并收取报酬是不恰当的。个人收益不应以牺牲雇主或协会的利益为代价。此外，不能收取任何意图影响专业判断的礼物和报酬。通常，那些在公共机构任职的人会看到一些限制礼物具体金额的规定。

专业服务。与协会合作可能会让你处于这样一个位置：你要请求外部供应商对年会之类活动的支持。对社会承诺部分的原则提醒我们：在为组织征集服务时必须严格履行任何相关义务。如果不这样，将会危及今后的所有谈判并破坏组织的职能。同样，有关教育技术应用的决定应该提升其有效利用水平并尽量减少可能因教育技术的应用而导致的负面影响。在教育技术被实施前就应该考虑到预期的结果并将这些结果清楚地表达出来。例如，在提交拨款提案前，专业的拨款提案撰写人必须与拨款合作伙伴沟通，了解如果拨款提案获得资助的话，提案中要购买的技术方案的预期结果和用途。技术实施应确保为所有参与者带来可靠的有效收益。

对专业的承诺

德怀特（Dwight）每月都会发表一篇博客，谈及作为一名教学设计师所面临的挑战，以及如何才能取得成功。当他阅读一份顶尖的教学设计杂志时，他发现了一篇论文，其中关于如何克服成功障碍的建议让他觉得非常熟悉。在德怀特看来，作者从头至尾看了他的博客文章，利用他的想法完成了这篇论文,但却没有注明引自德怀特的原创作品。

德怀特该怎么办?

作为一名博客作者,德怀特对自己作品的转载有哪些追索权?关于哪些可以追索哪些不能追索,AECT 道德准则对专业承诺中的哪些部分可以为他提供指导?他下一步该做什么?

作为一名 IT 专业人员,我们鼓励你探究如何成为一名积极主动的负责任的专业成员,从而实现专业承诺。专业人员应该始终致力于促进对从业人员的道德实践的全面理解。为此,在第三部分即对专业的承诺中,十条规定代表了专业互动、研究和传播、与版权相关的责任这三个主题。

专业互动。道德准则中专业互动的总体意图是考虑如何与其他专业人员建立联系,更具体地说,是如何与 AECT 成员建立联系。此范畴直接关系到对待他人的恰当行为。

从根本上说,作为同事和 AECT 成员,个人有责任对与他人互动的适切性做出清醒的决定。作为决策过程的一部分,你需要考虑自己的行为所带来的结果,以及与其他专业人员之间的符合伦理道德之行为的好处。很可能有些时候你会认为,专业最好以一种可能影响你与其他专业人员之关系的特定方式来引导你。我们认为这一决定的价值在于它对整个专业的价值,而不是对具体个人的价值。

根据道德准则,专业人员有义务承担的一个角色是向 AECT 专业伦理委员会报告其他人的不当行为。这往往是一项令人不舒服的职责,但为了确保所有代表本专业人员的质量,应当将其视为一项有价值的重要的职责。在进行举报时,应尽一切努力谨慎对待个人信息隐私。作为一名 IT 专业人员,你应当理解,向 AECT 专业伦理委员会发出的这类警报不会被视为报复或试图羞辱其他人,而是要努力确保所有参与本领域的人都接受 AECT 成员及整个专业所认可的价值观和实践。

研究和传播。个人对专业的承诺是通过研究如何促进成员的知识和技能以及如何促进领域的理论框架来衡量的。虽然道德准则中没有明确说明,但它假定个人会服从某一个审查委员会的管理,如大学里的伦理审查委员会(IRB),从而确保研究的开展能符合已核准的标准。而且,个人有责任从事有益于专业的整体知识的研究,但同时不应让参与者面临一定的风险。换句话说,作为一名IT专业人员,你要确保对参与者的保护应成为研究计划和研究实施的一部分。

从事学术研究的成员有义务分享研究的成果,这将有助于协会的所有成员对该领域的全面了解。分享这些知识的方式有许多种。例如,你可以通过会议发表或在期刊上发表论文来传播自己的研究成果,也可以通过在课程或培训中向他人进行教学来传播自己的研究成果。共享研究成果这种职业共治的互利性可用来促进专业内的知识发展。

与版权相关的责任。遵守版权法并且保证有义务告知他人版权法的规定,这些在对专业的承诺中得到了明确说明。遵守版权法的一个例子是在多媒体作品中恰当引用图片来源或者能够区分学生作业中转述与剽窃的差别。这一承诺的目的是为了确保专业人员了解版权的细微差别并知晓其在各种情况下的应用。告知他人版权法的规定这一要求是专业道德准则中可能会引起你关注的一部分,因为它意味着强制执行法律问题的义务。告知他人他们具有遵守版权的义务,这被认为是具有教育性的,因为这意味着当你发现侵犯版权的行为时,作为一名IT专业人员,你不仅有义务把这个问题告知个人,而且还应努力帮助他理解版权规则的合理性。

培养道德能力

克拉克(1995)确定的最后一个要素是实现道德能力。克拉克把这种能力定义为鼓励道德自省。根据道德的定义,在我们把自己的价值观付诸实践时,道德可以具有一个非常主观的焦点。我们所做的许多道德决策并不是非黑即白的;它们是灰色的、模糊的。做出这样的决定往往很困难。克拉克建议,在我们做出这些决定后,应当对我们做出该决定的过程进行反思。他指出,这种反思活动可以变革我们达成其他道德决策的方式。因此,克拉克敦促我们投入这种变革性的反思过程,以便从实践中学习并成长为IT专业人员。

本章作者在克拉克的能力列表外增加了有关道德实践的公开示范和指导。作为学生、教师以及IT从业人员,我们必须认识到,我们的实践反映了我们所代表的领域。我们对 AECT 专业道德准则的使用是我们作为一个专业的标志,并能使我们继续保持专业的独特性。

要点总结

1. **专业道德准则可促进符合伦理道德的专业实践。**通过审视道德准则,专业人员能够确定如何将它融入日常实践。

2. **AECT 新定义中首次纳入了"符合伦理道德的实践"这一术语。**通过把符合伦理道德的实践加入到领域的定义中,AECT 突出强调了符合伦理道德的实践对于专业人员的重要性。

3. **AECT 道德准则包括三个方面:对个人的承诺、对社会的承诺以及对专业的承诺。**在专业人员进行困难的决策时,准则可以提供指导。

4. **认识道德准则在实践中的表现是很重要的。**对道德准则的各组成部分进行分析,使我们能够认识道德准则在实践中的实施情况。

5. **提供道德能力指南是帮助 IT 专业人员将道德准则融入日常实践的一种途径。**在探讨 IT 专业人员的职责时,只有道德准则的知识是不够的,必须将这些知识融入到实践中去。

应用问题

1. **网络空间的言论自由**(地点:私立学院):莱斯利·布朗(Leslie Brown)博士为她的"新兴技术导论"课开设了一个博客。她开设博客的目的是给学生们提供一个论坛,让他们就课程内的讨论主题发表自己的看法。尽管布朗博士确实会用学生们在博客上发表的条目来引导讨论,但她不给学生们发表的博客条目评分。她还允许学生选择匿名发帖,尽管她有办法识别他们。最近,有一些学生帖子因为虚拟世界的版权问题而备受争议。学院官方对这些帖子以及它们对大学的反思也表示了关切。院方要求布朗博士停止使用该博客,而且还要求布朗博士提供那些匿名发帖的学生的姓名。

关于在自己的课上使用博客的问题,布朗博士应该怎么办? 她是否应该向院方提供学生的姓名？她可以利用哪些其他选择让学生进行思想交流？

2. **知识产权问题**（地点：某地方大学）：乔尔（Joel）是一位终身教职的教员，他很关心自己的教师评价。他从在该地方大学任职起就在教授一门网页设计课程。在过去的教学中，他发现有些学生从已有的网页中大量"借用"代码。他意识到必须改变这种行为，但也希望他的学生能取得成功，因为他相信这会给他带来正面的教师评价。

对于学生作业中对代码的不当"借用"，乔尔在学生指南中该如何措词？他是否应该向学生介绍版权和知识产权等知识？当学生从已有网页中"借用"代码时，他应该采取什么惩罚措施？

3. **剽窃**（应用：课本）：卡尔·斯迈思（Carl Smythe）博士与同事简·布莱克（Jane Black）合作撰写了一本书，作为从业教师学习新教学策略的指南。这本指南已通过一个教师专业协会出版了。虽然没有广泛地传播，但它确实有版权日期和 ISBN 号。布莱克博士与另一位同事（他也认识斯迈思博士）合作撰写了另一本也是关于教学策略的书，此书由一家主流的教科书出版公司出版。当这本书发行后，斯迈思博士发现，指南中的大部分内容在该教科书的某一章中只是略有修改，有些图片更是一模一样。虽然该教科书中提到引用了斯迈思博士和布莱克博士所著的指南，但教科书的作者并没有用引文来注明直接引用的内容，也没有获得对指南中图片的许可使用权。

既然斯迈思博士和布莱克博士合作过，而布莱克博士同时是这两本书的作者，那么他该如何处理这个问题？对于教科书的剽窃问题，斯迈思博士有什么追索权？在指南再版时可以采取哪些措施来确保这种情况不会再次发生？

4. **冷漠行为**：作为两位新聘用的教学设计师的项目经理，凯莎·莱顿（kesha Layton）很喜欢这个领导角色和职责。埃弗里特（Everett）和戴尔（Dale）表现出他们成为有所作为的团队成员的潜力，并且似乎与客户和其他团队成员也合作得很好。一天午餐时，莱顿女士坐在两位正在高谈阔论的新员工看不到的一张餐桌旁。"我真不敢相信凯莎有多烦人。她以为自己无所不知，要求我们按任务时间表记录我们所有的时间。我从没想过我会和一个比我妈妈年纪还大的女老板一起工作。好苦啊。"

莱顿女士该怎么办？作为项目经理，莱顿女士可采用什么办法来处理这场无意中听到的私人谈话？这究竟是一个违反道德准则的例子，还是仅仅是一个需要解决的管理问题？如果莱顿女士选择忽视这场谈话，可能会产生哪些后果？

参考文献

Association for Educational Communications and Technology. (2008). *Educational technology: A definition with commentary*. Edited by A. Januszewski & M. Molenda. New York: Laurence Erlbaum Associates.

Clark, C. M. (1995). *Thoughtful teaching*. London: Cassell.

Lucivero, F., Swierstra, T., & Boenink, M. (2011). Assessing expectations: towards a toolbox for an ethics of emerging technologies. *NanoEthics*, *5*(2), 129–141.

Seels, B., & Richey, R. (1994). *Instructional technology: The definition and domains of the field*. Washington, DC: Association for Educational Communications and Technology.

Tavani, H. (2013). *Ethics and technology: Controversies, questions, and strategies for ethical computing* (4th ed.). Hoboken, NJ: John Wiley and Sons.

Yeaman, A. R., Eastmond, Jr., J. N., & Naper, V. S. (2008). Professional ethics and educational technology. In A. Januszewski & M. Molenda (Eds.), *Educational technology: A definition with commentary* (pp. 283–326). New York: Lawrence Erlbaum Associates.

第三十七章　多样性与可获取性

乔尔·刘易斯

斯蒂芬·沙利文　　　南阿拉巴马大学

309　　　根据统计门户网的数据(2015),世界上说英语的人口大约有 15 亿,其中只有 3 亿 7 千 5 百万人的母语是英语。据联合国人口基金会(2014)报告,年纪在 10—24 岁间的青少年大约有 18 亿,是迄今为止最大的青少年人口数量。变化中的人口统计指标并不只是语言和年龄。联合国经济和社会事务部(2013)称,全球的国际移民数量超过了 2 亿 3 千 2 百万。该事务部(2015)还说,具有不同能力的人应享有平等访问信息和平等利用通信技术的基本人权。诸如此类的事实使教学设计中对多样性(diversity)与可获取性(accessibility)问题的考虑变得非常具有必要性。

那么,以上数据意味着什么呢？技术运用的提升、设计多种语言选项、重视可获取性准则、多样化培训都是教学设计领域的机会。这些数据表明,企业、机构、学校、医疗保健机构、职场以及学习环境中的人员构成都在不断变化,以便将观点、背景、期望、需求、工作经验、文化、价值观、原有知识等各个方面都不相同的人们之间的互动包括在内。这些就是本章所说的多样性。我们对于多样性的认识也受到在工作、学校以及社会互动中的个人经历中学习的影响,在这些经历中,我们是少数群体,发现要想成功就必须适应。对于本章作者乔尔(Joël)(一名非裔美国妇女)和斯蒂芬(Stephen)(一个有视力损失的人)而言,多样性是一个我们终身关注的概念,也一直是我们所有努力的核心,我们将始终努力通过提升全球竞争力、创设多样化的协作、使所有人都能获得学习机会来为学习型社会做出贡献。

实际上,关于学习者之间越来越多的不同,以及多样性如何影响人们的学习方式,还有很多问题值得探讨。在设计教学时考虑更充分地融入多样性将有助于解决这一现实问题。因此,本章有两个目的:(1)描述与多样化能力和多元文化有关的通用设计在设计时的考虑事项;(2)提出一个多模态教学模式,作为能尽可能包容更多学习者的综合策略的一个有机组成部分。

教学的通用设计

通用设计的发展是为了重点解决教学设计中的这些问题并突出包容的好处(Hyter 和 Turnock,2005)。其核心是在教学设计一开始就要有效处理多样化人群的需求以使障碍最小化,而不是在后期通过个人适应去进行调适(Rose,Harbour,Jhonston,Daley 和 Abarbanell,2006)。考虑到要面向尽可能多的学习者,教学设计者必须意识到不同的能力和文化,以及个人使用的不同技术,以此来克服学习障碍。

各类残疾

残疾可分为四类:(1)视觉障碍;(2)听力障碍;(3)运动能力障碍;(4)认知障碍。对于每一类障碍,都有专门设计的残疾人辅助技术来帮助他们克服环境中的障碍(Rose 等,2006)。设计者必须要知道有哪些可用的残疾人辅助技术,这些技术针对的人群,以及它们试图克服的局限性。表 37.1 列出了各类残疾及其特点、常用的技术,以及针对各类人群的设计建议。

表 37.1　残疾类别及其调适和设计建议

	通用描述	调适	设计建议
视觉障碍	全盲	盲杖,导盲犬,屏幕阅读器软件,可刷新的盲文显示	● 为所有图形项目添加图片提示标签(alt 标签)。 ● 少用复杂的表格或框架。

	通用描述	调适	设计建议
	法定盲人色盲	电子和光学放大设备,屏幕放大软件,大字印刷材料	● 恰当标注标题。 ● 提供跳过导航按钮。 ● 避免使用背景图片来传达重要的内容信息。 ● 提供备选的纯文本版本。 ● 使材料免于不必要的杂乱。 ● 避免使用斜体字和衬线(不平滑的)字体。 ● 背景、文本、图片和导航工具要有明显对比。 ● 尽量只用黑白灰三色。 ● 在呈现重要教学信息时不要要求颜色识别。
听力障碍	聋 重听	可隐藏字幕,可视电话,聋人电信设备(TDD),电话中继器 助听器,超短波扩音系统(FM system),袖珍话筒,扩音电话	● 为所有音频、视频或其他媒体添加文本字幕。 ● 为所有视频、录音或其他学生通常能听到的声音提供文本副本。 ● 为任何必要的提示提供视觉化和听觉化的公告。 ● 为任何实时演讲(如讲座或特邀演讲)提供手语解释。
运动能力障碍	瘫痪,创伤性脑损伤,脊柱裂,关节炎,肌肉萎缩	单词预测软件,目光凝视软件,声音识别软件,口操纵杆,另类键盘,适应性指点设备或吹吸设备	● 少用同步聊天或实时聊天。 ● 避免使用要求灵巧动手能力的模拟或游戏。 ● 避免使用定时的评估(timed assessment)。 ● 少用定时的作业(timed assignments)。 ● 纳入团队任务和小组活动。 ● 为移动装置提供宽敞的空间。 ● 确保符合1990年生效的《美国残疾人法案》规定的标准物理无障碍功能。
认知障碍	学习障碍,自闭症,智力缺陷,脑瘫,创伤性脑损伤	光学字符识别软件	● 避免使用弹出窗口。 ● 让网页易于浏览。 ● 呈现内容材料的逻辑流程。 ● 始终使用页面标题和顺序标题。 ● 文本部分要够大,以便易于查看和区分。 ● 避免使用闪烁的屏幕对象。 ● 时间不要过长。 ● 突出重要概念。 ● 同时提供听觉和视觉呈现。

视觉障碍包括因视敏度、视野或视知觉丧失等情况而导致的全盲、法定盲人、视力低下和/或色盲。屏幕阅读器软件主要用于全盲的人。法定盲人可以使用屏幕放大软件，以及带有分屏控制的闭路电视。触屏界面为缺乏标准视力（失明或视力低下）的人提供了更灵活的手段，因为它允许用户直接触摸并与屏幕上的内容交互。

听力障碍包括聋和重听。聋人或完全丧失听力的人同全盲的人一样都很少。重听包括不同程度的听力丧失。耳聋不仅仅是一种典型的残疾。它是一种文化，有自己的语言、传统和信仰，把这些人作为一个种族团结在一起。聋人必须能同等地获得所有听觉信息。文本副本不能代替实时文本字幕。正如同时看到和听到动作的展开过程对人们有好处一样，对于聋人，在他们阅读可听部分的内容时能看到图像也同样是很有好处的。

311

运动能力障碍包括在自然环境下任何方面的运动困难，包括关节炎、脑瘫、肌肉营养不良、多发性硬化症、脊柱裂、脊髓损伤或创伤性脑损伤。患有这些疾病的人的残疾程度有很大差异，从轻微残疾（手的活动受限）到四肢瘫痪（四肢完全不能动）。对于运动能力方面的残疾，单词预测、目光凝视、声音识别等都可用。其他可用的适应性设备还有口操纵杆、另类键盘、适应性指点设备或吹吸设备。

认知障碍包括学习障碍、自闭症、创伤性脑损伤、脑瘫、癫痫、神经损伤或精神疾病。与前几类残疾一样，患有认知障碍的人的残疾程度也有很大差异，但绝大多数病例都处于轻度到中度之间。针对这类人群的软件可以识别文本信息并以多种方式来呈现信息，以满足具有不同知觉和认知障碍（如注意、记忆、知觉、加工、问题解决等方面的缺陷）的人的需求。使用这些软件，学习者能够自如地操控材料，将学习障碍降到最低程度并实现最大化的迁移。

还存在多重残疾。比如，创伤性脑损伤和脑瘫既属于运动能力障碍，又属于认知障碍。其他例子如一个人既瘫痪又重听，一个孩子既有自闭症又是法定盲人，或者一位妇女既是天才又有学习障碍。表 37.1 说明了所罗列的各种残疾情况，并提供了适应性方案和设计建议。

在面对具体个人时，没有一种解决方案能适用于所有情况。事实上，即使是面对看起来完全一样的残疾情况，也没有一种解决方案在任何时候都有效。当考虑到多样性问题时,教学设计者必须认识到,在每一类目标人群中,每一个学习者都带有一些将影响其学习方式的独特状况。

本书作者之一斯蒂芬·沙利文的个人故事

我生来就患有双侧白内障,这是遗传的。白内障基本上是指眼内晶状体混浊或有缺陷,阻碍光线到达视网膜,引起失明。在手术摘除白内障后,我成了一名法定盲人,一只眼的最佳矫正视力为20/200,另一只眼的最佳矫正视力为20/300。在我的K-12教育期间(尤其是低年级时),我能够阅读常规课本上的印刷文字,只不过要拿得很近。把书拿到离鼻端半英寸(约1.27厘米)左右的距离,我就能够像其他学生一样大声朗读。不过,即使我能够参与并跟得上进度,看我这样读书,老师们还是感到不舒服。

在我四年级时,我的老师决定我最好还是用大号字体印刷的书籍。但这些书非常笨重,我并不想用。比如,大号字体印刷的历史课本实际上多达五六本。我的同学翻一页,而我得翻十页或更多。我发现,在我努力跟上麻烦的翻页任务时,很难把注意力集中在内容上并从中学到东西。当我被叫起来朗读时,我经常发现自己翻错了页面。在我用常规课本时这种情况极少发生。我一生中得到过的最糟糕的成绩就是在四年级。

我的教育和职业生涯教会我如何去适应不同的环境,也让我明白那些卷入我学习过程的人的看法如何影响我的学习经验。我希望教学内容而不是我的残疾成为重点。但是,如果讨论从我及如何适应我的需求开始,那么注意力就会从内容上离开。我希望自己是学习环境中不会被专门挑出或单独挑出的一部分。通过提供不同的选择,是可以让那些学习方式不同的人在一个标准学习环境中感受到接纳的。让学习者选择自己的学习方式,可以在视力受限的情况下选择听,也可以选择利用残疾人辅助技术进行阅读。要提供多样的呈现和评估方式。从一开始,对教学的设计就应该保证每一个学习者都能同等地为学习过程做贡献,都有同等的机会投入有意义的活动,都有同等的机会将知识应用于真实世界情境,都能同等地从整体学习经验中获益。

多元文化论

多元文化论的根源在于个人对各种文化的认同和接触。它聚焦于个体的复杂性而不是他们属于某个群体或人口统计学的某个范畴。在本章中，多元文化指的是具有不同特征的人之间如何相互影响、学习和共存的表现。我们假设所有学习者都具有多元文化性。

文化与教学设计的相关性取决于觉察到的人与人之间的差异以及设计者认为这些差异将如何影响学习（Rogers，Graham 和 Mayes，2007）。将多元文化整合进教学，要求教学设计者反思自己的文化，审视文化对教学的影响，并思考其对教学的启示。

由于社会对个人主义的支配性影响，个人一直沉浸于某种文化环境，或者极少作为局外人去体验某种文化，对于一些人来说反思并不是一件容易的事情（Bucher，2000）。在不同文化中，个人主义或被弘扬或被回避。例如，教学设计者可以通过提高对组织多样性愿景的认识，为受众提供揭示学习障碍或内容障碍的机会，进行详尽的学习者分析，并征求对于学习环境中多元文化因素的反馈意见，来审思自己对多元文化的敏感性。

学习者的多元文化视角对教学和学习环境设计的结果也有影响，特别是对那些能形成多样呈现形式的传递类型产生影响。例如，在教师主导的教学中，有些学习者会比其他学习者感到更难于互动和自由交谈。活动必须是兼容并包的，保证每一个学习者都有机会为学习过程做贡献。表37.2描述了将多元文化设计策略纳入各种传递类型时需考虑的因素。

312

表 37.2　各种传递类型中的考虑因素

传递类型	考虑因素
自我教学	创设反思机会 提供语言选择 为成功完成提供建议 提供实用的时间表 列出自我查验表以作为过程性评价工具

传递类型	考虑因素
教师主导	利用能力核查表进行调适 组建多样化的小组 灵活的作业和评估 活动要考虑经验和背景
在线（教师主导）	用不同的互动方式与不同的学生小组互动 利用技术创设一种社区感 提供对作业样式的选择 制定讨论准则
计算机辅助	提供语言选择 加入敏感性陈述或训练 增加学习者控制 使用各种图像来代表受众
在岗培训	加入追踪功能（including shadowing） 呈现要求问题解决敏感性的情境

　　语言、文化诠释、社会规范等要求教学设计者有效管理各种有文化成见的内容、残疾人辅助技术和敏感性训练。语言在其最基本形式上，对某个人可能是简单的，但对另一个人却是模棱两可的。传递的方法、语调、重音、文体以及其他语言因素等都增加了内容理解和知识应用的复杂性。因此，教学设计者必须保证排除那些有文化成见的语言，保持学习者的舒适感。

　　在设计教学时，文化经验的诠释也是必须要考虑的一个问题（Guild，2001）。我们如何得知他人的感受？了解其他文化是我们的工作吗？要突破对教学设计师角色的片面认识就必须考虑当前和未来受众可能具有的局限性和文化。必须培养相关利益方的批判性，使他们具有对文化的敏感性，能适应所有学习者可能带来的挑战。

　　社会规范也为教学设计提出了多元文化方面的挑战。一个特定群体的标准活动或实践为学习者的态度和对教育的看法奠定了基础。在举例以及与学习者沟通时，并不需要了解每一种社会规范，但必须要避免提及政治上的正确性、个人意见，或者有争议的主题，除非培训有必要进行那一类讨论。在教学习者如何体恤地与人沟通和提升文化敏感性时，无论是面对面讨论还是在线讨论，都必须制定讨论准则（Rogers 等，2007）。

用来将多元文化纳入教学的几个设计要素可能对学习过程的其他成分也有助益。罗杰斯(Rogers)等(2007)认为,可以纳入真实性模拟、相关资源、更多反馈机会等。在内容领域要避免惯例(tradition)、提及男/女关系、师生关系、衣着、日常活动、时间利用等。在适当情况下,现场访问和多元文化设计团队是形成文化意识的关键组成部分(Rogers,Graham 和 Mayes,2007)。在形成性评价中利用多样化审阅小组也是一种核查包容性的途径。保持灵活性是实现积极参与和准确评估的关键。

本章另一作者乔尔·刘易斯的个人故事

我是库乔·刘易斯(Cudjoe Lewis)的第七代后裔,库乔·刘易斯是最后一艘向美国贩卖奴隶的非洲奴隶船克洛蒂尔达(Clotilda)上的一个奴隶。我生长于一个文化底蕴深厚的家庭里,我记得在我孩提时,每个月都要到祖父母家去庆生并了解我们的祖先。家中所有孩子都要听长者讲故事,画各种形状的艺术作品,用木棍创作音乐。我确信这些及其他一些经历帮助我实现了文化汇流,即在维持自己的文化认同(Bucher,2000)的同时适应了另外的文化。无论我是作为一名非裔美国人还是一名女性,甚至是一名学生,这种文化汇流都是必需的。直到我成年后,我才开始明白我是多么地具有多元文化性,以及正是我的那些特征才使我之为我并形成了我的世界观。

在我人生的各个阶段,我能回忆起多元文化对我的教育产生了怎样的影响。上小学时,语言显然是影响我学习成绩的主要障碍。一些测验问题让我困惑,因为我认为那些单词有不一样的意思。例如,"bright"一词在我的文化中描述的是肤色浅的人,而在测验中描述的是智商高的人。在上初中和高中时,我的想法常常会涉及种族认同问题。我就读的学校约有 60% 的白种人,37% 的非裔美国人,3% 的亚裔美国人。我为自己能修读高级荣誉课程而兴奋和自豪;然而我总想知道,为什么我能成为这些课程中极少的少数族裔之一,而上特殊教育课程的却主要是来自低社会经济地位家庭的非裔美国学生。这一现实使我为未来的教育和职业生涯做好了准备。

我相信,我的经历激励我要成为一个意识到多元文化重要性的教学设计者。我的责任是要创设一个学习环境,在这个学习环境中多元文化被接纳并且被视为学习过程的宝贵财富。接下来的多模态模型提出了一些设计建议,以此来帮助创设一个能适应各种身体、认知和文化多样性,以便为尽可能多的学习者提供最大成功机会的包容性学习环境。

多模态的多样性模型

课程和教学应当包括众多可访问的备选选项,使具有不同背景、学习风格、能力和残疾情况的学生都能参与进来(Simoncelli 和 Hinson,2008)。具体地说,通用学习设计就利用了各种创新技术来满足多样化的学习需求(Meo,2008)。多模态材料和方法为所有学习者提供了广泛的基础(Pliner 和 Johnson,2004)。虽然通用学习设计的许多方面都很重要,但其三个基本原则是:(1)多重表征手段;(2)多重表达手段;(3)多种参与手段(Rose 和 Meyer,2002)。参见图 37.1。

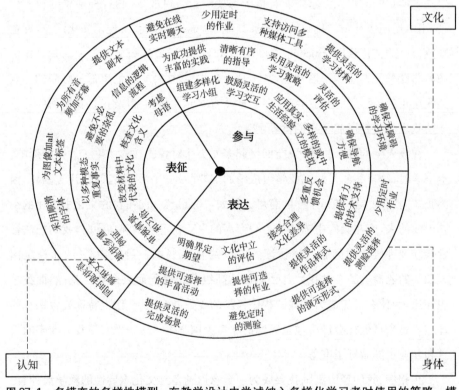

图 37.1　多模态的多样性模型:在教学设计中尝试纳入多样化学习者时使用的策略。模型在通用学习设计的三个主要领域——多重表征、表达和参与中纳入了身体、认知和文化的多样性。

多重表征手段与呈现给学习者的信息有关,代表着学习的"内容"(Rose 和 Meyer,2002)。包括教师如何引入新概念、如何联系原有知识、如何突出重要特征等(Rose 等,2006)。以尽可能多的格式和样式向学习者引入和呈现教学材料将极大地降低后期的调适需求。例如,在线提供所有 PPT 或其他演示材料供下载、提供清晰而有组织的讲义、使用顺滑的较大号字体、增大背景和文本或图像的对比等可以消除绝大多数视知觉方面的问题,还能降低敏锐性冲突(acuity conflict)和繁琐的记笔记的需要。这不仅可以降低许多多样化学习有关的困难,还能让所有学习者都投入到更积极的倾听环境中。

多重表达手段或表现方式代表着学习的"方式"(Rose 和 Meyer,2002)。学习者如何最好地表达自己学到的东西取决于有多少可用样式供选择以及可用样式的灵活性如何。这方面的支持包括测验样式、项目制作或演示、小组活动、学期论文等。影响表达的第二个因素是要提供备选的学习支持,如学习小组(study groups)、复习课(review session)、反馈机会等(Rose 等,2006)。只要考虑到高度的灵活性,提供众多的选项,学习者表达方面将引致更高的学习成功率,所需的调适也更少。

多种参与手段代表着学习"原因"(Rose 和 Meyer,2002)。就像学习者在学习方式上存在巨大差异一样,学习者的学习动机也有很大差异(Rose 等,2006)。考虑目标学习者群体以及他们的共性是设计有效教学的一个重要因素。促进多样化学习者参与的一些有用策略包括:把材料与真实生活经验相联系、提供清晰而简明的教学、使用各种文化对等物(cultural equivalents)、提供灵活的教学场景、收集大量的学习者输入等。

结论

可以把有效教学类比为一床被子。一床被子由许多被裁成方形的不同图案的材料缝制在一起而成。每一个方块代表着当今学习者的构成以及为满足他们的需求所必需的设计类型。各种方块材料看起来并不一样,但必须被缝制在一起才能成为一条完整的被子。正如被子上的每个图案都是不同且丰富多彩的,受众也是多样化且独特的。若被子缺了一个方块,就不完整了。每一个受众对学习过程都是珍贵而重要的。教学设计者的作用是将组成被子的这些方块策略性地结合在一起,并用可靠的教学设计策略将它们联系起来。在将多样性纳入教学设计时,必须将文化多样性、身体障碍和认知障碍等考虑进去。纳入文化、身体障碍和认知障碍等方面的考虑有助于实现更大的学习公平。

为学习者提供互动机会,让学习者能够足够自在地提供反馈,这是把多元文化纳入教学的重要策略。为了创设一种敏感和接纳的基调,对参与(engagement)的设计方法决定了学习者在学习环境中的互动方式、学习体验的视角以及对学习成就的感知。学习者需要多种多样的练习和能够反映目标的多种评估类型。此外,还必须允许互动,必须让学习者置身于一个能让他们交流自己的残疾情况和感知到的学习挑战的学习环境中。当我们的社会在一个不断变化的世界中面临各种挑战时,教学设计者有责任反思自己的个人视角,拥抱多样性,满足所有学习者的需求。

要点总结

1. **从设计过程一开始就进行通用设计可以消除实施以后所需的额外调适。**为多样化学习者设计教学要求教学设计者认识到个体差异以及可用于实现学习公平的适应性技术。由于通用设计考虑到了效率和生产力,因此它可以通过减少用于调适的时间并增加教学对更广泛受众的适应性而增加投资回报。

2. **创设能促进文化敏感性、灵活的学习者互动以及真实学习体验的学习环境。**作为设计者,我们有能力决定环境中的学习如何发生。我们的教学方法可以富有创意、体贴周到、无所不包。我们要准备好去识别学习中的文化障碍,去预测学习者的需求,去确定适当的设计意涵。

3. **让所有教学材料皆易于使用。**要确保为所有视频和音频材料配上字幕,并为所有音频内容(包括涉及音频线索的视觉提示或任何类型的其他必要音频特征)提供文本副本。创建和实现这些功能需要时间,因此要在项目管理的时间表上分配足够的时间和资源来创建这些设计功能。

4. **教学材料的组织应以布局为重点,以提供合乎逻辑的信息进程,确保清**

晰而简单的导航和/或可读性。在创建文本部分时,请考虑文字大小、可读性(字体清晰)以及色彩对比。对于那些非文本的图形、导航工具、标题和按钮等项目,要用可供选择的文本标签予以标记。可能的话要提供完整的文本版本。限制使用花哨的弹出窗口、复杂的图形、复杂的表格和框架等。

315

应用问题

1. 你是一所地方大学的兼职教师。关于下学期的课程和教学的政策已经进行了调整。现在,该大学的全部课程都要按照通用学习设计的三大原则,即多重表征手段、多重表达手段和多种参与手段来进行开发。你正在为未来的教师上一门教育媒体课程,课程内容主要涉及技术在课堂中的应用。具体而言,你将教会这些未来教师在其将来的K-12教学中如何利用在线环境的元素和活动,如博客、播客、视频广播和社交网络等。

a. 你将如何设计或设置自己的课程以满足多样化学习者的需求? 你将如何在表征、表达和参与阶段纳入多模态活动?

b. 你会采用哪些设计意涵来把多元文化融入到未来教师的技术课程中?

2. 在每年6月1日到11月1日期间,路易斯安娜州的墨西哥湾沿岸城市新奥尔良经常受到吓人的飓风威胁。你可能还记得,这座城市在2005年8月被飓风卡特里娜摧毁。许多人因为一个存在严重缺陷的疏散计划而丧生。为了确保不再发生这样的事情,城市规划者和公共安全官员设计了一个创新性的出色的疏散计划以应对另一场灾难性的飓风。你受聘开发和实施一系列公共培训研讨班,以便让公众了解该疏散计划。

a. 在进行学习者分析时,你将询问哪些问题以确保自己收集到有关文化和身体/认知障碍方面的信息?

b. 你将采用哪些策略来满足在文化、经济、教育及其他方面各不相同的人群的需求?

c. 实施多模态的多样化模型策略的挑战有哪些?

Bucher, R. D. (2000). *Diversity consciousness*. Upper Saddle River, NJ: Prentice Hall.

Guild, P. B. (2001, October). Diversity, learning style, and culture. *New Horizons for Learning* Retrieved from http://www.newhorizons.org/strategies/styles/guild.htm

Hyter, M. C., & Turnock, J. L. (2005). *The Power of inclusion*. Mississauga, Ontario: Wiley.

Meo, G. (2008). Curriculum planning for all learners: Applying universal design for learning (UDL) to a high school reading comprehension program. *Preventing School Failure, 59*(2), 21–30.

Pliner. S. M., & Johnson, J. R. (2004). Historical, theoretical, and foundational principles of universal instructional design in higher education. *Equity and Excellence in Education, 37*, 105–113.

Rogers, P. C., Graham, C. R., & Mayes, T. C. (2007). Cultural competence and instructional design. *Education Tech Research Development, 55*(2), 197–217.

Rose, D. H., Harbour, W. S., Johnson, C. S., Daley, S. G., & Abarbnell, L. (2006). Universal design for learning in postsecondary education: Reflections on principles and their application. *Journal of Postsecondary Education and Disability, 19*(2), 135–151.

Rose, D. H., & Meyer, A. (2002). *Teaching every student in the digital age: Universal design for learning*. Alexandria, VA: Association for Supervision and Curriculum Development.

Simoncelli, A., & Hinson, J. M. (2008). College students with learning disabilities personal reactions to online learning. *Journal of College Reading and Learning, 38*(2), 49–62.

The Statistic Portal. (2015). The most spoken languages worldwide. Retrieved from http://www.statista.com/statistics/266808/the-most-spoken-languages-worldwide/

United Nations Department of Economic and Social Affairs. (2013). International migration. Retrieved from http://www.un.org/en/development/desa/population/theme/international-migration/

United Nations Department of Economic and Social Affairs. (2015). Inclusiveness, equal access critical to keeping persons with disabilities at heart of post-2015 efforts, special rapporteur tells commission for social development. Retrieved from http://undesadspd.org/Poverty/WhatsNew/tabid/1347/news/504/Default.aspx

United Nations Population Fund. (2014). Youth world population. Retrieved from http://www.unfpa.org/swop

第三十八章　演进中的教育材料经济学和开放教育资源：紧密结合教育的核心价值观

戴维·威利博士　　流明学习公司

教育即分享

本章阐述的是版权对教育的负面影响，以及作为对此问题的回应而出现的开放教育资源（OERs）。开放教育资源领域的工作是基于对教育本质的特定理解；具体而言，教育就是分享。因此，从一开始我们就应该具体说明分享的含义，以及为什么教育是一种分享。

分享，就像人们通常理解的，是自愿提供和自愿接受。例如一个孩子给另一个孩子巧克力豆，而另一个孩子愉快地接受，我们就将此视为一种分享。相反的例子是：一个孩子给另一个孩子巧克力豆，而另一个孩子表示婉拒，我们就不会认为有分享发生。同样，一个善意的家长违背孩子的意愿强迫一个孩子把巧克力豆分给另一个孩子时，我们同样不会认为有分享发生。这个自愿提供和自愿接受的框架是分享的核心含义。

我说教育即分享，指的就是这个意思，即教育包括自愿提供和自愿接受。当一个人自愿向其他人分享知识、专长、技能和激情等，而其他人自愿接受他提供的东西，我们就可以恰当地称此为教育。请注意，这种分享可以是从传统意义上的"教师"流向传统意义上的"学生"，也可以是从"学生"流向"教师"。我们倾向于认为教育情境中的一切分享都是由教师来进行的，但是一个有才干的教师总是鼓励学生与教师和其他学生分享他们的问题、关切和见解等。家庭作业、测验和其他任务只不过是鼓励学生与教师分享其当前理解状态的一种形式化的方式。

学生往往特别尊敬和崇敬那些在本职工作的要求外愿意分享时间、关切和关爱的教师。教师则愉快地记住了那些在课程大纲要求之外愿意分享其努力、奉献和承诺的学生。

确实，教育就是分享。

在面对面互动的情况下，教育作为分享，可以采取各种各样的样式和形式。本章主要关注的是，分享双方在时间上分离的情况下进行分享的样式和形式。这种愿意同其他不在场的人分享的愿望促进了教育材料的创造——课本、视频、播客、游戏、模拟和其他媒体，教学设计者、教师及其他人试图通过这些材料跨越虚空（void）来与他人分享自己的所知、所想和所感。

许多个世纪以来，这种想跨越时间与他人分享的愿望主要表现为在石头、木头、皮革、陶器、纸莎草、羊皮纸等上面书写。当古登堡（Gutenberg）把金属活字、油基油墨及历史上用来制造橄榄油和葡萄酒的螺旋压榨机结合在一起，形成一个能够大量生产书面文字的实用机器时，一场革命就爆发了。虽然古登堡的书较之前的手抄本便宜了几个数量级，但其分享还是相对较困难的。

317　　任何一个曾经试图在图书馆查找一本畅销书的人都知道，与其他人分享书籍可能是一种令人沮丧的经验。这是因为书籍是经济学家们所说的私有物品，这就意味着它有两大特征：竞争性（rivalrous）和排他性（excludable）。竞争性的意思是当一个人在使用某本书籍时，其他人便不能同时使用该书籍。其他具有竞争性的物品如我的汽车、我的袜子和我的口香糖等。如果你在开我的车、穿我的袜子、嚼我的口香糖，那么我就不能使用它们。排他性的意思是那些没有购买某本书的人便不能享受拥有该书的好处。具体排他性的物品同样如我的汽车、我的袜子和我的口香糖。如果我不想让你开我的车、穿我的袜子、嚼我的口香糖，我只需把它们锁起来。

与属于私有物品的书籍不同的是，书中所述的观念、故事、概念等属于公共物品。我具有关于勾股定理及其应用的知识，但这并不妨碍你同时也知道这些内容（即有关这一定理的知识不具有竞争性）。同样，我也不可能阻止你学习勾股定理(即有关这一定理的知识不具有排他性)。托马斯·杰斐逊(Thomas Jefferson)在 1813 年写给伊萨克·麦克弗森(Isaac McPhereson)的信中说:

> 如果说大自然使一件事物比其他任何事物更不容易受到排他性的影响,那么这件事物就是被称为观念的思想力量的活动。只要一个人将此观念藏于内心,就可以独自拥有此观念;从此观念被泄露的那一刻起,它就会强制性地被每个人拥有,而接受者也不能将之驱除。它的独特之处还在于,每个人拥有的量都不会少,因为每个人都拥有它的全部。接受我观念的人受到了指导,但不会减少我的观念;就像他用我的蜡烛点燃了他的蜡烛,他得到了光明却不曾让我陷入黑暗一样。这些观念应该在世界各地自由传播,用于人类的道德和相互教导,并改善其状况,它们似乎是由大自然仁慈地特别设计出来的,大自然使它们像火一样充溢于整个空间而不降低它们在任一点上的密度,也像是我们呼吸、运动和容身的空气一样,不受限制也不能独占。

观念的非竞争性和非排他性是极其重要和基本的概念,而这在教学设计、学习科学和认识论课程中并未得到完全的审视和赏识,但正是因为观念的非竞争性和非排他性,整个教育事业才有可能。观念是公共物品。为了说明这一点,请你想象这样的一个世界:其中的观念都具有竞争性。为了把我所知道的有关任务分析的全部内容教给你,我就必须忘记我所知道的有关任务分析的全部内容。教的同时必须忘记,就像一位选手在一场接力赛中把知识的接力棒交给下一位选手一样,立刻就失去了他或她原本知道的一切。在这样的世界里,弗莱雷(Friere)(1970)描述的教育银行就是一个贴切的比喻——教师不仅仅是把知识存储在学生的头脑中,而且他们还必须从自己的头脑中除去这些知识。

教学设计者、教师和其他人帮助学生形成的知识、技能和态度都是公共物品。有时,人们愿意与那些同他们在时间上分离的人分享其观念。自古登堡以来,这种分享的愿望常常使人们用书籍来表达自己的观点。但是——并且这一点至关重要——当这种表达我们观念的书籍印制出来时,我们的观念却已经发生了重大变化。纯粹的、非竞争性的、非排他性的观念在一本物质形态的具有竞争性和排他性的书籍中表现出来。

网络数字技术、分享和教育

由于种种原因,互联网被许多人誉为革命性的事物。对于那些志在教育的人,互联网最具革命性的方面是它对我们的分享能力的影响。如表 38.1 所示,当我们借助书籍之类的物质手段来表达知识时,是把公共物品表现在私有物品之中,而互联网是一种数字化的表达手段,它提供了一种极其不同的备选途径。当观念以数字形式来表达,并且这些表达可以通过网络获得时,这些表达依然是公共物品,至少从实践的视角来看是这样的(法律问题将在后文讨论)。一份印刷版本的《纽约时报》只能供一个人阅读,而且如果你不付费的话将不能获得该报的复本,但在 nytines.com 网站上,一百万个人都可以同时阅读。

表 38.1 知识和知识表达的粗略分类

表达的性质	举例	物品类型
"纯粹的"观念	关于昨日天气详细信息的知识	公共物品
观念的物质性表达	印在传统报纸上的昨日天气详细信息	私有物品
观念的数字化表达	在线的昨日天气详细信息	公共物品

互联网的公益性质对我们的分享能力(以及由此而来的教育能力)的影响怎么强调都不为过。在互联网出现以前,如果我们想为 100 名学生提供一份课程大纲供他们阅读并随时查阅,那么我们必须印制 100 份课程大纲。有了互联网后,我们只需将一份课程大纲放到网上,然后所有学生便可以同时访问该课程大纲。我们无须把学生们带到媒体中心,让他们排队等候观看盒式录像带或 DVD 上的内容,而只需把一段视频上传至 YouTube 即可。我们不必为了上文学课而购买数十本《傲慢与偏见》,只需向学生指定古登堡计划(Project Gutenberg)网站上的副本即可。

318   我们进行分享的技术能力有了极大的提升,这使得人们分享的意愿也极大地增强。对于一本珍爱的书籍、一份炸薯条或一张最爱的 CD,人们很难愿意去分享，因为如果你把我的书和 CD 拿回家，吃了我的薯条，我就再也不能享用它们了。但是，公共物品的分享就容易多了。你会毫不迟疑地邀请你的朋友观看你刚刚看过的 YouTube 上的搞笑视频，因为他们的观看不会妨碍或阻止你同时去观看。

教育材料从物理副本（私有物品）向数字副本（公共物品）的转变可能使教育的覆盖面和影响发生革命性的变化。不过，可行并不等于合法。

版权法的影响

虽然互联网的出现持续不断地、极大地提升了我们进行分享的技术能力，进而提升了我们开展教育的能力，但还有一些技术能力以外的因素必须予以考虑。早在互联网隐隐约约闪现于工程师眼中之前，政府就开始授予创造性作品的作者以版权。版权是政府强制执行的一种垄断，它保留版权持有人从事某些活动的专属许可，禁止公众在未获得版权持有人许可的情况下从事这些活动。在这些受管制的活动中，最核心的是制作和分发副本。请注意，这些受管制的活动恰好也是那些最容易由互联网促成的活动。

从历史上看，版权法遵循自然的原则，承认观念（公共物品）与观念的表达（历史上被认为是私人物品）之间的重要区别。观念本身不符合版权保护的条件，但观念的表达则符合版权保护的条件。在早期的美国历史上，那些想要保护和行使其版权的人需要申请版权保护。这是一种明智的做法，因为一般人并无意将每天都在创造的绝大多数可能有版权的东西商业化。这种要求登记的方法承认商业不是生活的规则，而是生活的例外——商业只是生活和社会的一小部分。

但是，后来随着《伯尔尼公约》和《与贸易有关的知识产权协定》（TRIPS）的颁布，无论作品的创作者是否想要版权保护，以任何媒介形式表达的所有创造性作品从其问世的那一刻起就会被自动赋予版权保护的全部效力。无论其表达手段是物质化的还是数字化的，这一规定都适用。如果你的国家是《伯尔尼公约》签署国或者是 TRIPS 的缔约国，那么就会有一些奇怪的事情发生。四岁的孩子无意中拍下的一张模糊的地毯照片现在享有同《星球大战：原力觉醒》或碧昂丝最新专辑同等程度的版权保护。在法律的眼里，商业现在是生活和社会各方面的假定默认状态——商业是规则,而分享是例外。

日常生活现实同法律把商业视为默认状态的观点相左。不管人们是否在 Facebook 或者 Tumblr 等平台上分享数十亿流行的"模因"(memes)或照片,或者教师们相互交换课程大纲和教学计划,所有这些材料都自动且完全地由其创作者拥有版权,在没有许可的情况下进行分享是非法的。正如哈佛大学法学教授拉里·莱西希(Larry Lessig)所说,现代版权法使我们所有人都成了罪犯(Lessig,2008)。

"合理使用"(fair use)是被直接写进版权法的免责条款,规定在一些特定情况下可以无需版权人的允许而使用版权作品。合理使用及其他类似的版权例外情况在理论上允许教育者在一些非常不明确的情况下无需版权人授权而使用版权资料。但是,许多大公司通过售卖版权材料而获取利润,这种做法极大地削弱了公众实际的合理使用能力。版权保护现在受到诸如美国《数字千年版权法案》(DMCA)等的立法保护,DMCA 禁止教育者和其他人绕开版权保护技术而合法地使用版权材料。尽管教师可以合法地宣称其在课堂上使用版权作品的方式是合理使用,但 DMCA 仍会将为了合理使用而绕过数字版权管理的行为定为犯罪。

一方面互联网让分享更容易,另一方面版权法及相关法律让分享越来越难,并且一般视其为非法。虽然数字资源本来是可以被所有人自由分享和使用的公共物品,但自动赋予所有数字资源的版权限制却使它们具有人为的排他性。在这种情况下,它们既不是公共物品也不是私有物品,而是经济学家所称的"俱乐部物品"。俱乐部物品是具有非竞争性但有排他性的资源,如有线电视和卫星电视。我在我的电视机上看有线电视节目并不妨碍你在你的电视机上看同一个节目(非竞争性),但除非我们都付费,否则有线电视或卫星电视运营商是不会让我们看的(排他性)。换句话说,只有你付费成为俱乐部的一员,你才能使用俱乐部物品。

回归分享:开放教育资源

由于数字化资源天生就是公共物品,便于分享,它们为教育提供了难以置信的机会。教育的性质(分享)同数字技术的性质(非竞争性和非排他性)之间很明显是一致的。只是当数字技术被加上了版权限制后,它们就失去了与教育事业的一致性。出版商们及其他人费尽心思,花费上百万美元和大量研发工作来打破这种一致性,使数字化资源具有人为的排他性,这一事实真令人恼火。数字化资源的自由分享能力为人类实现全民教育带来了最美好的希望,但各大教育公司都在积极主动地破坏这种能力。

越来越多的教育者——以及整个社会——都拒绝商业关切过度介入其课堂和生活。为了应对这种过度介入,他们创造和推动了一些能在现有版权法框架内实现更广泛和更方便分享的方法。其中最著名的就是知识共享(Creative Commons),知识共享是一个非营利组织,它创造和提供免费的预先写好的版权许可,作品创作人可以利用这些版权许可授权公众以多种方式广泛使用其作品。根据一份在一些大型搜索引擎(如谷歌)支持下撰写的报告估计,网上可获得的CC授权作品数已超过十亿(Creative Commons,2015)。

如果教育资源采用了类似于CC授权的开放版权许可来授权,就是开放教育资源(OER)。因此,OER就是具有版权许可的教育资源,它为公众提供了免费的、不可撤销的、永久的法律许可,允许他们从事威利(Wiley)(2015)所说的"5R活动"。

1. 保留(retain):制作、拥有和控制材料副本的权利(如下载、复制、储存、管理副本);

2. 重用(reuse):以多种方式使用内容的权利(如在课堂上、在学习小组中、在网站上、在视频中);

3. 修订(revise):改编、调整、修改或改变内容本身的权利(如把内容翻译为另一种语言);

4. 重新合成(remix):将原始内容或修订后的内容与其他开放内容合并创建新东西的权利(如将内容合并到一个混搭作品中);

5. 再发布(redistribute):与其他人分享原始内容、修订后的内容或重新合成的内容的权利(如给朋友一个副本或把副本发到网上)。

开放许可在数字化教育资源上的应用消除了版权加诸其上的人为排他性,使数字化教育资源回归到其作为公共物品的本来状态(见表38.2)。

5R中最基本的许可是"保留",因为有了它才有其他活动。比如说,如果我不能下载自己的资源副本,那么我就不能改变它。随着声田(Spotify)和奈飞(Netflix)等服务在家中出现以及图书馆订阅电子书库、数据库、期刊等服务在校园内出现,保留的重要性变得尤为明显。这些服务都以租赁的方式允许用户短期使用书籍、论文、歌曲、电影和其他材料,而不让用户购买可以真正为个人拥有和控制的个人副本。

表38.2　知识和知识表达的精细分类

表达的性质	举例	物品类型
"纯粹的"观念	关于昨日天气详细信息的知识	公共物品
观念的物质性表达	印在传统报纸上的昨日天气详细信息	私有物品
观念的数字化表达(受传统版权法限制)	在CNN上在线发布的昨日天气详细信息	俱乐部物品
观念的数字化表达(开放许可)	在维基上在线发布的昨日天气详细信息	公共物品

教育者、教学设计者、学习者和其他人必须注意不要把免费获得的资源混同于开放教育资源。从根本上说,互联网上的所有资源都是免费获得的——英国广播公司、纽约时报、国家地理杂志的文章都可以在网上免费获取和阅读。而开放教育资源不仅可以免费访问,还为教育者、教学设计者、学习者及其他人提供了5R许可,使他们可以下载副本,进行修订和完善,并自由地与其他人分享这些副本。

教育资源与教育核心价值的契合

教育与传统的版权从根本上就是彼此相左的。教育是分享,而传统上版权的目的是使分享非法,除非得到权利持有人的许可。获得版权许可的过程是相当费钱费时的。这种情况对那些想利用版权材料来设计教学的教育者和教学设计者提出了严峻的挑战。如果教师将其课程中使用的教育材料的设计和创作出让给出版商,那么出版商就会用版权使这些材料具有人为的排他性,这样对学生来说,教育材料就变得稀缺和昂贵了。

获得许可的过程常常——而且越来越——不可能。"孤儿作品"(orphan work)是受版权保护的作品,但其版权持有人却无法确定或联系。例如,一张没有注明摄影师的照片就是孤儿作品。如果无法联系到一个作品的权利人,就无法获得分享一个创意作品所必需的明确许可。

因此,传统上受版权保护的教育材料与教育的核心价值极为相左。教育是分享,但版权却使分享变得复杂且代价高昂。即使没有版权法加诸于分享的人为限制所造成的额外的复杂性,教育也已经足够复杂了。直到最近,依然没有一种广泛可用的替代方法,只能接受这种复杂的限制并在这种复杂限制下工作。 *320*

与此相反,正如5R框架所阐释的那样,开放教育资源明确地允许分享。有了开放教育资源,便不必花时间或其他资源去获取许可,因为每一项开放教育资源的发布方式都为每个人——包括教师、教学设计者和学生——提供了免费、永久和不可撤销的改编和分享的许可。因此,开放教育资源与教育的核心价值非常契合,使分享的过程尽可能地便宜和容易。

虽然教育者长期以来一直依赖合理使用等版权豁免来偶尔规避复杂的、高成本的权利许可,但教育情境中的合理使用和相关论点通常要求受版权保护的作品只能在非常有限的情境中使用,即在课堂上使用或在密码保护下使用。教育的合理使用在本质上必须秘密进行,这完全排除了师生通过互联网进行开放协作的可能性。虽然在未经许可的情况下对受版权保护的作品进行合理使用有时候是合适的,但这些使用必须始终独立地进行,让每个教员或学生都能在自己的独特情境下进行再创造。就此而论,传统版权法与互联网的本质是相对立的,它阻碍了网络效应的出现,而网络效应是许多创新的标志。网络效应在某些情况下被描述为"站在巨人的肩膀上"效应,这一效应使人们能够在前人所做的最佳工作的基础上进行进一步的建构。开放教育资源可以促成这种效应,而合理使用却使你无法知晓是否有人站在附近。

对师生的实际影响

当教师选择采用开放教育资源来取代商业化教育资源时,他们认识到了由于开放教育资源与教育核心价值相契合而带来的两大好处。第一,采用开放教育资源为教师提供了重新专业化的机会,使教师能从事一些已被许多教师放弃的专业活动;第二,开放教育资源为教师提供了前所未有的教学法自由。

一点一点地,教师在不知不觉间把对自己的教育材料的内容及其设计的控制割让给了出版商。从这个角度看,出版业应该为教师技能的大幅度降低负责,因为它们为教师们不从事这些活动提供了"方便的借口"。从长远来看,这种情况对出版商尤其有利,因为整整一代缺乏这些重要技能的教师都要完全依赖出版商所制作、审阅、选择和组装的教学材料。

而采用开放教育资源是一种完全不同的经验。对教师来说,选择开放教育资源必定不是其专业和智力的尽头。开放教育资源中的每个单词、每张图片、每个例证、每个定义以及每一个其他方面都要留待教师去本地化、去改编、去重组、去完善。教师可能选择忽略其他人汇编的开放教育资源,并从头开始建构自己个人的开放教育资源汇集。而另一方面,如果教师只想简单采用其他人的开放教育资源汇集,像从前使用商业性课本一样使用这些开放教育资源汇集,他们也可以选择那样做。开放教育资源使教师有更多机会参与对自己行业的核心工具的评价、选择、监管、完善及拥有等。

第二大好处是,采用开放教育资源而不是传统课本极大地拓展了教师在教学法方面的学术自由。在使用开放教育资源的情况下,教师可以开展众多的活动和任务,而使用传统课本时这些活动和任务是不可能进行的。例如,教师可以给学生布置任务去寻找比当前材料更直接更清楚地阐述某个课程主题的开放教育资源,并承诺他们找到的最好的资源将被纳入正式课程材料中。在类似承诺下,学生可以自己撰写材料,拍摄视频,录制访谈等。这样,这些活动就不再是那种学生只投入少量时间并在评分后立即丢弃的作业(如答卷),而变成了具有真正价值的将会被同伴使用和重视的活动,既让学生个人感到满意,又能为他们赢得小小的声誉。采用开放教育资源而不是商业化材料,教师可以邀请学生成为知识的共同创造者而不是被动的接受者。在教师采用传统课本时,这些情况是根本不可能出现的。

教师采用开放教育资源的决定也会对学生产生影响。若每一个学生都可以免费地获取指定要阅读、观看和练习的所有材料,那么将对学生的学业成功产生非常明显的影响。"回顾项目"(The Review Project)(Hiltom，2015)是一份正在进行的关于采纳开放教育资源的影响的在线文献综述,其中指出:

关于学生和教师对开放教育资源的看法,有八项有关开放教育资源的研究调查了 2747 名学生和 847 名教师的看法。在每一项研究中,被调查的师生基本都不认为开放教育资源质量低劣。在各种不同情境的多项研究中,学生们都一致指出,自己面临着经济上的困难,而开放教育资源为他们带来了经济方面的好处。这些研究的一个普遍发现是:大约一半的师生认为开放教育资源的质量可以与传统资源相媲美;近一半的师生认为开放教育资源的质量优于传统资源;少数师生认为开放教育资源的质量不如传统资源。

在十项试图测量与学生效能有关的结果研究中,总共有 7779 名学生使用了开放教育资源。虽然没有一个研究者声称有因果关系存在,但开放教育资源的使用有时与更高的考试成绩、更低的失败率或退出率存在相关关系。在这些测量学生效能的研究中,有九项研究都发现使用开放教育资源的学生的表现并不差于使用传统课本的学生。

即使开放教育资源的使用没有显著提升学生的学习成果,但以下也是非常重要的发现:(1)学生和教师普遍认为开放教育资源与传统课本一样 *321* 好甚至更好;(2)在使用开放教育资源时,学生并没有表现得更差;(3)使用开放教育资源在没有对学习产生任何不良影响的同时,可以为学生、家长和纳税人节省数十亿美元。

高等院校越来越多地依赖开放教育资源,弗吉尼亚州的 Zx23 项目就证明了这一点。在 Zx23 项目中,弗吉尼亚州的 23 所大学承诺,在完成至少一个校园学位项目所必需的全部课程中,用开放教育资源取代商业性课本(Sebastian，2015)。开放教育资源被越来越广泛地采用,因此,对于教学设计者、教学技术专家、教育研究者和其他人来说,极其重要的一点就是要理解它们是什么,它们从何而来,以及它们为什么重要。

1. **教育即分享。**观念、知识、技能和态度是公共物品。这意味着它们具有非竞争性和非排他性,因而易于分享。

2. **以物质制品的形式如书籍来表达的观念、知识、技能和态度是私有物品,这意味着它们具有竞争性和排他性,因而难于分享。**

3. **当观念、知识、技能和态度的具体表达形式由物质形式转换为数字化形式时,就将它们从私有物品变回了公共物品,使它们又变得易于分享了。**

4. **版权法为我们利用技术来分析教育材料的能力加上了人为的限制。这就使公共物品变成了俱乐部物品,再次使它们变得难于分享。**

5. **在开放许可下出版的教育材料称为开放教育资源(OER)。**当数字化教育材料变成开放教育资源时,它们又变回了公共物品。在线发布的开放许可材料已超过了十亿。

6. **与传统版权下保留所有权利的材料相比,开放教育资源更好地契合了教育的核心价值。**这种契合为更低成本、更灵活、更有效的教育创造了机会。

7. **由于开放教育资源极为契合教育的核心价值,用开放教育资源取代受传统版权保护的教育资源,为教师和学生提供了独特的机会和好处。**教学设计者、教师、其他教育者和管理人员应当对开放教育资源有一个基本的理解。

应用问题

1. 供求关系是古典经济学的基础。传统上,出版商为了维持自己产品的高价格,用版权让数字化资源具有人为的排他性,造成人为的资源稀缺。在一个开放教育资源可以无限供应(因为它们是公共物品)的世界里,教育出版的经济学会发生什么变化?未来教学设计师的角色是什么?在一个教育资源无限供应的世界里,教育经济学又会发生什么?

2. 既然研究表明大量可免费获取的开放教育资源的有效性至少可与传统教育资源相媲美,那么要求学生为一门课程购买 150 美元或 250 美元一本的课本是否会引发重要的伦理问题或道德问题？如果会，那么教师选择他们想要的任何课程材料的学术自由与这些伦理问题或道德问题之间是什么关系？未来各机构是否应当针对这些问题制定相应的政策？如果是的话，什么样的政策才是合适的？

3. 加诸于教师和教学设计师行为的限制就像重力对日常生活的影响一样无处不在。在我们的设计实践中，我们对于哪些是可能的、哪些甚至是不应考虑的等问题的直觉，都深受我们对于版权相关的"世界如何运作"的认识所影响。当去掉了版权的限制后，就像开放教育资源那样，新的教育实践、教学设计、评估策略及教学法等可能会变成什么样子？如何才能鼓励人们摆脱版权的历史限制，在开放教育资源的世界里进行更广阔的思考？

参考文献

322

Creative Commons. (2015). The state of the commons. Retrieved from https://stateof.creativecommons.org/

Freire, P. (1970). *Pedagogy of the oppressed*. New York: Herder and Herder.

Hilton, J. (2015). The review project. Retrieved from http://openedgroup.org/review/

Jefferson, T. (1813). Thomas Jefferson to Isaac McPherson. Retrieved from http://press-pubs.uchicago.edu/founders/documents/a1_8_8s12.html

Lessig, L. (2008). *Remix*. London: Bloomsbury Academic.

Sebastian, R. (2015). Zx23 project. Retrieved from http://edtech.vccs.edu/z-x-23-project/

Wiley, D. (2015). Defining the open in open content. Retrieved from http://opencontent.org/definition/

第三十九章 变化中的设计概念

伊丽莎白·博林

肯农·M·史密斯

印第安纳大学

323　　借鉴建筑、产品设计、设计工程等传统设计领域中关于设计的现有哲学研究和实用主义研究，对教育技术领域内教学设计师所做工作的真正性质可以形成新的清晰认识。几十年来，教育技术领域的主流观点一直认为教学设计是一门科学（Merrill，Drake，Lacy，Pratt和第2代教学设计研究小组，1996），或许带有一点点艺术，尽管艺术的方面并没有被深入讨论（Richey和Klein，2010）。随着时间的推移，对教学设计的科学观表示质疑的声音时有所闻，但并没有明显改变领域内的论述。随着跨学科学者重新思考设计的本质并认真关注这方面研究，领域内的学者开始关注这方面工作（Hokanson和Gibbons，2014；Hokanson，Clinton和Tracey，2015），新的设计观也融入了教育技术领域。

教育技术领域内的现有设计观

回顾教育技术领域的文献可以发现，领域内对"设计"术语的使用很频繁但不太一致。西尔斯（Seels）和里奇（Richie）（1994）总结了这一术语的几种常见用法。其中，教育技术领域内目前最广泛使用的"设计"概念或许是与领域的科学观相联系的，以过程为中心的ADDIE之类模型中的一个步骤或概念。相反，当我们继续论证这种观念正在改变也应当改变时，我们将在更广泛的意义上使用"设计"这一术语——认为它包括了改进学习和绩效所需要的全部努力。

我们对设计的理解对于领域内的设计研究和设计实践具有重要意义。在过去五十年间,人们投入了大量努力去开发能指导教学设计工作的系统化过程模式。目前已有数百个这样的模式(Gustafson和Branch,2002)。这些模式深远地影响了我们对教学设计思维和教学设计工作的理解,以至于有时甚至被视为设计知识的体现。迪克(1997)曾说:"我们的模式在总结我们领域内的诸多贡献者的研究和程序方面是非常有用的。我们的模式所代表的理论可以看作一连串的'如果—那么'陈述。"换句话说,设计(在"我们所作所为"这一更广泛意义上)被普遍认为等同于过程。

当然,教育技术并不是唯一一个在20世纪60、70年代间出现了过程模式(如Alexander,Ishikawa和Silverstein,1977;Jones,1970)的领域。当时,许多设计领域都提出了过程模式或概念模式作为设计工具。不过,在相对短暂的时期内,"把过程本身作为目标来追求便导致了惨败"(Rowe,1987,p.111)。

相比之下,在教育技术领域,过程模式以及把设计作为此过程中一个组成部分的理解却相当稳定地持续着。事实上,就在2010年,布兰奇(Branch)把ADDIE(分析、设计、开发、实施和评价)解释为"一个产品开发范式"(p.1),其中每一步都"生成一个可交付成果……,这个成果……经过检验然后成为下一步的输入"(p.4)。

324

关于设计,各个设计领域几乎同时形成了这样一些基于模式的理解,对其中的动机进行审视可以帮助我们解释这种认识为什么会在教育技术领域持续存在。克罗斯(Cross)(2007)在分析传统设计领域何以专注于过程模式时指出,至少有些活动可以归因于"使设计科学化的强烈愿望",其最积极的方面是要努力建立一个"有别于前工业化、手工艺取向设计的现代设计——以科学知识为基础"(pp.119-121)。沿着使设计科学化这条路,我们可以看到这样的担忧:如果设计不是科学的,那么其有效性就缺乏依据。对此,梅里尔及其同事(1996)曾做过如下阐述:

> 教学设计不仅仅是哲学,它不是通过协作而达成的一系列程序,而是开发教学经验和环境的一系列科学原理和实现这些原理的技术。……教育技术特别是教学设计的许多结构都建立在相对主义的沙子之上,而不是建立

在科学的岩石上。每当新范式的风一吹来,旧范式的沙子就被吹散,然后教育技术的结构便滑向伪科学和神话的深渊。我们坚决抵制新范式和"现实"的流沙。我们在沙滩上画了一条线。我们勇敢地重申,教学设计的技术是建立在教学科学的岩石之上的。(p. 7)

在我们看来,这种论调在科学和非科学之间设定了一种错误的选择。我们认为教学设计不是一门科学,也不必为了维持其合法性而把它锻造成一门科学,但是它可以将自己定位于设计传统,并可以在需要时利用科学原理和过程。

对教育技术领域之设计观的质疑

教育技术领域内有些学者主张拓宽我们对设计的认识,不要只把它视为基于过程模式的科学,在此我们将回顾一些值得注意的例子。早在 1983 年,克尔(Kerr)通过一项经验性探究去查明设计者在工作中实际上在做什么,最后认为我们领域有必要考察与其他设计领域之间的联系。大约十年后,墨菲(Murphy)(1992)运用劳森《设计者如何思考》中的框架,对设计的一般性特征和我们领域要解决问题的特征进行了比较,认为二者是一致的。他呼吁同事们要"了解并学习其他设计领域"(p. 282)。1997 年,戴维斯(Davies)呼吁设计活动中应彻底并行化——"在设计影响原型时确定目标,并同时确定适当的主题内容"(p. 41),也要承认设计过程中现实世界的混沌性。总之,戴维斯的建议就算事实上没有否认教育技术作为一门科学的身份,也意味着对过程模式的核心地位的严重削弱。威尔逊(Wilson)(2005a,2005b)将这些观念进一步发展,他认为有必要考虑"实践者的视角,将之作为一种必要的良方,用于应对领域内过于看重这种捷径理论以及科学凌驾于其他知行方式的特权",并认为教学设计"本身就是一个合法的事业领域"(2005b, p. 11)。他对领域基础的拓展意味着应拓宽我们的设计观,以纳入一些"常常被忽略的设计方面……意义的道德和价值观层面以及设计工作的美学方面"(2005a, p. 15)。

杨查(Yanchar)和加比塔斯(Gabbitas)(2011)在质疑折中主义(领域内关于理论运用的一种普遍的同样以过程为中心的立场)的有效性时,提出了关键灵活性(critical flexibility)概念,作为纳尔逊(Nelson)和斯托尔特曼(Stolterman)

(2012)所说的设计者判断(designerly judgement)的一种缜密形式,把设计者置于设计活动的核心。帕里什(Parrish)(2009b)主张的一个明确含义是,方法(如讲故事)可能在设计中具有主要作用,因此,过程本身不能产生设计结果。史密斯和博林(Boling)(2009)认为我们领域内对设计的理解具有多种局限,其中最大的一点就是没有看到设计者是设计中的一个重要资源。罗兰(Rowland)(2008)探讨了教育技术设计的观念,认为这是"教育情境中一个充分发展的探究系统",在这个系统中"设计和研究……作为独立的探究……具有形式上的交叉……将会相互转化"(p.7)。即设计被描述为一个合法的与传统上公认的研究等同的知识建构形式,它与传统的研究协作发挥作用;二者携手才能产出真正的教育创新。虽然这些人都对过程观的核心地位及其在处理复杂易变的人类情境时的局限性提出了质疑,但他们中没有一个人主张彻底背离设计中的理性。

近来,要求改变教学系统设计(ISD)的过程取向的呼吁部分遭到了两个相互关联的假设的阻碍。第一,过程取向是严肃的科学工作的先决条件;第二,艺术是科学的对立面。在1995年迪克和罗兰于《教育技术》上的交战中,可以看到艺术和科学是教育技术学据以识别自己的主要或唯一的传统这一观点。迪克沿用ISD批评者的用语,把"创造性"(或艺术性)设计和"系统化"(或科学性)设计对立起来,他的基本假设是:一个人如果不是科学地实践,那他就一定是艺术地实践,这样的实践可想而知会缺乏严谨性和可信性。梅里尔及其合著者(1996)采取了基本相同的立场。他们把教学科学与"教学设计的技术"区分开来(p.5),说"教学是一门科学"(p.5),而教学设计的技术"建立在教学科学的岩石之上"(p.7)。他们没有把科学和艺术相对立,而是把科学与哲学相对主义的不确定性荒漠相对立——强烈暗示同样缺乏严谨性。

我们直接挑战艺术和科学相对抗的假设,为此,摒弃了与此相关的"过程模式是科学的"这一假设。与其把这些传统看作是相互对立的,不如把艺术和科学视为具有某些基本共性——特别是对于总体真理的追求(Gold,2007)——而又有区别的传统,并把设计看作是一个单独的传统(Nelson和Stolterman,2012),有自己的认识方式和知识建构方式,受寻求"最终的特定性——具体的(实例)设计"所驱动(p.33,原文为斜体字)。

把设计视为一种传统是指把多种设计活动置于中心地位并认为它们都是

"设计",这种观点把我们在 ISD(如设计研究或分析、原型评价、制作等)中所做的所有事情都描述成设计的一部分(Nelson 和 Stolterman,2012)。虽然设计确实要利用和依赖科学,就像科学要利用和依赖设计一样,但这样的设计传统不同于科学(不过与科学平列)(Baird,2004;Gibbons,2013;Nelson 和 Stolterman,2000;Rast,2004)。根据这样的认识,设计就是在一个复杂的概念空间内实现具体(尽管不能全面描述)目标的行动,这个复杂的概念空间包含着各种可能性和约束,其中的主要力量是设计者而不是他们使用的工具(Boling,2008;Cross,2007;Goel 和 Piroli,1992;Lawson,2005)。

在把设计视为空间而不是过程的概念模式中,有一些"稳定的特征"将设计与其他形式的问题解决区分开来(Goel 和 Pirolli,1992,p.395)。在这个设计空间里,一个单一的、通用的过程模式——或者一整套特定的模式——不可能提供从目标状态到结果状态所需要的方向,在这个设计空间里,跨多个学科的学者们正在为更广泛的设计知识建立新的价值。他们研究设计的专门技术、设计知识和设计教学法(Cross,2011;Lawson 和 Dorst,2009),承认设计的交叉学科性(Durling,Rust,Chen,Ashton 和 Friedman,2009;Goel 和 Pirolli,1992)。设计思维被认为是区别于其他思维形式的一种思维,并在实践中受到重视(Brown,2008;Cross,2007)。设计知识和行动被认为是合法的重要的研究对象,设计被视为一种独特的知识建构形式(Boling,2008;Dorst,2008;Lawson,2005;Stolterman,McAtee,Royer 和 Thadnapani,2008)。

教育技术中的设计视角和工具的新变化

当学者们转向设计研究时,我们也认识到,专家们并没有运用本领域的学者们开发和教授的设计工具(Cox 和 Osguthorpe,2003;Rowland,1992;Stolterman 等,2008;Visscher-Voerman 和 Tustafson,2004)。更糟的是,虽然人们预期这些工具能支持我们更有效地教授 ISD(Branch,2010;Dick,1995),但劳森和多斯特(Dorst)(2009)却认为,这些工具可能实际上阻碍了设计专门知识的发展。教育技术领域内的个人和群体正在建立一个不同于近几十年来盛行的设计工具和设计观点的更多样化的设计工具和设计观点的蓝图。领域内的学者们正在迅速适应各个传统和新兴设计领域(如建筑、产品设计、人机交互设计、软件设计等)的思想,并努力将它们与现有的思想相结合。

基于原则的设计

一些学者把原则作为他们设计研究的核心关注点。西尔伯(Silber)(2007)综合了多位设计研究者提出的观点,其中包括设计需要一种专门的思维类型等观点,并总结说"教学设计是专家教学设计者用来解决劣构问题的一系列原则和启发式知识"(p. 10)。他用六页的篇幅阐述了教学设计者在定义和解决教学设计问题时必须牢记的原则(p. 10),并大致围绕 ADDIE 中的概念将这些原则组织起来,并将其称为模式。瑞格鲁斯(Reigeluth)和卡尔-切尔曼(2009)的观点与此类似,但更加详尽。他们征集了多名作者的教学理论或"一套目标导向的、规范的、人为—科学的原则"(p. 19),把这些原则按照教学的各个方面(事件、分析、计划、构建、实施和评价)组织为不同类型(pp. 8 - 9),并根据教学方法(如直接教学、基于问题的教学、模拟等)一组组地呈现。梅里尔(2002)也关注设计的原则基础,他总结了五条刻画了有效设计的首要教学原理,即这些原理是要在设计产品中实现的目标而不是在设计过程中要采取的行动的指南。

作为问题解决的设计

2008 年,乔纳森反驳了西尔伯(2007)的设计模式,认为西尔伯的设计模式主要关注运用不同视角去选择和应用原则,但却是作为一个循环过程提出来的。在这个过程中,设计者构建一个"代表了拟议解决方案的设计模式"(p. 24),既对各种约束条件(技术的、经济的、政治/组织的、环境的、学习者有关的、身体的)(p. 23)做出回应,又在决策的迭代循环中创建新的约束条件。在这个设计模式中,设计者的偏见和信念与其他约束条件一样对决策具有影响(p. 23)。他的模式似乎与设计空间的概念有很大的共同之处,设计空间因设计者利用判断力来执行一系列符合规则的行动而得到塑造和重塑,并且这些行动既影响设计的结果,又受到后续行动的影响。

设计语言和设计层

吉本斯(Gibbons)(2013)曾利用其他设计实践领域(特别是工程和建筑),探讨了与教育设计者(他称之为技术学家)运用的知识及这些知识的表征方式等有关的问题。他提出了一种聚焦于设计产品而不是设计过程的设计观。根据这一观点,教学设计是一个层次系统,每一层都有独特的设计目标、构想、理论原理、设计和开发工具以及设计过程(p. 23)。与此相关,吉本斯和布鲁尔(2005)认为,"对设计语言的识别和使用……为每一层提供了用来完成设计的结构和结构规则",这对各个设计领域的设计者都有好处(p. 111)。他们列举了该领域内的设计语言研究计划所带来的诸多好处。

设计中的美学

威尔逊(2005a)把美学称为教学设计的两个新"实践支柱"之一(p. 10),因为"教学设计者是材料的设计者,也是经验的设计者",他们的目的是帮助为学习者创造"更高水平的即时体验"(p. 15;原文为斜体字)。帕里什(2009a)重新审视了杜威的美学解释,据此进一步阐述了这一观点。美学体验是"沉浸性的、赋予了意义的、感觉连贯而完整的"体验(p. 511)。美学体验的这些品质被认为是学习的重要驱动力,而不是可能增加吸引力但最终却令学习者从教学的要点上分心的装饰。帕里什说,要实现这些品质需要设计者的想象力和同理心,而不是专注于设计的过程(p. 254)。

代理和设计角色

施维尔(Schwier)、坎贝尔和肯尼(Kenny)(2007)聚焦于设计者本身,将他们描述为在一个包括"人际、专业、机构和社会方面"(p. 2)的新兴模式中起作用的"主动的、道德的、政治的、富有影响的"变革代理(p. 1)。他们的代理模式强调道德承诺、对人和专业的责任,以及对重大社会影响的贡献。他们的研究结论同那些把角色(character)置于设计中心的学者(Nelson 和 Stolterman, 2000)的观点是一致的。奥斯古索普(Osguthorpe)和奥斯古索普(2007)探讨了与设计者角色相关的问题,在一个包括历史、心理学、社会学和哲学基础的广泛框架内讨论了良知和个人信念。博林(2008)探讨了设计者必需的品质。她借用了人体仪器(human instrument)概念(Lincoln 和 Guba,1985),认为设计者或设计团队是唯一复杂的、反应迅速的、能够在我们并不完全了解的情况下采取行动的仪器。设计者的技能不能被削减为一套算法、一系列原则或一个过程范式。

绩效改进

目前,领域内的许多人在坚持设计过程的基本科学取向的同时,都在推动设计产品的扩展(从教学材料和经验扩展至绩效干预)。然而,关于人类绩效技术(HPT)的描述清楚地表明,设计产品的扩展反过来又对作为一种活动的模式中心设计观造成了压力。虽然艾迪生(Addison)和黑格(Haig)(2006)认为"工具可以被反复使用,并始终获得同样的结果"(p. 38),而且珀欣(Pershing)(1978)提出了一个类似于教学系统设计(ISD)模式的人类绩效技术(HPT)模式,但他们也提出了"设计情形"(design landscape)的概念——绩效技术专家便在此设计情形中工作,并将组织描述为多维设计情境(空间)(p. 11)。在此设计情形中,人类绩效技术根据与还原论相对的整体论来开展实践,因为"一个特定原因及其结果是不能与其情境分开的,或者说是不能孤立于其情境的"(p. 14)。这些术语不同于其他设计学者所用的术语,但这些想法与其他设计学者作品中呈现的一些设计概念惊人地相似。我们同意罗兰的观点,他在 1995 年指出,围绕着设计过程的问题不应该按照线性或迭代的方式进行组织,而应该按照"决定论"或"明确性"(definedness)来组织;他还指出,"我相信人类绩效技术领域就是从这样的关切中发展起来的"(p. 22)。换句话说,可以把 HPT 看成是重新构思和扩展设计概念之努力的自然结果。

新兴设计本质观的启示

目前还没有一个单一的视角可取代人们对作为领域内设计核心的过程模式

的依赖,而我们认为这是合适的。虽然我们认为教育技术领域需要一个更广泛、更复杂的设计观,但试图通过我们的集体努力来用一个统一的单一设计模型或设计理论体现这一观点却是一种浪费。如果你愿意认为设计是一个有效的(和复杂的)传统,而不是某些其他传统的子集或实际应用,那么我们发现这对于我们领域将能做什么具有许多启示。

比现在更仔细地区分科学知识的建构和设计知识的建构。我们不会在一个单一背景下研究单一的设计,或者创建单一设计的过程,然后试图把从这些研究中得出的原理推广到所有其他设计中,甚至推广到所有其他一般类型的设计中。我们将研究情境中的更多个别设计,把这些研究的丰富描述加以扩散,使之为领域内所有设计者的专门知识做出宝贵的贡献(Boling, 2010)。

重视那些与我们现有知识和知识建构不一样的知识类型和知识建构类型。如先例(precedent),这是每一个设计者在设计中经历的并为实现具体和一般目的而使用的独特的工作。我们有太多原则(理论),这些原则(理论)让设计者对于何种行动才是恰当的依然不知所措,而且能让设计者建构真正专门知识的实例却非常少(Boling 和 Smith, 2009)。又如领域情境中的技艺或技能(Risatti, 2013)。教学设计理论不能弥合明确的策略和实际教学之间的鸿沟;就像在其他领域一样,该怎样做的知识已经存在于我们的领域内,但却不为人知(Sless, 2008),因此需要承认这是一个可行的研究领域。我们还应优先理解设计者在做什么以及怎么做,并利用这样的理解来开发旨在改进教学设计的工具和指南——而不是在缺乏这种理解的情况下去开发工具和指南,然后再开展经验性研究来证明设计者没有使用它们(Stolterman 等, 2008)。

了解更多设计中的行为准则和判断标准,并努力在领域内建立这些标准。与其努力识别开展设计的正确方式或生成各类设计结果的明确原则,我们不如界定那些能让我们在设计中做出明智判断和行动的参数。这些参数让设计者和设计团队负责去识别和塑造设计空间,并在设计空间里运用适当的过程和原则。虽然我们现在把责任交给设计者,让他们去完成把简单化的(有时是过于确定的)模式转化为有意义的行动这项艰巨的工作,但这项工作目前看来最理想的是设计出富有独创性的变通方案来应对各种妨碍理想过程实现的约束条件,最坏的情况则是偏离标准或理想的模式。

期待教学设计者具备更广泛的能力。不能因为我们根据自己的设计知识所提供的方案可能比人们从前已有的方案更好，就认为我们提供的方案已经足够好了，或者说我们要将自己视为教学的保证人——要为我们所做的工作决定负责，为我们做事的方式负责，为我们所创造的东西的全部结果负责（Nelson 和 Stolterman，2012）。这样的责任对设计者的要求远远不只是对教学理论的认知掌握，不只是遵照某一过程的能力，甚至不只是能与主题专家进行移情性、富有成效的访谈的能力。这样的责任要求我们重视培养学生的设计角色（Nelson 和 Stolterman，2012；Korkmaz 和 Boling，2014）。有一个流传甚广的观点认为，让学生在一开始就通过一个高度简化的表征来把握我们要做的事情是"把某种过程教给新手的一种合理的策略"（Dick，1995），对此我们必须表示质疑。劳森和多斯特（2009）曾引用代尔夫特理工大学（始建于 1842 年）工业设计工程学院的创始人之一维姆·格罗恩布姆（Wim Groeneboom）的如下论断：

> （设计方法）的最大问题是通过这样的教学，我们消除了学生的不安全感。这是一种快速高效地解释设计的方法，但却是极其有害的。学生必须学会应对不确定性，但我们通过这种方法消除了不确定性……最后，我不得不说，应对不确定性是我们设计专业的核心（p. 33）。

结论

关于科学在我们的工作中起什么作用（无论是把科学视为我们的总定义还是把科学视为一个合作的传统）的争论还将继续，但是我们教育技术界此时可以选择把我们自己定义为设计传统的一部分，而不是科学的一个分支或基于科学的艺术。如果我们选择不做这样的选择，那么我们将会面临这样的风险：过程中心观或"科学化设计"（Cross，2007，p. 119）的局限性将扭曲和阻碍我们为此实践和研究领域的进步所做的努力。正如多斯特（2007）指出的，当过程模式被创建出来后，设计的其他重要方面（具体而言，设计的对象、设计者以及设计的情境等）便都不在考虑之列了（p. 5）。这引发了一些具体问题；专家设计者不用学者们开发出来的方法或工具，难以应对一些影响设计的大变化（如数字媒体）

(p. 7)。在某种程度上,我们在探索和理解设计的复杂性方面落后了,其他实践领域将抓住那些被我们视为领域内的核心问题,并在不久之后比我们自己更有效地解决那些问题。

不过,作为设计传统的活跃成员,我们要成为一个多元化社区的一部分,虽然这个多元化社区与我们在焦点和结果上有差异,但却与我们有着广泛的共同基本特征。因此,我们可以从当前激增的设计和设计研究中获益,也可以反过来把我们近几十年建立起立的有关设计实践的严谨看法的真正好处提供给其他人。我们可以参与有关我们使用的工具和过程的讨论,而不必从中选择"最合适的一种"来作为讨论的结果。我们可以就学习理论和教学理论展开富有成效的争论,因为我们不会把这些理论与我们的设计实践相混淆。我们可以对设计的个别结果进行研究,而不必为了使它们科学化而提出一些不能支持所有设计的主张来扭曲那些研究。对于我们所提出的原则,我们可以按它们本来的样子——作为设计工具——加以利用,而不是把它们作为只凭它们就能生成设计的普遍真理。我们可以对我们的工作进行合法的科学研究,这将使我们的学习和绩效得以提升,远远超过目前所能达到的水平。

要点总结

1. **教学设计不是一门科学,也不需要为保持其合法性而将其塑造为一门科学。**我们可以将自己定义在设计传统中,并且在需要时仍然可以利用科学原则和过程。

2. **在构建我们对于教学设计思维和工作的理解时,过程模式已变得无所不在,影响巨大,以至于我们有时认为它们就是我们的设计知识的体现,且所有的设计思想都已经被构筑在其中了。**

3. **专家不使用本领域学者们开发和教授的设计工具(过程模式和规定性理论),当这些工具被用作主要的教学手段时,它们可能实际上阻碍了设计专门知识的发展。**

4. **本领域的专家正在迅速地吸收传统的和新兴的设计领域的想法,并努力将它们与现有的想法相结合。**还没有一种单一视角可以取代对过程模式的依赖

328

而成为领域内的设计核心,但这是恰当的。

5. 不能仅仅因为我们凭借目前的设计知识所提供的东西比以前的东西要好就认为它们已经足够好了。在某种程度上,我们在探索和理解设计的复杂性方面落后了,其他实践领域将抓住那些我们自己认为对我们领域至关重要的问题,并在不久之后比我们自己更有效地解决那些问题。

应用问题

1. 在教育技术学院(Ed Tech)上"新媒体"研究生课程的老师带你们参观了附近城市的一个电子游戏设计公司。在参观过程中,班级的关注重点放在游戏中内置的教学成分上,你发现,与你交谈的人中没有一人提到你希望听到的那些术语——任务分析、教学策略等。当你问及他们使用的过程时,得到的回答似乎模糊不清,而设计者对于讨论过程也很不耐烦。似乎他们每设计一款游戏就编造了一个过程。不过,作为一名游戏玩家,你知道这家公司融入在游戏中的游戏指导确实很好;与其他游戏相比,你很快就学会了如何玩他们的几款游戏,你也很欣赏他们把教程元素融入游戏玩法的策略。是哪些因素使这些设计者在不使用任何明确阐明的过程模式的情况下创建出如此有效的游戏指导呢?那些因素之间又有什么相互关联呢?

2. 你就职于一个小型的咨询团队,为各种各样的客户开发教学。最近,一个潜在客户找到你,她对那些"相同的旧的培训模块"感到失望。她正在寻找一种新的方法来处理一些棘手的学习情况,即如何培训那些具有高度干劲、自信、有创新思维的新 MBA 人员去使用——并尊重——大型金融公司必须采用的可避免重大风险又不会打压士气的保障措施。他们有可观的资金,并鼓励你去探索一种看起来不像许多团队所开发出来的那种标准培训的方法来为他们提供帮助。如果利用领域内出现的一个或多个新观念〔如不同于过程模式的美学观点、(设计)层、设计判断等〕,你将如何处理这个项目?你会如何构造客户呈现的设计空间,以及如何表达或重新表达客户向你提出的问题?在客户的请求中,哪些方面是传统的 ISD 观最难处理的?

Addison, R. M., & Haig, C. (2006). The performance architect's essential guide to the performance technology landscape. In J. A. Pershing (Ed.), *The handbook of human performance technology* (3rd ed., pp. 35–54). San Francisco: John Wiley & Sons.

Alexander, C., Ishikawa, S., & Silverstein, M. (1977). *A pattern language: Towns, buildings, construction.* New York: Oxford University Press.

Baird, D. (2004). *Thing knowledge: A philosophy of scientific instruments.* Berkeley, CA: University of California Press.

Boling, E. (2008). The designer as human instrument. *Design is not systematic: Alternative perspectives on design.* Panel presentation organized by D. Jonassen. Annual Meeting of the Association for Educational Communications and Technology, Orlando, FL.

Boling, E. (2010). The need for design cases: Disseminating design knowledge. *International Journal of Designs for Learning, 1*(1), 1–8. Retrieved from http://scholarworks.iu.edu/journals/index.php/ijdl/index

Boling, E., & Smith, K. M. (2009). Exploring standards of rigour for design cases. Undisciplined! Design Research Society Conference 2008, Sheffield Hallam University, Sheffield, UK, July 16–19.

Branch, R. M. (2010). *Instructional design: The ADDIE approach.* New York: Springer.

Brown, T. (2008, June). Design thinking. *Harvard Business Review*, 84–92.

Cox, S., & Osguthorpe, R. T. (2003). How do instructional design professionals spend their time? *TechTrends, 47*(3), 29, 45–47.

Cross, N. (2007). *Designerly ways of knowing.* London: Springer-Verlag.

Cross, N. (2011). *Design thinking: How designers think and work.* New York: Bloomsbury Academic.

Davies, I. K. (1997). Paradigms and conceptual ISD systems. In Charles R. Dills & Alexander J. Romiszowski (Eds.), *Instructional development paradigms* (pp. 31–44). Englewood Cliffs, NJ: Educational Technology Publications.

Dick, W. (1995). Instructional design and creativity: A response to the critics. *Educational Technology, 35*(4), 5–11.

Dick, W. (1997). Better instructional design theory: Process improvement or reengineering? *Educational Technology, 37*(5), 47–50.

Dorst, K. (2007). Design research: A revolution-waiting-to-happen. *Design Studies, 29*(1), 4–11.

Durling, D., Rust, C., Chen, C., Ashton, A., & Friedman, K. (2009). Undisciplined! Proceedings of the Design Research Society Conference 2008. Sheffield, UK: Sheffield-Hallam University, July 16–19.

Gibbons, A. S. (2013). *An architectural approach to instructional design.* New York: Routledge.

Gibbons, A. S., & Brewer, E. K. (2005). Elementary principles of design languages and design notation systems. In J. M. Spector, C. Ohrazda, A. Van Schaak, & D. Wiley (Eds.), *Innovations in instructional design: Essays in honor of M. David Merrill.* Mahwah, NJ: Lawrence Erlbaum.

Goel, V., & Pirolli, P. (1992). The structure of design problem spaces. *Cognitive Science, 16*(3), 395–429.

Gold, R. (2007). *The plenitude: Creativity, innovation and making stuff.* Cambridge, MA: The MIT Press.

Gustafson, K., & Branch, R. M. (2002). *Survey of instructional development models* (4th ed.). New York: ERIC Clearinghouse on Information and Technology.

Hokanson, B., Clinton, G., & Tracey, M. (Eds.). (2015). *The design of learning experience: Creating the future of educational technology.* New York: Springer.

Hokanson, B., & Gibbons, A. (Eds.). (2014). *Design in educational technology: Design thinking, design process and the design studio.* New York: Springer.

Jonassen, D. (2008). Instructional design as design problem solving: An iterative process. *Educational Technology, 48*(3), 21–26.

Jones, J. C. (1970). *Design methods: Seeds of human futures.* London: Wiley-Interscience.

Kerr, S. T. (1983). Inside the black box: Making decisions for instructional design. *British Journal of Educational Technology, 14*(1), 45–58.

Korkmaz, N., & Boling, E. (2014). In B. Hokanson & A. Gibbons (Eds.), *Design in educational technology: Design thinking, design process and the design studio* (pp 37-56). New York: Springer.

Lawson, B. (1980). *How designers think* (1st ed.). London, UK: Architectural Press.

Lawson, B. (2005). *How designers think* (3rd ed.). London, UK: Architectural Press.

Lawson, B., & Dorst, K. (2009). *Design expertise.* Oxford: Elsevier.

Lincoln, Y., & Guba, E. (1985). *Naturalistic inquiry.* Newbury Park, CA: SAGE Publications, Inc.

Merrill, M. D. (2002). First principles of instruction. *Educational Technology Research and Development, 50*(3), 43–59.

Merrill, M. D., Drake, L., Lacy, M. J., Pratt, J., & the ID2 Research Group. (1996). Reclaiming instructional design. *Educational Technology, 36*(5), 5–7.

Murphy, D. (1992). Is instructional design truly a design activity? *Educational and Training Technology International, 29*(4), 279–282.

Nelson, H., & Stolterman, E. (2000). The case for design: Creating a culture of intention. *Educational Technology, 40*(6), 29–35.

Nelson, H. G., & Stolterman, E. (2012). *The design way: Intentional change in an unpredictable world: Foundations and fundamentals of design competence* (2nd ed.). Boston, The MIT Press.

329

Osguthorpe, R. R., & Osguthorpe, R. D. (2007). Instructional design as a living practice: Toward a conscience of craft. *Educational Technology, 47*(4), 13–23.

Parrish, P. (2009a). Aesthetic principles for instructional design. *Educational Technology Research and Technology, 57*(4), 511–528.

Parrish, P. (2009b). Design as storytelling. *TechTrends, 50*(4), 72–82.

Pershing, J. A. (Ed.). (1978). *The handbook of human performance technology* (3rd ed., pp. 35–54). San Francisco: John Wiley & Sons.

Reigeluth, C. M., & Carr-Chellman, A. (Eds.). (2009). *Instructional-design theories and models: Building a common knowledge base* (Vol. III). New York: Routledge.

Richey, R. C., & Klein, J. D. (2010). *The instructional design knowledge base*. New York: Routledge.

Risatti, H. (2013). *A theory of craft: Function and aesthetic expression*. Chapel Hill, NC: University of North Carolina Press.

Rowe, P. (1987). *Design thinking*. Cambridge, MA: The MIT Press.

Rowland, G. (1992). What do instructional designers actually do? An initial investigation of expert practice. *Performance Improvement Quarterly, 5*(2), 65–86.

Rowland, G. (1995). Instructional design and creativity: A response to the criticized. *Educational Technology, 35*(5), 17–22.

Rowland, G. (2008). Design and research: Partners for educational innovation. *Educational Technology, 48*(6), 3–9.

Rust, C. (2004). Design enquiry: Tacit knowledge and invention in science. Art and Design Research Centre Working Paper: Sheffield-Hallam University. Retrieved from http://www.archive.org/stream/ DesignEnquiryTacitKnowledgeInventionInScience/ DesignEnquiry_djvu.txt

Schwier, R., Campbell, K., & Kenny, R. (2007). Instructional designers' perceptions of their agency: Tales of change and community. In M. J. Keppell (Ed.), *Instructional Design: Case Studies in Communities of Practice*. Hershey, PA: Information Science Publishing.

Seels, B. B., & Richie, R. C. (1994). *Instructional technology: The definition and domains of the field*. Washington, DC: Association for Educational Communications and Technology.

Silber, K. (2007). A principle-based model of instructional design: A new way of thinking about and teaching ID. *Educational Technology, 47*(5), 5–19.

Sless, D. (2008). Measuring information design. *Information Design Journal, 16*(3), 250–258.

Smith, K. M., & Boling, E. (2009). What do we make of design? Design as a concept in educational technology. *Educational Technology, 49*(4), 3–17.

Stolterman, E., McAtee, J., Royer, D., & Thandapani, S. (2008). Designerly tools. Undisciplined! Proceedings of the Design Research Society Conference 2008. Sheffield, UK: Sheffield-Hallam University, July 16–19.

Visscher-Voerman, I., & Gustafson, K. L. (2004). Paradigms in the theory and practice of education and training design. *Educational Technology Research and Development, 52*(2), 69–89.

Wilson, B. G. (2005a). Broadening our foundation for instructional design: Four pillars of practice. *Educational Technology, 45*(2), 10–15.

Wilson, B. G. (2005b). Foundations for instructional design: Reclaiming the conversation. In J. M. Spector, C. Ohrazda, A. Van Schaak, & D. Wiley (Eds.), *Innovations in instructional design: Essays in honor of M. David Merrill*. Mahwah, NJ: Lawrence Erlbaum.

Yanchar, S. C. & Gabbitas, B.W. (2011). Between eclecticism and orthodoxy in instructional design. *Educational Technology Research and Development, 59*(3), 383–398.

330

跋

罗伯特·A·瑞泽　　佛罗里达州立大学
约翰·V·邓普西　　南阿拉巴马大学

在本书的引言部分,我们曾说过,当你读完本书时,你就可以向你的父母(或 *331* 者其他感兴趣的人)清晰地描述教学设计和技术领域了。既然你已经读完了本书,你觉得如何呢? 你对本领域的看法是什么呢?

别怕回答我们刚才提出的问题,但现在你必须知道,教学设计和技术领域有很多面,也有很多不同的方式来定义它,因此,对此问题并没有"正确的"答案。教学设计和技术专业人员,包括写作本书的那些人,对于 IDT 领域的本质持有广泛的不同看法,而且就我们所知,没有任何一个人的看法被认定是唯一"正确的"。既然你研读了本书,也学到了很多关于教学设计和技术领域本质的东西,你就应该完全可以加入这场辩论。当然,你的观点也许会随着时间推移而改变,但是我们认为现在正是反思你学到了什么的好时机,也是向其他人表达你的看法的好时机。

所以,去吧。打电话给你的家人,告诉他们我们的领域是做什么的。也许他们最终会明白你在研究什么。但是,即使他们不理解你在说什么,听到你的声音他们也会很高兴的。

作者简介

迈克尔·W·艾伦(Michael W. Allen)是明尼苏达大学医学院的兼任副教授,也是提供定制设计和制作的数字化学习及混合教学课程的艾伦交互公司(Allen Interactions)的首席执行官。

安吉丽娅·L·本道夫(Angelia L. Bendolph)是南阿拉巴马大学教学设计和开发专业的博士生。

伊丽莎白·博林(Elizabeth Boling)是印第安纳大学教育学院教学系统技术系教授和研究生院副院长,也是《国际学习设计杂志》的创始主编。

柯蒂斯·J·邦克(Curtis J. Bonk)是印第安纳大学伯明顿分校的教学系统技术教授。

罗伯特·马里布·布兰奇(Robert Maribe Branch)是佐治亚大学学习、设计和技术教授。

玛丽·F·布拉顿-杰弗瑞(Mary·F·Bratton-Jeffrey)是美国海军部领导课程的教学设计师。

托马斯·布鲁什(Thomas Brush)是印第安纳大学伯明顿分校教育与技术芭芭拉·雅各布斯(Barbara B. Jacobs)讲座教授,也是印第安纳大学伯明顿分校教学系统技术系主任。

索尔·卡利纳(Saul Carliner)是位于蒙特利尔的康考迪亚大学的教育技术教授,也是获奖著作《非正式学习基础》一书的作者。

鲁思·克拉克(Ruth Clark)是克拉克培训和咨询公司的独立讲师和作者,专注于循证教学。

马库斯·戴曼(Markus Deimann)是一名MOOC制造商,也是德国吕贝克应用科技大学的研究主管。

约翰·V·邓普西(John V. Dempsey)是创新学习中心的创始主任,也是南阿拉巴马大学教学设计与开发的前教授。

瓦内萨·P·登嫩(Vanessa P. Dennen)是佛罗里达州立大学教学系统和学习技术教授,也是《互联网与高等教育》的编辑。

贝思·迪茨(Beth Dietz)是迈阿密大学心理学教授。

J·安娜·唐纳森(J. Ana Donaldson)从北爱荷华大学退休,是教育传播与技术协会(AECT)前主席。

马西·P·德里斯科尔(Marcy P. Driscoll)是佛罗里达州立大学的莱斯利·布里格斯(Leslie J. Briggs)教育研究教授和教育学院院长。

佩吉·A·埃特默尔(Peggy A. Ertmer)是普渡大学学习设计和技术荣誉教授,也是《问题导向学习的跨学科杂志》的创始编辑。

克里斯塔·格拉泽夫斯基(Krista Glazewski)是印第安纳大学教学系统技术副教授,也是《问题导向学习的跨学科杂志》的合作编辑。

贝戈尼亚·格罗斯(Begoña Gros)是巴塞罗那大学教育学院教授。

朱迪思·A·黑尔(Judith A. Hale)博士是经认证的绩效技术专家(CPT),经认证的评估和资格认证专家(CACP),国际培训、绩效和教学标准委员会(IBSTPI)研究员,黑尔协会(Hale Associates)的创始人,以及绩效改进研究所的首席执行官,致力于通过循证认证促进员工发展。

玛丽·赫林(Mary C. Herring)是北爱荷华大学教育学院副院长和教授,教育传播与技术协会(AECT)前主席。

贾恩·赫林顿(Jan Herrington)是西澳大利亚默多克大学教育学院的教育学教授。

克里斯托弗·霍德利(Christopher Hoadley)是纽约大学教育传播和技术副教授,也是纽约大学学习、协作和体验设计实验室主任。

珍妮特·E·赫恩(Janet E. Hurn)是迈阿密大学区域数字化学习创新协调员和高级物理讲师。

戴维·W·约翰逊(David W. Johnson)是明尼苏达大学教育心理学名誉教授,也是合作学习中心联席主任。

R·伯克·约翰逊(R. Burke Johnson)是南阿拉巴马大学专业研究系的

教授。

罗杰·T·约翰逊(Roger T. Johnson)是明尼苏达大学课程和教学教授,也是合作学习中心联席主任。

郑仁铖(Insung Jung)是日本东京国际基督教大学教育学教授。

约翰·M·凯勒(John M. Keller)是佛罗里达州立大学教育心理学和学习系统系的教学系统和学习技术专业名誉教授。

詹姆斯·D·克莱因(James D. Klein)是佛罗里达州立大学教学系统设计专业的沃尔特·迪克杰出教授。

米米·米杨·李(Mimi Miyong Lee)是休斯敦大学课程与教学系的副教授。

乔尔·刘易斯(Joél Lewis)是南阿拉巴马大学的教学设计和开发副教授。

布伦达·C·利奇菲尔德(Brenda C. Litchfield)是南阿拉巴马大学的教学设计和开发教授,也是创新学习中心和美国在线的临时主管。

克雷格·洛卡蒂斯(Craig Locatis)是高性能计算和通信处、李斯特·希尔国家生物医学通信中心、国家医学图书馆以及国家保健中心的研究项目负责人。

理查德·E·梅耶(Richard E. Mayer)是加州大学圣芭芭拉分校的心理学教授。

托马斯·A·梅斯(Thomas A. Mays)是迈阿密大学(牛津)区域校区商务部的助理教授。

M·戴维·梅里尔(M. David Merrill)是犹他州立大学名誉教授。

加里·R·莫里森(Gary R. Morrison)是约翰斯·霍普金斯大学教育研究和改革中心高级研究员,一位风景摄影家,也是欧道明大学的名誉教授。

霍普·尼古拉斯(Hope Nicholas)是投资回报率研究所的出版物总监,该研究所是 ROI 能力建设、实施,ROI 咨询、联网和研究的主要来源。

赫尔穆特·M·尼格曼(Helmut M. Niegemann)是德国爱尔福特大学学习与交互媒体名誉教授;德国法兰克福歌德大学的经济学教育高级教授;德国萨尔兰大学(萨尔布鲁肯)教育技术客座研究教授。

安妮·T·奥滕布雷特-莱夫特威奇(Anne T. Ottenbreit-Leftwich)是印第安纳大学教学系统技术副教授兼教师 MBA 项目副主任。

杰克·J·菲利普斯(Jack J. Phillips)博士是投资回报率(ROI)研究所主

席,ROI方法论的开发者,也是世界知名的问责、测量和评估专家。

　　帕特里夏·P·菲利普斯(Patricia P. Phillips)博士是投资回报率研究所的总裁兼首席执行官,国际公认的测量与评估顾问、研究者和专家。

　　克拉克·N·奎恩(Clark N. Quinn)是全球学习技术战略咨询公司奎恩创新公司(Quinnovation)的执行董事,也是网络时代联盟(Internet Time Alliance)的负责人。

　　托马斯·C·里夫斯(Thomas C. Reeves)是佐治亚大学学习、设计和技术名誉教授。

　　罗伯特·A·瑞泽(Robert A. Reiser)是佛罗里达州立大学教育学院的研究副院长,教学系统学杰出教学教授和罗伯特·摩根(Robert M. Morgan)教授。

　　托马斯·R·雷诺兹(Thomas H. Reynolds)是美国国立大学斯坦福教育学院的教师教育教授。

　　劳埃德·P·里伯(Lloyd P. Rieber)是佐治亚大学学习、设计和技术教授。

　　马克·罗森伯格(Marc Rosenberg)博士是培训、组织学习、数字化学习、知识管理和绩效改进等领域的一流管理咨询师、作者、演讲者和教育者,是国际绩效改进协会的前主席和终身荣誉会员,也是数字化学习"行会会长"。

　　尼克·拉什比(Nick Rushby)是一家英国的学习技术咨询公司意动科技有限公司(Conation Technologies Limited)的创始董事。

　　瓦莱丽·J·舒特(Valerie J. Shute)是佛罗里达州立大学教育学院的马克和埃菲·泰纳·坎贝尔(Mark 和 Effie Tyner Campbell)教授,也是经验性游戏责任有限公司(Empirical Games, LLc)的联合创始人。

　　莎伦·E·斯马尔蒂诺(Sharon E. Smaldino)是北伊利诺伊大学鲁思·G·莫格里奇捐助设立的教师教育方向的讲座教授,也是教育传播与技术协会(AECT)前主席。

　　肯农·M·史密斯(Kennon M. Smith)是印第安纳大学伯明顿分校服装营销和室内设计系的副教授。

　　哈罗德·D·斯托洛维奇(Harold D. Stolovitdh)是蒙特利尔大学职场学习与绩效名誉教授,也是一家全球学习与绩效咨询公司 HSA 学习与绩效解决方案有限责任公司的负责人。

斯蒂芬·M·沙利文(Stephen M. Sullivan)是阿拉巴马聋盲研究所的个案经理/项目总监，为视力不达标的人提供培训和咨询，其专长是利用适应性技术来减缓个人残疾情况。

铃木克明(Katsuaki Suzuki)是日本熊本大学教学系统研究生院教授兼院长。

凯瑟琳·坦查(Catherine B. Tencza)是一家国际绩效咨询公司坦查设计公司(Tencza Designs)的首席顾问。

莫妮卡·W·特雷西(Monica W. Tracey)是密歇根州底特律市的韦恩州立大学学习、设计和技术副教授。

理查德·N·范艾克(Richard N. Van Eck)是北达科他大学教学和学习学院的创始副院长，也是北达科他大学医学与健康科学学院的戴维和罗拉·罗格丽·蒙森(David and Lola Rognlie Monson)医学教育教授。

詹姆斯·P·范赫尼根(James P. Van Haneghan)是南阿拉巴马大学教学设计和开发教授。

耶龙·J·G·范麦里恩博尔(Jeroen J.G. van Merrienboer)是马斯特里赫特大学的学习和教学教授，也是马斯特里赫特大学健康专业教育学院的研究院长。

戴维·威利(David Wiley)是流明学习公司(Lumen Learning)的首席学术官，杨百翰大学教学心理学和技术研究生课程的联席教员，也是知识共享的教育研究员。

布伦特·G·威尔逊(Brent G. Wilson)是科罗拉多大学丹佛分校信息和学习技术教授。

戴维·伍兹(David Woods)是迈阿密大学(牛津)计算机和信息技术系的助理教授。

索 引